北京都市型现代农业产业发展报告

（2016）

北京市农业局　编著

中国农业出版社

编委会名单

编写人员名单

主　　编　程晓仙　何忠伟

副　主　编　肖长坤　尹光红

编写组成员　穆月英　张领先　赵安平　刘瑞涵
　　　　　　胡宝贵　乔　娟　刘　雪　刘　芳
　　　　　　胡金有　史亚军　初蔚琳　张　猛
　　　　　　杨　鑫　张　标　张琛驰　王洁琼
　　　　　　顾东岳　王大山　王晓东　潘文婧
　　　　　　姜春光　周吉红　李仁崑　李小龙
　　　　　　杨建国　高运安　张海洋　刘　超
　　　　　　张　淼　王　欢　贾亚雄　吕学泽
　　　　　　李文康　杜　娟　杨宇泽　任　康
　　　　　　何向育　王　娜　申　强　郭祥云
　　　　　　王文胜　蔡志忠　江　晶　潘晓佳
　　　　　　汪　辉　张　龙　张华颖　栗卫清

序　言

　　从 20 世纪 90 年代中期开始，北京都市型现代农业已逐步成为符合首都功能定位、现代化水平不断提升的农业产业体系。在北京农业发展过程中，运用现代技术，建设融生产性、生活性、生态性为一体，以高端、高效、高辐射为主要标志，以基础完善、科技领先、产业高端、服务完备、装备现代、人才一流为主要标准。通过建立健全农业政策支持体系、都市型现代农业科技支撑体系、都市型现代农业社会化服务体系三大体系，开发生产功能、生态功能、生活功能、示范功能，推进一、二、三产业的深度融合，实现都市型现代农业的提档升级。

　　"十二五"时期是北京都市现代农业深入发展的重要阶段，根据城乡一体化经济社会发展新格局，创新发展模式和工作机制，加大政策扶持力度，实施了一批重大工程，取得了重要的阶段性成果，基本形成了业态丰富、功能多样、环境友好、特色鲜明的现代农业产业体系和支撑保障体系，农业生产高端、高效的特征日趋明显，农产品供给保障水平保持稳定，农产品市场竞争力不断增强，农业生态服务价值持续提升，现代农业科技支撑能力明显提高。

　　现阶段，北京农业发展的内外部环境发生了深刻变化，疏解非首都核心功能、治理大城市病等将进一步深化产业结构调整，突出发展质量和效益。北京农业既面临资源与环境的双重约束，也迎来了新的发展机遇。一是京津冀协同发展提供了广阔发展空间，统筹资源、优化布局、对接产业，实现三地农业资源的优势互补、互利共赢。二是"全国科技创新中心"的功能定位为北京发展农业高科技创造了有利条件。三是信息技术为农业转型升级开辟新途径，"互联网＋农业"成为促进农业集约化经营、提高农业生产经营效率、加快农产品销售的重要手段。产业融合拓展了北京农业的外延与内涵，成为农业产业发展的新趋势与农村经济增长的新动力。

　　机遇与挑战并存，北京都市型现代农业未来发展任重而道远。"十三五"期间，北京都市现代农业仍然是首都鲜活安全农产品供给的基础保障，是首都生态屏障的重要组成，是首都和谐宜居的基础支撑，是农民的家园和市民的乐园。这就要求在全面开发农业功能的基础上，要向着设计更精细、形态更高端、功能更多元的方向发展，以建设国家现代农业示范区、国家现代种业创新试验示范区、国家农业可持续发展试验示范区、国家农产品质量安全省（市）为契机，加大培育农业新型经营主体，转变发展方式，调整产业结构，创新发展动力，实现北京都市型现代农业持续健康发展。

新时期，北京都市型现代农业坚持生态优先、质效并重的发展理念，逐步加快"调转节"步伐，继续优化农业产业结构，促进一、二、三产业高度融合，休闲农业、生态农业、会展农业、创意农业等众多新型业态蓬勃发展，基本形成了业态丰富、功能多样、环境友好、特色鲜明的都市现代农业产业体系和支撑保障体系，实现了"十三五"良好开局。

一、北京都市型现代农业发展概况

（一）存在价值分析

伴随着城市性质和功能的变化，北京农业已成功实现了产业结构从生产型向服务型的转型，以及生产服务业替代传统服务业的结构升级，基本形成了与政治文化中心和国际城市相适应的城市功能结构。同时，北京农业在经济发展中的地位也发生了变化，农业的经济功能不断向社会及生态功能转变，即农业为居民提供农产品的生产功能已经居于次要地位，而满足市民观光休闲和保护生态的功能逐渐上升至主导地位。物质的、文化的、多元化的居民个性化消费需求，对北京都市型现代农业的发展提出了更高要求。因此，按照人文北京、科技北京、绿色北京和建设世界城市的新要求，发展都市型现代农业是北京农业发展的现实和理想选择。

北京农业发展带动农民增收。2016 年全市农村居民人均可支配收入 22 310元，同比增长 8.5%，增幅比城镇居民高 0.1 个百分点，扣除物价因素实际增长 7.0%，比全国农村居民人均可支配收入增速高 0.8 个百分点。其中农村居民人均家庭经营性净收入 2 062 元，同比增长 5.3%，已连续三年保持稳定正增长（前二年分别增长 7.1% 和 5.6%），增收贡献率为 5.9%。在乡村旅游、沟域经济、交通运输服务等各业的带动下，农民第三产业净收入实现 1 483 元，同比增长 11.3%，对经营性净收入增长的贡献率达到 145.6%。2017 年北京市低收入农户人均可支配收入突破万元，达到 10 698 元，同比增长 19.4%，明显高于全市农村居民人均可支配收入 8.7% 的增速。从增收贡献率看，2017 年因两次提高福利养老金水平、减免低收入农户新农合保险金和提高最低生活保障费标准等政策集中释放，带动转移净收入快速增长，对可支配收入增长的贡献率高达 67.8%；公益性岗位向低收入农户倾斜、山区生态林管护员岗位补贴提高，促进工资性收入较快增长，对可支配收入增长的贡献率为 30.1%；财产性收入主要受山区生态公益林补偿金标准提高的影响，对可支配收入增长的贡献率为 11.2%。

北京农业发展保障农产品稳定供给。畅通鲜活农产品绿色通道，北京市肉、禽、蛋、奶自给率已达 31%、63%、54%、56%，市场控制率已达到 83.3%、69%、67%、79.7%，有力保证了首都农产品市场的有效供应，提升了应急保障水平。在不断提升自身生产发展水平的基础上，强化区域合作，完善农产品供应链条，发展外埠蔬菜基地超过 60 万亩*，通过龙头企业建立起一批联系紧密、可控性强的畜禽产品外埠生产基地。

北京农业发展吸纳大批农民就业。北京农业劳动力总数为 49.6 万人，且随着农业产业化加快以及一、二、三产业深度融合，可以促进农业产业进一步吸纳新增劳动力就业。农产品加工业形成了"三区统筹发展、两环拓展提升、一带特色添彩"的空间发展格局。北京市拥有国家重点龙头企业 39 个，涉农上市龙头企业 10 个，各类农业龙头企业吸纳劳动力就业 12 万人。形成了一批有影响力的农业品牌，三元食品、德青源鸡蛋、鹏程肉食等品牌知名度不断上升，品牌价值超过 1 000 亿元。北京市农业专业合作组织发展壮大，目前农民专业合作社达到 6 744 个，辐射带动近 3/4 从事第一产业的农户。

北京农业发展促进生态服务价值持续提升。据《2016 年北京都市型现代农业生态服务价值监测公报》，2016 年北京都市型现代农业生态服务价值年值为 3 530.99 亿元，比上年增长 6.8%；贴现值为 10 565.01 亿元，比上年增长 3.2%。

其中，直接经济价值为 396.40 亿元，占总价值的 11.2%，比上年下降 6.2%；间接经济价值为 1 149.83 亿元，占总价值的 32.6%，比上年增长 7.7%；生态与环境价值为 1 984.75 亿元，占总价值的 56.2%，比上年增长 9.2%。休闲农业和郊区旅游持续释放活力，带动文化旅游服务价值同比增长 9.6%，对间接经济价值的贡献率达 78.8%。大力开展水源地保护、水生态修复、水土保持、湿地恢复、造林绿化等生态建设工程，生态环境持续改善；同时，2016 年全市平均降水量达 680.6 毫米，较上年增加 82.5 毫米，为各大生态系统提供生态服务创造了有利条件，生态与环境价值实现较大幅度增长。

---

* 亩为非法定计量单位，1 亩＝1/15 公顷。——编者注

北京创意农业是北京"文化中心"建设的重要支撑。随着新的消费需求升级，越来越多的文化元素不断注入北京农业，以文化产业与农业相融合的新型业态不断涌现，以农业为文化创意或者文化承载对象，所提供的产品和服务不仅附带着人的创造力，还凝聚着第三产业产品的特性，这也是农业多功能性的具体体现。创意农业极大满足了城市居民的精神和文化需求，有利于提高居民的幸福指数，提高农民增收致富的能力，促进城乡和谐发展。创意农业也是北京都市型现代农业未来发展的重要方向及驱动力。

北京生态农业发展是首都资源循环利用的必要环节。随着北京市农业供给侧结构性改革的推进，循环农业不断发展，推动资源利用高效化、农业投入减量化、废弃物利用资源化、生产过程清洁化，成为促进农业提质增效和可持续发展的重要途径。将传统的"资源—产品—废弃物"的单向线性生产方式转变为"资源—产品—废弃物—再生资源"的循环生产方式，是循环农业发展的重要模式。在循环利用废弃物的同时，还可发展节水、节电农业等，为其他产业发展提供更多资源。大力开展农作物秸秆禁烧与综合利用，北京市主要农作物秸秆综合利用率达到97.7%。测土配方施肥技术连续5年全覆盖，推广绿色防控技术、推行精准科学施药和病虫害统防统治，亩均化肥用量降幅超过25%，化学农药使用总量降幅超过20%。加快规模化养殖场粪污处理，实施增殖放流涵养水源，开展北运河流域水系农业面源污染防治，不断强化农业"生产性绿色空间"的功能定位。

（二）国际发展趋势及经验借鉴

纵观20世纪中期以后发达国家都市农业的发展，均是以满足城市居民更高层次需求的新型农业形态出现，是城乡融合、生产集约、功能多样、高度开发的综合高效农业。发展都市农业是国际大都市或区域性中心城市现代农业发展的必然选择。

都市农业的发展均以满足城市需求为前提。都市农业是在空间及产业组织上与城市密切交融的新型农业形态，不仅在生产、流通以及产业布局等方面必须满足城市需求，而且在产业组织、市场组织等方面，也需要借助大都市的力量才能实现对跨区域市场乃至国际市场的占有。

以农产品市场流通服务体系建设为依托。根据各发达国家发展都市农业的最新趋势来看，充分利用大城市发达的市场、信息和交通网络，打造现代化的都市农业流通体系，已成为推动都市型现代农业发展的重要引擎和支撑点。如荷兰的花卉产业，就是依靠其发达的市场流通体系，将千家万户的农民与市场紧密联结在一起，才发展成闻名全球的花卉之国。

重视先进科学技术的引入和应用。都市农业是分布在都市周边区域或者大都市经济圈内的农业形态。由于这些地区具有耕地少、劳动力价格高的特点，农业投入相对较大，因此发达国家都十分重视引入高新技术，以增强产品的科技含量、强化都市农业的整体绩效。

追求多元化功能目标的实现。发展都市农业，必须因地制宜地推动多元功能目标的实现。在许多发展中国家和地区，都市农业更多承担的是维持生存和保障食品安全的功能；发达国家则更强调用多元化的功能目标来引导和推动都市农业的发展。

建立健全法规政策体系。发展都市农业必须尽快完成其配套的法律法规体系建设，保证法律制度的健全。德国的《市民农园法》、法国的《家庭农园法》、日本的《生产绿地法》等法律从各国实际出发，对都市农业存在的意义及其应有的功能做出规定，成为保障都市农业健康有序发展的重要制度基础。同时，要尽快建立起对都市农业的政策支持，防止其因城市和工业的盲目扩张而受到破坏。

二、北京都市型现代农业发展存在的问题

（一）对农业发展定位认识不足

在经济发展速度放缓、动力转换的背景下，农民持续增收难度加大的问题日益凸显。农产品价格提升空间较为有限，依靠转移就业促进农民收入增长的空间收窄，家庭经营收入和工资性收入增速放缓。而且对都市农业的功能及其在北京市现代农业建设中的定位还不明确，认识不统一，重视程度不足，农业的基础地位难以保证。由于农业产值占全市生产总值比例低，加之农业属于弱质产业，比较效益低，难以使各区领导在产业发展中重视农业问题，对都市农业保障供给、改善生态、就业增收、文化传承等功能认识不到位，导致农业阵地萎缩，可有可无。同时，北京都市型现代农业信息化基础比较薄弱，总体水平不高，管理思想认识亟待提升。

（二）农业生产经营主体不清

要重视以家庭为主的基本农业生产经营单元。北京都市型现代农业经营主体主要有6个类型：专业大户、家庭农场、农民合作社、社会化服务组织、龙头企业和小农户。不论哪种类型，都离不开家庭经营这个核心要素。家庭既是基本经

营单元，也是主体、主力、主导。但不少地方，政府利用行政力量强力推进土地集中连片，千方百计扶持所谓的龙头企业搞成千上万，甚至几万亩的大规模经营，以为政府和企业才是农业经营的未来主体。

更要培育新型农业经营主体。从发展趋势看，家庭专业生产大户（家庭农场、家庭养殖场）将是未来大宗农产品的主要生产者；专业合作社将是农业社会化服务的主要提供者；涉农企业将主要在农业产前投入、产中服务、产后收储、加工和流通领域以及规模化养殖和资源开发利用领域发挥主体作用，并在完善现代农业产业体系、提高竞争力方面起重要作用。

（三）农业社会化服务支撑不足

农民群体具有弱质性，这决定了其难以同时胜任农业生产、管理和农产品销售，与之配套的社会化服务体系是乡村振兴、农民富裕的必要保障。目前北京农业社会化服务供给结构不合理，难以满足农户的多元化需求。一方面，农业社会化服务供给与需求不对应。目前农户对农业社会化服务需求最高的主要是信息服务、金融服务以及销售服务，而农业社会化服务的供给则主要集中在农技培训与指导、农产品销售以及农资购买等服务。另一方面，各类服务主体的服务能力有待提升。目前多数公益性服务主体由于缺乏科学的管理机制，服务队伍整体素质偏低，因此多元社会化服务主体的培育迫在眉睫。

（四）农业政策聚焦不够

虽然各地都出台了一些扶持都市农业发展的政策措施，也进行了一些体制机制创新，但城市支持农村、工业反哺农业的力度有待加强，在基础设施建设标准、农业科技推广、劳动力培训等方面，现有强农惠农富农政策无法满足都市农业发展所需。北京都市型现代农业中蔬菜等农产品生产劳动强度高、成本高、风险高，要在研发推广轻简化机械、逐步提高生产补贴标准、扩大农业保险覆盖面等方面建立健全扶持政策体系。同时，设施蔬菜生产中劳动力成本超过一半，并且从业人员老龄化严重，都市农业要率先实现蔬菜生产的机械化，应在生长季节较短的叶类蔬菜种、收、加工机械的研发和引进消化等方面予以补贴。

三、北京都市型现代农业发展定位

（一）加强领导，提高认识

各区政府要正确认识北京农业的发展地位和功能定位，结合本区实际制定相应的都市型现代农业发展规划，明晰发展目标，明确重点任务，强化绩效考核和工作督查。各部门要加强协调沟通与协作，从用地规划、基础设施建设、项目资金支持、技术指导服务、督查指导等多方面密切配合，扎实推进规划主要任务，确保重点工程高质量完成。

（二）加强保护，保留空间

北京耕地资源数量奇缺并逐年下降，水资源更加匮乏。各区政府必须结合北京市土地利用总体规划、北京水资源规划、城乡统筹规划等上位规划，制定相应规划，保护农业生产资源，保留农业生产性空间。同时，要防控农业面源污染，妥善合理地解决化肥、农药、农膜等化学投入品的不合理使用所造成的环境污染及食品安全问题，控制养殖废弃物排放。

（三）定位功能，明确重点

要促进农民收入持续增长，必须继续加大强农、惠农、富农政策力度，优先保证农业农村投入，确保政策力度不减弱、农民实惠不减少。根据市场需求，从各地资源禀赋出发，发展各种特色农产品生产，把资源优势转化为产业优势，促进农民增收。大力发展农产品加工业，提高农产品加工转化率和附加值，延长农业产业链，增强对农民增收的带动能力。发展新产业、新业态、新模式，积极开发农业多种功能，挖掘乡村生态休闲、旅游观光、文化教育价值。发挥好新型城镇化对农业现代化的辐射带动作用，促进农民转移就业和创业，分类推进农业转移人口市民化，拓展农村外部增收渠道。打好扶贫开发攻坚战，加快农村贫困人口脱贫致富步伐。要进一步完善和创新土地财产权制度，积极探索农村集体建设用地、农村宅基地开发和流转方式，让农民以土地入股，参与规模化、产业化经营，更多分享二、三产业增值收益，赋予农民更多的土地财产性收入。提高农产品的科技、生态、文化等方面的附加值，提高农产品的价值，带动农民增收致富。应用基因工程、生物技术、信息技术、农业装备，增加农产品科技含量，提高农产品科技附加值。发掘农耕文化和乡村文化，进行农业文化创意，提高农业物质产品和精神产品的文化附加值。以创意为切入点，发展市民农园、休闲农庄、景观农业、公园农业，实现文化艺术与种植、养殖、加工、农业技术、农副产品和农耕活动有机结合，开发农业休闲体验、养生度假、科学普及、环保教育等多种功能，提升农业文化附加值。随着城乡居民收入水平的提高，人们的消费结构向营养保健转型，消费口味也呈现多元化和精细化趋势，对安全食品的需求呈现增长态势。因此，应瞄准京津巨大的消费市场，重点发展绿色食品、有机食品等安全食品。此外，还要加强农产品的质量安全检测，确保食用农产品的安全，提高农产品的生态附加值。

四、促进北京都市型现代农业发展的保障措施

（一）科技保障

必须加强现代农业产业技术体系创新团队建设。加强现代农业产业技术体系北京市创新团队建设，进一步整合在京科技资源、人才资源、信息资源、成果资源、资本资源，认真梳理"十三五"期间创新团队定位和工作目标，不断优化团队设施和团队内部功能研究室的岗位设置，明确科技创新与成果转化的重点。加强农业育种创新平台建设，开展粮经、蔬菜、瓜果、畜禽和水产育种研究，为农业产业升级提供品种支撑。必须整合农业科技资源，加大科技成果转化力度。围绕"调转节"，组织筛选推广主推品种、主推技术和主推产品，依托基层农技推广体系、村级全科农技员和北京市创新团队加大对科技成果的推广应用力度，推进成果转化。在现有农业科技园区和农业标准化示范基地建设的基础上，创建具有较强辐射引领作用的农业科技园区和创新示范基地，带动周边地区农业产业提质增效。

（二）装备保障

推进标准化生产。通过把先进的科学技术和成熟的经验组装成农业标准，推广应用到农业生产和经营活动中，把科技成果转化为现实的生产力，从而取得经济、社会和生态的最佳效益，达到高产、优质、高效的目的。融先进的技术、经济、管理于一体，使农业发展科学化、系统化、作业机械化。运用先进设备代替人力的手工劳动，在产前、产中、产后各环节大面积采用机械化作业，降低劳动的体力强度，提高劳动效率。强化"互联网＋都市型现代农业"深度融合，在农业领域全面地推广应用现代信息技术，使之渗透到农业生产、市场、消费以及农村社会、经济、技术等各个具体环节，加速传统农业改造，大幅度提高农业生产效率和农业生产力水平，促进农业持续、稳定、高效发展。

（三）政策保障

要加强政府引导，加快转变农业发展方式，创新农业组织经营模式，建立健全社会资本投入引导机制，发展多种形式适度规模经营。加快形成有利于农业创新发展的市场环境、产权制度、投融资体制、分配制度、人才培养引进使用机

制。深化农业行政审批制度改革，持续推进简政放权、放管结合、优化服务，打破部门壁垒，集中资源，聚焦政策，形成合力，提高政府效能，激发市场活力和社会创造力；必须切实加大对首都现代农业的投入，优化财政资金支出结构，转变投入方式，完善都市型现代农业相关扶持政策。积极探索建立基本农田补偿政策，实行基本菜田最低保有量制度和种植补贴制度，重点加大对菜篮子外埠基地建设、节水农业、生态农业、农业提质增效、农产品质量安全、新型经营主体培育、社会化服务等的支持力度，制定和完善相应的节水政策、产业政策、就业政策、金融政策等。发挥财政资金的杠杆作用，建立健全农业生态补偿机制。

目　录

序言

第一篇　总　　论

第二篇　分　　论

Beijing
Dushixing Xiandai Nongye
Chanye Fazhan Baogao

1 第一篇

总　　论

第一章 北京都市型现代农业发展概况

为了把握北京都市型现代农业的发展现状，以下从北京农业总体发展、北京农业各产业发展、北京农业新业态发展等视角分别进行分析。

一、北京农业总体发展现状

（一）北京农业发展的历史演变

随着城镇化、工业化进程的不断推进，北京三次产业结构不断变化，第一产业、第二产业比重趋于下降，第三产业比重快速上升（表1-1），这种变化也与首都经济社会发展战略的演变相一致。2016年北京农林牧渔总产值338.1亿元，比2015年下降8.2%，扣除价格因素实际下降9.9%。按照城市功能拓展区、城市发展新区、生态涵养发展区的功能定位要求，调整农业生产区域布局，大力发展精品农业、节水农业、观光农业、设施农业等特色产业。北京农业已从单一生产功能向生态功能和生活功能拓展。

表1-1　北京三次产业增加值及其所占比重

年份	第一产业		第二产业		第三产业	
	绝对数（亿元）	占比（%）	绝对数（亿元）	占比（%）	绝对数（亿元）	占比（%）
2000	90.0	3.6	935.8	38.0	1 434.7	58.4
2005	97.7	1.4	2 100.5	30.8	4 616.3	67.8
2010	124.3	0.9	3 323.1	24.1	10 330.5	75.0
2015	140.2	0.6	4 526.4	19.6	18 302.0	79.8
2016	132.0	0.5	4 774.4	19.2	19 995.3	80.3

注：第一产业指农林牧渔业。

数据来源：北京市统计局《2000—2016年国民经济和社会发展统计公报》。

（二）北京农业发展的结构特点

1. 农业内部产业结构

2016年，在北京农林牧渔业总产值中，农业产值145.2亿元，占总产值42%；林业产值52.2亿元，占总产值16%；畜牧业产值122.7亿元，占总产值37%；渔业产值9.2亿元，占总产值3%；农林牧渔服务业产值8.7亿元，占总产值2%（图1-1、图1-2）。2016年第一产业增加值132亿元，按可比价计算实际下降8.7%，比2015年收窄0.8个百分点。总体来看，北京农业总产值有所降低，产业规模和产值下降是由于疏解非首都核心功能、发展绿色农业、开展百万亩平原造林、进行产业结构调整等原因造成的。这对提升都市型现代农业多功能性与产业融合发展提出了新要求。

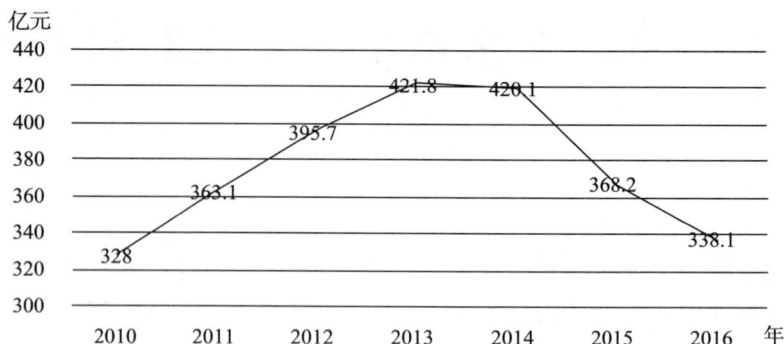

图 1-1　2010—2016 年北京农林牧渔业产值

数据来源：北京统计年鉴。

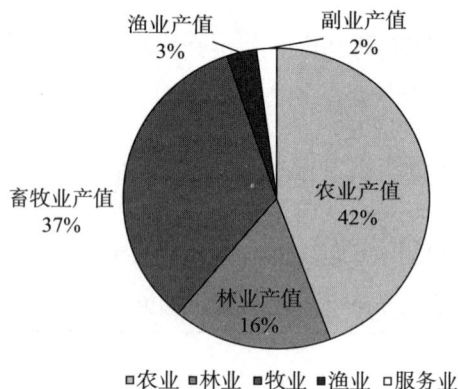

图 1-2　2016 年北京农业生产结构

数据来源：北京统计年鉴。

随着北京都市型现代农业生产结构的调整，农业生产规模逐步缩减，但农业科技含量不断增大，单位生产效益不断提高。2016 年北京市统筹推进"菜篮子"产业发展，大力发展设施农业，设施面积达到了 35.5 万亩，实现收入 55.5 亿元。加快推进养殖业的规模化和标准化，畜禽规模化养殖比例达到 80%。扎实推进"种业之都"建设，拥有种业研发机构 80 多家，保存的国家级种质资源 40 余万份，位列世界第二，全国种业前 10 强中北京有 4 家，全球 10 强种业巨头有 8 家在首都建立研发或分支机构。沟域经济建设取得新的进展，休闲农业与乡村旅游快速发展。2016 年，北京观光园接待游客 2 250.5 万人次，比上年增长 18.2%，实现收入 28 亿元，增长 6.3%，休闲农业和乡村旅游已经成为各区，特别是山区农民增收的重要抓手。会展农业方兴未艾，成功举办了世界草莓大会、世界种子大会、北京农业嘉年华等具有国内外影响力的农业会展。全面加强动植物疫病防控，稳步提升农产品质量安全水平，生产基地农产品合格率处于全国前列。

2. 农业的地区结构

从北京整体农业布局来看，布局地势由西北向东南倾斜，北、西、东北三面环山，海拔高度 800 米以上的中山约占山地的 1/4。东南部为平原，最低高度不足 10 米。山麓、山前地带降水和积温都较多，山区降水和积温少。农业布局与自然特点相适应。平原以粮、畜、菜为主，低山丘陵以果为主。农林牧渔各产业主要分布在城市发展新区和生态涵养区，其中城市发展新区农林牧渔业产值占北京市总产值的 62％，生态涵养区农林牧渔业产值占北京市总产值的 35％。受自然条件约束，门头沟区产值较低，昌平区、怀柔区、延庆区次之。除朝阳区、丰台区和海淀区外，其余各区农林牧渔产值均在 40 亿以上，其产业选择也较为相似，均以农业和牧业为主，林业次之，渔业和服务业占比相对较低（图 1-3、图 1-4）。

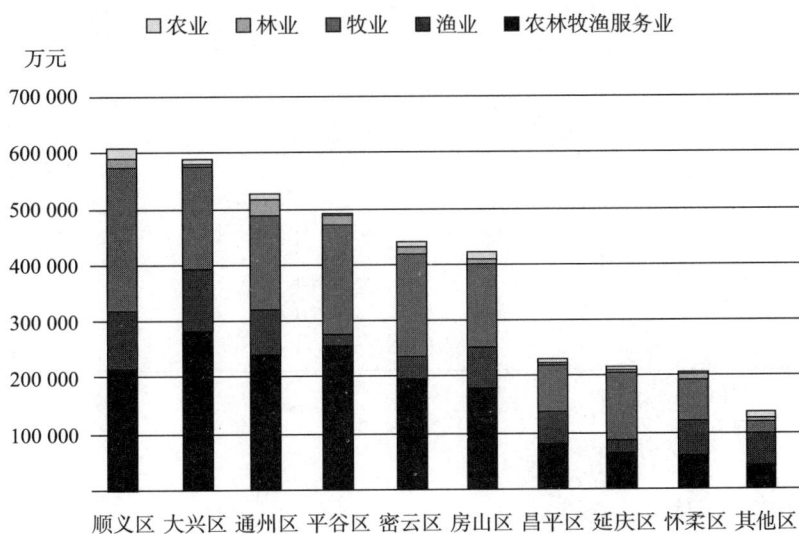

图 1-3 2015 年北京各区农林牧渔业产值

注：其他区包括朝阳、海淀、丰台和门头沟；2016 年数据未公布。

数据来源：北京区域统计年鉴。

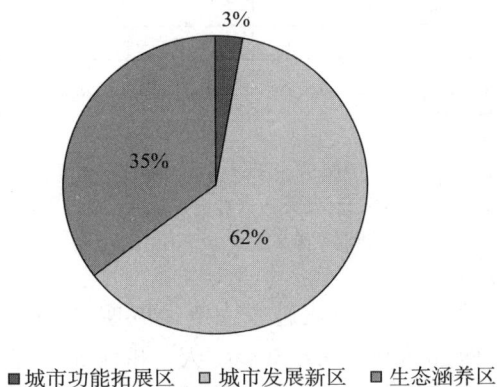

图 1-4 2015 年北京各区域农林牧渔业产值结构

注：2016 年数据未公布。

数据来源：北京区域统计年鉴。

（三）北京农业的投入产出效率

土地产出率：从整体上上来看，北京农业土地产出率趋于上升，但 2014 年稍有下降。北京农业产值从 2006 年的 88.8 亿元增加到 2014 年的 158.99 亿元，增长约 1 倍；土地产出率从 2006 年的 714.49 元/亩，增加到 2014 年的 967.11 元/亩，增长 35.36%。除 2014 年土地产出率相对 2013 年稍有下降之外，2006—2014 年北京农业土地产出率呈现增长趋势（表 1-2、图 1-5）。

表 1-2　2006—2014 年北京农业土地产出率

年份	北京一产增加值（亿元）	北京农用地面积（万亩）	农业土地产出率（元/亩）
2006	88.8	1 656	714.49
2007	101.3	1 650	717.08
2008	112.8	1 644	719.60
2009	118.3	1 644	719.60
2010	124.4	1 644	756.70
2011	136.3	1 644	829.09
2012	150.2	1 644	913.64
2013	161.8	1 644	984.20
2014	158.99	1 644	967.11

数据来源：北京统计年鉴。

注：2014 年以后数据未公布。

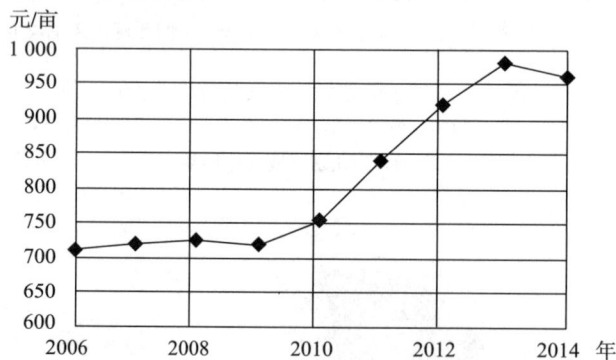

图 1-5　2006—2014 年北京农业土地产出率变化趋势

注：2014 年以后数据未公布。

数据来源：北京统计年鉴。

劳动生产率：2004 年开始，北京农业进入快速发展期。2006—2014 年，北京农业劳动生产率从 14 726.37 元/人增加到 30 341.60 元/人，8 年来一直平稳上升，增长率达到 106.04%。北京农业劳动生产率的稳定提升，一方面，随着中国总体经济的快速发展，农业也在稳步提升，第一产业生产总值不断提高；另一方面，农村劳动力大量地向二、三产业转移，从事非农产业，特别是农村青壮年劳动力不愿意在农业上付出，不断流向城镇，导致从事农业的人口比例持续下降（图 1-6）。

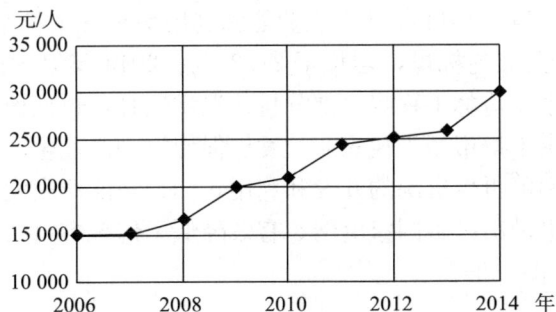

图 1-6　2006—2014 年北京农业劳动生产率变化趋势

注：2014 年以后数据未公布。

数据来源：北京统计年鉴。

水资源利用率：北京一产增加值总体上呈现上升趋势，而农业的用水量则逐年下降，一方面是北京政府提出发展"节水农业"的成果，农业水资源利用率呈现逐年上升的趋势；另一方面反映了北京农业用水受到工业用水以及城镇居民生活用水的制约。北京农业水资源利用率呈现逐年上升的趋势，创造万元产值所消耗的水资源量不断减少，水资源利用效率不断提高，这符合中央提出的"坚持生态优先，大力发展生态友好型现代农业"这一政策要求（表 1-3、图 1-7）。

表 1-3　2011—2014 年北京农业水资源利用率

年份	一产增加值（亿元）	变化量（%）	北京农业用水量（万立方米）	变化量（%）	农业万元产值耗水量（立方米/万元）	农业水资源利用率（万元/立方米）	同比增长率（%）
2011	136.3		80 561.02		591.06	0.001 7	—
2012	150.2	10.20	75 229.16	−6.62%	500.86	0.002	18.01
2013	161.8	7.72	73 136.57	−2.78%	452.02	0.002 2	10.81
2014	158.99	−1.74	69 301.36	−5.24%	435.89	0.002 3	3.7

注：2014 年以后数据未公布。

数据来源：北京统计年鉴。

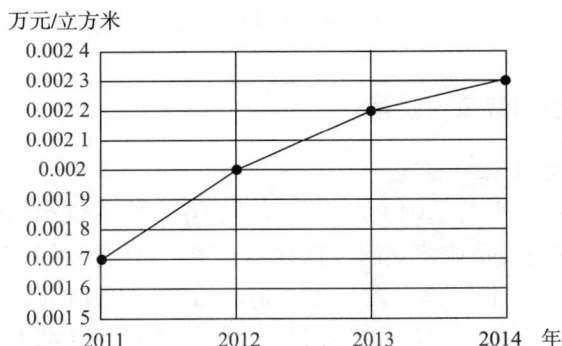

图 1-7　2011—2014 年北京水资源利用率变化趋势

注：2014 年以后数据未公布。

数据来源：北京统计年鉴。

农业能源利用率：2011—2014年北京农业能源利用率呈现平稳增长的趋势，由1.36万元/吨标煤提高至1.73万元/吨标煤，增长了27.21％。2014年第一产业增加值和能源消耗总量降低是由于百万亩平原造林工程将少部分耕地退耕还林，耕地面积降低。农业能源利用率稳定提升，一方面是由于都市型现代农业的发展促使第一产业生产总值不断提高；另一方面是由于近年来新能源和可再生资源的开发和利用，如太阳能薄膜发电，不仅能满足农户日常用电，还能把多余的电量出售给国家电网，有效降低了传统燃料的使用，推动了农业能源利用率的提高（表1-4、图1-8）。

表1-4　2011—2014年北京农业能源利用率

年份	第一产业增加值 （亿元）	第一产业能源消费 （万吨标煤）	农业万元能耗 （吨标煤/万元）	农业能源利用率 （万元/吨标煤）	同比增长率 （％）
2011	136.30	100.30	0.735 3	1.36	—
2012	150.20	100.70	0.671 1	1.49	9.76
2013	161.80	102.70	0.632 9	1.58	5.63
2014	158.99	91.69	0.576 7	1.73	10.06

注：2014年以后数据未公布。

数据来源：北京统计年鉴。

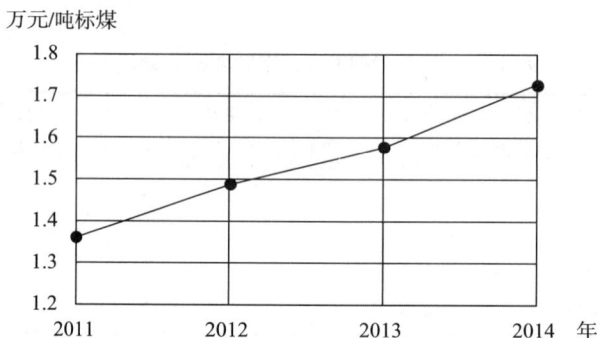

图1-8　2011—2014年北京能源利用率变化趋势

注：2014年以后数据未公布。

数据来源：北京统计年鉴。

（四）北京农业产出的数量与质量

1. 农产品供给保障水平保持稳定

在不断提升自身生产水平的基础上，强化区域合作，完善农产品供应链，发展外埠蔬菜基地超过60万亩，通过龙头企业建立起一批联系紧密、可控性强的畜禽产品外埠生产基地；畅通鲜活农产品绿色通道，北京肉、禽、蛋、奶自给率已达31％、63％、54％、56％，市场控制率已达到83.3％、69％、67％、79.7％，有力保证了首都农产品市场的有效供应，提升了应急保障水平。

2. 农产品市场竞争力不断增强

农产品加工业形成了"三区统筹发展、两环拓展提升、一带特色添彩"的空间发展格局。北京拥有国家重点龙头企业 39 个，涉农上市龙头企业 10 个，各类农业龙头企业吸纳劳动力就业 12 万人。形成了一批有影响力的农业品牌，三元食品、德青源鸡蛋、鹏程肉食等品牌知名度不断上升，品牌价值超过 1 000 亿元。农业合作组织发展壮大，北京农民专业合作社达到 6 744 个，辐射带动近 3/4 的农户。

3. 农产品质量安全水平不断提高

开展专项整治，加强对安全隐患的源头管理，围绕"三个重点"：重点对象，即北京规模化的蔬菜生产基地、农民专业合作经济组织、蔬菜生产加工配送企业等；重点区域，即农药库房、农药进出库档案及田间生产农药使用记录、蔬菜加工配送车间；重点农药，即甲胺磷等禁用高毒农药和克百威、涕灭威、灭多威等高毒限用农药。通过整治，进一步规范了菜农、合作组织和企业购买农药、存放管理农药以及使用农药的行为。开展监督抽检，严格不合格产品的立案和处罚。对存在较大质量安全隐患的区进行约谈，提出工作要求。全年抽取 10 类蔬菜 1 724 个样品，合格率 98.84%。

2016 年市政府开展了生鲜乳、饲料和养殖环节瘦肉精三项质量安全专项整治；开展了 2016 年饲料、生鲜乳、瘦肉精、草种四个专项监测，加强行政管理和监督执法联动，推进行政管理和监督管理规范化、制度化和长效化，全年监测饲料样本 1 146 批次，样品合格率为 97.85%、生鲜乳质量安全监测合格率 100%、草种监测合格率 100%。

2016 年农业部开展两次水产品药残产地监督抽查和一次水产品苗种监督抽查，检测合格率均为 100%；2016 年国家农产品质量安全例行检测（风险监测），全年平均合格率达到 97.5%。

二、北京农业各产业发展现状

（一）粮经产业

2016 年是"十三五"的开局之年，是推进农业供给侧结构性改革的攻坚之年。北京深入推进农业生产结构调整。到 2016 年底，"两田"划定全面完成。现场图版确认与划定工作基本完成。根据北京市委市政府《关于调结构转方式发展高效节水农业的意见》与市农业局农业结构调整方案，各区已制定农业结构调整实施方案，明确各区农业发展方向与目标，并加大政策扶持力度。2016 年农情调度数据显示，北京市粮田面积约为 110 万亩，比 2013 年减少 66 万亩，其中高耗水作物小麦生产下降 20 万亩。

1. 粮田面积不断调减

围绕发展高效节水农业，将地下水严重超采区作为调减粮田的重点区域，调节后增加生态林 44.5 万亩，占调减总量的 67%；增加经济林 4.5 万亩，占调减总量的 7%；发展景观作物 4.8 万亩，占调减总量的 7%；增加菜田面积 3.9 万亩，占调减总量的 6%；增加经济作物种植 2.9 万亩，占调减总量的 4%；增加其他占地 5.4 万亩，占调减总量的 9%（图 1-9）。

2. 高耗水作物不断调减

2016 年继续深入推进农业结构调整，重点是在地下水严重超采区和重要水源保护区调减粮食种植面积。2016 年粮食耕地面积为 110 万亩，同比调减 15 万亩，减少 12%。粮食播种面积为 132 万亩，其中玉米播种面积 100.5 万亩，同比减少 14.5 万亩，减少 12.6%；小

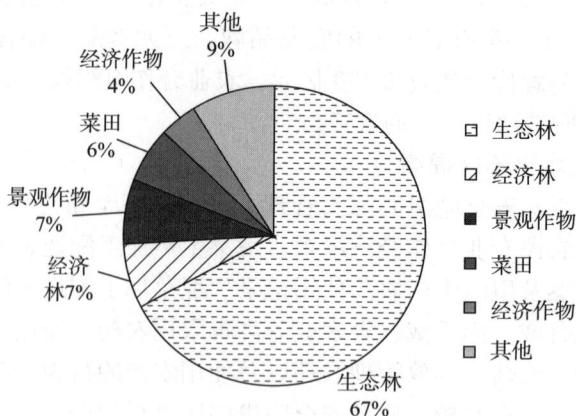

图 1-9　粮田调减后增加的作物生产结构

麦播种面积 21.2 万亩，比上年减少 3.1 万亩，减少 12.8%；其他经济作物 10.3 万亩，基本保持稳定。

3. 节水技术攻关不断进步

一是开展节水抗旱品种的筛选与评价。重点针对小麦、玉米两个主栽品种开展节水抗旱品种的引进和筛选工作，共引进了 15 个小麦品种和 12 个玉米品种，对其开展抗旱性鉴定评价，从中筛选适宜京郊种植的节水、丰产、稳产品种，同时开展了节水品种示范和节水品种配套技术研究。二是开展节水灌溉方式研究。在大田作物上，针对田间灌溉设施与农机作业冲突的难题，开展新型节水灌溉方式的筛选，在密云、通州开展了地埋式自动伸缩喷灌的应用研究，在房山、密云和通州开展圆形喷灌机的应用研究。在蔬菜作物上，针对其栽培茬口多的问题，开展灌溉设施与栽培模式的融合研究和育苗移栽＋滴灌施肥技术研究。三是开展水肥一体化技术参数研究。针对水肥一体化条件下缺少本地化灌溉施肥制度参数的问题，在房山、大兴、密云开展了小麦和甘薯的水肥一体化参数研究。四是开展沼液微灌技术研究。在昌平、延庆开展沼液过滤方式及适宜放用浓度的研究，为规模化利用沼液提供技术支撑。五是开展自动化灌溉技术研究。包括墒情监测自动化技术引进与试验、智能灌溉技术在设施瓜菜上的应用研究、远程计量水表的引进与试验等。

（二）蔬菜产业

作为具有传统城郊优势的北京蔬菜产业，在新时期依托北京自身条件，发展保持稳定。蔬菜产业作为首都应急保障和鲜活农产品供应的价值得到了重视和发展。北京市蔬菜产业的发展，突出表现出以下几个方面的特点：

1. 较高的蔬菜生产设施化水平，提高了自产蔬菜的供应力

图 1-10 可以看出，北京蔬菜产业产值在设施农业及农业产值中占比稳步提升。2016 年初，北京蔬菜产业产值占设施农业产值 74.7%，占农业产值 26.9%。北京蔬菜产业已成为设施农业乃至种植业的主要组成部分之一。

2. 完善与落实基本菜田补贴政策，为产业发展筑牢基础

修订后的补贴办法在促进实现"增加菜田面积、稳定蔬菜产量、确保质量安全"的目标

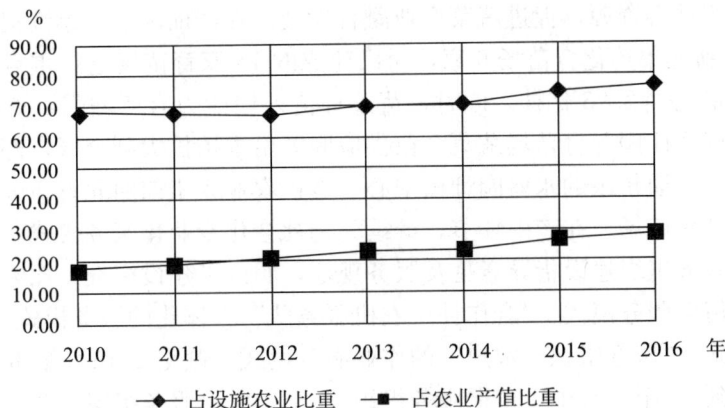

图 1-10　蔬菜产业产值占设施农业及农业产值比重

数据来源：北京统计年鉴。

的基础上，引导蔬菜产业向规模化、组织化、产业化、生态化方向发展。如房山区对 100 亩以上的设施蔬菜园区给予定额补贴；密云区和怀柔区盘活闲置设施，提升存量设施农业生产能力；大兴区、顺义区和密云区加强蔬菜生产面源污染治理。

3. 发展蔬菜万亩镇和千亩村建设，蔬菜生产的专业化水平不断提高

以五个产业带为重点区域，扶持 3 个万亩专业镇、15 个千亩专业村的建设，通过整合资源、集成先进技术与装备，推进区域化生产条件与技术的提档升级，基本实现整镇、整村蔬菜产业的布局区域化、发展规模化、装备现代化、种植专业化、生产标准化、服务社会化、经营品牌化。通过两年建设，万亩蔬菜镇达到 4 个，千亩蔬菜专业村达到 29 个，主要有番茄、黄瓜、芹菜、生菜、西甜瓜、食用菌、鲜切菜、特菜等专业村，覆盖面积约 8 万亩，成为北京蔬菜产业的集聚区和优势区。

此外，在万亩镇和千亩村建设的同时，2016 年北京还建设了 5 个标准化蔬菜生产基地，协调推进 28 个标准化生态园的建设。通过规范建设标准，指导和组织任务落实，实现了区域范围内的标准化管理和生产。在专业村和生态园范围内，每种作物按照既定的技术规程进行生产，规范生产管理，主要种植品种通过 6 个方面"统一"，即"统一技术规程、统一供应种苗、统一供应肥药、统一质量控制、统一品牌销售、统一技术培训"，基本实现了标准化管理和生产。

4. 推进蔬菜工厂化生产，提高蔬菜产业现代化水平

在顺义、昌平、延庆三个区开展了 4 个蔬菜工厂化生产试点建设，以规模化生产为基础，分别实施了日光温室番茄、日光温室黄瓜、连栋温室番茄、塑料大棚辣椒的工厂化生产示范工作，在设施建设、栽培系统、水肥管理、植株管理等生产环节实现了标准化生产。同时，在基本菜田补贴政策中，实施 3 吨折合 1 亩的补贴办法，推进芽苗菜、豆芽、食用菌等蔬菜工厂化生产能力提升。12 月底北京蔬菜工厂化生产面积达到 1 317 亩，产量将达到 19 万吨，较 2013 年增加了 36.4%。其中，工厂化食用菌占比 37.7%、豆芽菜占比 56.7%、芽苗菜占比 5.1%、工厂化番茄占比 0.5%。

5. 产业链条不断融合，蔬菜产业保持良好发展态势

以全面提升蔬菜产前、产中、产后全链条、各环节生产能力为目标，针对关键环节和薄弱环节，充分利用社会资源，促进蔬菜产业融合发展。在产前环节，继续提升蔬菜集约化育苗能力。2016 年新建集约化育苗场 6 家，对已建成的 16 家育苗场进行重点扶持和指导，蔬菜集约化育苗数量达到 2.23 亿株。同时，蔬菜种苗外销能力有所增强，如顺义区的绿奥蔬菜合作社、北务锦华庄园等育苗场蔬菜育苗供应服务由本镇扩大到全区，部分种苗外销到河北张家口市等地区。通州区的永盛园种植中心、鑫福农业逐步向河北省、天津市、山西省等地开拓蔬菜种苗销售市场。在产中环节，继续完善社会化专业化服务模式。制定并下达了植保和农机专业化服务组织建设指导意见及服务规范，明确了建设标准，探索出四种类型服务模式：政府购买植保服务模式、"合作社＋农机服务队"一体化的服务模式、"服务组织＋合作社＋农户"模式、"服务组织＋农户"的作业服务模式。截至 2016 年底北京专业化、社会化服务组织已达到 25 个，其中，植保服务组织 16 个，农机服务组织 9 个。服务园区 200 余个，服务农户 5 000 余户，服务面积 2 万余亩。在产后环节，加强蔬菜商品化能力和马铃薯主食开发。北京开展了 23 个区域性蔬菜知名品牌创建活动，15 个蔬菜专业村全部实现了 1 个村至少注册 1 个蔬菜品牌，开展品牌宣传，探索新型销售模式，扶持创建和提升的蔬菜知名品牌有"老宋瓜王""密农人家""慧田""果村芹菜"等。马铃薯主食产品开发方面，重点培育了 4 家马铃薯主食加工企业，开发出 7 类 14 种马铃薯主食产品，探索了进社区、进机关食堂、进学校、与配送公司合作、超市、农贸市场销售、电商平台、微信客户端配送等销售渠道，生产和销售各类马铃薯主食约 900 万千克，丰富了市民餐桌。

（三）畜牧产业

面对资源环境约束持续加大、畜禽养殖污染问题日益凸显等结构性问题，北京畜牧产业注重精准发力，注重政府调控和市场手段相结合，在优化畜牧产业结构中稳供给，在创新驱动中促转型，推动提质增效升级，为畜牧业长远发展铺路搭桥。

1. 商品性养殖调精调优

按照"调转节"和禁养区划定工作要求，落实开展商品性养殖调减调优和禁养区内养殖场关停工作，畜牧养殖出栏量和产量均呈下降趋势。2016 年生猪出栏 274 万头，调减 10 万头，同比下降 3.5%；肉禽出栏 3 750 万只，调减 2 938 万只，同比下降 43.9%；肉蛋奶产量分别为 30 万吨、18.4 万吨和 46.8 万吨，同比减少 17.6%、6.1% 和 18.2%（图 1-11）。围绕

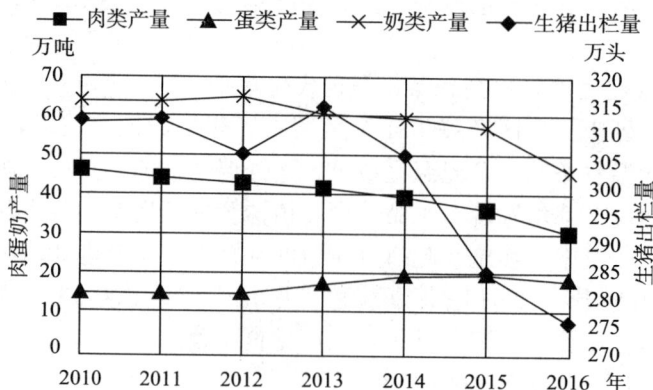

图 1-11　北京生猪出栏量、肉蛋奶产量情况
数据来源：北京统计年鉴。

保障北京供应和京津冀协同发展，通过龙头企业外埠基地建设等政策，北京市政府基于优化布局、协同发展的原则，开展外埠基地奖励工作，对首农集团、顺鑫农业等农业龙头企业在河北、天津等地建设的 4 个外埠基地予以政策扶持，通过产业疏解和首都市场畜产品安全供应的有机结合，提升了首都肉蛋奶的市场供应和应急保障能力。

2. 推进规模化养殖

中小养殖场户特别是散户退出加快。截至 2016 年，北京市规模养殖场有 2 069 家，较同期调减 216 家，调减的养殖场主要是以规模较小、粪污治理能力不强、抗市场风险能力弱的中小生猪、肉鸡养殖场为主（猪场减少 46 家、肉鸡场减少 98 家）。发布《2016 年北京畜禽养殖标准化示范创建活动工作方案》，组织开展畜禽养殖标准化示范创建，推进畜禽良种化、养殖设施化、生产规范化、防疫制度化和粪污无害化"五化"同步发展，创建国家级标准化示范场 8 家，畜牧精品企业不断增加，国家级示范养殖场达 79 家，同比增长 11%。组织开展标准化健康养殖，各区通过争取转移支付支农资金 1 580 万元，改造提升规模养殖场 50 家。

3. 良种业优势持续强化

2016 年重点实施了国家现代农业产业发展项目，中央投资 4 000 万元、地方投资 800 万元，引导企业主体投资 5 000 万元，用于北京优势产业带中生猪、蛋鸡、肉牛、肉鸽良种产业提升。其中，肉牛、肉鸽良种产业得到跨越式发展，初步构建了种肉牛和种鸽两大"新体系"。建成以窦店安格斯肉牛育种基地为核心的肉牛良种产业体系，目前该基地已成为北京畜禽良种园区建设的亮点工程。这两个新体系建设达产后，每年可提供优质肉用种牛 5 000 头、种鸽 20 万对，进一步发挥了种业的效益优势，同时满足首都市场高端消费需求，提升畜牧业价值链。

通过政府引导、企业主体、科研支撑模式，充分发挥生猪、奶牛、家禽产业技术体系创新团队作用。蛋鸡产业在已有自主品种优势的基础上，以华都峪口、北农大集团等龙头企业为主体，培育了"京白 1 号"、节粮蛋鸡配套系"农大五号"、栗园油鸡蛋鸡和京星黄鸡 103 配套系，自主知识产权蛋种鸡品种占全国蛋种鸡市场的 50% 以上，实现了从标准化蛋鸡品种到特色蛋鸡品种的全覆盖。生猪创新团队则以国家级生猪核心育种场为主体，开展大体型、节粮型、高繁殖力专门化品系的选育工作，已取得阶段性进展。通州区建成了 3 000 头基础母猪的英系大白精品种猪产业带。奶牛创新团队开展种子公牛培育，为我国奶业发展奠定了优质种源基础。

4. 畜牧业向二、三产业延伸

一是推进产业融合。以龙头企业为主体，协同推进"互联网＋"与畜牧产业的深度融合，充分发挥"互联网＋"在生产要素配置中的优化和集成作用，通过"互联网＋"夯实畜牧业信息化产业基础。将"互联网＋"用于牧场管理、产品销售、产业服务、金融平台等范畴，打造新的经济增长点和新型业态。其中，华都峪口开展"智慧蛋鸡"工程，以雏鸡为互联网门户，依托蛋鸡全产业链资源，建设智慧蛋鸡服务平台，实现线上交易、线下服务。北农大集团以互联网和金融为手段，整合蛋鸡产业生产流通销售和服务环节，创建中国蛋鸡产业首家创业孵化平台——蛋 e 网。北京蛋品加工销售行业协会联合成立了中国鸡蛋交易中心，将电子商务与传统的鸡蛋行业相结合，促进资源与市场对接，优化订单农业，让生产者依需定产，合理平衡好产业的供需关系。二是发展休闲畜牧业，使市民认识畜牧业，走近畜牧业。通过农畜结合旅游观光、林下养殖、农畜文化体验等形式，开发现代畜牧业的休闲展现等功能，满足了城市居民消费变化的需求。畜牧业企业的 65 个品种的入驻"优农佳品"网站，涌现出绿神鹿业、百年栗园、优帝鸽业等集畜牧养殖、旅游观光、电商平台为一体的典型代表。

（四）水产养殖业

2016 年，在北京相关渔业政策的推动下，以调结构转方式为主线，着眼精品高端、节水高效、生态安全，强化渔业法治和渔业安全，积极推进渔业转型升级。

1. 渔业生产产能深度调整

渔业开始瘦身健体，提档升级效果明显。在以水定产、以需定产、以煤限产的政策引导和市场配置资源的共同调整下，一批规模小、高耗水、市场竞争能力弱的养殖场退出渔业产业，水源保护区、自然保护区及其他敏感区域划定及禁止新建养殖场工作顺利完成，为绿色发展打下了基础。渔业水域面积与水产品产量变化趋势相类似，2013 年以前基本保持稳定，2014 年出现突增，以后开始下降（图 1-12）。

2016 年利用中央、市级农业专项转移支付资金和农机购置补贴 4 754.5 万元，带动社会资金投入一亿多元，支持养殖场基础设施改造与环境美化、设备升级和循环水技术应用，实施了一批重点工程，建设节水养殖示范场、升级改造休闲渔场、苗种场共计 31 个，改造养殖面积 1 803 亩，推动养殖场向园林化设计、现代化设施、融合性发展加快转型。新创建休闲渔业示范场 5 家。

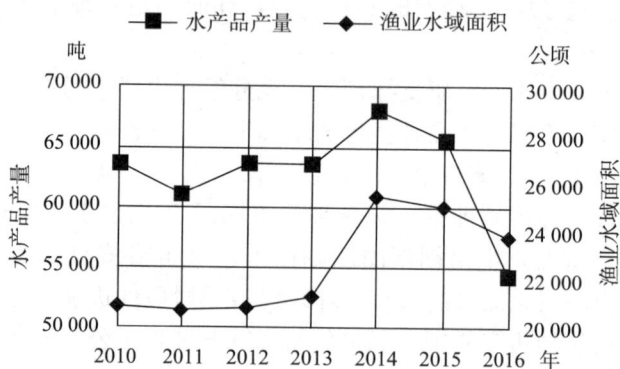

图 1-12　北京渔业水域面积、水产品产量

数据来源：北京统计年鉴。

2. 生态涵养功能不断增强

2016 年北京水生生物资源养护面积为 32 万亩，比 2015 年增长 2 万亩，渔业服务首都生态功能的空间进一步扩大。2016 年共投入水生生物资源养护资金 1 783 万元，在密云水库等 24 处重点渔业水域，放流鲢鱼、鳙鱼等滤食性苗种和细鳞鲑、瓦氏雅罗鱼、中华多刺鱼三类珍稀濒危物种鱼苗共计 1 552.6 万尾，增殖放流在削减氮磷、固碳释氧、调节水体平衡方面发挥了重要作用。

3. 强化新品种引进和推广

引进加州鲈、松浦镜鲤等名优水产苗种 10.7 万尾，并在京郊 6 个区示范推广。引进大鳞鲃苗种 4.5 万尾、澳洲鳕鱼苗种 4 500 尾、血鹦鹉苗种 4.2 万尾、哈雷拉种龟 90 只、窄桥 90 只。孵化鳄龟受精卵 7 000 枚、美国甲鱼受精卵 1.44 万枚、红罗非鱼花 550 万尾。繁育江西三红水花 50 万尾、龙凤锦鲤水花 20 万尾、匙吻鲟水花 5.3 万尾、匙吻鲟人工受精卵 6.7 万粒、孵化水花 5.3 万尾、松浦镜鲤鱼种 2.2 万尾。

三、北京农业新业态发展现状

（一）籽种农业

籽种产业处于农业价值链的上游，是科技密集型产业，对生物技术、基因工程等依赖度较强。北京集聚了全国最具实力的籽种科研育种机构，拥有中国农业大学、中国农业科学院等一批农业科研院所，其中拥有育种规模的科研院校和企业达 80 多家，专业育种者 1 000 多人。

2016 年籽种农业发展取得了巨大成就，依托自身科技资源优势，推进种业之都建设，支撑都市型现代农业发展，取得了显著成效。根据北京种业发展规划，全国种业创新中心、交流交易中心、企业聚集中心、种业发展服务平台的地位已基本确立。通州区国际种业园区已吸引国内外知名企业及科研单位 50 余家，企业总投入超过 30 亿元，成为种业企业研发、试验基地；在全国率先建设北京农科城种业科技成果托管平台，推进了种业科技成果产业化，为国家（北京）现代种业创新试验示范区建设、北京全国科技创新中心建设提供了有力的支撑。

为进一步贯彻落实国家"十三五"现代种业发展新部署，农业部、科技部、北京市政府共同推进北京现代种业创新试验示范区建设，旨在将其建成具有全球影响力的种业自主创新战略新高地，打造成为我国现代种业科技创新中心。根据《国家南繁科研育种基地（海南）建设规划（2015—2025）》和《推进南繁基地建设实施方案》，开展南繁科研、生产、生活配套设施建设，总投资 2.515 亿元，着力推进种业人才和成果权益改革工作，落实种业重点项目，增强企业创新能力。

（二）设施农业

设施农业通过汇集土地、资金、技术和劳动力等要素，形成了以资金密集、技术密集、劳动力密集为主要特征的集约高效型农业。设施农业的发展起步较早。由于政府对"菜篮子"工程的支持力度比较大，设施农业得到了快速发展，区域化布局、专业化生产、特色化种植的整体格局已初步形成，设施农业成为北京都市型现代农业的主要业态之一。

20 世纪 80 年代初，京郊就开始发展设施农业，主要以加温温室为主，每年消耗煤炭 1～2 吨/栋，生产成本较高。20 世纪 90 年代，陆续从东北、山东等地引入了不同类型的日光温室，并自主设计建设了符合农业发展实际的日光温室。经过 30 多年的发展，日光温室已成为目前京郊设施农业的主要形式。到 2015 年底，设施农业占地面积达到 41 088 公顷，实现年收入 55.3 亿元。其中，蔬菜及食用菌播种面积 34 113 公顷，实现收入 41.5 亿元；花卉苗木播种面积 1 311 公顷，实现收入 4 亿元；瓜果类播种面积占 4 508 公顷，实现收入 7.6 亿元（表 1-5）。

表 1-5　2015 年北京设施农业发展情况

项目	设施农业播种面积（公顷）	设施农业产量（吨）	设施农业收入（万元）
温室	23 651	794 794	396 448.1
大棚	14 452	522 199	136 992.0
中小棚	2 985	113 019	21 572.0
合计	41 088	1 430 012	553 232.1

数据来源：北京统计年鉴。

各区根据本地区的产业规划，因地制宜，发展多种产业的设施农业。比如，大兴区、顺义区以蔬菜和西甜瓜为主，平谷区以蔬菜和大桃为主，房山区以蔬菜和食用菌为主，昌平区以草莓采摘和观光休闲为主等。设施农业不断丰富市民的"菜篮子"和"果盘子"。

（三）会展农业

会展农业是以拓展农业多功能性为导向，以农事、农俗、农产品为载体，以会议、展览、节庆等活动为表征，以科技、通信、交通设施等为支撑，融合旅游、文化、餐饮、服务、物流等多种业态的发展模式。

北京会展农业主要包括农业高峰论坛、新产品展示交易和农业节庆活动 3 种形态，内容上涉及农业高新技术、农业机械、农业生产资料、农产品加工、农产品、籽种、花卉园艺等多方面，在开拓市场、塑造品牌、扩大贸易、增进交流、推动发展等方面发挥着重要作用。据不完全统计，2010 年在北京主要场馆举办的涉农展示和交易中，参会人数在 500 人以上的共 34 场次。同时，北京吸引着越来越多的国际性盛会，如 2008 年的第 4 届国际板栗学术会，2012 年世界草莓大会、国际食用菌大会，2014 年世界种子大会、世界葡萄大会，2016 年北京国际农业·农产品展会等。围绕宣传展示北京特色优势产业，农业节庆活动发展迅速，平均每个区县有 3～4 项特色农业节庆活动，显著提升了当地农产品品牌的知名度和美誉度，已经成为促进农产品销售、拓展农业功能、加快产业融合发展、实现农民增收的重要途径。农业节庆活动以农产品和农业体验采摘为主，辅以各种文化休闲活动，兼具吃、玩、赏、教等多项功能（表 1-6）。

表 1-6　北京各区农业节庆活动

区	农业节庆活动名称
海淀区	果品采摘节暨冬枣节，农民艺术节，樱桃节，车耳营杏花节
朝阳区	蟹岛农耕节，郎家园枣采摘节，蓝调篝火节
丰台区	长辛店大枣采摘节，青龙湖龙舟节，王佐登山节，南宫温泉养生节
昌平区	苹果节，草莓节，农业嘉年华
顺义区	果品采摘节，郁金香文化节，菊花文化节，农业博览会
通州区	葡萄采摘节，进球捉蟹节，蘑菇文化节
大兴区	西瓜节，梨花节，安定桑葚文化节，采育葡萄文化节，大兴春华秋实

（续）

区县	农业节庆活动名称
门头沟区	妙峰山玫瑰节，金秋采摘节，门头沟指秀山茶文化节，樱桃节
房山区	张坊镇金秋观光采摘节
平谷区	北京平谷国际桃花音乐节，平谷金秋采摘观光节，国际养生旅游文化节，红杏采摘节
怀柔区	虹鳟鱼美食街，绿色果品采摘节，中国汤河养生文化节，汤河川满族民俗风情节
延庆区	张山营葡萄文化节，新庄堡杏花节，大庄科栗蘑采摘节，柳沟豆腐文化节
密云区	农耕文化节，鱼王美食节，不老屯贡梨采摘节，金秋采摘节，国际板栗节

（四）创意农业

创意农业是随着新的消费需求升级逐渐在实践中发展起来的新型农业发展模式。北京创意农业是文化创意产业与农业相融合的新兴业态，以农业为创意对象，其所提供的农产品和服务凝聚着三产产品的特性和人的创造力，也是农业多功能性的具体体现。

近年来，北京农业有效地利用自然、文化、科技等资源，推进农业生产、生活、生态一体化发展，有效地增加了农民与市民融合，促进城乡文化、人才、资金等要素有机融合。北京郊区以创意为理念，以农业资源为基础，以科技为手段，以市场为导向，以高端人才为支撑，以观光农业为切入点，创造出了文化附加值、生态附加值、科技附加值和服务附加值较高的，能够满足人们精神和文化需求的创意农业产品，目前形成了"紫海香堤"多元创意组合模式、"植物迷宫"景观农业创意模式、"波龙堡酒庄"产业融合创意模式、"百里山水画廊"空间集群发展创意模式等一系列成熟的典型模式。

创意农业已成为北京统筹城乡发展、富裕农民的选择，北京也成为中国创意农业的榜样城市。目前拥有创意农产品 30 多种类型、郊区创意农产品高达 200 余种，产值 1 000 万元以上；初具规模的创意农业园达到 113 个，包括 50 多个农业主题公园，年接待游客 500 多万人次，收入高达 6 亿元以上；具有一定影响力的创意农业节庆活动 60 多个。到 2016 年，北京文化创意产业实现增加值 4 000 亿元人民币，年平均增长 20%，占北京 GDP 比重高达 20%。

创意农业作为北京都市型现代农业发展的一个新型增长点，已成为拉动"三农"经济快速发展的重要动力，为提升农业软实力、促进城乡融合互动、增加农民收入提供了新的引擎。

（五）休闲农业

进入 21 世纪后，北京休闲农业得到了快速发展，探索建立了休闲景观农业发展模式。休闲农业的种类和开发内容也在逐渐增加。

休闲农业不仅仅是观光采摘农业，还包括农业景观、民俗风景、特色农业以及农家乐等多种形式。其中，休闲农业观光园区的数量增加最为明显。2004 年北京制定了《北京观光农业园示范评定标准》，休闲观光园的服务内容和服务质量逐步完善。2016 年，农业部联合发改委、林业局、旅游局等多个部门印发了《关于大力发展休闲农业的指导意见》。北京响应号召，联合多部门加强对休闲农业的管理和监督工作。

表 1-7　北京农业观光园和民俗旅游业总体情况

项　　目	2010	2011	2012	2013	2014	2015	2016
农业观光园：							
农业观光园个数（个）	1 303	1 300	1 283	1 299	1 301	1 328	—
高峰期从业人员（人）	42 561	46 038	48 906	50 406	47 088	42 617	—
接待人数（万人）	1 774.9	1 842.9	1 939.9	1 944.4	1 911.2	1 903.3	2 250.5
经营总收入（亿元）	17.80	21.72	26.88	27.36	24.9	26.3	28.0
民俗旅游：							
接待户数（户）	7 979	8 396	8 367	8 530	8 863	8 941	
高峰期从业人员（人）	16 856	18 232	18 705	19 578	21 493	22 313	—
接待人次（万人）	1 553.6	1 668.9	1 695.8	1 806.5	1 914.2	2 139.7	2 297.4
经营总收入（亿元）	7.3	8.6	9.05	10.20	11.25	12.86	14.40

注："—"表示数据未发布。

数据来源：北京统计局。

休闲农业和乡村旅游已经成为北京各区，特别是山区农民增收的重要抓手。2016年，北京观光园接待游客2 250.5万人次，比上年增长18.2%，实现收入28亿元，增长6.3%，其中出售农产品收入5.9亿元，占总收入的21%；北京民俗游接待游客2 297.4万人次，比上年增长7.4%，实现收入14.4亿元，增长11.7%（表1-7）。继大兴、怀柔、密云、延庆、平谷之后，2016年昌平区、房山区被国家有关部门认定为全国休闲农业和乡村旅游示范区，房山区水峪村等4个村被推介为2016年中国美丽休闲乡村（累计达到14个村），中粮智慧农场等8家农业园区被认定为全国休闲农业和乡村旅游五星级园区（累计达到24家），新评定星级休闲农业园区（企业）79家。

（六）电商农业

电商农业是电子商务发展的衍生模式，借助社交网站、APP、微信、网络媒介的传播途径，通过社交互动、口碑影响力、用户提供内容等手段对商品进行展示、分享，以达到有效推广农产品的目的。

北京农业电商得到了较快的发展，农民合作社、农业生产企业电商化比例不断提高，农业电商社会化服务机构迅速发展壮大。目前，北京3 900多个村中，搭建农业电商平台的比例约占8%；农民合作社搭建电商平台的约占25%。

大型电商平台带动农业电商快速发展。淘宝、天猫、京东等依然是农业电商的大型支撑平台，中粮我买网、沱沱工社、本来生活等垂直电商的经营水平不断提高，顺丰优选、EMS等物流型电商的作用日益突出。与此同时，还涌现了爱鲜蜂、许鲜、智农宝、绿色家递、慢生慢品、鲜来鲜品等农产品电商新锐。一批以生产和经营北京本地特色农产品的本土化农业电商企业迅速发展，如利民恒华、密农人家、天安农业、阿卡农庄、北菜园等。同时，以分享收获、哈斯农场、自然乐章、好农场等为主的社区支持农业电商模式日益成熟，三三老栗树、一原一品等微电商发展也十分迅速。

社会化服务机构在农业电商的发展中发挥了重要作用。如奥科美公司搭建的"农场云"平台，在指导农场生产管理的同时，提供了农产品生长履历、优品地图等信息，方便渠道商寻找货源，为生产者和渠道商提供了便利。北京农民专业合作社联合会（北京农联）与北京金农合现代农业有限公司合作，利用"农合论坛"平台对会员开展电商培训，指导建设了康顺达电商网站和"春分"农产品电商平台。目前，北京已基本形成了6种比较成熟的电商模式。

平台型农产品电商模式　京东商城是北京，也是国内最大的自营电商平台，占有国内自营式 B2C 电商市场 56％的市场份额。京东商城可以让符合标准的农产品企业入驻，也可以建立地方农产品特色馆。京东到家是京东全面进军生鲜农产品电商的重要举措，其线下联合各类生活超市、果蔬店等，基于移动终端的自动定位，实现订购产品 2 小时快速送达。

生产型农产品电商模式　主要是利用电商平台开店，或是企业自己建立销售平台。电商平台开店主要是农业企业、合作社在淘宝网和京东商城开设商店，销售本企业产品，如密农人家、沱沱工社、鲜森活、鲜农乐、源味生活、顺丰优选、阿卡农庄等。企业自建电商平台，就是根据本企业生产产品特点建立网络销售平台，全方位销售本企业产品，经营自主、形式灵活，如哈斯农场、京之源、绿富隆、三三老栗树等。

贸易型农业电商发展模式　贸易型农业电商主要侧重于农产品的整合、包装、品牌、物流等。企业不生产产品或产品很少，主要以联营和购买其他企业农产品为主，集合农产品资源，开发微信、APP 等线上平台，并应用第三方物流进行电商销售，属于比较活跃和参与性较强的一种模式，如鲜来鲜品、绿色家递、本来生活、美菜网、美家美鲜等。

社区 O2O 农产品电商发展模式　一是企业建立社区 O2O 销售模式。北京与金泰集团、金色榜样公司达成框架合作协议，充分利用金泰集团的金质生活社区店和食品安全社区宣传站开展本地农产品线上销售、线下展销体验活动。通过现场展示介绍、实际品尝等体验活动打通线下链条，让市民认识电商、应用电商。二是社区支持农业（CSA）的农产品销售模式。社区支持农业是一种以生态农业为生产方式的农场（或农场群）与其所支持的会员、社区之间建立的订单服务方式。目前北京约有 50 家 CSA 农场，其中以分享收获、哈斯农场、自然乐章等规模较大，农场平均会员规模约为 200 户，服务会员家庭数量超过 1 万户。

基于平台电商的农资电商发展模式　北京率先为京东商城农资销售提供支持，促进农资电商业务的发展。一是协助京东商城开展行业对接。组织京东商城与市种子站开展座谈，着重解决农资风险点应对和种业企业对接两个核心问题。同时协助京东商城与北京 10 多家种子企业签订了合作协议，确保了京东商城籽种网上销售业务正式上线运行。二是京东商城与市供销社开展对接，逐步推进农资产品网上销售和提货点建设。

"电商＋休闲采摘"模式　休闲采摘是实现农产品优质优价的最佳手段之一，也是预防滞销的有效措施之一。一方面将北京休闲采摘资源进行整合，形成北京特色休闲采摘产品，加强互联网推介；另一方面积极推进休闲采摘基地、园区与电商企业开展合作，将特色休闲采摘产品向电商会员进行广泛推介，让电商会员成为园区会员，更真切、更便利地体验北京农业，促进农产品价值产地直接转化。

北京将着力于培育和壮大农业电商主体，探索线上线下贯通市、区、镇、村的农产品流通和农业生产资料销售的电商模式，加快构建基于互联网技术的新型农业经营体系，促进本地大宗农产品销售和名特优新农产品实现优质优价。

第二章　北京都市型现代农业发展特点

一、北京农业特色鲜明

北京都市型现代农业具有极其鲜明的特色，其生产、流通和消费，空间布局和结构安排，农业与其他产业的关系等，均优先服务于城市需要。这种城市需要推动农业发展，体现了大都市对农业的依赖性，进而实现相互依存、相互补充、相互促进的一体化关系。北京都市型现代农业不仅要开发生产功能，还要开发生态、生活等功能，实现多功能融合的大农业。生产经营方式表现为高度集约化，生产、加工、销售一体化发展，产业化发展不断由低级向高级攀升，不断打破不同地区、不同产业间的壁垒和障碍，快速形成多元化、多层次、多形式、多渠道的产业融合发展新格局（图2-1）。

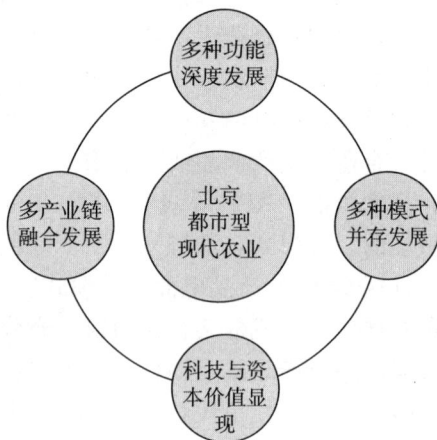

（一）多种功能深度发展

在巩固发展农业传统生产功能的基础上，北京都市型现代农业生活、生态和示范功能凸显。

图 2-1　北京都市型现代农业的鲜明特色

以农业景观资源为依托，以农业观光园和民俗旅游为主体的农业新形态在郊区蓬勃发展。农业观光园和民俗旅游收入成为农民增收的重要渠道。与此同时，农业生态功能深度开发，不仅对过去造成的生态破坏进行了修复，而且明确了生态涵养的重点功能区，并在广大农村推行有利于节约能源资源的生产生活方式和消费模式。都市型现代农业的示范效应日益增强，可以说郊区农业是现代农业的大观园。在这里可以找到符合都市型现代农业特点的一切农业形态，这些农业形态有的已经成为一种发展模式在推广，比如设施农业、休闲农业等；有的只是一个示范点，比如峪口籽种农业、樱桃沟的精品农业等。正是因为坚持农业多功能发展，农业综合效益得到大幅提升，农业总产值每年不过几百亿，但是农林水的生态服务价值却超过了1万亿元，农业和它赖以存在的生态资源已经成为城市不可分割的一部分。

（二）多种模式并存发展

因地制宜，根据实际条件探索发展了多种有效模式，无论是平原还是山区，无论是农业资源丰富还是贫瘠的地区，都探索发展出适宜的农业形态，并形成了该地区都市型现代农业发展的模式。比如，大兴区是一望无际的平原，历史上也有大面积耕种的传统，因此就重点发展设施农业，发挥了农业发展的比较优势；怀柔耕地有限，但山水旅游资源丰富，区政府就提出农业公园化的发展思路，如今公园农业成为当地的新兴业态；密云的长城脚下有一片无垠的香草田，依据这独有的生态资源，密云创造了"紫海香堤"创意农业的发展新路。诸如此类的发展模式还有很多。实践证明，这些充分利用现有农业资源和生态条件，在政府主导和市场引导双重作用下形成的发展模式具有很强的生命力和良好的发展前景。

（三）多产业链融合发展

农业与二、三产业融合发展是北京加快转变农业发展方式的必然要求。延长农业产业链，依托农业，发展农产品加工业、农业工厂、休闲农业等多种形态，是北京都市型现代农业的突出优势。近年来，着眼于提升农业附加值，不断拓宽农业发展领域，探索出了以"三元奶业"为代表的精品农业发展新路。这种发展模式就是利用外埠的奶源，结合北京的科技、资本优势，通过严把产品质量关，做强冷链物流配送服务，赢得了广泛的赞誉。2016年，仅北京山区休闲农业的产值接近 100 亿元，为山区农民开辟了致富之路。

（四）科技与资本价值显现

近年来，北京农业充分发挥科技、资本的优势，大大提高了生产效率和生产效益，实现了做大做强。例如，籽种农业就是一个必须依靠前端科技研发的典型，没有种质的研发，就不可能有籽种农业。例如，北京平谷峪口禽业以蛋种鸡为产业发展突破口，发展成为国内最具实力的蛋种鸡繁育基地，关键就在于峪口禽业通过引进消化吸收再创新的方式，自主研发了具有自主知识产权的新品种，科技在峪口禽业的发展中发挥了关键的作用。北京农业正逐渐走向资本市场，通过推动农业企业上市，解决农业资本少的难题。

二、北京农业多功能性日益凸显

（一）生产功能

随着北京农业产业结构的转型升级，农业的功能不断拓展延伸，传统的生产功能也在不断强化。生产功能是农业的基本功能，也是都市型现代农业的产业基础。农业生产所蕴含的应急保障功能对于维护首都经济社会的繁荣稳定具有重要意义。北京农产品自给率除粮食和水产品较低外，其他供给均有稳定保障，市场控制率尤其是奶牛产业和蔬菜产业高达83.5％和 60％，产品合格率也高达 96％以上。

（二）生活功能

都市型现代农业的生活功能既体现在休闲娱乐文化性方面，也体现在其示范性方面，同时还具有一定的文化教育功能（图 2-2）。

通过开发休闲农业，为游客提供洁净优美的休闲游览场所，让居民体验农耕和丰收的喜悦、采摘和垂钓的乐趣、品尝无公害食品的快乐，在参观游览体验中得到回归自然的放松，使游客达到休闲放松的目的。通过现代科技的宣传、示范、推广，向人们展示现代农业的风采，使人们体验现代农业的乐趣；依托自然优美的乡野风景、舒适怡人的清新气候、环境生

图 2-2　生活功能示意图

态的绿色空间，让游客回归自然，尽享生态自然之美、农家风情之乐；以绿色、生态、自然的农业产业带为载体，为游客提供观光赏景、采摘游玩等项目，让游客领略到生态农业的大自然情趣；凭借富有特色的地域特色和独特的资源优势为人们提供垂钓、捕捞、加工等休闲项目，让游客品尝原汁原味的农家菜，体验淳厚的农家风情。

农耕文化是世界文化遗产的重要组成部分，从丰富城乡居民精神生活和普及科学知识的角度出发，都市型现代农业有必要体现以满足人们情感需要和青少年了解先辈农耕文化及保护地方农业历史文化遗产为目的的各类文化功能。主要体现在，休闲农业向人们提供了认识农业、了解动植物生长过程、体验农村生活、认识农村文化及生态环境的机会，利用农园中所栽植的作物、饲养的动物以及配备的设施如特色植物、水耕设施、栽培、传统农具等向人们提供知识服务，并进行农业科技示范、生态农业示范，让参与者更加珍惜农业农村的自然生态资源、自然文化资源，激发起热爱劳动、热爱生活、热爱大自然的兴趣，也进一步增强人们保护自然、保护文化遗产、保护环境的自觉性。在北京都市型现代农业中有许多这样的休闲度假农园，在这里城市居民可以体验农耕生活、学习农耕文化，同时也能在休闲中放松身心、愉悦心情。

（三）生态功能

北京都市型现代农业具有提供产品的功能，所提供的产品包括物质产品和环境产品，其提供环境产品的功能即为生态功能。生态功能包括综合提高生态系统整体功能、保护生物多样性、促进农业资源高效利用和保证农业可持续发展的作用（图 2-3）。

以大农业为出发点，按"整体、协调、循环、再生"的原则，全面规划、调整和优化农业结构，使农、林、牧、副、渔各业和农村一、二、三产业综合发展，并使各业之间互相支持、相得益彰，提高综合生产能力。针对北京各地自然条件、资源基础、经济与社会发展水平差异较大的情况，充分吸收我国传统农业精华，结合现代科学技术，以多种多样的生态模式、生态工程和技术类型武装农业生产，使各区域都能扬长避短、充分发挥地区优势，使各产业都能根据社会需要与当地实际协调发展。通过物质循环、能量多层次综合利用和系列化深加工，实现经济增值，实行废弃物资源化利用，降低农业成本，提高效益，为农村大量剩余劳动力创造农业内部的就业机会，提高农民从事农业的积极性。生态功能还在于保护和改善生态环境，防治

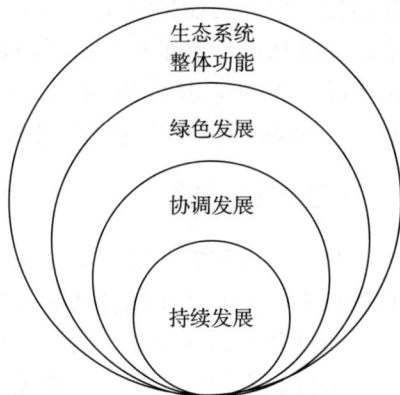

图 2-3　生态功能示意图

污染，保护生态平衡，提高农产品的安全性，把环境建设同经济发展紧密结合起来，在最大限度地满足人们对农产品日益增长的需求的同时，提高生态系统的稳定性和持续性，增强农业可持续发展的能力。

（四）示范功能

围绕都市型现代农业示范功能，突出"节水、生态、安全、高效"的重点，着力加强都市型现代农业科技创新体系、产业技术服务体系和农民科技教育培训体系的建设，打造全国农业科技创新中心和农业科技示范中心。

一批都市型现代农业的关键技术不断研发与集成，主要在6个方面取得了进展：一是在种质资源开发利用与新品种创制方面。推进了转基因技术、分子标记选择技术等在特色蔬菜瓜果、水产、景观作物新品种培育方面的应用，提升了种子质量及种子生产机械化、智能化设施配套技术集成应用水平。二是在农业信息化与智能装备技术方面。重点开发了支持大田和设施生产、畜牧和水产养殖的智能化装备，实现了农业生产管理过程的高效精准作业。三是在节水农业技术与设备方面。重点加强低耗水抗旱植物材料筛选、栽培技术、水利技术、遥感技术等的融合交叉研究，建立了节水农业综合技术体系。四是在生态循环农业技术方面。开展农业废弃物资源化利用技术、清洁化生态健康养殖技术、循环农业模式与技术集成、生态保护与治理技术等的研发与应用。五是在设施农业高效生产技术方面。重点在设施智能化装备、新型育苗基质及育苗技术、产品质量与环境质量安全控制等方面进行构建技术研发与集成应用，探索构建都市型现代设施生产标准化技术模式。六是在农产品质量安全控制与加工技术方面。围绕安全农产品的生产、产后储藏与加工、产品流通等环节，进行全过程安全技术与装备的研发。这批关键技术创新水平均处于全国乃至世界领先水平，为把北京建设成为农业科技创新中心和农业科技示范中心奠定了基础。

三、北京农业产业双向融合

（一）低碳循环农业

加强农业资源保护和高效利用，继续推进高标准农田建设，探索实行耕地轮作休耕制度试点。落实最严格的水资源管理制度。全面推进农业水价综合改革，加快建立合理水价形成机制和节水激励机制。推进重点水源保护区、地下水严重超采区、地下水防护性能较差区等重点区域农业产业结构调整，逐步有序退出高耗水农作物种植。推进生态清洁小流域建设。到2020年，农田灌溉水利用系数提高到0.75以上。大力推进耕地质量保护与提升，加大农业面源污染防治力度，继续开展测土配方施肥，推广水肥一体化技术。大力推进全程绿色防控技术体系建设，推广生物防治、物理防治和精准施药技术。到2020年，北京病虫害统防统治水平达到40%，绿色防控覆盖率达到60%。推进农业废弃物资源化利用。开展农田废弃农膜和农业包装物的回收处理试点工作。切实抓好农作物秸秆禁烧，促进农作物秸秆全部综合利用。在畜禽养殖区内加快推进规模化养殖场粪污治理和资源化利用，2020年底前基本实现北京规模化养殖场粪污资源化利用、水产养殖用水循环利用。建设一批生态农业标准园区。加快推进设施农业、园艺业（果树、花卉、种苗和蜂产业）、畜牧业、渔业生产用能无煤化，大力推广使用清洁能源。研发农产品碳排放评估工具，制定农产品低碳评价认证标准文件。

（二）农产品加工业

支持农业企业实施农产品加工设备改造升级和技术创新，促进农产品初加工、精深加工及综合利用加工协调发展，提高农产品加工转化率和附加值。培育一批北京农产品精深加工的领军企业和国内外知名品牌。强化环保、能耗、质量、安全等标准，促进农产品加工企业健康发展。引导农产品加工业向园区集聚发展，形成一批优势产业集群。

我国蔬菜水果在流通中的损耗率高达25％～35％。蔬菜的易损耗性导致其在流通环节产生大量的垃圾。同时，农产品包装材料的使用也是一大能源消耗，在清洁过程中也会消耗大量的水资源。2016年北京市开展净菜推广进社区，这一举指有效地解决了这一问题，不仅减少了资源浪费，还大大提高了农产品的供给质量。

加快搭建净菜产业市场平台体系，将净菜逐渐推广进入社区，使居民能够便捷地购买到放心且便宜的净菜。首先在蔬菜产地就近建立净菜加工基地，提高蔬菜垃圾处理能效，鼓励果蔬生产基地建立大型蔬菜初加工和深加工基地，这样至少降低了蔬菜中20％不可食用部分往返的运输；其次，将净菜逐渐推广进入社区，要加快改变农贸市场条件，建立净菜快速廉价配送系统。在各农贸市场、超市和居民小区建立净菜供应点，配备净菜空调室，形成净菜配送、销售网络。同时，制定净菜进城的法规及净菜标准，严禁泥土、烂叶进城。大力推动可循环包装容器，如周转箱的使用，建立回收激励机制。提供专项资金为生产企业建立"互联网＋净菜"的供应平台。

目前北京有蔬菜加工和配送企业100多家，年加工蔬菜总量达到60万吨左右，占郊区蔬菜生产总量的20％左右。在现有标准基础上继续完善针对主要蔬菜品种的净菜加工和流通等全链条各环节的相关标准，为推进净菜企业发展奠定技术基础。同时，将净菜产业发展纳入北京蔬菜产业发展规划，继续推进蔬菜产地净菜处理能力建设，计划5年内共推出5个万亩村、50个千亩村的建设，支持蔬菜主产区净菜处理能力建设。

（三）农产品现代物流业

"十三五"期间，北京全面开展六大物流工程建设，为农业现代物流业发展提供强有力的支撑。六大物流工程包括城乡物流配送网络优化工程、城市冷链配送提升工程、环京津1小时鲜活农产品物流圈建设工程、"互联网＋"物流创新工程、物流标准化推广工程、电动物流车应用工程（图2-4）。

进一步加快农产品冷链物流体系建设，促进供给侧到需求侧的高效对接。加强物流基础设施建设。推广产后预冷、预选分级、初级加工、储存保鲜、冷链配送等实用技术，增强农业经营主体临时收储和错峰销售能力。充分挖掘交通、农业、邮政、供销行业资源，合理布局和建设一批农产品区域集配中心；鼓励邮政、快递企业参与鲜活农产品物流配送。以区域为单位整合物流配送资源，引导种养大户、家庭农场、农民合作社、农业企业加强合作，建立物流配送利益共同体，促进农业资源的有效利用。鼓励北京农业生产企业、农民专业合作社、种养大户、家庭农场利用农机补贴政策购置预选分级、保鲜储藏设施；支持农产品冷链物流企业购置新能源车辆开展城市配送服务。引导地产农产品短链直销。鼓励和支持有条件

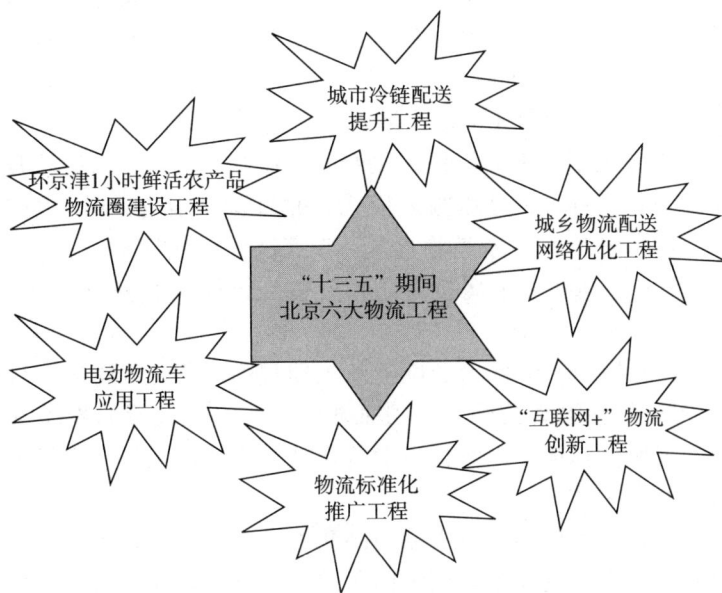

图 2-4 "十三五"期间北京六大物流工程

的京郊农产品生产基地,通过建立连锁化、规范化的社区直营店、社区车载车售等形式,向城市社区直供直销,引导市民与生产基地直接对接。加强地产农产品产销组织化建设,提高农业订单化生产水平,引导发展多种模式的产销联合体。

四、北京农业社会化服务体系不断完善

根据北京"十三五"时期城乡一体化规划,到 2020 年,北京都市型现代农业将迎来重大突破。届时北京将建设成为全国都市型现代农业示范区、节水农业示范区、京津冀农业发展带动区,这将把北京都市型现代农业发展推动至前所未有的高度。一个与之匹配、融会贯通、横向到底、纵向到边、功能齐全、内涵独特的现代化农业社会化服务体系正在形成。

(一)服务主体

多年来,北京市率先开展农业科技推广模式创新,以公益性农业技术推广为主体,完善建立了市、区、乡镇、村四级推广体系,特别是在农业产业村采用政府购买服务方式设置了全科农技员。2016 年,10 个区 143 个乡镇主导产业村共聘用 2 498 名全科农技员为农户提供全方位技术服务。全年针对全科农技员的技术指导与培训工作多达 80 万次,为农民解决生产难题 18 万个。

现代农业产业技术体系北京市创新团队建设力度不断加大。2009 年,北京开始启动创新团队建设。到 2016 年,继续建设果类蔬菜、叶类蔬菜、西甜瓜、食用菌、粮经作物、生猪、家禽、奶牛、观赏鱼、鲟鱼鲑鳟鱼共 10 个创新团队。10 个技术研发中心聘用岗位专家 154 名,建设综合试验站 52 个、农民田间学校工作站 214 个,畅通技术研发、集成示范与培训推广的成果转化渠道。创新团队立足优势产业需求，有效凝聚了在京科研、推广、企业等单位的优势资源，构建产前、产中和产后全产业链条产业技术研发与服务资源，有力支撑优势产业发展。2009—2016 年，北京共投资 7 亿元用于专项建设，开展科技创新技术研发 338 项，新产品 252 项，新品种 103 个，经济效益已突破 60 亿元。

继续支持社会化服务机制探索。依托农民专业合作社、农药经营店，开办"植物诊所"，完善农作物病虫害专业化、标准化技术服务模式。北京首家植物诊所于 2012 年在延庆开始运行。到 2016 年，北京共启动 34 所植物诊所，5 家区级植物医院，1 个市级植物总医院，为 12 000 多家农户提供 20 000 多个病虫害防控处方，该体系服务范围已覆盖 131 个乡镇、550 个村。

到 2016 年底，北京共形成 1.38 万公顷流转土地规模经营，以跨区、订单为基本经营方式，开展规模生产面积超过 10 万公顷。在国家强农惠农富农政策的带动下，北京农机社会化服务体系得到快速发展，形成了以农机专业合作社为主体，以村级农机服务队、农机专业户为辅助的新型农业经营主体。

当前，现代农业产业技术体系北京市创新团队建设成效明显，农业科技推广体系、植物病虫害体系、农机服务体系等建设都得到了前所未有的进步，北京农业社会化服务能力不断提升，服务质量进一步优化。

（二）服务层次

北京农业发展已逐渐从传统农业迈向现代农业。2005—2015 年，北京市耕地面积不断下降，农机总动力从 2005 年的 337.7 万千瓦降低至 2015 年的 185.9 万千瓦，11 年间，农机劳动力减少了近 45%。与此同时，农业观光园、民俗旅游业、种业、设施农业等一系列产业蓬勃发展，为北京都市型现代农业的发展提供了新的动力。

北京市农业观光园的经营收入从 2005 年的 7.88 亿元提升至 2016 年的 28 亿元，提高了 255%；民俗旅游业经营收入从 2005 年的 3.14 亿元提升至 2016 年的 14.4 亿元，提高了 359%；种业收入从 2007 年的 8.27 亿元提升至 2015 年的 11.23 亿元，提高了 36%；设施农业经营收入从 2005 年的 18.62 亿元提高到 2015 年的 51.27 亿元，提高了 180%，其增量与增速都是空前的。在这种发展形势下，北京农业社会化服务体系将不再仅仅服务于单一的传统农业，更加全面的新型都市型现代农业社会化服务体系也将出现。

（三）服务理念

随着人们生活水平的不断提高，人们的消费理念开始转变，健康、绿色已经成为人们对农产品的最基本要求之一。在新时期，农业要想获得持续稳定的发展，打好"健康牌"是基础。根据《2016 年北京都市型现代农业生态服务价值监测公报》，2016 年北京都市型现代农业生态服务价值年值为 3 530.99 亿元，比上年增长 6.8%；贴现值为 10 565.01 亿元，比上年增长 3.2%。

从构成农业生态服务价值年值的三个部分看：直接经济价值为 396.40 亿元，比上年下降 6.2%，占总价值的 11.2%；间接经济价值为 1 149.83 亿元，比上年增长 7.7%，占总价值的 32.6%；生态与环境价值为 1 984.75 亿元，比上年增长 9.2%，占总价值的 56.2%（图 2-5）。

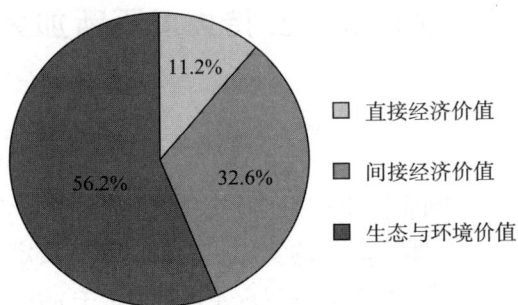

11.2%
56.2%
32.6%

直接经济价值
间接经济价值
生态与环境价值

图 2-5　2015 年北京都市型现代农业生态服务价值构成

　　2016 年，北京市大力推进农业供给侧结构性改革，农业结构调整、生产方式转变、新兴产业的生态收益大幅提升。休闲农业和郊区旅游持续释放活力，带动文化旅游服务价值同比增长 9.6%，对间接经济价值的贡献率达 78.8%。这足以说明，生态服务价值将成为新时期都市型现代农业发展的重要动力，绿色发展成为新型农业社会化服务体系的基本要求之一。

表 2-1　2016 年北京都市型现代农业生态服务价值及增速

指标名称	年值		贴现值	
	2016 年（亿元）	比上年增长（%）	2016 年（亿元）	比上年增长（%）
都市型现代农业生态服务价值	3 530.99	6.8	10 565.01	3.2
直接经济价值	396.40	−6.2	396.40	−6.2
农林牧渔业总产值	338.06	−8.2	338.06	−8.2
本地供水价值	58.34	7.2	58.34	7.2
间接经济价值	1 149.83	7.7	1 149.83	7.7
文化旅游服务价值	742.69	9.6	742.69	7.7
水力发电价值	9.65	86.3	9.65	86.3
景观增值价值	397.49	3.4	397.49	3.4
生态与环境价值	1 984.75	9.2	9 018.77	3.1
气候调节价值	693.50	16.9	2 267.50	5.7
水源涵养价值	261.15	30.2	374.75	20.0
环境净化价值	122.86	2.1	976.46	1.5
生物多样性价值	668.05	0.3	2 865.25	1.2
防护与减灾价值	221.81	0.4	1 521.81	1.3
土壤保持价值	3.86	27.6	10.26	13.7
土壤形成价值	13.53	1.2	284.13	1.2

数据来源：《2016 年北京都市型现代农业生态服务价值监测公报》。

五、北京农业支持力度不断加大

（一）农业支持政策

1. 国家农业支持政策

2004年以来，国家从关系到农民生产生活、农村和谐稳定和农业持续发展等方面相继出台了一系列的惠农政策，这些惠农政策的实施顺应了民意、安定了民心、稳固了民生。随着农业现代化发展不断推进，我国农业支持政策不断完善，在新阶段，大量新型农业支持政策出台，补贴范围越来越广，补贴内容和方式也趋于现代化，包括耕地地力补贴、农机购置补贴、新型职业农民培育补贴、农民合作社和家庭农场补贴、农业信贷体系建设、农业产业园建设、农村产业融合发展、信息进村入户等，这些政策为农业现代化发展提供了强有力的保障（表2-2、表2-3）。

表 2-2　2016年我国农业支持政策主要类型

补贴事项	补贴对象	补贴方式	补贴范围
耕地地力补贴	拥有耕地承包权的农民	"一卡（折）通"直接兑现到户	鼓励采取秸秆还田、深松整地、减少化肥施用量、施用有机肥
农机购置补贴	按规定程序购置农业机械、直接从事农业生产的个人和农业生产经营组织	实行自主购机、定额补贴、县级结算、直补到户的补贴方式	对支持绿色发展的机具实行敞开补贴
新型职业农民培育	专业大户、家庭农场、农民合作社、农业企业、返乡涉农创业者	开展针对性培训，提升生产技能和经营管理水平	新型农业经营主带头人
农民合作社和家庭农场能力建设	国家农民合作社示范社、农民合作社联合社和示范家庭农场	发展绿色农业、生态农业，提高农产品加工、标准化生产、市场营销等能力	制度健全、管理规范、带动力强的合作社和家庭农场
农业信贷担保体系建设	种养大户、家庭农场、农业社会化服务组织和农业小微企业	聚焦粮食生产、畜牧水产、特色产业、农村新业态、农村一、二、三产业融合	新型经营主体
现代农业产业园建设	国家现代农业产业园	中央财政通过以奖代补方式给予支持	符合发布的国家现代农业产业园认定标准的农业产业园
农村一、二、三产业融合发展	部分重点县	开展农产品产地初加工、产品流通和直供直销、农村电子商务、休闲农业、乡村旅游、产业扶贫等工作	带动部分重点县与农民分析二、三产业增值收益的新型农业经营主体
信息进村入户	部分试点省份	中央财政给予一次性奖补	信息进村入户采取市场化运营的农村

表 2-3　2016 年我国代表性农业政策

名　　称	政策类型（实施对象）	颁布（实施）单位、时间
《关于支持返下乡人员创业促进农村产业融合发展的意见》	新型经营主体培育	国务院 2016 年 12 月
《关于完善农村土地所有权承包权经营权分置办法的意见》	生产领域、普惠型	中共中央办公厅 2016 年 11 月
《关于协同推进农村物流健康发展加快服务业现代化的若干意见》	流通领域、普惠型	农业部、交通运输部 2016 年 11 月
《关于大力发展休闲农业的指导意见》	新型经营主体培育、环境友好型	发改委、财政部 2016 年 9 月
《"十三五"全国农业农村信息化发展规划》	新型经营主体培育、普惠型	农业部 2016 年 9 月
《关于加快推进生态文明建设的意见》	环境友好型	国务院 2016 年 8 月
《关于进一步深化农村改革加快推进农业现代化的若干意见》	生产领域	国务院 2016 年 8 月
《循环经济发展战略及近期行动计划》	环境友好型	国务院 2016 年 8 月
《农村电子商务服务规范》	普惠型、新型经营主体培育	商务部 2016 年 7 月
《农村电子商务工作指引》	普惠型、新型经营主体培育	商务部 2016 年 7 月
《科学技术进步法》	生产领域、创新型	农业部 2016 年 6 月
《促进科技成果转化法》	生产领域、创新型	农业部 2016 年 6 月
《农田水利条例》	生产领域、普惠型	国务院 2016 年 6 月
《全国绿色食品产业发展规划纲要（2016—2020 年）》	生产领域、环境友好型	农业部 2016 年 5 月
《全国种植业结构调整规划（2016—2020 年）》	生产领域	农业部 2016 年 4 月
《农作物病虫专业化统防统治与绿色防控融合示范方案》	生产领域、环境友好型	农业部 2016 年 4 月
《关于推进农村一二三产业融合发展的指导意见》	生产领域、新型经营主体培育	国务院 2016 年 1 月

（1）农机购置补贴政策

2016 年，农机购置补贴政策在全国所有农牧业县（场）范围内实施，补贴对象为直接从事农业生产的个人和农业生产经营组织，补贴机具种类为 11 大类 43 个小类 137 个品目，各省可结合实际从中确定具体补贴机具种类。农机购置补贴政策实行自主购机、县级结算、直补到卡（户），补贴标准由省级农机化主管部门按规定确定，不允许对省内外企业生产的同类产品实行差别对待。一般机具的中央财政资金单机补贴额不超过 5 万元，挤奶机械、烘干机单机补贴额不超过 12 万元，100 马力以上大型拖拉机、高性能青饲料收获机、大型免耕播种机、大型联合收割机、水稻大型浸种催芽程控设备单机补贴额不超过 15 万元，200 马力以上拖拉机单机补贴额不超过 25 万元，大型甘蔗收获机单机补贴额不超过 40 万元，大型棉花采摘机单机补贴额不超过 60 万元。

（2）生猪（牛羊）调出大县奖励政策

为调动地方政府发展生猪（牛羊）养殖积极性，促进生猪（牛羊）生产、流通，引导产销有效衔接，保障市场供应，2015 年中央财政安排生猪（牛羊）调出大县奖励资金 35 亿元。奖励资金管理坚持"引导生产、多调多奖、责权对等、注重绩效"的原则。生猪（牛羊）调出大县奖励资金包括生猪调出大县奖励资金、牛羊调出大县资金和省级统筹奖励资金三个部分。生猪（牛羊）调出大县奖励资金按因素法分配到县，分配因素包括过去三年年均生猪（牛羊）调出量、出栏量和存栏量，因素权重分别为 50％、25％、25％，奖励资金对生猪调出大县前 500 名、牛羊调出大县前 100 名给予支持。奖励资金由县级人民政府统筹安排用于支持本县生猪（牛羊）生产流通和产业发展，支持范围包括：生猪（牛羊）生产环节的圈舍改造、良种引进、污粪处理、防疫、保险、牛羊饲草料基地建设，以及加工流通环节的冷链物流、仓储、加工设施设备等方面的支出。省级统筹奖励资金按因素法切块到省（区、市），分配因素包括各省（区、市）生猪（牛羊）生产量、消费量等。统筹奖励资金由省级人民政府统筹安排用于支持本省（区、市）生猪（牛羊）生产流通和产业发展。2016 年继续实施生猪（牛羊）调出大县奖励政策。

（3）化肥、农药零增长支持政策

2016 年，按照《到 2020 年化肥使用量零增长行动方案》的要求，以用肥量大的玉米、蔬菜、水果等作物为重点，选择一批重点县开展化肥减量增效试点。一是大力推广化肥减量增效技术。依托规模化新型经营主体，建立化肥减量增效示范区，示范带动农户采用化肥减量增效技术，推进农机农艺结合改进施肥方式，提高化肥利用率。二是大力推动配方肥到田。开展农企合作推广配方肥活动，探索实施配方肥、有机肥到田补贴，推动配方肥、有机肥和高效新型肥料进村入户到田，优化肥料使用结构。三是大力推进社会化服务。积极探索政府购买服务有效模式，充分利用现代信息技术和电子商务平台，支持社会化农化服务组织开展科学施肥服务，深入开展测土配方施肥手机信息服务。

按照《到 2020 年农药使用量零增长行动方案》，大力推进统防统治、绿色防控、科学用药，减少农药使用量，提高利用率。一是推进统防统治与绿色防控融合。结合实施重大农作物病虫害统防统治补助项目，扶持专业化服务组织，推进统防统治与绿色防控融合，实现病虫综合防治、农药减量控害。二是开展蜜蜂授粉与病虫害绿色防控技术集成示范。扶持建立一批示范区，组装集成技术模式，推广绿色防控技术，保护利用蜜蜂授粉，实现增产、提质、增收及农药减量。三是实施低毒生物农药示范补贴试点。2016 年财政专项安排 996 万元，继续在北京等 17 个省（市）的 48 个蔬菜、水果、茶叶等园艺作物生产大县开展低毒生物农药示范补助试点，补助农民因采用低毒生物农药增加的用药支出，鼓励和带动低毒生物农药推广应用。

（4）加强高标准农田建设支持政策

2013 年，经国务院同意，国家发改委印发了《全国高标准农田建设总体规划》，提出到 2020 年，全国建成 8 亿亩高标准农田。2014 年，为规范高标准农田建设、统一建设要求，国家标准化委员会发布了《高标准农田建设通则》。2016 年，中央一号文件明确要求，到 2020 年确保建成 8 亿亩、力争建成 10 亿亩集中连片、旱涝保收、稳产高产、生态友好的高标准农田，优先在粮食主产区建设确保口粮安全的高标准农田。目前，建设高标准农田的投资主要有国土资源部国土整治、财政部农业综合开发、国家发改委牵头的新增千亿斤粮食产能田间工程建设和水利部农田水利设施建设补助等。

（5）种植业结构调整政策

2015 年 11 月，农业部制定下发《农业部关于"镰刀弯"地区玉米结构调整的指导意见》，提出通过适宜性调整、种养结合型调整、生态保护型调整、种地养地结合型调整、有保有压调整、围绕市场调整等路径，调整优化非优势区玉米结构，力争到 2020 年，"镰刀弯"地区玉米面积调减 5 000 万亩以上。重点发展青贮玉米、大豆、优质饲草、杂粮杂豆、春小麦、经济林果和生态功能型植物等，推动农牧紧密结合、产业深度融合，促进农业效益提升和产业升级。2016 年，农业部整合项目资金，支持"镰刀弯"地区开展种植结构调整，改变玉米连作模式，实现用地养地相结合，促进农业可持续发展。同时，中央财政安排 1 亿元资金，支持开展马铃薯产业开发试点，研发不同马铃薯粉配比的馒头、面条、米线及其他区域性特色产品，改善居民饮食结构，打造小康社会主食文化。

（6）推进现代种业发展支持政策

2016 年，国家继续推进种业体制改革，强化种业政策支持，促进现代种业发展。一是深入推进种业领域科研成果权益改革。在总结权益改革试点经验的基础上，研究出台种业领域科研成果权益改革指导性文件，通过探索实践科研成果权益分享、转移转化和科研人员分类管理政策机制，激发创新活力，释放创新潜能，促进科研人员依法有序向企业流动，切实将改革成果从试点单位扩大到全国种业领域，推动我国种业创新驱动发展和种业强国建设。二是推进现代种业工程建设。2016 年根据《"十三五"现代种业工程建设规划》和年度投资指南要求，建设国家农作物种质资源保存利用体系、品种审定试验体系、植物新品种测试体系以及品种登记及认证测试能力建设，支持育繁推一体化种子企业加快提升育种创新能力，推进海南、甘肃和四川国家级育制种基地和区域性良种繁育基地建设，全面提升现代种业基础设施和装备能力。三是继续实施中央财政对国家制种大县（含海南南繁科研育种大县）奖励政策，采取择优滚动支持的方式加大奖补力度，支持制种产业发展。

2. 北京农业支持政策

在首都发展中，北京农业一直都是为首都城市发展所服务的，处于从属于城市发展的地位。城市需求的变化引导着郊区农业生产内容和重点的变化，同时也引导着北京农业政策的变化。北京农业支持政策在其发展过程中，主要经历了三个重要阶段：

第一阶段以提高农产品的产量为核心，其政策目标锁定在主要农产品产量的提升上。这一阶段的政策手段包括建立健全农业教育、科研和推广体系，在乡村地区进行基础性教育，从而向农业生产领域不断输入新知识和新的适用性技术，促进农用工业部门的发展，向农业生产领域不断输入各种现代化投入品和生产装备，大兴农业基础设施建设。

第二阶段则以提高收入为核心目标，其政策手段主要包括调整农业结构，促进技术密集型和资本密集型农业的发展，通过贸易结构调整来适应市场需求或创造新的市场需求空间，并促进城乡统筹发展。

第三阶段开始以发挥农业多功能性为主要目标。在这一阶段，农业人口已降到很低，农业发展从一元化、专业化的工业化模式转向多元化的发展模式，技术密集型、资本密集型农业创造的价值成为北京总产值的重要部分，并形成生态农业、休闲农业、工厂化农业等多模式并存的复合格局。这也是北京都市型现代农业发展所处的阶段。在这一阶段，北京农业政策开始鼓励各种节能、节约资源的绿色技术、生态技术、生物工程技术的开发，促进技术密集型和资本密集型农业的发展；实施各种综合性文化、生态环境与自然景观的保护利用工程，复兴乡村文化和乡村生活方式，促进服务型农业及新型农村二、三产业的融合发展；建立体系化的各种农业标准和农产品标准、食品安全标准，提高农产品质量和粮食安全水平。

当前，北京农业支持政策主要可以分为以下几种类型，分别为生产领域和流通领域、农产品投入型和环境友好型、普惠型和新型农业经营主体型。北京农业支持政策已发生重大转变，逐渐由流通领域向生产领域转变，由农产品投入型向环境友好型转变，由普惠型向新型农业经营主体型转变。这都是北京都市型现代农业供给侧结构性改革的结果，也是都市型现代农业持续发展的必然要求（表2-4）。

表2-4　2016年北京代表性农业政策

名　称	政策类型（实施对象）	颁布（实施）单位、时间
北京基本菜田补贴实施办法（实行）	普惠型、环境友好型	北京农委、财政局、农业局 2016年7月
《北京2016年政策性农业保险统颁条款》	普惠型	北京农委 2016年1月
《关于公布北京2016年全国休闲农业和乡村旅游区的通知》	环境友好型	中共中央办公厅 2016年11月
《北京国家现代化农业示范区"十三五发展规划"》	创新型、普惠型	北京农委 2016年6月
《2016年北京农业农村信息化重点工作》	新型经营主体培育、普惠型	北京农委 2016年5月
《北京种业人才发展和科技成果权益改革工作方案》	创新型	北京农委、农业局 2016年11月
《关于2016年北京农业支持保护补贴政策的指导意见》	生产领域、普惠型	北京市农业局、农委、财政局 2016年8月
《北京级现代农业示范区创建管理办法（试行）》	创新型	北京农委 2016年4月
《北京促进科技成果转移转化行动方案》	创新型	北京人民政府办公厅 2016年11月
《农业部关于全面推进信息进村入户工程的实施意见》	普惠型	北京市农业局 2016年11月

（续）

名　称	政策类型（实施对象）	颁布（实施）单位、时间
《北京"十三五"时期都市型现代农业发展规划》	普惠型	北京发改委、农业局、农委 2016 年 11 月
《京津冀农产品流通体系创新行动方案》	流通领域	农业部、北京发改委 2016 年 7 月
《北京加快推进重要产品追溯体系建设实施方案》	生产领域	北京人民政府办公厅 2016 年 12 月

（1）北京基本菜田补贴

根据《中共中央办公厅国务院办公厅印发〈关于引导农村土地经营权有序流转发展农业适度规模经营的意见〉的通知》（中办发〔2014〕61 号）精神，以及《中共北京市委北京市人民政府关于调结构转方式发展高效节水农业的意见》（京发〔2014〕16 号）"建立基本菜田种植补贴制度"的要求，全面实施基本菜田补贴政策，实现"增面积、提产量、保安全"的目标，提高北京蔬菜产业土地产出率、劳动生产率、资源利用率。

依据北京基本菜田信息管理系统的菜田面积，每年按照亩均 500 元的标准，安排北京基本菜田补贴资金。补贴对象为从事蔬菜生产的北京农户，以及在北京登记注册的合作社、农业生产企业。鼓励合作社和企业雇用当地劳动力发展生产，促进农民增收。菜田补贴资金专项用于基本菜田建设和蔬菜产业发展，实现增加菜田面积、稳定蔬菜产量、确保质量安全的目标。发挥菜田补贴激励作用，对划入北京基本菜田信息管理系统、达到规模要求（平原 5 亩以上、山区 2 亩以上）的菜田，可给予不低于 200 元/亩的补贴。加强生产能力建设，鼓励发展设施农业用于蔬菜生产，可给予日光温室不低于 200 元/亩、大棚不低于 50 元/亩的补贴。强化质量安全建设，提高蔬菜"三品"认证率，对获得无公害农产品、绿色食品或有机农产品认证中一项或多项的菜田，可给予不低于 200 元/亩的补贴。推进蔬菜工厂化生产，可按照 3 吨产量折算成 1 亩露地菜田的标准给予补贴。鼓励蔬菜产业化经营，对农户成立或加入蔬菜产销合作社，与农业企业合作经营，经营面积达到 45 亩以上的规模菜田，可给予定额补贴。采取以政府购买服务的形式，实行服务带动型推进蔬菜适度规模经营的，可给予定额补贴。加强菜田面源污染防治，减少蔬菜生产过程中化肥农药使用。对开展菜田培肥地力工程的，可给予定额补贴。加大菜田固定资产投入，对于新建蔬菜生产设施、老旧温室改造、盘活闲置设施的，可给予定额补贴。

（2）北京农业支持保护补贴

根据财政部、农业部《关于全面推开农业"三项补贴"改革工作的通知》（财农〔2016〕26 号）要求，北京启动农业"三项补贴"改革工作，将"种粮农民直接补贴""农资综合补贴""农作物良种补贴"三项补贴合并为"农业支持保护补贴"，政策目标调整为支持耕地地力保护和粮食适度规模经营。

2016 年是农业"三项补贴"改革过渡期，参考 2015 年粮食直补、农资综合补贴、良种补贴标准，对小麦和玉米进行补贴，小麦补贴标准为 140 元/亩，玉米补贴标准为 97 元/亩。按上述补贴标准测算后资金有剩余的，各区可适当提高 85 万亩已划定粮田的补贴标准，提高粮食适度规模经营水平，支持开展农业调转节，鼓励保护耕地地力。

（3）北京农业农村信息化重点工作

推广智能化生产示范，助力农业供给侧结构性改革。实施农业物联网示范推广工程，在龙头企业、农民专业合作社示范社等生产经营主体开展设施农业物联网设备的部署与应用，开展物联网在养殖业、休闲农业中的应用试点，培育有特色、可复制推广的互联网＋都市型现代农业示范区；提升"北京221物联网应用服务平台"服务水平，面向生产者，提高对精细化农事管理、病虫害预防、质量安全追溯等生产全流程的服务能力；面向经营者，提高优质农产品布局、产量、质量等实时数据服务能力；面向管理者，提高基于大数据的决策分析服务能力；强化平台集聚资源和通道作用，逐步形成多方共建、线上线下互动的现代农业服务体系；围绕北京现代农业重点领域，有针对性地开展以信息技术为支撑的现代化装备和产品研发，并逐步推广。

发展农业电子商务，促进农产品优质优价。按照农业部部署，根据北京实际，开展农业电子商务试点，探索生鲜农产品和休闲农业电子商务发展路径，逐步形成农产品电商标准体系、全程冷链物流体系、休闲农业质量监督体系等一系列运营模式和制度规范；完善农业电子商务公共服务支撑，整合京津冀的农业、市场等资源，引导社会力量投资建设和运营农业电子商务"三中心一平台"；鼓励各郊区整合区域优质农产品、仓储物流资源，发展多种模式的农业电子商务；鼓励各类新型农业生产经营主体，依托区域优势产业，开展多种形式的网络销售，实施"一村一品一电商"示范工程。

优化资源配置，提高农村公共服务质量。按照平原区不少于5个村、山区不少于3个村的数量标准，从基础设施、产业发展、乡村治理、公共服务等层面，继续推进智慧乡村建设，注重总结前期经验，发掘基层共性与个性需求，探索可持续发展机制。按照农业部部署，全面推进信息进村入户工程，在提高数量的基础上，不断提升标准型和专业型益农信息社的服务效能。加强对现有网站和应用系统分门别类的梳理，从政府决策、三农服务、公众需求等不同方面不断完善，持续提升决策和服务水平。

强化数据开发利用，提升现代化治理能力和水平。强化数据资源开发利用，推进涉农信息资源平台一期工程建设，理顺生产、采集、加工、存储、管理、利用、共享的运行体系和标准规范，完成基础平台搭建，开展基于大数据的分析决策服务。扎实推进农村土地承包经营权确权登记颁证信息平台建设，建立确权登记颁证数据库和业务系统，实现农村土地承包合同、权属登记、经营权流转等业务工作的精细化管理。完善农村"三资"监管平台，强化农村管理信息化灵活扩展应用与数据共享服务能力，形成多层级、多用户、多功能的综合应用平台；为低收入村户立档建卡，服务于精准扶贫工作。

（4）北京促进科技成果转移转化行动

为深入贯彻落实《中华人民共和国促进科技成果转化法》和《国务院关于印发实施〈中华人民共和国促进科技成果转化法〉若干规定的通知》（国发〔2016〕16号）、《国务院办公厅关于印发促进科技成果转移转化行动方案的通知》（国办发〔2016〕28号）精神，加快推动科技成果转化为现实生产力，努力构建高精尖经济结构，为首都经济持续健康发展提供有力支撑。

坚持市场导向。充分发挥市场在配置科技创新资源中的决定性作用，强化企业转移转化科技成果的主体地位，推进产学研协同创新；健全技术创新市场导向机制，大力发展技术市场，培育新技术新产品（服务）应用的市场环境。

坚持政府引导。加快转变政府职能，强化政府在科技成果转移转化中的战略规划、政策制定、平台建设、人才培养、公共服务等职能，加强科技成果转移转化服务体系建设，营造有利于科技成果转移转化的良好环境。

坚持机制创新。遵循科学研究、技术创新、成果转化规律，发挥资本、人才、服务在科技成果转移转化中的催化作用，探索科技成果转移转化新模式，破除制约科技成果转移转化的体制机制障碍，激发全社会创新活力和潜力。

坚持协同推进。立足首都科技创新资源禀赋和特点，健全跨领域、跨部门、跨区域的协同机制，推进产业链、创新链、资金链的有机融合，在资源配置、任务落实等方面形成促进科技成果转移转化的合力。

（二）农业支持政策的作用效果

1. 坚持生态优先，调整力度进一步加大

耗水型粮食作物面积进一步压缩。"两田一园"划定工作全面完成，250 万亩粮田、菜田、鲜果园落到具体地块并实现数字化管理。全年粮食播种面积 131 万亩，比上年调减 25.7 万亩，同比下降 16.4%。畜禽养殖调整进一步加大。北京划定禁养区面积 5 202.3 平方千米，禁养区内 379 家养殖场已全部完成关停禁养工作。2016 年畜禽养殖产量明显降低。在北京农业政策的引导下，北京农业生产结构不断调整，农业生产不断收缩，主要农产品产量均出现不同程度减少，畜禽产品尤为突出，主要农产品的产值仍有部分提高（表 2-5）。

表 2-5　2016 年北京主要农产品生产情况

		产量/出栏		产值	
	单位	本年	增长（%）	本年（亿元）	增长（%）
粮食	万吨	53.7	-14.3	10.7	-21.2
蔬菜	万吨	183.6	-10.5	69.9	-1.5
鲜切花	万枝	3 686.4	-6.8	0.7	5.7
盆栽植物	万盆	12 947.4	10.2	7.2	1.8
园林水果	万吨	62.2	-7.8	36.8	-9.2
瓜果类	万吨	16.8	-18.1	8.3	-18.7
生猪	万头	275.3	-3.2	51.5	16.5
牛奶	万吨	45.7	-20.1	16.2	-23.4
家禽	万只	3 882.7	-41.9	10.7	-46.1
禽蛋	万吨	18.3	-6.4	21.1	-15.3

数据来源：北京统计年鉴。

2. 围绕提质增效，转方式带来新型增长

休闲农业和乡村旅游方兴未艾。北京休闲农业产业已成长为年产值近 40 亿元的都市型现代农业的支柱产业，休闲农业或将成为京津冀农业协同发展的先导产业。农业会展节庆活动持续发力。2016 年第四届北京农业嘉年华有近 300 家企业参与，610 种农业优新特品种集中展示，1 000 多种优质农产品展销。展会共接待游客 133.61 万人次，比上届增长 12.4%，实现收入 6 070.0 万元，增长 39.7%，均创历届新高。带动周边地区民俗旅游收入 9 491.6 万元，草莓采摘收入 1.6 亿元。大兴举办的 2016 世界月季洲际大会，顺义举办的第七届北

京郁金香文化节，怀柔举办的首届金莲花文化节，平谷举办的第 18 届桃花音乐节等会展节庆活动都取得了较好的效果。2016 年北京农业会展及农事节庆活动共接待游客 447.2 万人次，同比增长 35.5%，实现收入 2.4 亿元，增长 42%。会展农业和农业节庆活动已成为北京都市型现代农业的靓丽名片。

沟域经济建设扎实推进。推进房山区"绿海红歌"等 9 条重点沟域建设，共覆盖 21 个乡镇、303 个行政村，涉及 8.5 万户 19 万人。到 2016 年底北京重点沟域建设完成 5 项工程项目 227 个，实现投资 24.9 亿元，惠及 52 个低收入村、1.23 万低收入户、2.6 万低收入农民。

3. 按照量水发展，节水效果进一步显现

顺义区实现农业机井智能水表安装、农业机井取水许可证核发、农村生活用水计量收费全覆盖。北京 400 多个村 30 多万亩耕地完成农业水价综合改革。生态节水示范区积极落实各项节水措施，新增改善节水灌溉面积 10 万亩，大兴、密云、房山等重点区农业用水量同比减少 20% 以上。初步统计，2016 年北京农业节约用水 4 000 万立方米。

4. 推进绿色生态发展，建设美丽乡村

2016 年 663 个村、22.6 万户实现"煤改清洁能源"，比原定计划提高 65.8%。对未进行清洁能源改造的村庄，实现优质燃煤全覆盖，严禁劣质燃煤在郊区农村销售，各区配送优质燃煤 90 多万吨，确保户户有优质燃煤使用。2016 年全面启动 300 个美丽乡村建设，并对 2015 年启动的 519 个村庄进行验收。门头沟区下清水村等 493 个村庄被命名为北京第一批美丽乡村。重点推进 48 个农村社区试点，其中 43 个已完成规划编制，22 个启动建设，完成民居建设 68.9 万平方米，12 个建成入住。16 个列入中国传统村落名录的村庄已有 14 个编制完成保护规划，门头沟爨底下村、房山水峪村的保护利用方案开始实施，并初步确定 44 个市级传统村落。全面启动 3 811 户 7 687 人搬迁工作，涉及 5 个区的 15 个乡镇 28 个行政村，其中 14 个村已开工建设。全年共完成农宅改造 8 万户，超过年度任务 5.6 万户的 42.8%。

5. 增强科技支撑，农民收入持续增长

2016 年北京农村居民人均可支配收入 22 310 元，同比增长 8.5%，增幅比城镇居民高 0.1 个百分点；扣除物价因素实际增长 7.0%，比全国农村居民人均可支配收入增速高 0.8 个百分点；20% 低收入农户人均可支配收入 9 359 元，同比增长 10.2%，高于北京农民人均可支配收入 1.7 个百分点；实现农民收入和低收入农民收入的"八连高"。

工资性收入增长保持基本稳定。2016 年，农村居民人均工资性收入 16 638 元，同比增长 7.4%，增幅比上年下降 1.2 个百分点；所占比重 74.6%，同比下降 0.7 个百分点；对农民收入的贡献率为 65.9%。2016 年北京市调整了最低工资标准，从 1 720 元提高到 1 890 元，提高 170 元，但农民就业技能普遍偏低，在大范围"小、散、低"企业关停并转的结构性调整面前处于不利地位，农民就业压力较大，工资性收入增长放缓。"十二五"时期实施的城乡统一促进就业、公益性岗位就业、平原造林管护绿岗就业等趋于平稳，政策红利逐渐减弱，传统农业用工资源减少，这使得农民工资性收入持续快速增长的动力逐步下降。

经营性净收入连续三年保持正增长。2016 年，农村居民人均家庭经营性净收入 2 062 元，同比增长 5.3%，已连续三年保持稳定正增长（前二年分别增长 7.1% 和 5.6%），增收贡献率为 5.9%。在乡村旅游、沟域经济、交通运输服务等的带动下，农民第三产业净收入实现 1 483 元，同比增长 11.3%，对经营性净收入增长的贡献率达到 145.6%。

转移性净收入增长最快。2016 年，农村居民人均转移性净收入 2 260 元，增长 18%，明显快于其他三项收入增长，增收贡献率达到 19.8%，比上年提高 19 个百分点。其中养老金退休金 2 715 元，增长 11.8%。北京市提高城乡低保、城乡居民基础养老金和福利养老金，实施农村地区煤改清洁能源和减煤换煤，对燃煤炉具、取暖设备、电价进行补贴（市级安排 33 亿元），以及落实国务院减轻企业负担要求、调整社保缴费等政策都对农民转移性收入产生影响。

第三章 现代农业产业技术体系 北京市创新团队建设

提高科技成果转化率一直是农业发展进步不可忽视的问题。发达国家科技成果转化率已达70%～80%，目前我国科技成果转化率仅为56%。2007年，为提升优势特色农产品产业化水平，促进科研与产业的结合，国家启动现代农业产业技术体系建设。实践表明，现代农业产业技术体系的建立，可以有效地解决长期以来农业科技条块分割、资源分散、推广效率低等问题，是农业科技工作和产业经济发展建立起有效连接机制的新出路。2009年，北京市农业局联合北京市财政局先期启动果类蔬菜、生猪、观赏鱼三个产业作为试点，探索经验。截至2016年，已建设10个现代农业产业技术体系北京市创新团队。

一、创新团队总体情况

10个现代农业产业技术体系北京市创新团队（以下简称创新团队）分别为果类蔬菜创新团队、叶类蔬菜创新团队、食用菌创新团队、粮经作物创新团队、西甜瓜创新团队、生猪创新团队、家禽创新团队、奶牛创新团队、观赏鱼创新团队和鲟鱼鲑鳟鱼创新团队。创新团队的运行由三个层级组成，分别是技术研发中心、综合试验站和农民田间学校工作站。创新团队紧紧围绕北京农业产业发展需求，以"生态、安全、优质、高效"为核心，进行区域共性技术和关键技术研发、试验、示范、推广和农民培训，收集、分析农产品产业信息及技术发展动态，为系统开展产业发展规划和产业政策研究提供现实依据，为政府决策提供理论支持，为社会和企业提供公共信息服务。有效地整合了北京科技资源，建立了以产品为单元、以产业为主线的技术研发创新与成果转化体系，为都市型现代农业发展和农民增收提供了有力的科技支撑，提升了首都农业整体竞争力。此外，创新团队充分发挥北京地区优势，总结经验、模式，打造产业品牌，走出北京，得到其他省、地区农业产业与相关领域的关注和认可，尤其是对京津冀农业产业发展起到积极影响，发挥了"引领京津冀、辐射全中国"的作用。

（一）团队目标制定

2016年，创新团队依据北京农业产业发展现状，围绕北京农业产业发展需求，在对本产业和本领域较为全面调研基础上，制定了系统、详细的五年规划、年度计划和各功能研究室、综合试验站、农民田间学校工作站的具体任务。目标设定比较合理，目标与现实需求匹配度之间紧密联系。实际执行情况均与五年规划、年度任务书吻合度较高，各项指标基本全额或超额完成，取得了良好的业绩，为北京农业科技推广、农业产业发展做出了重大贡献。

团队在推进产业发展、科技创新、人才培养、农民增收等方面发挥了积极作用。

（二）团队内部建设

创新团队在组织机制、管理制度和文化建设等方面不断完善和创新，加强团队建设，已经形成首席专家负责制，执行专家组和首席专家办公室协调管理，岗位专家、综合试验站站长和农民田间学校工作站站长协同配合的组织架构，并不断创新组织模式，以团队总体目标为工作方向开展相关工作，有效增强了团队的工作动力和活力，扩大团队影响（图3-1）。

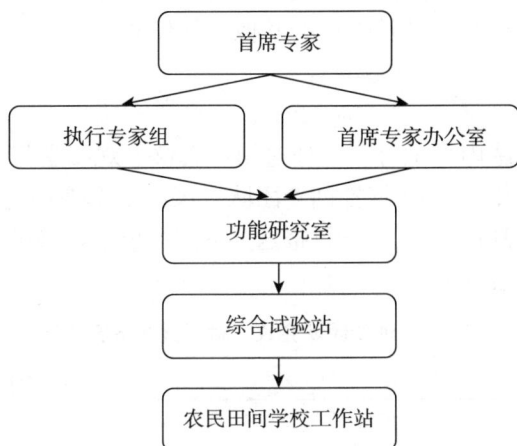

图 3-1　创新团队内部结构图

1. 首席专家职责

组建首席专家办公室，负责本创新团队日常管理工作，与专项办沟通协调；组织开展本产业需求调研，撰写调研报告；确定创新团队阶段性工作目标和攻关任务，并分解细化到具体岗位；提出本团队年度预算方案，并与团队成员签订年度工作任务书；负责团队成员工作开展情况督导，组织开展技术研发、示范、集成与推广，及时解决出现的问题；组织对团队聘任人员进行年度考评，提出创新团队聘任人员调整意见；负责项目成果等档案归档、技术保密以及知识产权保护管理；完成专项办交办的其他工作。

2. 执行专家组职责

负责制定和实施创新团队发展规划、年度经费预算和分年度计划，组织开展本创新团队的建设、人员考核等重大事项，指导、协调和监督本团队的业务和管理活动。

3. 首席专家办公室职责

负责团队内部联络、文件起草、档案管理、信息采集编报、会议准备及团队日常工作，以及与国家产业技术体系相关机构的沟通与联络。

4. 岗位专家职责

开展产业需求调研，收集、监测、分析和掌握产业发展动态与信息；围绕产业技术难题，开展产业技术创新研究，以及技术攻关、集成和示范；承接国家产业技术体系技术研发成果，开展技术引进、筛选和示范应用，强化在综合试验站和田间工作站的落地转化；开展产业应急性工作；为产业发展提供政策性建议；完成首席专家办公室下达的其他工作任务。

5. 综合试验站站长职责

了解、掌握本区域产业发展与农民需求情况和发展动态；承接岗位专家研发技术成果的试验示范，组织观摩培训；指导田间工作站开展农民培训工作，并提供技术支撑；协助上级有关部门监测疫情、灾情等动态变化，并及时上报首席专家办公室；完成首席专家办公室下达的其他工作任务。

6. 农民田间学校工作站站长职责

开展产业发展和农民需求调研；开办一所标准化、示范性农民田间学校，推广创新团队研发的技术成果；协助上级有关部门监测疫情、灾情等动态变化并上报首席专家办公室；完成首席专家办公室和综合试验站站长下达的其他工作任务。

（三）团队沟通协作

创新团队比较注重团队内部融合度，通过组织会议、观摩学习、相关活动以及材料报送等方式，加强内部沟通协作。2016年各创新团队会议出勤率平均达到96%，其中奶牛团队、叶菜团队和食用菌团队等高达98%；材料报送共6 700余条，采纳1 000余条，保证了创新团队运行的高效和顺畅（表3-1）。

表 3-1　创新团队会议、材料报送情况总结

创新团队	会议出勤率（以上）	材料报送（条）	科教处采纳（条）
果类蔬菜	95%	1 719	73
叶类蔬菜	98%	2 140	87
食用菌	98%	182	33
粮经作物	90%	174	35
西甜瓜	98%	665	449
生猪	97%	258	38
家禽	96%	621	47
奶牛	98%	256	19
观赏鱼	96%	167	54
鲟鱼鲑鳟鱼	97%	566	169

（四）团队资金管理

各创新团队按照《现代农业产业技术体系创新团队建设专项资金管理办法》制定了具有团队特色的资金管理制度，并逐步进行完善；年度任务开始前根据团队研究需要进行合理的资金的预算，并严格遵循国家与市政府相关管理制度，按照团队资金管理制度使用资金，保证了资金使用的合理、规范、高效。

二、创新团队研发的技术成果

技术研发和技术创新是创新团队的核心任务，创新是不断推动产业发展的根本动力支撑。创新团队在2016年进行了大量的、有重点的科学研究，技术研发项目314项，示范技

术 324 项，申报并获得专利 100 项，获国家级、省部级奖项 28 项，出版著作 68 部，发表论文 600 余篇，成果丰硕。创新团队依托科研单位与科研院所，紧密联合产业基地，将产学研充分结合（表 3-2）。从表中可以看出，仅 2016 年创新团队实现的研发项目就达 300 多项。团队建设立足北京现代农业发展的实际，遵循现代农业科技发展趋势，从产业发展存在的问题入手，在薄弱环节上下功夫，以产业为主线，逐次地梳理每个农产品产业链条的技术需求，逐个环节地解决生产技术难题，开展品种选育、种养技术研究、动植物疫病防控技术应用、绿色生态循环技术研发、农产品贮藏加工能力建设、市场营销网络构建等关键节点技术创新与应用。

表 3-2　2016 年创新团队技术成果统计

创新团队	研发项目	示范技术	获得专利	获奖	著作	论文
果类蔬菜	34	20	4	1	2	55
叶类蔬菜	53	116	26	5	33	267
食用菌	26	26	7	—	1	15
粮经作物	23	54	9	5	5	36
西甜瓜	4	20	1	1	1	35
生猪	15	—	9	4	7	53
家禽	22	32	7	6	6	49
奶牛	77	70	6	5	7	41
观赏鱼	25	18	5	—	3	14
鲟鱼鲑鳟鱼	35	—	19	1	5	42

在创新团队取得的科技研发成果中，重点列举了 2016 年北京 10 个创新团队的研发的新技术和新产品。10 个创新团队共研发、集成新技术 70 余项，研发新产品 67 项，并积极进行技术集成模式探索，取得了良好效果（表 3-3）。其中奶牛创新团队创新的套装集成技术推广效果显著，实现了从"单一技术"向"套装技术"的转变。大量新技术和新产品的研发能够更好地提高农业综合生产能力、促进农民持续增收，更好地服务产业发展。创新团队以市场需求为导向，以引进、消化、吸收、利用为主要手段，围绕现代农业产业基地建设，加大技术集成与示范力度，分区域、分产业建立新品种（新产品）展示园、新技术（新工艺）示范区、新模式（新机具）示范带和新体制（新机制）推进点，强化团队协同配合，把团队建在基地线上，把专家整合在产业链上，把技术展示在田野上，把论文写在大地上，把优质农产品送到餐桌上，努力将其建设成为产业科技创新、成果转化示范和人才培训培养的开放式应用体系，以及服务北京甚至京津冀的现代农业产业技术体系。

表 3-3　2016 年创新团队技术产品创新统计

创新团队	研发新技术	研发新产品
果类蔬菜	7	9
叶类蔬菜	9	10
食用菌	15	6
粮经作物	33	15

（续）

创新团队	研发新技术	研发新产品
西甜瓜	14	2
生猪	5	6
家禽	6	7
奶牛	10	7
观赏鱼	8	6
鲟鱼鲑鳟鱼	2	13

三、创新团队的综合效益

（一）经济效益

创新团队着眼于北京农业产业发展，以促进农民增收为出发点和落脚点，通过对新技术、新产品的示范推广、对农民进行培训指导，扩大了新技术、新产品的应用范围，提高了农业生产效率，增加了农民收入，取得了良好的经济效益。一是降低投入品使用量。果类蔬菜团队采取水肥一体化，减少化肥投入 10%；采取病虫安全防控措施，减少农药使用量30%以上；蔬菜生产工厂化，节约劳动力投入 5%。二是应用新技术降低损耗率。叶类蔬菜团队通过产后加工环节技术研发，使叶类蔬菜商品率提高 15%～20%，附加值提高 50%。三是推广新品种，提升质量。家禽团队推广北京鸭品种，成活率提高 4.35%，出栏时间缩短 1～2 天，料肉比下降 0.2，血腿病患病率降低 20%。

在农业扶贫和促进农民增收的问题上，创新团队发挥了其积极的作用。果类蔬菜团队通过提升产量使农民增收 10%；食用菌团队积极响应北京市脱贫致富的目标，与低收入村紧密结合，在怀柔积极开发村民集体入股的集体产权食用菌养殖基地，促进农民增收近一半（表3-4）。

表3-4　创新团队经济效益总结

创新团队	单位产量提升	产品品质改善	要素投入减少	农民增收/企业增收
果类蔬菜	1. 单产提升 10% 以上 2. 由于单产提高、蔬菜优质优价，提高了平均每亩经济效益	1. 品种改良/良种筛选49种，示范户所在村新技术使用率95% 2. 无公害蔬菜、绿色蔬菜和有机蔬菜产量增加	1. 水肥一体化：减少化肥投入 10% 2. 病虫害安全防控措施：减少病虫害发生率30%以上 3. 蔬菜生产工厂化：节约劳动力投入 5%	1. 农民收益增长 10%以上 2. 提高了果类蔬菜的市场竞争力，自给率在30%以上
叶类蔬菜	单产提升 15% 以上，总推广面积达到 24.1 万亩，亩平均效益提高 580 元/年	产后加工环节，应用降低叶类蔬菜损耗率技术使叶类蔬菜商品率提高15%～ 20%，附加值提高50%	1. 水肥一体化：减少化肥投入 10% 2. 病虫害安全防控措施：减少病虫害发生率30%以上 3. 蔬菜生产工厂化：节约劳动力投入 5%	农民收益增加 10%以上，成果推广13 692公顷，增产31.7万吨，新增效益 13.96 亿元；自给率保证在30%以上

（续）

创新团队	单位产量提升	产品品质改善	要素投入减少	农民增收/企业增收
食用菌	1. 平菇亩产提高 12.03% 2. 香菇亩产提高 34.44%	新品种 4 142，经济效益提高 16%	1. 菌糠育苗基质；育苗 100 万株，降低成本 9 万～12 万元 2. 平菇发酵料＋短时高温＋套环封报纸定向出菇＋病虫害隔杀高效集成技术：每万袋省人工 67 个	受市场价格波动影响，出现产量增加产值并未增加现象
粮经作物	1. 小麦增产 24% 2. 玉米增产 29.9% 3. 甘薯增产 17%	—	1. 卷盘式喷灌水肥一体化技术亩节水 80 立方米 2. 玉米轻简化栽培技术，节本 7.8%，增效 65.8% 3. 脱毒种薯苗病株率降低 29.2%	农民收益增加 10% 以上
西甜瓜	1. 小型西瓜产量创新高达 7 230 千克/亩 2. 中型西瓜产量达 6 508 千克/亩	1. 新品种直接经济效益达 4 429 万元 2. 栽培技术产生直接经济效益总计 7 434 万元 3. 植保技术产生直接经济效益总计 191 万元	1. 节水 97 立方米 2. 节约化肥 15 千克 3. 节约农药 0.5 千克	平均产量较 2013 年提高了 14%，产生直接经济效益达 3 000 万元以上
生猪	产生经济效益 4 810 万，增值效益达 759%	—	—	—
家禽	1. 提高产蛋性能 5%，覆盖蛋鸡 600 万只，增加经济效益 6 720 万元 2. 降低死亡率 2%，提高经济效益 240 万，成本效益转化率为 589%	1. 北京鸭：成活率提高 4.35%，出栏时间缩短 1～2 天，肉料比下降 0.2，降低血腿病患病率 20% 2. 蛋鸡：降低患病率和死亡率 2%	1. 北京鸭用工减少 50% 2. 肉鸡日粮粗蛋白降低 3% 3. 蛋鸡节约劳动力 1/5，节约能源 60%	养殖户收益增加 10% 以上
奶牛	成乳牛单位产量增加 420 多千克	—	—	直接经济效益约 1.028 2亿元
观赏鱼	1. 示范区内，养殖观赏鱼的亩均纯收益实现了 1.151 万元，较 2015 年的 1.11 万元提高了 3.69% 2. 工厂化循环水养殖单产提高 25% 3. 观赏鱼养殖无线远程水质动态监控技术，亩效益增加 3 200 元	1. 血鹦鹉增色系列饲料，每条鱼增收 0.8～1 元 2. 金鱼专用系列饲料，提升金鱼品质	1. 防病中草药 1 000 千克，推广面积 1 840 亩，降低抗生素使用 2. 改善饲料物料配方和加工工艺，降低饲料能耗 5% 3. 锦鲤专用系列饲料，降低饲料成本 30%	1. 推广苗种 4.853 亿尾，带动养殖面积 5.8 万亩，实现了京郊良种覆盖率 71%，经济效益 6.5 亿元 2. 黄缘闭壳龟稚龟 0.01 平方米增加1 000 元收入 3. 麝香龟 0.12 平方米带来不少于 2 000 元收入

（续）

创新团队	单位产量提升	产品品质改善	要素投入减少	农民增收/企业增收
鲟鱼鲑鳟鱼	—	1. 苗种成活率提高80% 2. 发病率降低15%，病害发生率降低75%	新饲料：鲟鱼饲料应用成本每吨降低200～300元	1. 人工繁殖苗种，产值增长超过1 200万元 2. 示范点农民年收入增长24.6%

（二）社会效益

创新团队通过媒体宣传报道、参加国内外交流、关键和共性技术攻关以及对农民进行培训指导等多方面措施，增强社会对创新团队的认知，其社会影响力明显提升，并且逐步走出北京，影响力扩大到津冀甚至全国、国际。一是宣传力度的加大。2016年10个团队媒体宣传800余次，参加国内外交流500余次，组织观摩700余次，培训人员超过30 000人次，有效扩大创新团队在产业内、领域内的影响力（表3-5）。二是宣传方式和技术推广方式的创新。各个团队根据本产业特点，积极尝试新的宣传、推广方式，取得了良好的效果，如观赏鱼团队通过"大赛、品评会、展览、进社区、进学校、进公园"等方式，推进观赏鱼产业融入市民生活；奶牛团队开展"奶牛保姆行动"，为养殖户提供全方位产业服务，提升服务效率。

表3-5 创新团队社会效益总结

创新团队	媒体宣传（次）	国内外交流（次）	组织观摩（次）	培训人员（人次）
果类蔬菜	37	44	59	3 100
叶类蔬菜	272	136	126	3 900
食用菌	31	18	23	983
粮经作物	42	13	61	2 949
西甜瓜	43	28	111	2 667
生猪	43	49	41	5 773
家禽	41	67	32	6 000
奶牛	46	74	62	4 724
观赏鱼	22	16	182	1 138
鲟鱼鲑鳟鱼	274	81	45	1 626

（三）生态效益

创新团队顺应"调结构、转方式、发展高效节水农业"的要求，在节水减排方面卓有成效，产生了一定的生态效益。一是节水技术、产品的应用，如家禽团队开展累计示范推广禽舍节水技术 9 项、实现节水 40 余万吨；观赏鱼团队引进节水品种 4 个，较普通池塘平均换水量减少 81.2%；西甜瓜团队推广了膜下微喷灌溉技术，并针对大兴、顺义灌溉设施配套了 3 种施肥器（汽油机、重力施肥器和文丘里施肥器），实现分户膜下微喷灌溉，平均亩灌溉量 104.8 立方米，与大水沟灌相比节水 115.2 立方米。二是减排技术、产品的应用，主要是通过降低氮、磷等的排放、控制二氧化碳等气体和污水排放，减少环境污染，如生猪团队应用猪舍保温节煤技术，每个采暖季可节约标准煤 150 吨左右，节能 60%～80%，减少排放量 3 360 吨；奶牛团队在乳品加工环节，设计制作处理量为 1 吨/小时 CIP 废酸碱液净化回收设备样机，为今后提高加工污水有机物质回收提供重要设施支撑；叶类蔬菜团队通过推广引入天敌治理虫害，新型环保型技术治理病害等方式降低了肥、农药、添加剂等化学品的用量，提高了生态效益；果类蔬菜团队针对蔬菜质量安全性要求，指导农户采取病虫害安全防控等措施，农药施用量减少 30% 以上（表 3-6）。

表 3-6　创新团队节水减排技术总结

创新团队	节水措施	减排措施
果类蔬菜	1. 将循环利用技术与农业生产生活技术相结合 2. 近 5 年累计示范 4 种果类蔬菜高效用水技术 11 276 亩次	1. 团队通过研究水肥温光与作物生长发育的影响，科学施肥 2. 推行多种生态防治技术
叶类蔬菜	研发叶菜节水技术 53 项	1. 在叶类蔬菜上示范推广矿质肥料 2. 针对目前主要的畦灌方式，开发出叶类蔬菜冲施专用肥
食用菌	推广适合不同地区不同时期的综合节水技术	以食用菌产业为重要环节的农业循环生产产业链
粮经作物	1. 筛选小麦、玉米抗旱品种 2. 明确了限量灌溉下适宜的灌水制度和 3 种节水灌溉方式效果 3. 甘薯滴灌技术	粮食作物秸秆综合利用
西甜瓜	1. 膜下微喷灌溉技术 2. 有籽西瓜、无籽西瓜和甜瓜种子包衣处理技术	1. 示范底肥 2 种 2. 追肥 2 种 3. 防治西瓜猝倒病等育苗期病害的技术示范
生猪	1. 安装水表 2. 组织开展了"养殖场雨水收集利用示范工程"	1. 添加植酸酶 2. 猪舍保温节煤技术 3. 人工干清粪技术 4. 猪舍保温技术
家禽	示范推广禽舍节水技术 9 项	1. 生态减排技术 7 项 2. 开发环保型饲料等产品 3 个
奶牛	节水相关活动 8 项	1. 构建了北京规模化奶牛场应激环境动态监测系统，推广夏季奶牛环境综合控制技术 2. 设计制作处理量为 1 吨/小时 CIP 废酸碱液净化回收设备样机

（续）

创新团队	节水措施	减排措施
观赏鱼	1. 推广节水技术 9 项 2. 引进节水品种 4 个	1. 积极改造土池塘，将观赏鱼养殖废水引入土池进行二次利用 2. 推广中草药防治技术 3. 调整饲料配方，改善加工工艺，降低饲料系数 15%～20% 4. 观赏鱼养殖无线远程水质动态监控技术
鲟鱼 鲑鳟鱼	推广节水技术 7 项	1. 开发鲟鱼低鱼粉高效膨化沉性饲料，降低饲料成本和氮、磷排放对水的污染 2. 开展鲟鱼工厂化循环水养殖水体生物过滤技术研究 3. 开展水生植物种养模式、鱼类混养模式 4. 科学用药技术得到广泛运用和推广 5. 几丁质酶在鲟鱼、鲑鳟鱼养殖区域推广应用 6. 液氧技术在鲟鱼工厂化循环水养殖中的推广应用

（四）应急性工作

应急性工作是体现创新团队必要性的一个重要环节。当出现突发性等技术问题的时候，农民往往不知所措，创新团队专家组及时帮助处理与解决问题，减少农民损失。同时，不断加强团队应急工作的能力是创新团队体现价值的重要方面。创新团队在开展团队常规工作、完成团队既定目标任务的基础上，合理解决基层工作站面临的问题，防范各种极端天气以及应对各项应急性工作，使得灾害得到解决，使团队、基层组织损失降到最低，取得了本产业各主体的一致好评（表 3-7）。

表 3-7 创新团队应急性工作总结

创新团队	应急工作（次数）	主要解决问题
果菜团队	8	1. 通知各大农业园区、重点种植乡镇做好抗特大暴雨预警工作 2. 番茄、辣椒突发畸形生长情况紧急调研 3. 通州觅子店蔬菜基地辣椒病毒病紧急调研 4. 北京特大暴雨延庆蔬菜研究中心延庆农场受灾情况调研
叶菜团队	9	1. 怀柔芹菜根线虫病的土壤消毒 2. 对受连日暴雨灾害的百善镇发放叶菜种子 3. 启动应急响应大兴区蔬菜遭受冰雹袭击 4. 应对高温导致芹菜烂棵
食用菌团队	11	1. 大兴调查平菇病毒病发生情况 2. 发布平菇黄斑病防控电视预报 3. 天气闷热林下香菇生产受影响 4. 雨后到工作站察看食用菌生产 5. 防治高温季节蚊蝇频发 6. 林下栗树蘑田间防涝

（续）

创新团队	应急工作（次数）	主要解决问题
粮经团队	4	大兴、房山冰雹对农作物生产的影响
西甜瓜团队	11	1. 指导突发病虫害防治 4 次 2. 指导雹灾补救措施 4 次 3. 指导大雨后排涝减灾 3 次
生猪团队	32	2016 年 7 月中旬，北京连日大雨导致的部分养殖场户受灾问题
家禽团队	37	1. 疫病综合防控 2. 极端天气应对措施 3. 促进消费的行业宣传等
奶牛团队	50	一线产业的技术问题
观赏鱼团队	—	1. 发布预警预防和减少寒潮灾害 2. 发布预警做好渔业夏季防灾减灾工作
鲟鱼鲑鳟鱼团队	3	1. 发布 IHNV 应急预案 2. 灾后渔业生产补救措施

四、创新团队的产业影响力

创新团队坚持农业科技创新与转化推广并重，既要加大农业科技研究创新力度，努力取得一批突破性科研新成果，又要抓好成果转化推广应用，做到"两手抓、两促进"，真正把专家试验田的产量变成产业基地的产量，把专家的试验产品变成产业基地有竞争力的优质农产品和商品。坚持以系统思想推进农业科技研究和成果的转化推广应用，实现新品种、新产品、新技术、新工艺、新机具、新模式的协调和良种、良法、良壤、良水、良制、良机的配套，提高农业科技的综合效益。加强科技创新与技术集成示范，选择一批现代农业产业基地，建立一批创新团队核心区、示范区和辐射区，强化创新团队的科技支撑作用。坚持农科教结合、产学研协作。整合各方面科技力量和科技资源，加快建立科研与生产紧密结合、科技成果高效转化的机制，增强农业科技创新与转化推广的整体合力。

（一）为现代农业产业建设提供科技支撑

创新团队依靠科技创新，为现代农业产业基地建设提供科技支撑，有利于促进市政府制定的一系列经济发展目标的实现。当前，北京市处于加快发展现代农业的关键期，通过组建创新团队，推进农科教结合，提升科技创新能力，为北京都市型现代农业的发展提供科技和人才支撑。

（二）提升农业产业竞争力，带动产业发展

创新团队不断提高科技创新能力，在农业重大基础理论、前沿核心技术方面取得了大批达到世界先进水平的成果。统筹协调各类农业科技资源，实施农业科技创新重点专项和工程，重点突破生物育种、农机装备、智慧农业、生态循环等领域关键技术，大幅提升农业产

业竞争力，带动各产业持续发展。

（三）提高农业综合效益，持续稳定增加农民收入

目前，农业效益依然比较低，农产品结构性过剩和农民增收变缓的现象较普遍。创新团队围绕市场和效益，开发高产高效的优质品种。发展市场需要和加工需要的现代农业产业，推广节本增效新技术，多渠道开辟致富门路，推动农产品加工技术和工艺不断升级，延长农业产业链，提高农产品附加值，增加农业生产效益，使农民获得更多收入。

（四）提升农业应急科技服务能力，有效应对各种突发灾害

全球气候变化加剧，农业自然灾害发生频率较高，干旱、涝洪、病虫灾害屡屡发生，水土流失、环境污染等不利影响程度加深，农产品质量安全任务繁重，农业科技应急服务任务艰巨。全面启动创新团队建设，有利于农业管理部门和科研单位紧密配合，建立会商机制，强化前端介入，实时监测影响产业发展的不确定因素，及时做好应急预案，建立灵敏高效的反应机制，有效应对农业突发性灾害，增强农业科技应急服务能力。

（五）辐射带动京津冀创新团队建设与产业发展

京津冀协同发展战略为京津冀农业协同发展指明了方向，京津冀农业创新团队协同发展也成为必然趋势。北京创新团队立足其科技创新与产业发展优势，不断开展京津冀跨地区农业创新团队对接，打破零散科研、分散作战的格局，实现创新团队有效整合与全产业链设计，带动各地创新团队科技创新与产业发展。

五、创新团队的标志性成果

（一）营养安全技术

1. 果类蔬菜病虫害全程绿色防控技术

该技术打破了传统的"见病防病、见虫防虫"的防治方式，强调"源头控制、预防为主"，在蔬菜生产上形成了标准化的、可快速应用和推广的病虫防治植保技术模式，有效解决了蔬菜生产上的病虫防治问题，减少了农药使用，保障了蔬菜产品的质量安全。减少蔬菜生产30％以上的农药用量，提高了农药利用率，保障了蔬菜产品的质量安全，处在国内领先水平。该技术已经在京津冀100多家基地实施，应用面积超过3万亩。

2. 弥粉机喷粉防治叶类蔬菜主要叶部病害技术

该技术利用弥粉机喷粉施药，不需要将药剂配制成溶液，解决了低温阴雨天、雾霾天蔬菜病害发生后无法喷雾施药进行控制的问题，施药后可以改善棚室高湿环境，同时粉尘在田间均匀分散，悬浮时间可达2个小时，可以充分处理环境、棚壁、棚膜、地面和植株表面的病原菌，提高药剂的利用效率，增强防治效果。通过应用评估，弥粉机喷粉防治叶类蔬菜主要叶部病害技术实现节水100％，节约化学农药20％，降低病害发生率，提高经济效益10％。

3. 禽白血病净化技术

该技术建立了禽白血病检测中使用的胎粪、蛋清、泄殖腔拭子、血浆样本采集与处理的

规范化流程，比较蛋清 p27 抗原检测、泄殖腔拭子 p27 抗原检测与病毒分离方法的相关性，确定 p27 抗原检测方法的适用性；比较禽白血病 ELISA 检测常用试剂的敏感性、稳定性等指标，筛选出适用于净化检测的试剂；对不同生长阶段鸡群进行检测，掌握鸡群育雏育成期和产蛋期的排毒规律，确定最佳检测时间和检测方法，建立禽白血病检测流程；采用纸袋孵化、育雏笼具改造、饲槽改造等技术措施控制禽白血病水平传播，确定孵化环节和生产环节禽白血病传播控制方案，建立种鸡场禽白血病生物安全控制措施；根据建立的检测流程和生物安全控制措施，形成了适用于规模化蛋种鸡场禽白血病的净化程序。依托该技术建立的规模化种鸡场禽白血病净化评估标准应用于全国动物疫病净化示范创建活动，推动了我国种禽场禽白血病净化工作的开展，净化成果得到了社会的广泛认可。峪口禽业于 2015 年被评为"禽白血病净化示范场"，是我国唯一一家获得此称号的国产蛋鸡育种企业。该技术被推广应用到北京、湖北、江苏、云南、山东、山西、河北等 7 省市，累计推广原种鸡群 30 万套，祖代种鸡群共 231 万套，父母代种鸡群共 525 万套。净化后鸡群各项生产指标均有大幅提高，取得经济效益近 6.5 亿元。

4. 褪黑素在奶牛繁殖机理及临床应用系列技术

奶牛创新团队攻克了奶牛胚胎体外生产过程中卵母细胞和受精胚胎质量低的难题。在国际上首次发现褪黑素（Melatonin，MT）和白黎芦醇通过其受体 MT1/MT2 和 Sirt1 途径上调相关基因表达提高卵母细胞成熟效率，提高体外受精后的发育能力；在体外受精的早期胚胎培养液中添加褪黑素，既能提高囊胚发育率，又能提高囊胚质量和抗冷冻能力。

为了解决经产牛配种受胎率下降的问题，对种公牛进行营养调控，同时，优化同期排卵定时输精技术、利用褪黑素提高配种受胎率。通过研发饲料添加剂使乳肉兼用德系西门塔尔种公牛精液质量提高，头均年生产冻精数量由 2.3 万剂提高到 2.8 万剂。同时，建立了 PG-GnRH-PG-GnRH 为主的奶牛同期排卵定时输精方案，示范场 95.0% 以上泌乳牛产后 80 天内配种，始配天数、产犊间隔分别缩短 18.6 天、5.8 天，妊娠率提高 17.1 个百分点。首次发现褪黑素作为 LH 下游分子通过受体调控颗粒细胞黄体化，促进孕酮分泌，且排卵前体内褪黑素水平与配种受胎率正相关。在奶牛配种前，皮下注射外源褪黑素针剂，春季、夏季奶牛产后首次配种受胎率提高 8 个百分点以上。

该技术攻克了奶牛胚胎体外生产过程中卵母细胞和受精胚胎质量低的难题，解决了经产牛配种受胎率下降的问题，效益大大提高。褪黑素针剂提高奶牛受胎率和降低牛奶体细胞数应用到上万头奶牛，取得经济效益近千万元。

5. 奶牛新兽药制剂研发

奶牛创新团队研发了硫酸头孢喹肟乳房注入剂（泌乳期）、盐酸头孢噻呋乳房注入剂（干乳期）、硫酸头孢喹肟乳房注入剂（干乳期）和硫酸头孢喹肟子宫注入剂等新兽药。4 种新兽药制备工艺均为国内首创，填补了该领域的国内空白，其制备工艺已全部申报国家专利。在效果上达到或超过了国外同类产品，但成本远低于进口产品，对有效治疗奶牛乳房炎、降低治疗成本，减少弃奶，提高牛场生产效益发挥了重要作用。

硫酸头孢喹肟乳房注入剂（泌乳期）为第四代头孢菌素类动物专用抗生素，具有高效、低毒、低残留的特点，能治疗由金黄色葡萄球菌、停乳链球菌和乳房链球菌引起的泌乳期奶牛临床型乳房炎。产品选择硫酸头孢喹肟与缓释剂、助悬剂等制成无菌、长效的混悬液，成本仅为国外产品的 1/3，泌乳期奶牛乳房炎治愈率高达 85% 以上。

盐酸头孢噻呋乳房注入剂（干乳期）为第三代头孢菌素类动物专用抗生素，具有高效、低毒、低残留的特点，能预防和治疗由金黄色葡萄球菌、停乳链球菌、大肠杆菌和乳房链球菌等引起的干乳期奶牛亚临床乳房炎。产品选择头孢噻呋与缓释剂、助悬剂等制成无菌、长效的混悬液，成本仅为国外产品的1/5，可使干乳期奶牛乳房炎发病率降低8%以上。

硫酸头孢喹肟乳房注入剂（干乳期）为第四代头孢菌素类动物专用抗生素，具有高效、低毒、低残留的特点，能预防和治疗由金黄色葡萄球菌、停乳链球菌和乳房链球菌等引起的干乳期奶牛临床型乳房炎。本品选择硫酸头孢喹肟与缓释剂、助悬剂等制成无菌、长效的混悬液，成本为国外产品的1/3，可使奶牛乳房炎发病率降低8%以上。

硫酸头孢喹肟子宫注入剂为第四代头孢菌素类动物专用抗生素，具有高效、低毒、低残留的特点，硫酸头孢喹肟子宫注入剂能够有效治疗由对头孢喹肟敏感的大肠杆菌、葡萄球菌、化脓棒状杆菌、梭菌属细菌等引起的奶牛产后子宫内膜炎。本品选择硫酸头孢喹肟与缓释剂、助悬剂等制成无菌、长效的混悬液，成本为国外产品的1/3，奶牛子宫内膜炎治愈率达80%以上。

一系列新兽药的应用，以高效、低治疗成本的方式解决了困扰奶牛场最常见的疾病——乳房炎，同时，极大地克服了以往兽医治疗期长、弃奶量大的缺点，解决了产业发展的瓶颈问题。

硫酸头孢喹肟乳房注入剂（泌乳期）在北京及周边牛场示范推广了50余万支，覆盖示范奶牛近20万头（次）。盐酸头孢噻呋乳房注入剂（干乳期）在全国示范推广了60余万支，覆盖示范奶牛40万余头（次）。硫酸头孢喹肟乳房注入剂（干乳期）在全国示范推广了50余万支，覆盖示范奶牛40万余头（次）。硫酸头孢喹肟子宫注入剂在全国示范推广了45万余支，覆盖示范奶牛30万余头次。4种新兽药累计示范200余万支，节约直接治疗成本2 000万元以上，节本增效效果明显。

6. 断奶犊牛生长发育规律和营养调控技术

奶牛团队围绕断奶犊牛生长发育规律和营养调控关键技术，开展了系统的科学研究与产业化示范和推广，揭示了3～6月龄断奶犊牛瘤胃微生物区系的发育特点及机体生长发育规律，建立了荷斯坦犊牛体型与体重的发育模式；提出了断奶犊牛适宜生长的主要营养参数，筛选出了可调控瘤胃内环境和微生物平衡发育的外源酶制剂和益生菌产品，研发出了具有自主知识产权的犊牛料产品，并实现了产业化推广。

该成果针对我国3～6月龄断奶犊牛管理粗放、生长发育滞后、生长发育参数不全和后备牛培育落后等技术瓶颈，开展了系列研究与示范推广，为北京乃至全国犊牛早期培育提供了理论支持和技术指导。

该成果的应用有效降低了哺乳期犊牛饲养成本，提高了犊牛培育效率健康水平，13月龄青年牛体重达到400千克，体高130厘米，提早配种1～2个月，受胎率80%以上，头均产奶量提高1～2吨，直接经济效益达到1 000余万元。

7. 亲本及仔稚鱼营养及微颗粒开口饲料配制技术

基于营养微平衡技术并结合饲料加工技术革新，研制肉食性鱼类亲本期超大颗粒膨化饲料和仔稚期微颗粒开口饲料配制技术各1套。通过配方调整和加工工艺改进，解决了超大颗粒膨化饲料在成型和均匀烘干过程中的难题；仔稚期定向营养诱导和早期营养调控技术解决了肉食性鱼类仔稚期对活饵的依赖问题，可全程投喂微颗粒饲料。鲟鱼亲本期"油包卵"现象大大减少，雌性亲本怀卵量和仔鱼孵化率均得到大幅度提高；仔稚鱼微颗粒饲料完全取代卤虫、水丝蚓等生物饵料，30 日龄存活率达到 70％以上，远高于市场上 50％的平均水平，生长率提高 20％。

（二）绿色生态技术

1. 菌糠育苗基质的制备技术

目前，工厂化育苗已逐渐成为现代种苗发展的必然趋势，工厂化的育苗基质以草炭作为主要原料，但是草炭是不可再生资源，价格呈逐年上升的趋势。食用菌团队制定了一种草炭节约型育苗及栽培基质制备的标准化技术，为解决食用菌行业的废弃物污染问题提供了新的途径。一方面，节约了草炭资源，降低了育苗基质的生产成本，菌糠育苗基质的生产成本为国外同类产品的 40％左右；另一方面，降低了菇房以及周围环境的污染，有利于食用菌行业的可持续发展，具有较大的环境效益和社会效益。

2. 小型西瓜立体减药绿色防控技术体系

该技术体系包括采用生物药剂防治土传病害、白粉病技术、天敌防控西瓜小型害虫全覆盖技术。通过绿色立体防控技术的集成实现了疑难病害（土传病害和白粉病）的高效绿色防控，平均防治效率达 85％以上；小型害虫平均防效可达 81％以上。整个生育期试验棚较对照棚减少化学农药用药 7 次，减少化学药剂用药量 36.6 克，初步实现了绿色（减药）防控的目标。

该技术体系要求技术具有较高的融合度及协同配套性。通过该体系的实施，能够促进植保技术有机融合，形成完整的配套技术体系，形成组合拳，高效有力防控病虫害，形成绿色可持续的综合防控技术体系。采用该技术体系后，每亩节支增收 200～400 元（主要节约用药和人工成本）；另外，不仅可以减少化学农药使用量，降低面源污染，保护生态环境，还可以保障农产品质量安全和消费者健康。

3. 锦鲤工厂化循环水养殖技术

为了实现观赏渔业高效节水的目标，团队研发集成了锦鲤工厂化循环水养殖技术，该技术具有高投入、高产出、周期短、易于人工控制、节地、节水、劳动力需求少、生产效率高等特点。在北京地区实行锦鲤的工厂化养殖，既符合北京的资源状况，又顺应了淡水养殖业可持续发展的战略要求，与室外池塘养殖技术相比换水量减少 70％。

4. 池塘养殖水体生态修复与循环利用技术

该技术通过开展池塘系统优化设计与标准化构建，利用养殖水体流态动力实现残饵、粪便等固体污染物的高效、快速聚集与排污，通过微生物制剂和生物絮团等原位净化技术实现池塘水体中总氮、总磷和 COD 等溶解性污染物快速净化，以及通过池塘旁路生态沟渠、人工湿地和生物净化塘等非生产系统的生态工程化技术对水质深度净化，实现池塘养殖水环境改善、水产品质量提升和高效节水的目标。

（三）提质增效技术

1. 辣椒、茄子花药培养单倍体育种技术

果类蔬菜团队经过多年研究，建立起了一套实用的辣椒、茄子花药培养技术，并实现了利用该技术从品种或杂交种育成新的品种或直接应用于育种实践，优化了辣椒、茄子单倍体育种技术体系，研究了物理因素和化学因素在花培过程中的作用，总结出了不同基因型的花培技术模式，从而进一步提高了该技术体系的稳定性和实用性。成功选育多个新品种，其中通过审（鉴）定的辣椒品种 5 个、茄子品种 3 个。

2. 日光温室羊肚菌栽培技术

经过 3 年的研发，日光温室羊肚菌栽培技术解决了北方羊肚菌种植的三个瓶颈问题：一是北方地区羊肚菌如何栽培；二是羊肚菌质量不佳；三是单产产量较低，该技术首创并确定了北京地区羊肚菌栽培品种、种性活力判定、生产周期、环境参数和采收标准。其技术边界可开拓到山区林地和高海拔冷凉地区。在日光温室栽培条件下，鲜羊肚菌产量可稳定在 0.5～0.6 千克/平方米，按有效栽培面积 400 平方米计算，折合亩产量为 200～240 千克，亩产值达 4 万～4.8 万元。2016 年累计示范羊肚菌种植 52 亩，技术辐射到山西、河北迁西等地，辐射面积超过 1 500 亩。

3. 食用菌快速制种技术

食用菌团队完成了食用菌快速制种技术的研发，解决了制约食用菌农业式栽培制种的两个瓶颈问题：一是菌种不纯，特别是母种隐性污染造成后期减产或绝产；二是菌种长满时间太长，菌种上下菌龄相差太大，造成接栽培袋时发菌不一致。技术主要操作过程如下：首先，采用培养皿培养母种，观察长速，挑选符合相关菌种标准的母种；其次，转入检测细菌的液体培养基中，匀浆，培养 2～3 天，排除污染的菌种；最后，将以上液体培养菌种用无菌水稀释，直接转接栽培种（省去原种这一步），培养到菌种长满。采用此技术，制种所需要时间大大缩短，如平菇所需时间由 62 天左右缩短至 13～16 天，香菇所需要时间由 110 天左右缩短至 24～26 天。

4. 粮经作物生产资源高效利用技术体系

粮经作物生产资源高效利用（提高"三率"）技术体系，是从节水、节肥、节药和省工等角度研发集成的技术模式（见图 3-2）。

节水方面，育种上筛选出适宜京郊种植的节水小麦新品种 3 个，玉米抗旱新品种 2 个。栽培上明确了小麦限水灌溉下水量的合理分配方案，并提出了甘薯节水滴灌适宜频率，明确了优质鲜食甘薯节水抗旱、高效灌溉方式。节肥方面，通过确定氮肥施用与鲜食甘薯产量的关系，提出了防止氮肥施用过多引起甘薯茎叶徒长的节肥方案，建议在中等肥力、土壤有机质含量在 12.7～19.7 克/千克的中等肥力地块，施肥量为 7.5 千克/亩。节水节肥配合方面，按照水肥一体化思路开发了适合小麦的圆形喷灌机和滴灌的注肥系统，提出了适宜北京小麦水肥一体化的灌溉系统类型。节药方面，提出玉米田化学除草节药技术措施，研制应用防飘喷头 IDK，防效 85% 以上。提出甘薯根腐病防治药剂——氯化苦的适量应用时期和提高防效方案。在提高机械化率的省工技术方面，完成了以单粒播种技术、缓释肥一次底施技术和籽粒直收技术为核心的轻简化技术体系组配，实现玉米全程机械化作业。在玉米免耕单粒播种机加装施药系统，实现播种、施肥、施药一体作业。

5. 天窗放风技术及瓜垫提质增效技术

目前大多数钢架大棚均采用底部放风或腰部放风，少部分采用的是调整顶端棚膜的大小来进行换气，缺点是放风效果差、浪费劳动力、易造成棚膜损伤。天窗放风技术具有简易、高效的特点。该系统包括开设在钢架大棚顶部的窗框、窗框上铰接有窗扇，窗扇的活动端由纵向推杆连接，另一端与固定支架连接，固定支架固定在所述窗框上（图 3-3）。

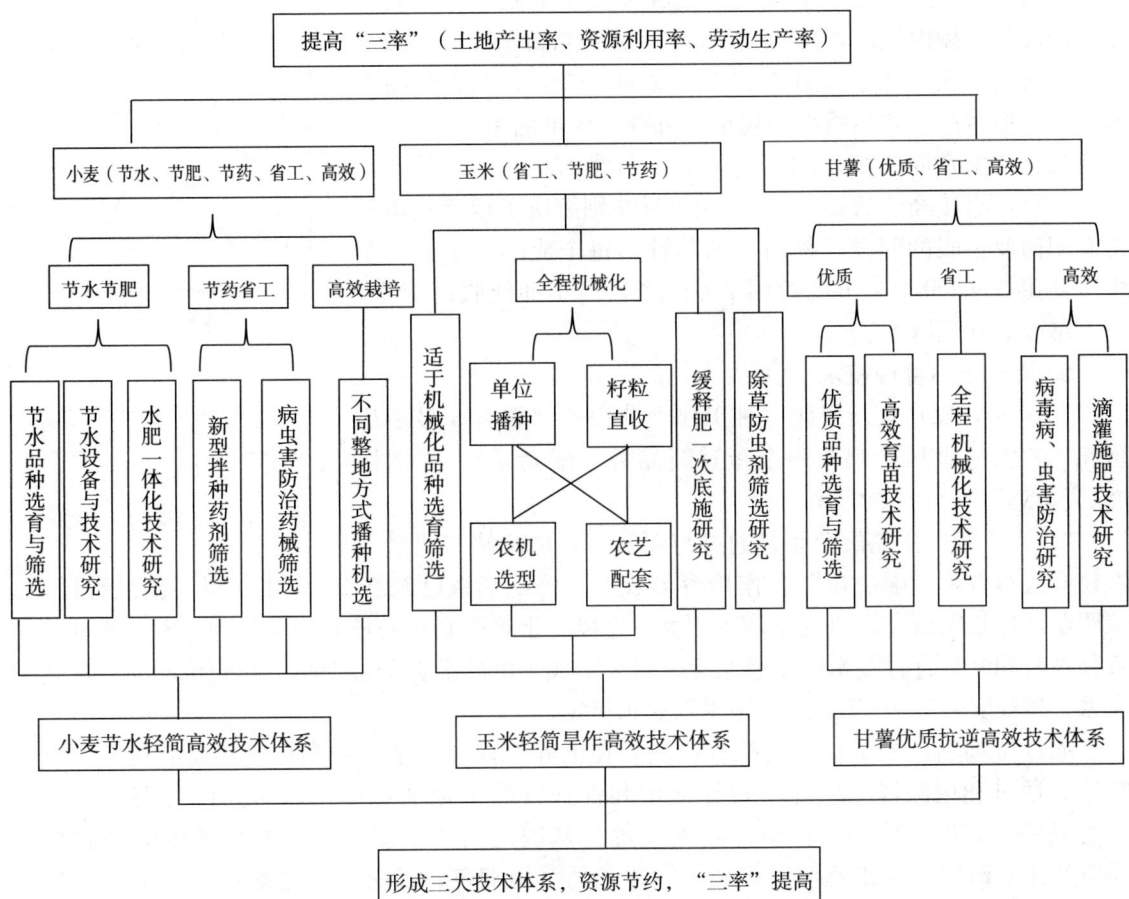

图 3-2　粮经作物团队 2016 年主要研发的技术体系

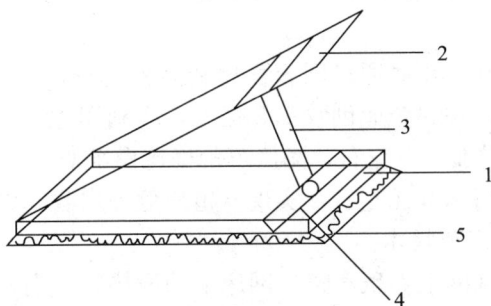

图 3-3　放风天窗示意图
1. 窗框　2. 窗扇　3. 推杆　4. 固定支架　5. 压膜槽。

　　采用瓜垫垫瓜，承重力可提高 20% 以上、透光性提高 15% 以上，减轻西瓜阴面黄斑问题，起到隔潮、通风的作用，进而提高西瓜外观品质；解决了雨水、露水存留问题，降低烂瓜率；瓜面与地面不直接接触，既可以预防果实感染疫病和皮腐病，又可以减少绿斑发生；垫瓜后不再翻瓜，节约用工（图 3-4）。

采用放顶风天窗后，解决了大棚放腰风效率低及除湿效果不良的问题，棚内湿度可降低 35%，15 分钟可降温 3℃，减少病虫害防治 2 次。该装置具有省工、降温、降湿、提高商品性的优点，但对产量和品质影响较小；可减少西瓜病虫害的发生，在西瓜整个生育期减少 3 次用药，节省药费 150 元；可节省工时 1.5 个，直接经济效益 19.8 万元；瓜垫则解决了地爬栽培西瓜阴阳面及虫眼的问题，提高了商品性。每个成本 0.4 元，至少可使用 5~8 年，1 亩地约用 2 400 个，当年即能收回成本，每亩增收 800 元以上。

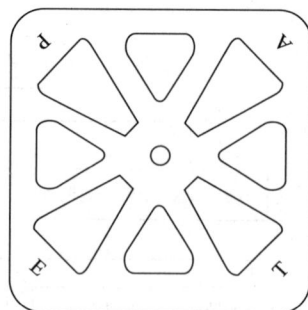

（透视图）

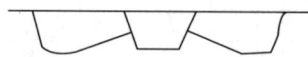

（侧视图）

图 3-4　瓜垫结构示意图

6. 高产蛋鸡育种技术

2016 年，家禽创新团队育种工作上获得了"农大 5 号小型蛋鸡""大午金凤蛋鸡"两个蛋鸡新品种（配套系），并加快"绿壳蛋鸡"新品系的培育。

"农大 5 号"蛋鸡配套系是通过与团队综合试验站"北京中农榜样蛋鸡育种有限公司"合作培育形成的，该配套系已经在 2016 年获得了新品种证书。该团队经过长期研究，研发了培育"大午金凤"蛋鸡配套系的核心分子育种技术。通过分子育种技术和常规育种技术的紧密结合，最终形成了世界上首个红羽高产粉壳蛋的高产蛋鸡配套系。该配套系 2016 年通过了国家新品种审定。

通过蛋鸡羽色分子标记的整合应用，在世界上首次实现粉壳高产蛋鸡商品代羽色自别雌雄；通过利用深红羽色分子育种标记和性连锁的金银羽色标记，对高产红羽粉壳蛋鸡配套系的纯系进行检测，保留深红羽色等位基因的白来航蛋鸡，该等位基因会抑制显性白基因 I 的作用，后代就可以表现出性连锁的金银羽色；通过对白来航母鸡与洛岛红公鸡的杂交，后代母雏为红羽，公雏为白羽，得到高产粉壳蛋鸡羽色自别雌雄配套系。通过该技术的应用，在全世界首次实现了高产粉壳蛋鸡羽色自别雌雄，提高了生产效率，节省的大量的人力和物力，并培育成功了"大午金凤"高产粉壳红羽蛋鸡配套系，创造了明显的经济效益。

"大午金凤"蛋鸡在 2015 年底通过国家畜禽新品种选育，于 2016 年开始正式推广，按雏鸡的平均价格 4 元计算，种鸡企业创收 1.2 亿元，净利润达 6 000 余万元。此外，养殖户养殖该品种，由于死淘率降低 1% 左右，淘汰鸡价格比白羽鸡（大午金凤育成之前，高产粉壳蛋鸡基本为白羽）每只高 1.5 元左右，实现养殖户额外增收 5 000 万左右。

7. 异位发酵床养殖北京鸭技术

建立一种异位发酵床（网上养殖肉鸭，网床下铺设垫料，肉鸭与垫料不直接接触）养殖肉鸭的新模式，解决了北京鸭养殖中粪污处理的难题；避免了传统发酵床养殖中霉菌感染和趴脯现象，降低了残鸭率和人工成本。与北京鸭常规地面平养方式相比，该技术不但可以实现粪污的零排放，而且可以使鸭舍内氨气浓度降低 20% 以上，料肉比降低 8%，残鸭率降低 60%，节约人工成本 50% 以上。与网床养殖相比，节水率达 80%，经济效益和生态环境效益显著。

大兴宏光肉鸭养殖场已经建立了 700 平方米发酵床鸭舍 1 栋，2016 年出栏北京鸭约 15 000 只。2015—2016 年运行期间，未发生染病情况，也没有传统发酵床养殖中的霉菌感染和趴腩现象。与传统地面养殖相比，存栏时间缩短 3 天左右。

（四）智慧农业技术

1. 果类蔬菜工厂化生产技术

果类蔬菜工厂化生产技术是以番茄、黄瓜等果类蔬菜为主要作物，以智能连栋玻璃温室为设施，综合运用现代高科技、新设备和管理方法发展起来的一种全面机械化、自动化技术高度密集型生产技术。该技术能够在人工创造的环境中进行全过程的连续作业，从而摆脱自然界的制约。通过开展番茄工厂化生产模式的探索，预计 1～2 年内，番茄工厂化生产每平方米产量可增加到 40 千克，与北京现有温室产量相比提高 2～3 倍。同时，番茄生产每千克产量耗水量可降低至 20 千克，水分利用效率与现有温室相比，提高 3～4 倍。另外，番茄工厂化生产在实现了非耕地进行蔬菜生产的同时，还实现了对外界环境零排放，成为环境友好型生产的典范，这为北京都市型现代农业的发展提供了有益探索。

2. 西甜瓜省工栽培综合技术

该技术模式集成西瓜观光采摘栽培、小型西瓜高密度抢早栽培、中果型西瓜简约化栽培、草莓日光温室套种西瓜栽培和西瓜长季节栽培等 5 项技术。

小型西瓜高密度抢早栽培技术示范：密度由 1 400 株/亩增加到 2 000 株/亩以上；双行种植改为单行种植，三蔓坐两果整枝改为双蔓结单果整枝；提高行距到 2.5 米左右，由 6～8 行改为种植 4 行，减少作畦和整枝耗工，全地膜覆盖，膜下微喷灌溉，调整整枝座果方式。

小型西瓜长季节栽培技术示范：利用西瓜无限生长和分枝性强的习性，在西瓜成熟采收后，通过加强肥水管理，剪除衰老的枝蔓，使植株不定蔓再次座果，达到一种多收（4 批左右）的目标。采用地爬栽培、减小密度到 590 株/亩。

草莓套种西瓜甜瓜技术示范：利用草莓种植日光温室 3～6 月生产一茬西瓜甜瓜。集约化育苗，3 月上旬定植，双蔓整枝留单果，利用草莓垄隔行定植，密度为 600 株/亩。

该项综合技术带来了较高的效益水平，春茬示范点小型西瓜亩产量均达到 4 268 千克，中心含糖量达到 13.6%；中型西瓜亩产量均达到 5 255 千克，中心含糖量达到 10.9%；示范田春大棚亩灌溉量 130 立方米、亩化肥用量 81.5 千克。

3. 生猪体外受精技术

体外受精技术（IVF）是家畜现代育种和快速扩繁的核心技术，也是人类治疗不育症的关键手段。然而，IVF 技术却面临胚胎发育率低、出生后代发育异常和性别比例失衡等问题，这些成为限制 IVF 技术大规模应用的瓶颈。1991 年以来，国外多次报道了牛、猪 IVF 胚胎性别失衡的现象。特别是近年来，大规模临床数据证实人类试管婴儿存在相同问题。由于相关机制一直不清楚，IVF 引发的性别失衡问题始终没有得到解决。生猪创新团队研究显示，体外受精胚胎存在 X 染色体失活不足问题，推断这可能是导致性别失衡的主要原因。研究发现，Xist 和环指蛋白（Rnf12）是 X 染色体失活的关键基因，上调 Rnf12 表达，即可以补偿 Xist 表达，进而有效地逆转了 IVF 胚胎中的性别比例失衡。将视黄酸（RA）添加到胚胎植入前的培养基中，激活了 Xist 表达，进而校正 X 染色体失活，由此避免出生性别比例失衡。

该团队首次证实了 IVF 环境中由于缺失了输卵管来源的 RA，导致 IVF 雌性胚胎

Rnf12-Xist 通路在附植前收到持续抑制，引发了雌性胚胎特有的表观事件，即 X 染色体失活不充分，造成雌性胚胎偏好性死亡，并最终导致性别比例失衡。通过在培养液添加 RA，成功将 IVF 性别校正至自然比例。

这项研究不仅为表观修饰异常导致的 IVF 胚胎发育障碍提供了功能性的证据，更为今后有针对性地改善 IVF 发育体系提供了新的思路，使得 IVF 大规模应用于家畜育种方式的变革成为可能。

4. 种猪自动化测定管理系统

种猪自动化测定管理系统分为测定与管理两大模块的自动化。经过 9 年的研发，解决了 5 大难题，申报了 8 项专利，完成了种猪自动化测定系统的研发。体重秤与饲料秤精准称量是该系统的最大优势，也是设备的核心技术，具有自主知识产权；自动称重与自动化饲养管理结合是该系统的另一大亮点，融入了 13 项创新，使得测定设备更接地气，测定流程更加顺畅，测定效率大大增加。此外，依据核心技术，同时辅助开发了称量不同畜禽的体重秤，形成了系列产品。该系列产品的问世，将对猪、羊、鸡等畜禽的精准育种产生重大推动作用。

该系统的应用，解决了制约联合育种的两个瓶颈问题：一是测定数据不准确，二是测定效率低。国外同类设备，如荷兰 VELOS 售价约 19 万元/套，而该团队研发的产品在准确性上高于国外同类产品，国产化使得价格降低一半以上，该系统将为我国养猪生产企业减少投入成本 10 万元/套。若北京 80 家种猪场均配备该产品，每家仅需 1 套即可满足场内测定要求，此项将为企业节省 800 万元。同时，由于测定数据准确性提高，选种的准确性将大大提高，进而将大大加快国内种猪的育种进程。

5. 金鱼小池精养技术

金鱼小池精养技术解决了传统粗放型养殖方式中金鱼养殖存在的大量弊端，促进了观赏鱼产业向集约型、高端型方向发展，合理高效利用了北京渔业养殖用地，避免了大型土池养殖所带来的池底底泥淤积、池塘老化、水体富营养程度严重等问题。同时，该技术为京郊农业庭院式养殖提供了可能，促进了农村经济的多种模式发展，在不多占用土地资源的前提下，大幅提高了养殖户的收入，也保证了观赏鱼养殖行业的可持续发展，减轻了对环境的压力，提高了水体利用效率。与室外池塘养殖相比，金鱼小池精养技术换水量减少了 82%，单产提高 35%。

目前该项技术已成熟应用于生产，技术水平居国内领先。在北京、天津、河北、江苏等 10 余个省市进行 3 万余亩示范应用，取得了突破性成效，具有较强的应用价值。每亩可实现经济效益 8 100 元以上。

6. 鲟鱼规模化周年全人工繁殖技术

该技术是利用人工养殖条件下鲟鱼性腺发育不同步现象，根据性腺发育状况，挑选用于春夏秋冬不同季节繁殖的亲鱼，配合水温等养殖环境调控以及高效鲟鱼催产剂，针对鲟鱼输卵管的特殊构造采取的剖腹取卵手术，实现在春夏秋冬不同季节进行鲟鱼全人工繁殖的技术。该技术处于国际先进水平，实现了鲟鱼苗种订单式供应。该技术和优质苗种已推广辐射到国内 27 个省市和地区，为促进我国鲟鱼产业健康发展做出了重要贡献。

第四章　北京都市型现代农业功能定位及其发展趋势

从 20 世纪 90 年代中期起，北京逐渐强化有关都市型现代农业的理论研究与探索，围绕都市型现代农业功能拓展、空间布局、产业发展等开展了大范围的讨论与宣传，凝聚合力，形成共识。20 世纪八九十年代的"菜篮子工程"使北京城郊区农业取得了长足的发展，然而，随着产业结构与市场需求的变化，城郊农业已经不能适应国际化大都市的发展需求。1994 年，朝阳区率先提出"都市型现代农业是农业发展的战略选择"，把发展具有旅游、观赏、无公害等特点的都市型现代农业列为紧急发展的工程之首。2005 年初，北京市正式提出"建设都市型现代农业"。经过多年的大胆探索和努力实践，都市型现代农业的理念深入人心，功能不断拓展，价值持续提升，北京都市型现代农业成为引领各大城市现代农业发展的风向标。

一、北京都市型现代农业功能定位

北京都市型现代农业侧重精品农业、生态农业、科技农业、休闲农业、保障农业等方面的发展（见图 4-1）。在注重生产功能的同时，关注农产品供给、环境改善以及休闲旅游等方面的作用，即发挥在生态和休闲功能上的作用。近郊区（朝阳、海淀、丰台、石景山）交通方便，最接近城市消费群体，其农业以园艺农业和高档次果菜种植为主。观光农业以观赏游览、体验农作为主，重点发展农业公园、花卉观赏园、垂钓场及市民租赁农园等观光、体验农耕项目。平原区，包括大兴、通州、顺义、昌平，是首都主要农产品生产基地，主要河流穿行其间，农业资源丰富，景观特征明显，以观光休闲、农耕体验、农业教育为主。远郊山

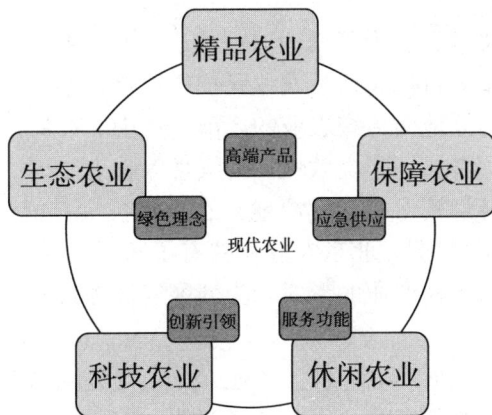

图 4-1　功能定位示意图

区，包括房山、门头沟、延庆、怀柔、密云、平谷，自然景观优美，森林资源丰富，观光农业以休闲疗养、农村文化体验、自然风景观光等为主。

（一）以生产高端农产品为主的精品农业

所谓精品农业，是区别于一般农业区域生产大路农产品而言的，它具有品种高端化、多样化、品牌化和科技含量高等特点。由于靠近大城市多样化、高端化的消费需求，普通大路农产品呈迅速减少或退出的趋势。高端农产品一般来说包括各类农产品中的精品和知名品牌的加工产品，附加值高、科技含量高，也包括区域唯一性产品和具有观赏或药用等特殊功能的品种等。籽种业也属于精品农业的范畴，特别是新品种的研发、引进、示范和推广等，都是科技含量高的农业高端形态。

（二）以绿色理念为主的生态农业

在保护、改善农业生态环境的前提下，遵循生态学、生态经济学规律，运用系统工程方法、现代科学技术和集约化经营的农业发展模式，按照生态学原理和经济学原理，运用现代科学技术成果和现代管理手段，能获得较高的经济效益、生态效益和社会效益。北京农业的生态功能越来越重要，农业是城市的生态景观和生态屏障。北京有丰富的生态资源，发挥生态优势，能更好地满足市民追求美好生活环境的生态需求。

（三）以开发服务功能为主的休闲农业

都市型现代农业的基本功能可以概括为"三生"，即生产、生活和生态功能。所谓"生活功能"和"社会功能"就是发挥农业的多功能性，利用农业生产方式和环境条件为城市提供各种经营性服务，这是北京都市型现代农业一项重要的基本功能。这种服务功能的拓展领域非常宽广，既可以为市民提供生活体验、休闲度假、旅游等类型的经营性服务，也可以为城市各大企事业单位、国际大公司总部、国家机关和国际外事活动提供各种场地和商务服务。功能形式可以有多种，如休闲农场、市民庄园、度假村、会议中心、乡村别墅等。在这种情况下，农业和农村的环境已经演变成为发展服务业的基础和条件，是农业与现代服务业的直接融合。

（四）以创新引领为主的科技农业

科技农业以现代科学技术发展为基础，以现代农业科学技术为手段，以追求经济效益、社会效益和经济效益最大化为目标。通过农业科技产业化，不断提高科学技术在农业增长中的贡献份额，使农业科技不能地向传统农业的产前、产中、产后渗透，农业产业链条不断延伸。科技农业具有系统性、多样性、高效性、持续性等特点。

北京是我国最重要的科学技术产业发源地，农业科技具有极大的智力资源、技术资源、信息资源等优势。"十二五"时期，北京农业科技有了长足的进步，为保障农产品的有效供给，为农业产业化的发展和支柱产业的形成，为郊区经济综合实力的增强，提供了强有力的技术支撑。

北京都市型现代农业已经形成七大优势产业，五大优势区域发展。优良种业、鲜活产品配送业、农产品加工业、农业观光业、生态经济产业、农业信息产业和农业科技服务业构成了北京现代农业的基本框架。北京现已形成朝海丰昌现代农业展示孵化区、平密怀延生态农业出口加工区、大通房顺品牌农业加工配送区、房门昌延人文景观农业旅游观光区、平密怀自然景观农业休闲体验区五大有比较优势的功能区域。

（五）以应急供应为主的保障农业

从纽约、伦敦和东京等国际大都市现代农业的发展历程看，随着城市化进程的推进，农业在城市经济中的地位逐渐下降，逐渐转向农产品应急保障功能和生态休闲功能。在北京大力打造农业"高精尖"的同时，不能忽视农业的应急供应保障这个基本定位。要保证基本农田数量不动摇，不断提高科技转化率，提高产量。以菜、肉、蛋、禽、鱼、果等鲜活农产品供应为重点，稳步推进"菜篮子"工程建设，坚持规模化、集约化、智能化发展理念，加快建设一批标准化设施农业生产基地和养殖基地，保障首都鲜活农产品的安全稳定供应。

二、北京都市型现代农业产业发展趋势

在农业供给侧结构性改革的背景下，北京都市型现代农业面临着新形势和新要求。首先，大城市的扩张，使城乡边界不断发生着模糊的动态变化，使城乡交接部生态环境的承受能力日趋加大。高密度的人口和建筑群，拥挤的交通和稀缺的绿地使市民的生活空间变得十分狭小，城市工业、交通、生活产生的污染加剧了城市生态系统的恶化，城市居民更加向往天人合一的田园生活。这促使市民把目光投向农村地区，大大增加了对农村地区旅游休闲的生活需求。其次，科技的进步和经济的发展使农业有条件加快向集约化、设施化、工业化的方向发展。新的形势决定新的挑战，加上北京自身生态环境的局限性，北京都市型现代农业的发展还有很大的进步空间。新阶段，北京都市型现代农业产业结构将进一步优化，产业融合将进一步深入，科技创新水平将进一步提升，核心竞争力将全面增强，区域间合作将更加紧密（图4-2）。

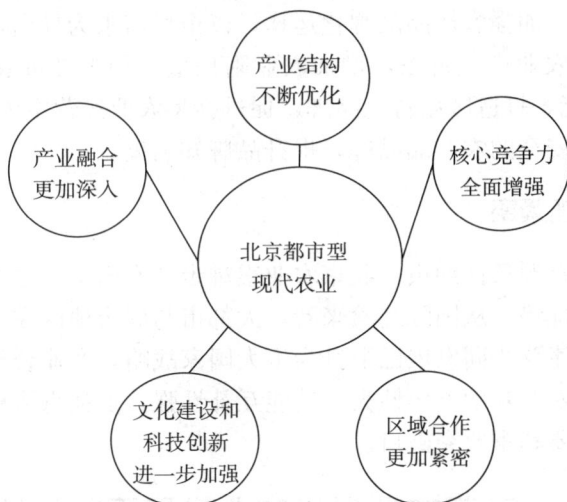

图 4-2 北京都市型现代农业产业发展趋势图

（一）产业结构不断优化

随着首都城市建设的全面推进和人们生活水平的不断提高，对北京农业功能调整优化的

要求日益提到新的高度。紧密围绕北京农业功能建设目标，突出农业发展的功能导向，着力强化生态功能，统筹兼顾休闲服务、农产品应急保障功能，积极发展农业科技创新功能，加快调整农业结构，推动农业与生态、观光、休闲、体验融合发展。质量型、生态、生活功能凸显是北京农业未来产业结构的发展方向。

（二）产业融合更加深入

国外都市型现代农业发展经历表明，当农业产值在国内生产总值中所占比重下降至5%～10%时，农业将突破克拉克"三次产业"划分的界限，与二、三产业逐步融和发展。近年来，北京农业与其他产业融合取得了一定成效，催生出一批新的业态，未来这种融合发展趋势还将进一步凸显。今后，北京农业发展要把握这种趋势，积极推进农业与休闲、创意等产业的融合发展，着力提高农业附加值，打造"高精尖"农业结构，推动农业向价值链高端延伸。

（三）文化建设和科技创新进一步加强

文化和科技属于北京的核心功能。在农业领域，北京农业文化内涵丰富，比如千年京西稻、怀柔影视基地等。文化丰富创意农业是北京农业的发展方向。科技是北京的优势，未来北京农业将更大地发挥科技优势，起到良好的示范带动作用。

（四）核心竞争力全面增强

在极其有限的农业资源条件下，北京农产品质量要向高端化不断迈进。在促增量、保存量的基础上，不断开发新产品，促使农产品口感更好、营养更全、效益更高。加强督导、完善制度等，确保获证企业按要求生产。加强指导、推广技术和强化培训等，全方位提升无公害、有机基地生产水平。加强农产品品牌化运作，以市场需求为导向，以提高农业质量效益和竞争力为中心，延长农业产业链，增加农业附加值，积极推进农产品优质优价。发挥"一会一社一中心"职能，打造区域特色品牌，促进新型农业经营主体加强农产品品牌建设，培育一批高端、优质、安全的农产品品牌，提升品牌知名度。

（五）区域合作更加紧密

受山多地少等自然资源条件约束，北京农业很难走"大而全"之路，应通过与天津、河北合作，发挥各自比较优势。从国际经验来看，大都市与周边地区在农业发展方面的合作是互促共赢的。当前，京津冀协同发展已上升为重大国家战略，产业合作是京津冀协同发展的关键支撑。京津冀三地农业基础差异性大、功能互补性强，加强京津冀农业合作，是推动京津冀协同发展的战略需要和重要突破口。

三、北京都市型现代农业发展面临的约束

（一）农业用地逐年减少

北京农业用地面积除草地面积略有提升外，其余农业用地面积均呈现出逐年递减的趋势，其中耕地面积由2009年的227 200公顷减少为2014年的219 900公顷，减少3.2%；园

地面积由 2009 年的 141 600 公顷减少为 2014 年的 135 100 公顷，减少 4.6%；林地面积由 2009 年的 743 700 公顷减少为 2014 年的 737 500 公顷，减少 0.8%；草地面积则由 2009 年的 848 400 公顷增加至 2014 年的 851 400 公顷，增加 0.4%；水利设施建设面积由 2009 年的 802 300 公顷减少为 2014 年的 783 800 公顷，减少 2.3%。在城镇化进程中，北京农业用地面积不断减少，但为保证北京都市型现代农业的可持续发展，仍要保证农业用地的数量(表 4-1)。

表 4-1　2009—2014 年北京农业用地情况

单位：千公顷

年份	耕地面积	园地面积	林地面积	草地面积	水利设施面积
2009	227.2	141.6	743.7	848.4	802.3
2010	223.8	139.3	742.0	858.3	797.7
2011	222.0	138.1	740.7	856.5	793.8
2012	220.9	137.1	739.6	854.9	790.9
2013	221.2	135.6	738.0	853.5	787.4
2014	219.9	135.1	737.5	851.4	783.8

数据来源：北京统计年鉴。

注：2014 年以后数据未发布。

(二) 水资源面临双重制约

北京面临着水资源总量以及水资源质量的双重问题。北京人均水资源占有量远低于世界人均水资源占有量 (1 000 立方米)，用水缺口比较大。为满足社会正常用水需求，水资源不足部分主要由水库容量、地下水以及应急水源等供给维持。2015 年，除农业用水以及生态景观用水外，北京的城市水资源需求量为 3.44 亿立方米，但可供给水资源量只有 2.74 亿立方米，年需水缺口为 0.7 亿立方米 (张贵祥 2013)。超额的用水量需求，导致地下水的过度开采，最终导致了地下水位的不断下降，其中百分之八十的农业灌溉水为地下水。因此水资源问题势必将影响都市型现代农业的可持续发展。

鉴于北京极为缺水的现状，提高水资源利用率是科技创新不能忽视的问题。2010—2015 年，北京农业用水不断下降，由 2010 年的 11.4 亿立方米下降为 2015 年的 6.5 亿立方米，下降 4.3%。随着农业现代化的推进，水资源利用率不断提高，万元生产总值水耗由 2010 年的 24.94 立方米下降为 2015 年的 16.6 立方米。此外，由于北京都市型现代农业大力发展休闲农业、观光农业等，其环境用水出现明显提升，由 2010 年的 4 亿立方米上升为 2015 年的 10.4 亿立方米，5 年间共上升 160%(图 4-3)。

(三) 农业劳动力不断减少

2010—2015 年，北京三次产业就业情况出现了巨大变化，北京总就业人数由 1 031.6 万人上升至 1 186.1 万人，共上升 149.5 万人，其中第一产业从业人数由 2010 年的 61.4 万人

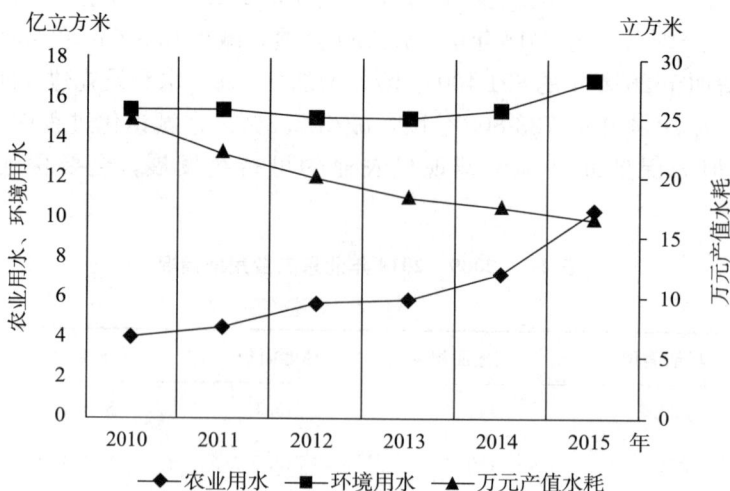

图 4-3　2010—2015 年北京水资源情况

注：2016 年数据未公布。

数据来源：北京统计年鉴。

下降为 2015 年的 50.3 万人，五年间共下降 18%；第二产业从业人数未发生明显变化；第三产业从业人数则出现大幅上升，五年间共增加 22%。第一产业的从业人数比重也由 2010 年的 6.0% 下降为 2015 年的 4.2%（图 4-4）。

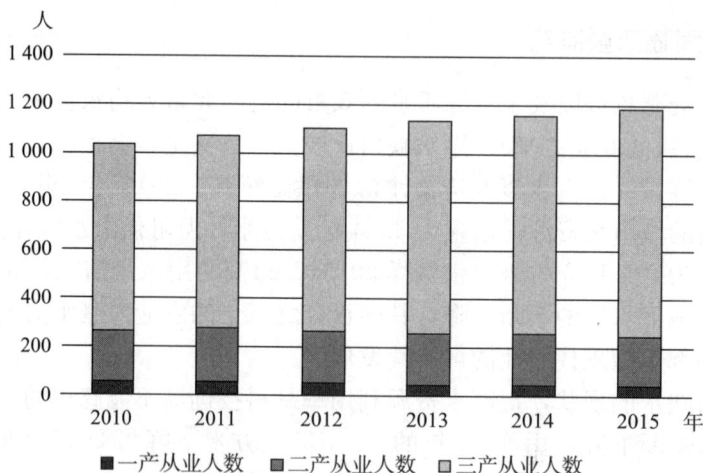

图 4-4　北京一、二、三产业就业情况

注：2016 年数据未公布。

数据来源：北京统计年鉴。

　　2009—2015 年，北京不同行业工资水平均出现大幅上升，尤其是制造业。制造业工资由 2009 年的 37 025 元上升至 2015 年的 80 634 元，增幅为 118%；农林牧渔业工资水平虽然也有所提升，但增幅低于其他行业，工资水平也较低。这是北京都市型现代农业发展的必然结果，随着产业结构的不断调整，传统农业的比重不断下降，这同时也为北京产业融合发展创造了条件（图 4-5）。

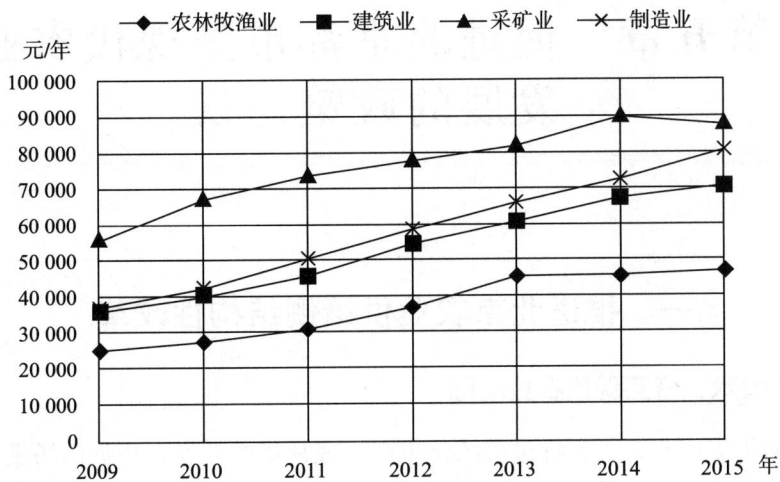

图 4-5　北京不同行业工资水平比较

注：2016 年数据未公布。

数据来源：北京统计年鉴。

第五章 促进北京都市型现代农业发展的政策建议

一、推进北京农业供给侧结构性改革

（一）提质增效、夯实现代农业基础

结合现有的优势产业，大力推进集约化生产，成片集中开发，增强市场主导能力。推广新型品种，改进生产方式，使生产更加高效，增强综合生产能力和抵御自然灾害的快速反应能力。提高设施的利用率和生产效率，确保节水技术全覆盖。产业化升级，打造品牌销售、连锁经营和个性化服务，为消费者提供更多的服务。不仅要为消费者提供优质的售前服务，还要在售后为消费者提供技术指导，提供多种优质售后服务，以便满足消费者多元化的需求。

（二）加强资源保护和生态修复，促进农业可持续发展

提升农业生态功能，要大力推进城市森林建设，积极落实城市森林建设总体部署，在城市平原地区尤其是在污染相对严重的平原农产品主产区适度提升城市森林比重。依托机场、铁路枢纽铁路、干线公路等城市主要对外交通门户和交通廊道，加强区域性森林绿地及生态廊道建设。划定生态红线。为切实保护、利用、建设、管理好首都宝贵的土地资源，发展都市现代农业，应着手编制北京环境总体规划，明确环境承载力底线，划定耕地、森林、林地、绿地、河湖水系、湿地、物种等生态保护红线。强化生态补偿。制定农业生态补偿政策，完善农业生态补偿机制，加强对农业环境保护、农业生产标准化、提高农产品质量与农产品安全等方面的支持。鼓励推广应用节肥、节水等资源节约型和环境友好型技术，对于采用优良农业生产技术规范的农户给予补贴，发展资源节约、环境友好型农业；鼓励种植生态价值高的农作物，借鉴退耕还林、农村沼气建设等项目支持方式，实施农业生态补偿，推动农业种植结构调整，改善生态环境。

（三）优化农业产业结构、满足消费者需求

当前，高质量农产品市场越来越大，市民更加注重对质量的追求。围绕首都农产品消费需求，积极发展循环农业、有机农业，推动农产品生产向"名、特、优、新、稀"动植物精品和安全绿色食品的生产转变，为市民提供优质、鲜活、安全的农产品。注重果菜产品营养品质的提升，开展优质栽培关键技术研究。深入挖掘北京蔬菜等文化遗产，创建区域化品牌。建立严格的追溯体系，保护提升区域品牌价值，联合相关部门通过展会、品评会等推出一批区域和品类品牌。广泛推广蔬菜生产的高新技术，加强和各大蔬

菜科研机构的联系与合作，及时地将各种新技术、新模式运用到蔬菜生产中，提升蔬菜产业科技水平和产品质量。

二、加强现代农业产业体系建设，促进产业融合

立足于北京都市型现代农业的定位，加快构建安全农产品产业体系、多功能业态产业体系和都市型现代农业支撑体系。安全农产品产业体系包括粮食、畜牧、水产、蔬菜、水果等各个产业，旨在确保主要农产品供给。多功能业态产业体系包括生态保护、休闲观光、文化传承、生物能源等密切相关的循环农业、特色产业、生物能源产业、乡村旅游业和农村二、三产业等，旨在充分发挥农业多种功能，增进经济社会效益。现代农业支撑产业体系包括农业科技、社会化服务、农产品加工、市场流通、信息咨询等为农服务的相关产业，以提升农业现代化水平，提高农业抗风险能力、国际竞争能力和可持续发展能力。

（一）加强与休闲观光产业融合

都市型现代农业不仅具有生产农产品的经济功能，而且具有涵养水源、净化空气、保持水土、美化市容，以及为市民旅游休闲提供重要载体的功能。围绕首都城市建设对农业功能的新要求，北京市积极开发农业的生态休闲功能，推动农业与观光旅游、休闲养老、耕作体验等相关产业的融合发展，推进农业向满足城市居民观光休闲需求、发挥生态涵养功能等方面深度拓展。

（二）加强与文化创意产业融合，发挥首都文化功能

随着社会的快速发展，人们不仅对都市型现代农业休闲、观光、生态、采摘体验等功能有着巨大的需求，还对农业的深层次文化内涵、"新、奇、特"等有着潜在的需求。传统的农业发展模式越来越难以满足市民的高端消费需求。为提升市民生活服务质量和水平，北京市借助各种创新元素，将创意、科技和人文等要素融入农业，增强都市型现代农业的吸引力，提高农业附加价值。同时，深入挖掘农业文化遗产，以满足市民的文化需求。

（三）加强与高科技产业融合

都市型现代农业对高科技创新和集成创新有着迫切的需求：一方面，现代智能技术、现代生物技术等高科技向农业生产渗透融合是农业高端化的重要动力；另一方面，设施农业、绿色农业生产高品质的农产品需要农业技术的集成化、综合化应用。未来应依托首都高科技技术优势，加大在农业高科技创新与集成创新领域的公共投入，同时，完善创新激励机制，引导有实力的企业参与重大农业科技创新，促进农业与高科技产业的融合发展，促进产业升级，提升都市型现代农业的核心竞争力，形成高端、高质、高效的都市型现代农业。

三、完善农业社会化服务体系

近年来，北京农业社会化服务发展迅速，一大批高校、科研院所对农业的扶持力度不断

加大。但北京农业社会化服务还是低层次的、不充分的，很多产业在社会化服务方面仍然滞后。不断提高农业社会化服务水平依然是发展方向。

（一）完善农村金融服务体系

完善的农村金融服务体系在支持都市型现代农业发展、增加农民收入及加快新农村建设方面发挥了不可替代的作用。北京农村金融起步早、发展较快，已经初步建立了农村信贷、农业投资、农业担保、农业保险和农业龙头企业上市培育体系，取得了明显的成效。今后，北京应进一步完善农村金融服务体系，改善农村金融服务质量，提高农村金融服务效率，建立包括产业金融等方面的资金融通体系，加强农业风险防范制度建设，完善农村金融发展政策支持体系。比如，在支持合作社规范开展信用合作方面，探索"专业合作＋资金合作"的模式，即农民专业合作社不是主要经营信贷活动，而是将合作社的闲置资本（资金）、社员的闲置资金聚集起来，在社员之间开展互助性借贷的信用合作。

（二）完善信息化服务体系

农业信息化已成为农业在激烈的市场竞争中实现新发展的必然选择。在农业信息化的建设过程中，应深化农业信息技术应用推广，充分利用重大信息化建设工程，搭建农业信息化服务平台。比如，打造农业电子商务平台，加快建立农产品电子交易系统，完善农产品批发市场信息网络和农村市场供求信息系统，加快农业信息资源的共建共享；搭建土地流转信息平台，及时准确收集土地流转供求信息，健全土地承包经营权流转市场，确保土地流转信息平台的高效运行；采用地理信息系统（GIS）、遥感（RS）、全球定位系统（GPS）、无线传感器网络（WSN）等先进技术建立农业灾害监测信息系统，为农业干旱等灾害提供综合动态监测服务。

（三）完善科技服务体系

随着城乡一体化的迅速发展，农业占国内生产总值（GDP）的比重不断下降，但农业的国民经济基础地位没有变，人们更加关注生态安全、绿色循环农业、食品安全等领域。今后，要加强农业科技服务工作和科技服务体系建设，主要包括大力发展农业高效节水技术，把节水灌溉工程技术与田间农业综合节水技术和节水管理技术有机结合，互相配合，互相补充，形成完善的农业综合节水技术体系；强化农产品安全生产、加工、运输、贮藏等关键环节的技术攻关和推广，全面提升检测检验能力，建立健全农产品检验检测体系和农产品质量追溯系统，实现"从农田到餐桌"的质量全程可追溯管理。

（四）完善都市型现代农业流通服务体系

建立和完善与首都多元化消费需求相适应，畅通、高效的农产品流通服务体系。要加强农产品市场体系建设，高水平建设农产品批发市场、农贸市场、农产品配送中心、物流中心等，进一步优化各类农产品的市场空间布局。同时，要大力发展农超对接、农餐对接、场店对接、无店铺流通等现代流通模式，积极推动农产品批发市场向生产前端和零售末端双向延伸，强化物流配送功能，逐步向现代流通模式转变。

四、继续强化对农业的政策支持

（一）建立"大农业"投入机制

建立"大农业"投入机制是奠定现代农业可持续发展的基础。农业是国民经济的基础，农业生产事关国计民生。农业基础设施，特别是大设施，在现代农业发展中具有不可替代的作用，必须加大扶持力度。政府在农业基础设施建设方面有不可推卸的责任，是农业基础设施建设的主要力量。在实施过程中，要重点投入，要确保到位，要监督有力。基础设施建设是现代农业建设不可或缺的首要条件，是社会经济发展不可替代的基础支撑。加快基础设施建设，不仅事关农业农村发展，而且事关经济发展、社会进步和生态文明建设。对于支撑农业发展的基础设施要高度重视，要站在全局和战略高度，充分认识基础设施建设的重要性、紧迫性和艰巨性，把基础设施建设放在优先位置进行规划。政府部门应加大对水利设施、河道疏浚与堤岸整固的投入，加大对山区道路、桥梁建设的投入，努力构建"大农业"骨架，支撑现代农业品质经济的大发展，保障人民生命与财富的安全。

（二）完善社会资金投入农业机制

必须理顺政府导向与市场化的关系。完善农业投入机制的主要着力点应放在改善农业投资环境、创新投资形式、提高投资效益上，这样才能多渠道、多形式吸引和利用社会资金投入农业，更好更快地促进农业向市场化方向转变。一是转变政府职能，由"参与"向"服务"转变，不断推动都市型现代农业投入结构的转变；二是在财政局和市农委等机构成立"农业专门投入资金统筹协调组"（阶段性），对政府的农业投入从计划、投入、监管到考核实行全程协调与监督，避免部门利益冲突，减少阶段性投入波动；三是拓展农业保险范围，弥补中国农业利用世界贸易组织（WTO）"绿箱"政策的缺失，为鼓励和保护农业投资与经营保驾护航；四是在农业产业开发投入中，实行财政补贴基础设施投入政策。另外，在完善社会资金投入农业机制中，建立财政投入启动、信贷投入助推、农户投入为主、社会广泛参与的多元化农业投入体系，确保各级政府财政每年对农业总投入的增长幅度高于财政收入的增长幅度，由财政资金先行投入农业项目，充分发挥财政资金的引导、撬动作用。同时，推进农村金融体制改革，增大农业信贷投入，增加农业生产环节的补贴幅度，减少农村资金的非农化流失，充分调动广大农户、集体经济组织以及其他社会资本投入农业。

（三）完善农业科研与推广机制

完善农业科研与技术推广机制，提高农业科技应用效率。农业科学技术是现代农业的助推器。农业科技是提高农业综合生产能力和竞争力的重要支撑，也是提高农村生产力和实现农民生活富裕的重要保证。建立并完善农业科技服务与推广机制，是应用、推广先进农业科技的重要保障，也是推动农业科技进步的重要保障。只有紧紧依靠农业科学技术，才能实现农业快速、持续、健康发展。只有不断完善农业科技服务与推广机制，才能提高农业科技应用效率。一是完善农业科技企业孵化器运行机制，重点打造农业科技创新公共服务平台，有效推进农业科技资源的共享与公益服务，提高农业科技创新资源的利用率；二是建立农业科技扶持与奖励机制，使农业科研机构、大专院校的相关科技人才及社会科技力量研究方向明确，进而促使政府农业科技投入决策者工作思路清晰明确；三是在农业科技投入、监管、评估环节上做文章，进一步提高政府农业科技投入的效能；四是进一步完善现有的农业科技推广服务体系，避免滥竽充数现象。只有建立一个高效灵敏的农业科技服务体系，坚持走"公司＋科技＋农户"的发展模式，以公司为龙头，以高科技为手段，才能推动传统农业向现代化农业转变，才能更好地推动农村经济快速发展。

Beijing
Dushixing Xiandai Nongye
Chanye Fazhan Baogao

2

第二篇

分 论

第六章 北京市果类蔬菜产业发展报告

　　果类蔬菜产业是北京现代农业体系中重要的组成部分，属于未来提高农民收入和推动农村发展的中坚力量。《北京"十三五"时期都市现代农业发展规划》中，产业结构总体要求是"调粮、保菜、做精畜牧水产业"，重点实施新一轮菜篮子工程；新发展菜田 10 万亩左右，使本地蔬菜种植占地面积达到 70 万亩，着力发展具有北京地域特色、高附加值或不耐长途运输的蔬菜生产。在粮食种植逐步调减、养殖业大规模推出的趋势下，蔬菜产业将是未来北京现代农业体系中的核心产业。其中，果类蔬菜产业又是北京蔬菜产业的重要构成，主要包括番茄、黄瓜、青椒和茄子等品种，播种面积和产量始终占蔬菜总体的 20%，不仅是许多农户收入的主要来源，而且是居民餐桌上不可或缺的食材。

　　北京果类蔬菜产业已初步形成一、二、三产业融合的发展模式，具体表现为生产的土地生产率、劳动生产率和成本收益率不断提高，出现了多种果类蔬菜采后加工制品，流通效率和观光休闲产值持续增加。结合生产社会化服务、果类蔬菜企业和合作社具有较强的辐射带动作用，京郊已出现套里村、后陆马村等果类蔬菜专业村。从需求侧看，北京消费者蔬菜购买力持续增长，从而其对蔬菜质量安全的关注将拉动果类蔬菜产业的转型和升级。

　　北京果类蔬菜产业的进一步发展依旧面临资源约束、质量安全机制缺失、生产成本上涨、农民老龄化等问题。根据《土地利用总体规划纲要（2006—2020 年）调整方案》，2020年北京将仅保有 11.07 万公顷耕地面积，同时人均水资源占有量不足 200 立方米。此外，北京果类蔬菜仍然以一家一户分散经营为基本格局，种植户户主平均年龄达到 53.9 岁；在京津冀地区中，比较收益处于较低水平；产业链条较短、流通渠道不规范，缺乏果类蔬菜优质优价的价格形成机制。

　　龙头企业的带动、果类蔬菜创新团队的支持等，是推动北京果类蔬菜产业发展的重要驱动力量。果类蔬菜产业的新业态特征是以质量安全信息提供和网络化为核心进行发展。其中现代农业企业是新业态创新的主体，以天安农业等为首的龙头企业带动了大量传统小农户加入到现代农业产业链中。果类蔬菜团队对果类蔬菜产业发展发挥了重要的支撑作用，短期支撑效应表现为明显的经济效益、社会效益和生态效益，在应急任务和工作方面具有良好的处理手段；长期支撑效应表现为果类蔬菜团队形成的较为成熟的产业支持模式和手段。

　　总体来看，在当前全国实施乡村振兴发展战略的背景下，北京现代农业体系的发展和结构升级、促进农民收入水平提高，是实施乡村振兴战略的重要内容。在农业生产功能疏解过程中，蔬菜产业已成为北京现代农业的核心产业，其中果类蔬菜产业更是支柱产业。因此，理清北京果类蔬菜产业发展现状，分析政府部门、龙头企业和果类蔬菜创新团队在解决产业发展问题中的作用，并以此提出北京果类蔬菜产业发展的具体对策建议具有重要现实意义。

一、果类蔬菜产业发展概况

北京果类蔬菜产业是北京蔬菜产业的重要部分，在蔬菜播种面积和产量中的比重始终保持在 20％的水平。在北京果类蔬菜总量上基本保持供需平衡的情况下，民众普遍对"绿色、有机、无公害"等生态型的高品质果类蔬菜有了更多的需求。因此，需要在把握果类蔬菜产业发展基础上，梳理出具有建设性的建议，进一步促进果类蔬菜产业发展。

（一）果类蔬菜生产情况

果类蔬菜包括番茄、黄瓜、青椒和茄子等。以下在对北京蔬类产业地位分析的基础上，基于实地调研数据和统计数据，对果类蔬菜的生产情况进行分析，包括生产结构、地区结构、品种结构、技术结构、从业人口结构、经营主体结构、新型业态发展情况等方面。

1. 果类蔬菜生产基本情况

（1）果类蔬菜生产发展演变和现状

北京果类蔬菜产业是北京蔬菜产业的重要组成部分，蔬菜产业总体的发展演变折射出果类蔬菜产业的发展演变。如图 6-1 所示，从蔬菜生产发展趋势上可以看出，在改革开放之初随着工农业生产的发展，蔬菜种植面积和产量都在不断地提高，但随着经济结构升级，以及自然资源约束，蔬菜播种面积和产量也出现下降，至今仍保持下降趋势。2016 年，北京蔬菜（含食用菌）播种面积 71.2 万亩，总产量 183.6 万吨；与 2015 年相比，面积略有上升，产量有下降。

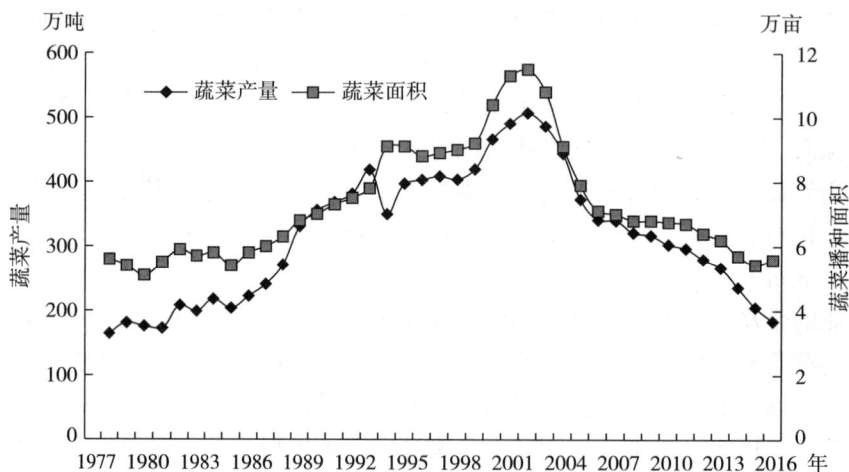

图 6-1　北京蔬菜播种面积和蔬菜产量
数据来源：《北京统计年鉴》。

4 种果类蔬菜近年来的变动见图 6-2。可以看出，2010—2016 年 4 种果类蔬菜的播种面积在不断减少。番茄的播种面积从 10.7 万亩减少到 6.9 万亩，黄瓜从 6.8 万亩减少到 4.9 万亩，茄子从 4.8 万亩减少到 3.7 万亩，青椒从 3.1 万亩减少到 2.0 万亩。2016 年，4 种果类蔬菜播种面积共计 17.5 万亩，其中番茄、黄瓜、茄子、青椒占果类蔬菜播种面积的比重分别为 39.4％、28.0％、21.1％和 11.5％。2016 年，4 种果类蔬菜产量为 68.3 万吨，番茄和黄瓜的产量共占 73.5％。此外，2011 和 2013 年果类蔬菜的播种面积出现了两次明显减少，分别下降 16％和 11％。从时间维度看，果类蔬菜种植面积和产量不断下降，但 4 种果类蔬菜内部减少的速度基本一致，内部结构没有发生太多变化。

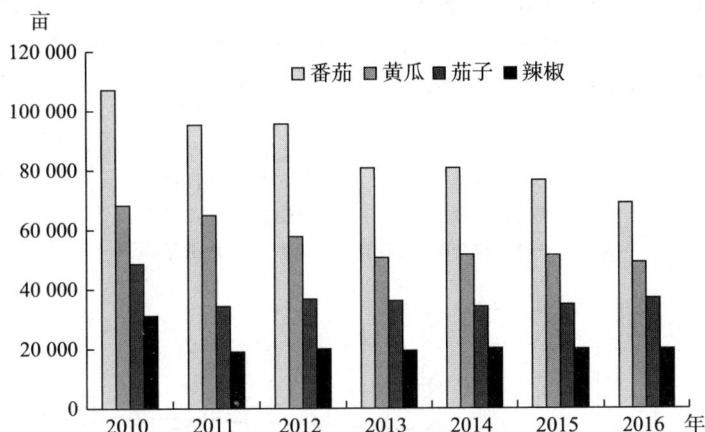

图 6-2　果类蔬菜播种面积变化趋势

数据来源：根据北京市农业局数据资料整理。

2016 年果类蔬菜产值占北京农业产值的 12％，占北京蔬菜产值的 25％。叶菜类蔬菜生产周期短，供给弹性相对较大，分散上市使得其抵抗市场风险的能力较强；而果类蔬菜生产周期长，集中上市使得其抵抗市场风险的能力较弱。从长远看，有必要对果类蔬菜产业进行重点扶持，避免产生较大生产波动，尽量避免"蛛网周期"产生。

（2）果类蔬菜内部的品种特点

北京适宜的气候条件和配套的设施条件使果类蔬菜做到了春秋品种配套，早、中、晚熟配套，并形成了周年生产、周年供应。

①果类蔬菜 4 种主要品种的比较。表 6-1 所示，番茄是果类蔬菜生产的第一大品种。2016 年，番茄的产量和播种面积占果类蔬菜的比例分别为 43.8％和 39.4％；黄瓜、青椒和茄子的产量和播种面积依次居第二、第三和第四。黄瓜播种面积所占比重和产量所占比重相同。茄子的生产在不断萎缩，主要是北京周边省市的市场竞争。青椒在北京市的比较优势较低，主要在北部半山区和山区日照时间长、温度较低的地区种植。

表 6-1　2016 年北京果类蔬菜播种面积、产量和产值

果类蔬菜	播种面积（万亩）	产量（万吨）	产值（亿元）
番茄	6.9	29.9	7.9
黄瓜	4.9	20.3	5.4
茄子	3.7	11.1	2.2
辣椒	2.0	7.0	1.9

数据来源：根据北京市农业局数据整理。

②果类蔬菜上市时间较为集中。从月份变化来看，5—10 月北京果类蔬菜大量上市，占

到全年果类蔬菜产量的 70%。整体来看，北京本地果类蔬菜上市高峰为夏、秋季，低谷为春、冬季。从蔬菜总量看，两次产量高峰分别出现在 6 月和 11 月，其中 6 月产量高峰主要与果类蔬菜增加有关，11 月产量高峰主要与叶菜类、根茎类蔬菜增加有关。

（3）果类蔬菜生产的技术特点

2016 年北京蔬菜（含食用菌）播种面积 71.2 万亩，总产量 183.6 万吨，北京生产蔬菜占总需求量的 20% 左右；其中设施蔬菜产量 117.8 万吨，占北京蔬菜总产量的 64.2%。2004—2016 年北京蔬菜种植结构变化情况如图 6-3 所示。

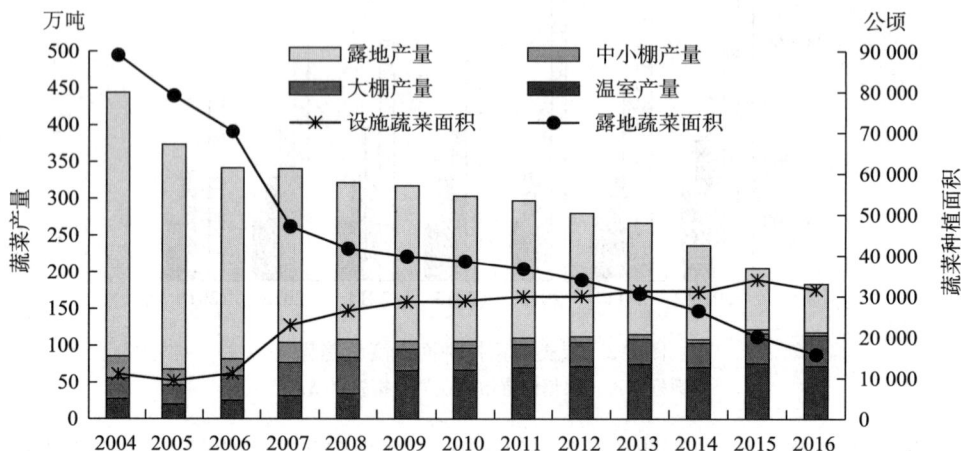

图 6-3 2004—2016 年北京蔬菜种植设施结构变化

数据来源：北京统计信息网区域统计数据（2004—2016）。

果类蔬菜种植设施结构变化如图 6-4 所示。普通温室和大棚播种面积所占比重持续扩大，已接近设施种植面积的 70%，其中大棚和普通温室分别占到 30% 和 37%。番茄种植中普通温室所占比重约为 45%；黄瓜种植中大棚和普通温室所占比例分别为 19% 和 40%；辣椒种植中露地、大棚和普通温室所占比例分别为 33%、28%、38%。

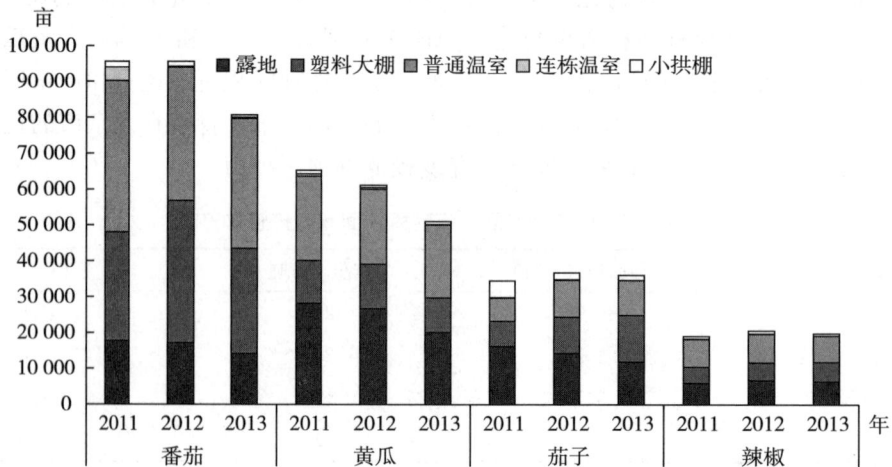

图 6-4 2011—2013 年果类蔬菜（播种面积）种植设施结构变化

数据来源：根据北京市农业局的相关资料整理。

（4）果类蔬菜生产的经营主体特点

2010—2015年，北京蔬菜经营主体日趋丰富，结构逐渐完善。据2014年北京市农业局统计，各类经营主体的蔬菜生产经营如表6-2所示。

表6-2　各类生产经营主体的蔬菜生产

经营主体类型	个数（个）	种植面积（万亩）	占比重（%）
生产企业	388	5.8	6.78
农民专业合作社	1 544	22.6	26.43
家庭农场	25 000	18.2	21.29
最小单元主体	158 000	38.9	45.50
合计	184 932	85.5	100

数据来源：根据北京市农业局数据整理。

注：表中总播种面积为2014年的实际数。

根据2016年针对北京市果类蔬菜种植户的调研，果类蔬菜种植户平均一个家庭劳动力个数为2.4个，从事生产劳动力数为1.9个。从结构来看，66%的果类蔬菜种植户家庭拥有有效劳动力数为2个，86%的调研农户家庭从事生产的劳动力数为2个（图6-5）。因此，果类蔬菜种植户的家庭劳动力投入明显不足，基本以夫妻或父子为生产的主要组织形式。

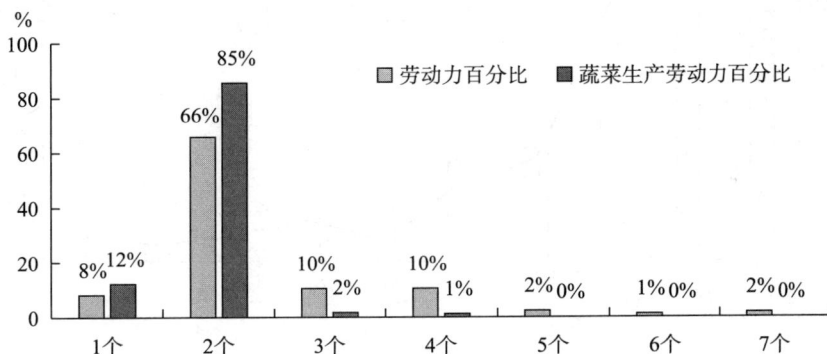

图6-5　北京果类蔬菜种植户的家庭劳动力人数结构

数据来源：2016年果类蔬菜种植户调研。

此外，果类蔬菜种植户年龄整体偏大，平均年龄为53.9岁。从各年龄段分布来看，35岁及以下农户占2%，35～50岁农户占26%，50～60岁农户占54%，60岁以上农户占18%（图6-6）。从种植户主受教育程度来看，平均受教育年限为8.9年。约68%的农户为初中毕业，小学毕业和高中毕业农户分别占14%和16%，未上过学和大专级以上文化程度的农户占比较小（图6-7）。

从蔬菜生产在农户家庭总收入中的占比来看，北京市平均水平为80%。北京市从事蔬菜生产的农户家庭兼业行为较少，其他收入主要包括种植补贴、粮食生产收入等。

（5）果类蔬菜生产的地区结构

由图6-8可知，从2016年的播种面积和产量看，顺义、大兴和通州为北京市果类蔬菜的主产区，此3区果类蔬菜产量占全北京市的73.1%，播种面积占全北京市的76.3%。

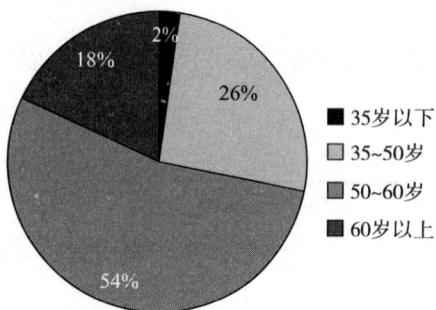

图 6-6　果菜种植户的家庭劳动力年龄结构
数据来源：2016 年果类蔬菜种植户调研。

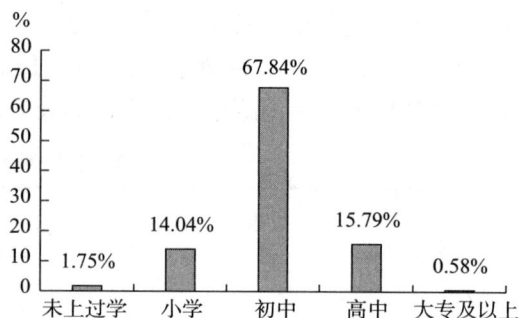

图 6-7　果菜种植户主受教育年限结构
数据来源：2016 年果类蔬菜种植户调研。

2013 年这两项指标分别为 70％和 74％，可见北京市果类蔬菜生产的区域聚集程度不断提高。

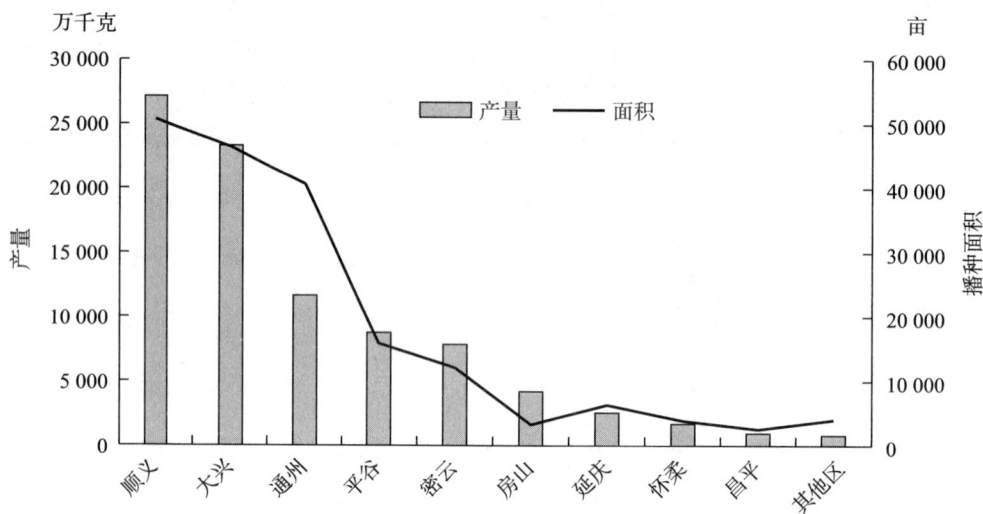

图 6-8　2016 年北京各区果类蔬菜播种面积和产量
注：图中其他区包括海淀、朝阳、丰台和门头沟。
数据来源：2016 年农业局统计资料。

　　由图 6-9 可以看出，2016 年顺义、大兴和通州 3 区的番茄产量占北京市总产量的 75.8％，顺义、密云、大兴和通州的辣椒产量占北京市总产量的 76.1％，顺义、大兴和通州的茄子产量占北京市总产量的 79.4％。由此可以看出，北京市主要果类蔬菜的区县地域分布较为集中。

　　未来要进一步整合资源、集成先进技术与装备，推进区域生产条件与技术的提档升级，基本实现整镇、整村蔬菜产业的布局区域化。通过两年的建设，完成万亩蔬菜镇达到 4 个，千亩蔬菜专业村达到 29 个，主要有番茄、黄瓜、鲜切菜、特菜等专业村，覆盖面积约 8 万亩。

　　2. 果类蔬菜生产的效益和效率

　　果类蔬菜生产者的经营管理能力、生产决策和技术采用最终都反映在果类蔬菜生产的收

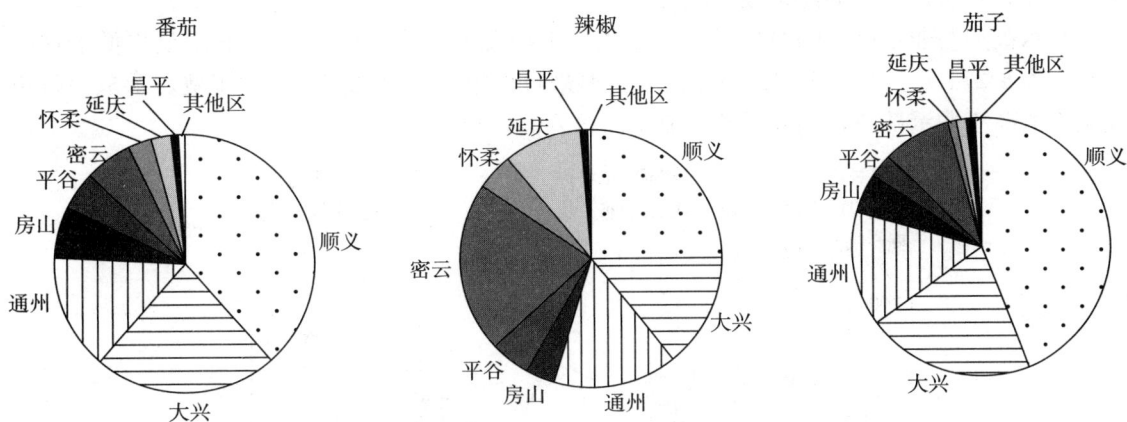

图 6-9　2016 年番茄、辣椒和茄子各区产量占比重

注：图中其他区包括海淀、朝阳、丰台和门头沟。

数据来源：2016 年农业局统计资料。

益和效率上。下面对北京市果类蔬菜生产的成本收益以及京津冀生产效益和效率的对比分析。

（1）果类蔬菜生产的成本收益分析

2016 年对北京市 5 个蔬菜主产区青椒、茄子、黄瓜和番茄 4 种果类蔬菜进行了系统性的问卷调研，共获得有效样本 173 个，有效率 97%，样本分布情况如表 6-3 所示。

表 6-3　2016 年调研样本数量及分布

单位：个

调查区	乡镇个数	村个数	示范户个数	非示范户个数	总样本个数
大兴	8	12	14	36	50
顺义	5	12	18	34	52
通州	3	3	4	16	20
密云	3	7	12	17	29
延庆	3	5	5	17	22
总计	22	39	53	120	173

①果类蔬菜成本收益的年度间变动。根据 2012 年与 2016 年调研数据，黄瓜和番茄的成本呈现增长趋势，净收益呈现了负增长，原因可能是成本上升而蔬菜价格相对走低。对番茄的物质生产资料投入的增加，黄瓜的加工运输费用的增加，黄瓜的标准化生产导致投入增加。此外，设施使用及维护费的增加幅度较大，与技术水平提高以及农户对投入要素质量要求的提高有关。

②不同类型农户的果类蔬菜生产成本收益比较。由图 6-10 可知，在各项成本中构成比例最大的为设施使用及维修费用，占全部成本的 50% 左右；其次是肥料费、雇工费用和种苗费。病虫害防治费和加工运输费占比相对较少。蔬菜总体成本利润率为 1.25，可见平均

来看，蔬菜种植户获得的经济效益较好。

从示范户与非示范户的对比可知，示范户平均总成本为 10 217 元，非示范户低于这一水平，为 6 271 元。两者之间的成本差异主要来自设施使用及维修费、雇工费。示范户每亩蔬菜产值高于非示范户，因此示范户属于高投入高产出型生产模式。

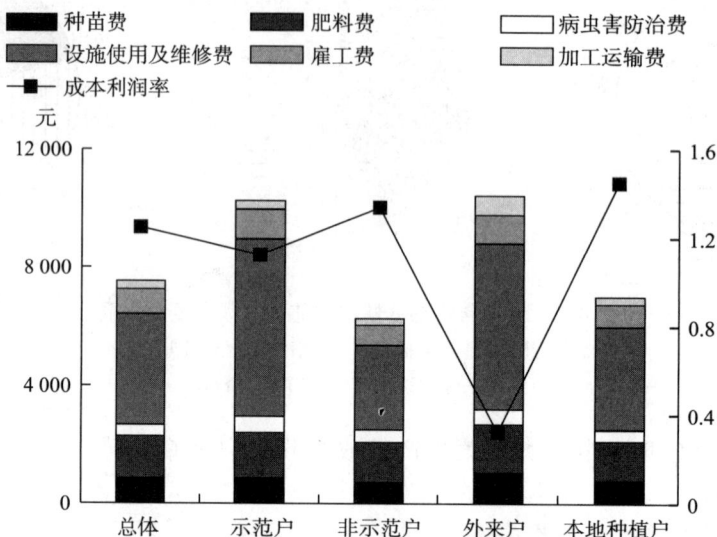

图 6-10　果类蔬菜种植户每亩成本收益

数据来源：2016 年果类蔬菜生产调研。

外来户与本地种植户相比，外来户蔬菜生产每亩总成本比本地种植户高 49.92%。从生产成本构成来看，外来户与本地种植户成本差异主要由设施使用和维修费造成，两者相差 61.52%。外来户的总产值低于本地种植户，造成外来户成本利润率的降低，仅为 0.32，而本地种植户平均成本利润率为 1.45，表明在果类蔬菜生产方面，外来户并没有生产优势（图 6-9）。

③四种类型果类蔬菜生产成本收益比较。图 6-11 展示了果类蔬菜生产的成本收益。番茄和青椒生产成本最高，分别为 7 637.5 元和 7 553.3 元，其次是黄瓜，成本为 6 318.7 元，茄子成本最低，为 4 615.0 元。番茄生产成本中设施使用及维修费占比最高，为 54.7%。青椒各项投入成本中种苗费占比最高，达到了 24.7%。从经济效益来看，黄瓜经济效益最好，其成本利润率远高于其他三种蔬菜，为 2.37；其次是番茄，成本收益率为 1.23，与平均水平相当。再次是青椒，成本收益率为 0.89，最后是茄子，仅为 0.82。因此，黄瓜和番茄生产更具优势，相比，茄子经济效益最低。

（2）果类蔬菜生产的"三率"分析

根据投入和产出调研数据（表 6-4）可以看出，果类蔬菜生产总成本平均为 6 203 元，其中肥料费占到 20% 左右，效益达到 14 434 元，净利润为 8 231 元，利润率为 132%。此外，劳动生产率为 8 060 元/人，单位肥料投入获得产值为 11 元/亩，能源利用率为 58 千克/元。与 2012 年相比，土地生产率（单产）具有明显提高，但是土地经济生产率出现下降，主要原因为果类蔬菜价格的下降导致总产值的下降；能源利用效率上升，主要是能源投入减少和单产的提高；单位肥料投入带来的产值出现轻微下降，主要是肥料投入的增长；劳

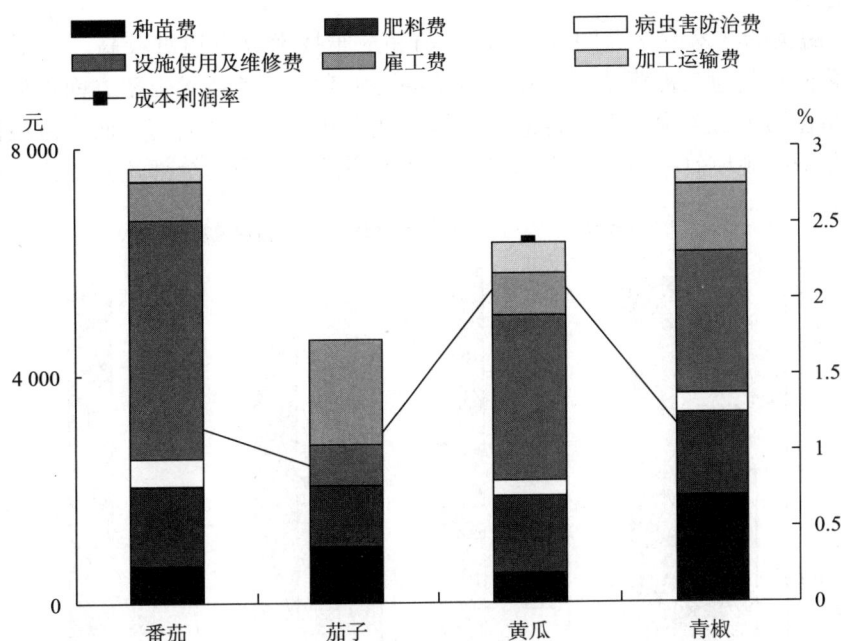

图 6-11　四种果类蔬菜生产每亩成本收益

数据来源：2016 年果类蔬菜生产调研。

动生产率的大幅提高，得益于雇工费用的下降，此外与机械化水平提高、土地管理技术进步有关。

表 6-4　2016 年果类蔬菜生产经营情况

种苗费 （元/亩）	农膜费 （元/亩）	肥料费 （元/亩）	能源费 （元/亩）	农药费 （元/亩）	其他费用 （元/亩）	总成本 （元/亩）
750	881	1 336	354	379	2 502	6 203

效益 （元/亩）	产量 （千克/亩）	能源利用率 （千克/元）	质量安全 （千克/元）	劳动生产率 （元/人）	单位肥料投入带来的产值（元/元）	
14 434	5 943	58	31	8 060	11	

（3）果类蔬菜的生产效率分析

①北京蔬菜工厂化的生产效率。近年来，北京市通过推进蔬菜工厂化生产以提高土地产出率。在顺义、昌平、延庆三个区开展了 4 个蔬菜工厂化生产试点的建设，以规模化生产为基础，分别实施了日光温室番茄、日光温室黄瓜、连栋温室番茄、塑料大棚青椒的工厂化生产示范工作，在设施建设、栽培系统、水肥管理、植株管理等生产环节实现了标准化生产。同时，在基本菜田补贴政策中，实施 3 吨折合 1 亩的补贴办法。2016 年北京市蔬菜工厂化生产面积达到 1 317 亩，产量将达到 19 万吨，较 2013 年增加了 36.4%，其中番茄占比 0.5%。

②农户的生产效率。根据测算结果，北京蔬菜种植户的效率较低，而效率的损失主要来自纯技术效率，即农户整体经营和技术水平不高。总体来看，农户现有经营规模与最优经营

规模比较接近。

4 种果类蔬菜的技术效率（图 6-12），番茄和茄子技术效率相对较高，黄瓜略低，青椒技术效率显著低于其他三种蔬菜。从技术效率的分解来看，纯技术效率方面番茄最优，青椒最低。这表明在四种蔬菜中，番茄普遍生产管理技术和经营水平最高，而青椒最低。从规模效率来看，茄子的规模效率最高，表明茄子生产农户的生产规模全部达到最优生产规模。

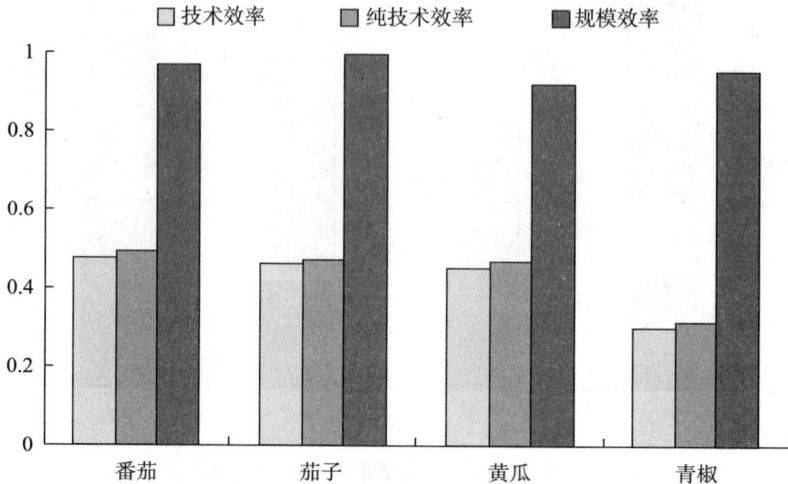

图 6-12 北京果类蔬菜生产分品种生产效率

数据来源：2016 年果类蔬菜生产调研数据的测算结构整理。

（4）京津冀果类蔬菜生产成本收益对比分析

京津冀果类蔬菜种植普遍以番茄和黄瓜为主。番茄种植在北京市果类蔬菜中所占的比例比河北、天津大。以果类蔬菜生产成本收益可以看出，京津冀同一品种的成本收益情况有所区别，北京市黄瓜生产的净收益在三省市中最高，天津市的番茄生产具有比较优势。不同品种的果类蔬菜在成本收益上存在较大差异：黄瓜的生产成本普遍要高于番茄的生产成本，北京市、河北省黄瓜的总收益相较番茄而言更高。从地区产业布局角度，河北省应当优先发展黄瓜产业，天津市应当把番茄作为果类蔬菜生产经营的主要品种（由于篇幅所限，图 6-13 仅显示番茄的成本收益比较）。

3. 果类蔬菜生产与生态环境

生态环境包括土地资源、水资源、空气资源等。良好的生态环境是果类蔬菜长期稳定生产的基础。反过来，果类蔬菜生产也能影响生态环境。

（1）生态环境概况

根据 2016 年《土地利用总体规划纲要（2006—2020 年）调整方案》，北京在 2020 年保有 11.07 万公顷耕地面积。此外，北京人均水资源占有量不足 200 立方米，属于重度缺水地区。水土资源限制使北京市果类蔬菜产业发展严重受限。

（2）果类蔬菜节水技术调研

据 2014 年对顺义和大兴果类蔬菜种植户节水情况的随机抽样调查，在蔬菜生产节水灌溉技术中较为常见的三种节水灌溉技术：膜下暗灌、沟灌、滴灌。在 330 个农户中，共有 90 户采用节水灌溉技术，采用率约为 27.3%。总体来看，蔬菜种植户选择节水灌溉技

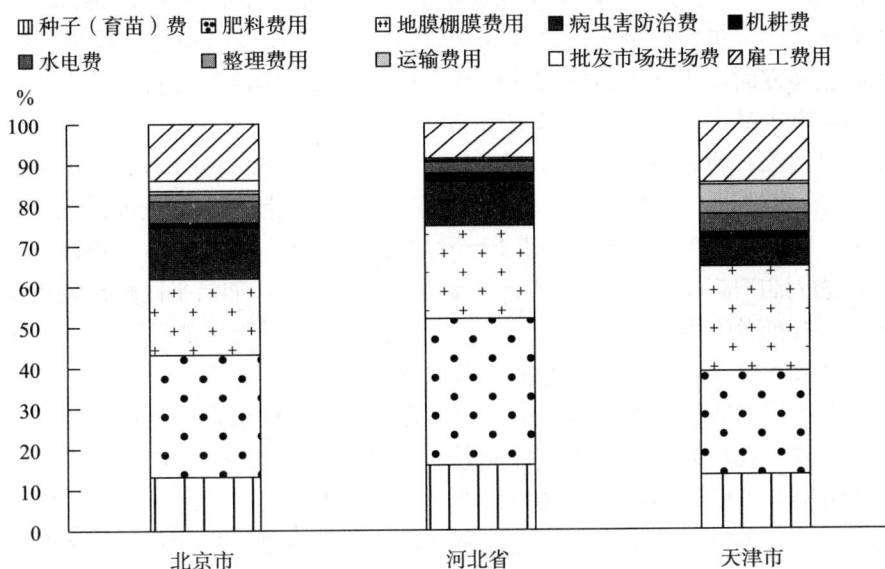

图 6-13　京津冀番茄生产成本构成对比

数据来源：表格中数字根据 2016 年调研数据整理所得。

术——滴灌、膜下暗灌和微喷的比例分别为 81%、14% 和 5%。

（3）清洁能源使用案例

北京农业机械试验鉴定推广站以 2015 年开始试验示范日光温室后墙水循环蓄热系统技术，该技术有效地解决了北方冬季日光温室夜间温度过低、温室加温能耗大难以满足作物生长需求这一问题。在只考虑运行成本的情况下，该技术比烧煤能节约 9 367.5 元/年·栋；综合设备与运行成本，该技术比锅炉烧煤能节约 8 067.5 元/年·栋。每少耗 1 吨煤相应减少污染排放 0.68 千克碳粉尘、2.49 千克二氧化碳、0.08 千克二氧化硫、0.04 千克氮氧化物。

（4）肥料利用率的提高与地膜回收

2016 年，北京市创建大兴区蔬菜生产化肥减量示范区，以规模化蔬菜生产的合作社和企业为重点，整合资金，共配送有机肥 5.8 万吨，覆盖菜田面积 2.9 万亩。将使用水肥一体化技术作为基本要求，通过资金、技术支持，以及物化补贴促进技术应用，提高肥料利用效率。2016 年蔬菜肥料利用率达到 25.7%，与上年的 23.2% 相比提高了 2.5%。

创建大兴区蔬菜生产地膜回收利用示范区，通过旧膜换新膜等鼓励措施，对规模化蔬菜生产区域的废旧地膜进行回收利用。依托企业在全区 9 个镇的 20 个的经销网点为平台开展地膜回收工作。回收方式为蔬菜种植户回收上交 2 千克地膜可领取 1 千克新地膜，两年试点共回收旧地膜 831 吨，兑换符合标准的新地膜 415 吨，有效减少了地膜对环境的污染。

4. 果类蔬菜的安全性分析

随着果类蔬菜供应增加和生活水平的迅速提高，人们更多地关注果类蔬菜的品质和安全。一旦发生果类蔬菜安全事件，会使社会公众对食品安全的信心更加缺乏。因此，探索保证城市果类蔬菜安全的途径是一个亟待解决的问题。

（1）政府行政监管成效与减药行动

2016 年，农业行政部门全年抽取 10 类蔬菜 1 724 个样品，合格率 98.84%。对 9 月 1 日以后检测不合格的 10 个样品，全部依据相关规定进行处理。确定监管鲜切菜企业 20 家，全年进行监督检查 2 次，主要检测重金属及农药残留 28 项，没有出现超标样本。物流配送农产品生产企业监管方面，指导市植保站开展调研和监督抽查物流配送农产品生产企业，企业配送产品来源本市产品占 75.7%，外埠产品占 24.3%。

2016 年北京蔬菜农药利用率达到 37.7%，比上年 37.6% 提高了 0.1%。在密云开展蔬菜生产农药减量示范区建设，集中打造了 8 个农药减量优质蔬菜园区，促进园区化学农药用量减少 20%～30%；二是在生产优势区域新建 10 个绿色防控基地，集成农业、物理、生物等综合配套技术体系进行推广应用；三是在重点区开展农药补贴工作，如昌平区规定到指定地点购买农药补贴 50%，有机微生物菌剂每亩给予 80 千克实物补贴，对土壤消毒给予 50% 补助。

（2）种植户果类蔬菜生产的质量安全技术采用

质量安全生产技术往往通过生物防治、物理防治等消灭病虫害，利用秸秆等提高土壤肥力，可以极大地减少农户的农药投入和化肥投入。图 6-14 为农户在果菜种植过程中的质量安全技术采用情况，可以看出，在防虫网、防虫板、生物菌肥、天敌防治、生物农药、熏棚闷棚和杀虫灯 7 项技术中，使用最为广泛的为高温熏棚和闷棚，采用该项技术的农户达 104 户，占比为 65.41%；其次为防虫网和防虫板，分别有 90 户和 95 户采用过以上两项技术；值得注意的是仅有 4 户农户采用了杀虫灯这一技术。

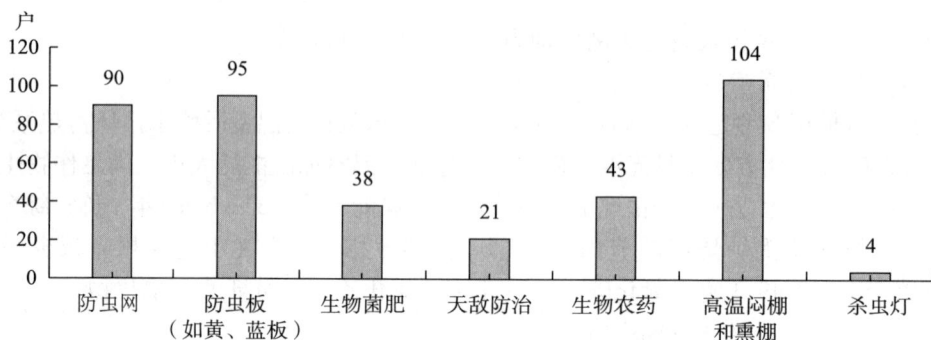

图 6-14　果类蔬菜生产质量安全技术采用情况

数据来源：2016 年果类蔬菜生产调研。

（二）果类蔬菜的加工流通分析

果类蔬菜的加工流通情况是产后的重要增值环节，属于未来重点关注扶持的领域。针对产业及京津冀区域内的加工流通现状进行介绍。

1. 果类蔬菜的加工

（1）果类蔬菜产后加工现状

当前，果类蔬菜加工企业规模较小，加工技术和加工设备较为落后，一般是对果类蔬菜进行简单的初级加工后便进入流通环节，深加工果类蔬菜也仅是以腌制、脱水果类蔬菜为主。各地区对于果类蔬菜的精深加工比例极低，果类蔬菜大部分不经过加工企业便直接进入批发市场或者农贸市场。总之，目前自产果类蔬菜中经过加工的量占总果类蔬菜的比例依然较低。

2016 年，北京市开展蔬菜产地分级、包装技术示范推广，示范区蔬菜损耗率降低了约

11%，附加值增加了约 11%；北京市开展了 23 个区域性蔬菜知名品牌创建活动，15 个蔬菜专业村全部实现了 1 个村至少注册 1 个蔬菜品牌。积极开展品牌宣传，探索新型销售模式，扶持创建和提升蔬菜知名品牌。

（2）果类蔬菜加工产业链主体

果类蔬菜加工产业链的主体主要包括蔬菜种植农户、农业合作组织、流通企业、生产加工企业等（图 6-15）。

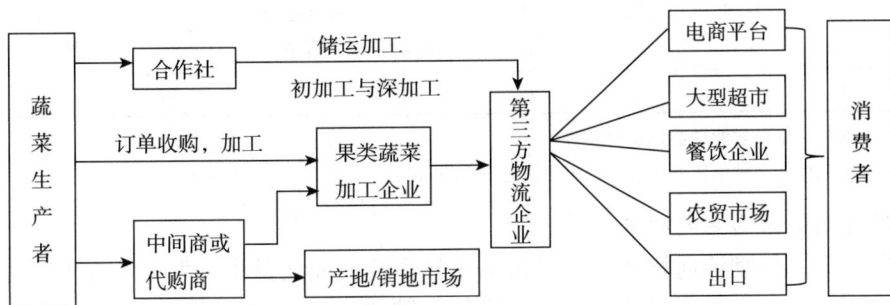

图 6-15　蔬菜加工组织链示意图

由于蔬菜种植农户规模小且分散，蔬菜生产加工企业一般不直接从农户手中收购蔬菜原料，而主要是从批发市场采购，以市场化交易为主。随着中介组织的不断发展，部分蔬菜种植户加入农业合作组织，蔬菜生产加工企业也可以通过与农业合作组织签订契约方式采购蔬菜原料，这种组织模式相对稳定。大型蔬菜加工企业采取订单农业方式，通过建立蔬菜种植基地为自己供应蔬菜原料。由于生鲜蔬菜的易腐性质，加工企业一般不自己直接运输，而是交给专业的第三方物流企业运输，蔬菜生产加工企业生产的产品主要通过自己的分销网络进行销售，直接出口或供应给超市、餐饮企业等。

（3）京津冀果类蔬菜加工业协同发展分析

北京和天津的果类蔬菜加工企业在经济条件较好的河北果类蔬菜生产区县设立了分公司以及加工厂，提高了河北果类蔬菜加工技术水平；河北省政府制定相关政策扶持龙头果类蔬菜加工企业，天津市出台相关政策提高果类蔬菜出口通行速度，而北京市积极创立优质果类蔬菜的品牌；在此基础上，京津冀分别对应果类蔬菜加工科技品牌中心、深加工出口中心、生产及初加工中心。

2. 果类蔬菜流通

北京市每年每千克蔬菜流通中平均要产生 150 克左右的垃圾，全年的垃圾总量达到 230 万吨，流通损耗率水平低于发达国家 5% 左右。为降低北京市蔬菜流通损耗率，净菜产业平台搭建纳入北京市政府制定的《"十三五"时期北京蔬菜产业发展规划》中，通过体系建设将净菜逐渐推广进入社区，以提高区域内的蔬菜流通效率。

（1）不同经营主体的流通现状

①小规模生产者的蔬菜销售渠道。一般种植面积 10 亩以下的小规模果类蔬菜种植户，果类蔬菜销售的渠道是多元化的。一些渠道通过中间环节进行，实现了销售链上的专业化，中间收购仍然是果类蔬菜种植户的主要销售渠道，此外也有通过合作社销售以及农户自己送批发市场销售蔬菜。京津冀地区中，北京果类蔬菜种植农户面临的流通渠道最为多样化。

②大规模生产者的果类蔬菜销售渠道。大规模果类蔬菜生产者多以合作社、公司为主体，形成规模化果类蔬菜生产基地。规模化生产基地的果类蔬菜主要销售流向为：约46%流入批发市场；19%进入配送企业；8%送往机关、学校等团体；8%进入餐饮企业；6%进入农贸市场；5%以农超对接等方式进入超市、社区；3%流入外埠；2%进入鲜切企业；另外，出口和采摘等约3%（表6-5）。

表6-5 规模化生产果类蔬菜销售流向

渠道	批发市场	配送企业	餐饮企业	团体配送	农贸市场	社区超市直销	外埠	采摘和出口	鲜切企业
占比（%）	46	19	8	8	6	5	3	3	2

数据来源：根据北京市农业局数据资料整理。

注：一家单位往往有多种销售途径，所以渠道占比之和非100%。

（2）果类蔬菜流通主要模式

①批发市场主导型流通模式。批发市场主导型流通模式是指批发市场在果类蔬菜流通中发挥主导作用，通过批发市场将果类蔬菜进行集散和分销的方式。批发市场主导型流通模式是北京果类蔬菜流通的主要模式。根据目标市场和流通环节的不同，形成了多种流通渠道，其具体流程如图6-16所示。

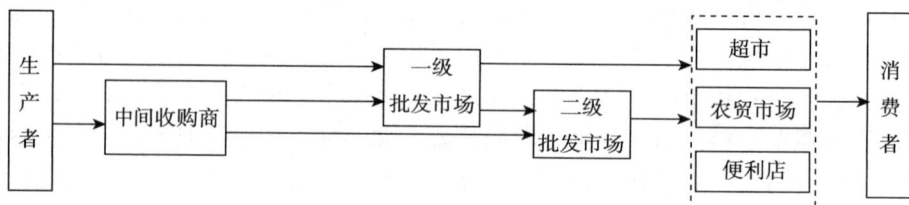

图6-16 批发市场主导型流通模式

②农超对接模式。农超对接模式通过推动超市利用自身在市场信息、管理等方面优势参与果类蔬菜生产、加工、流通的全过程，提供生产技术、物流配送、产品销售等一整套服务，将农户的小生产与大市场有效地联结起来。农超对接模式在农户和果类蔬菜零售商之间建立了较为稳定的购销关系，提高了果类蔬菜流通效率，并且有利于对果类蔬菜产品进行全程追溯和蔬菜质量安全监管。

③电子商务模式。果类蔬菜电子商务模式指果类蔬菜生产者和消费者之间通过第三方电商平台或自有平台实现对接的模式。消费者通过电子商务平台下单所要购买的果类蔬菜产品，果类蔬菜生产者按照消费者的需求提供相应产品，并通过第三方物流或自建物流，按照供求双方约定的时间进行配送。其具体流程如图6-17所示。

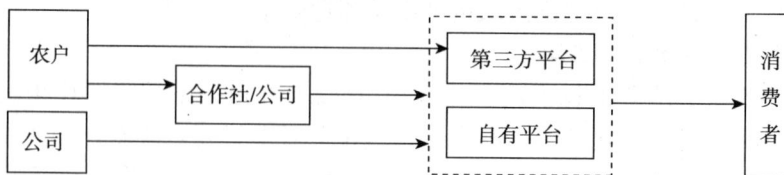

图6-17 电子商务模式

从果类蔬菜品种和品质来看，电子商务模式下交易的果类蔬菜品质较好，等级较高；从流通渠道和环节来看，电子商务模式的流通渠道较单一，或者农户或公司直接通过电商平台交易，或者农户将果类蔬菜销售给果类蔬菜专业合作社或公司，再由果类蔬菜专业合作社或公司通过电商平台交易；从流通时间和成本来看，电子商务模式下所经历的流通环节很少，所以流通成本较低，流通效率很高。

（3）京津冀农户果类蔬菜流通渠道对比

依据2016年京津冀果类蔬菜种植户销售调研数据，三地蔬菜种植户共同特征是中间商收购和批发市场主导的传统流通方式占据主要地位；同时，京津冀存在一定差异：北京市和河北省受访农户选择的流通渠道结构较为类似，均表现出以中间商收购、农户送往批发市场和农户送往农贸市场为主，以超市直供等新型果类蔬菜流通模式为辅的特点，中间商收购占据最主要地位；天津市农户选择最多的是送往批发市场，其次是中间商地头收购和送往零售市场。

（三）新型农业经营主体发展分析

北京市蔬菜生产者分为四种主要类型：普通农户、家庭农场、专业合作社和农业企业。普通农户蔬菜合计播种面积占北京市总播种面积的45%；其他经营者属于资本集约和技术集约的种菜模式，蔬菜播种面积占北京市蔬菜总播种面积分别为21%、27%和7%。

1. 不同果类蔬菜生产经营主体特征比较

表6-6为不同果类蔬菜经营主体特征的比较。不同主体间往往进行或松散或紧密的联合，形成一体化组织，常见形式有"公司＋农户""公司＋合作社＋农户""公司＋基地＋农户"等。鼓励新型农业经营主体建设、推动规模化经营、强化技术支持能力，是实现北京果类蔬菜生产可持续与现代化升级的必然选择。

表6-6　不同果类蔬菜生产经营主体特征比较

项目	普通蔬菜农户	家庭农场	专业合作社	农业企业
责任者性质	农民	农民	大户、能人、企业家、村干部等	企业家、村干部等
种植规模	较小户均5亩左右	较大户均10亩以上	较大自有及社员分散	较大大型基地或外包
资本来源	以自有资本为主，缺乏明晰的资本收益率	自有资本与借入资本相结合，拥有较为明晰的资本收益率	自有、外投与借入资本相结合，拥有较为明晰的资本收益率	以外投资本为主，拥有明晰的资本收益率
劳动力投入	以自有劳动为主，偶尔有邻间换工	以自有劳动为主，雇佣劳动为辅	社员劳动或雇佣劳动相结合	以雇佣劳动为主，很少有自有劳动
生产要素、技术投入	传统生产要素，经验性技术投入	相对较多，较高的现代生产要素、技术水平	相对较多较高的现代生产要素、技术水平	现代生产要素，高技术水平
销售渠道	本地零售中间商收购	本地零售中间商收购	农宅、农超、农企对接、农业旅游、互联网＋	直销、大型机构对接、农业旅游、互联网＋
注册	否	是/否	是	是
种植意愿	积极性低种植前景不看好	积极性较高种植前景较看好	积极性高种植前景看好	积极性高种植前景看好

2. 新型农业经营主体的比较分析

以下通过果类蔬菜生产新型经营主体的案例分析，来把握不同新型经营主体的特征。

（1）家庭农场：北京大兴区庞各庄镇四各庄村村民A

四各庄村村民A，男，56岁，高中毕业，四各庄村普通村民，与同为高中毕业的老伴进行生产生活。家中共经营12亩地，其中租入地7亩。2014年投入4个冷棚（占地4亩）进行西瓜生产，5个冷棚、5个温室（占地7.8亩）进行蔬菜种植，以番茄及芹菜为主。家中有卷帘机、旋耕机等设施，受到政府的农资补贴，且受到果类蔬菜团队、田间学校、技术员的专业指导。采摘、农社（乐平西瓜专业合作社）对接、农宅对接是其主要销售渠道，出售价高于平均市场价0.5~7倍。家庭农业纯收入20万元，其中西瓜收入16万元，蔬菜收入4万元。技术约束以及相关绿色认证缺乏是限制其收益提升的主要因素。

（2）农业企业（农业专业合作社）：延庆区广积屯和小丰营合作社

①延庆区延庆镇广积屯合作社A。合作社A成立于2009年9月，设在北京区延庆镇广积屯村，注册社员150人，本村、跨村、镇、乡的农民均有加入，来源广泛。社员以资金入股，以其中一家为主导，占有股份约98%，雇有员工80人。共占地2 000亩，其中延庆镇广积屯村全国设施蔬菜标准园种植面积200亩，共有春秋棚110个、温室36个。以生产无公害蔬菜和具有地方特色的农副产品为主。合作社自成立之后，建立理事会和配套的治理机构，设有生产、销售、栽培、植保、农作物病虫害专业化防治队、植物医院等部门，承担该园区的新品种新技术试验示范和大部分种苗的育苗、园田物资供应、病虫害防治、生产销售等工作，具有生产、采购、农机出租服务、大棚出租、技术咨询、包装、加工等功能，并设自产蔬菜配送中心等部门，实现生产供销一条龙服务。目前，合作社的销售渠道主要是农超对接和中间商田间地头收购两种，年收入300万左右。

②延庆区康庄镇小丰营合作社B。合作社B于2007年7月14日正式挂牌注册并开始运营，经过几年发展，拥有正式社员298户，通过投入100~10 000元不等进行入股，每股100元，年末按股分红。雇工进行经营，其内部员工100人左右，长期员工占50~60人，短期员工主要在春秋棚农忙生产时需要。合作社以经营有机蔬菜为主，共占地1 500亩，有机蔬菜播种面积300亩，共有132个越冬日光棚、95个春秋棚。种植的品种有彩椒、番茄等一百多个品种，2011年有机认证的品种达到99种，每天保证供应四五十种有机蔬菜。

③合作社运行机制。资金来源方面，合作社A的资金由社员资金与当地政府支持共同构成，合作社B在此基础上增加了自有互助基金会。在组织架构及功能方面，合作社A拥有育苗场、田园物资供应站、植保防治队、种植医院等，主要经营采购、农机出租服务、大棚出租、技术咨询、包装、加工、配送等业务。合作社B拥有育苗部、生产部、财务部、生物技术研发部，农资门市部、并下设互助基金会，主要发挥统一规划种植、育苗、农药肥料生产、加工、品牌销售五项功能。从技术支持看，合作社A得到北京果类蔬菜创新团队的技术支持，合作社B聘用专业技术员进行技术指导。

（四）果类蔬菜生产的社会化服务分析

根据北京"十三五"城乡一体化规划，到2020年，北京将建成为全国都市农业示范区、节水农业示范区、京津冀农业发展带动区，因此需要一个与之匹配、融会贯通、功能齐全完备、内涵独具特色的现代化农业社会化服务体系。

1. 果类蔬菜生产社会化服务体系建设情况

北京担负着全国都市农业示范的重任，要率先实现农业生产现代化、资源配置科学化、产品绿色安全化，现代农业社会化服务体系不可或缺。

（1）果类蔬菜农业社会化服务体系构成

当前，北京果类蔬菜农业社会化服务体系由公益性农业技术推广、植物疫病防控、质量安全监管、信息化、农机、农资、农业用水、农产品流通、农村金融九个部分构成。服务主体分为公共服务、准公益性服务和经营性服务三种类型。其中，公益性农业推广系统基本形成了"市农技推广总站——区农业行业服务中心——区农业站（所）——乡镇农业服务中心"的基本架构；准公益性服务主体，包括农民专业合作组织、八大类型的农资农机社会化服务组织、农村就业服务岗位、农村乡土人才队伍等四类；经营性服务主体，包括生产加工企业、流通服务企业及批发市场、农村金融服务组织。

（2）果类蔬菜农业社会化服务组织运行现状

在产前环节，继续提升蔬菜集约化育苗能力。2016年北京新建集约化育苗场6家，对已建成的16家育苗场进行重点扶持和指导，提升蔬菜种苗的生产能力。截至2016年12月1日，北京蔬菜集约化育苗数量达到2.23亿株，较上年同期提高13.8%。同时，蔬菜种苗的外销能力有所增强。

截至2016年年底北京蔬菜专业化、社会化服务组织达到25个，其中植保服务组织16个，农机服务组织9个，服务园区200余个，服务农户5 000余户，服务面积2万余亩。由表6-8可知，果类蔬菜专业镇以种植业园区为生产载体，镇均园区数13.2个。而镇内技术推广及其他服务的提供，则由政府技术推广机构以及农民专业合作组织来承担，各镇平均技术推广机构约为3个，镇级农民专业合作组织为50个。

表6-7　果类蔬菜专业镇农业社会化服务组织发展情况

单位：个

专业镇名称	种植业园区数	镇级农业技术推广机构数	镇级农民专业合作组织数
青云店	18	3	34
采育	16	3	43
安定	19	3	46
礼贤	6	3	87
榆垡	5	3	61
庞各庄	15	3	89
北臧村	8	3	20
魏善庄	11	3	41
长子营	12	3	67
黄村	22	1	12

2. 果类蔬菜农业社会化服务模式创新

（1）乡镇农业综合服务中心模式

乡镇农业综合服务中心模式是指由政府出资兴办、以乡镇为节点、以广大农户为服务对象，开展生产技术指导、农产品加工与销售、资金融通、农资租赁、灾情预报、农业保险、农业经纪、农产品检验检测等多层次、综合性的服务。

（2）政府购买服务模式

政府购买服务模式是指将原来由政府直接举办的，为社会发展和人民日常生活提供服务的事项交给有资质的社会组织（或个人）来完成，并根据社会组织提供服务的数量和质量，按照一定标准进行评估后支付服务费用，是一种新型政府提供公共服务方式。

（3）金融合作扶持模式

金融合作扶持模式是指农业与金融业之间进行行业联合的一种独特的农业服务模式，是融集社会资金的一种有效途径。一般由政府和金融机构采取合作的方式，通过搭建由农业贷款、农村信用建设、政策性农业保险及农业担保等构成的农村金融服务平台，为广大农户提供小额贷款、农业保险等各种金融服务，从而为农业和农村快速发展提供强有力的资金支撑。

（4）院区联动模式

院区联动模式是指以科研院所、大专院校为服务主体，以农户为客体，以技术服务为主要内容的一种农业社会化服务模式，它以科技支撑农业、农业展示科技的方式实现科研院校的技术优势与郊区的农业生产优势间的互补，实现了产、学、研、推相结合，达到院区互促互利双赢的目的。

（5）农村乡土能人带动模式

农村乡土能人带动模式是以科技示范户等为核心，连接周边农户形成技术、信息传播网络，使农业科技信息传递、成果转化、项目落实到村、到户，从而带动周边农户增收致富的"能人型经济"。

（6）专业合作组织带动模式

专业合作组织带动模式是指以专业性合作经济组织、合作社等为主体，通过合作制或股份合作制等利益联结机制，带动农户从事专业生产，将生产、加工、销售等农业生产的全过程有机结合，实施一体化经营的服务模式。

（7）龙头企业带动模式

龙头企业带动模式是指以农业企业为龙头，通过合同契约、股份合作制等多种利益联结机制，带动农户从事专业生产，集"研发、培训、管理、加工、销售"于一体，为农户提供技术、信息、资金等服务的模式，包括国有企业、股份制企业、民营企业等不同类型。

（8）专业市场带动模式

专业市场带动模式是指以农产品专业批发市场为纽带，带动地方主导产业，并通过合同契约与农民、农民大户及协会会员构筑较稳定的经济关系，连接广大农户，实施产销一条龙经营的服务模式。

3. 果类蔬菜农业社会化服务典型案例

（1）以合作社为依托的果类蔬菜服务

蔬菜专业合作社发展呈现出覆盖范围广、合作方式多样、服务内容扩展、组织运行规范的新特点，尤其是服务内容由以销售服务为主向科技培训、信息服务等方面延伸，极大地带动了农民增收致富。顺义区大孙各庄镇后陆马村是依托北京绿奥蔬菜合作社的，以种植黄瓜、番茄、大椒、茄子等瓜类菜为主的蔬菜专业村。全村 80％以上的蔬菜种植户加入了合作社，合作社建有智能连栋育苗温室 2 000 平方米，农资物流库 600 平方米，两栋集蔬菜加工、保鲜、检测为一体的蔬菜加工配送车间 4 100 平方米。合作社拥有订单面积 6 000 亩，其中 5 400 亩通过绿色食品认证，200 亩通过有机食品认证，其余均通过了无公害食品认证。

（2）以龙头企业为依托的果类蔬菜服务

农业企业发挥技术服务、信息服务、金融服务的能力强，是推动农业现代化发展的重要支持力量。通州区张家湾镇西永合屯村，主要从事蔬菜集约化育苗生产，主要育苗品种为番茄、芹菜等。园区生产面积 300 余亩，拥有新技术、新品种试验示范棚 5 栋，生产棚 100 余个（70 000 平方米）。建立了蔬菜农药残留检测室，采用膜下滴灌节水技术、测土配方施肥技术、双网覆盖等先进技术。全村现有规模化生产区 700 亩，高新技术示范区 300 亩，园区专业服务队为周边农户开展技术培训 200 人次。建立了育苗生产技术操作规程、投入品管理、生产档案管理、产品检测等的标准化安全生产管理体系。

（五）消费者的果类蔬菜需求及购买力分析

2015 年末，北京常住人口达 2 170.5 万人，人口增加对蔬菜的总需求势必增加；同时人口城乡结构的变化也会影响蔬菜的消费需求，由于城镇化不断推进，城镇居民在总人口中的比重持续提高，2014 年北京城乡人口比例已达到 6.35∶1[①]。

1. 消费者的果类蔬菜需求

基于《北京统计年鉴》《中国统计年鉴》和《中国城市（镇）生活与价格年鉴》中的相关数据及有关报告[②]中的数据，分析北京居民蔬菜需求的现状和历史变化、居民蔬菜需求的结构特征，把握北京居民蔬菜需求影响因素。

（1）居民的蔬菜需求分析

按照 2013 年人均每日蔬菜消费量 1.142 千克，北京常住人口 2 069.3 万人，流动人口 400 万人，高校学生数量 108.3 万人的基数进行测算，按照 6.5% 的损耗测算得到一级批发市场蔬菜需求量。北京每日蔬菜总的净需求量为 2.7 万吨，折算到批发市场这一流通层面每日蔬菜总需求量为 2.9 万吨，年度蔬菜总需求量为 1 062.2 万吨。

如表 6-8 所示，城镇居民平均蔬菜消费额呈现波动中上升态势。其中，鲜菜类消费占蔬菜总消费的 85% 以上；随着居民收入增加，干菜类和菜制品在城镇居民蔬菜消费中所占的比重也有一定的增加。与 2003 年相比，2012 年城镇居民鲜菜类、干菜类、菜制品的消费额分别增长了 98.47%、73.42% 和 72.09%。

表 6-8　北京城镇居民蔬菜消费情况

	鲜　菜		干　菜		菜制品		消费额合计
	消费额（元）	增长率（%）	消费额（元）	增长率（%）	消费额（元）	增长率（%）	
2003	234.38	—	18.02	—	14.01	—	266.41
2005	239.97	−10.97%	21.96	16.77%	12.63	−4.61%	274.55
2008	350.71	19.59%	30.38	15.01%	13.81	1.07%	394.9

① 数据来源：《北京统计年鉴》2015 年。
② 《北京市蔬菜消费调研报告》（2012—2013 年）。

（续）

	鲜 菜		干 菜		菜制品		消费额合计
	消费额（元）	增长率（%）	消费额（元）	增长率（%）	消费额（元）	增长率（%）	
2010	381.14	8.25%	27.4	−13.74%	19.34	18.40%	427.88
2011	490.12	28.59%	33.63	22.73%	23.44	21.18%	547.18
2012	465.18	−5.09%	31.25	−7.07%	24.11	2.86%	520.54

数据来源：北京统计年鉴 2003—2012。

如表 6-9 所示，不同收入组农村居民蔬菜消费量在十年间均有较大增长；不同收入组居民蔬菜消费量的变动也存在差异，低收入和中高收入居民的蔬菜消费量增长最多，可能是由于收入增加，导致收入较低居民的蔬菜消费量有显著增加；中等收入户的蔬菜消费增长率低于中低收入及低收入户；值得注意的是中高收入居民的蔬菜消费量增长多于中等收入户。

表 6-9　不同收入农村居民蔬菜消费

单位：千克/（人·年）

项目	总平均	低收入户	中低收入户	中等收入户	中高收入户	高收入户
2004	88.70	68.61	82.11	89.33	100.51	106.50
2005	151.10	77.30	92.50	102.60	103.60	413.70
2008	99.10	86.70	93.70	96.80	107.70	113.90
2010	97.90	87.60	93.70	98.90	103.20	108.00
2012	100.50	85.60	93.20	99.70	106.90	120.70
2014	101.80	92.20	90.40	96.90	112.00	115.30
总增长率	14.77%	34.38%	10.10%	8.47%	11.43%	8.26%
平均增长率	1.48%	3.44%	1.01%	0.85%	1.14%	0.83%

数据来源：北京统计年鉴。

北京城镇居民的食品消费类型更加偏向于"享受型"，食品消费支出较高，但蔬菜消费支出在食物消费支出中所占的比例不高。这意味着，一方面，城镇居民在饮食理念上更加注重质量安全并且有能力消费更高质量蔬菜；另一方面，居民人均蔬菜消费支出在食品支出中的份额较小，表明居民蔬菜消费潜力仍有待开发。因此，安全生态型蔬菜将成为未来城镇居民蔬菜消费的趋势。到 2010 年，北京农村居民人均蔬菜消费量超过全国水平，随着收入的增加，北京农村居民蔬菜消费量在波动中有所上升。

表 6-10 是北京市城乡居民不同季节排前五位的蔬菜消费品种，可以看出，蔬菜消费的季节性与生产供应的季节性保持一致：居民在夏秋季节倾向于更多地消费果类蔬菜和叶类蔬菜，在冬春季节更倾向于消费大白菜、土豆等耐储藏蔬菜。5 月份和 8 月份，居民对黄瓜、番茄、茄子、柿子椒等 4 种果类蔬菜消费量占全部蔬菜消费总量的 28% 左右；11 月份和 1 月份，居民对大白菜的消费明显增加，番茄、黄瓜、茄子等茄果类蔬菜也有所增加。全年看，番茄、黄瓜和茄子始终处于前十位次，番茄和黄瓜位于前四。因此，果类蔬菜处于北京居民蔬菜消费的核心位置。

表6-10　北京城乡居民蔬菜消费情况对比

单位：千克

排名		5月份		8月份		11月份		1月份	
		品种	消费量	品种	消费量	品种	消费量	品种	消费量
城镇家庭	1	黄瓜	0.120	番茄	0.107	大白菜	0.125	大白菜	0.131
	2	番茄	0.116	黄瓜	0.105	番茄	0.083	土豆	0.080
	3	土豆	0.072	土豆	0.091	土豆	0.079	番茄	0.077
	4	圆白菜	0.057	茄子	0.068	黄瓜	0.071	黄瓜	0.070
	5	茄子	0.057	圆白菜	0.054	葱	0.047	芹菜	0.052
农村家庭	1	黄瓜	0.112	番茄	0.092	大白菜	0.266	大白菜	0.224
	2	番茄	0.107	黄瓜	0.090	番茄	0.093	土豆	0.101
	3	土豆	0.079	土豆	0.088	土豆	0.066	番茄	0.063
	4	架豆角	0.053	茄子	0.065	黄瓜	0.051	黄瓜	0.051
	5	圆白菜	0.052	圆白菜	0.052	葱	0.047	芹菜	0.042

数据来源：《北京居民蔬菜消费调研报告》（2012—2013年）。

（2）居民果类蔬菜需求的影响因素分析

居民对果类蔬菜的消费需求主要受居民收入和价格影响，特别是农村居民人均纯收入水平对果类蔬菜需求的影响较大。消费者的收入水平对于果类蔬菜需求的多少起着决定性作用：果类蔬菜需求量与消费者收入呈同方向变化。在果类蔬菜价格方面，大量研究发现蔬菜属于生活必需品，而且与肉禽蛋、水产品等食品间存替代效应不强，因此果类蔬菜的需求量受自身价格和替代品价格影响的变动较小。

人口因素是除收入外另一对果类蔬菜需求产生较大影响的因素，主要表现为两个方面：首先，果类蔬菜需求随着人口总数的增加而不断增加；其次，由城镇化带来人口结构变化也是造成果类蔬菜市场需求增加的主要因素之一。购买方式方面，农贸市场和菜市场买菜会显著减少家庭人均果类蔬菜消费量；买菜次数少的家庭人均果类蔬菜消费量更多，一次集中购买、多天消费容易增加果类蔬菜食用过程中的消耗。

2. 消费者购买力分析

消费者购买力是人们支付货币购买商品或劳务的能力，也是一定时期内用于购买商品的货币总额，能够反映消费者对公司施压降低其产品及服务价格的能力，也反映一定时期全社会市场容量的大小，可以反作用于生产，促进生产升级与调整。

北京居民蔬菜的边际消费倾向很小，表明其属于生活必需品，表明未来北京居民食品消费结构相对稳定状态。根据预测，到2020年北京城镇居民蔬菜年人均消费量将有所下降，基本维持在160千克左右。总体来说，北京消费者蔬菜购买力未来将处于低速持续增长的过程，而且该消费市场增长的动力主要来自于质量要求的提高，且还受到以下因素的影响：

第一，近十年北京居民收入差距一直较大。由于中低收入群体占据主体，总收入一定时，低收入阶层受限于收入会优先用于消费，社会边际消费倾向的降低引起整体居民消费水平的降低，表现在低收入群体受制于收入水平，其有效的需求不能得到满足。

第二，北京市老龄化问题凸显。一方面，老年人财产为前期储蓄，在没有额外收入来源时，他们会产生财富有限的危机感，降低当期消费。另一方面，老年人受制于退化的消化系统对于蔬菜的需求量处于较低水平，也可能整体降低蔬菜的消费量。

第三，北京居民饮食习惯的变化。在西方饮食文化以及肉类消费占比持续增加的冲击下，北京居民饮食中蔬菜的消费量会受到一定的挤压。不过，随着社会膳食均衡意识的提高，该趋势可能得到一定缓解，由此也说明学校、社会和家庭的饮食教育是至关重要的。

（六）果类蔬菜产业支持政策及其效果评价

对于果类蔬菜产业的相关政策，更多的是包含于蔬菜产业相关的农业政策中，需要通过对农业政策和蔬菜政策的分析间接得到果类蔬菜产业的政策支持力度。整体来看，北京农业占北京生产比重非常低，为了保证生产稳定性必须进行大量的农业补贴。

1. 果类蔬菜产业现行支持政策

（1）农业政策支持总量

相关政策具有较强的时效性，因此选择2008年以来与果类蔬菜产业相关的政策整理为表。从表6-11中可以发现，政府补贴的变化趋势具有三个明显的特征：第一，逐步减少对于市场的扭曲和补贴的复杂程度。复杂的补贴政策逐渐缩减为基本菜田直补政策，成为了收入补贴而不会影响价格和产量；第二，更加重视区域化发展，尤其是注重发挥京津冀蔬菜产业的互补优势，甚至允许对京外高品质蔬菜基地进行补贴；第三，将控制蔬菜生产的不确定性列为重要政策目标。果类蔬菜生产具有较强的自然和社会不确定性，对农业生产和设施保险进行补贴有利于保护蔬菜种植户的积极性，由此维持一定的蔬菜自给率水平（表6-11）。

2016年北京政府修订并落实基本菜田补贴政策，为产业发展筑牢基础。修订后的补贴办法在促进实现"增加菜田面积、稳定蔬菜产量、确保质量安全"目标的基础上，突出了对促进蔬菜产业向规模化、组织化、产业化、生态化方向发展的引导。如房山区对100亩以上的设施蔬菜园区给予定额补贴，密云区和怀柔区盘活闲置设施，提升存量设施农业生产能力；大兴区、顺义区和密云区等加强蔬菜生产面源污染治理（表6-11）。

表6-11　北京历年果类蔬菜产业相关政策详情

政策类型	支持力度或政策目标	果类蔬菜产业受益	年份	部门	政策文件
设施建筑补贴	两区两带多群落日光温室和大棚建设项目补贴：中高档温室1.5万元/亩，简易温室1万元/亩，钢架大棚0.4万元/亩。百村万户一户一棚工程补贴：中高档温室4万元/亩；简易温室2万元/亩；钢架大棚1.5万元/亩	提高设施化水平	2008	北京	北京人民政府关于促进设施农业发展的意见
综合类	总资金额为46.4亿元	节水，合理施肥，改善菜田质量	2009	北京	北京都市型现代农业基础建设及综合开发规划（2009—2012）

（续）

政策类型	支持力度或政策目标	果类蔬菜产业受益	年份	部门	政策文件
流通类	全国所有收费公路全部纳入鲜活农产品运输"绿色通道"网络范围，对整车合法装载运输鲜活农产品车辆免收车辆通行	降低流通成本	2010	交通运输部等	关于进一步完善鲜活农产品运输绿色通道政策的紧急通知
宏观调控类	到"十二五"末，蔬菜总面积达到70万亩，其中设施蔬菜面积达到35万亩，蔬菜年总产量达到450万吨，蔬菜自给率提高到35％；外埠蔬菜供京生产基地达到80万亩，蔬菜控制率达到50％以上	促进产业发展	2010	北京	关于统筹推进北京"菜篮子"系统工程建设保障市场供应和价格稳定的意见
生产补贴	农机购置补贴资金由中央和市级补贴资金共同组成，补贴比例为机具价格50％。	提高机械化水平	2011	北京	北京农业机械化促进条例
流通类	周末车载蔬菜市场由政府部门负责提供场地，免除一切收费，采取厢式货车和搭建厅棚结合形式，集运输、储存、销售和垃圾处理等功能于一体，由专业合作社或农产品流通企业组织农民在周末进城销售自产蔬菜	降低流通成本	2011	商务部	关于推进周末车载蔬菜市场建设的通知
流通类	力争"十二五"期间大中型城市生鲜农产品经超市销售比重翻一番，达到30％	提高流通效率	2011	商务部，农业部	关于全面推进农超对接工作的指导意见
流通类	对从事蔬菜批发零售的纳税人销售的蔬菜免征增值税	降低流通成本	2012	财政部，国家税务总局	关于免征蔬菜流通环节增值税有关问题的通知
宏观调控类	大兴、通州和顺义被列为蔬菜产业重点区	促进产业发展	2012	发改委、农业部	全国蔬菜产业发展规划（2011—2020年）
宏观调控类	2020年蔬菜播种面积发展到70万亩	促进产业发展	2014	北京	关于调结构转方式、发展高效节水农业意见
流通类	将社区菜市场、社区菜店作为居民区配套公共服务设施；加强对配建蔬菜零售网点使用的监管，辅之以一定政策支持，确保售菜功能稳定不变	提高市内流通水平	2014	北京	北京蔬菜零售网点建设管理办法

（续）

政策类型	支持力度或政策目标	果类蔬菜产业受益	年份	部门	政策文件
生产补贴类	2015 年为 29 697 万元，2016 年为 29 933 万元	稳定种植面积	2015	北京	北京基本菜田蔬菜生产补贴办法（试行）
流通类	经过 3 年左右的努力，基本建立统一开放、分工协作、竞争有序、畅通高效的京津冀农产品流通网络体系，流通效率和服务质量明显提升，流通成本大幅降低	提供区域流通效率	2016	发改委，农业部，商务部等	京津冀农产品流通体系创新行动方案
质量安全类	安排 996 万元在北京等蔬菜、水果等园艺作物生产大区开展低毒生物农药示范补助试点	鼓励和带动低毒生物农药推广应用	2016	农业部	到 2020 年农药使用量零增长行动方案
生产保险类	果类蔬菜生产保险费用补贴 50%	控制果类蔬菜生产的不确定性	2016	北京	北京 2016 年政策性农业保险统颁条款

（2）农户视角的北京果类蔬菜生产支持政策以及京津冀比较

京津冀农户所得到的政府政策支持比较可以看出，北京市农户所得到补贴项主要为温室大棚建设补贴、防虫板购置补贴、农机具购置补贴和配方肥等物化补贴，得到以上几项补贴的农户比例分别为 59.3%、51.7%、45.9% 和 42.4%（图 6-18），均高于河北和天津。由此可见，北京对于果类蔬菜种植户的扶持力度极大，尤其是针对设施建设的补贴力度大。

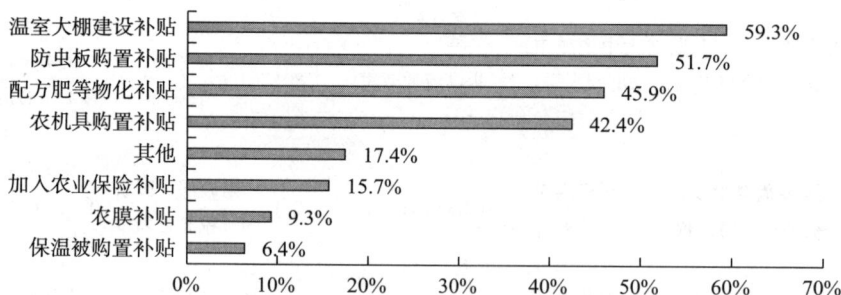

图 6-18　北京果类蔬菜种植补贴情况

数据来源：根据 2016 年农户调研数据整理。

2. 果类蔬菜产业支持政策效果评价

（1）根据宏观目标评价

目标 1：稳定了蔬菜产量，提高了自给率

2016 年北京蔬菜产量为 183.6 万吨，是自 2005 年蔬菜产量下降以来第一次跌破 200 万吨。在北京居民收入增加、人口数量基本不变的情况下，可以推测出自给率也是进一步下降的。因此，北京市推出一系列扶持政策，以发挥保障本地蔬菜补充供应的作用。

目标2：提高了蔬菜产业设施化水平

根据图6-19，2004年北京设施种植蔬菜产量占蔬菜总产量的比重仅为20%，到2016年达到64%；近几年温室种植蔬菜产量占设施总产量的比重稳定在65%，总体上蔬菜生产设施化达到了较高水平。此外，番茄、黄瓜、青椒、茄子四个种类的产量在设施种植蔬菜占比超过60%。

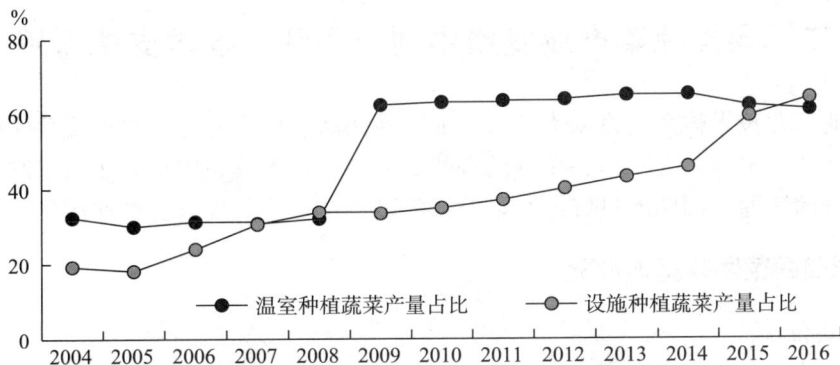

图6-19　设施（温室）种植蔬菜产量

数据来源：北京统计年鉴。

（2）根据农户对政策的满意度评价

根据2016年调研结果（图6-20），对于"限制本村发展的因素"中"缺乏政府支持"的提及率从2014年的40%、2015年的21.2%下降到2016年的19%，普通蔬菜种植户感受到政府对于果类蔬菜行业的扶持力度。

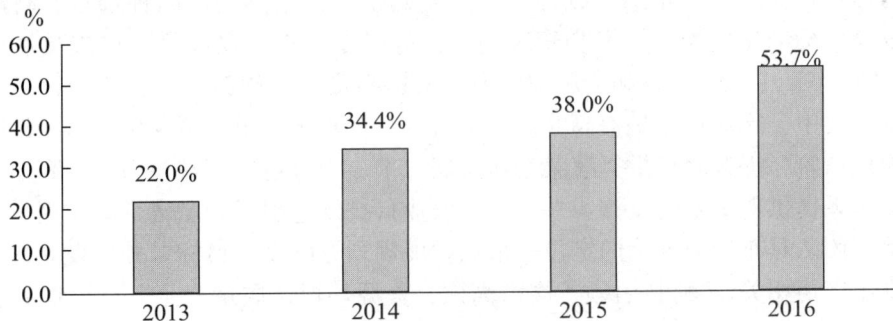

图6-20　农户对果类蔬菜政策满意度的变化

数据来源：2016年果类蔬菜生产调研。

总之，通过以上分析可以概括如下：第一，果类蔬菜中，根据生产规模从高到低为番茄、黄瓜、青椒和茄子；以家庭为单位的农户仍是主要的生产主体；顺义区、大兴区和通州区为果类蔬菜主产区；总体上在各项成本中构成比例最大的为设施使用及维修费用；示范户为高投入高产出的生产模式；在京津冀区域中，北京果类蔬菜生产的成本收益特征为低投入、低回报。第二，近年来北京积极扶持农产品加工业的发展，培育了一批具有地方特色的农副产品品牌。基于京津冀果类蔬菜加工业协同发展的视角，应将北京果类蔬菜加工企业品牌和科技、天津的果类蔬菜深加工基地和港口优势、河北的果类蔬菜生产和初级加工相结合，以促进区域的果类蔬菜加工业水平整体提升。第三，北京果类蔬菜生产社会化服务取得了长足进展，此外，在北京促进一批蔬菜专业村镇逐渐形成，形成社会化服务的规模化、连片化，降低交易成本。第四，目前果类蔬菜产业新型经营主体以合作社、农业企业为主。第五，北京城镇居民的果类蔬菜消费结构相较农村居民更多元化。第六，北京政府对蔬菜生产支持政策发挥了相应的作用。

二、果类蔬菜产业发展中创新团队的技术支撑作用

现代农业产业技术体系北京果类蔬菜产业创新团队（以下简称：果类蔬菜团队）是北京成立最早的产业技术体系之一，在全国的现代农业产业技术体系中也属于较早起步运行的体系。果类蔬菜团队通过团队的良好运行，对果类蔬菜产业发展发挥支撑作用。

（一）果类蔬菜团队基本情况

1. 团队定位

总目标：按照北京都市型现代农业的发展要求，根据北京蔬菜产业的功能定位，逐步完善果类蔬菜生产现代技术体系，形成有力的技术服务能力，为北京果类蔬菜产业的全面提升提供技术支撑，确保北京四种果类蔬菜单产水平稳定在 4 300 千克左右或略有提高；初步建立起基础数字标准化、资源利用率显著提高的果类蔬菜优质高效栽培技术体系模式。

果类蔬菜团队从 2015 年开始正式引入"工业思维模式"并结合到团队工作中，2016 年在进一步把握蔬菜供给侧和需求侧特点的基础上，扩大了蔬菜工厂化生产的示范和推广力度。一年来，本着力争做好团队创新性工作原则，以"科技引领、高产高效、资源环保、质量安全"为目标，在进行多年来延续性工作的基础上，紧紧围绕新品种选育、高产高效栽培、质量安全、标准化生产、技术和管理创新做好研发工作。强调每一位成员注重把"三率"（劳动生产率、土地生产率和资源利用率）的提高贯穿在创新性工作之中，贯穿于技术的扩散和推广之中。宏观目标是提高北京果类蔬菜产量和自产果类蔬菜供应力、保障质量安全、促进农民增收、提升北京果类蔬菜产业发展水平。为打造"高端、高效、高辐射"的果类蔬菜产业体系提供着重要的支撑，并对北京农业科技发挥引领和示范带动作用。

果类蔬菜团队具有较为准确的定位，根据发展规划方向设立目标，并且设立的目标与相应的资金支出密切相关。"科技引领、高产高效、资源环保、质量安全"符合世界农业的发展潮流和消费者的需求，目标设立具有一定前瞻性和挑战性。

2. 团队架构

果类蔬菜创新团队是北京市农业局组建现代农业产业体系最早的三个团队之一，多年来果类蔬菜团队始终重视团队建设工作，在有关机构组织的对北京创新团队第一轮（第一个五年）工作的全面考评中，果类蔬菜团队在团队运行方面得到高度评价，以致成为后来建立其他创新团队的重要参考。多年来，果类蔬菜团队始终重视团队建设工作。果类蔬菜团队由三个层级构成，产业技术研发中心（首席专家办公室承担）依托北京农业技术推广站，下设 6 个功能研究室（20 名岗位专家）、6 个综合试验站，44 个农民田间学校工作站，团队成员共计 72 名（包含首席办 2 名专职成员）。团队秉承"理解、敬业、合作"的精神，以"高效、合理、公平"的评价制度进行管理，形成了"事业共同体、使命共同体"，团队建设成效

显著。

果类蔬菜团队在组织架构方面，在遵循北京市农业局组建创新团队的基本原则的基础上，多年来根据果类蔬菜产业的需求以及团队建设的目标，不断进行团队架构上的创新，2016 年在团队组织结构上的创新主要体现在以下两个方面：一是组建三个创新小组，打造果菜高精尖；二是集中专家资源，打造"工厂化研究中心"。形成以团队专家为核心的技术研究小组，形成以企业为依托的技术创新应用和培训展示平台。

（1）组成形式创新：组长负责制，跨专业、跨学科和团队的成员自由组合，首席办协调。以其中的番茄尖椒创新小组为例，组长沈火林为育种专业，成员包括育种、栽培、营养、水肥、病虫害、设施设备、产业政策等领域的专家，其中还充分利用团队内部人才优势和外部专业人才聘请的灵活机制。

（2）研究内容创新：针对四种果类蔬菜主要的营养品质，研究一整套切实可行，可以转化为实际成果的技术体系。以番茄尖椒创新小组为例，番茄以番茄红素和可溶性糖，辣椒以维生素 C 和辣椒素等为突破口和研发目标。此外，三支创新小组与营养卫生部门专家研讨，确定四种果菜主要的代表性营养品质指标。

3. 团队任务

提高北京果类蔬菜产量、保障质量安全、促进农民增收、提升北京果类蔬菜产业发展水平。为打造"高端、高效、高辐射"的果类蔬菜产业体系提供重要支撑，并对北京农业科技发挥引领和示范带动作用。果类蔬菜团队将团队任务分为：重点攻关类任务、推广服务类任务、综合型任务。

要求各岗位要处理好不同类任务之间的关系，既做到相互密切衔接，又要突出重点、兼顾创新。以新技术为先导、技术攻关试验示范为重点，创新性技术研究重在集成的原则，做到整体有序、重点突出、有机结合。

表 6-12　2016 年果类蔬菜团队任务

组织落实果类蔬菜示范点 60 个
总结四种作物三个茬口示范点技术总结报告
繁育辣椒、茄子新品种生产用种 70 千克，作物示范推广用种
研发移栽机 1 台
研发引进节水灌溉系统 1 套
岗位专家指导区县基地或者农户生产 216 次
全年组织生产观摩、交流和培训 8 次
其他（论文发表、发布信息、团队建设等）

资料来源：果类蔬菜团队内部资料，谢绝转载。

2016 年，果类蔬菜团队更加突出重视整合系列技术，探索规模化生产示范。在顺义、延庆、怀柔和密云四区开展塑料大棚适度规模化专业生产体系探索。顺义为黄瓜、番茄（8 亩），延庆为辣椒（18 亩），均为无土栽培模式；怀柔和密云为辣椒（各 4 个棚），为土壤栽培模式，主要示范水肥一体化和整枝技术等。

通过团队专家集中示范品种、技术、设施设备，规模化生产的各个棚产量差异不超过 10%，说明技术稳定，为下一步更大规模的生产提供宝贵经验。

（二）果类蔬菜团队工作成效

1. 选育优新品种、提升北京果类蔬菜竞争力

（1）开展品种试验，筛选优良后备品种

辣椒：试验品种80余个，筛选出14个品种晋级下一年进一步筛选。

番茄：试验品种50余个，筛选出11个品种晋级下一年进一步筛选。

茄子：试验品种40余个，筛选出5个品种晋级下一年进一步筛选。

黄瓜：试验品种20余个，筛选出4个品种晋级下一年进一步筛选。

（2）育种技术创新研究，紧跟国际前沿

育种技术创新体现在：构建指纹图谱，开发CMS育性基因连锁的SSR分子标记，利用荧光标记，鉴定辣椒抗病种质、花药培养一步成苗法等。

（3）优新品种获鉴定，选育成效突出

2016年11个品种通过鉴定，品种选育成效突出。具体来说，辣椒品种有国福208、国福305、国禧115、海丰104、海丰135、海丰166、农大31号、农大11-28；茄子品种有海丰长茄5号；番茄品种有中寿11-3、番茄抗旱砧木。

（4）新品种试验示范，促进成果转化

累计繁育新品种310余千克，在北京及周边地区累计示范推广3 320亩以上，在河北、天津等地区累计推广6 000亩以上。

2. 持续深入数据化研究、为工厂化生产提供支撑

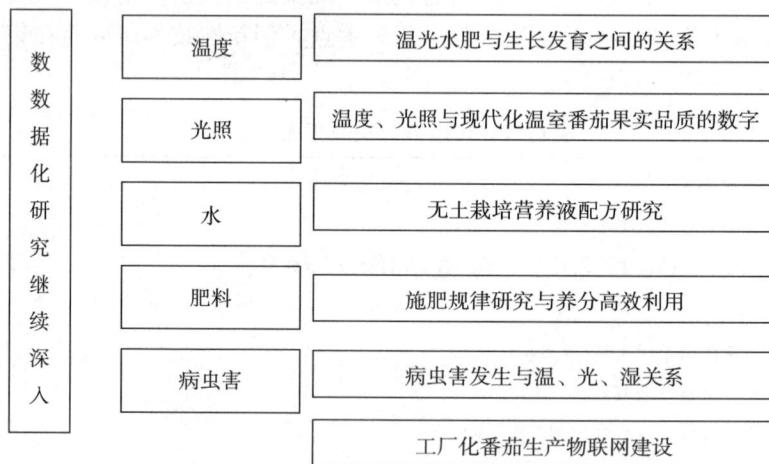

数据化研究继续深入

温度	温光水肥与生长发育之间的关系
光照	温度、光照与现代化温室番茄果实品质的数字
水	无土栽培营养液配方研究
肥料	施肥规律研究与养分高效利用
病虫害	病虫害发生与温、光、湿关系
	工厂化番茄生产物联网建设

图6-21　数据化研究思路框架

（1）温光水肥与生长发育之间的关系研究，以黄瓜为例，为调控环境促产量提供数据支撑。

（2）温度、光照与连栋温室番茄品质之间的数字关系研究，为提升果实品质提供数据支撑。

（3）无土栽培营养液配方研究，为营养液高效利用提供数据支撑。

（4）基施不同数量粪肥和追施相同量沼液对有机生产产量影响研究。

对土壤磷素累积及其移动性的影响的研究，为合理施肥提供数据支撑。一是连续施用粪肥，土壤磷素累积盈余明显，设施菜田土壤全磷等均显著增加，且施用粪肥量越大，各形态磷累积量越大，导致磷的环境风险越高。二是综合考虑作物产量效应、土壤磷素累积的环境风险等因素，以每公顷 30 吨粪肥配施沼液的施肥模式最优。

（5）病虫害发生与温、光、气、湿的关系研究，为有效进行病虫害绿色防控提供数据支撑。

（6）工厂化番茄生产物联网建设研究，为精准智能控制环境条件提供数据支撑。

3. "三率"稳中有升、夯实产业发展基础

（1）新品种新技术运用提高了土地产出率

2016 年重点示范推广优新品种 25 个，节水高产技术 5 项及设施环境调控技术 10 项。

（2）轻简化技术提高了劳动生产率

示范推广省力化技术 10 余项，番茄和茄子每亩地平均节省人工 7 个（人/天）、黄瓜节省 10 个（人/天），按推广面积 2 万亩计算，共节省人工 16 万个（人/天），减轻了劳动强度，提高了劳动生产率。

研发或改进轻简省力化机械：改进电动自走式小型移栽机 1 台；便携式秧苗栽植器 1 台；研发番茄嫁接机 1 台；番茄采摘手 1 台。

（3）集成技术提高了资源利用率

通过在规模化生产示范点，将品种、技术和轻简省力化设施设备集成应用，提高资源的利用率。

4. 注重产业经济分析，把握京津冀产业动态

果类蔬菜产业经济岗位本着基础研究与政策研究相结合、经济研究与技术研究相结合、宏观研究与微观研究相结合、贯穿果类蔬菜全产业链的原则，在果类蔬菜的实证分析以及前瞻性研究方面，2016 年基于对北京及周边省市的调研，做出了大量探索和研究，取得了研究成果。与此同时，在团队协作、指导生产实践、提出政策建议等方面，做出了大量工作，为果类蔬菜产业的发展提供重要的参考。

（三）果类蔬菜团队运行机制

组织领导　民主决策　目标管理　质量控制　机制革新

1. 团队运行机制

（1）组织领导

加强组织领导，建立团队执行专家组、功能研究室、区县综合试验站和农民田间学校管理协调工作机制。首席专家携首席办人员定期对团队成员进行工作和资金使用情况督导。

（2）民主决策

采取首席专家领导下的民主集中制，由团队成员会商，执行专家组审议，首席专家签署发布。具体项目实施由岗位专家、综合试验站长、田间学校工作站长全权负责。首席专家办公室代表首席专家对团队成员承担的具体项目过程和结果实施登记、考核计分。

（3）目标管理

坚持团队管理体系，以任务目标为主要管理对象，细化创新研发中各项成绩在总考核重所占比例。同时加大宣传力度与社会舆论监督力度，营造社会对产业创新体系了解的氛围。

（4）质量控制

质量控制，全员参与，坚持经费和做事的高度统一，坚持做事和应用服务对象的满意为一体，预防胜于检查。

（5）机制革新

由团队成员自行组成创新小组，实行小组负责制，针对四种果类蔬菜，聚焦其主要的营养品质的提高，在创新小组的组建中，吸收营养学方面的专家，形成合力，开展高品质果菜的生产技术研究。

2. 年度运行细则

2016年团队紧紧围绕五年规划做好年度任务分解和落实工作，根据"工业思维"思路切实做好团队成员的专业与分工协作，让专业的人干专业的事。

（1）工作督导和资金督导

对团队成员进行不定期的工作督导和资金督导，及时掌握团队成员工作进度，确保团队经费规范支出。

表6-13　工作督导时间和内容

序号	日期	督导专家	地点	督导内容
1	3.31	…	顺义综合试验站	果菜育苗和轻简省力化机械的使用情况
2	5.11	…	延庆综合试验站	袋培番茄、辣椒生产情况
3	5.17	…	房山	黄瓜水肥一体化套餐追肥试验示范情况
4	6.27	…	中国农大	植保技术研发
5	7.6	…	密云	果菜品种试验示范
6	7.14	…	顺义沿特	智能灌溉系统
7	7.14	…	昌平金六环	塑料大棚果菜适度规模化专业生产技术集成示范
8	9.6	…	房山石楼村	新型育苗基质番茄优质高效栽培技术
9	9.6	…	房山综合试验站	规模化番茄生产情况

数据资料来源：果类蔬菜团队内部资料，谢绝转载。

（2）团队成员定期座谈

团队组织各岗位成员，围绕"工业思维"理念、团队工作思路、团队合作、技术创新等，进行沟通和探讨。

（3）各层级组织观摩

除要求团队成员组织观摩之外，首席办在生产的关键节点，组织成员进行观摩学习，并每年6月和11月启动团队观摩季，促进团队技术交流。

（4）中期汇报交流、年终考评交流

确保团队成员对工作进行及时总结，遇到问题，协调团队成员解决。

通过公平、合理的考评机制，对团队成员工作起到良好的促进作用，同时团队成员年度成果进行交流学习。

（四）技术研发与主推技术

1. 新品种

通过鉴定的新品种 11 个，如表 6-14。

表 6-14　通过鉴定的新品种

序号	新品种名称	序号	新品种名称
1	辣椒品种：农大 11-28	7	茄子品种：海丰长茄 5 号
2	辣椒品种：农大 31 号	8	海丰 104
3	中寿 11-3 番茄品种通过国家鉴定	9	海丰 135
4	辣椒品种：国福 308	10	海丰 166
5	辣椒品种：国福 205	11	番茄抗旱砧木
6	甜椒品种：国禧 115		

数据资料来源：果类蔬菜团队内部资料，谢绝转载。

2. 新技术

研发新技术 4 项：烟粉虱生物防治技术、抗寒防冻剂在番茄上应用技术、番茄褪绿病毒检测技术、烟草花叶病毒间接酶联免疫吸附测定检测技术。

示范/引进新技术 20 项，其中，示范推广新型育苗技术 3 项（纸筒育苗技术等）、果类蔬菜夏季育苗关键技术 5 种、种子引发处理技术，配套施肥方案（果类蔬类蔬菜矿物肥等）3 项、节水栽培技术（保水剂混伴基质育苗技术、水培节水栽培）12 项、低毒减药技术（高效低度配套农药）1 套，土壤消毒技术（土壤消毒及线虫防治）1 套。

3. 新产品

研发新产品 4 项，包括：东风井关移栽机、根际有益微生物菌肥、冷水预冷机喷淋系统、设施精准喷药机。引进新产品 25 项表（表 6-15）。

表 6-15　新产品引进情况

序号	新产品名称	引进/筛选/研发	序号	新产品名称	引进/筛选/研发
1	气体分布带	研发	14	钙硼叶面肥	研发
2	熏蒸剂胶囊	研发	15	流体硼肥	研发
3	土壤注射施药机	引进	16	设施农业膜面集雨重力滴灌系统	研发
4	植物抗寒抗冻剂	筛选	17	精量灌溉施肥系统	研发
5	木本泥炭基连作障碍土壤调理剂	研发	18	新型设施农业膜面集雨系统	引进
6	营养缓释型酸性土壤调理剂	研发	19	电动自走式移栽机 2ZB-2 型	引进
7	干法腐殖酸钾	研发	20	手扶自走式移栽机 2ZBZ-2A 型	引进
8	25-5-20＋TE 大量元素固体水溶肥	研发	21	手扶自走式移栽机 2ZB-2 型	引进
9	19-8-27＋TE 大量元素固体水溶肥	研发	22	多功能自走式吊杯移栽机	改进
10	170-170-170＋TE 大量元素液体肥	研发	23	可 90 度转向的温室小型自走移栽机 2zs-2A 型	研发
11	150-50-300＋TE 大量元素液体肥	研发	24	温室小型移栽机 2Zs-2A 型	研发
12	腐殖酸大量元素水溶肥	研发	25	一体式可移动冷水预冷机	研发
13	有机液体生物肥料	研发			

| 农大11-28 | 依据土壤墒情的智能控制灌溉 | 环境调控技术 |

资料来源：果类蔬菜团队内部资料，谢绝转载。

4. 专利

获得专利 4 项：一种应用于室内检测塑料膜阻隔性的装置；一种应用于土壤中的气体采集器；一种茄果类蔬菜无土栽培营养液配方、制备方法及供液方法；一种茄子花药培养直接获得植株的方法和培养基。

5. 获奖、论文发表等

2016 年果类蔬菜团队申报奖励 1 项、发表论文 55 篇，其中 SCI 文章 9 篇；提出相关政策建议 7 项。

（五）技术示范推广效益

1. 技术示范推广概况

果类蔬菜团队对农户技术培训 90％来自于农户等服务对象需求，其中在田间学校培训实地操作次数达 20 次以上，培训农民学员 1 万人次以上。推广技术项目达 20 多项。

2. 技术示范推广经济效益

果类蔬菜团队技术示范推广提高了经济效益，主要表现在：一是果类蔬菜单产的提升。通过采用本团队研发的新技术新品种，单位产量得到了较大幅度提升。二是化肥等投入物的减少。通过水肥一体化等措施，减少化肥投入平均 10％以上，化肥投入的较少，也会带来成本的节约，提高经济效益。三是通过优质优价，提高蔬菜生产的经济效益。针对蔬菜质量安全性要求，指导农户采取病虫害安全防控等措施，农药施用量减少幅度大。农药的减少，是优质优价的最重要基础，提高价格会带来经济效益提升。四是蔬菜生产工厂化的综合效果。通过果类蔬菜工厂化生产，可以错季上市提高蔬菜单价；蔬菜种植的轻简化，机械化水平的提高，替代劳动力的投入量，平均节约劳动力投入量 5％左右，一方面降低人工成本，也给农业劳动力高龄化的北京，解决了谁来种菜的难题。五是通过"种菜者"的培育带来经济效益。被培训农民收入以及采用本团队推广的新技术新品种的农民，其收益均有明显增加，收入增长幅度在 10％以上。

3. 技术示范推广生态效益

团队在考虑农业生产效率提升的同时，进一步考虑了生态效益，具体表现在：

一是将循环利用技术与农业生产生活技术相结合，在推广的农业技术中循环利用技术占比达 60％以上。

二是减少了蔬菜生产中化学投入物的使用量。团队通过研究水肥温光与作物生长发育的影响，科学施肥，保证土壤健康，良性循环。

三是果类蔬菜产品质量安全性得到很大提高。蔬菜安全性的提高，往往会导致生产者成本的增加，但本团队在工作中，力争既不增加或者减少成本又提高质量安全性，这方面的经验在于蔬菜病虫害的综合性防治技术的研发和推广，通过推行多种生态防治技术，比如利用土壤消毒技术，既能够杀灭土壤中的土传病害，比起农药施用既解决了农药残留问题，又能释放土壤中的养分，提高了生态效益。示范区年亩节本增收 1 182 元。

四是在节水技术及节水效果方面，近 5 年累计示范 4 种果类蔬菜高效用水技术 11 276 亩次。通过节水节肥，还带来节约成本，示范区从而增收 1 333 万元。

总之，果类蔬菜团队一方面通过示范推广的资源环境友好型技术；另一方面通过对蔬菜生产物质投入以及设施、设备使用方面的指导，初步实现了资源高效利用，有力保障了土壤肥力的提高，降低肥料对地下水、河流等生态环境的危害，有利于京郊生态环境的改善，并提高了蔬菜的质量安全性。

4. 技术示范推广社会效益

媒体宣传：果类蔬菜创新自成立以来，积极开展广泛宣传。近年来通过报纸宣传 65 篇，电视、电台 74 条，网络宣传 323 条。通过媒体宣传，既扩大了果类蔬菜团队的社会影响力，也对果类蔬菜种植户、果类蔬菜流通、乃至市场和消费者，对果类蔬菜产业产生了长远影响。

国内外交流：2016 年果类蔬菜团队成员参加国内外交流次数 10 次以上，体系内部交流 25 次以上。在国际、全国及北京等各层级各相关会议上，果类蔬菜团队成员进行主题报告、学术报告，参加各种讨论和发言，既进行了广泛交流，又扩大了果类蔬菜团队的影响。

为市民提供更多的"放心菜"，是造福于北京城乡居民的一件大事。菜篮子工程涉及北京发展大局的问题，而蔬菜是菜篮子的主要部分之一，加之蔬菜在城郊特有的传统优势，北京政府一直致力于蔬菜产业发展。果类蔬菜产业发展的背景是一方面蔬菜生产供给侧面临着资源不足、成本高等竞争力问题，另一方面需求侧则是数量需求和质量安全性并重，从中可以看出供给侧与需求侧的不匹配。果类蔬菜团队重视果类蔬菜工厂化推进、新品种新技术的推广以及新型职业农民的培育；与此同时强调重视实验示范推广的规模化，通过规模化工厂化生产，为市民提供更多更好的"放心菜"。

农民素质提升：果类蔬菜团队一直在着力于提高农民素质，除了通常所用的对农民的培训之外，强化组织农民进行技术观摩，特别是每年都通过确定示范点或示范户的形式，培养了一批骨干蔬菜种植户成为新型职业农民。具体地，除了给岗位专家、综合试验站站长规定有示范户建设或新型农民培育任务之外，侧重于为农民田间学校工作站站长规定了扩大示范户建设以及要求为更多的村设置示范户，团队技术推广的村的数量和在京郊农村的覆盖面。培训综合试验站技术人员 223 人次、田间学校工作站站长 632 人次、农户接受培训达 5 000 人次以上，通过对被培训和设置示范户的村的农民进行调查，结果显示农民测试值有较大幅度的提升，平均分值提高了 30 分以上。

对产业的辐射带动：在对果类蔬菜产业的辐射带动方面，通过本团队新技术和新品种的推广，促进了蔬菜产品产业覆盖村积极采用果类蔬菜新技术新品种，其使用率高达 95% 以上，促进了果类蔬菜产业整体水平的提升。通过技术创新手段，引入"工业思维"模式，通过以下两大途径促进了产业水平提升：一是通过提高北京蔬菜生产的单产水平，加之蔬菜品质的改良，大大提高了蔬菜种植的经济效益；二是促进蔬菜从生产到流通、加工的产业链延伸，形成了规范的流通渠道，蔬菜加工业也初具规模，农村以观光采摘带动的六次产业得到发展，从而带动提高了北京自产蔬菜的市场竞争力和市场供应力。

做好应急工作、及时规避风险：果类蔬菜创新团队很好地完成农业局等政府部门安排部署的临时工作。在灾害处理方面，2016 年针对北京市果类蔬菜主要发生的灾害事件，果类蔬菜创新团队均采取了及时有效的救灾手段，减少了灾害损失。2016 年，果菜团队共围绕以下几个方面，对果菜生产的各个环节的应急工作进行及时有效的防控：

（1）完成政府应急任务：北京农业及蔬菜供给侧改革研究

果类蔬菜产业经济岗位专家主笔完成了《北京蔬菜供给侧结构性改革及对策建议研究报告》；果类蔬菜产业经济岗位专家作为主要成员，进行了农业供给侧改革调研，并于 2016 年 5 月共同完成了《北京农业供给侧结构性改革调研报告》。

（2）积极做好北京市暴雨来袭预防与善后工作

果菜团队通州综合试验站提前通知，要求各大农业园区、重点种植乡镇做好抗特大暴雨预警工作，及时关注雨势雨量，防患于未然。2016 年 7 月强降雨过后，通州区综合站组织人员及时前往碧海园、瑞正园、金福艺农等农业园区，双埠头村、兴各庄村、徐官屯村等种植大村查看雨后农业生产情况。通过走访调查，各单位未受暴雨影响，即使解决个别园区个别棚室出现积水等问题，农业生产工作正常进行，全区农业生产未受重大损失。

（3）团队专家积极应对疑难病害发生，及时提出解决技术方案

2016 年 5 月 24 日，果类蔬菜团队接到延庆综合试验站刘慧站长发来番茄、辣椒叶片畸形病害疑似病毒病发生的报告，经协调安排，病虫害岗位专家和无土栽培岗位专家一起到延庆大榆树农民田间学校实地察看发生情况，分析原因。进入棚室发现，90％以上植株的上部叶片皱缩成鞋带状，不能正常伸展，叶脉突出，叶柄增粗，棚室边缘通风口处症状稍轻，经仔细观察病害症状、询问发病过程、查明施用的农家肥和农药，经过灌水症状有所减轻，综合以上因素初步判定为施用含有激素等成分的鸡粪所致，不是病毒病危害，建议停止打药，适当多浇水，待植株恢复正常。采集典型症状样品带回实验室检测番茄和辣椒上的常见病毒，经过分子检测未检测到病毒。综合分析，这次病害的发生主要可能是由于施用了未腐熟的鸡粪，或鸡粪中含有一些激素等对番茄、辣椒生长有毒害的物质造成的。

（六）对果类蔬菜产业的支撑作用

1. 果类蔬菜创新团队对产业支持模式

（1）通过技术集成并示范推广的产业促进模式

技术集成方法：将科研、教学、推广横向单位通过促进地区产业目标（农民需求为导向）提升而组织起来，目标一致、分工协作、各负其责，在技术方面攻坚克难，做到了技术的横向集成；将市、区（县）试验站、乡村农民（田间学校、高效竞赛示范点）纵向单位有机结合，做到了技术的纵向集成；在果类蔬菜产业的各环节，兼顾了育种育苗技术、栽培、水肥、设施设备、产后加工流通及产业经济等各环节的技术，做到了技术的垂直型集成。

示范推广效果：以连栋温室番茄现代化生产为例，通过技术的集成，初步实现了连栋温室番茄现代化生产平均每平方米采收 31.5 千克的生产水平，达到目前国内连栋温室大面积生产前列。同时，设施生产获得了高效示范点的肥料、水分因子与产量的初步相关性数字。由于技术的集成和示范推广，做到了让技术能够有效地与农民零距离接触、技术进村入户，促进产量与品质不断提升。

（2）通过培养种菜能手的产业支持模式

以示范户为主的示范点建设，是果类蔬菜团队多年来设定的团队工作主要任务之一，创新团队在每年年初明确不同蔬菜不同茬口的高产高效示范点户名、示范技术、蔬菜生产物质投入计划、示范蔬菜生产的产量目标。创新团队统一拟定示范户蔬菜生产投入产出日常档案表格，并对示范户进行培训说明，由农户进行生产档案表逐项记录。高产高效示范点分布在北京不同区的不同村，从组织机构上看，农民田间学校工作站站长也是其所在村示范户与团队其他成员联系的中介。创新团队每年多次组织示范户技术观摩，有的以示范户作为观摩对象，有的把其他作为观摩对象。收获期末或年末，创新团队要对示范点进行全面总结和考核。

2016年的示范点60个，分布在大兴、顺义、密云、延庆、房山等区的近40个村。示范户建设的作用机制体现在以下：

一是示范点是蔬菜技术观摩和培训的样本。果类蔬菜团队每年组织蔬菜技术观摩活动，其中的一些技术观摩活动是以果类蔬菜高产高效示范户为依托，示范点成为技术观摩的样本。各农民田间学校工作站组织蔬菜种植户进行观摩。农业技术推广的一个前提条件是适时适地，农户通过观摩示范户的蔬菜种植，能够更好地掌握适时适地的农业技术，从而促进农业技术的更好地扩散，提高农业的科技进步水平。此外，在本村或本地农户的技术观摩，对于农业生产者来说，时间和交通费用等成本较小，提高农户参加观摩的积极性。

二是以示范点为介是技术推广的新模式。我国乃至北京市农村作为农业生产者的农户具有"小而散"特性，成为农业技术的供给方的农业推广机构进行技术推广的限制因素。进一步分析作为农业技术的需求方的农户。由于从事农业生产的农民的受教育程度和专业知识的限制，使得农民较难对农业技术是否采用做出判断，另一方面，农户获得技术的信息也非常有限，农户直接搜寻适用技术具有较高的交易成本。对于农民来说，最相信是看得见摸得着的技术，而同处一地甚至相邻地块的示范户所示范的就是属于就是农户花费较小成本就可获得较多有关信息的技术，通过示范户能够让农业技术推广的供给方和需求方实现很好地对接，更便于农户获得适用的新技术。通过示范户，成为促进农业技术推广的新模式和重要途径。

三是示范点培育是农村人才的培养方式。果类蔬菜创新团队岗位专家、综合试验站和农民田间学校工作站通过对高产高效示范户的新技术推广和蔬菜种植田间管理指导等，在促进新技术试验和推广的同时提高了示范户的素质。近年来，北京政府在北京农村培养全科农技员，一些示范户已成为全科农技员。既懂技术和田间管理，又能统筹农业投入产出，是新型农村人才需要具备的素质。高产高效示范要求不仅产量高，还要效益高，高产是高效的前提和手段，高效是农业生产者的最终目标和生产发展动力。果类蔬菜团队对于高产高效示范户的要求就是进行田间管理、技术采用登记，并对生长周期内的投入产出内容也立档案记录。

（3）通过转变农业生产方式（工厂化和无土栽培）的产业支持模式

果类蔬菜团队通过转变农业生产方式支持果类蔬菜产业的模式，主要分为两个路径：一个路径是直接支持果类蔬菜生产基地引入工厂化生产模式，即从点入手；另一个路径是向政府提出果类蔬菜生产工厂化的方案，即面上铺开。

现阶段发展蔬菜工厂化生产也面临着一定困难或具有几个方面的劣势：一是高成本。植物工厂（特别是人工光型）的费用来自两个大的方面：①建设费用：环境控制、运送机械等，对设施的依存度高。②经营费用：电费等支出，一些高价格的物化材料。在蔬菜工厂化生产的初级阶段，由于需要对原有设施进行改造升级，增添增温设备和管道、进行灌溉设施建设、基质架的装备、营养液的使用、燃油费电费增加带来成本的大幅度增加，所以这是制约蔬菜工厂化生产的经济因素。二是市场需求限制，现在的市场营销已由过去生产出来的东西出售，转化为卖的了的东西生产。而消费者的需求在不断发生改变。植物工厂的许多产品面向加工业，如何很好地对应。三是附加价值不高。在提高产量的同时，要提高质量安全性，特别是在质量上要区别于传统的设施园艺生产。

果类蔬菜创新团队近年来无论团队建设还是产业支持，都把果类蔬菜工厂化生产作为一个重点内容，在团队的支持下，在顺义、大兴、延庆、密云等蔬菜主产区，果类蔬菜工厂化生产已经由示范推广进入实际投入生产阶段，几个经营主体的工厂化生产已经达到一定规模，也使得北京蔬菜工厂化生产显现出地区优势（技术、人才、管理和劳动者）。通过果类蔬菜团队的支持，必将促进北京果类蔬菜生产由传统生产方式向现代生产方式的转变。

（4）通过培育新型农业经营主体（适度规模化）的产业支持模式

目前北京地区蔬菜生产仍以小规模家庭式生产为主，在团队实施的农户调研中看到，农户中约68%的种植规模在5亩及以下，20%的种植规模为5～10亩；生产种植规模偏小导致专业化服务体系建立困难、产业链难以形成，一些新技术难以应用，蔬菜生产现代化水平提高受限，因此有必要发展适度规模化经营。

果类蔬菜团队注重培育新型农业经营主体，前述果类蔬菜示范点建设、果类蔬菜工厂化示范推广，都选择安排农民专业合作社、农业企业、家庭农场作为实验示范推广的对象。与此同时，团队注重促进蔬菜专业村发展，在专业村扶持社会化服务专业队，提升了果类蔬菜产业发展水平。

（5）通过与农业局相关职能部门工作配合和产业政策制定的产业支持模式

2016年，果类蔬菜团队配合北京市农业局、市农委等相关职能部门的工作，积极开展技术推广、蔬菜营养与质量安全、环境保护、世园会"百蔬园"建设、蔬菜产业支持政策研究等工作。与此同时，提出多项果类蔬菜产业支持的政策建议。其中，果类蔬菜团队提出的北京精品蔬菜园区建设方案、北京蔬菜工厂化生产模式推进方案等，均已得到北京政府的认可。

2. 创新团队产业支持案例分析——以北京绿富农合作社王泮庄生产基地为例

工厂化生产指用工业化发展的方式发展农业的一种手段，其特点是加强农业生产的标准化、设施化。近年来，北京市果类蔬菜生产正在实现由传统粗放型发展模式向新型技术密集型生产模式的转变：在众多实用型新技术得以在农户中进行推广的同时，也涌现出了一批标准化生产、智能化管理的果类蔬菜生产园区，这些园区通过工厂化生产提高农业生产效率，增加农产品供应并提高农民收入。这一过程中，果类蔬菜团队起到了至关重要的作用。以下以北京绿富农合作社为例，具体分析果类蔬菜团队在绿富农合作社王泮庄番茄日光温室生产基地建设和发展中所扮演的角色，从而揭示果类蔬菜团队在果类蔬菜生产方式转变和推动蔬菜产业发展中所起到的重要作用。

（1）支持背景

目前北京果类蔬菜的设施种植经济收益显著高于露地种植。但果类蔬菜产业发展面临着本地劳动力成本的逐年攀升和可利用土地面积有限的问题制约。因此有必要探索新型生产方式。工厂化生产是都市型现代化农业的发展方式，具有省工省力的优点；与传统生产方式相比，土地利用率和比较收益更高。

果类蔬菜团队在多年进行无土栽培和植物工厂等技术研发和试验示范的基础上，选择具有适度经营规模的北京绿富农果蔬专业合作社，对日光温室无土栽培的生产模式进行推广。该园区荣获国家级示范基地，是北京设施标准园，承担科技试验示范的任务，正处于由外延式发展转向内涵式提升的关键时期。

北京绿富农果蔬产销专业合作社成立于 2007 年 9 月，位于北京顺义区木林镇，种植面积达 2 000 亩，已建成蔬菜大棚 100 栋，日光温室大棚 600 栋。

在果类蔬菜团队的支持下，北京绿富农果蔬专业合作社生产基地 2014 年 8 月开始进行日光温室番茄工厂化生产的综合性试验，种植面积达 32 亩；2015 年继续进行相同的综合性试验示范。从 2016 年开始，果类蔬菜团队正式扶持绿富农合作在王泮庄生产基地开展日光温室番茄无土栽培生产。将新型生产方式投入生产实践，实现了生产方式转型的初步探索。

（2）工厂化生产的具体内容

果类蔬菜团队支持北京绿富农果蔬产销专业合作社，对于果类蔬菜的工厂化生产进行了一定规模的扩展。

北京绿富农果蔬产销专业合作社王泮庄基地占地达 400 亩，拥有日光温室 100 亩。2015 年在该基地开展的日光温室番茄工厂化生产主要以岩棉、椰糠为栽培基质，采用自动灌溉设备进行水肥管理。具体的，该基地共有 15 个日光温室投入番茄工厂化生产，总占地面积达 30 亩，占基地总面积的 10%。

当年每个大棚的建棚费用为 160 000 元，大棚使用年限为 15 年；为了进行工厂化生产，棚内固定设备投资为每棚 45 000 元，棚间运输轨道建设投资为 4 000 元，棚内固定投资的使用年限为 10 年；在具体生产中，每个棚需要投入 13 000 元的生产资料费（包括棚膜、营养液、基质等）。

（3）果类蔬菜团队的措施

果类蔬菜团队对绿富农合作社进行了工厂化生产支持。帮助合作社制定详细生产方案、依托生产基地，通过生产实践和试验相结合，不断探索和更新技术细节；发挥团队优势，对园区经济效益进行评价；深入生产实践，对生产中遇到的具体问题进行指导。

第一，制定生产方案。果类蔬菜团队在北京绿富农果蔬产销专业合作社王泮庄生产基地开展日光温室番茄工厂化生产的试验工作。为了与该基地的实际生产情况进行更好的衔接，果类蔬菜团队为该基地制定了详细的种植方案，包括品种选择、种植茬口安排和面积、采用基质、栽培密度等工作，方案贯穿整个生产环节；并且根据基地实际生产情况，进行详细的进度安排（表 6-16）。

表 6-16　2015—2016 年王泮庄基地日光温室番茄无土栽培生产方案

品　种	茬口安排							
		时间安排				基质及面积（单位：亩）		
红果品种丰收 560 为试验品种，以粉果品种迪安娜、浙粉 702、粉妮娜为大面积生产示范品种	茬口	播种	定植	始收	拉秧	岩棉	椰糠	混合基质
	越冬	…	…	…	…	…	…	…
	秋延后	…	…	…	…	…	…	…
栽培密度 2.7-3.0 株/平方米	春提前	…	…	…	…	…	…	…

注：列出了行标题和列标题的内容，把相应得信息此处略去，并用省略号表示。

第二，种植技术选择。果类蔬菜团队对于日光温室番茄无土栽培生产项目提供了强有力的技术支撑。一是在生产方案制定过程中明确技术规范，给出详细的工作重点；二是通过试验与生产实践的结合形成不断更新、不断完善的技术标准；三是在生产实践中多次派技术员及专家前往基地进行指导。

第三，项目投资评估。果类蔬菜团队在制定生产方案的同时，注重对该生产方式转变所产生的经济效益和投入成本变化的评估，目的在于该生产方式在投入实际应用时同时具有技术和经济上的可重复性、可推广性。团队通过收集绿富农合作社王泮庄生产基地相关的投入产出数据，并根据数据分析对日光温室番茄无土栽培的生产方案进行了项目投资评估，测算了该项目的内部收益率。并得到当收入等因素发生变化时项目的敏感性分析结果。

综上所述，果类蔬菜创新团队在生产方式转变过程中所起到的作用突出的表现为以下几点：一是帮助合作社（园区）制定详细的生产方案；二是依托生产基地，通过生产实践和试验的结合不断摸索和更新技术细节；三是发挥团队优势，在为园区解决生产规划的技术性问题的同时，还对园区的经济效应状况进行评价；四是深入生产实践，对生产中产生的具体问题进行指导。

（4）工厂化生产的效果

通过实施工厂化生产，王泮庄基地扩大了经济效益、提高了生产效率，实现了生产方式的有效转变。根据2016年王泮庄生产基地番茄工厂化生产的情况，每个设施平均产量为5 500～6 000千克、每个设施平均产值为41 800～45 600元，每个设施投入13 000元物质资料费，可以测算得出该项目的投资回收期为2年，税后内部收益率为52.84%，税后财务净现值较高，表明投资价值大（表6-17）。

表6-17　王泮庄工厂化育苗项目财务敏感性分析表

	变动幅度				
	−10%	−5%	0%	5%	10%
销售收入	15.87%	35.34%	52.84%	69.63%	86.12%
建设投资	107.50%	71.38%	52.84%	41.33%	33.36%
经营成本	80.65%	66.86%	52.84%	38.34%	22.74%

总之，在面临农村劳动力成本不断上涨和土地资源十分有限的双重制约时，转变果类蔬菜生产方式、采用工厂化无土栽培模式进行果类蔬菜的生产，成为确保果类蔬菜优势地位、稳定北京果类蔬菜供给、提高农民收入的重要切入点。

综上所述，北京果类蔬菜创新团队有2009年以来的经验积累，加上在团队建设和工作方面的不断探索和创新，使得团队管理更加完善，团队建设得到强化，为团队运行奠定了良好基础，2016年度果类蔬菜创新团队工作再上一个台阶：进一步健全了运行机制、无论品种选育、技术研发、技术推广，还是政策支撑、人才培养等方面，均取得了丰硕的产出成果。

果类蔬菜团队在果类蔬菜产业发展的支撑作用，有短期效应和长期效应。短期效应表现为2016年当年团队技术研发推广所取得的经济效益、社会效益和生态效益，在应急任务和工作方面具有良好的处理手段。团队对果类蔬菜产业发展，发挥了重要支撑作用。长期效应表现为果类蔬菜团队形成的较为成熟的产业支持模式和手段（前述五大成熟模式），将会对果类蔬菜产业发展产生长期而深远的影响。

三、果类蔬菜产业发展案例分析

新业态指该行业不同的经营形态和盈利模式，目前果类蔬菜产业的新业态直接体现在销售模式的多样化上。进一步来看，新业态还体现在信息化趋势下多个利益主体的共赢局面。

（一）果类蔬菜产业新业态主体及其成因分析

在果类蔬菜产业新业态下，现代农业企业是推动变革的主体力量。蔬菜企业既要和农民打交道，又要和市场对接，两边的利益常常难以协调。面对上述问题，作为产业新业态的先驱主体，相关企业一般借助全程化信息管理系统，通过中心数据库就可以全面了解蔬菜产销、质量追溯整个供应链，搭建起农产品和消费者之间的信息通畅渠道，而且广泛应用于企业管理的各个层面，提高了企业的运行效率。因此，在生产和流通环节标准化、信息化和智能化的推动下，基于畅通可行的蔬菜质量安全信息，催生了销售多元化的新兴业态，对蔬菜企业的壮大发展注入巨大动力。

现代农业企业是进行新业态创新的主体，主要原因为：第一，信息技术和第一、二产业以及其他服务的融合提高了产业本身的效率水平，导致产业链两端生产服务和加工环节的分离，产生大量的新业态和商业模式；第二，供需平衡下，渠道创新成为新的经济效益增长点，在产业升级下农业企业既要指导标准化、安全化的蔬菜种植户生产行为，又需要积极探索新兴销售合作模式。第三，经济发展过程中，一定会经历从重视生产，到重视流通和销售渠道，再到满足消费者需求的阶段，一旦需求发生变化就会成为企业拓展新业态的重要机会。

（二）果类蔬菜产业新业态主体案例分析

果类蔬菜产业新业态中现代农业企业是具有先驱地位的主体，果类蔬菜产业发展较好的是天安农业发展有限公司，该公司开展了多个新业态模式并且极具代表性。

1. 天安农业发展有限公司概况

天安农业发展有限公司（简称"天安农业"），主要从事蔬菜的生产和销售，其销售渠道主要面向国家机关提供蔬菜供应工作。天安公司在北京顺义、平谷、密云、延庆的生产基地以及内蒙古武川、云南普洱等外埠基地。在家乐福、华堂、华润、华联等全国 100 多家商场超市建立了"小汤山"牌蔬菜销售专柜，蔬菜零售居北京首位。"小汤山"商标也已经成为北京著名商标，而且蔬菜通过了 ISO9001 质量体系认证；产品分别经过无公害产品、绿色食品和有机食品认证。

蔬菜销售额约占天安农业总体销售额的 81%，其中番茄是天安农业销售最主要的蔬菜品种之一。2010 年，番茄销售额约占总体销售额的 14%，销售量约占总体销售量的 9%；有机番茄销售量占总体番茄销售量的 3% 左右，销售额约占总体番茄销售额的 5% 左右。天安农业销售的一般番茄均为无公害产品和绿色食品，蔬菜品质较高，价格也比市场均价高出30% 左右。

2. 天安农业组织模式与运行机制

天安农业在原有行政人事部、财务部等 7 个部门的基础上，随着近年来业务拓展建立了商超部、客服部、信息工程部、农场部等部门，目前员工 400 余名。天安农业利用现代企业制度完善企业组织架构和发展模式。首先，在北京等地建立了"企业＋农户＋合作社"合作模式，建立了蔬菜生产基地，并派驻技术人员到基地进行监督指导。其次，每年都会根据公司经营目标及员工现状设置培训课程，包括管理类、市场营销类、财务管理类、专业技能类、人力资源类及办公技能类等。

天安农业的业务模式大致包括"采购——包装——零售"三个环节（图6-22）。

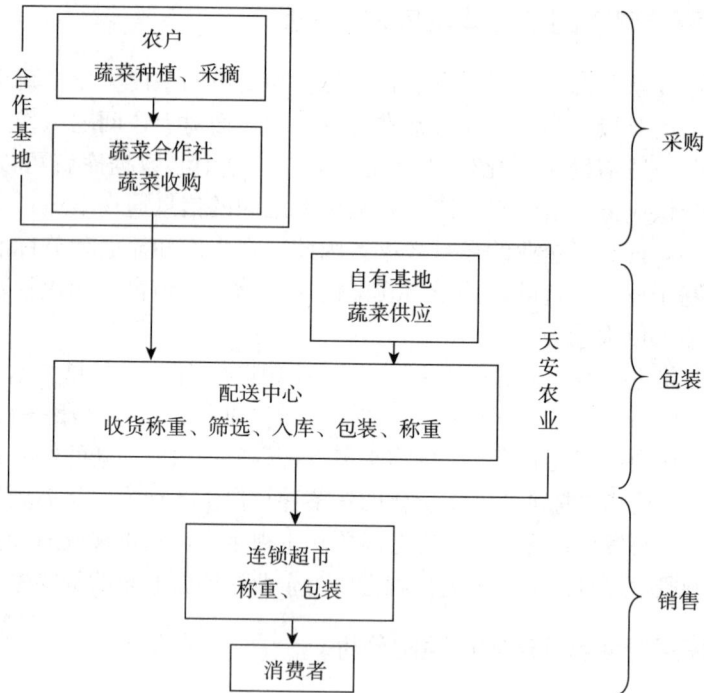

图6-22　天安农业基本运行模式

采购指向合作基地采购符合标准的蔬菜，其中自有基地供应蔬菜只占到8%左右。合约基地一般由农户和蔬菜合作社构成。农户一般只负责蔬菜的种植；蔬菜合作社一般指由当地若干农户自发组织而成的经济实体。蔬菜合作社承担生产技术指导、蔬菜销售、生产资料购买监测等功能。

包装指将购入的蔬菜分级、打包、贴牌后对外销售。在超市小汤山专柜，由促销员称重后贴上产品价格标签及产品追溯码。

零售主要指"小汤山"品牌的蔬菜在各连锁超市渠道销售。销售环节的变革是新业态的亮点，即蔬菜不仅仅通过连锁超市的形式到达消费者，而是更加的多元化。

3. 新业态的蔬菜经营模式

（1）超市联营模式

天安农业的"小汤山"品牌蔬菜以供应北京场为主，该企业在小汤山基地设有一个销售据点。销售渠道分为团购系统和商超系统。在各连锁超市设有"小汤山"促销员。在超市联营模式下，超市主要提供场地及货柜，天安农业销售蔬菜后对超市进行分成。不过，仍有部分超市选择传统的自营模式，即购进蔬菜后跟随超市的销售策略统一安排，公司不对销售环节进行任何干预，两种模式比较见表6-18。

表 6-18　联营模式和自营模式的对比

	联营模式	自营模式
合作模式	超市提供场地及货柜，天安农业销售蔬菜（所有蔬菜为该合作模式）	天安农业向超市供应蔬菜，由超市自行管理销售蔬菜（所有蔬菜为该合作模式）
蔬菜所有权	天安农业	自营超市
蔬菜定价权	天安农业统一决定后，促销员执行	自营超市决定后，促销员执行
费用结算	超市结算蔬菜销售额，减去扣点后，将蔬菜款支付给天安农业；扣点为 9.5％～12％；	自营超市直接向天安农业支付蔬菜进价；
蔬菜损耗	由天安农业承担	由自营超市承担
促销员	促销员费用天安农业承担；促销员日常考勤由超市管理；	促销员费用天安农业承担；促销员日常考勤由超市管理；
货柜费用	货柜费用由超市承担；冷藏货柜电费由天安农业承担	货柜费用及所有电费由超市承担
代表客户	代表客户包括华堂、华联、百盛等；	欧尚超市；该模式于 2010 年引进，是北京唯一 1 家通过自营"小汤山"蔬菜的连锁超市

（2）互联网渠道模式

2016 年京东生鲜"遍寻天下鲜"与天安农业达成战略合作。达成合作之后，天安农业将向京东生鲜直供小汤山无公害蔬菜。此次合作，一方面从消费需求升级出发，为更多消费者提供优质的、可追溯的新鲜时蔬；另一方面也体现了天安农业坚持原产地直供、源头把关等高标准品控、延长产业链的决心。

（3）公司直营 O2O 模式

天安农业建立了一个垂直、小而精的电商平台，定位于专门做"蔬菜新鲜到家"的平台，打通线上线下的融合。这样，对于"互联网＋"，天安农业以稳健的方式，把电商当成一个渠道的补充。

对于生鲜产品的 O2O 模式（Online To Offline，线上到线下）而言，冷链物流是重中之重。天安农业在解决生鲜的物流瓶颈上具有创新的解决方案，即在每天 20 辆车为商超完成配送后，沿途给线上下单的用户配送。同时与第三方建立合作，很大程度节省了物流成本。

（4）单位团购模式

天安农业建立了团购系统，可以直接向企业或个人销售蔬菜。团购的对象包括直接供应的企事业单位食堂、餐厅等；设置有"小汤山"礼品卡，提供宅配服务个人或团体。

单位团购模式的优势是：第一，增强"小汤山"品牌影响力，主要体现在提高媒体曝光度和行业美誉度；第二，影响潜在的高品质蔬菜消费者，体现在企事业单位的员工、消费者可以接触到高品质的蔬菜，形成辐射效应进而影响个人的蔬菜购买行为；第三，订单式购买减少市场不确定性，体现在明确生产时期、生产量，避免巨幅的价格波动。

4. 新业态下的技术支持

（1）基于 ERP（Enterprise Resource Planning）系统供应链的信息化管理

针对供应链中的信息化薄弱环节，天安农业与第三方公司合作着重研发基地生产和市场销售环节的软硬产品，并通过集成现有 ERP 系统构建蔬菜供应链全程信息化解决方案，实现公司从生产环节到市场销售环节整个供应链的信息化管理。

（2）蔬菜全程可追溯管理

为了实现蔬菜全程可追溯管理，天安农业对生产地块、温室进行统一编号，建立生产档案，对播种、定植、打药、浇水、施肥、采收等都进行详细记载，全程监控基地生产过程；对采收蔬菜周转箱实行编号管理，粘贴对应采收地块（温室）编号，到车间根据生产编号生成安全追溯码，粘贴在每个小包装产品上。上述过程形成了蔬菜全程可追溯管理体系，如图6-23所示。

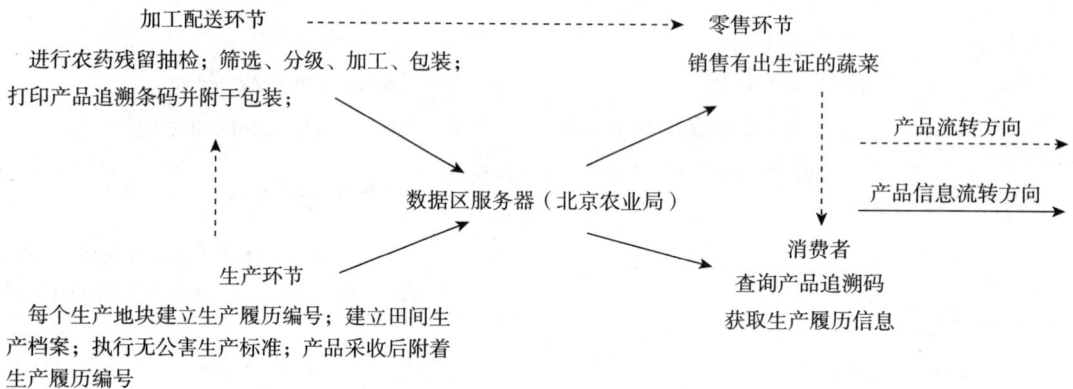

图6-23　天安农业蔬菜全程可追溯管理体系

（3）标准化和智能化技术

天安农业的配送车辆为保障蔬菜运输安全，及时有效使用调度车辆，安装了安全控制系统。可以通过互联网、GPS实时监控车辆运行轨迹，货箱体内温度状况以及车门开启次数。生产计划管理系统则针对蔬菜产地生产过程中的播种、育苗、定植、灌溉、施肥施药等全部生产环节进行信息采集和田间电子档案管理，通过无线网络传递到终端，与追溯系统对接。在智能化生产方面的核心是精准农业，包括精量播种、温室管家，可以检测包括温度、光照、二氧化碳浓度等指标，包括内部设定一些管理模型来分析作物的健康指数和成熟度。

总之，通过可以看出：第一，果类蔬菜产业的新业态特征为以质量安全信息提供和网络化为核心进行发展，对产业链所有的主体都有积极的作用，提高农民收入、企业利润和消费者安心度。企业进行了新业态的尝试，主要原因为信息技术革命、产业升级和消费需求倒逼。第二，天安农业新业态主要在销售环节进行体现，包括超市联营、电商平台合作、O2O模式、单位团购等。不同渠道目的不同，包括获取更多利润、减少成本、提高影响力、赶上"互联网"大潮和品牌曝光等。总之，新业态帮助天安农业成为蔬菜生产销售的龙头企业。第三，天安农业所有新业态产生的基础是信息化、标准化和智能化技术。

四、果类蔬菜产业发展政策与建议

北京市自产果类蔬菜可以满足北京市场需求的30%左右，北京果类蔬菜产业在稳定蔬菜市场供应、满足市民对多功能农业以及质量安全性的需求方面发挥着不可替代的功能，并且自产果类蔬菜能够在蔬菜供给侧结构性改革中起到重要的优化品种结构、提高蔬菜供给质量的作用，有必要采取相应的措施促进果类蔬菜产业发展。

（一）果类蔬菜产业发展问题及其技术需求

果类产业发展问题主要表现在成本收益、节水、产业化方面，具体可细化为若干子问题。由于目前小规模农户依然是产业的生产主体，满足其技术需求正是突破产业发展的瓶颈所在。

1. 果类蔬菜生产规模化和组织化程度不高

目前，北京果类蔬菜生产仍然以一家一户分散经营为基本格局，但是从创新团对 2016 年的调研中看到，合作社组织蔬菜种植户进行标准化生产和规模化产销的能力很弱，内部社员之间的合作关系松散，没有把农民组织起来进入市场；合作组织的自律、服务、协调和管理等功能未能充分发挥，不能协调行业内部价格和质量控制，使得产品产量、质量不稳定，深加工技术含量不足，影响了果类蔬菜标准化生产水平提升和优质优价实现。

2. 果类蔬菜生产的成本收益问题

从生产成本来看，五省市当茬蔬菜成本从高到低为辽宁、河北、天津、山东和北京，分别为 18 018 元、11 501 元、11 005 元、8 598 元和 7 988 元，其中辽宁比北京高出 2.6 倍，北京市每亩果类蔬菜生产成本最低，河北比北京的设施维修费高 4.6 倍；北京当茬蔬菜化肥费用仅 561 元，而辽宁为 3 964 元。从投入产出比来看，辽宁的经济效益为 2.9，属于最高水平；北京的投入产出比为 2∶1，北京果类蔬菜生产属于低投入低产出的模式。北京果类蔬菜生产与周边四省市相比虽然因补贴而成本较低，但收益相对来说更有不足，最终北京果类蔬菜生产的比较收益总体处于较低水平。

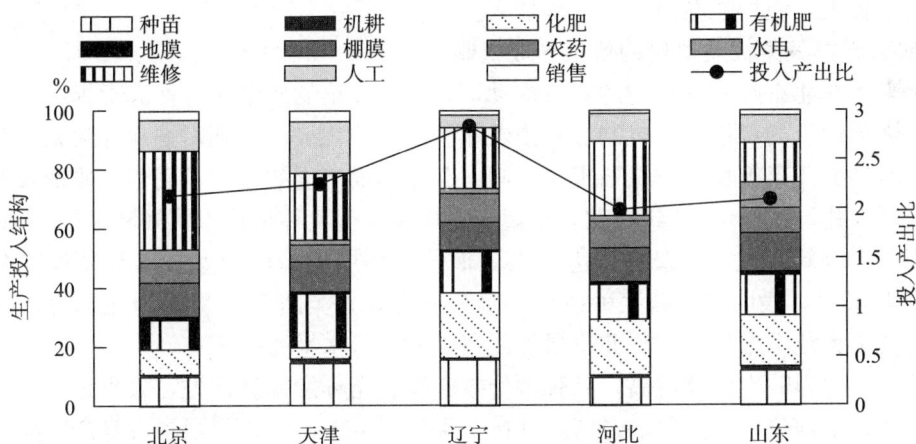

图 6-24　果类蔬菜生产成本收益

数据来源：2016 年果类蔬菜生产调研。

3. 果类蔬菜产业链条较短

果类蔬菜初级产品比例高。北京果类蔬菜生产经营方式大多处于生产导向型，产业链各环节之间的联通性不强，基本以初级产品的形式直接进入市场，以加工品进入市场的果类蔬菜很少，较少考虑到农业的功能拓展。果类蔬菜一、二、三产业融合发展的趋势也开始显现，但目前还处于初级发展阶段。

果类蔬菜生产与二、三产业融合程度低、层次浅，主要体现在新型农业经营组织发育慢、先进技术要素扩散渗透力不强、涉农公共服务供给不足、财税金融政策支持不够等。

分级技术应用率较低。分级的果类蔬菜产品主要是供应鲜切、配送等渠道，这些渠道销售的产品需求方对产品规格有一定要求，售价相对较高；未分级的主要是批发市场、餐饮、机关配送及商贩上门收购，这部分一般是混级销售。目前国产分级设备少，进口设备价格昂贵，企业分级缺乏技术人员指导、人工分级成本高且易出差错。

4. 果类蔬菜流通渠道不规范

根据 2016 年对北京 166 户果类蔬菜生产户的调研结果，48% 的果类蔬菜销售给来地头收购的中间商；46% 的果类蔬菜销售给本地批发市场零售商。可见北京自产果类蔬菜仍然以中间商收购为主要渠道，中间收购价格容易受到市场价格的影响反馈给蔬菜种植户的价格波动较大，不利于北京从果类蔬菜生产环节对于果类蔬菜自给能力进行基本保障。对各流通环节间的加价率比较可以看出，农户作为生产者处于利益链条中的不利地位，缺乏稳定的销售渠道和销售价格保障机制。

各级批发市场缺乏及时有效的本地果类蔬菜来源信息，而且批发市场中设备设施落后，管理不规范，缺乏健全的市场信息登记、统计和发布制度，致使批发市场功能较难正常发挥。

冷链运输利用率较低。在运送果类蔬菜车辆中，依然是箱式货车、敞篷货车、小客车、农用车并存的状况；由于运输距离较短，冷链运输只在少数几种果类蔬菜上使用，利用率不高。贮藏方面同样存在较大风险：一方面由于设备不配套，冷库面积小不适宜长期贮藏；而贮藏技术知识的缺乏，也会使长期贮藏损耗率维持在 10%～40% 的水平；果类蔬菜在年度间价格波动较大，使得贮藏风险进一步加大。

5. 缺乏果类蔬菜优质优价的价格形成机制

近年来，在北京政府各机构的综合推动下，果类蔬菜的质量安全性大大提高。但是由于缺乏蔬菜优质优价的价格形成机制，致使农业生产者的积极性受到影响，导致果类蔬菜生产主体为应对果类蔬菜市场"柠檬"现象，倾向于使用增产增效型技术而非提质增效型技术来实现利润最大化。根据 2016 年对北京小规模农户果类蔬菜种植技术认知和采用的调研结果，选择使用增产增效型技术的农户高达 52%，而选择使用环境保护型技术和质量安全型技术的比例仅为 35%，表明果类蔬菜种植户自身没有提升果类蔬菜质量的内在动力，标准化生产没有得到更大范围推进，使得北京果类蔬菜生产质量水平参差不齐。

此外，品牌影响力整体不高，品牌溢价效应没有充分发挥。首先，果类蔬菜生产经营主体对品牌认识不到位，重注册轻经营；其次，果类蔬菜生产主体忽视了自身产品品牌的经营维护，过多利用"三品一标"的公众认可度进行营销，导致自身品牌影响力不强；第三，品牌缺乏核心价值，无法清楚地识别并深刻记住果菜品牌的个性和利益点；第四，销售渠道单一，对渠道环节尚未给予足够的重视，依然停留在生产的角色层面。

6. 果类蔬菜产业技术需求

北京蔬菜生产的目标呈现多元化，因而对技术的诉求也不同于传统模式。目前，根据不同的生产目标可以将蔬菜生产技术划分为三类：增产增效型技术、质量安全型技术以及环境保护型技术。创新团队在将各项技术细分的基础之上对农户技术采用进行了调查。具体的技术分类见表 6-19。

表 6-19　各项技术分类表

技术类别	具体技术名称
增产增效型技术	CO_2 吊袋发生装置、土壤消毒、熊蜂授粉、穴盘育苗、地膜覆盖、整枝技术、植物生长调节剂、大棚降温剂、遮阳网
质量安全型技术	防虫网、防虫版（如黄、蓝板）、食品质量安全追溯技术、商品有机肥、高温闷棚和熏棚
环境保护型技术	秸秆（生物有机质）还田、测土配方施肥、秸秆生物反应堆技术、节水灌溉技术

采用表 6-19 显示的样本调研数据，对农户技术需求进行分析。农户对技术的采用决定于供求两方面，供给来自于技术的提供者，而需求则来自农户对于技术的需要程度，是农户是否具有寻求新技术的动机。在对农户的调查中发现 50.88％的农户具有这样的动机，即尽管受到一些条件的限制难以实现，但农户自身具有对新技术的渴求。

图 6-25 展示了农户对不同技术的需求比例。其中优先技术需求比例代表农户选择该技术作为最需求的技术的比例，而总技术需求比例代表农户在所选择技术组合中包含该项技术的比例。从优先技术需求比例来看，农户最需求的技术是优良种子和优质菜苗，反映出农户对种苗的重视程度。农户第二优先需求的是病虫害防治，占到全部农户的 30％以上，认为病虫害防治是当前最需要的技术。从总技术需求比例来看，选择病虫害防治技术的农户最多，占全部农户的 53.8％；其次是优良种子和优质菜苗，占 45.61％；农户对施肥指导和设施内温度控制技术的需求也较高，分别占全部农户的 25.73％和 19.88％。

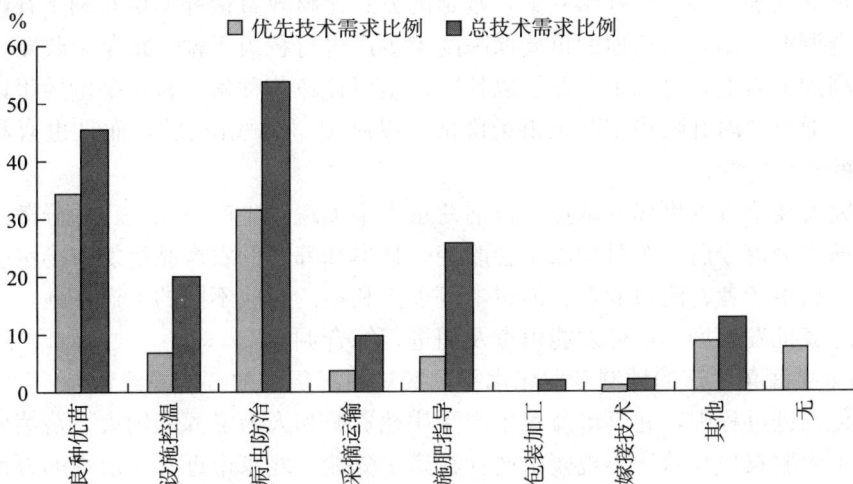

图 6-25　果类蔬菜种植户技术需求比例

数据来源：2016 年果类蔬菜生产调研。

（二）果类蔬菜产业发展的对策和政策建议

北京蔬菜产业未来发展的目标是将以"稳面积、保安全、提效率、强产业"。一是实现北京蔬菜生产保障能力稳定在 70 万亩左右；二是蔬菜产品质量安全合格率稳定在 98％以上，规范化管理的规模基地产品质量安全合格率达到 100％；三是蔬菜产业社会化服务水平达到 50％以上，规模化经营程度达到 60％以上，品牌化发展水平达到 70％以上；四是化肥、农药用量实现零增长。对此，可从蔬菜产业结构调整、优化区域布局、产业高效节水等方面并提出相关对策建议。

1. 构建和完善蔬菜生产综合性支持政策体系

第一，科学排序，确立补贴蔬菜的基本品种。根据蔬菜的消费量以及储藏特性、居民消费习惯，属于大宗消费品的蔬菜应该被列为重点保障的蔬菜品种，作为重点支持的对象；把属于生产专业化较高、并且北京居民消费中占有重要地位的蔬菜，列为重点监测的品种，具体品种有青椒、黄瓜、茄子、番茄等；像以做调味料为主的蔬菜品种、作为日常消费调剂的蔬菜品种可被列为指导性蔬菜品种，只是对农户种植进行指导。

第二，建立蔬菜的大型生产基地，强化京津冀蔬菜产业协同发展。对于重点保障的蔬菜品种，依据北京城市生活圈的大小确定适宜规模的蔬菜生产基地。重点要确定基地的基本计划供应量，如果实际供应量偏离计划供应量过大过小，均不利于蔬菜市场的稳定。此外，蔬菜生产也应有应急预案，提前规划重要保障品种的应急备用基地。由于果类蔬菜相对比较耐储存，因此可以将生产基地重点布局在河北和天津郊区，北京主要保证物流系统的冷链化和智能化。此外，果类蔬菜具有较高的观赏价值，京郊各地可发展一些外形、口味独特，营养更为丰富的特色菜，以此推动景观休闲农业的发展。此外，北京和天津的居民人均收入较高，食用混合果蔬汁等产品成为健康生活的标志。河北市可瞄准市场，在产地建立加工厂以满足市场需求并提高果类蔬菜附加值；天津市利用海港优势，甚至可以将高品质的果蔬汁或番茄酱等产品出口，形成良好的区域分工。

第三，建立调剂蔬菜生产补贴基金。基金的方式比财政直接补贴更有利于补贴效果的提高。利用基金调控作用，对基地的重要保障蔬菜生产进行积极干预。蔬菜丰收年，可以安排加工企业提高加工力度，对加工企业予以补贴；也可让蔬菜种植户直接翻倒地里以稳定蔬菜市场的价格，通过政府补贴稳定蔬菜市场价格，以避免"菜贱伤农"，而且也有利于打击蔬菜销售环节的投机行为。

第四，完善蔬菜批发市场的基点。目前北京市果类蔬菜生产一家一户的分散经营，批发市场作为流通主渠道今后一个时期内不会改变。日本和韩国的农产品批发市场更多的是政府公立经营，协调生产者、流通业者、消费者等多方利益。对应不同的生产基地，应加大力度发展和完善蔬菜批发市场。这样才能由点及面进行综合调控。

2. 提高果类蔬菜生产的地域专业化水平、实现村级层面的"规模经营"

在城镇化推进过程中，北京市蔬菜生产受耕地资源和人力资源的约束，蔬菜生产的基本经营格局是小而散农户经营，小规模生产存在诸多弊端。北京市近几年出现的万亩镇、千亩村、标准园区等，通过果类蔬菜的地域专业化，促进了"小生产"与"大市场"的有效对接，提高了蔬菜生产的现代化水平。因此，有必要继续支持千亩村等的建设和晚饭，促进果类蔬菜生产的地域专业化水平。

近几年国内外环境发生了较大变化，为了提高农业的市场竞争力，扩大农业生产经营规模也成为一种可供选择的路径。具有一定生产规模的蔬菜专业村，农户作为蔬菜生产基本单元的经营格局没有发生改变，但蔬菜产前的生产资料购买、产中的技术采用、产后的加工流通等，实现了规模化、专业化，使得产业化水平提升。

3. 促进果类蔬菜工厂化生产发展

北京发展蔬菜工厂化生产具有必要性和现实意义，更具有一定科技优势。但也面临着一定困难，为此有必要实施支持政策。北京市果类蔬菜团队已经向政府提出了推进果类蔬菜工厂化生产模式的建议方案，通过推进蔬菜工厂化生产模式建设，从而集成一套蔬菜工厂化技术体系、建立一批蔬菜工厂化技术队伍、创建一批蔬菜工厂化生产基地。此外，从长期看，促进果类蔬菜工厂化生产发展，建议的对策措施如下：

第一，对现有农业支持体系的调整完善。北京市政府历来重视"菜篮子工程"建设，但有些政策在实施中也面临一些问题，像新建设施的闲置问题和不合理利用问题等，因此如果进行政策调整，把一部分支持转向蔬菜工厂化生产，在不增加财政负担的情况下，完善了农业支持政策，并促进蔬菜工厂化生产发展。

第二，借鉴外部经验的蔬菜工厂化生产支持政策。日本政府把植物工厂的普及与扩大作为其新经济成长战略的一环，从这一战略高度提出支持植物工厂的发展。为此，日本农业部和经济产业部等两大部委共同成立的"农业工商业合作会"下方设立了"植物工厂工作组"。在设施设备方面，主要由经济产业部进行支持，在蔬菜工厂化生产中需要的空调、光源等设备系统和基础设施建设方面的支持。在植物工厂的生产阶段，主要由农林水产省进行支持，植物工厂试验示范、栽培技术的试验、示范和培训，植物工厂的经营者的培训。在产后方面，农林水产省和经济产业省都进行支持。农林水产省侧重于支持植物工厂与加工业和零售业的合作，并强化提升植物工厂生产蔬菜在国内的市场竞争力。经济产业省侧重于宣传植物工厂而向有关企业支付的宣传费、人工费和委托费。

4. 着眼于生产者视角促进果类蔬菜质量安全与优质优价

向消费者提供质量安全的果类蔬菜是必然趋势，而优质优价能够保障身缠着的利益。建议采取以下具体措施：

第一，提升果类蔬菜标准化生产水平，为质量安全和优质优价奠定基础。蔬菜的标准化生产，需要依托科技创新和管理创新。压缩常规品种，扩大名优品种的种植；扩大蔬菜生产中的新技术的推广力度，实现果类蔬菜品质的飞跃，政府部门与大专院校、科研院所联合协作，组织科技攻关，加强科技培训，推广先进技术，力求在设施栽培、加工保鲜、储藏运输、设计包装上有新的突破，提高产品的品位档次，使更多的优质名牌产品赢得消费者的青睐，满足多样化的消费需求。

指导各类经营主体以完善和落实生产操作规程为重点，建立健全标准化生产管理制度和运行机制。指导各类经营主体建立统一产品标准、统一优良品种、统一投入品供应、统一生产作业管理、统一产品销售等统一管理制度。将发展"三品一标"与建设农业标准化示范区（区）、果类蔬菜标准园、专业村等各类农业标准化示范项目紧密结合。

第二，培育果类蔬菜优质品牌、拓展优质优价的路径。北京市民对本地果类蔬菜有较高的认可度，本地蔬菜品牌的创建具有一定优势。可通过建立建立严格的追溯体系，保护并提升现有小汤山蔬菜等区域品牌价值，联合相关部门通过展会、品评会等推出一批区域和品类品牌。

此外，通过发展蔬菜电子商务、加大物联网技术在蔬菜生产中的应用、加强基础设施建设、加快互联网人才队伍建设等四方面提升果类蔬菜产业现代化水平。通过网络平台建设，进一步拓宽果类蔬菜营销渠道，逐步实现果类蔬菜生产与销售的无缝对接，实现生产者与消费者的互通，使果类蔬菜由"种得好"向"卖得好"转变，即通过优质优价，将消费者和生产者的利益统一。

第三，建立和完善果类蔬菜全过程质量安全控制。蔬菜从生产者到消费者经历多个产业链环节，质量安全既要重视生产环节，也要重视产后流通和销售环节的全过程安全控制，避免顾前不顾后的片面做法，这样才能保证相关利益主体的利益。因此有必要完善蔬菜相关质量标准及认证体系，抓各种从农田到餐桌良好操作规范等认证评审和后续管理；同时，加强果类蔬菜产品质量的风险评估预警，强化应急处置机制，形成信息畅通、联防联控的应急处置网络。

5. 推进一、二、三产业融合、延伸蔬菜产业链条

通过果类蔬菜产业的一、二、三产业融合，促进蔬菜生产的价值增殖，从而有利于促进蔬菜生产的发展。

第一，完善社会化服务体系，推行果类蔬菜产业融合新模式。新时期的农业产业融合，更加强调围绕一产的二、三产发展。而针对蔬菜生产过程的社会化服务体系建设，正是以蔬菜生产为中心的一产和三产融合新模式。以政府购买服务的方式，对规模化生产区域的设施、露地蔬菜生产病虫害绿色防控的社会化服务进行补贴。建设一批蔬菜病虫害专业化统防统治服务队伍，重点支持购置新型高效植保机械、队伍建设及服务标准制订、蔬菜病虫害专业化统防统治服务示范等。支持有条件的生产技术服务企业对蔬菜生产基地进行生产全过程托管服务，采用标准化生产模式、专业化分工，提高园区生产水平，引导郊区蔬菜向着生产规模化、管理专业化、技术标准化和操作轻简化方向发展。蔬菜重点产区扶持建设蔬菜残体回收利用试点，带动当地蔬菜残体的回收处理和资源化利用，减少环境污染，促进养分循环利用。

第二，加大对蔬菜产业龙头企业的培植力度。充分发挥龙头企业的带动作用，有利于蔬菜产业三产融合。通过加工等手段增加蔬菜产品的科技含量和产品附加值，提高市场竞争力。

第三，逐步施行果类蔬菜的筛选和分级。提升现有生鲜果蔬配送中心的分级、分类、包装、冷藏和存贮能力，推动净菜上市，实现与直销平台的无缝对接。

第四，建立适合蔬菜产业融合发展的利益协调机制。蔬菜产业融合涉及多个利益主体，要建立利益协调机制，保障农业生产者和蔬菜销售、加工等经营者能够公平分享蔬菜产业融合发展的红利。

6. 加大农业补贴政策的支持力度

为了稳定蔬菜种植面积，有必要继续优化菜田补贴政策。在基础上，争取实现果类蔬菜生产补贴全覆盖，重点加强对"两个淡季"鼓励，特别是冬淡季生产的补贴。

为了稳定蔬菜生产发展，有必要继续完善相关农业保险制度。自然风险和市场风险都会波及到蔬菜生产发展，在现有的各项农业政策性保险的基础上，积极探索建立"果类蔬菜成本收益指数保险""农产品质量安全保险"，降低果类蔬菜生产的市场风险。

此外，追加聚焦产业转移资金政策，加大对蔬菜产业集聚区、产业链重点环节（集约化育苗、产后加工等）的扶持力度。

综上所述，对北京果类蔬菜产业发展问题、趋势和技术需求进行梳理的基础上，下一步蔬菜产业发展应坚持市场需求导向，以产业转型升级为主线，坚持开放式创新发展理念，以生产系统标准化和信息化管理为基本抓手，向存量要效益，向增量要空间；以工厂化生产为目标，大力推进社会化服务，实现果菜类蔬菜产业全面发展，促进首都菜篮子稳定、高效、安全供给。

第七章　北京市叶类蔬菜产业发展报告

　　叶类蔬菜简称叶菜，主要分为普通叶菜、结球叶菜及香辛叶菜，其主要食用部分包括嫩叶、叶球及叶柄部分。其中，菠菜、芹菜、油菜、生菜和快菜是北京市主要种植与食用的叶类蔬菜品种，这五类叶类蔬菜也是北京市叶类蔬菜创新团队重点研究与推广的品种。

　　2016 年，北京市蔬菜播种面积由 2015 年的 83.8 万亩减少为 78.8 万亩；蔬菜总产量由 2015 年的 289.4 万吨下降为 280.6 万吨；蔬菜单产明显提高，2016 年蔬菜单产每亩增加 109.8 千克，增幅 3.2%。叶类蔬菜的生产方式主要以设施栽培为主，其中日光温室比例最大。夏季是北京主要叶类蔬菜的生产淡季。北京叶类蔬菜的栽培多集中在春茬和秋冬茬，夏茬栽培最少。

　　目前北京市蔬菜加工产品形式较为单一，主要的产品形式只有经过初级加工的托盘菜。73.63% 的农户知道市场价格，但是多数农户获取信息的渠道单一且被动。集贸市场、大型批发商和合作社是农户蔬菜销售最主要的三种渠道。

　　消费者购买蔬菜以叶菜为主，且蔬菜消费属于刚性需求，购买频率较高，农贸市场和超市是主要购买地点；不同的因素对消费者购买蔬菜行为的影响具有显著差异性；消费者购买不同蔬菜的频率从大到小依次为：北京蔬菜>外地蔬菜>有机蔬菜>反季蔬菜>品牌蔬菜。

　　目前北京蔬菜产业组织模式主要有三类：农户个体生产模式、合作社/生产基地带动型模式、龙头企业带动型模式。生产功能方面，龙头企业带动型模式效率最高；从能值分析的角度，生产基地带动型的生产模式生态效率最高；节水绩效评价来看，龙头企业>合作社带动型>基地带动型>农户个体生产经营；从技术推广及采纳效率的角度，合作社模式最优。

　　叶类蔬菜创新团队以北京蔬菜"三率一能力"建设为主线，以"节水、减肥（减施化肥）、减药（减施农药）"为工作方向，积极开展叶菜新品种筛选培育、高效节水技术、减肥减药技术、水肥一体化技术、绿色防控技术、"互联网＋叶类蔬菜产业"模式及创新机制研究、应用示范与试验推广，有效促进了北京市叶菜产业健康有序发展，提升了蔬菜供给能力，保障了农民增收。

一、叶类蔬菜产业发展现状

（一）生产现状

1. 基本情况

　　2016 年北京市蔬菜播种面积进一步减少，蔬菜总产量也有所减少，而蔬菜单产明显提高，蔬菜价格和上市收入略有上涨。2016 年北京市蔬菜播种面积由 2015 年的 83.8 万亩减少为 78.8 万亩，减少 5 万亩，减幅为 6%；蔬菜总产量由 2015 年的 289.4 万吨下降为 2016

年的 280.6 万吨，减少了 8.8 万吨，减幅为 3%；蔬菜单产明显提高，2016 年蔬菜单产 3 563.3千克/亩，较 2015 年的 3 453.5 千克/亩，单产每亩增加 109.8 千克，增幅 3.2%。40 余种蔬菜年均收购价格有所上涨，由 2015 年的每千克 1.94 元上涨为 2016 年的 2.06 元，涨幅 6.2%；上市收入由 2015 年的 56 亿元增长为 57.8 亿元，涨幅 3.2%。

2016 年北京市叶类蔬菜种植面积，31% 分布在大兴区，22.5% 分布在通州区，18.8% 分布在顺义区，其他区相对较少（图 7-1）。叶类蔬菜种植面积占蔬菜种植总面积 50%（图 7-2），比 2015 年增加 0.8 个百分点，是北京最主要的蔬菜种植品种。

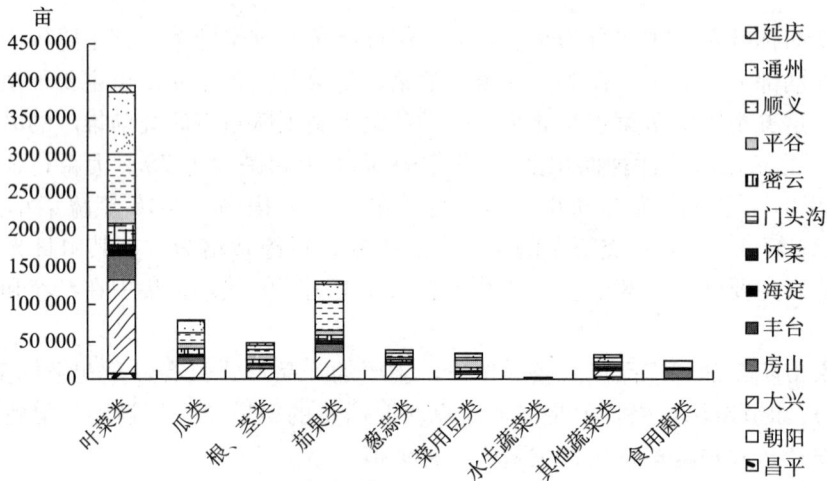

图 7-1　北京各种蔬菜种植面积分布情况

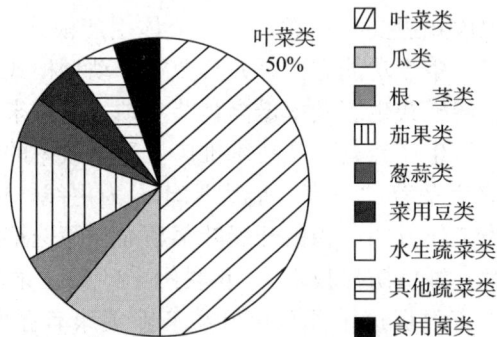

图 7-2　北京各种蔬菜种植面积占比

与 2015 年相比，北京市各个区 2016 年叶菜生产面积有增有减，其中通州区蔬菜生产面积下降幅度最大，比上年减少 2%；顺义区蔬菜生产面积增长幅度最大，比上年增加 1.9%。大兴区叶类蔬菜生产面积始终处在较高水平，其次为通州区、顺义区（图 7-3）。

2016 年叶类蔬菜产量占蔬菜总产量的 43.6%，比上年减少 0.4 个百分点。其中 37% 的叶类蔬菜产自大兴区，比上一年增加 4.3 个百分点；19.4% 产自通州区，比上年减少 3.2 个百分点；21.2% 产自顺义区，比上一年增加 1.2 个百分点（图 7-4）。

大兴区、通州区 5 种叶类蔬菜种植面积较大，分别占北京市 5 种叶类蔬菜总种植面积的

万千克

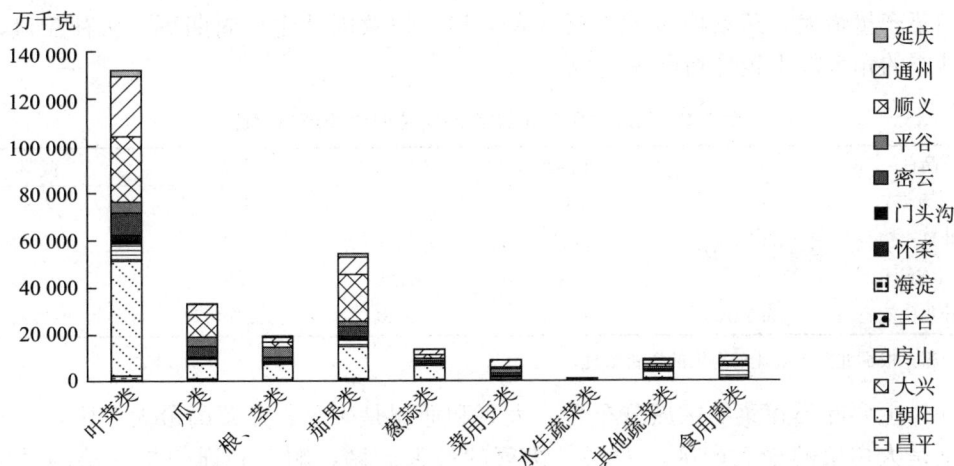

图 7-3 北京各种蔬菜产量分布情况

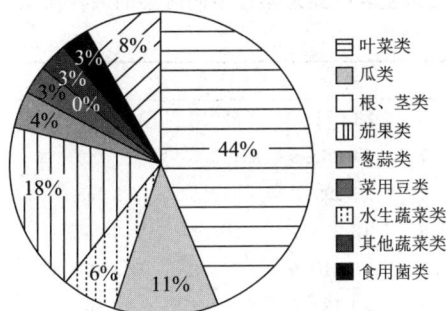

图 7-4 北京各种蔬菜产量占比

31%、22.5%；从叶类蔬菜生产品种来看，5 种叶类蔬菜各区均有种植，其中白菜生产面积最大，其次为生菜、芹菜、菠菜，各区生产面积差异较大（图 7-5）。

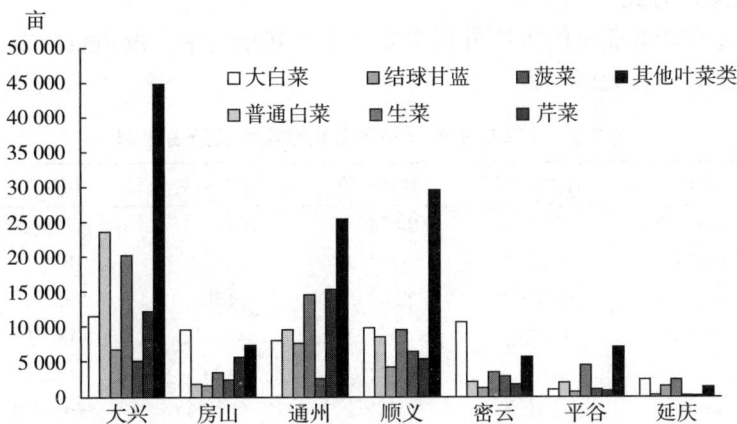

图 7-5 2016 年北京市叶类蔬菜生产面积

2. 叶类蔬菜生产布局

5 种主要叶类蔬菜按播种面积由大到小，顺序依次是生菜、大白菜、快菜、芹菜、菠菜；大白菜产量最大，芹菜略多于快菜（表 7-1）。快菜因其生产周期短，从补茬口、补应急、补淡季的角度越来越受到重视。

表 7-1　北京主要叶类蔬菜的播种面积和产量对比

叶菜品种	生菜	大白菜	快菜	芹菜	菠菜
面积（万亩）	6.8	6.4	5.4	5.1	2.8
所占叶菜比例	15.70%	14.80%	12.50%	11.80%	6.50%
产量（万吨）	2.3	2.85	1.5	1.9	0.65
所占叶菜比例	16.50%	21%	10.80%	13.70%	4.70%

资料来源：根据北京市农业局提供的资料整理。

从 5 种主要叶类蔬菜的区域分布看，大兴和通州是生菜、芹菜的最大产区，大兴、密云和顺义是大白菜的最大产区，大兴是快菜的最大产区，顺义和通州是菠菜的最大产区（表 7-2）。

表 7-2　北京主要叶类蔬菜在不同区县的播种面积及其比例

单位：亩

种类	通州	顺义	大兴	怀柔	密云	昌平	房山	合计
生菜	15 670	10 621	23 071	829.8	4 031.9	1 082.9	4 053.7	59 360.3
大白菜	9 460	10 509.7	11 665.5	4 175.5	10 745	2 368.2	9718	58 641.9
快菜	9 765	9 733.4	26 390	412.5	2 395	30.8	2 004.5	50 731.2
芹菜	18 310	6 697.8	13 296.7	263.6	2 268.8	847.6	6 926.4	48 610.9
菠菜	7 199	7 284.3	5 310.5	531.8	3 120.8	162.2	2679	26 287.6
合计	60 404	44 846.2	79 733.7	6 213.2	22 561.5	4 491.7	25 381.6	243 631.9

资料来源：根据北京市农业局提供的资料整理。

总体而言，北京生产的生菜、芹菜、大白菜、菠菜和快菜等 5 种叶类蔬菜的产量占到所有叶类蔬菜总产量的 66.2%。

3. 叶类蔬菜生产方式

总体而言，北京叶类蔬菜的生产方式主要以设施栽培为主。设施栽培中又以日光温室所占比例最大，其次为塑料大棚（表 7-3）。

表 7-3　北京市不同叶类蔬菜栽培类型及所占比例

品种	露地	塑料大棚	普通温室	连栋温室	小拱棚	合计
生菜	14 019.9 （21%）	17 250.9 （25%）	29 739.5 （44%）	1 525.1 （2%）	5 725.4 （8%）	68 260.8
芹菜	7 237.5 （14%）	11 333.2 （22%）	22 620.3 （45%）	355.1 （<1%）	9 328.9 （18%）	50 875
大白菜	60 509.09 （94%）	1 424.8 （2%）	1 521.7 （2%）	11 （<1%）	653.6 （<1%）	64 120.19
菠菜	9 624.65 （34%）	5 904.2 （20.8%）	10 126.8 （36%）	97.6 （<1%）	2 600.4 （9%）	28 353.65
合计	91 391	35 913	64 008.3	1 988.8	18 308.3	211 609.6

资料来源：根据北京市农业局提供的资料整理。

4. 叶类蔬菜生产的季节性差异

夏季是北京主要叶类蔬菜的生产淡季。北京叶类蔬菜的栽培多集中在春茬和秋冬茬，夏茬栽培最少。不同叶类蔬菜在不同茬口的栽培面积及所占比例不同。生菜、油菜以及菠菜春茬栽培最多，芹菜以秋茬栽培为主。设施栽培中，生菜和芹菜有冬季茬口、春提前茬口和秋延后茬口，露地主要有春茬和秋茬，秋茬和秋延后茬口产量较高。菠菜以根茬越冬和春季生产为主。油菜品种较多，基本可四季供应（表7-4）。

表7-4 北京市不同叶类蔬菜不同茬口栽培面积及所占比例

种类	春茬	夏茬	秋茬	冬茬	合计（亩）
生菜	23 149（31%）	13 034（18%）	20 605（28%）	16 901（23%）	73 689
芹菜	13 090（22%）	10 433（18%）	19 710（33%）	16 220（27%）	59 453
油菜	18 701（35%）	7 024（13%）	12 370（23%）	15 571（29%）	53 666
菠菜	17 558（39%）	2 331（5%）	9 731（21%）	15 851（35%）	45 471

资料来源：根据北京市农业局提供的资料整理。

（二）加工流通现状

1. 叶类蔬菜加工现状

（1）叶类蔬菜加工企业

从北京市调查企业数据中可以看出，目前北京市蔬菜加工产品形式较为单一，主要产品形式是初级加工的托盘菜，只有少数几家加工企业生产鲜切菜与冻干蔬菜及速冻蔬菜。被调查的23家企业中只有5家生产非即食的鲜切菜，1家生产即食鲜切菜。鲜切菜是目前蔬菜加工企业计划增加的主要生产品种。各产品加工形式所占比例由大到小依次为托盘蔬菜、捆装菜、鲜切菜（非即食）、鲜切菜（即食）、蔬菜汁。其中，初加工产品托盘蔬菜与捆装蔬菜所占加工形式比例最大，两者之和共计83%。鲜切菜是深加工蔬菜的主要产品形式。所调查的23家企业中有8家生产蔬菜汁，生产速冻蔬菜、冻干蔬菜、蔬菜脆片的企业各1家。蔬菜加工能力相对薄弱（表7-5）。

表7-5 被调查蔬菜加工企业情况

企业名称	生产规模/千克	蔬菜生产规模/千克	蔬菜种类	加工过程中的损耗率	加工、储运过程中的主要技术需求
北京南河北星农业发展有限公司	6 000	3 000	生菜 油菜	30% 25%	1~4℃冷藏运输 全程冷链技术
北京凯达恒业农业技术开发有限公司	500万	50万	芹菜	25%	低温库
北京青圃有机农业专业合作社	40万	15万	生菜 油菜 菠菜 芹菜	30% 30% 50% 30%	速冻
北京博瑞兴泽技术开发有限公司	10万	2万	芹菜	20%	保鲜制冷

对于蔬菜加工，四家企业采用的都是低温冷藏等技术，这对于保证质量、降低损耗来说，是远远不够的。总体上，如何延长蔬菜保鲜期，提高蔬菜产后深加工程度，仍受到各种技术和资金条件的限制，这成为困扰蔬菜产业链向后有效延伸的主要发展瓶颈之一。

（2）平均加工得率

被调查企业均反映，蔬菜贮藏期短，从生产、加工、销售流通的储藏及运输过程中的各环节都有不同程度的损耗，损耗率依储运条件不同，约为 20%～35%，严重影响经济效益。损耗率受调研企业管理水平、测量标准等因素影响，5 种蔬菜在加工环节的平均得率从小到大依次为菠菜、生菜、油菜、芹菜、快菜。菠菜得率仅为 70.3%，这说明其在贮运环节损耗程度较大。此外，生产规模较大的甘蓝损耗程度相对较低，加工得率可达 80% 以上，这可能是因为其球结状结构不易受污染（图 7-6）。

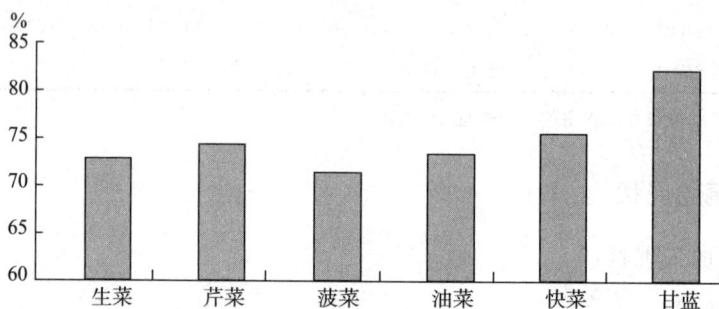

图 7-6　五种蔬菜平均得率情况

（3）加工产品形式

北京市蔬菜加工产品形式较为单一，主要的产品形式是初级加工的托盘菜、捆装菜，只有少数几家生产鲜切菜与冻干蔬菜及速冻蔬菜。调查的 23 家企业中只有 5 家生产非即食的鲜切菜，1 家生产即食鲜切菜。鲜切菜是目前蔬菜加工企业计划增加的主要生产品种。

各产品加工形式所占比例由大到小依次为托盘蔬菜、捆装菜、鲜切菜（非即食）、鲜切菜（即食）、蔬菜汁。其中，初加工产品托盘蔬菜与捆装蔬菜所占加工形式比例最大，两者之和共计 83%。鲜切菜是深加工蔬菜的主要产品形式。所调查的 23 家企业中，有 8 家生产蔬菜汁，生产速冻蔬菜、冻干蔬菜、蔬菜脆片的企业各 1 家（图 7-7）。

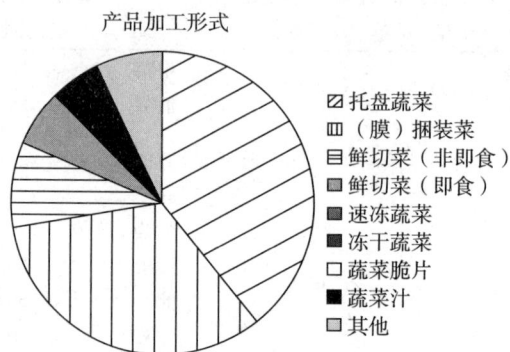

产品加工形式

☒ 托盘蔬菜
⊞（膜）捆装菜
☰ 鲜切菜（非即食）
▨ 鲜切菜（即食）
■ 速冻蔬菜
◆ 冻干蔬菜
☐ 蔬菜脆片
■ 蔬菜汁
▨ 其他

图 7-7　北京不同蔬菜加工产品形式结构

资料来源：根据实地调研总结整理。

（4）生产过程自动化

目前，蔬菜加工行业整体自动化水平较低。在所调查企业中，90%以上的企业生产托盘菜、捆装菜的自动化程度为零。只有少数几家生产鲜切菜的企业在切割环节实现了间歇式地自动化生产，或半自动化生产。蔬菜加工行业，尤其是蔬菜的加工与生产，整体自动化水平低，人力成本大幅度增加。

（5）叶类蔬菜流通环节

调查企业中，3家实行会员制蔬菜配送的生产基地反映，开始时使用有硬度的、对蔬菜有一定保护作用的一次性包装盒进行包装，由于成本较高，后改为塑料袋包装，改包装后贮运蔬菜的外观商品性大大下降。尤其是到了夏秋季高温时，使用普通车配送的蔬菜严重萎蔫。

调查企业中只有8家企业拥有450立方米以上规模的冷库及冷藏运输车，5家企业拥有450立方米以下规模的冷库，10家企业无冷库。由于缺乏冷链，蔬菜在生产、加工、销售流通的储藏及运输过程中的各环节都有较大程度的损耗，依储运条件不同，损耗率为20%～35%。由于缺乏完整的冷链流通体系，不易保藏的蔬菜货架期很短，夏季为1天左右，冬季为2~3天。在这种情况下，即使整个蔬菜产业体系拥有较高的生产种植标准及规范，也无法保证产品的质量及得率，大量废弃物的产生严重影响蔬菜的经济效益。

2. 基于农户视角的叶类蔬菜流通现状

2016年叶类蔬菜创新团队选择大兴、昌平、房山、怀柔、顺义、密云和通州等7个北京叶类蔬菜主产区为调研区域。本次调研每个区发放30份农户问卷，预计调研210个农户，样本分布均匀且广泛，具有很好的代表性。最终收到有效农户问卷191份，问卷回收率为90.95%。

（1）蔬菜滞销及其原因分析

53.46%的农户认为存在不同程度的蔬菜滞销。针对蔬菜销售存在滞销情况的原因，47.39%的农户认为主要是由于市场价格低引起的（图7-8）。由于市场价格不稳定，当价格过低的，农户不愿意以较低的价格销售蔬菜，从而导致蔬菜滞销。有26.04%和23.44%的农户认为蔬菜滞销是由于盲目种植和天气异常引起的。农户不能很好地掌握市场供需情况而导致产量过剩，或者天气异常引起交通不畅从而导致蔬菜不能及时运输，都是农户很难将蔬菜销售出去的原因。

（2）蔬菜销售价格满意度分析

73.1%的农户对目前农产品卖出的价格不满意，市场价格总体低于农户期望值，这不利于发挥农户种植蔬菜的积极性。

（3）农户对叶类蔬菜销售渠道优劣选择分析

不同农户对于蔬菜销售渠道优劣的判断标准不一样。农户首选的蔬菜销售渠道有两个，合作社统一销售和批发商收购，分别占27%和24%。在农户最不愿意选择的销售渠道中，47%的农户选择的是中间商（图7-9）。

（4）农户通过网络销售蔬菜分析

在被调查的农户中，仅有6.77%的农户通过电子商务网络销售蔬菜，所占比例非常低。在被调查的通过网络销售蔬菜的农户中，网络销售蔬菜产值占其总产值平均为31.8%，最高占比达到80%，最低占比仅有5%。52.05%的农户认为通过电子商务网络销售蔬菜和传

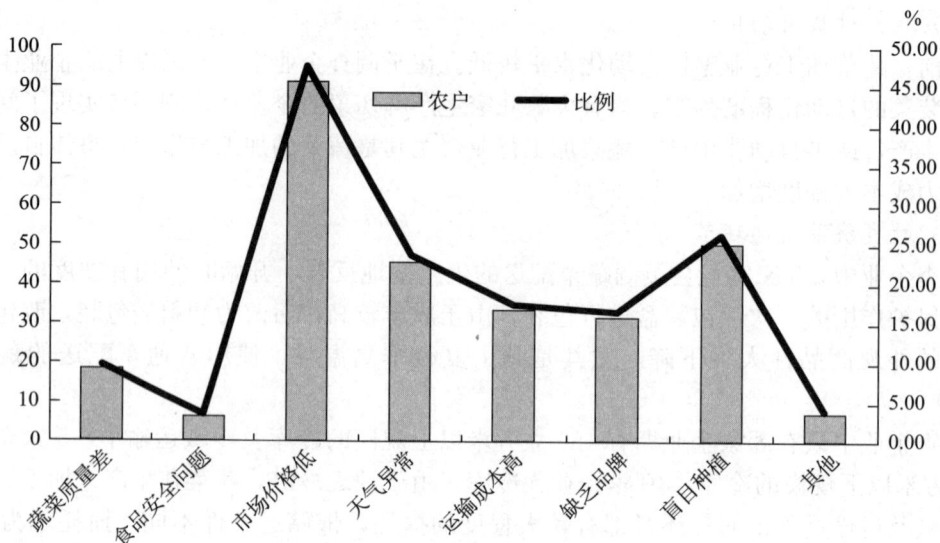

图 7-8　蔬菜滞销原因

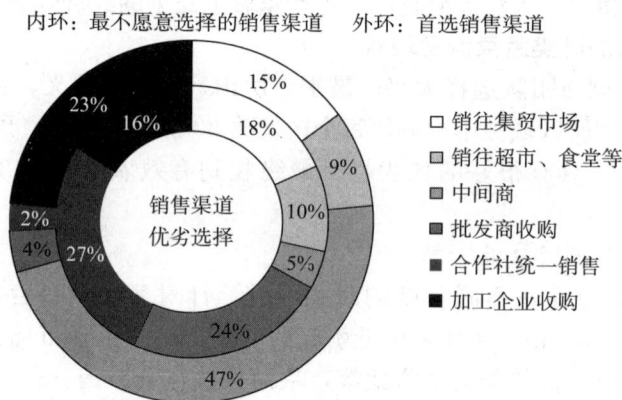

内环：最不愿意选择的销售渠道　外环：首选销售渠道

销售渠道优劣选择

- □ 销往集贸市场
- 销往超市、食堂等
- 中间商
- 批发商收购
- 合作社统一销售
- 加工企业收购

图 7-9　农户对叶类蔬菜销售渠道优劣选择

统途径销售蔬菜的价格差不多；31.51%的农户认为网络销售比市场销售价格高，其余农户认为网络销售比市场销售价格低。

（5）农户对与企业签订生产订单的认知分析

只有22.67%的农户与企业签订了生产订单合同。但是，有74.71%的农户愿意与企业签订生产订单。愿意签订生产订单的农户认为，签订订单可以长年有收入、价格有保障、承担风险小、不用担心销路，省工、省力、省心、省事。其余25.29%的农户不愿意与企业签订生产合同，其原因是生产安排要随市场需求及时调整、标准要求高、价格偏低等。

农户对签订生产订单的企业信任度低。仅有43.35%的农户信任企业会严格履行订单中所作出的承诺，其余56.65%的农户对企业严格履行合同持有不信任或不确定的态度。

高价收购条件下，只有2/3的农户会严格履行所签订的生产订单。高达25.86%的农户会选择出价较高者作为销售对象。另外还有9.2%的农户不确定如何销售，他们会根据实际情况进行考虑。

农户对"与企业签订生产订单就能够有稳定的好收益"的认知多样化。46.51%的农户认为，与企业签订了生产订单合同就会有好的收益的保障。其余53.49%的农户认为，这种方式不一定能够保证有较好的收益。其中，20.35%的农户认为市场价格变化有风险，当季市场价格或许会更好；19.19%的农户担心企业不会严格履行合同，很可能会改变收购量与收购价格；13.95%的农户认为，一般企业订单给的价格不太公道，比市场价格要低（图7-10）。

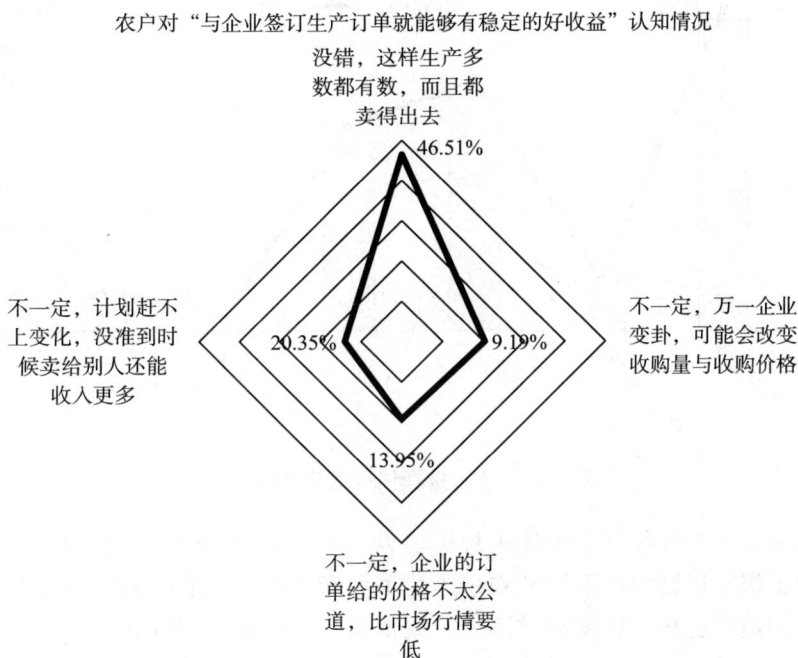

图7-10　农户对"与企业签订生产订单就能够有稳定的好收益"认知情况

（6）农户选择蔬菜销售渠道行为分析

53.94%的农户只选择一种销售渠道，35.15%的农户选择两种销售渠道，选择三种和四种销售渠道的农户分别占到9.7%和1.21%（图7-11）。

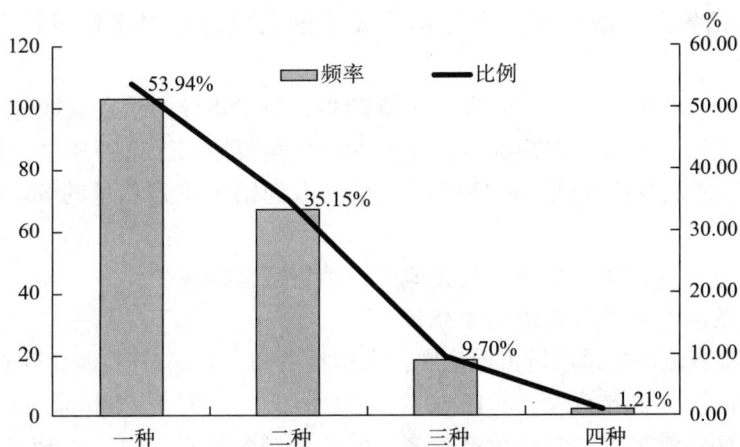

图7-11　农户选择蔬菜销售渠道数分布

北京地区农户的蔬菜销售渠道主要有：集贸市场、超市食堂、大型批发商、合作社、加工企业以及其他渠道。农户选择蔬菜销售渠道占比依次：集贸市场（45.31%）＞大型批发商（34.90%）＞合作社（29.17%）＞超市食堂（7.29%）＞其他（5.73%）＞加工企业（1.56%）（图7-12）。

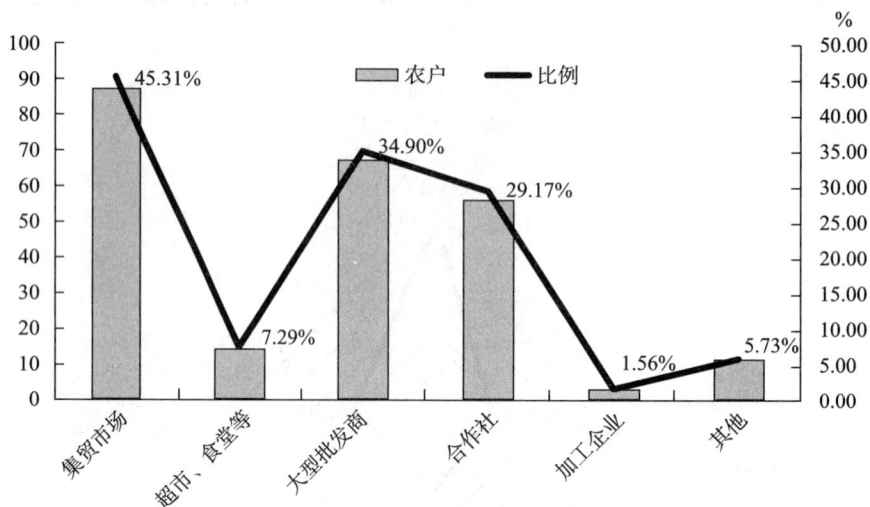

图7-12　农户选择销售蔬菜渠道统计

农户从事蔬菜生产往往都是个体小规模经营。45.31%的农户会选择将蔬菜销往就近集贸市场。这种销售渠道是以小而散的农户为蔬菜生产基本单元形成的典型销售方式，这种销售方式具有时间地点随机、销量种类不定、质量安全无法保证等特点。

除了农户较多会选择集贸市场销售外，选择大型批发商作为主要销售渠道的农户占34.9%。大型批发商一般是有规律地、定时定点地大量收购蔬菜，且价格相对较为合理，这些特点符合农户的销售需求。但由于大型批发商收购蔬菜是通过提前与农户签订蔬菜供应合同或协议，在保证稳定收购农户蔬菜的同时也要求蔬菜必须达到一定的收购标准，即蔬菜生产、管理、采收及简易包装都要符合标准化要求。这就导致一些农户不能通过此渠道进行蔬菜销售。一般通过此渠道销售蔬菜的农户种植规模相对较大，且主要蔬菜都销售给批发商。

农业生产专业合作社除了为农户提供农资购买、技术指导、信息获取等服务外，还能帮助农户统一销售蔬菜。这也是农户加入合作社的一个重要原因。选择通过合作社销售蔬菜的农户达29.17%，通过合作社统一销售的蔬菜量约占到销售蔬菜总量的35.31%，仅次于大型批发商收购量。

农户选择超市食堂、加工企业以及其他渠道销售蔬菜的较少。

（7）不同蔬菜品种的流通渠道销量分析

北京自产蔬菜各流通渠道销量占比依次：大型批发商（43.69%）＞合作社（35.31%）＞集贸市场（17.56%）＞超市食堂（3.15%）＞加工企业（0.18%）＞其他（0.1%）（表7-6）。

通过集贸市场销售蔬菜的农户数量最多，但总体销量较小，只占总销量的17.56%。大型批发商是蔬菜销量最大的渠道，占到43.69%。

表7-6 不同蔬菜各渠道蔬菜销量占比

销售渠道	蔬菜（%）	叶类蔬菜（%）	果类蔬菜（%）	根茎类蔬菜（%）
集贸市场	17.56	19.50	14.80	3.65
超市食堂	3.15	3.49	0.89	11.63
大型批发商	43.69	43.34	45.89	35.80
合作社	35.31	33.45	37.93	48.90
加工企业	0.18	0.21	0.15	0.00
其他	0.10	0.01	0.33	0.02
总计	100.00	100.00	100.00	100.00

北京自产蔬菜主要包括叶类蔬菜、果类蔬菜和根茎类蔬菜三种，这三种蔬菜各渠道销售量占比大致与总体保持一致，但是具体到不同种类蔬菜又有细微差别，叶类蔬菜主要流通渠道销量为：大型批发商（43.34%）＞合作社（33.45%）＞集贸市场（19.50%）＞超市食堂（3.49%）＞加工企业（0.21%）＞其他（0.01%）。果类蔬菜主要流通渠道销量为：大型批发商（45.89%）＞合作社（37.93%）＞集贸市场（14.80%）＞超市食堂（0.89%）＞加工企业（0.33%）＞其他（0.15%）。根茎类蔬菜主要流通渠道销量为：合作社（48.90%）＞大型批发商（35.80%）＞超市食堂（11.63%）＞集贸市场（3.65%）＞其他（0.02%），调研中没有农户将根茎类蔬菜销往加工企业。叶类蔬菜通过集贸市场销售占比（19.50%）大于果类蔬菜（14.80%）和根茎类蔬菜（3.65%），根茎类蔬菜通过超市食堂销量占比（11.63%）大于叶菜（3.49%）和果类蔬菜（0.89%）。通过大型批发商和合作社销售的三种蔬菜量占比均大于33%。通过大型批发商销售的三种蔬菜量为：果类蔬菜（45.89%）＞叶类蔬菜（43.34%）＞根茎类蔬菜（35.80%）；通过合作社销售的三种蔬菜量为：根茎类蔬菜（48.90%）＞果类蔬菜（37.93%）＞叶类蔬菜（33.45%）。

集贸市场、大型批发商和合作社是农户销售蔬菜的最主要的三种渠道，通过这三种渠道销售的蔬菜占总销量的96.57%。农户销往加工企业、超市食堂及其他渠道的蔬菜只占3.43%，这三种销售渠道在北京自产蔬菜流通中占有的比例很小，与农户选择行为相一致。

3. 基于合作社视角的叶菜流通现状

2016年叶类蔬菜创新团队选择大兴、昌平、房山、怀柔、顺义、密云和通州等7个北京市叶类蔬菜主产区为调研区域。本次调研在每个区发放10份合作社问卷，预计共调研70个合作社，这些样本分布均匀且广泛，具有很好的代表性。最终收到有效合作社问卷55份，问卷回收率为78.57%。

（1）合作社蔬菜流通模式

调查显示，合作社的上游供应商中占比最高的是社员，占59.21%，其次是非社员，占28.95%。

被调查合作社与最大上游供应商链接方式主要有签订销售合同、签订生产和销售合同、上游供应商参股、口头契约四种。其中，以签订销售合同来链接最大上游供应商的比重最大，占37%；其次是签订生产和销售合同的方式，占35%；占比最少的是上游供应商参股的方式，仅占4%；有相当一部分合作社是以口头契约的方式与上游供应商产生链接关系。

被调查合作社的下游销售商主要由批发商、代理商、商贩、超市、专营店、其他加工合作社组成。其中，下游销售商为商贩的最多，占 28.16%；其次是超市，占 22.33%；然后是批发商，占 20.39%；下游销售商是其他加工合作社的占比最低，为 6.8%（图 7-13）。

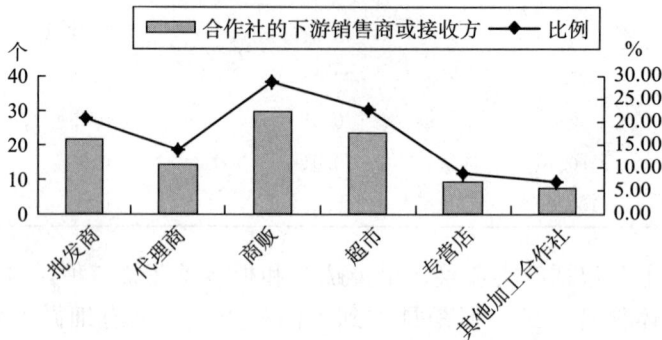

图 7-13　合作社的下游销售商或接收方分布

被调研合作社的下游销售商主要为商贩的占比最高，占 33%；其次是批发商，占 29%；代理商居三，占 16%；剩下的超市、专营店、其他加工合作社，特别是其他加工合作社的占比最低，仅为 4%（图 7-14）。

被调查合作社与最大下游销售商的链接方式主要有签订销售合同、签订生产和销售合同以及口头契约三种。其中，签订生产和销售合同来链接最大下游销售商的比重最大，占 45.45%；其次是签订销售合同的方式，占 34.55%；还有相当一部分合作社是以口头契约的方式与下游销售商产生链接关系。

被调查的合作社中，近 35% 的合作社通过电子商务网络销售蔬菜，远高于农户使用电子商务网络销售蔬菜的比例（仅有 6.77%）。在被调查的通过电子商务网络销售蔬菜的合作社中，电子商务网络销售蔬菜的产值占其总产值平均为 25.9%，最高的占到其总产值的 80%，最低的只占 5%。63% 的合

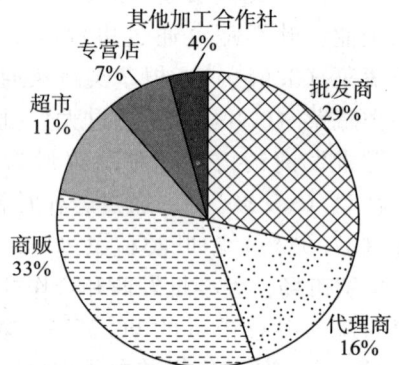

图 7-14　合作社主要的下游销售商或接收方分布

作社认为，通过电子商务网络销售蔬菜比传统渠道销售蔬菜的价格高；26% 的合作社认为，使用电子商务网络销售蔬菜和通过市场销售蔬菜的价格差不多；11% 的合作社认为，通过电子商务网络销售蔬菜价格比市场销售价格低。

被调查合作社的经营模式主要有"合作社＋农户""合作社＋基地＋农户""合作社＋政府＋农户""公司＋贩销大户＋农户""企业＋合作社＋农户"五种。其中，"合作社＋基地＋农户"这种经营模式所占比重最大，达 41.82%；其次是"合作社＋农户"的经营模式，占 25.45%；然后是"企业＋合作社＋农户"的经营模式，占 23.64%；采用"合作社＋政府＋农户"经营模式的合作社个数较少，只占到所有被调研合作社总数的 9.09%；在被调研的合作社中没有以"公司＋贩销大户＋农户"的经营模式来经营的（图 7-15）。

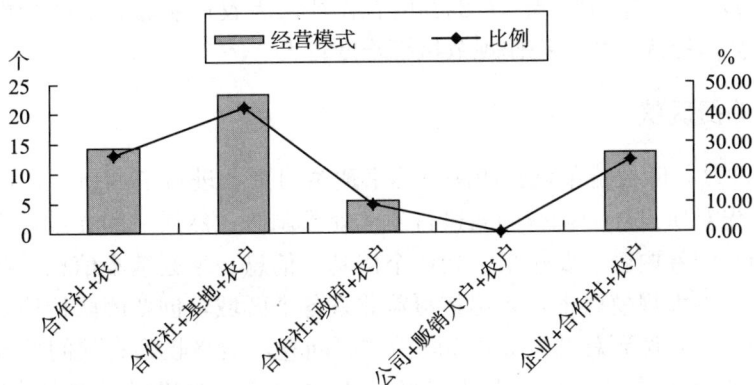

图 7-15　合作社组织经营模式

38.18%的被调查合作社认为，以"合作社＋政府＋农户"的模式来经营合作社是最理想的；34.55%的被调查合作社认为，以"合作社＋基地＋农户"的模式来经营合作社是最理想的；27.27%的被调查合作社认为，以"企业＋合作社＋农户"的模式来经营合作社是最理想的；只有极少数被调查合作社认为，以"合作社＋农户"的模式来经营合作社是最理想的（图 7-16）。

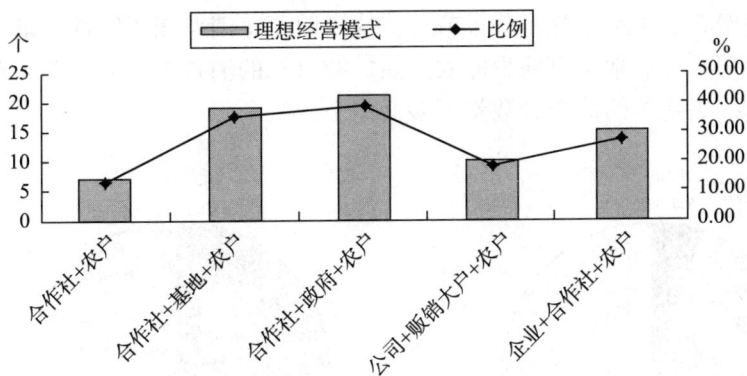

图 7-16　合作社认为最理想的组织经营模式

（2）合作社蔬菜收购情况

调查显示，合作社平均带动 147 户农户。其中，带动农户数最多的是大兴区采育镇北京凤采军辉农产品产销专业合作社，带动 650 户农户；带动农户最少的只有 6 户。

合作社收购社员农产品的定价方式多样，包括以事先的协议价定价、以事先协议价与市场价中较高的价格定价、以市场价定价等。34.55%的合作社根据事先协议价与市场价中较高的价格定价，29.03%的合作社以事先的协议价为收购价格，30.91%的合作社以市场价收购农产品，5.45%的合作社是统一收购社员农产品后根据销售情况定价，另外，没有合作社是以不变的固定价格收购农产品的。

38.18%的合作社能够全部收购社员的农产品，其余的合作社会根据实际情况来定。36.36%的合作社会要求社员一定要交售规定数量的农产品。在农产品的质量要求方面，87.27%的合作社对农户交售的农产品有质量要求。

在农户生产蔬菜的技术操作规范方面，74.55%的合作社有统一规定。在这些统一规定生产技术操作规范的合作社中，有 57.89% 的合作社认为农户能够有效执行操作规范，而其余的 42.11% 的合作社认为统一操作规范执行难度较大。

（三）市场消费现状

2016 年 7—9 月，叶类蔬菜创新团队对北京蔬菜消费者进行了调研。在进行大规模调研之前，创新团队先对所设计的调查问卷进行了实地预调研，然后对问卷进行修改完善，并形成最终调查问卷。问卷内容主要包括消费者个体基本信息、家庭基本信息、购买蔬菜相关基本信息等。为了获得大规模样本，且尽量覆盖北京各个区域，创新团队特地委托数据调查公司进行网络调研。实际调研总共发放 1 000 份调研问卷，最终收到有效问卷 840 份，有效问卷回收率 84%。调研样本分布情况和人口数量大致相符，即朝阳区和海淀区样本量最大，其次是东城区和西城区，距离市中心较远的郊区样本分布相对较少。样本分布合理，能够代表整个北京市消费者购买蔬菜的情况。

1. 消费者购买蔬菜种类、季节、频率和地点特征

从消费者日常购买蔬菜的种类来看，59.9% 的消费者购买叶类蔬菜最多，20.5% 的消费者购买果类蔬菜最多，12.1% 的消费者购买根茎菜最多。购买比例从大到小依次为：叶菜＞果菜＞根茎菜＞其他＞食用菌（图 7-17）。

56.2% 的消费者购买蔬菜是不分季节的。这说明蔬菜消费属于刚性需求，在人们日常生活中具有重要作用，是日常不可缺少的农产品。32.1% 的消费者在夏季购买蔬菜最多，明确在春、秋和冬季购买蔬菜的消费者数量不多（图 7-18）。

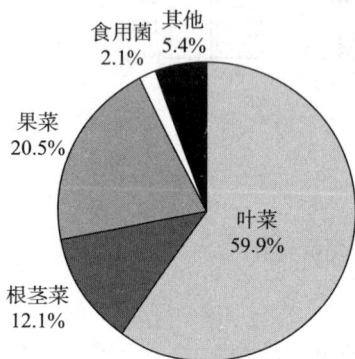

图 7-17　消费者最常购买的蔬菜种类　　图 7-18　消费者购买蔬菜季节性分布

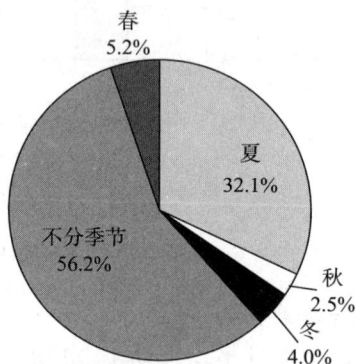

36.2% 的消费者几乎每天都会购买蔬菜，28.9% 的消费者大约每周购买蔬菜 3 次，分别有 15.8% 和 15.6% 的消费者每周购买蔬菜 2 次和 1 次。由此可见，消费者购买蔬菜的频率很高。蔬菜储藏时间短，为了食用新鲜蔬菜，消费者会经常购买蔬菜。

农贸市场和超市是消费者购买蔬菜的主要场所。38.6% 和 32.4% 的消费者经常在农贸市场和超市购买蔬菜，表明在这 2 个地点购买蔬菜能够保证蔬菜新鲜度和品种选择。13.5% 的消费者经常在路边摊位购买蔬菜，可能是这些消费者周围没有较近的农贸市场和超市方便购买蔬菜。以专营店、社区便利店和网络电商为购买蔬菜地点的消费者相对较少，这些购买蔬菜的场所只是对农贸市场、超市和路边摊位的补充。蔬菜专营店和网络电商是以特色品牌蔬菜为主，质量优，但是价格相对较高；社区便利店解决了消费者没时间去较远地方购买蔬菜的问题，但是质量与品种选择不多，且价格高（表7-7）。

表7-7　消费者购买蔬菜行为特征

购买特征	特征属性	频数	占比（%）
购买蔬菜频率	每天	304	36.2
	每周3次	243	28.9
	每周2次	133	15.8
	每周1次	131	15.6
	购买周期更长	29	3.4
购买蔬菜地点	路边摊位	113	13.5
	农贸市场	324	38.6
	超市	272	32.4
	专营店	59	7.0
	社区便利店	48	5.7
	网络电商	14	1.7
	其他地点	10	1.2

2. 消费者对蔬菜购买行为的自我感知效应

对所购买的蔬菜质量满意率为61%～80%的消费者最多，占到样本总数的47.9%；31.8%的消费者对所购买蔬菜质量满意率为41%～60%；有11.9%的调查者对所购买蔬菜质量的满意率小于40%，有的甚至小于20%；满意率高于81%的消费者只占到8.5%。这说明消费者对所购买蔬菜质量的满意率不是很高。从消费者购买蔬菜的价格来看，48.8%的消费者认为目前蔬菜价格基本合理，而43.8%的消费者认为目前蔬菜价格比较高。总体来说，消费者认为目前蔬菜价格偏高。蔬菜价格波动会对居民生活产生重大影响。只有15.9%的消费者认为蔬菜价格稳定；其余84.1%的消费者认为蔬菜价格有波动，其中46.9%的消费者认为蔬菜价格有规律地波动，27.7%的消费者认为蔬菜价格波动较大，9.4%的消费者认为蔬菜价格波动太大。由此可见，目前整体蔬菜价格有较大波动（表7-8）。

表7-8　消费者对蔬菜购买质量与价格认知

购买特征	特征属性	频数	占比（%）
蔬菜质量满意率	小于等于20%	12	1.4
	21%～40%	88	10.5
	41%～60%	267	31.8
	61%～80%	402	47.9
	81%～100%	71	8.5
蔬菜购买价格认知	太低	3	0.4
	比较低	25	3.0
	基本合理	410	48.8
	比较高	368	43.8
	太高	34	4.0

（续）

购买特征	特征属性	频数	占比（%）
	非常稳定	16	1.9
	稳定	118	14.0
蔬菜价格波动认知	有规律波动	394	46.9
	波动较大	233	27.7
	波动太大	79	9.4

　　根据以往研究和调查，创新团队选择了产地、购买地点、品牌、生产日期、保质期、特殊标识、新鲜程度、价格、健康营养、媒体宣传、朋友推荐、别人在买、是否包装和可追溯等14个因素进行分析。各个影响因素对消费者购买蔬菜行为影响的统计描述如图所示（图7-19）。为了更加直观地比较各个影响因素的重要性，将各个影响因素取总体均值，结果如图所示（图7-20）。

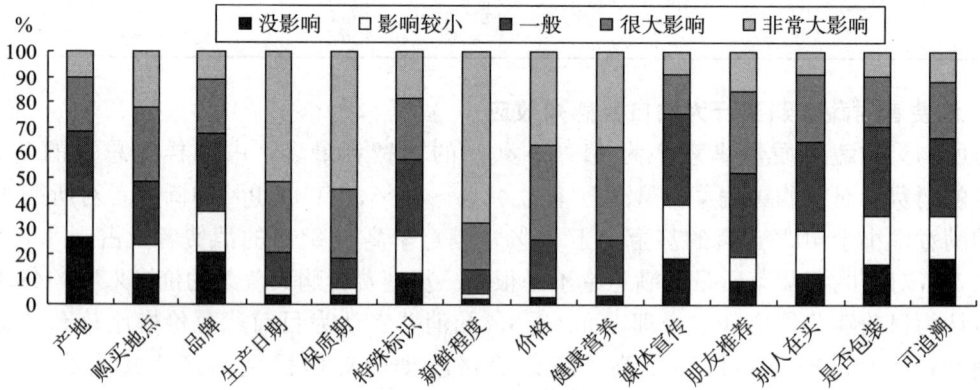

图 7-19　影响因素统计描述

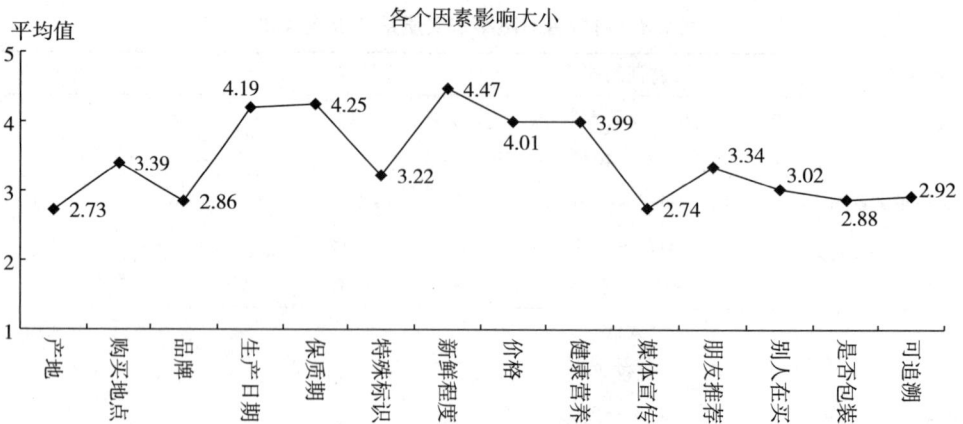

图 7-20　影响因素总体均值比较

在 14 个因素中，新鲜程度对消费者的影响最大，表明消费者在购买蔬菜时，首先考虑的是蔬菜是否新鲜；均值得分超过 4 分的影响因素还有保质期、生产日期和价格，这个 3 个因素对消费者购买蔬菜产生较大的影响；健康营养、朋友推荐、特殊标识、别人在买和购买地点的影响也较大，均值都超过 3；产地、品牌、媒体宣传、是否包装和可追溯对消费者购买蔬菜行为的影响较小。总体来看，各个因素对消费者购买蔬菜的影响从大到小依次为：新鲜程度＞保质期＞生产日期＞价格＞健康营养＞购买地点＞朋友推荐＞特殊标识＞别人在买＞可追溯＞包装＞品牌＞媒体宣传＞产地。

3. 消费者购买蔬菜行为的影响因素分析

表 7-9 是潜在的 13 个影响因素分别与消费者购买蔬菜种类特征、季节性特征、频率特征和地点特征的交叉分析及卡方检验结果。可以看出，不同的因素对消费者购买蔬菜行为的影响具有显著差异性。

表 7-9　影响因素交叉分析及卡方检验结果

蔬菜购买行为特征	蔬菜种类特征		季节性特征		频率特征		地点特征	
	Pearson 卡方	P 值	Pearson 卡方	P 值	Pearson 卡方	P 值	Pearson 卡方	P 值
性别	2.705	0.608	19.741***	0.001	2.36	0.884	16.51**	0.011
年龄	26.103*	0.053	20.707	0.190	28.219	0.251	30.092	0.182
学历	22.059	0.141	29.729**	0.019	40.273**	0.020	34.944*	0.069
婚姻状况	23.291***	0.000	5.973	0.201	31.122***	0.000	15.826**	0.015
户籍	4.524	0.340	10.947**	0.027	19.559***	0.003	8.756	0.188
家庭规模	13.099	0.873	34.158**	0.025	93.325***	0.000	47.841**	0.021
有 18 岁以下孩子	35.101**	0.020	27.827	0.114	59.77***	0.001	19.201	0.936
有 60 岁以上老人	22.033	0.142	17.064	0.381	96.301***	0.000	47.765***	0.003
家庭月总收入	25.81	0.172	19.988	0.459	62.449***	0.000	62.603***	0.000
家庭月食品支出	14.195	0.820	24.295	0.230	54.656***	0.000	71.082***	0.000
蔬菜质量满意率	27.192**	0.039	41.203***	0.001	28.984	0.221	20.523	0.667
价格水平认知	15.733	0.472	32.921***	0.008	19.848	0.705	24.697	0.422
价格波动认知	23.49	0.101	30.176**	0.017	36.533**	0.049	32.342	0.119

注：*，**，***分别表示在 10%，5% 和 1% 水平上显著。

在购买不同种类蔬菜的行为方面，消费者的购买行为受到年龄、婚姻状况、家庭中有 18 岁以下孩子和对所购买蔬菜的满意率 4 个因素的显著影响。这说明具有这些不同特征的消费者，在购买蔬菜种类偏好方面有所差异。

在购买蔬菜行为的季节性特征方面，消费者在不同季节购买蔬菜的行为受到学历、户籍、家庭规模和对蔬菜价格波动认知 4 个因素在 5% 水平上显著影响，爱到性别、对蔬菜质量满意率和对蔬菜价格水平认知 3 个因素在 1% 水平上显著影响。

在购买蔬菜频率的特征方面，总计有 9 个因素对消费者购买蔬菜行为产生显著影响，其中学历和对蔬菜价格波动认知这 2 个因素在 5% 水平上显著影响，婚姻状况、户籍、家庭规模、家中有 18 岁以下孩子、家中有 60 岁以上老人、家庭月总收入和家庭月食品总支出这 7 个因素在 1‰ 水平上显著影响。这说明以上 9 个影响能够显著影响消费者购买蔬菜的频率。

在购买蔬菜的地点特征方面，性别、学历、婚姻状况、家庭规模、家中有 60 岁以上老人、家庭月总收入和家庭月食品总支出 7 个因素对消费者购买地点特征有显著影响，其中家中有 60 岁以上老人、家庭月总收入和家庭月食品总支出 3 个因素在 1‰ 水平上显著影响。这说明以上因素能够影响消费者对购买蔬菜地点的选择。

4. 北京自产蔬菜市场竞争力分析

消费者对北京自产品牌蔬菜认知程度方面的调查统计结果如图 7-21 所示。消费者对三元农业和小汤山的蔬菜品牌认知度最高，分别有 514 和 504 名消费者反映知道该蔬菜品牌，占 61.2％ 和 60.0％。分别有 24.6％ 和 21.8％ 的消费者反映知道绿润福源和北菜园 2 个蔬菜品牌。此外，消费者对其他蔬菜品牌的认知度较低，例如：元丰泰、绿还园、佳尚新蔬等。

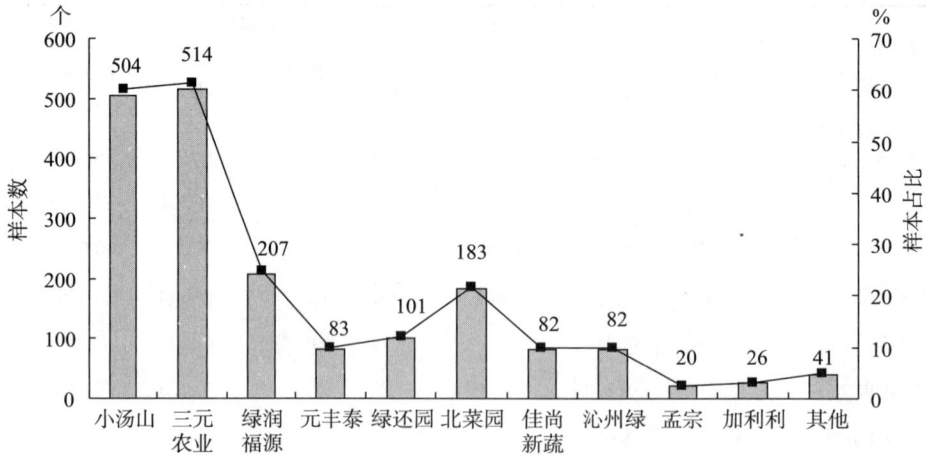

图 7-21　消费者对北京自产品牌蔬菜的认知

从表 7-10 可以看出，只有 249 名消费者反映在购买蔬菜时区分是否是北京自产蔬菜，占总样本的 29.6％；其余 70.4％ 的消费者购买蔬菜时不会考虑所购买的蔬菜是否为北京自产蔬菜。针对消费者购买北京自产蔬菜的意愿，有 445 名消费者表示愿意购买北京自产蔬菜，占总样本的 53.0％；有 92 名消费者表示不愿意购买北京自产蔬菜，占总样本的 11.0％，这可能是由于北京蔬菜生产成本高导致价格上涨；其余 303 名消费者对是否愿意购买北京自产蔬菜没有明确态度，占总样本的 36.1％。

表 7-10　消费者对北京自产蔬菜购买态度

特　征	特征属性	频数	占比（%）
购买蔬菜时是否区分北京自产蔬菜	是	249	29.6
	否	591	70.4
购买北京自产蔬菜的意愿	愿意购买	445	53.0
	不愿意购买	92	11.0
	不确定	303	36.1

从图 7-22 可以看出，分别有 589 和 572 名消费者认为所购买的外地蔬菜来自河北和山东，占总样本的 70.1% 和 68.1%。河北和山东是北京外地蔬菜的最主要来源地。有 168 名消费者认为所购买的外地蔬菜来源于天津，占总样本的 20.0%。有 144 名消费者认为所购买的外地蔬菜来源于辽宁，占总样本的 17.1%。

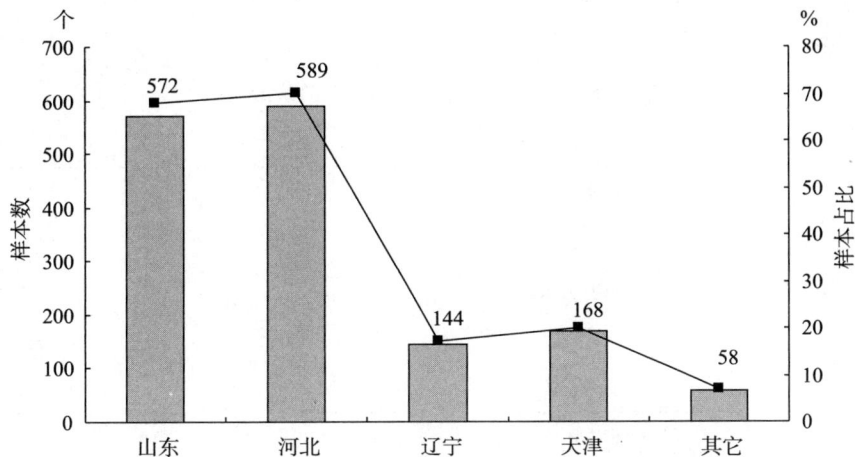

图 7-22　消费者购买外地蔬菜来源分布

从图 7-23 可以看出，消费者对不同种类蔬菜的购买频率从大到小依次为：北京蔬菜＞外地蔬菜＞有机蔬菜＞反季蔬菜＞品牌蔬菜。

在购买北京蔬菜方面，经常购买北京蔬菜的消费者最多，有 412 名，占总样本的 49.0%，有 31.1% 的消费者有时会购买北京蔬菜。在购买外地蔬菜方面，选择有时会买的消费者最多，有 371 名，占总样本的 44.2%，有 359 名消费者经常购买外地蔬菜。在购买反季蔬菜方面，有 401 名消费者有时会买，占总样本的 47.7%，是最多的购买频率，有 28.3% 的消费者反映很少会买反季蔬菜。在购买有机蔬菜方面，有 45.7% 消费者反映有时会买，为购买频率最多；有 23.1% 和 19.9% 的消费者反映很少会买和经常买有机蔬菜；根本不买和一直买有机蔬菜的消费者极少。在消费者购买品牌蔬菜方面，有 42.9% 消费者表示有时会买，有 28.8% 消费者反映很少会买。总体来看，虽然消费者对北京蔬菜、外地蔬菜、反季蔬菜、有机蔬菜和品牌蔬菜的购买频率有所差异，但购买频率总体趋势一致，有时购买的频率均高于经常购买的频率（表 7-11）。

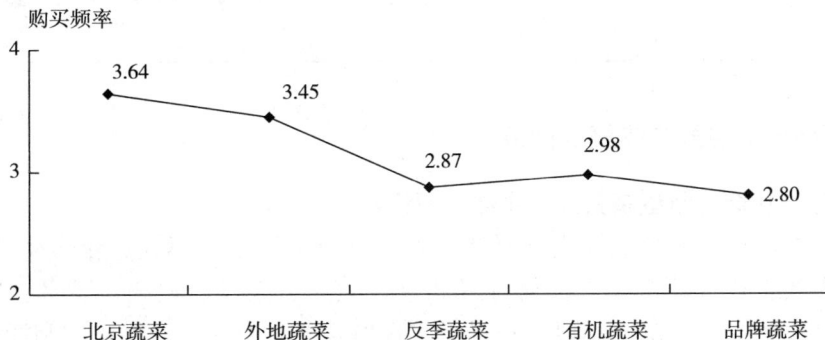

图 7-23　消费者购买各种蔬菜频率的均值比较

表 7-11　消费者购买各种蔬菜的频率及占比

蔬菜种类	购买频率	频数	占比（%）
北京蔬菜	根本不买	18	2.1
	很少会买	45	5.4
	有时会买	261	31.1
	经常买	412	49.0
	一直买	104	12.4
外地蔬菜	根本不买	19	2.3
	很少会买	41	4.9
	有时会买	371	44.2
	经常买	359	42.7
	一直买	50	6.0
反季节蔬菜	根本不买	36	4.3
	很少会买	238	28.3
	有时会买	401	47.7
	经常买	128	15.2
	一直买	37	4.4
有机蔬菜	根本不买	45	5.4
	很少会买	194	23.1
	有时会买	384	45.7
	经常买	167	19.9
	一直买	50	6.0
品牌蔬菜	根本不买	67	8.0
	很少会买	242	28.8
	有时会买	360	42.9
	经常买	132	15.7
	一直买	39	4.6

（四）新型蔬菜经营主体绩效评价

1. 基于生产功能的新型蔬菜经营主体绩效评价

目前北京市蔬菜产业组织模式主要有三类：农户个体生产模式、合作社/生产基地带动型模式、龙头企业带动型模式。通过对北京市大兴、顺义、通州、昌平、房山、怀柔和密云等 7 个蔬菜主产区实地调研，获得了三种模式的生产成本、产出和利润等具体数据（表 7-12）。

表 7-12　投入产出原始数据

组织模式	决策单元	投入				产出	
		直接费用	间接费用	人工成本	土地成本	产量	销售额
农户个体生产模式	1	2 091	1 667	48 000	100	12 000	36 000
	2	5 084	5 000	48 000	100	10 668	26 670
	3	1 385	353	7 950	50	20 000	16 000
	4	5 050	2 500	28 800	100	24 000	48 000
	5	2 847	689	12 800	3 333	20 000	50 000
合作社/生产基地带动型模式	6	7 800	1 020	8 446	31	28 000	22 400
	7	2 525	125	9 450	100	20 000	14 000
	8	2 834	1 067	19 200	115	12 000	24 000
	9	2 835	917	14 500	100	15 000	30 000
	10	4 301	5 000	48 000	100	10 000	50 000
龙头企业带动型模式	11	4 590	1 044	4 050	300	20 000	40 000
	12	6 200	625	27 000	1 150	15 000	12 000
	13	5 000	1 150	28 800	2 500	18 000	36 000
	14	3 500	2 083	9 800	100	16 000	12 800
	15	3 502	6 000	19 200	115	10 000	25 000

计算结果如表 7-13 所示。农户个体生产模式相对效率最低（平均相对效率为 0.556），投入产出改进余地最大；龙头企业带动型模式的相对效率最高（平均相对效率为 0.943）；合作社/生产基地带动型模式相对效率处于中间水平（有 1 个样本综合技术效率为 1，平均效率为 0.756）。

表 7-13　不同组织模式生产效率评价结果

组织模式	决策单元	综合效率	纯技术效率	规模效率	规模收益
农户个体生产模式	1	0.386	0.395	0.977	drs
	2	1	1	1	—
	3	0.269	1	0.269	irs
	4	0.655	0.797	0.822	drs
	5	0.468	0.488	0.958	irs
合作社/生产基地带动型模式	6	1	1	1	—
	7	0.503	0.706	0.713	irs
	8	0.684	0.713	0.96	irs
	9	0.603	0.66	0.913	irs
	10	0.985	1	0.985	irs
龙头企业带动型模式	11	1	1	1	—
	12	1	1	1	—
	13	0.714	0.773	0.924	drs
	14	1	1	1	—
	15	1	1	1	—

从规模效益角度，计算结果排序为：龙头企业带动型模式（0.985）＞合作社/生产基地带动型模式（0.914）＞农户个体生产模式（0.805）。农户个体生产模式样本为规模收益递减；龙头企业带动型模式和合作社/生产基地带动型模式为规模收益不变或递增，可以通过增加投入、扩大规模来提高生产效率。

从技术效率和规模效率的角度综合看，龙头企业带动型模式是最有效的模式。

2. 基于生态功能的新型蔬菜经营主体绩效评价

基于都市型现代农业生态功能定位，北京市蔬菜产业组织模式绩效主要表现为生产生态系统可持续发展，具体表现为节水、减投入、减药等。

（1）基于能值分析法的新型蔬菜经营主体绩效测评

利用能值分析法进行生态能值换算，可以对比分析不同类型新型蔬菜经营主体的生态绩效。从农户、合作社和生产基地的调研数据中各选取数据齐全的样本点，并将每个指标都换算成以焦耳为单位的指标数值（表7-14）。

表7-14　4种蔬菜生产经营模式的能值分析对比表

经营主体	可更新自然资源	不可更新的自然资源	购入的不可更新资源	购入的可更新资源	系统产出	能值产出率	环境负载率	环境可持续指数
农户	37 563.83	7 689.33	61 584.53	13 258.81	156 707.50	2.09	1.36	1.54
龙头企业	683 724.6	2 233 088	2 575 213.58	19 829 520.1	53 481 000	2.39	0.23	10.18
生产基地	158 666.08	269 884.33	159 601.88	1 322 538.97	6 608 333.3	4.46	0.29	15.38
合作社	251 554.58	1 735 788.89	1 427 778.88	10 262 975.16	47 342 100	4.05	0.30	13.46

从能值分析的角度，生产基地带动型的环境可持续指数（ESI）指标最高，达到15.38；其次是合作社带动型组织模式，其ESI指标为13.46。以农户个体为主的经营模式生态效率最低，其ESI指标为1.54（图7-24）。这表明发展新型农业生产经营体制尤其是生产基地带动型经营模式，其生态绩效最优化。

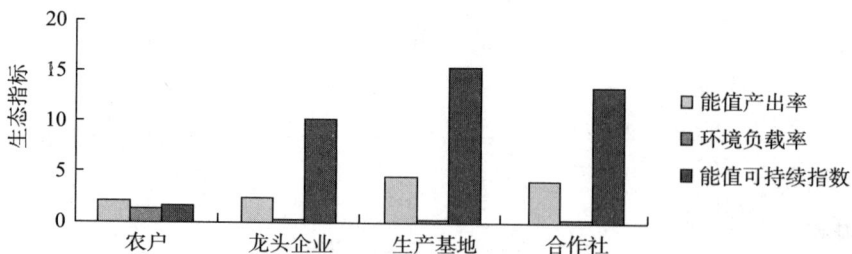

图7-24　各经营主体能值分析统计图

能值产出率（EYR）　农户单独个体生产经营的能值产出率最低；生产基地带动型能值产出率最高，其次是合作社带动型。从单位能值消耗带来的蔬菜产出量来看，生产基地带动型＞合作社带动型＞龙头企业带动型＞农户单独个体生产经营。产业化经营模式提高了对能耗的利用率，增加了农业生产效率。

环境负载率（ELR）　农户的环境负载率最高，生产基地带动型、合作社带动型及龙头企业带动型的环境负载率都比较低。从环境负载率来看，农户个体经营＞合作社带动型＞生产基地带动型＞龙头企业带动型。农户单独个体生产经营模式对资源的利用率低，而组织模式更为紧密的其余三种产业化组织模式对资源的利用较高。

环境可持续指数（ESI） 生产基地带动型模式对于生态绩效来说为最优，其次是合作社带动型模式，再次为龙头企业带动型组织模式。农户单独生产经营模式的生态绩效较低，对于环境资源的利用率不高。

（2）基于节水功能的新型蔬菜经营主体绩效评价

①北京市蔬菜节水技术现状分析。北京市蔬菜生产过程中主要采用工程、农技、生物和管理等四类节水技术。其中管理节水技术的推广比例最高，其次是工程节水技术，农技节水技术与生物节水技术的使用量相对较少（图7-25）。

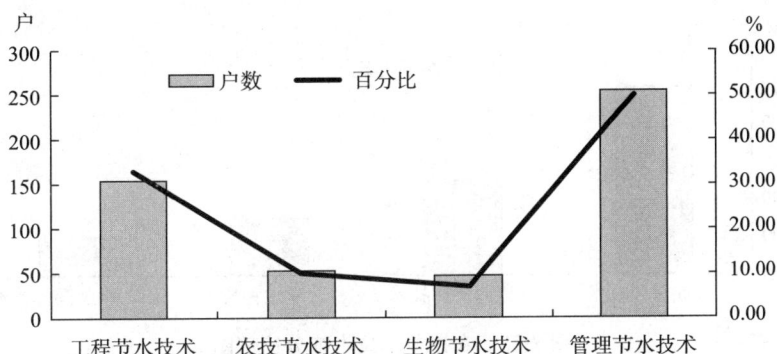

图7-25 调研区域蔬菜节水技术大类分布比例图

地下灌溉技术：大多数蔬菜种植采用地下滴灌技术节水，只有14％的蔬菜种植农户采用渗透技术节水。

地上灌溉技术：使用比例最大的是滴灌技术，喷灌技术次之，使用比例最小的是膜上灌水技术（图7-26）。

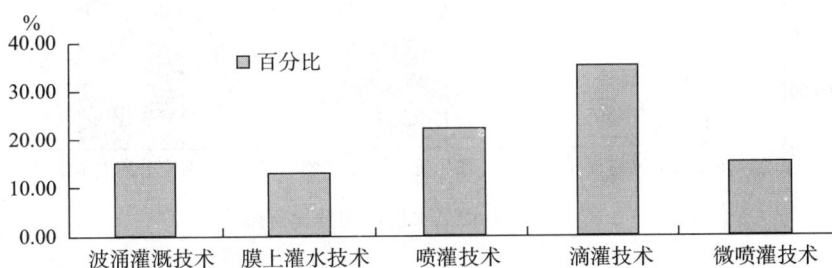

图7-26 地上灌溉技术细分比例图

输水节水技术：使用比例最高的是低压输水管道技术，其次是高压输水管道技术，混凝土防渗技术使用比例最小（图7-27）。

农技节水技术：应用最为广泛的是田间覆盖技术，田间耕作技术的使用比例次之，水肥耦合技术的使用最低（图7-28）。

生物节水技术：使用抗旱品种节水技术应用最为广泛，节水效果也最为有效（图7-29）。

管理节水技术：利用测量灌溉水这一管理节水方法的使用最为广泛，也是最为简单和直接的节水方式（图7-30）。

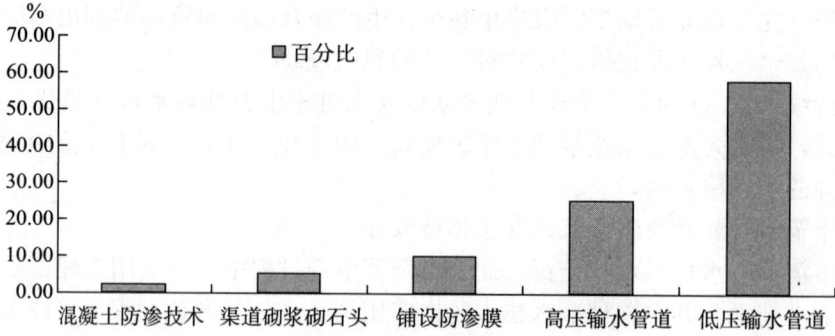

图 7-27　输水节水技术细分比例图

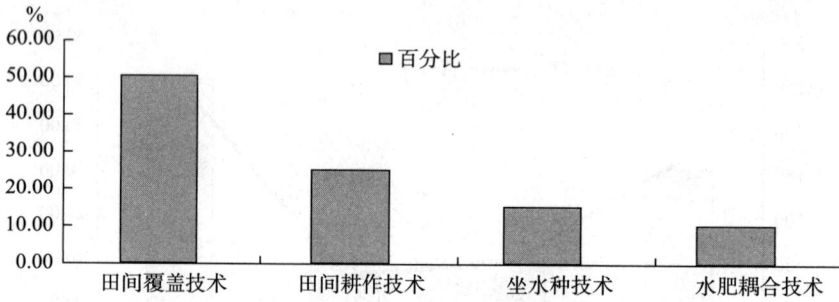

图 7-28　农技节水技术细分比例图

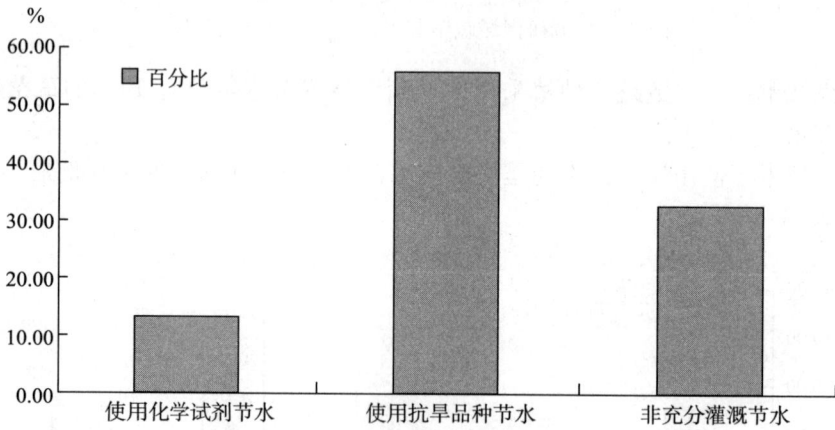

图 7-29　生物节水技术细分比例图

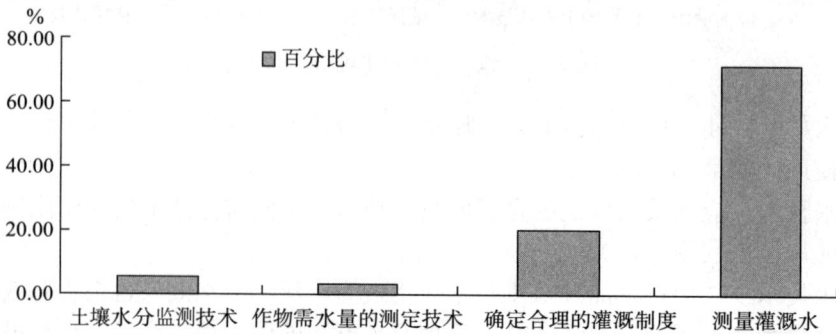

图 7-30　管理节水技术细分比例图

②农户节水技术采纳意愿与采纳行为分析。采纳蔬菜节水技术，对于农户来说并不是一件简单的事情。有很大一部分蔬菜种植者是否采用节水技术取决于村里其他人的示范作用和政府的推广（图7-31）。因此，要在农户群体中推广农业节水技术，必须先建立示范点使大家看到实实在在的收益和良好的节水效果；同时加大政府的推广、农业补贴和技术指导等措施都会起到正向促进作用。农户不采用节水技术主要是因为节水设备现阶段的投入成本比较大（图7-32、图7-33）。

农户了解节水技术的信息渠道主要有五种，其中占比例最大的是通过电视和广播渠道来获取有关农业节水技术信息，农业技术人员的推广也是一个比较重要的信息获取渠道（图7-34）。

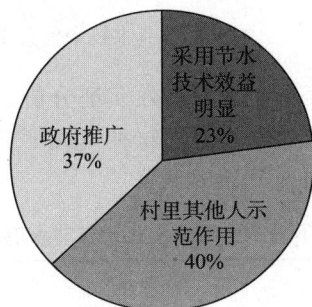

图 7-31　农户采用农业节水技术原因图

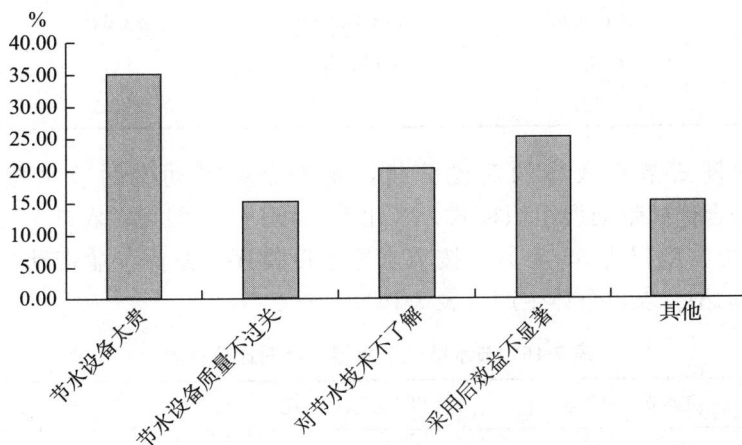

图 7-32　农户不采用农业节水技术原因

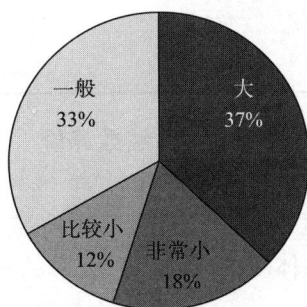

图 7-33　农户认为节水技术投入成本

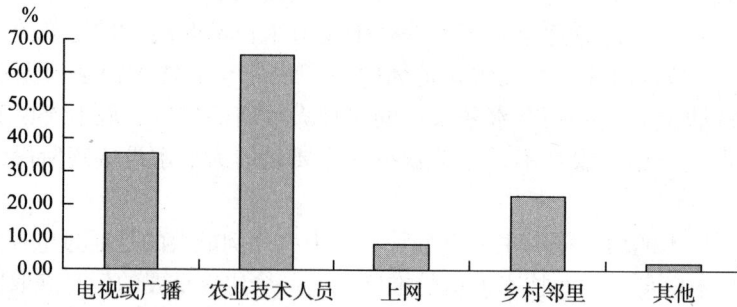

图 7-34　农户了解节水技术信息渠道

③面向现代农业的北京市蔬菜产业节水绩效实证分析。按照农户个体生产经营、合作社带动型、基地带动型与龙头企业带动型划分，每种模式下节水面积、蔬菜种植面积、蔬菜年产量及蔬菜年终收入数据平均值如表 7-15 所示。

表 7-15　不同产业组织模式北京节水现状对比表

项　　目	年收入中蔬菜生产收入（元）	蔬菜年产量（斤）	蔬菜种植（亩）	节水灌溉面积（亩）
农户个体生产经营	33 963.11	35 037.68	5.678 125	2.035 656
合作社带动型	21 606.571	743.542 86	328.625	226.75
基地生产带动型	3 535.25	2 302.857	114	50
龙头企业带动型	721	133.75	214.5	201.375

通过对四种模式节水效率的对比分析，龙头企业带动型的节水覆盖度最高，为 93.88%；其次是合作社带动型组织模式，节水覆盖度达 46.21%；农户个体生产经营节水程度最低，节水覆盖度仅为 35.85%。按节水覆盖度排序，龙头企业带动型＞合作社带动型＞生产基地带动型＞农户个体生产（表 7-16）。

表 7-16　节水绩效节水覆盖度对比分析表

项　　目	蔬菜节水面积收入比	蔬菜生产收入产量比	蔬菜单产（斤*/亩）	节水覆盖度%
农户个体生产	5.99E-05	0.97	6 170.64	35.85
合作社带动型	3.51E-05	0.22	61 089.97	46.21
生产基地带动型	2.17E-06	0.36	620 219.29	43.86
龙头企业带动型	1.12 E-04	0.43	19 580.42	93.88

3. 基于技术推广效应的新型蔬菜经营主体绩效评价

（1）不同蔬菜经营主体农业信息技术来源分析

通过对北京市七个蔬菜主产区农户、合作社、生产基地及龙头企业等模式进行实地调研，分析结果表明不同蔬菜经营主体获取农业信息技术的来源差异较大（表 7-17）。

---

* "斤"为非法定计量单位，1 斤＝0.5 千克。——编者注。

表 7-17 不同蔬菜经营主体获取农业信息技术来源分析

单位：%

经营主体	技术人员的培训	电视、报纸、广播等传统媒体	手机、网络	政府示范	周围的种植户	合作社、龙头企业、基地等组织
农户	41.93	23.23	7.10	12.26	25.81	25.16
合作社	77.78	50	16.67	33.33	11.11	55.56
生产基地	50	25	37.5	25	12.5	37.5
龙头企业	54.55	63.64	45.45	27.27	18.18	54.55

①合作社。合作社模式在绝大多数技术推广采纳渠道中都占有较大比重；技术推广效应最为明显。其中，77.78%的合作社通过技术人员培训方式获得农业信息技术，55.56%的合作社自行组织进行生产培训的技术推广活动，33.33%的合作社通过政府示范推广获得信息技术。

②龙头企业。龙头企业带动模式较其他模式在技术推广采纳过程中较为主动，主动获取意识最明显；技术推广效应较明显。其中，龙头企业带动型样本中有63.64%的信息技术来源于电视、报纸、广播等传统媒体，有54.55%的龙头企业带动模式通过自行组织培训的形式获得信息技术，45.45%通过手机和网络形式获得信息技术信息。

③生产基地。较其他主体来看，生产基地技术采纳的意愿稍弱，技术推广效应不明显。50%的生产基地通过技术人员的培训进行技术采纳，45.45%通过手机及网络进行技术学习及采纳。

④农户。农户主体的技术推广采纳渠道较为狭窄，主动获取意识不明显，技术推广效应不明显。41.93%的农户通过技术员培训获得农业信息技术，进而推广和采纳农业信息技术，其他几种获取农业信息技术的渠道所占比重较小。

（2）不同主体对蔬菜生产技术的需求分析

北京7个蔬菜主产区农户、合作社、生产基地及龙头企业等模式的实地调研结果表明，不同蔬菜经营主体对蔬菜生产技术的需求差异较大（表7-18）

表 7-18 不同主体对蔬菜生产技术的需求分析

单位：%

经营主体	新品种	施肥技术	灌溉技术	病虫害防治技术	土壤改良技术	采收与保鲜贮藏技术
农户	61.94	45.81	29.03	74.84	32.90	26.45
合作社	88.89	66.67	44.44	88.89	66.67	38.89
生产基地	50	37.5	25	62.5	62.5	50
龙头企业	81.82	45.45	36.36	54.55	36.36	81.82

①合作社 合作社带动型样本中，有88.89%的合作社对新品种技术最为需要，66.67%的合作社需要施肥技术的推广，88.89%的合作社需要病虫害防治技术的推广、学习。

②生产基地 生产基地带动型中，有62.5%基地需要病虫害防治技术及土壤改良技术

的推广和学习，有50%的基地需要新品种技术的推广和学习。

③龙头企业　龙头企业带动型中，有81.82%的龙头企业亟需解决新品种技术问题，81.82%的龙头企业需要推广和学习采收与保鲜贮藏技术，这可能与龙头企业多为蔬菜加工一体化模式有关。

④农户　农户样本中，74.84%的农户希望得到病虫害防治技术的推广及学习，对于新品种技术有需求的农户有61.94%，45.81%农户需要学习施肥技术。

（3）不同经营主体对农业信息技术认知的分析

对北京市7个蔬菜主产区农户、合作社、生产基地及龙头企业等模式实地调研的结果表明，不同蔬菜经营主体对农业信息技术的认知差异较大（表7-19）。农户个体生产模式对于农业信息技术优势性的认识及获取信息技术方法的能力都不及其他三个模式。合作社带动型模式最有机会参与技术培训，从农业信息技术中得到的益处最多；这种模式普遍认同农业信息技术对农业生产的重要性，认为农业信息技术可以方便管理、节约劳动力、有助于提高产量。龙头企业带动型模式普遍具备资金和条件去推广学习农业信息技术，也有很强的意愿采纳与推广信息技术，认同农业信息技术具有改善生产、节约劳动力、便于管理、提高产量的优势。

表7-19　不同生产经营主体对农业信息技术认知的分析

单位：%

项　　目	农户	生产基地	合作社	龙头企业
蔬菜信息技术有助于提高产量	71.30	37.5	77.78	45.45
蔬菜信息技术可以节约劳动力	53.91	25	66.67	54.55
蔬菜信息技术有利于方便管理	45.22	50	77.78	63.64
蔬菜信息技术可以改善生产环境	43.48	25	61.11	36.36
我认为蔬菜信息技术比较容易掌握	18.26	25	33.33	33.33
我认为蔬菜信息技术比较有用	17.39	75	77.78	45.45
我认为比较容易获得相关信息	15.65	37.5	50	45.45
我有机会参加相关技术培训	13.91	50	61.11	54.55
政府对蔬菜信息技术有资金支持	13.91	37.5	27.78	27.77
我认为蔬菜信息技术投资成本不高	11.30	12.5	22.22	22.22
我周边游很多人都在使用	10.43	50	22.22	22.22
我具有使用蔬菜信息技术的资金基础	8.70	12.5	27.78	27.77
我的能力足以掌握蔬菜信息技术	8.69	18.75	22.22	22.22

（4）不同经营主体对农业技术采纳意愿的分析

对北京市7个蔬菜主产区农户、合作社、生产基地及龙头企业等模式实地调研的结果表明，不同蔬菜经营主体对农业技术的采纳意愿差异较大（图7-35）。4种生产经营主体的平均收入与各主体样本对农业技术的采纳意愿呈正相关关系，即对于技术推广采纳意愿强烈的主体，其收入相应多。合作社、生产基地及龙头企业带动型较农户来说对于农业技术的推广采纳意愿和效率较高，收入也较高。

通过综合比较分析，从技术推广效应角度来看，合作社模式最优，生产基地次之，农户个体的技术推广及采纳效率最低。

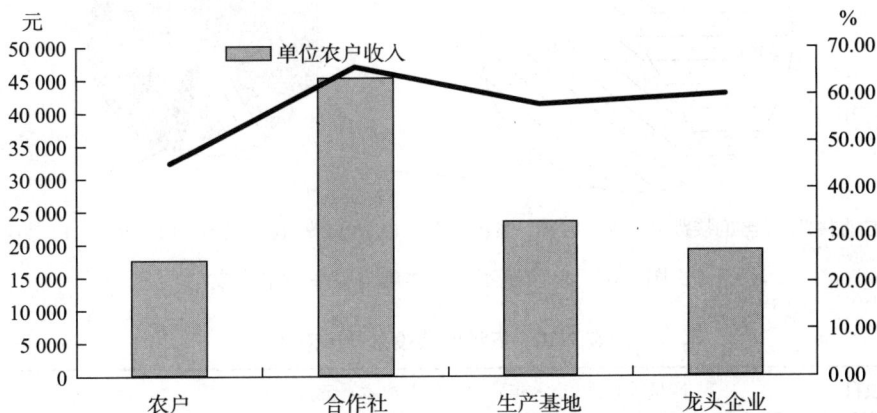

图 7-35　不同经营主体对农业技术采纳意愿的分析

（五）成本收益及产业支持政策实施效果分析

1. 叶类蔬菜成本收益分析

叶类蔬菜种植总成本分为物质与服务费用、土地成本和人工成本（图 7-36）。每亩叶菜种植年总成本为 28 626 元，其中人工成本占比最高，约为 80%（22 478 元）。叶菜种植中物质与服务费用分为直接费用和间接费用（固定资产折旧等）（图 7-36）。每亩叶菜种植的物质与服务费用为 5 185 元/年，直接费用占比较大（67%）。直接费用中肥料费用（22%，1 241 元）、维护费用（21%，1 140 元）和种/苗费（13%，716 元）所占比例较高，肥料价格高是肥料费用占比最大的主要原因。

5 种叶菜单位面积年总成本相差不大，约为 3 万元/亩/年。若将家庭劳动力成本计算在内，销售额略低于成本投入费用，处于亏本状态，特别是种植规模较小的农户，单位面积获得的收益不足以支付投入的人工成本，但实际情况中，农户并不将家庭人工费用计算在成本内。芹菜单位面积产量约为 3 000～5 000 千克/亩，其他 4 种叶菜的单产均在 1 000～1 500 千克/亩。芹菜年种植茬数一般为 2～3 茬，其他几种叶菜一年能种 5～10 茬，从单位面积年总产量来看，芹菜略高（表 7-20）。价格波动、种植方式、收获时间等都会对收益产生巨大的

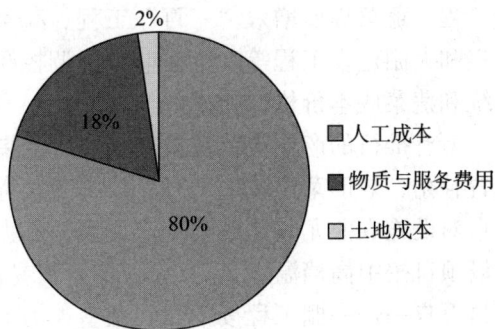

图 7-36　叶类蔬菜种植成本构成
数据来源：根据调查数据整理。

影响。不同叶类蔬菜在不同的茬口安排生产、定植到采收的天数不同，其收益水平也呈现复杂多样的特征。

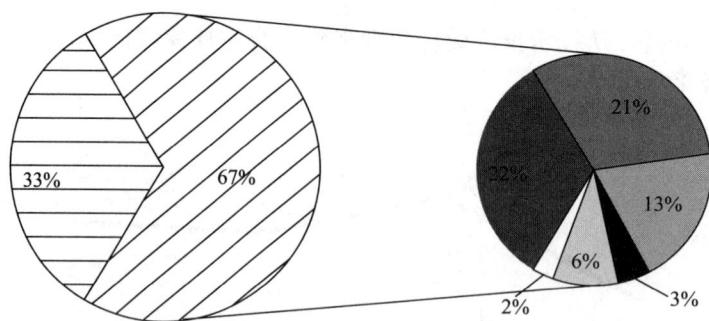

图7-37　叶类蔬菜种植物质与服务费用构成

表7-20　五种叶菜投入产出对比

项目	产量［斤/（亩·年）］	总成本［元/（亩·年）］	销售额［元/（亩·年）］
油菜	16 400	33 487	24 180
快菜	16 667	33 349	26 067
生菜	16 863	29 566	29 228
菠菜	14 400	36 138	29 960
芹菜	20 962	25 861	29 412

数据来源：根据调查数据整理。

2. 叶类蔬菜产业支持政策实施效果分析

近年来，政府针对叶菜种植农户的政策主要体现在资金补贴方面，包括肥料补贴、种子补贴、农药补贴、大棚建设补贴、农机购置补贴以及灾害应急补贴等；针对企业、合作社、基地等经营主体的政策主要采用项目支持的形式，如老旧菜田改造工程、设施蔬菜标准园建设工程、蔬菜提质增效"三百"工程、蔬菜生产管理体系建设工程以及两区两带多群落日光温室和大棚建设工程等。价格监测与调控政策目前主要为建立蔬菜生产及质量安全信息监管系统和蔬菜成本价格保险试点等。

所有推行的产业支持政策中，实施效果较好的是肥料补贴、农药补贴、建棚补贴、农机购置补贴、老旧菜田改造工程、设施蔬菜标准园建设工程和蔬菜提质增效"三百"工程等。北京对设施农业尤其是蔬菜生产加大补贴力度，保供稳价。两区两带多群落日光温室和大棚建设项目按中高档温室1.5万元/亩，简易温室1万元/亩，钢架大棚0.4万元/亩进行补贴；百村万户一户一棚工程按中高档温室4万元/亩，简易温室2万元/亩，钢架大棚1.5万元/亩进行补贴。

调研结果显示，蔬菜生产经营者对政府已实施的政策效果评价较高，同时认为在政策扶持方面仍存在一些问题，如多数农户认为政府补贴力度不够，农户希望政府提供更多的生产资料补贴以降低生产成本，有农户甚至要求政府至少补贴蔬菜生产成本的1/3以上才能达到收益满意度；企业、合作社、基地及政府有关部门人员提出，目前蔬菜产业支持政策较少、形式较单一，需要长期有效的支持措施，并加大扶持力度。

二、叶类蔬菜产业发展中创新团队的技术支撑作用

（一）团队基本情况

1. 创新团队功能定位及其建设任务

依据北京市"都市型现代农业""菜篮子工程"的功能定位及其发展战略规划，北京市叶类蔬菜产业定位体现在城市蔬菜应急供应的基地、农民增收致富的手段、现代都市农业的展示、首都技术优势的示范等四个方面，以北京蔬菜"三率一能力"建设为主线，以"节水、减肥（减施化肥）、减药（减施农药）"为工作方向，认真组织实施和开展叶菜新品种筛选培育、高效节水技术、减肥减药技术、水肥一体化技术、绿色防控技术研究、示范与推广，有效促进北京市叶菜产业健康有序发展。

团队以"节水轻简、安全生产、周年均衡"为目标，以生菜、芹菜、菠菜、油菜和快菜等主要叶菜为重点，开展新品种选育、种苗集约化培育、轻简省力化栽培、安全标准化生产、产品采后质量保持及现代流通技术等研究，研究成果为提高叶菜产量、保障产品安全、提升供给能力、促进农民增收，提供有效的技术支撑。

2. 创新团队组成架构

北京市叶类蔬菜创新团队于 2012 年 4 月组建。团队由三个层级构成，产业技术研发中心依托北京农学院，团队聘任首席专家 1 名，功能室主任 4 名，岗位专家（合作专家）20 名，下设综合试验站 6 个，农民田间学校工作站 30 个，团队成员共计 56 名。北京市叶类蔬菜创新团队是由产业技术研发中心（育种与繁育、栽培与设施设备、病虫害防控与产品安全、加工流通与产业经济等四个功能研究室）、综合试验站和农民田间学校工作站 3 个层级构成。

3. 创新团队作用与交流机制

北京市叶类蔬菜产业当前发展目标是健康、稳定发展；远景发展目标则是可持续发展。依据京农发〔2009〕44 号文件，北京市叶类蔬菜创新团队作用机制可以解读为三个关键词：产业（对象、目标）、技术（手段）和创新（手段）。依托北京市叶类蔬菜创新团队平台，通过技术创新和制度创新手段，实现北京市叶类蔬菜产业可持续发展（图 7-38）。

（二）技术研发与主推技术

1. 团队技术研发情况

（1）攻破生菜周年生产关

选育出 8 个适合北京市种植的优质高产生菜品种。"北生 1 号""北散生 1 号"等 4 个耐热生菜品种，解决了北京夏季缺乏耐热品种、制约生菜周年安全生产的关键问题；"北生 3 号""北散生 3 号"等 4 个耐寒品种，有效提高了冬春设施蔬菜生产效能；建立并推广绿色防控生产技术，有效控制病虫为害；研发应用生菜周年高产栽培技术体系，使北京市的生菜由零星种植，迅速增长至年播种面积达 8.5 万亩，总产突破 20 万吨，有效解决了北京区域生菜种植难、产量低、产品季节性供应不均衡等问题。成果荣获 2013 年度北京市科学技术奖二等奖、北京市农业技术推广奖一等奖。

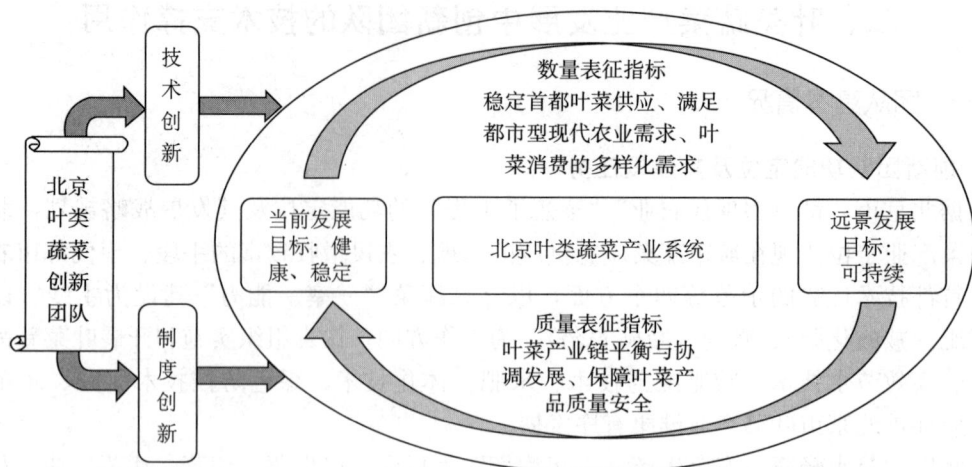

图 7-38　北京叶类蔬菜创新团队作用机制图

（2）优新品种创制成果喜人

选育了耐抽薹、束腰、绿帮油菜品种"春油 3 号"，耐热、白帮油菜品种"奶白 1 号"，油菜（小白菜）等新品种 15 个。耐抽薹春油、耐热"国夏"、秋播"京冠"、"京绿"等系列品种，以及"奶白"特色系列品种，丰富了油菜花色品种，为周年栽培提供了良种保障。

选育了耐热、白帮快菜品种"京研快菜"，紫色、抗病快菜品种"京研紫快菜"等 5 个快菜系列新品种，"京研紫快菜"成为全国首个紫色快菜品种。快菜系列品种配套，间套混作，周年栽培，四季皆宜。

选育了高产、抗寒菠菜品种"农大菠杂一号"，高产、速生"农大菠杂二号"，高产、耐抽薹"农大菠杂三号"3 个菠菜品种，解决了易抽薹、不耐寒和适应性差的问题，大大缩短了生长周期，且产品涩味较淡，细嫩爽口，商品性好。

（3）茬口巧组合菜农收益多

针对农户习惯于常年连茬种植同一叶菜、连作障碍严重、产量低、品质差、效益低、且季节性短缺多、难以周年均衡供应优质产品等突出问题，团队将油菜、生菜、快菜、菠菜、芹菜等 5 种主栽叶菜按季节茬口、土地茬口、设施匹配及间、套、混作相结合，创建了 7 个高效种植茬口组合，建立高产优质栽培技术模式 7 套，研发新型栽培技术 11 项，配套技术集成，在各区县推广应用，取得了良好的经济效益，年平均亩效益达 3.2 万元，亩增收 35%，最高亩效益达 5.038 万元。

（4）攻克芹菜越夏栽培堡垒

芹菜喜冷凉，夏季难以生长。团队引进耐高温品种，并引发催芽、越夏培育适龄壮苗；加强肥水管理，促进营养生长；应用遮阳降温和综合防虫技术，保证产品质量，提高商品率，一举攻破了芹菜越夏栽培关，填补了夏淡芹菜供应的市场空白，为农户错季生产增加了经济收益。在密云、怀柔等 5 个区县面向 260 个农户推广应用，平均单茬亩效益达 1.13 万元。

（5）科技助力节水轻简化提升

叶菜全程节水有奇效。系统研究了生菜、芹菜等 5 种蔬菜的需水规律，为节水栽培奠定了理论基础。研发出基于物联网的集日光温室节水灌溉参数设置、用水量远程计量、日光温室温湿度监测于一体的控制装置,解决了节水灌溉的自动化和流量智能计量难题,研发推广适于不同叶菜的膜下滴灌、重力滴灌、微喷等综合节水技术。研发叶菜专用肥2个,实施科学配方施肥。叶菜水肥一体化技术在7个区县推广应用,平均节水35%,节肥38%。

机械助力叶菜轻简栽培。研发了翻耕机、起垄覆膜一体机、施肥机、打药机等配套农用机械设施,率先在生菜生产中实现除采收外90%以上机械化作业,并在快菜、菠菜种植上推广应用,引领、推进蔬菜向机械化轻简栽培迈进,有效地降低农户劳作强度,提高经济效益。

(6) 绿色防控技术保障生产品安全

团队对5种叶类蔬菜,从制种到栽培再到产后加工的生产全程进行监控,全力保障叶菜的放心安全。系统研究了病虫害的发生规律,研发了有害生物快速检测技术18项,着重对叶菜农药残留、金属污染以及致病微生物,进行严密防控;研发种子包衣保健、根结线虫综合防控、综合应用病虫源头控制技术等低毒减药防治技术22项;释放捕食螨预防蔬菜早期蓟马和粉虱、啤酒诱杀蛞蝓等生物防控技术20项;研发抗细菌性软腐病新型农药3个,制作了5种叶菜重要病虫害防治手册。集成新技术,实施叶菜产前、产中、产后全程绿色防控技术体系,有效控制病虫危害,减少化学农药用量,推广应用面积达217 000亩。

四年来,团队共进行应急服务23次。2015年春,顺义区大洛泡园区大面积出现地钱危害生菜,团队专家紧急赶赴,问题得到及时处理。大兴、通州、昌平等地春茬生菜均出现大面积缺苗断垄情况,团队组织相关专家,由首席带队,赴现场考察并提出防治方案。

(7) 力保叶菜商品优质安全鲜嫩

延长叶菜保质期:团队针对叶菜日需求量大,鲜食要求严,不便保藏,难以长途运输等问题,研发叶菜采后处理技术,开发保鲜包装材料6种,使叶菜商品率从65%提高至80%以上,货架期延长2~3天,大幅提高了商品率。

建立鲜切菜规范及标准:制定《新鲜蔬菜初加工及配送操作规范》《即食鲜切蔬果生产卫生规范》等国家和北京市地方标准各1套;起草与审定了北京市食药监局发布的企业食品生产许可(QS)细则——《即食鲜切蔬果生产许可审查细则》。

开发生产线:团队开发的鲜切菜加工自动化生产线,在提高叶菜加工效率的同时,降低了损耗率,并解决了生产厂商用工难的问题。成果已示范应用于北京裕农公司与南京青奥会即食鲜切菜加工中,取得了良好的经济和社会效益。

(8) 叶菜产业插上"互联网+"翅膀

互联网+智能监控:动态监测温湿度、土壤温湿度、二氧化碳浓度、光照强度和视频图像共7种监测指标,对设施蔬菜生长环境进行智能调控。

互联网+病害预警:基于生长环境及视频图像的实时监测,开展基于环境信息的蔬菜病害早期预警、基于视频监测的蔬菜病害实时诊断与基于彩信的蔬菜病害远程诊断研究。

互联网+品质评价:通过对蔬菜进行营养品质综合评价,将营养指标含量以及评价结果作为蔬菜产品的营养品质信息加入到追溯系统中,并通过二维码使消费者能够方便地获取蔬菜的营养品质信息。

互联网+安全追溯:针对叶类蔬菜产品供应链的主要环节,开发质量安全可追溯系统,实现原始信息采集、传输与系统建模,为用户提供信息服务,用于查找造成质量问题的原因，确定产品的原产地和特征，以及向上层进行追溯。

互联网＋产业分析：以随机前沿分析模型为基础模型，构建了 5 种叶菜生产技术效率测评系统。

2. 团队主推技术情况

（1）促进叶菜新品种研发与示范

①新品种鉴定、选育。叶菜团队 5 年来对于叶类蔬菜新品种进行了大量的筛选、鉴定，并进行推广及示范。

新品种方面：鉴定生菜新品种 6 个（北紫生 1 号、北紫生 2 号、北紫生 3 号、北紫生 4 号、立生 1 号、立生 4 号），2 个快菜新品种（京研紫快菜、京研黄叶），1 个油菜新品种（京绿 5 号）。

芹菜方面：2016 年引进以香芹为主的芹菜新品种 23 个，并在北京市于家务基地进行示范与评价、筛选。同时，对收集到的芹菜品种资源进行抗病筛选和辐射诱变创制新材料，并进行品种的选育和种质创新。通过该种方式筛选出了 5 个长势快、高产、抗病性好的株系，繁种后，进行进一步的抗病品种筛选。通过芹菜变异单选株第三代繁育，目前已经形成了浅绿色和绿色 2 个株系，对该株系的观察在北京蔬菜研究中心延庆基地进行。

菠菜方面：筛选了 3 个相对节水菠菜品种（农大菠杂一号、皇家速腾、京菠一号），节水率达到了 3%～5%，同时开展富含花青素的紫菠菜新品种选育，以及适合北京地区的越夏优良品种的筛选。

快菜方面：鉴定、筛选快菜组合 215 个，筛选出耐雨水抗病快菜品种 4 个（京研皇白快菜、京研紫快菜、京研黄叶、15-2 浅快菜），新组合 4 个（16L5-130、16L5-138、16L5-120 深快菜、16L5-147 深快菜）。

油菜方面：春组合在北京共鉴定 150 个耐抽薹油菜材料和组合、27 份引种材料及 730 个自交系，新筛选出 2 份优良杂交组合，2 份优良自交系材料，选育优良耐抽薹奶白新品系 1 个（15N16）。夏组合在北京、湖南、海南三地复合鉴定，共鉴定油菜组合 348 个，选育出夏耐热抗病且综合性状优良的油菜新品种 2 个，即 16R8-126，16R8-306。秋组合在北京鉴定筛选油菜组合 375 个，选育出秋抗病油菜新品种 2 个，即 16.8-192、16.8-226。

②新品种繁育、示范。快菜、油菜方面。繁育快菜、油菜新品种分别为 7 个、15 个，自交系分别为 85 份、985 份（其中快菜为 425 个单株系、试配杂交组合 88 个；油菜为 3 624 个单株系、试配杂交组合 580 个）。累计繁育快菜、油菜合格商品种子 29.5 万千克，示范面积 1 080 亩，推广面积 6 万亩，增产经济效益 4 500 万元。

生菜、芹菜方面。在甘肃省敦煌市建立标准化生菜繁种田 100 亩、芹菜繁种田 10 亩，繁育自主选育的生菜良种 600 千克，试繁育芹菜种子 20 千克。2015—2017 年，叶菜团队分别在延庆基地、张掖进行芹菜大棚越冬、穴盘苗温室越冬和露地深埋覆膜越冬种苗繁育。

③新品种种质资源创新。生菜抽薹开花机理的研究。对生菜 SOC1 基因的功能、表达进行分析，从生菜基因的角度研发生菜新品种。SOC1 在植物开花过程中起着重要的调控作用，它能够整合来自光周期途径、春化途径、自主开花途径和赤霉素途径中的信号，并与其他基因相互作用共同调节植物的开花时间以及花的类型和花分生组织。

生菜指纹图谱研究。利用 SSR 方法分别对 85 个散叶生菜、73 个结球生菜品种和 54 个紫色生菜品种进行分子水平 DNA 标记，构建生菜品种指纹图谱；并通过该种方式，对生菜立生 1 号和立生 4 号新品种进行营养品质评价。

菠菜耐热基因及人工老化影响研究。进行了菠菜热激蛋白 HSP70 基因的克隆与功能验证及菠菜遗传转化体系的构建，研究了种子人工老化对发芽率产生的影响。

（2）叶菜轻简化生产与示范

①手持式穴盘播种器。研发了适用于生菜、油菜、芹菜等叶菜的手持式穴盘播种器。该播种器具有单粒率高、效率强的特点。目前已经制作了 30 台样机，在北京市各蔬菜主产区开展试验与示范。同时，芹菜种子较小，每穴 2 粒及以上比例较高，针对有的设备密封不严容易漏种、造成种子浪费等问题，对手持式穴盘播种器进行了进一步完善。

②日光温室用深松机。为解决日光温室等设施内常年浅层旋耕作业导致的土壤板结层，叶菜团队研发了设施用微耕机配套的深松机，并在平谷进行了试验推广。该深松机以 7 马力的微耕机为动力，配备专用深松部件，可以一次完成深松 30 厘米左右的作业深度，对一般日光温室内多年靠旋耕机作业形成的"犁底层"实现破层。

③生菜起垄机。为了提高生菜起垄机对不同湿度、不同旋耕条件土壤的适应性，确保垄型适合生菜种植，对整型板和刮土板进行改进。现该机配上旋耕机可一次性完成日光温室和塑料大棚旋耕、生菜起垄作业，起垄高度、宽度可调，大大提高了劳动生产率。目前，该生菜起垄机已经在昌平、顺义、通州、大兴、房山、怀柔等地示范推广 20 台（套），示范面积达 200 亩，培训农民 150 人次。

④手持式叶菜移栽器。为了解决移栽作业需长期蹲行并弯腰的实际困难，填补日光温室叶菜移栽机械化作业的空白，叶菜团队对目前市场上简易型手持式移栽器进行了改进，增加了限位功能和防挂膜功能。选用弹簧式弹性机构进行限深，现已经制作出第一代的 2 轮样机，并已在通州、顺义、大兴、怀柔等区县进行示范，示范 3 台，示范面积 15 亩。

⑤遥控电动无轨自走式喷雾设备。遥控方式改进。针对原产品在阳光照射下不易看清屏幕，叶菜团队技术人员对其进行了改进。改进后的喷雾小车，除具备手机 APP 遥控功能外，还增加了遥控手柄控制喷雾小车的前进、后退、加（减）速、转弯等功能。

改进支架高度和喷雾口方向。根据用户提出的实际需要，将遥控无轨自走式喷雾机的支架加高，便于对高处的作物进行施药，扩大了该机的适用范围。改进后的喷雾口高度由原来的 1.04 米调高为 1.54 和 1.46 米，每个高度弥雾机喷管有水平和上仰 20 度两个可变角度，在此基础上，喷口具有向前、向左前 45 度和向左三个水平方向的位置角度。

解决电池无电或电量不足情况下小车的行走问题。团队技术人员从底盘的转向入手，设计了一个固定在底盘下部的支撑机构。该机构不用专用工具仅靠手工即可实现将底盘的转向轮离地，靠一个万向轮做支撑，实现自由行走。同时考虑到人机工程，在新加的支撑部件与底盘的连接部位增加一个可方便装卸的"T"字形拉杆，使人工移动整机变得舒适又省力。

⑥覆膜播种联合作业机。与甘肃定西三牛机械有限公司联合研制大白菜覆膜播种机，使用本机作业，起垄做畦、施肥、铺滴灌或微喷带、覆地膜、播种、覆土一次完成，达到省工、节水目的。目前已研制出样机，出苗率达到 70%，并开展播种出苗试验、示范。

⑦智能地温加热系统、临时补温和光伏发电补光设备。开展智能通风地温加热系统。在昌平金六环园区、市农机化展示基地、昌平特菜基地、平谷诺亚农场、通州永盛园对该设备进行示范推广，示范推广 15 台套，示范面积达 15 亩。

日光温室临时补温设备。团队在怀柔开展了日光温室临时自动电加热增温研究，将电加热板与智能通风地温加热系统配合使用，使临时增温提高加温点温度 5～6 度。目前，该设备已经在大兴、顺义、怀柔示范推广 10 台，共示范面积 10 亩。

太阳能光伏发电补光设备。该设备在通州永盛园、怀柔东兴润科、密云综合试验站进行示范推广 3 台（套），共示范面积 3 亩。

（3）叶类蔬菜"两减一节"

①减肥关键技术。生菜底肥追肥技术。综合考虑生菜产量和品质指标，第一、二次 5 千克/亩，第三次 10 千克/亩，是最优的生菜追肥方案。

最佳配方滴灌肥料。综合考虑生菜、芹菜产量和品质指标，水溶肥 22-8-22 在提高产量和品质方面有很好的效果，是最佳的生菜、芹菜水溶肥配方。

矿物质肥料施用技术。团队技术人员分别在北京东方硕果农业专业合作社日光温室和小汤山基地塑料大棚以菠菜品种为试验对象，对不同的施肥种类（有机肥和速效肥）、施肥时间和施肥量对菠菜产品硝酸盐和亚硝酸盐含量的影响进行分析，寻找合理的施肥方案，确保生产产品的硝酸盐含量低于 3 000ppm（绿色食品指标），为安全生产提供依据。目前，在矿物质肥料方面，推广新技术 2 项，覆盖面积 2 000 亩，建立示范点 5 个，示范面积 580 亩，亩效益达到 460 元。

开展二氧化碳远程施肥系统。与相关单位合作研发了二氧化碳远程施肥系统一套。经过多次调试，2016 年 3—6 月在通州永盛园开展了二氧化碳增施对比试验，通过增施二氧化碳，试验区生菜株高与对比区相比，增幅达到 8.1%，平均单球净重增加 119.1 克，平均球直径相差 1 厘米，增产 13.2%。

炭基肥料在叶菜上应用。研究发现，等量的炭基肥料 0～10 厘米土壤 EC 值显著提高 21%，减量 25% 炭基肥料土壤 EC 提高 6%。炭基肥料还能降低土壤容重，等量和减量炭基肥料土壤 0～20 厘米容重显著降低 5.9% 和 2.9%。等量施用炭基肥料生菜单棵重显著提高 18%，而减量 25% 的炭基肥料生菜单棵重提高了 10%。

②减药关键技术。土壤生物熏蒸。研究发现，土壤生物熏蒸技术不仅能够有效降低土壤中芹菜根结线虫虫卵和二龄幼虫的密度，对芹菜根结线虫虫卵和二龄幼虫的杀灭性更强、持效性更长，而且能够增加芹菜株高、地上鲜重和干重，提高叶片的叶绿素含量，在改善作物产品质量的同时增加芹菜产量。同时，土壤生物熏蒸技术的实施在一定程度上也可以降低土壤全盐含量，减轻根结线虫病害。

有机叶菜土壤线虫防控技术。配合使用木焦油、天然酸（竹醋液）及烟草生产废弃液，对南方根结线虫进行防治。结果显示，竹醋液 100 倍喷施作用效果最好。在有机叶类蔬菜生产过程中，可适量喷施 50 倍的烟草废弃液，而后应用 100～200 倍竹醋液进行预防或防治，可有效控制南方根结线虫。

烟粉虱综合绿色防控技术。团队成员对防治烟粉虱化学信息素进行研究，筛选出对烟粉虱具有强诱集性的化学信息素，与黄色粘虫板结合，通过在温室内和田间试验，该组合显著提升了烟粉虱的诱集效果；通过室内毒力试验与常用药剂噻虫胺、呋虫胺、啶虫脒、噻虫嗪、吡虫啉比较，得出溴氰虫酰胺对烟粉虱的毒力最高，并且通过对溴氰虫酰胺亚致死剂量的处理，也可延长烟粉虱的发育历期，增加其死亡率，应用前景大。同时，进一步研发了津川钝绥螨防治芹菜粉虱，目前已经在怀柔区庙城镇桃山村进行示范性施用。

生菜根蛆综合绿色防控技术。通过形态学鉴定和分子生物学手段确定北京生菜种植区发生严重的根蛆种类为韭菜迟眼蕈蚊，并针对其成虫和幼虫开展了防治技术研究。在成虫方面，研究发现垂直地面、南北向放置的黑色粘虫板对生菜根蛆成虫的诱杀效果最好；在幼虫方面，在生菜苗定植初期（幼虫发生高峰期），在棚中进行噻虫胺、噻虫嗪、吡虫啉、辛硫磷、除虫菊素、苦参碱、印楝素、阿维菌素 8 种药剂的灌根试验，结果表明噻虫胺对生菜的保苗效果最好，噻虫嗪次之。另外，植物源药剂印楝素也对生菜起到了很好的保苗效果。前两种药剂作为新烟碱类药剂、毒性较低，而印楝素作为植物源药剂、对环境友好无污染，均值得在生产上推广使用。

生菜韭蛆立体防控技术。地上黄板诱捕韭蛆成虫；土中剑毛帕厉螨捕食韭蛆低龄幼虫，BT 杀低龄幼虫（BT 需进一步验证）；生菜地放置盆栽韭菜诱引韭蛆成虫。

剑毛帕厉螨防控技术。开发出了针对生菜根蛆的捕食螨品种——剑毛帕厉螨。开发出相应的规模化生产技术，并在密云韭菜上开展应用该捕食螨防治韭蛆相关试验，并配以喷施 BT 试验。

生菜（芹菜）害虫绿色防控技术。生菜（芹菜）育苗时，在育苗盘周围放置生态粘虫板，诱杀蚜虫、蕈蚊、蓟马、潜叶蝇等害虫，培育无虫苗；在生菜（芹菜）定植初期，在畦间放置生态粘虫板，不仅对蚜虫、蕈蚊、蓟马、潜叶蝇等害虫起到监测作用，而且可有效诱杀这些害虫，压低虫口基数，在生菜（芹菜）整个生长期无需使用化学农药，保证生菜（芹菜）产量及品质。该研究成果在 6 个区的 10 个基地展开示范和推广，培训 110 人次，累计示范面积 32 亩、推广面积 300 亩、辐射面积 1 000 亩。

西花蓟马的防治技术。农业防治，培育无虫苗、覆盖黑色地膜和清洁田园。物理防治，在每个棚室悬挂 15～20 片蓝色粘虫板，既可监测蓟马种群动态，又可对诱杀大量的成虫。生物防治，在蓟马危害初期，可释放巴氏钝绥螨（*Amblyseius barkeri*），能够有效压低蓟马的种群数量。药剂防治，使用内吸活性强的药剂进行灌根处理后再移栽，在蓟马种群密度高时，可喷施杀虫剂进行防治，可选用的药剂包括多杀菌素类药剂、阿维菌素类药剂、虫螨腈等药剂。上述药剂务必交替或轮换使用，每个生长季每种药剂使用次数不超过 2 次。

芹菜蚜的防治技术。农业防治，在远离生产田的苗床播种育苗，并注意及时清除苗床和菜田的作物残体耕翻入土，收获时及时清除田间枯、残株、残菜叶，清除残虫。物理防治，可以悬挂或覆盖银灰色薄膜，忌避蚜虫；保护地内悬挂黄色粘虫板，诱杀成蚜。黄板的设置密度为 15～20 片/亩。药剂防治，保护地可采用敌敌畏或异丙威烟剂进行熏杀，在傍晚收工时将棚室密闭，把烟剂分成几份点燃熏烟。喷雾防治，可选择的药剂包括吡虫啉等新烟碱类药剂，高效氯氰菊酯、高效氯氟氰菊酯等拟除虫菊酯类药剂，以及螺虫乙酯、阿维菌素等药剂。

二斑叶螨的防治技术。农业防治，在远离生产田的苗床播种育苗，并注意及时清除苗床和菜田的作物残体耕翻入土，注意铲除田边杂草，清除残枝落叶，消灭隐蔽在植株残体中的部分虫源。在生长季节，尤其是气温干旱时，及时灌溉和施肥，以促进植株健壮生长，增强抗虫性。药剂防治，当 10% 的叶子上，每叶有成若螨 3～10 头时进行防治，可交替或轮换使用腈吡螨酯、烯啶虫胺、丁氟螨酯、哒螨灵、阿维菌素和哒螨灵等药剂。二斑叶螨容易对药剂产生抗药性，使用药剂进行防治时务必控制施药次数和剂量，并且要安全间隔期之内施药。

甜菜夜蛾的防治技术。农业防治，适度中耕和合理浇灌，可有效杀灭土中的蛹，注意铲除田边杂草，清除残枝落叶，消灭隐蔽在植株残体中的部分虫源。物理防治，甜菜夜蛾成虫有强的趋光性和弱趋化性，露地栽培的作物田可安装杀虫灯，诱杀成虫。药剂防治，当每株上有1～3头3龄前幼虫时进行防治，可交替或轮换使用甜菜夜蛾核型多角体病毒、阿维菌素类药剂、甲氧虫酰肼、氟铃脲、茚虫威等药剂。甜菜夜蛾容易对药剂产生抗药性，使用药剂进行防治时务必控制施药次数和剂量，并且要在安全间隔期之内施药。

温室电除雾防病促生和声波助长技术联合应用。在昌鑫农业种植园开展温室电除雾防病促生和声波助长技术联合应用试验。该实验以油菜为研究对象，通过对比试验，使用空间电场和声波助长技术后油菜单株重平均增加18.75克，与对照组存在显著性差异，增产13.9%，日光温室相对湿度平均降低约2.35%。

③节水关键技术。芹菜水分利用研究。通过叶施黄腐酸和甜菜碱、减量灌溉双项措施在芹菜上的应用发现，叶施黄腐酸和甜菜碱起到明显增加芹菜单株重、产量及群体水分利用效率的应用效果，二者效果相当。叶施黄腐酸和甜菜碱的措施实现了节水26%及增产13.5%～14.3%的双重目标，群体水分生产效率由对照的59千克/立方米增至90千克/立方米。对芹菜的节水措施进行对比分析，结果表明，与平畦漫灌相比，高畦滴灌+覆膜的措施在灌水量由2 485立方米降至663立方米的基础上，产量由54 466千克/公顷增至62 428千克/公顷（增产14.6%），芹菜群体水分利用效率由21.9千克/立方米增至94.1千克/立方米，节水增产提效作用明显，为当地今后芹菜生产的推荐模式。

油菜水分利用规律研究。开展了春季、秋季、温室、露地4个田间试验，分别对其进行畦灌、微喷带、地膜+畦灌、地膜+微喷带4个处理。结果表明，油菜栽培采用微喷带、地膜覆盖具有显著降低灌溉量、提高产量和水分利用率的作用，地膜+畦灌效果大于微喷带，地膜+微喷带栽培效果最佳。

油菜水分配规律研究。油菜温室栽培，植株蒸腾量最大、占比例最大，地面蒸发次之，土壤蓄水、植株蓄水所占比例极小。油菜露地栽培，畦灌和微喷带栽培蒸发量占比最大、蒸腾量次之，而地膜+畦灌、地膜+微喷带蒸腾量占比最大，蒸发量占比较小。采用微喷带灌溉、地膜覆盖能降低地面蒸发，提高植株蒸腾和植株蓄水，且地膜覆盖效果大于微喷带，地膜覆盖+微喷带栽培作用最强。

④提高叶菜营养品质。叶类蔬菜农药残留分析。构建了回旋振荡提取，简化的QuEChERS快速、简单、便宜、有效、可靠和安全提取净化的叶类蔬菜农药残留新方法对北京蔬菜基地86份叶类蔬菜样品进行分析。分析目标农药为有机磷类、有机氯类、拟除虫菊酯类、氨基甲酸酯类、部分烟碱类及部分硫脲类等50种。判定依据为《食品安全国家标准 食品中农药最大残留限量》（GB 2763—2016）。

叶类蔬菜微生物指标检测。截至2016年10月，共测量叶类蔬菜样品85件，以不同季节销售市场的生菜和企业加工的鲜切生菜为主。总菌数波动较大，一般温度较低时数量少，和往年规律相仿。大肠菌群的数量除了随温度变化外，在冬春转季时上升尤为明显。

沙门菌对不同品种生菜侵染力。比较了北生1号、北生2号、北散生1号、北散生2号4个自主生菜品种在栽培阶段被沙门菌侵染的风险。所有测试的生菜品种中，均没有出现沙门氏菌阳性结果。可见北生1号、北生2号、北散生1号、北散生2号在生产过程中被沙门菌污染的概率很小，风险度比较低。

不同条件对生菜中大肠杆菌的影响。不同的生产加工条件、不同的储藏条件等会对生菜中的微生物生长有很大的影响。因此，团队技术人员采用不同的切割方式、储存温度和储存时间考察不同条件对大肠杆菌在生菜中生长的影响。结果表明，随着温度的增加，大肠杆菌增值的速度加快，但其数量始终为切丝处理的生菜＞切块处理的生菜＞整叶处理的生菜，在4℃、10℃下可以存放到5天，但是22℃下第五天时已经开始腐烂了。因此，鲜切生菜的安全关键在于：0～4℃的冷链；满足客户要求前提下的少切割；选择低毒高效的消毒剂；更加有效的包装形式。

细菌在生菜中繁殖力。利用增强绿色荧光蛋白转入来自蔬菜中分离的大肠杆菌，并筛选得到一株在普通培养基中不添加诱导剂诱导和抗生素选择压力并稳定表达的菌株（E. coli-YS pBV220-GFP）。

叶类蔬菜种植对土壤微生物群落的影响。自2014年起，连续在北京归园田居生态农业园露地种植生菜、菠菜，不施用任何药剂，考察种植相应叶菜对土壤微生物区系的影响。结果表明，生菜的种植对土壤中硝化螺旋菌门、放线菌门、绿弯菌门、浮霉菌门的数量影响不大；菠菜种植后与种植前相比，土壤中这几类菌的数量却有明显增加。如果菠菜和生菜轮作，可能会导致土壤中这几类菌的数量偏高，尤其是其中放线菌门的数量。土壤细菌可培养数据亦显示，菠菜种植后的土壤中放线菌门明显居于第一位。

叶类蔬菜重金属检测。对北京市不同区县叶类蔬菜基地86份样品进行重金属（铅、镉、铬、汞、砷）分析和评价。测定标准食品中铅的测定（GB 5009.12—2010）、食品中镉的测定（GB/T 5009.15—2003）、食品中铬的测定（GB/T 5009.123—2003）、食品中汞的测定（GB/T 5009.17—2003）、食品中砷的测定（GB/T 5009.11—2003）。根据《食品安全国家标准　食品中污染物限量》（GB 2762—2017）判定，铅、镉、铬、汞、砷的含量均未超过限量标准。

叶类蔬菜重金属形态方法。采用两种提取仪来提取油菜样品中的砷形态及加标回收，结果表明油菜中含少量三价砷，两种提取仪获得的结果分别为1.8微克/升和2.0微克/升，说明回旋振荡提取方式与恒温混旋提取方式基本相当。同时，TMS-300恒温混旋仪提取的四种砷形态加标回收率分别为83.8%、86.5%、94.0%、104.8%；而SC-300回旋振荡提取仪提取的四种砷形态加标回收率分别为80.2%、80.2%、95.8%、107.5%，均处在80%～110%之间，说明两种方式的提取效果均较为良好，完全可满足实际检测工作的需要。

有机叶类蔬菜育苗。有机叶类蔬菜蔬菜育苗基质最佳配比为蛭石∶蚯蚓肥∶竹炭肥∶腐殖酸（6∶2∶1∶1）。育苗前，在基质中添加竹醋液1 000毫升/立方米，容重、有机碳、水解性氮以及苗期农艺性状最佳。

有机叶用油菜安全施肥。有机叶用油菜基肥施用2 000千克/亩蚯蚓有机肥加6.25千克/亩竹炭有机肥混施，显著降低油菜叶片内硝酸盐和亚硝酸盐含量；施用2 000千克/亩蚯蚓有机肥加18.75千克/亩竹炭有机肥，土壤有机质含量、微生物量和田间持水量最高。

有机菠菜、快菜安全施肥。有机菠菜、快菜基肥施用羊粪施1 000千克/亩酵素施用量5升/亩，产品中硝酸盐、亚硝酸盐含量及5种重金属含量均远低于国家标准。羊粪施用量对土壤全氮、碱解氮、有机质、田间持水量、微生物数量影响显著，随着施入量的增大而增大。酵素对土壤微生物具有一定的促进作用。

有机叶类蔬菜提质、节水灌溉。有机叶类蔬菜基地安装"矿质水发生器"，对灌溉水进行净化、矿化、磁化和活化，有效增加矿质元素，改变水分子的团簇结构，提高蔬菜品质，降低亚硝酸盐含量，降低灌溉量20%～30%。

有机叶类菜蔬土壤健康诊断与改良。叶类蔬菜基地土壤取样，检测土壤容重、有机碳（TOC）含量，利用 C/N 比，对土壤进行健康诊断。通过补充有机碳肥等措施，优化土壤 C/N，改良土壤，提高叶类蔬菜品质，降低亚硝酸盐含量。

北京无公害蔬菜生产技术规程。为了提高叶类蔬菜的产品安全，2016 年在北京市叶类蔬菜安全防控手册的基础之上，制定了叶类蔬菜安全生产规范。针对叶类蔬菜的生产特点，从致病微生物污染、重金属控制及农药安全使用三个方面提出安全生产规范，并开始在密云海华文景生态农业园区进行示范及完善，涉及产品包括芹菜、生菜、油菜和绿甘蓝。

叶类蔬菜病害综合防控新技术。以预防为主，综合防控为标准，应用定点施药、纸筒育苗、生防制剂的应用、生态条件的调控等措施的综合应用，达到控制叶类蔬菜病害的目的，实现全程绿色防控技术的推广应用。通过消毒预防种子表皮所携带病原菌，通过含药育苗基质培育无病壮苗，定植后使用诱导抗病剂提高成株期苗的质量，根据田间气候条件选择适宜时期进行生物粉尘剂施药，防治成株期叶部病害，结合诱导抗病激活剂使用 2～3 次，保证全生育期植株的安全。该技术已经在大兴、顺义、通州、昌平、密云、怀柔等 6 个区的综合试验站、合作社进行推广示范，示范面积 5 亩，推广面积 200 亩。

3. 成果丰硕

选育叶菜新品种 14 个，引进、推广品种 90 个，研推品种与生产用品种占比达 78%；研发叶菜节水技术 53 项，推广应用平均节水效能达 35%；良种良法配套，创建高效种植茬口组合，建立高产优质栽培技术模式，平均每亩增收 450 元，技术覆盖率达 70%；克服叶菜连作障碍，降低病虫害，保障产品安全在可控范围；与河北蔬菜创新团队合作建立 22 个叶菜夏淡生产供应基地，有效提高京城叶菜周年均衡供应能力；促进北京叶菜产业稳步发展，年播种面积占蔬菜总面积 40%。

2014 年团队成立以来，团队共获得省部级及以上奖励 26 项，其中由首席专家范双喜教授主持、团队成员参加的"生菜周年安全生产关键技术研究与应用"等 3 项成果分别获得北京市科学技术奖二等奖、三等奖和北京市农业技术推广奖一等奖，展示了以生产亟待解决问题为导向，攻克产业技术难关，研发与成果转化紧密衔接，加快应用技术有效落地的团队优势和协作能力。选育新品种、团队成员获授权专利 32 项；发表学术论文 267 篇，其中 SCI 论文 29 篇；出版著作 33 部。主持参与制定了国标《新鲜蔬菜初加工及配送操作规范》、北京市食品安全地方标准《即食鲜切蔬果生产卫生规范》等 4 项标准。

团队一贯注重人才建设，共组织农民培训 1 402 次，培养种植能手 118 名。团队内部晋升高级职称 6 人，培养硕士研究生、博士研究生 184 名。2015 年团队成员徐全明、卢志军分别荣获"北京市先进工作者"光荣称号。

专家站长走基层、下乡村调研共计 1 926 次，足迹遍布京郊大地。同时积极开展国际、国内交流，与国家大宗蔬菜产业体系、北京市现代农业产业技术体系各团队及兄弟省市现代农业产业技术体系开展交流协作。

（三）技术示范推广效益

1. 技术示范推广经济效益

单位产量平均提升了 35% 以上，平均每亩提高效益 500 元/年。（被培训）农民收入以及本团队推广的新技术新品种的农民收益均有明显增加，增加幅度在10%以上。研究成果在北京地区推广覆盖面积17 992公顷，增产31.7万吨，新增效益13.96亿元，累计新增效益317 341万元。

①降低生产成本。平高畦灌、密植技术，提高经济效益7.43%～10.46%；生防菌剂技术，节约农药投入140余元/亩；手持式穴盘播种器，效率是人工的6倍等。

②提高单位产量。空间电场/声波助长技术使油菜增产13.9%；二氧化碳远程施肥系统使生菜增产13.2%；叶菜新品种较一般品种，增产11%，每亩增加产值750元等。

③提高叶菜质量。叶菜采后处理技术，提高叶菜商品率至80%以上；降低叶类蔬菜损耗率技术，提高了50%的附加值；加工流通质量安全信息化管理系统，提高经济收益10%以上等。

2. 技术示范推广生态效益

通过技术应用，示范点平均每亩节水10%，每亩节肥料、农药用量5%，减少了面源污染。在保证产量的情况下，化肥、农药的减少施用，既降低了成本，又起到了保护环境的作用。

①研发推广生态友好型技术。筛选叶菜节水新品种3个（农大菠杂一号、皇家速腾、京菠一号）；智能通风地温加热系统，可使日光温室提高2℃左右，确保叶菜安全过冬、减少经济损失，同时可节约燃煤、减少空气污染；菜覆膜播种机，实现节水20%～30%；通过滴灌、平高畦、合理密植，降低灌溉水使用量达60%以上；生防菌剂技术，减少化学农药使用90%以上；降低叶类蔬菜损耗率技术的集成与应用，减少垃圾进城及消毒剂的使用。

②提高化肥、农药使用效率。以生物粉尘剂施药为主的叶类蔬菜绿色防控技术，减少了化学农药的使用量，喷粉施药无需用水，节约用水量。农药喷雾助剂（格朗地），平均可减少叶类蔬菜病害防治化学农药使用量30%以上；粉尘机的改进，提高了农药有效利用率40%。水肥一体化模式，每亩节水52立方米，每亩节肥4.8千克。

3. 技术示范推广社会效益

（1）推广服务

紧紧围绕"高效、高端、高辐射"，优先将成熟技术整体打包，针对市场需求，本着"缺什么，补什么"的原则，围绕产业需求进行实用推广技术培训，推广一批能够促进产业链增产、增收的成熟技术，争取将实用技术培训和劳动力就业培训紧密结合起来，辐射带动产业发展和农民增收。

（2）应急任务

通过怀柔芹菜根线虫病的土壤消毒、百善镇救灾发种、大兴区蔬菜遭受冰雹袭击等任务，减损预判各种紧急情况尤其是极端天气情况对叶类蔬菜产业各环节的损害，研究准备应对预案及技术支撑，供政府决策参考。

（3）宣传交流

累计组织叶菜技术培训、观摩活动189次，培训农民学员2万人以上，建立示范基地或示范点116个，媒体宣传报道次数共计575次，国内外交流次数共计368次，推广新技术新品种使用率高达95%以上。

（四）对产业支撑作用

1. 创新团队对产业支持模式

（1）设施叶菜高产高效优质生产与示范

①高效茬口安排与栽培技术示范。叶菜高效茬口模式：2013—2016 年分别在小汤山展示基地、通州碧海圆、顺义综合试验站大孙各庄基地对五种叶类蔬菜（快菜、油菜、生菜、芹菜、菠菜）各常见品种进行周年生产，通过分析叶菜生产的投入产出情况，筛选出了 5 个茬口衔接较好且效益较高的茬口组合。其中效益最高的茬口组合为"快菜—菠菜—芹菜—散叶生菜"，效益可达 17 440.68 元，效益次高组合为"芹菜—快菜—快菜或菠菜"（10 517.19 元）。

高产优质栽培模式新技术。设计了温室东西向、平高畦、地膜覆盖、芹菜双株、水肥一体化轻简化栽培技术体系。128 穴盘双株育苗，节省成本，双株定植、稀植，行株距 30×20 厘米，节省劳力，滴灌水肥一体化节约肥水。该栽培模式普遍适用于小株、普通芹菜栽培。目前，已在大兴长子营罗庄基地、农业综合示范站进行了示范与推广。

播期对结球生菜生长影响。针对 2012—2014 年通州东定安秋露地结球生菜出现的大面积抽薹、裂球问题，在小汤山展示基地及通州区开展不同播种期对于结球生菜生产影响的研究。通过比较生育期、抽薹情况和产量等指标性状，总结出在北京区域秋季露地种植高产高效品种，以及最佳播种时期。

②叶类蔬菜高产试验示范。结球生菜高产试验示范。为促进叶类蔬菜高产和技术示范，2015—2016 年在京郊顺义区大孙各庄镇大洛泡村、通州永盛园分别进行了结球生菜不同底肥、施肥试验示范工作，示范面积总计 21.5 亩。试验地区的春茬、秋茬增产率分别达到了40.97%、9.70%和 18.55%、4.88%。

芹菜越夏生产示范。在怀柔北京满乡风情种植专业合作社和密云后南台、北庄北京海华文景农业科技有限公司以塑料大棚内栽培的方式进行了芹菜越夏生产示范。示范大棚共计11 栋，集成了多项芹菜生产技术，包括高畦栽培、节水灌溉、防虫网和黄板。

（2）加工流通环节关键技术示范

①采收关键技术研发。确定生菜最适采收成熟度。通过调查生菜生长发育、试验动态分析产品形成过程，确定不同生育类型生菜成熟度及采收标准。生菜采收标准基于叶片数量、尺寸、颜色、开展度等生长发育程度来划分，并根据叶球尺寸和紧实度分级。

确定叶菜最适采收期。叶菜适期采收，品质好、耐贮藏。团队对不同叶菜、不同品种、不同用途进行综合考虑，设计了生菜、芹菜、菠菜等主要叶菜不同品种最适采收期指标。

制定叶菜采后处理技术规范。对叶菜采后的整理、差压预冷、分级、包装、冷藏和贮运环境进行了具体研究，对各个环节设置了技术规范，保障了叶菜质量。

制定生菜采后操作规程。目前已应用于北京裕农和东升方圆。通过该技术的集成应用，生菜采后损耗率由原来的 30%降至 20%，生菜整菜保鲜期可达 40 天，油菜整菜保鲜期达 28天，并保持较好的营养成分及风味，附加值提高 50%。

②加工包装关键技术。加工清洗消毒技术。对比产品消毒、设备消毒和水槽静置消毒等不同消毒方式的消毒效果、效率及成本节约情况，结果表明，流动消毒和静置消毒在杀灭细菌方面达到了基本一致的效果，但生产效率、用水、消毒、人工等差异显著。

改进叶菜加工生产线。对已经建立的叶类蔬菜加工自动化示范生产线的清洗、消毒以及甩干等关键环节技术进行改进及完善，改进甩干离心设备，提高甩干效率，减少因甩干造成的机械损伤，形成预处理车间设备清洗消毒操作规程，并对技术骨干进行培训。该自动化生产线已在北京市裕农优质农产品种植公司怀柔蔬菜加工厂等公司应用。

专用包装材料的筛选及开发。选择 20 种不同包装材料，并确定技术参数；对包装各要素进行交互实验，测定感官指标和理化指标变化；对比研究保鲜效果，筛选出不同鲜切叶菜最适合的包装材料。已在北京裕农及南河公司进行示范，推广企业 6 家——康一品、创新、成都顶鲜、南宁博格、昆明顶鲜及江苏雅仕，累积应用规模 2.427 万吨。

鲜切叶菜产品气调保鲜技术。以感官评价为指标，在较低量气体比例范围内筛选出保鲜效果良好的 4 种气体比例。该成果已应用于北京裕农优质农产品种植公司。

叶菜加工流通质量安全信息化管理系统。设计了叶菜加工流通质量安全信息化管理系统，实现科学化统计及可追溯性跟踪的全程数字化管理，为蔬菜的安全加工及流通提供可靠的数据支持。该系统已在北京市裕农优质农产品种植公司怀柔蔬菜加工厂进行推广应用。

即用鲜切蔬菜监管规范。调研北京市鲜切菜生产加工企业，制定规范涵盖监管范围、定义、基本生产流程、监管重点环节（资质和基础条件监管、原料的监管、生产过程的监管、产品检验的监管、管理制度的监管）及年度监管。

（3）新型叶类蔬菜电子商务应用示范

针对农产品全产业链，提出基于两阶段双向流通的、全产业链的农业电子商务流通模式（图 7-39）。该农业电子商务流通模式是从整个产业链的角度，将农资提供商、农业生产者与消费者三者之间以两阶段的双向流通（物质流和信息流）串联起来，可以有效地保障农产品在产销过程中实现优质优价。

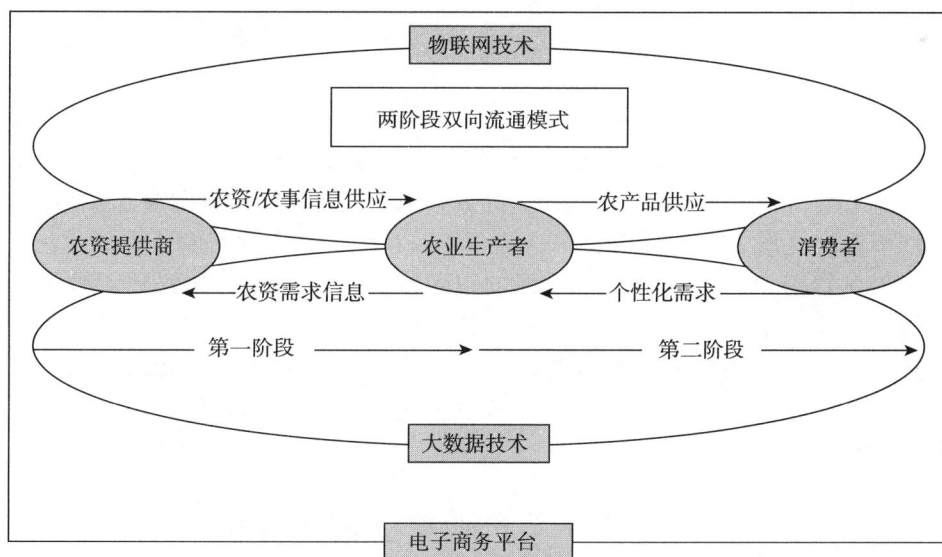

图 7-39　基于两阶段双向流通的、全产业链的农业电子商务流通模式

2016 年上半年，重点开展了新型叶菜电子商务发展模式建设，探索基于"互联网＋叶类叶菜"的北京自产叶菜优质优价提升路径。与北京农信通集团合作，已经在 7 个区县 10 个企业（基地）开展新型叶菜电子商务示范推广建设，并上线聚农宝众筹平台。通过聚农宝

众筹平台，基地实现叶菜生产全程可视化、叶菜产品展示、创意活动组织、叶菜生产众筹等功能。

（4）叶类蔬菜技术培训及农民培养

累计组织叶菜技术培训、观摩活动 189 次，培训农民 4 012 人次。主要观摩活动有品种展示观摩会、秋大棚品种展示观摩会、春茬叶菜高产样板田创建与技术集成、农机具现场观摩会、生菜生产关键环节机械化技术观摩会、秋季叶菜高产高效栽培技术集成示范会。培训活动主要有叶菜品种及高效栽培技术培训，对手持式叶菜移栽器、手持式穴盘播种器、起垄机、声波助长仪、智能通风地温加热、深松机等设备集中培训，叶类蔬菜质量安全培训等多方面内容。

2. 创新团队产业支持案例分析

通过团队成员的团结协作，京城叶菜生产一改以往松散、低产、大肥水、低产出的不利局面，发展成为以节水、轻简、安全、高产为特点的、具有高端品味的新型都市农业生产体系。北京叶类蔬菜播种面积稳中有增，研究成果在北京地区推广覆盖面积 13 692 公顷，增产 31.7 万吨，新增效益 13.96 亿元。自给率保证在 30% 以上。技术辐射河北、山西等周边地区，通过京津冀协同发展，北京叶菜控制率显著提高，累计新增效益 317 341 万元，经济、社会效益显著。

（1）建立综合试验基地

建立示范基地或示范点 247 个；直接或指导开办农民田间学校 30 所；示范技术 116 项、引进、推广品种 90 个，总推广面积达到 24.1 万亩，平均每亩提高效益 580 元/年。共组织观摩培训 642 次，累计培训农民 39 006 人次，组织农民活动日 992 个，明显促进了农民收入增加。团队在各区县开展生产竞赛，其中，大兴开展的生菜越夏栽培生产竞赛有 160 多位农民参与。通过跟踪种植过程，掌握生产问题，带动先进技术的推广。

（2）携手企业园区提升产业水平

携手企业园区共建立 43 个叶菜示范点，其中裕农种植、顺义农科所、昌平种子管理站等 12 个为主干叶菜基地，大兴示范站为叶菜节水等技术高度集成示范区。扶植带动 53 家企业、园区调整结构、转变方式，发展高产、高效、节约（生态、水资源等）农业。

与北京市裕农优质农产品种植公司进行合作，将团队技术优势和企业经营优势有机结合，为其提供从育苗、栽培到加工一系列的技术支持，使其成为集科研、种植、加工和销售于一体的农业龙头企业，周年为大型餐饮连锁企业、饭店、超市等供应优质安全叶菜产品。此外，团队还扶植了大兴区新聚点人民公社绿色农庄、顺义杨宋镇宋各庄村蔬菜种植合作社、密云县海华文景农业科技有限公司等一批园区企业，切实解决了其生产上遇到的问题。

三、叶类蔬菜产业典型案例分析

（一）产业发展新业态案例

1. 基于 LED 光照的集装箱式植物工厂

基于 LED 光照的集装箱式植物工厂（简称：CyberFarm）按照清洁生产理念进行系统设计。该产品基于新型节能高效 LED 光源作为人工光源，利用密闭式围护结构和循环式通风环控设备实现优质叶菜的周年计划性稳定生产，使客户快速了解植物工厂技术的功能特点和设计理念。该系统能够实现定销定产的工业化生产，即每天播种、每天收获的周年稳定生产，日产量为 70 株，年产量为 160 千克/平方米。植物工厂技术作为未来农业的一种新型生产模式，将为高附加值植物生产提供技术支持。

2. 种植、养殖融合生态模式

国家饲料工程技术研究中心动物实验基地位于河北省承德市丰宁县汤河乡大草坪村一个封闭的山谷中。动物实验基地的选址及养殖区、苹果园、蔬菜大棚、沼气工程等布局就是为了动物养殖污染零排放问题寻找解决技术路径及措施。通过研讨及多学科合作，积极探索一种种植、养殖融合的生态模式。

3. 智慧农业（蔬菜）

智慧农业（蔬菜）的建设目标就是以云计算、物联网、大数据和移动互联作为核心技术支撑，对蔬菜生产的水、肥、种、药、温、气、光等数据进行实时采集与监测；同时，基于作物生长需求模型精准控制环境与施用农资投入品，为蔬菜创造最佳生长环境，达到精准灌溉、施肥、施药等目的。采用快速无损检测技术来实现对蔬菜营养品质和农药残留物的鉴定，实现蔬菜质量安全全程可追溯，保障蔬菜从田间到餐桌的质量安全。建立基于全产业链的蔬菜电子商务服务平台，实现从生产到餐桌全程可控、可视、可追溯，确保农产品优质、安全、优价。

4. 新型电子商务

聚农宝电子商务平台（聚农宝 APP）是北京农信通集团基于手机开发的移动客户端软件（有安卓版和苹果版）。通过聚农宝电子商务共享平台，可以实现蔬菜生产全程可视化、蔬菜产品展示、创意活动组织、蔬菜众筹、休闲观光农业等功能。聚农宝电子商务平台投入运营以来，促进了生产者参与蔬菜流通，搭建了蔬菜消费者和生产者之间的桥梁，提高了消费者的消费信心，有效实现了蔬菜优质优价，也有利于北京自产蔬菜品牌的创建，充分发挥了电子商务在蔬菜流通中的作用。2016 年通过合作，已经在 7 个区县 10 个企业（基地）开展新型蔬菜电子商务示范推广建设，并上线聚农宝电子商务平台。

（二）典型案例分析

1. 沙邦基地叶菜沙土基质生产模式

沙邦科技公司经理江培福介绍了叶菜沙土基质生产模式，以及公司叶类栽培技术研发、应用情况，尤其是展示了智能节水灌溉、配方施肥及水肥一体化装备研发应用的良好效果。沙邦基地位于昌平区新刘路旁的荒野沙砾河滩地带。基地利用沙土作为基质栽培叶类蔬菜。沙土具有通透性、抗土壤病害传播、易于管理等优点，但是保水性能差。基地充分利用智能灌溉施肥设备解决了蔬菜生产水肥问题。

2. 朝阳中农春雨全产业链蔬菜生产模式

中农春雨现代农业产业园位于朝阳区金盏乡皮村东，温榆河西畔，南靠徐尹路，园区占地 1 250.5 亩，其中有机果树 300 亩，有机蔬菜 670 亩，科普教育基地 62.5 亩，农业生态林 218 亩。公司定位为有机食品全产业链生产商、供应商和服务商，致力于创建国际知名的有机食品企业，其产业经营模式为：研发＋生产＋加工＋物流＋示范＋服务。园区现建有有机主题餐厅一处，可以同时满足 400 人的就餐需求；园区有机餐厅结合"鱼菜共生生态系统"统一规划建设；已建成冷库一座，含冷冻库 2 间，库容 100 吨，冷藏保鲜库 3 间，库容 200 吨；拥有占地面积 200 平方米的包装加工间一座，可实现蔬菜、水果的产后初检、预冷、加工与包装等产后处理功能，日处理能力达 100 吨；现有大中型森林拓展基地 200 余亩，户外教育拓展设施 6 套，可同时满足 800 名儿童亲子教育活动；园区开辟私家会员农场 1 处，用于满足北京市民农耕体验的需求；建设老北京蔬菜品种科技展示园 1 处，用于传统老北京蔬菜品种的展示及种植技术推广。

3. 房山慧田农庄有机蔬菜种植模式

慧田农庄位于房山区琉璃河镇周庄村，农庄占地面积 300 亩，2011 年开始修建温室，2015 年被评为国家级示范社和北京市绿色防控基地。

慧田农庄采用专业合作社管理模式，统一管理，统一营销。农庄严把生产过程质量关，按照有机种植的方式，种植健康的有机蔬菜。坚持生产标准：坚决不使用化学肥料、杀虫剂、除草剂；采用小型气象站进行监测，使用杀虫灯、黄板、蓝板诱虫；使用生物竹炭肥，并自行制作堆肥。创建的一年仅仅收获一次的有机韭菜品牌满足了高端消费需求，销售价格达到 40 元/千克，且市场供不应求。营销环节，注重将蔬菜与旅游、餐饮结合起来，创造菊花观光与菊花美食品牌，销售价格可以达到 100 元/千克。

4. 延庆绿菜园有机蔬菜产销模式

延庆绿菜园蔬菜专业合作社共有成员 254 户，有机蔬菜种植面积达 470 亩，有机蔬菜设施大棚 360 个。有机农业存在投入大、风险高、组织管理复杂、危机响应速度要求高等特点，对以农民为主体的农业合作社而言，是一个巨大挑战。为了打造一种全新的有机农业发展模式，最大限度降低生产经营风险，最大限度降低成本，最大限度提高生产效率，2009 年绿菜园对有机蔬菜设施大棚进行了互联网＋设施农业物联网试点建设，通过八年的应用与改进，已建立起比较成熟的应用体系，拉近了消费者与产品的距离，为产品的销售提供了保障，成功探索和建立了一套适合我国现代农业信息化的道路，产生了显著的经济效益。

5. 延庆北菜园有机蔬菜智慧生产模式

延庆北菜园种植基地通过三年的转换，土壤、大气、水均达有机种植标准，有机认证土地达到了 470 亩，设施大棚 360 个，年产有机蔬菜 175 万千克，100％病虫害物理防治，2011 年起引进物联网信息科技技术，具备了都市型现代农业条件。通过物联网，对种植基地、配送中心、物流系统和营销网络进行整合，实现了对"商流、物流、信息流、资金流"的全方位管理。公司对 52 个品种的有机蔬菜进行了有机认证，注册了"北菜园""菜姐""365 鲜"等 6 个商标，并通过农宅对接、社社对接、商超对接的方式将有机蔬菜销往京津冀地区。

6. 顺义绿富农果蔬体验型蔬菜生产

顺义绿富农果蔬产销专业合作社位于顺义区木林镇，成立于 2007 年 9 月，占地面积 1 200 亩，业务范围包括果蔬种植、配送，新品种新技术引进推广。2009 年注册了"水云天"商标，积极推进蔬菜生产追溯制，对生产果蔬均进行无公害和有机认证，并通过 ISO9001 质量管理体系认证。合作社与顺义 40 家幼儿园签订配送合同，秉承"互联网＋农业＋旅游"的发展理念，在顺义新城开设两家直营店，实现"基地生产——超市销售"的对接，开通微信公众号"绿富农果蔬"及微店，网上下单，与顺丰合作，同城当天即到，也可到直营店自取果蔬，真正让市民能够体验到从田间到餐桌的安全便捷，同时让更多的人了解现代观光农业，参与体验农事劳动，推广科普宣传。园区向清洁生产，循环利用，智能化管理方向发展，不断推进实施水肥一体化改造工程、绿色防控工程，旨在建成集工厂化生产、科普示范与推广、旅游休闲为一体的现代农业标准化绿色生态园。

7. 大兴京采兴农蔬菜生产带动模式

大兴京采兴农产品专业合作社创建于 2009 年 7 月，与北京家乐福超市农超对接达 7 年之久，年销售额近 500 万元，与北京京客隆廊坊有限公司对接，年销售额近 300 万元，2014 年被评为"国家级示范社"。现流转土地 250 余亩，兴建标准温室大棚 85 个，使用面积 125 亩，绿化 5 000 平方米，建保鲜库 500 平方米，接待站 1 000 平方米，安装路灯 100 盏，可接待旅游观光及市民采摘，同时带动 150 余户 400 余农户增收，预计年收入可增长 15%～20%。合作社有以下几方面优势：合作社有专门的生产试验基地及技术推广服务团队，推广果蔬的科学管理方法。全部产品都由本地农民种植生产，生产过程施用农家肥，保证产品的天然、绿色、无污染，并顺利通过无公害农产品的认证，大大提高了农民的收入。

8. 大兴立征春雨可追溯蔬菜生产模式

大兴立征春雨农业专业合作社现有日光温室 14 栋、钢架塑料大棚 128 栋。能够全年种植、生产、供应各类精品蔬菜、时令蔬菜和水果等。已打造成为地区"无公害蔬菜"品牌生产基地，注册有"立征春雨""鑫黄堡"农产品商标 2 个。种植品种以西甜瓜、果菜类和叶菜类为主，年产量 2 000 余吨，销售额达 800 余万元。2013 年 10 月被授予"北京市菜篮子工程"优级生产示范基地。合作社充分利用当地优质的环境、土壤和灌溉水资源优势，带动本村和周边农民共同从事无公害瓜类蔬菜种植，增加农业收入，不断强化基地规范化、标准化管理，积极创新农业技术，大力发展高端农业经济建设。合作社通过对园区基础设施建设，进一步了延长蔬菜产业链条，形成生产、采摘、观光、农产品采购的一条龙服务体系。该园区是大兴区园艺化设施蔬菜标准园发展规模和经营效益较好的农业企业之一。合作社按照加强食品安全管理的要求，着眼于切实以农产品质量安全管理为核心，提高农产品质量安全水平这一主线，确定实现三个目标：确保农产品生产环节标准规范、确保农业投入品符合国家要求、确保群众餐桌农产品领域的食品安全。在此基础之上，增强市场竞争力，紧紧围绕农业产业结构调整和农民增收，树立"农产品质量和效益并举"的思想，建立健全农产品质量安全保障体系，全面推进农业标准化进程，加快农业产业化经营，努力提高农产品质量安全水平，使农产品市场竞争力明显增强、农业增效和农民增收，以适应新形势下农业和农村经济发展的需要。

四、叶类蔬菜产业发展政策与建议

（一）产业发展问题及其技术需求

1. 品种繁育

叶类蔬菜品种繁育环节，缺乏设施专用、系列配套、综合性状优良的品种。主要表现为主栽品种单一、品种抗病性差、抗逆性较差、商品性欠佳等。

2. 蔬菜安全生产问题

对于新发病虫害、传统病虫害新特征等识别能力不足、监测与预报能力不足、防治手段不足。原有技术障碍未解决，新型技术措施及配套产品等不到位，农药投入明显较普通大田作物高，且使用效率不高，对靶性不强。针对单虫单病的防控依然比较多，需要建立系统性全程病虫害防控管理。

3. 蔬菜栽培与机械化问题

（1）再增产的背后，土地污染、地下水下降等问题日益凸显，传统的农业发展模式已经不可持续，转变农业发展方式迫在眉睫。

（2）京郊农村青壮年劳动力趋于紧张，劳动力价格持续大幅上升。"候鸟农民"在一定程度上缓解了京郊农业生产劳动力短缺的现状，但往往缺乏农产品质量安全意识。精通现代设施农业管理与栽培技术的人员缺乏，与功能先进的设施装备和技术难以有效匹配，生产效率低下、质量不高。

（3）北京是极端缺水的大都市。应大力发展和普及高效节水灌溉、地膜覆盖下喷滴灌降湿防病等新技术、新产品。

（4）北京的设施农业机械化应用程度整体还较低。设施栽培的作业机具和配套设备尚不完善；现有作业机具中适用于大棚内、农业设施内的机型较少，而且各机械存在适应性差、标准化程度低、作业质量参差不齐等缺点。

4. 叶类蔬菜加工储藏保鲜问题

叶类蔬菜采后处理效率仍有待提高，同时缺乏叶菜生产、加工及贮运的标准及规范，蔬菜加工企业缺乏安全管理依据及生产操作规程。

5. 北京自产蔬菜优质优价问题

北京蔬菜生产具有一定优势，表现在地理环境和自然气候适宜，农业基础设施和技术水平较好，交通便利、信息化水平较高。同时，北京又面临水资源和耕地资源双短缺的限制，在流通条件提高的情况下，已失去大宗农产品优势。应重点发展优质安全、高价值的特色蔬菜。北京本地蔬菜由于流通环节少，更有利于保证蔬菜营养和质量。

（二）产业发展趋势及其亟待解决的技术问题

1. 工厂化生产模式及其关键技术　亟须改变生产方式，探索叶类蔬菜工厂化生产模式及其关键技术，提高叶类蔬菜规模化、标准化生产水平。

2. 轻简化生产技术　叶类蔬菜种植是劳动密集型生产方式，散户种植为主，急需轻简化生产技术，降低劳动强度，提高叶类蔬菜的社会生产效率。

3. 育种繁育　需要适应不同生产环境（低温、高温、露天种植、设施种植、工厂化生产等）要求的优质品种，育种繁育工作意义重大。

4. "两减一节"技术　减施农药、减施化肥和节水关键技术仍需突破，保证叶类蔬菜品质，提高叶类蔬菜生态效益。

5. 叶菜病虫害普查监测　开展叶菜健康育苗、土壤生态调控、害虫生物物理防控、植物源农药等绿色防控技术，开发相关产品并实现规模化、产业化生产。对叶菜重要病虫害防控单项技术进行集成，开发全程系统防控。建立叶类蔬菜农药残留、重金属含量、亚硝酸盐、致病微生物等快速检测技术及相关标准。

6. "互联网＋叶类蔬菜"模式创新　需要从全产业链角度研究搭建蔬菜生产者和蔬菜消费者的产供销桥梁，推进"互联网＋叶类蔬菜"产业融合升级，解决蔬菜质量安全与优质优价问题。

（三）具体建议

1. 新品种种质资源创新与新品种选育

（1）生菜种质资源创新与新品种选育示范

以生菜为研发对象，开展高产、抗病、耐热、耐抽薹、商品性好、多类型、适合露地和设施种植的综合性状优良的生菜系列配套品种选育和引进；开展生菜耐热特性相关的深入研究。通过引进、筛选的方法筛选适合北京郊区露地和保护地生产栽培的抗病、抗干烧心、丰产、优质生菜新品种。引进、筛选或选育适合不同茬口和栽培方式的专用品种，重点研发生菜高产、抗病（霜霉病）品种，优质健康种子生产技术与生产、种子引发技术研究与生产应用。

（2）菠菜种质资源创新与新品种选育示范

以菠菜为研发对象，开展抗病、耐热、耐抽薹、商品性好、多类型、适合露地和设施种植的综合性状优良的菠菜系列配套品种选育和引进；开展菠菜耐热特性相关的深入研究，创制菠菜耐热新种质。

（3）芹菜种质资源创新与新品种选育示范

选择国内适合繁种的繁种基地，进行优质种子高产研究，尽快生产出优质，价格合理的种子。与北京蔬菜研究中心种子质量检测中心合作进行芹菜种子引发技术的研究。筛选或选育适合不同茬口和栽培方式的专用品种，如冬季温室品种，春季大棚品种，露地品种等。筛选或选育适合不同产品方式的专用品种，如苗芹品种、小香芹品种、高品质品种等。

（4）油菜、快菜种质资源创新与新品种选育示范

选育耐寒耐抽薹、耐热耐雨水的优质快菜、油菜品种，满足市场对深绿色耐寒、耐抽薹及耐热、耐雨水快菜、油菜品种的需求；建立新品种和新技术示范基地；提高抗性、产量和品质，促进北京叶菜产业技术升级，提高北京叶菜供应能力。

2. 设施叶菜工厂化生产与示范

（1）叶类蔬菜栽培机理研究

在油菜、散叶生菜、菠菜上进行不同种类、施用量的肥料试验，摸清影响产品中硝酸盐含量的因素。进行油菜、散叶生菜的立体栽培生产。进行芹菜、油菜、生菜、菠菜、快菜的浇水基础数据摸索试验以及生菜不同灌溉量对产量的影响试验。在京郊芹菜种植面积最大的果村基地，连续进行芹菜安全品质监测，积累农药残留数据，摸清农残超标的原因，为大面积生产服务。

（2）叶类蔬菜茬口安排与栽培模式

进行日光温室、塑料大棚的叶菜周年生产试验，摸索、总结出5套日光温室周年亩产值3万元以上、3套塑料大棚周年亩产值2万元以上的叶菜高效种植茬口进行推广，提高京郊保护地效益。

（3）叶类蔬菜工厂化栽培模式研究

在京郊顺义、通州、密云、大兴进行叶类蔬菜的普通温室大棚以及露地的高产、安全生产示范；在小汤山展示基地进行叶菜工厂化生产，摸索平面生产的种类和高产技术，立体栽培高产模式和营养液配方，达到每平方米年产量55千克的高产和275元的效益，使温室生产能够获得纯收益。

（4）叶菜生产灌溉、施肥精准控制技术研究

研究日光温室叶菜水、肥精准控制技术与装备。借助传感器技术对温室内叶菜种植土壤的水分及养分信息进行监测获取，建立叶类蔬菜给水供肥模型。研究水肥一体化自动灌溉装备，实现基于模型驱动的自动浇水与施肥，最终达到精确浇水与施肥的目的。

（5）通过综合试验站及田间学校工作站，在京郊 7 区累计建立综合高产高效样板田 20 块

累计举办 10 期叶菜种植技术培训班，培训 1 000 人次以上，组织观摩 9 次，观摩人数达 630 人次。

3. 叶菜轻简化生产与示范

（1）引进先进的蔬菜种植机械化配套技术，针对团队示范推广的新品种加强设施环境因子如水、肥、气、暖等环境的自动、智能、远程、物联网化的综合控制。同时，对现有农机具进行性能优化和田间试验验证，使其适用范围更广、性能更稳定。针对叶菜生产中施肥、收获等环节缺乏配套农机具的问题，团队将引进施肥、收获机具，开展田间试验。

（2）在设施耕整地、起垄、播种、移栽、收获等方面继续引进或筛选、开发或改进配套适用的农机装备，经过生产实际考核，进行蔬菜机械化生产示范，条件成熟后进行小范围推广，提高劳动生产率。对生菜、油菜等叶菜关键环节配套的农机具进行参数整合，形成生菜、油菜等叶菜关键环节机械化种植模式，编制作业规范，使该模式具有可操作性、可复制性及可推广性。

（3）利用"互联网＋"技术，建立蔬菜技术生产平台，对耕整地、移栽、收获及灌溉、温室通风、温湿度、施肥进行精细化管理，提高集约化水平。

（4）叶类蔬菜流通贮运环节保鲜关键技术研究及专用包装材料的开发与应用。重点开展不同包装材料及方式对流通贮运环节叶类蔬菜品质的影响研究、叶类蔬菜保鲜防腐抗菌专用包装材料的开发、原料菜气调保鲜技术体系的建立与应用。

（5）制定叶类蔬菜加工环节安全生产的关键技术与标准规范。开展加工环节有害微生物安全监控技术的研究及应用。开展加工厂安全生产研究，制定加工厂生产卫生规范。

（6）叶类蔬菜加工专用设备及配套工艺的研究。针对目前切割设备存在的生产效率低、切割不标准及工人劳作时间长等问题，开发新型叶类蔬菜加工专用切割设备。研究与脱水设备及切割设备配套的生产工艺。

4. 叶类蔬菜"两减一节"关键技术与集成示范

（1）叶菜抗病性鉴定评价技术建立

明确北京地区主要病虫害种类及新发病虫害的致灾规律，建立快速检测技术，为早期诊断提高技术储备；通过对北京地区叶类蔬菜化学农药使用本底调研，明确化学农药过量使用的成因、沉积转运规律、环境因子对药效的影响等；明确叶菜的抗性发展动态和抗性机理；研发针对重要病虫害及杂草等的防控新技术、新产品。

建立完善的北京叶类蔬菜安全生产质量标准和产品质量检测体系，研究污染物在叶类蔬菜体内的代谢、降解和作用机制；研究和评估食源性致病微生物在叶类蔬菜中的风险评估。

针对生产上急需解决的重要病害（如霜霉病、菌核病、线虫等），分离鉴定致病菌，选用代表性优势菌株，从接种方法、接种时期、接种浓度、病害分级和评价标准等方面，完善重要病害鉴定和评价技术。筛选叶菜优质抗病新种质，研发环境友好型生防菌剂产品，试验

示范推广叶菜轻简化栽培的病害绿色综合防控技术，带动周边叶菜生产转型升级。

（2）芹菜优质抗病新种质筛选

利用已收集到的43份芹菜品种与已辐射诱变的芹菜新种质，结合自然和人工接种鉴定技术，利用北京气候条件鉴定，通过在北京地区进行设施栽培与选育，筛选出适应于不同设施、不同栽培季节的优质、抗病性突出的芹菜新种质2～4份。

（3）叶菜重要病害生防菌剂的产品研发和高效利用

分离鉴定生防菌，对其进行生物安全性评价，完成其抗病效果的实验室和田间研究，筛选出抗病效果较好的生防菌株1～2株，研发出相应的益生菌产品，达到生物防控，并进行提高生防菌剂防控效果的研究。

（4）叶菜轻简化栽培的病害绿色综合防控技术集成示范

依托于大兴长子营镇凤河现代农业示范区（大兴区蔬菜新品种、新技术示范和菜农观摩学习的重要基地，占地450亩，日光温室213栋，完成节水工程400亩，已引进、示范、推广蔬菜新品种、新技术60多个，直接带动周边100多农户种植新品种100万亩，辐射带动1 000余农户，农户现场观摩5 000人次），与大兴长子营镇政府和叶菜团队专家张宝海、邹国元和罗晨合作，开展叶菜轻简化栽培的病害绿色综合防控配套技术集成示范，带动周边叶菜生产转型升级。

依托位于昌平区麦庄村北京平仁农业发展有限公司（该农场主要发展生态有机标准的农产品，面积52.3亩，拥有日光温室种植面积11亩，露地种植面积30亩，会员种植区6亩，自产蔬菜水果60余种，并配有小型养鸡场、堆肥场1.5亩。引进滴灌、高畦等先进栽培模式，辐射带动周边300余农户、十余个种植农场，年接待参观、采摘人数近千人次，平人农场现今已成为当地有机种植领域的引领者），开展有机叶菜轻简化栽培的病害防控技术集成示范，促进有机农业发展的规模化和标准化。

（5）技术集成创新

以农事操作为主线，将投入品、使用技术与不同的生产模式相结合，将植保技术与土肥、栽培等技术相结合，逐步提升叶菜病虫害防控的精准化、集约化、机械化水平，形成针对性强、操作友好、简洁高效的综合防病虫技术体系，并形成相应的绿色生产规程。

通过建立示范基地，开展技术培训等手段宣传绿色防控理念、展示技术成效、形成社会效应、推动技术广泛应用。

（6）系统性解决生产实际问题，并进行蔬菜安全生产技术推广、培训和示范基地建设

示范区内化学农药施用量总体减少10%，利用率提高5%；每亩年均节支增收1 000元。土壤有机质含量增加0.5%～1%，土壤微生物增加5%～10%；生物技术节水30%。示范区叶菜质量安全合格率98%以上，农药残留量100%达到国家标准。示范辐射推广应用面积累计1万亩次。

通过向基层植保技术人员和种植户开展叶类蔬菜害虫识别及绿色防控技术培训，提升害虫绿色防控技术知识，从源头上减少化学农药的使用。

5. "互联网＋叶类蔬菜"模式及创新机制

（1）北京自产蔬菜流通渠道选择意愿与行为分析

分析不同经营主体（农户、合作社、生产基地等）对各种蔬菜流通渠道认知程度和重要性；探讨不同经营主体对蔬菜流通渠道的优劣选择行为，兼顾不同流通渠道销售不同类别蔬

菜的销量分析。

（2）北京自产蔬菜流通渠道选择的影响因素分析

总结不同生产经营主体的特征、种植因素、销售因素和安全生产意识；研究不同经营主体对蔬菜流通渠道选择行为的关键因素及其影响程度，探讨蔬菜流通政策调控机制。

（3）面向"互联网＋"的北京自产蔬菜流通渠道优化

利用"互联网＋"的优势，探索蔬菜预售、个性化定制、蔬菜众筹等新型蔬菜营销模式，搭建蔬菜生产者和消费者间的桥梁，探索基于"互联网＋"的北京自产蔬菜流通渠道优化的技术解决路径。

（4）基于参照点的北京自产蔬菜电子商务选择意愿与行为研究

基于显性和隐性的两类生产者销售参照点，明确生产者参照的形成机制；定量分析基于不同参照点感知收益和感知损失的路径，探索销售参照点对蔬菜生产者销售决策影响的内部结构关系。

（5）面向优质优价的北京自产蔬菜电子商务发展模式及其支持政策

重点探讨面向优质优价的北京自产蔬菜电子商务发展模式；提出农业支持政策建议，积极培育北京自产蔬菜电子商务参与主体、发展模式、运行机制等。

6. 叶类蔬菜技术培训及农民培养

围绕提高三率即土地产出率、资源利用率、劳动生产率，以"节水、减肥（减施化肥）、减药（减施农药）"为目标，通过叶类蔬菜创新团队工作的开展，推动北京市叶类蔬菜产业持续健康发展，促进生产增效、农民增收、产品质量提升、产地生态安全。"十三五"期间，将充分利用北京市叶类蔬菜创新团队平台，重点在叶菜培训、新品种新技术新设备推广、节约用水、推广农机具、绿色生态防控技术集成应用等方面开展相关技术试验示范，并大力进行媒体宣传工作，促进叶菜生产技术水平进一步提升。

"十三五"期间，以"节水、减肥（减施化肥）、减药（减施农药）"为目标，促进叶类蔬菜生产向生态、安全、优质、高效方向发展，减轻劳动强度，增加菜农收入。

第八章　北京市食用菌产业发展报告

2016 年北京市食用菌播种面积 2.5 万亩，实现产值 4.27 亿元，同比呈双降态势，食用菌效益水平较 2015 年有所下降。食用菌生产仍然以平菇、杏鲍菇、香菇、金针菇和海鲜菇等传统品种为主，这些品种的产量占到总产量的 90% 以上。工厂化生产产量占总产量的 40.7%，产值占比 41.6%；设施生产产量占比 59.3%，产值占比 58.4%。

2016 年食用菌行业龙头企业、专业合作社、专业大户等新型经营主体共计 87 家，每个主体平均带动 26 个农户；新型农业经营主体数量仅占 11%，但产量占比 79%，产值占比 83%，新型农业经营主体效益高于散户。

食用菌产后废弃菌糠作为生产有机肥原料的比例约为 50%，用做原料生产栽培基质和回归种植园的比例分别为 6% 和 9%。此外，废弃菌糠还可以用作生产畜禽饲料，沼气生产、污水处理等。

2016 年北京市食用菌有机认证的品种数量为 7 个，绿色认证的品种数量为 4 个，无公害认证的数量有 50 个，大兴的平菇、香菇、金针菇、草菇等 4 个品种获得了国家地理标志认证。全国级品牌 1 个，省级品牌有 3 个，区级品牌 6 个。

2016 年北京市食用菌平均土地产出率为 3.26 万元/亩，平均劳动生产率为 3.18 万千克/年，资源利用率大约为 7.08 立方米/万元，即每万元产值耗费水资源 7.08 立方米，较 2015 年节省用水 1.22 立方米/万元。

北京市食用菌整体加工水平一般。以批发商为核心的流通式食用菌供应链模式占主导地位。北京市对食用菌的消费需求量呈增加态势，消费者对食用菌品牌的关注度仍较低，质量中等、价格适中的食用菌最受消费者青睐。2016 年主要食用菌的平均价格同比下降 3.9%。

北京市食用菌创新团队以服务现代北京食用菌技术体系为主旨，为打造"高产、高效、高端、高辐射"的食用菌产业提供强力技术支撑，取得了 8 项成果，主推 9 项新技术，形成了 4 个创新团队对产业的支持模式。

基于北京市食用菌产业发展问题及其技术需求，建议开展食用菌深加工技术研究，提高产品附加值；建立集约化菌棒制作中心，推进食用菌产业的标准化进程；建立菌种资源中心，为生产者提供优质、稳定菌种；推进废弃菌棒回收利用政策；积极开展食用菌产销对接，提高一、二、三产业融合水平。

一、食用菌产业发展概况

（一）生产情况

1. 总体生产情况

（1）食用菌种植情况

2011—2016 年，北京市食用菌播种面积呈现下降的趋势，从 2011 年的 38 377.67 亩下降为 2016 年的 25 083.80 亩，年平均下降率为 8%。与北京整体蔬菜产业演变趋势基本相同，播种面积萎缩，生产功能逐渐向周边省份转移。

2013 年食用菌产量达到最高值，为 12 494.7 万千克，然后逐年下降，2016 年下降为 10 044 万千克。上市收入变化趋势与产量类似，但幅度较大，2013 年达到最高值 72 120.58 万元，2016 年降为 42 697.38 万元，为 2013 年的 59%（图 8-1）。

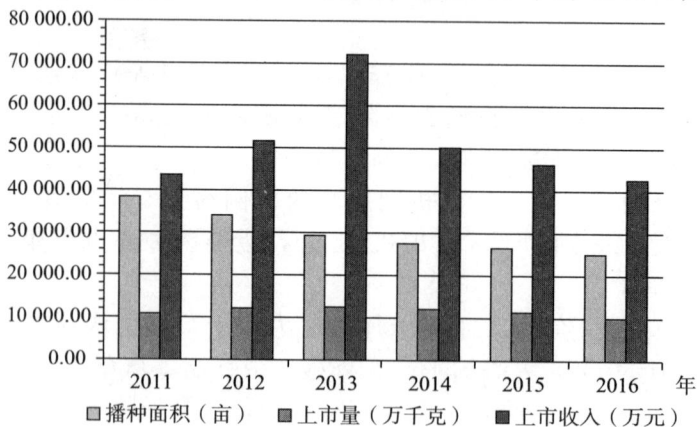

图 8-1　北京市食用菌播种面积、上市量和上市收入

数据来源：北京市农业局。

（2）食用菌主要品种种植情况

通过北京市食用菌 2011 和 2016 年各品种播种面积占总体的比例可以看出，种植食用菌的主要品种是香菇和平菇，均占到了 30% 以上（图 8-2）。

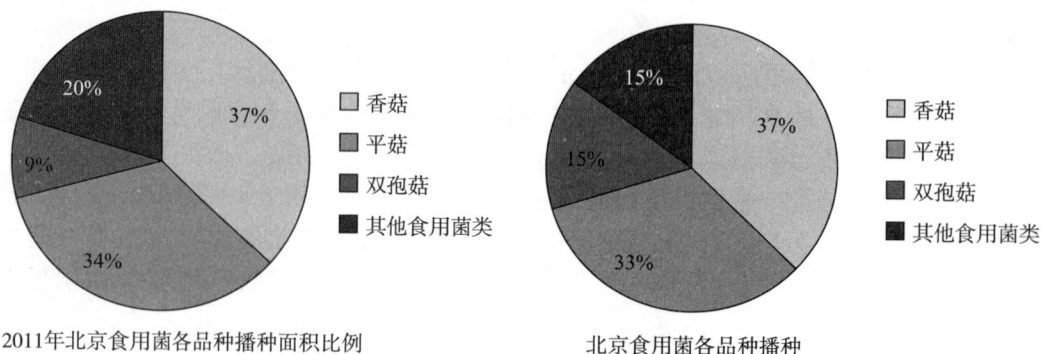

2011年北京食用菌各品种播种面积比例　　　北京食用菌各品种播种

图 8-2　北京食用菌各品种种植面积比例

数据来源：北京市农业局。

2011—2016 年，香菇的播种面积呈现下降趋势，从 2011 年的 14 128.5 亩，下降为 2016 年的 9 335.7 亩，年均下降率为 8％，与北京市食用菌播种面积的发展趋势一致。平菇的播种面积从 2011 年到 2015 年呈现下降趋势，2016 年有少许增加；2011 年为 13 074.87 亩，2015 年下降为 8 264 亩，年均下降率为 11％，2016 年增加到 8 292.9 亩（图 8-3）。

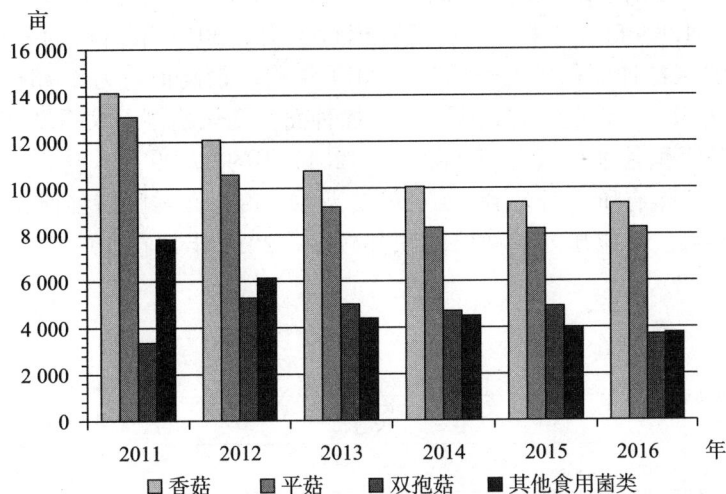

图 8-3　北京市食用菌各品种播种面积变化趋势
数据来源：北京市农业局。

香菇上市量从 2011 年的 3 693.99 万千克增加到 2013 年的 4 846.34 万千克，达到最高值，2014—2016 年逐年下降，2016 年下降为 3 098.95 万千克。平菇的上市量总体呈现下降趋势，2012 年达到最高值，为 4 736.02 万千克，2013—2016 年逐年下降，2016 年为 3 527.91 万千克（图 8-4）。

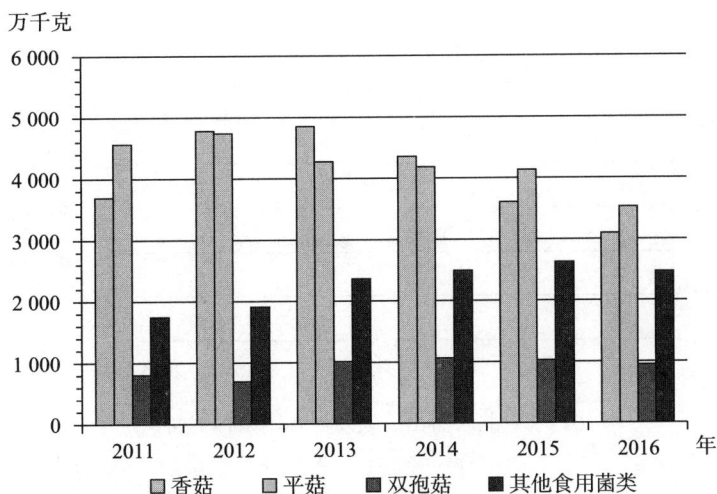

图 8-4　北京市食用菌各品种上市量变化趋势
数据来源：北京市农业局。

2. 食用菌生产区域分布

（1）各区食用菌种植情况

在食用菌种植地域分布方面，北京食用菌种植已由近郊区向远郊区扩展。房山区和通州区是北京食用菌第一、第二生产地，播种面积均在 1 万亩以上；其次是顺义区和大兴区。近几年房山区播种面积逐渐下降，2011—2014 年下降幅度较大，从 2011 年的 20 809.08 亩降到 2014 年的 10 791.8 亩；2014—2016 年有稍许上升，2016 年播种面积为 11 433.5 亩。2011—2014 年顺义区播种面积呈上升趋势，2014 年到达最高值，为 2 731.6 亩；然后开始下降，2016 年降为 1 566.6 亩。大兴区近几年播种面积变化趋势不太明显，基本在 1 200 亩左右。密云区播种面积基本呈现下降趋势，从 2011 年的 1 309 亩，逐渐下降为 2014 年的 278 亩，2015—2016 年有所上升，到 2016 年仅为 605 亩。怀柔区播种面积变化趋势与密云区类似，呈下降趋势。其他几个区种植面积都较少，2016 年都在 100 亩以下，有的区甚至没有（图 8-5、图 8-6）。

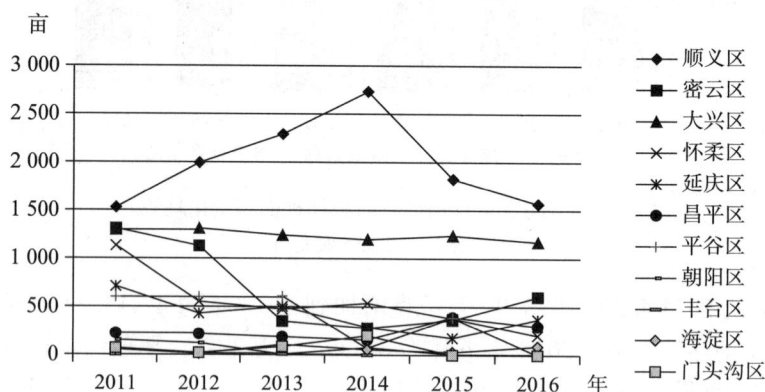

图 8-5　北京各区食用菌种植面积
数据来源：北京市农业局。

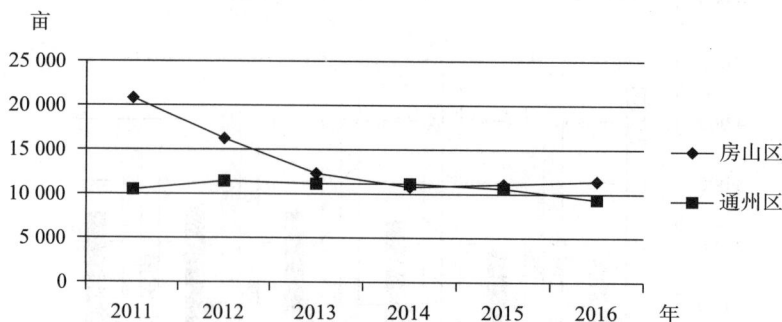

图 8-6　北京房山、通州区食用菌种植面积
数据来源：北京市农业局。

通州区和房山区是北京市食用菌生产的两个集中地区，产量、产值都遥遥领先。通州区和房山区的食用菌总产量分别占到北京市总产量的 40.8% 和 36.1%，其产值分别占到42.2% 和 31.6%（表 8-1）。

表 8-1　北京市主要区 2016 年食用菌产量及产值占比

主产区	总产量（万千克）	占比	总产值（万元）	占比
通州	4 120	40.81%	27 143	42.21%
房山	3 640.5	36.06%	20 293.4	31.56%
大兴	1 127.25	11.17%	8 365.5	13.01%
延庆	427.2	4.23%	2 196	3.42%
顺义	260	2.58%	1 343	2.09%
怀柔	257	2.55%	1 706	2.65%
密云	170.8	1.69%	1 487.4	2.31%
昌平	93	0.92%	1 767	2.75%
合计	10 095.75	100.00%	64 301.3	100.00%

（2）主要种植区食用菌各品种种植情况

房山区食用菌的主要种植品种是平菇。2011—2016 年，房山区平菇的播种面积基本占房山区食用菌播种面积的 50% 左右；而通州区食用菌主要品种是香菇，香菇播种面积所占比重基本在 45% 左右。也就是说，北京的两大主要食用菌品种，平菇生产主要集中在房山区，香菇生产主要集中在通州区（图 8-7、图 8-8）。

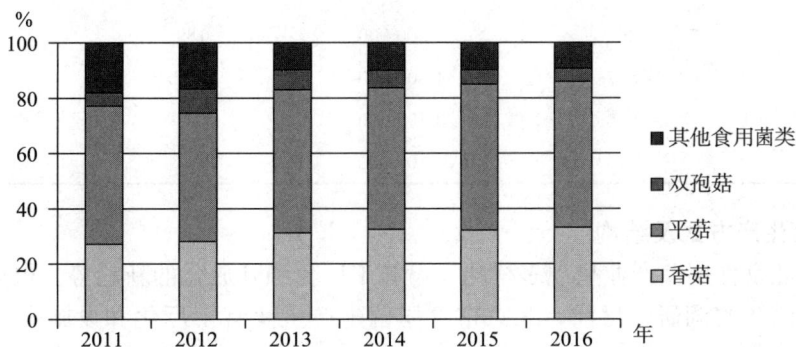

图 8-7　房山区食用菌各品种播种面积占比情况

数据来源：北京市农业局。

3. 主要品种结构

近几年随着食用菌产业发展与市场需求的变化，北京市食用菌栽培品种从早期单一的平菇、香菇，发展到平菇、香菇、双孢菇、金针菇、杏鲍菇、白灵菇、灰树花等多品种共同发展的格局。根据食用菌产业技术体系创新团队的调研，在设施生产中，面积最大的是平菇和香菇，占设施生产的比重达到 75%；平菇产量最多，其次是杏鲍菇、香菇、金针菇、海鲜菇，产量均超过 1 000 万千克；平菇产值最高，占总产值的比重为 31.5%，其次是杏鲍菇和香菇，分别占比 23% 和 12%（表 8-2）。

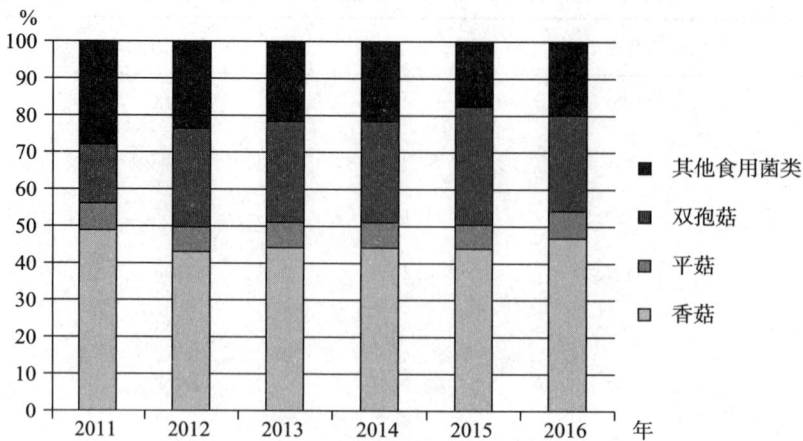

图 8-8　通州区食用菌各品种播种面积占比情况
数据来源：北京市农业局。

表 8-2　2016 年食用菌主要品种生产情况

主栽食用菌品种	面积（亩）	菌棒数量（棒）	总产量（万千克）	总产值（占比）
平菇	2 588	401 275 00	4 439.35	31.5%
杏鲍菇	1 112	84 440 000	2012	22.9%
香菇	1 748	15 102 500	1 070.9	12.2%
金针菇	650	41 000 000	1 044.6	9.0%
海鲜菇	1 013	25 620 000	1 008	17.1%
茶树菇	260	6 300 000	189	2.4%
黑木耳	537	4 300 000	122.2	2.2%
灰树花	620	3 100 000	93	2.7%
榆黄蘑	10	100 000	13	0.1%

4. 食用菌生产方式及结构

近年来，北京食用菌产业呈现多样化、设施工厂化和开放化的新趋势。根据食用菌产业技术体系创新团队的调研，目前，北京市食用菌生产主要有工厂化和设施生产两种生产方式，主要分布在房山、通州、顺义、怀柔、密云和大兴等区。生产和销售的食用菌品种主要是平菇、香菇、金针菇、杏鲍菇等，总产量较为稳定。

北京市食用菌工厂化生产是近几年发展起来的，与传统的家庭栽培相比，它的生产水平和经济效益都较高，能实现周年化生产，从而保证稳定的市场供应，也更利于新品种、新技术的推广与应用。

2010 年北京市食用菌工厂化生产企业有 18 家，2011 年 36 家，增长率 100%。但在之后的几年里，受生产成本不断上涨、产品价格和企业利润同比下滑等因素影响，食用菌工厂化企业数量从 2012 年开始连续呈现下降趋势。2012 年为 18 家，下降率为 50%；2013 年为 18 家，2014 年为 13 家，2015 年为 12 家，2016 年降到 8 家（数据来自于中国食用菌商务网）。

通过从种植菌棒数量、总产量、总产值3个维度对工厂化和设施生产进行对比分析。工厂化生产的菌棒数量多于设施生产，占到全部菌棒数量的68.6%，设施生产占到31.4%。工厂化生产基本都是一次性出菇，菌棒淘汰频次远远高于设施生产。工厂化生产总产量占到全部产量的40.7%，设施生产占59.3%。设施生产中单个菌棒的产出量是工厂化的3.2倍。工厂化生产的产值占总产值的41.6%，设施占到58.4%，与产量的占比基本保持一致。

根据食用菌产业技术体系创新团队的调研，食用菌主要种植区——通州区主要以工厂化生产为主，工厂化生产的产量占到本区食用菌总产量的66%；房山区主要以设施生产为主，产量占到本区食用菌总产量的80%。

5. 从业人员情况

根据不完全调查数据，北京市食用菌生产经营从业人员约有7 100人，以男性为主，男性数量占比接近70%，女性数量在30%左右。从年龄结构分布来看，食用菌从业人员主要以40岁以上为主，占到全部从业人员的73%，而其中男性从业人员占到78%左右。20~30岁的从业人员占比不足5%，30~40岁从业人员占比20%左右。在所有年龄结构中，20~30岁的从业人员中女性的比例是最高的，40~50岁年龄阶段中女性的比例是最低的（表8-3）。

表8-3　北京食用菌从业人员结构情况

人口结构	总数（人）	男性数量（人）	男性占比（%）	女性数量（%）	女性占比（%）
20~30岁	338	169	50.0%	169	50.0%
30~40岁	1 554	922	59.3%	632	40.7%
40~50岁	3 073	2 265	73.7%	808	26.3%
50~60岁	1 942	1 398	72.0%	544	28.0%
60岁以上	224	158	70.5%	66	29.5%
合计	7 131	4912	68.9%	2 219	31.1%

6. 经营主体结构及收入占比情况

2010—2015年，北京市食用菌经营主体日趋丰富，结构逐渐完善。从调研情况来看，北京市食用菌生产经营主体共有771个，主要包括农民专业合作社、生产企业、专业大户和散户等，其中散户占比88.7%，农民专业合作社占比5.7%，专业大户占比3.4%，企业主体占比1.7%。从种植面积上看，企业主体占到了53.7%，而散户只占到了17.8%。

从生产收入占比来看，生产主体的主要收入来自食用菌生产经营，平均占比接近90%，特别是企业类生产经营主体，收入基本全部来自食用菌生产环节。从生产主体对技术的掌握情况来看，除了1个散户主体外，其他主体对技术的掌握程度均在良以上等级，技术掌握情况较好（表8-4）。

表8-4　各类生产经营主体的食用菌生产

经营主体类型	个数	个数所占比例（%）	种植面积（亩）	种植面积所占比例（%）
农业产业化龙头企业	13	1.69	5 505	53.72
农民合作社	44	5.71	2 506	24.45
家庭农场	4	0.52	60	0.59
专业大户（10个棚以上）	26	3.37	350	3.42
散户	684	88.72	1 827	17.83
合计	771	100	10 248	100

7. 生态环境

（1）自然环境对食用菌生产的制约

从环境对食用菌生产的制约来看，气候环境是影响食用菌生产最频繁的因素。从各区调研情况来看，7—8月份高温暴雨对食用菌生产影响较大。夏季高温暴雨天气导致食用菌减产的比例平均在25%左右，对收益的影响也在25%左右。自然灾害发生频次少，但是破坏力比较大，主要是水涝、狂风、暴雪等，对产量和收益的影响在30%以上。

食用菌生产中主要用到的能源有煤、电、水、气。煤主要用于高温灭菌，属于不清洁能源，房山区和通州区的工厂化生产企业已经部分开始用天然气替代煤进行高温灭菌工艺，减少了对环境的污染，合计使用天然气1 000万立方米以上。

从绿色防控方面来看，食用菌是所有种植产品中虫害最少的，尤其是工厂化生产，基本不存在虫害以及药物防治问题，只有在夏季高温时有少量菇蚊蝇，一般采取挂黄板等措施，药物使用量整体比较少。

（2）食用菌生产对生态环境的影响

食用菌产业以农业有机废弃物为原料生产产品，能够延长能量流动层级，提高资源利用效率。食用菌生产后的菌渣仍具有相当的营养物质，也具有再次利用的价值。食用菌产业可因地制宜地利用当地农业的废弃物如秸秆、枝杈、畜禽粪便以及酿造业副产品进行栽培，根据农业副产品的种类选择适宜栽培的食用菌种类。

食用菌产业利用其他产业的废弃物进行再生产，获得较高的利润。食用菌产业的副产物——菌渣，是优质的生物有机肥料，可以通过直接或间接（经发酵处理）的方式，作为生物有机肥重新回到农业生产循环的出发点。与此同时，菌渣肥料还避免了化学肥料对土壤和农作物的副作用。食用菌菌渣也是生产沼气的原料，沼渣可继续作为生物肥料使用。

（3）食用菌菌渣循环情况

从食用菌生产对生态环境的影响来看，没有进行统一处理的废弃菌棒是食用菌生产对环境污染的最主要形式。2016年废弃菌棒约占28%，对空气、水源等带来了一定的污染。各区反映，超过50%的废弃菌棒用作了生产有机肥的原料，用做原料生产栽培基质和回归种植园的比例分别为6%和9%。

①北京市食用菌菌渣循环利用现状。种植户菌渣循环利用的比例。北京市食用菌种植户对菌渣循环利用的比例仅为54%，还有很大的提升空间（图8-9）。浙江、山东和四川开展的实践较多，已经形成了多品种、多层次的食用菌菌渣循环利用模式。

菌渣循环利用的具体方式。生产肥料是种植户菌渣循环利用采用的主要方式，利用菌渣生产肥料的种植户比例达到 70%。利用菌渣二次栽培食用菌的种植户仅为 11%，主要是因为这种菌渣循环利用目前正处于试验阶段，还未大面积推广。利用菌渣生产饲料的种植户较少，仅为 4%，主要原因是利用菌渣生产饲料的技术要求高，种植户难以达到。北京市食用菌产业整体发展水平不高，利用菌渣生产饲料是与目前北京市食用菌产业发展水平相适应的菌渣循环利用方式。要逐步提高菌渣循环利用的技术水平，改善菌渣循环利用方式的结构（图 8-10）。

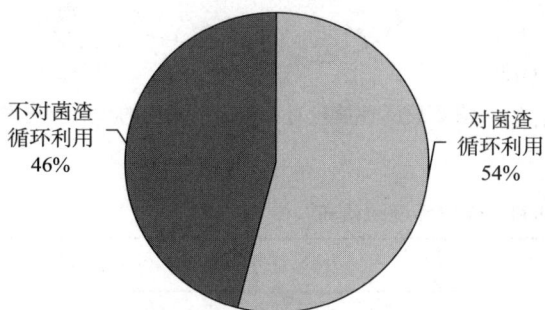

图 8-9　菌渣循环利用的比例

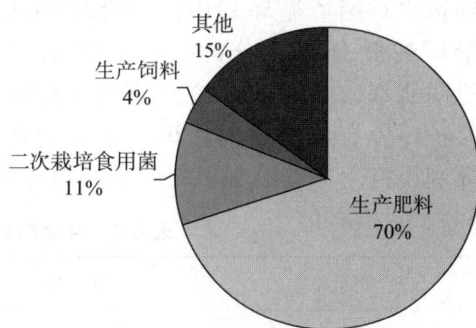

图 8-10　菌渣循环利用的方式

菌渣循环利用消耗量。虽然采用菌渣生产肥料的种植户比例为 70%，但是生产肥料消耗的菌渣量却高达 93%，说明菌渣生产肥料是北京市食用菌种植户主要的菌渣循环利用方式。菌渣循环利用生产肥料的技术简单，调研发现，北京市食用菌种植户往往采用堆肥的方式生产肥料，这种方式不需要投入设备，且发酵方式简便，因此成为食用菌种植户处理菌渣的首选方式（图 8-11）。

菌渣循环利用技术培训情况。菌渣循环利用技术培训能够帮助种植户掌握循环利用技术。据调研，仅有 8% 的食用菌种植户接受过菌渣循环利用培训，表明绝大多数菌渣循环利用的种植户是自己摸索菌渣循环利用技术，这也成为制约北京市菌渣循环利用的技术因素。

菌渣循环利用的制约因素。从问卷的结果来看，菌渣循环利用有 4 个方面的制约因素：菌渣循环利用需要购买设备、需要购买其他材料、需要雇用技术员、需要雇用更多的普通工人。种植户认为菌渣循环利用需要购买设备和需要雇用技术员的比例分别为 33% 和 31%，可见缺乏设备和技术是种植户不对菌渣循环利用的主要原因（图 8-12）。

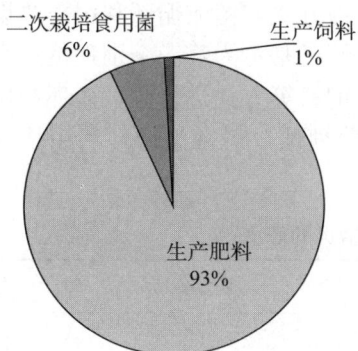

图 8-11　不同菌渣循环利用方式消费菌渣量

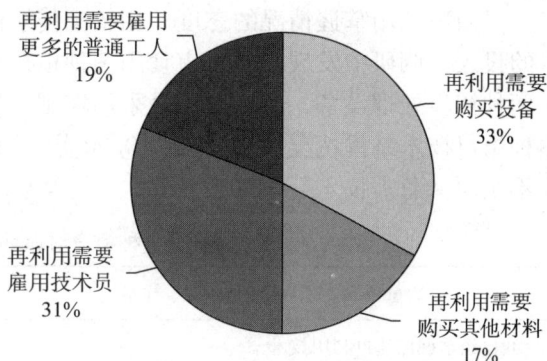

图 8-12　不循环利用菌渣的原因

②北京市食用菌种植户对菌渣循环利用的态度及认知。菌渣循环利用的意愿。北京市食用菌种植户对菌渣循环利用的意愿较高。受访的种植户中，高达98%的种植户都愿意对菌渣进行循环利用（图8-13）。

对循环利用保护环境的认知。北京市食用菌种植户对菌渣循环利用保护环境的认知，该测量项最低分为4分，平均分高达6.51分。这说明北京市食用菌种植户对菌渣循环利用能够保护环境有着充分的认识，这也为推广菌渣循环利用打下来良好的基础（表8-5）。

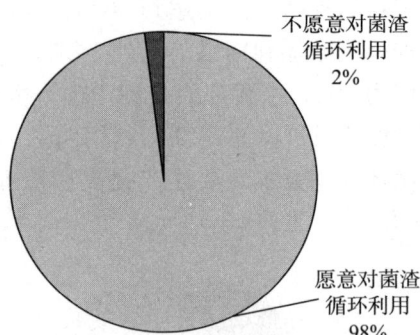

图8-13　种植户对菌渣循环利用的意愿及比例

表8-5　种植户对循环利用保护环境的认知

测量项	样本量	最高分	最低分	平均分
菌渣再利用能够保护环境	76	7.00	4.00	6.51

备注：通过李斯特7分量表测量。

对循环利用经济效益的认知。菌渣循环利用提高经济效益主要通过降低生产成本实现。采用循环利用技术能够有效降低化肥、农药等农资的投入，进而降低生产成本，实现增收。北京市食用菌种植户对菌渣循环利用提高经济效益的认知调查结果表明，"菌渣循环利用能够提高收入"测量项平均分为5.51分，说明种植户基本认同菌渣循环利用能够提高收入；"菌渣循环利用能够降低成本"测量项评价分为5.39分，略微低于前一测量项。从菌渣循环利用提高经济效益的本质来看，降低生产成本起主要作用，提高收入只是这一过程的结果，显然北京市食用菌种植户对其认识存在偏差（表8-6）。

表8-6　种植户对循环利用经济效益的认知

测量项	样本量	最高分	最低分	平均分
菌渣循环利用能够提高收入	76	7.00	2.00	5.51
菌渣循环利用能够降低成本	76	7.00	1.00	5.39

备注：通过李斯特7分量表测量。

对循环利用掌握情况的态度。相较于传统的菌渣处理方式，菌渣循环利用需要设备和技术的投入。调研中发现，北京市食用菌种植户设备投入情况基本为零。个别种植户自行购买了菌种初步处理设备，但主要还是采用堆肥、发酵制作饲料等方式进行菌种循环利用。食用菌种植户技术掌握情况平均分仅为3.90分，可见食用菌种植户对菌渣循环利用技术的掌握还不全面，急需技术帮扶（表8-7）。

表8-7　种植户对循环利用掌握情况的态度

测量项	样本量	最高分	最低分	平均分
我已经掌握菌渣再利用技术	76	7.00	1.00	3.90

备注：通过李斯特7分量表测量。

对循环利用技术采纳的态度。食用菌种植户对资金和技术都很需要，对资金的需求主要是因为菌渣循环利用需要采购设备；对技术的需求主要是因为种植户对技术的掌握程度不够。同时，"如果技术人员现场指导，我愿意对菌渣再利用"该测量项平均分高达 6.79 分，可见种植户最需要技术人员现场指导，这也为菌渣循环利用的技术推广提供了有效的途径（表8-8）。

表8-8 种植户对循环利用技术采纳的态度

测量项	样本量	最高分	最低分	平均分
如果提供技术培训，我愿意对菌渣再利用	76	7.00	2.00	6.39
如果技术人员现场指导，我愿意对菌渣再利用	76	7.00	2.00	6.79
如果政府提供补贴，我愿意对菌渣再利用	76	7.00	4.00	6.54
如果政府加强推广，我愿意对菌渣再利用	76	7.00	2.00	6.37

备注：通过李斯特7分量表测量。

（4）北京市食用菌循环利用模式

食用菌菌渣是食用菌生产后的废弃物，主要是通过再利用和再循环进行循环利用。北京市积极拓展食用菌的再利用与再循环途径，经过多年实践，形成了利用菌糠栽培平菇、秀珍菇、培育蔬菜等再利用模式，将菌糠转换成饲料、肥料、沼气等其他能源的再循环模式。

①食用菌产业"再利用"模式。菌糠作为食用菌培养料。北京市食用菌创新团队专家经过近三年研究、试验，实现了食用菌生产中废弃菌糠的再利用和零排放，先后在房山、大兴、顺义、密云和怀柔5个北京郊区开展了近100万株的育苗技术示范。

在创新团队专家指导下，通州大松堡京通松源食用菌专业合作社利用杏鲍菇菌糠栽培秀珍菇，利用含有20%菌糠的培养基代替由棉籽壳、玉米、木屑等组成的传统培养基；通州张家湾堡头金阳食用菌菌种生产专业合作社利用金针菇菌糠栽培夏季高温平菇，生产出的平菇与传统培养料培养的平菇无明显差异；大兴魏善庄李家场利用杏鲍菇、香菇菌糠栽培夏季高温平菇，得到的产品也无明显差异；北京市菌益农公司使用草菇菌糠培育鸡腿菇、双孢菇，已经培育出合格产品。

北京市在菌糠二次利用栽培中注重技术创新和经济效益。从技术创新来看，一是选取适合的食用菌参与菌糠二次利用，并非所有的食用菌菌糠都能二次利用，要选取剩余价值高、方便处理的菌糠，确保二次利用的效率；二是要创新食用菌培养料配方，在菌糠中加入适当的营养物质，使其适用于二次生产；三是要控制好菌糠的污染率，通过技术手段灭菌。从经济效益来看，目前市场上食用菌培养料中的棉籽壳价格为 2 000 元/吨，而菌糠的价格为 600 元/吨，仅为棉籽壳价格的三分之一，使用菌糠进行二次生产可使成本大幅降低（表8-9）。

表8-9 北京市菌糠二次利用实例

实 例	栽培地点
杏鲍菇菌糠栽培秀珍菇	通州区大松堡京通松源食用菌专业合作
金针菇菌糠栽培夏季高温平菇	通州区张家湾堡头金阳食用菌菌种生产专业合作社
杏鲍菇、香菇菌糠栽培夏季高温平菇	大兴区魏善庄李家场
草菇菌糠栽培鸡腿菇、双孢菇	大兴区菌益农公司

菌糠作为蔬菜、水果基质。食用菌菌糠中含有糖类、有机酸类、蛋白质、酶等可再利用的成分，因此菌糠经过简单处理可以作为食用菌培养料之外，还可以作为蔬菜、水果的基质使用。北京市食用菌创新团队在大兴区庞各庄镇李家巷村指导农户开展食用菌菌糠作为基质培育西瓜苗，目前西甜瓜均长势良好。房山区农业科学研究所利用食用菌菌糠辅以草炭、蛭石，以适当比例复合制作基质，培养番茄、黄瓜、辣椒、茄子等。

②食用菌产业"再循环"模式。菌糠制作饲料。以棉子壳、秸秆为主要成分的食用菌菌糠中，仍有大量的菌丝存在。而菌丝中含有大量的蛋白质和多种氨基酸没被利用，同时含有大量的菌体蛋白。食用菌菌糠制作畜禽等的饲料，易粉碎、气味芳香、营养好。北京市食用菌创新团队正在研究菌糠制作饲料，重点是研究将营养成分不同的菌渣制作成不同的饲料。房山区韩村河镇岳各庄村建有工厂化金针菇生产厂，年产金针菇 720 吨。该镇高效农业园还建有养殖园区，收购废弃的金针菇菌棒，通过发酵制成饲料，添加在牛饲料中，降低了生产成本。

菌糠生产有机肥。食用菌菌糠以秸秆、棉子壳为主要成分，每吨菌糠约含氮 10 千克、磷 1 千克、钾 10 千克，且碳氮比值小，养分处于速效状态，易被作物吸收利用。北京市采取菌糠生产有机肥的实例较多，有直接作为堆肥应用于农业生产，也有添加其他物质制作有机肥。

延庆区大榆树镇岳家营村建有工厂化食用菌菌棒生产企业，日生产量达到 1 万棒。当地使用菌糠还田，作为村里其他蔬菜大棚的肥料，实现了低碳循环，提高了菌棒的利用率，实现了增收。

房山区在窦店镇八十亩地村建有菌肥生产厂，企业通过收购该镇白灵菇菌糠，制作食用菌有机肥，生产规模达年产 5 万吨，产品配送京西 4 个郊区，并在北京市推广应用，获得良好的经济效益和社会效益。

昌平区建有专业的食用菌菌糠循环利用企业——北京鑫草科技有限公司。该公司主要从事食用菌相关技术开发及菌需物资生产、销售，其中一项重点业务就是菌糠制作饲料。菌糠饲料产品上市以来远销全国各地，受到广大食用菌栽培户的好评。

菌糠发酵生产沼气。北京市在食用菌循环利用的实践中，结合新农村建设，大力推广、普及沼气，积极探索菌糠发酵生产沼气的途径。房山区大石窝镇南河村建有食用菌生产基地，并建有一座大型秸秆气化站集中供气。生产后的菌糠用于发酵生产沼气，供全村农民使用。延庆县大榆树镇阜高营村为解决菌糠合理利用的问题，建有沼气站，拓展食用菌循环利用层级，充分利用再生能源，将农业生产和自然生态循环融为一体。顺义区木林镇陀头庙村引入整套食用菌制棒生产线，从拌料、装袋、封口到灭菌基本实现了机械化，大大节省了劳动力，提高了菌棒生产能力；为解决增多的菌糠，村里还建了一座沼气站，利用菌糠生产沼气，提供能源，沼渣、沼液再用作生产原料，实现了农业生产的高效循环。

8. 安全情况

2016 年，食用菌产业技术体系创新团队重点对平菇、黑木耳、茶树菇、双孢菇等菇种的病虫发生、为害进行了调查，了解病虫种类和发生情况的变化。主推绿色防控技术进行防治，在茶树菇和平菇上推广使用昆虫病原线虫防治菇蚊幼虫技术和 Bti 粉剂防治菇蚊幼虫技术，取得了较好的推广效果。

（1）病虫害对食用菌安全的影响

①平菇病虫害影响。病害依然以杂菌污染和平菇黄褐斑病为主；虫害以双翅目菇蚊蝇为主；新发生平菇病毒病零星发病，未对生产造成重大损失。

杂菌污染依旧以木霉和脉孢霉为主，高温季节发生率和发生程度高于其他季节，雾霾闷热天气接种污染率高于晴好天气接种污染率，同时与菇农操作规范性和菇房周边环境卫生情况相关。调查中发现，2016年10月接种发菌的菌棒因该月异常的高降雨量和连续雾霾气候导致污染率异常增大。调查中有农户的平菇棚内污染率高达15.4%以上。

2016年北京市平菇黄褐斑病整体发病较轻，个别管理粗放的棚室发病严重，主要是棚室内积水多、湿度较大导致。在发病高峰期的3月调查，一般发病率为0.1%～0.5%，部分棚室发病较重，发病率达13%以上。11月通常为病害始发期，2016年北京市10月份连续出现连阴寡照和雾霾天气，降雨量高于常年，10月底之后极速降温，最低气温已达−4℃。菇农为了棚内保温会减少通风从而加重棚内高湿度的小环境，导致2016年发病时间明显早。

菇蚊蝇发生主要以蚊为主。6月中下旬以前以蕈蚊为主，高温季节以蚤蝇、粪蚊发生为主。连续几年的调查取样确定因不同种类菇蚊蝇的适生环境不同，不同季节发生优势种群不同。2016年调查中发现，秋季平菇生产中瘿蚊的发生较往年呈现上升趋势，在部分地区严重发生，且个别平菇棚室发生严重，有虫菌棒率高达65%。

平菇病毒病是2013年在北京新发现的病害，2014年曾在京郊大面积发生，在个别发生严重的菇房显症率达52.6%，经济效益损失达50%以上。2015年，该病害的发生程度和面积呈下降趋势。2016年生产调查中发现，虽然整体而言该病已为零星发生，但在2014年严重发生的地区，依然有该病持续发生。

②黑木耳病虫害影响。污染杂菌为主，工厂化生产菌棒质量好，污染率极低，不足0.5%。春季栽培黑木耳主要虫害为鼠妇、马陆等，对产量不会造成损失。连续种植的地块，菇蚊蝇和跳虫发生为害的程度重于新种植的地块，潮湿高温导致的菌棒长青苔现象依然较严重。通过观测圃的观察，进一步验证温湿度等栽培技术的到位与否与后期污染杂菌和病害的发生有密切的相关性。对于污染杂菌和病害问题，必须从栽培管理入手，只有严格遵照技术落实，才能真正起到预防效果。

③茶树菇病虫害影响。生产调查发现，菇蚊蝇依然是茶树菇生产中的主要问题，主要以蕈蚊为主。此外发现个别菇房中有螨虫的发生为害。

④双孢菇病虫害影响。当前京郊双孢菇生产主要以密云太师庄双孢菇基地为主，约占北京市双孢菇产量的95%以上，其余仅个别农户极少量栽培种植。太师庄双孢菇生产基地自团队岗位专家于2012年以来连续开展试验示范工作后，于2015年已使该菇场最大的菇蚊蝇为害生产问题得到有效控制。2016年该菇场的主要植保问题是木霉为主的杂菌，主要是培养料制备的质量问题导致的对后期生产的严重影响，导致减产。

（2）食用菌的质量安全

北京市食用菌创新团队正式调研于2016年6—10月进行。调研与各区综合实验站合作，采取网络调研（问卷星）及邮件调研的形式，选取了北京市密云区、房山区、顺义区、怀柔区、大兴区5个食用菌主要生产区具有代表性的食用菌种植户进行了调研。调研共发放问卷81份，回收有效问卷76份，有效回收率93.83%。

①生产阶段质量安全行为。品种选择。食用菌种植户在品种选择时最看重的因素是产量高，其次是适宜本地栽培及市场需求量大，而对于菇型好、质量好、抗逆性强、耐储运等质量属性的关注程度则相对较少。可以看出，在选择品种时种植户最关注的是该品种的种植和销售是否容易，而对于质量等产品附加属性的关注度还不足。

菌棒选择。绝大部分食用菌种植户都选择自制菌棒，在外购买菌棒的种植户比例仅14.47%，这部分种植户在北京本地和外地购买菌棒的比例相当。从调查结果来看，是否选择购买菌棒与其种植品种或生产量的关联关系均不明显。对于购买菌棒的种植户，购买菌棒时最看重的因素是菌棒的质量是否有保障，以此作为菌棒供应商选择主要依据的种植户占到购买菌棒种植户总数的63.64%，其次的供应商选择原因是菌棒价格的合理性。

对于菌棒中含有的添加剂种类，38.16%的种植户表示其使用的菌棒不含任何添加剂。其余种植户中，35.53%的种植户使用的菌棒中含有复合肥，以补充食用菌生长所需的氮、磷、钾等营养成分；27.63%的种植户使用的菌棒中含有微量元素，以促进食用菌的生长发育、增加产量、增大朵型；9.21%的种植户使用了菇耳壮，以促进食用菌抗杂菌能力、提升产量、减少成本；少部分种植户添加了其他类型的添加剂。合理地使用添加剂并不会使食用菌产品出现质量问题，但是不含添加剂可使产品更贴近自然状态。在有机产品及质量管理体系认证中，对各类添加剂均进行了严格的控制。

病虫害防治措施。根据调研结果，大多数农户都会采取复合式的防治方法，其中使用最多的是物理方法，占到种植户总数的88.16%；采用农业防治的种植户占35.53%；采用化学防治和生物防治的种植户相对较少，分别占总数的13.16%和5.26%。化学防治使用少，从根源上减少了农药的残留问题，为食用菌质量安全提供了保障。

在药剂使用方面，使用最为频繁的是高效氯氰菊酯、灭蝇胺、辛硫酸三类灭虫剂，此外，甲醛、多菌灵、哒螨灵等消毒剂、杀菌剂、杀螨剂也在食用菌的生产中使用。根据调研结果，大部分种植户会根据药剂说明书上的间隔期进行药剂使用，而少数则凭经验使用。

安全生产技术。根据调研结果，76.32%的种植户接受过技术指导，技术指导的普及率较高，为食用菌产品质量安全把好了技术关。调研结果显示，46.05%的种植户担心菌种品质差，从根源上影响产品的品质；43.42%的种植户担心病虫害的发生。担心这两类事件发生的种植户比例近90%，可见菌种品质和病虫害防控是食用菌种植户生产中最为关键的两个环节。

②产后加工阶段质量安全行为。从调查结果来看，在食用菌产品存储方面，60%的种植户表示身边的种植户采用冷库储藏的方式来延长食用菌的存放期，27%的种植户则表示身边种植户对此不采取任何措施，而2%的种植户则反映身边种植户有使用甲醛的情况。在提升食用菌产品卖相方面，绝大多数的农户表示身边种植户使用优质的品种来提升产品的品质。但同时，仍有2%的种植户表示身边种植户有使用荧光剂的情况。由此可知，总体上食用菌种植户在产后加工阶段的质量安全行为较好，但仍有使用违法添加剂的情况。

③流通阶段质量安全行为。产品包装。食用菌易受杂菌影响，因此在运输过程中进行适度的包装能有效地保证食用菌产品的安全卫生。从调研结果来看，种植户对包装环节的质量安全重视程度不足。65%的食用菌种植户并不会对产品进行包装，9%的种植户虽然对食用菌产品进行了包装，但并不对包装的材料进行安全检查。在包装信息方面，在对食用菌进行包装的种植户中，48.15%的种植户在包装上标注有关于产品的信息。标注的信息主要为生

产者名称，少数种植户还会标注产品的品牌、产地及认证标志。

产品运输。从负责食用菌产品运输的主体来看，超过一半种植户的食用菌产品由买方负责运输，38%的种植户自己负责产品的运输，而仅有5%种植户的食用菌产品由专业的运输机构运输。运输途中对食用菌质量安全的保障方面，绝大多数依靠缩短运输、储藏的时间来保证产品的品质，仅三分之一的种植户表示产品在运输过程中会使用冷链车运输或在销售前放在冷库储藏。这不仅加大了食用菌产品的销售压力，也增大了食用菌产品在运输过程中变质的隐患。

④质量监管行为。食用菌产品质量监管行为主要表现在产品质量检测和质量认证两个方面。

产品质量检测。从调研情况来看，只有半数种植户的食用菌产品在进入市场之前会进行质量检测。对于进行质量检测的产品，检测机构主要为质监部门、收购方及种植户本身，且以质监部门、收购方两类外部单位为主。对于产品质量检测的结果，种植户均表示未出现过不合格产品。

质量认证。国内常用的产品质量认证有无公害农产品认证、绿色食品认证和有机产品认证三类，其中有机产品认证对产品的质量要求最高。从调研结果来看，四分之一的种植户进行了质量认证，且均通过了无公害农产品认证，其中60%的种植户在此基础上通过了绿色食品认证，20%的种植户更进一步地取得了有机产品认证。由此看出，部分食用菌种植户的质量安全意识较强，对进一步提升产品质量的意愿也较强。

（3）北京市食用菌产品认证和品牌建设

北京市食用菌三品一标认证，其中有机认证的品种数量为7个，主要集中在通州、房山和昌平，主要品种有杏鲍菇、金针菇和白灵菇等；绿色认证的品种数量为4个，主要在通州；无公害认证的数量有50个，主要在房山、通州、大兴等地；大兴的平菇、香菇、金针菇、草菇等4个品种获得国家地理标志认证。

食用菌行业品牌建设情况一般，其中全国级品牌仅有1个，即通州朵朵鲜品牌；省级品牌有3个，分别是昌平的海疆栗蘑、房山格瑞拓普申请的G品牌，通州的富勤；区级品牌有6个，主要分布在房山和通州，例如安山绿苑、马良、乐生堂等。

9. 效益水平

2016年北京市食用菌平均土地产出率为3.26万元/亩。从区域结构来看，通州食用菌土地产出率较高。

以年为时间单位来计算，北京市食用菌平均劳动生产率为3.18万千克/年。其中，企业主体的劳动生产率最高，达到6.08万千克/年，接近平均水平的两倍；农民专业合作社、专业大户、散户的劳动生产率均处于平均水平之下。

根据调研数据，2016年北京市食用菌资源利用率（通过测算产生单位产值所耗费的水资源来测算）大约为7.08立方米/万元，即每万元产值耗费水资源7.08立方米。2015年食用菌资源利用率约为8.3立方米/万元，即每万元产值耗费水资源8.3立方米。

（二）加工流通情况

1. 加工情况

从调研情况来看，北京市食用菌整体加工水平一般。开展食用菌加工最好的地区是通州，通州的金针菇和杏鲍菇基本都是加工后销售。2016 年通州区金针菇的加工量为 789 万千克，杏鲍菇的加工量是 1 540 万千克。其次是昌平，昌平栗蘑加工数量 55.8 万千克，处于简单加工水平，加工品的数量占 60%。房山极少量的香菇有深加工的情况。

北京食用菌产业应在食用菌精深加工方面多做文章，如食用菌菌丝体的食、药用加工利用（胶囊、片剂），鲜菇与肉食、面食的结合加工，鲜菇酱制发酵，干菇菇精调味品加工，食用菌多糖保健饮品加工，食用菌美味速食、休闲食品加工系列产品等，全面考虑加工产品的风味、营养及功能性，以味道、口感吸引消费者，以保健、药用功效引导消费者，以放心、方便、营养稳定消费者，打出自主品牌，创出特色，提高增值率。

2. 流通情况

北京市食用菌创新团队联合房山区、怀柔区、密云区、顺义区及通州区等 5 个综合试验站，对北京市各区批发市场、农贸市场、超市、企业进行了深入实地调查，结合对北京市菌农生产销售活动进行实时监测，总结出了北京市食用菌产业供应链的五大模式。

（1）北京市食用菌供应链模式

①以种植户为核心的自发式食用菌供应链模式。以种植户为核心的自发式食用菌供应链模式是生产销售都由一家一户的种植户独立自主完成的过程。种植户在将产品采收后，主动联系经销商（包括批发商和零售商），经销商则会按照当时的市场价格，上门收购种植户的产品，再将产品售给下一级销售商或直接出售给消费者。在此供应模式中，食用菌种植户占较为主动的地位，其产品物流直接由生产环节进入流通环节，再流向消费环节；而资金流的流向则正好与之相反，经销商在收购食用菌时会以现金的形式将货款悉数结清，再从下一级经销商或消费者处回收资金；上下游之间只有纯粹的市场交易行为，各自都是为了追求自身利益最大化，几乎没有交流合作与信息共享（图 8-14）。但综合试验站的负责人表示，种植户之间会有关于技术、价格等方面的基本信息交流，以此来保障产品质量和产品价格的统一。

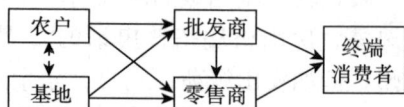

图 8-14　以种植户为核心的自发式食用菌供应链模式

（注：→物流；←→信息流；资金流伴随物流呈反方向流动，为使图示简洁易看，故省去。下同）

在这种自发式的食用菌供应模式中，种植户的生产供应较为自由，几乎各类食用菌都可以在此模式下进行生产供应，规模小，灵活性较大，原材料以就地取材为主，有利于周边废弃物的循环利用，设备投入资金少，自有人工成本低，加之自产自销直接上市，利润空间较大；然而这种分散的种植户生产供应，设施简陋、规模小，虽然在生产上不受约束，但由于种植户的生产技术往往都是凭借多年的经验，导致其产品供应的季节性强，产量和质量的波动性较大。此外，由于该供应模式中的信息交流较为匮乏，菇农们往往对市场缺乏应有的了解，生产容易具有盲目性，产品容易积压，价格稳定性差；同时分散经营的菇农自身实力较弱，食用菌的售价极易受到经销商的控制。

一般传统化、小规模种植的平菇、香菇和灰树花等属于以种植户为核心的自发式食用菌供应链模式。近年来，随着北京市食用菌产业发展，该模式已经逐渐向更为集中化、规模化的模式转变。

②以农业合作社为核心的带动式食用菌供应链模式。以农业合作社为核心的带动式供应模式是农业合作社通过联合当地的农业生产者，使其达到集约化和规模化，并通过链式的管理服务，连接买卖双方，使其形成长期的契约合作关系，从而使整个生产供应过程高效有序的运行。在该模式中，种植户将产品委托代理给农业合作社进行销售，农业合作社在将产品进行简单包装处理后，按照合同签订的价格售卖配送到相应的经销商、企业或一些大型消费者。经销商的产品一般有 3 个去向：一是下一级经销商，二是加工企业，三是消费者，而企业的产品流向则一般为经销商和消费者。资金在农业合作社将产品按约定交付给经销商、企业或消费者时，后者则在验货合格后支付给农业合作社，农业合作社再将货款全额付给相应的种植户。在此过程中，信息流动较为全面，农业合作社不仅为卖方种植户提供产前的技术指导培训、相关市场信息、融资贷款等信息服务，产中协助种植户防御病虫害，产后甚至提供包装和加工服务，同时它也会与买方及时沟通，了解其所需要的产品种类、数量及质量要求，从而指导农户进行相应的生产供应活动（图 8-15）。

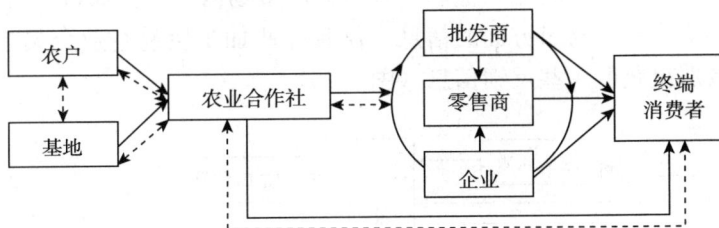

图 8-15　以农业合作社为核心的带动式食用菌供应链模式

农业合作社组织种植户进行"统一采购，统一指导，统一生产，统一销售，统一品牌"，从而解决一家一户难以解决的问题，这不仅可以为食用菌种植户提供信息交流、技术指导、金融贷款以及产品销售等全方位的服务，更重要的是能提升北京市食用菌生产的产业化水平，帮助种植户实现生产供应的规范化、标准化和信息化，降低分散经营的风险，实现规模经济效益。同时，由于是契约合作，产品的价格既定，不宜受到市场的影响而波动，产品的供应质量和数量也更加稳定，从而更有利地保证了买卖双方的共同利益。此外，在此种模式中，农业合作社可以跳过其他中间商，将产品直接供应给饭店、超市、单位食堂等大型客户，以较快的速度，在较短的时间内将产品运送到消费终端，从而达到增加种植户经营收益的目标。

该供应模式也存在一些不足，一方面，由于农业合作社是买卖双方的共同代理人使得这种契约合作关系较为复杂；另一方面，有的官方合作社拿着政府补贴不做事的情况也随处可见，难以真正发挥其作用，也影响该模式的进一步发展。因此，尽管这种带动式食用菌供应模式优点颇多，但受其自身局限性的影响，目前处在其中的北京市食用菌生产者和经销商相对较少，且采用此模式的生产经营者所供应的食用菌产品的数量所占其供应总量的比例也较小。此次调查发现，在北京市各大食用菌产区，仅怀柔区农业合作社发挥的实质性带动作用较大。

③以批发商为核心的流通式食用菌供应链模式。以批发商为核心的流通式食用菌供应模式是食用菌批发商通过与菇农、地头商贩、基地、生产企业及合作社等长期合作，将其产品

收购后在专业批发市场上进行销售、贮存保鲜以及配送等的一体化模式。以批发商为核心的流通式供应模式是目前北京市食用菌最主要的供应模式，北京市场上大多数食用菌产品都是通过这一模式进行上市供应的。

在此模式中，批发商的食用菌来源多样，可以事先按市场价与种植户协商好，然后直接到地头进行收购，也可以直接与地头商贩、农业合作社或生产企业按照约定价格进行长期合作，由他们来提供保质保量的食用菌产品。一般情况下，北京市食用菌批发商有两级，食用菌产品由生产者流通到新发地中央市场的一级批发商手中，再从这里流向海淀、朝阳、顺义等其他各区批发市场的二级批发商手中，再经由此流向零售商、加工贸易企业或终端消费者。在这整个供应过程中，批发市场会为食用菌提供专门的冷藏保鲜仓库租赁，由批发商自行完成食用菌的保鲜配送。资金的流向与物流相反，由于批发商的食用菌销量大，他们通常在2～3天内就能将上一次收购的食用菌销售一空，资金回收快，然后再不断进行补货，补货时才会将上一次收购食用菌的货款支付给种植户或地头商贩，而当次收购的食用菌则继续进行赊销，但在收购农业合作社或生产企业的产品时则是现款现货。在此供应模式中，批发商通常很少与上下游进行有效交流，他们一般只关注市场信息，并通过同行交流或批发市场的信息平台来获取价格和交易量方面的信息，仅有一些加工贸易企业会关注消费者的需求，会定期地从消费者那里获取一些反馈信息（图8-16）。

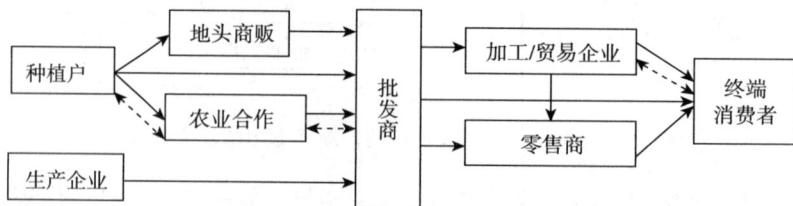

图8-16　以批发商为核心的流通式食用菌供应链模式

在以批发商为核心的流通式食用菌供应模式中，批发商占有绝对主动的地位，其最大的优点在于有利于各类食用菌产品在市场上灵活流通，专业食用菌批发商对食用菌进行统一收购和统一销售配送，拓宽了食用菌的供应范围，使资源得到了有效配置，批发市场的信息平台能为供应过程中各环节的参与者提供相应的市场行情。但这种流通式的北京市食用菌供应模式却存在诸多弊端：首先，以批发商为核心的供应模式参与主体众多，流通渠道过长，导致产品在流通过程中出现易受损、信息流通不顺畅、交易流通成本较高、供应效率低下等问题；其次，批发商为了保障自身的利益，通常会对生产者进行压价，实力较弱的生产者（包括种植户和部分企业）只能被动接受批发商所提供的低价，从而导致其利益受损，打击他们从事食用菌种植工作的积极性；再次，目前北京市大多数农产品批发市场以交易功能为主，信息、服务等功能落后，监管不到位，导致批发市场上的信息不健全、市场上买卖双方价格形成不透明、批发商供应的产品质量参差不齐等问题严重。

④以龙头企业为核心的辐射式食用菌供应链模式。以龙头企业为核心的辐射式食用菌供应模式是指食用菌企业通过自有的基地工厂化生产食用菌，或者从种植户、地头商贩、农业合作社等上游组织收购食用菌产品，然后进行分类处理，甚至初步加工，再将这些产品通过

下游经销商供应给市场消费者或直销给一些大型消费者。在这种模式中，企业的食用菌产品可能是通过雇佣周边农民，在企业自有的生产基地中工厂化生产出来的，也可能是通过与种植户、地头商贩、农业合作社等上游组织之间的正式或非正式的契约，按照契约规定的食用菌产品的种类、数量、价格、质量、交易时间等，从这些上游组织收购的，然后企业会对各种食用菌按照质量、品相进行分类处理，贴上企业自有的商标，质量品相越好的产品售价自然更高；同时，部分企业还会对一些食用菌鲜品进行初加工，如干制、腌制、盐渍等；然后，再将这些产品通过下游批发商（包括部分代理商）、零售商或直接售给终端消费者。该供应模式中的资金流与其物流方向相反，逐级进行回收，但由于龙头企业的食用菌产品为工厂化、周年化的生产供应模式，其产品产量大，经销商通常是在完成销售后才会将货款支付给企业；同时，企业也是按照契约的规定，定期（一般为月结或季结）将收购的食用菌款项支付给上游卖方，因此整个资金流在此模式中回流较慢，这也是许多食用菌种植户不愿意与企业合作的重要原因之一。就信息流而言，该供应模式中的信息流通较为顺畅，食用菌企业作为生产销售中心，同时也是整个供应过程的信息传导中心，会定期向下游批发商、零售商或消费者收集市场各方面的行情，然后经过筛选后将一些有用的信息反馈给它的上游，以使上游组织所生产供应的食用菌满足市场的需求。但通常情况下，企业在与单个种植户的交往过程中，信息交流较少。由于单个种植户产量有限，处于弱势，在与企业的交易中几乎没有话语权（图 8-17）。

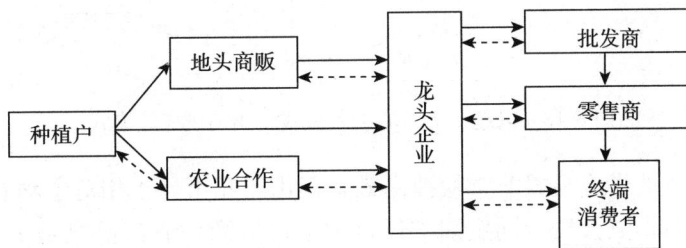

图 8-17 以龙头企业为核心的辐射式食用菌供应链模式

在农产品供应中，生产是最薄弱一环。由于广大的分散种植户组织化程度低，在供应过程中处于不对称的弱势地位，以龙头企业为核心的辐射式食用菌供应模式能有效地将生产者聚集起来，获取更强大的市场力量。理想状态下，该模式最突出的优点在于其辐射效益好，企业与农户通过契约来规定双方权利和义务，企业为了收购上游生产者的食用菌，会在资金技术和生产资料等方面为种植户提供支持和帮助，以较少的投入获得稳定的原料供应来源，也能够降低内部交易成本；同时，由于企业的规模化、规范化、现代化经营，其市场实力更足，产品销路更好，因此能更好地保证产品保质保量的销售出去，有效地减少了因信息不对称而给生产者带来的市场风险。然而在此模式中，食用菌企业的专业素养成为其成功的关键。在供应过程中，经营管理的重点任务由核心企业担负，企业不仅要管理自身的生产、种子研发、技术推广、仓储运输、销售宣传等，还要对其上下游进行协调整合，加之北京地区本来人工成本就较高，如果不能有效地进行科学管理，有可能使企业的管理成本提高，风险也提高，很容易造成规模不经济。

随着北京市对发展食用菌产业的支持以及部分食用菌产品工厂化生产技术的日渐成熟，

以龙头企业为核心的辐射式食用菌供应模式得到了一定的发展，金针菇、杏鲍菇、双孢菇等基本已实现的周年化的工厂生产。

⑤以超市为核心的对接式食用菌供应链模式。以超市为核心的对接式食用菌供应模式是最短的一种供应类型，主要是综合连锁超市通过投资新建食用菌种植基地或通过与农业合作社、食用菌生产企业、食用菌基地等生产者建立长期稳定的合作关系，并通过自建或第三方物流，向门店提供高质量食用菌的供应结构。根据调查，超市与上游生产组织的合作方式主要有两种，一种是超市与生产者事先签订相关合同，生产者按合同约定的食用菌种类、数量、质量和交易时间等完成生产活动，将产品按照合同规定的价格卖给超市，超市再将产品面向消费者出售；第二种方式则是超市并不收购生产者的食用菌，它仅仅将食用菌销售区划分为多个区域，然后出租给各个食用菌生产商，包括企业和合作社，让他们雇佣相应的人员，进店管理、销售各自的食用菌产品。值得注意的是，通常情况下超市不愿意收购农户生产的食用菌，主要原因是农户的产品质量和数量波动性较大（图8-18）。

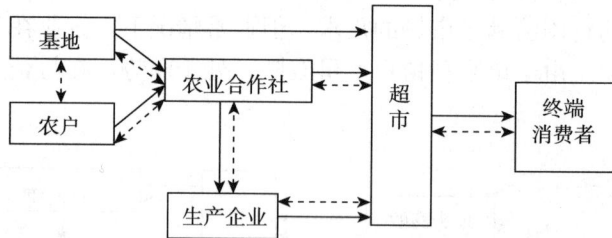

图8-18　以超市为核心的对接式食用菌供应链模式

尽管这种对接式的供应模式非常快捷高效，但由于超市处于相对主动有利的地位，它们在将产品资金回收后，只会按合同定期支付货款给供应商，通常情况是1~2个月，这导致了食用菌生产供应商在此模式中的资金回收周期较长。在这种模式中，整个信息流从消费者流向超市，超市经分析后再定期向生产者提供相关信息，使得整个供应以市场为导向高效地运行。

当然北京市目前以超市为核心的对接式食用菌供应模式也存在不足：一方面，北京超市的生鲜农产品（包括食用菌）物流通常都是由第三方来完成，为了保障生鲜农产品的营养以及低损耗率，需要专门的冷链设备，增加了运输成本；另一方面，超市对于产品的质量要求较高，在收购产品时只要良品而不要次品，且超市每次进购的数量有限，不像批发商或地头商贩那样统一全额收购，这也造成了许多生产供应商不愿与超市进行合作，加之超市是定期支付货款，不如传统的供应模式回款速度快，从而阻碍了此模式的发展。

（2）北京市食用菌供应链模式对比

北京市食用菌产业主要供应链模式对比分析结果如表8-10所示。显然，信息沟通舒畅，交易运输成本低，产量、质量稳定，资金回收快的供应模式更易受到广大食用菌生产经营者的喜爱。目前北京市食用菌供应模式正在由传统的自发式、流通式向着更为信息化、供应产量质量更加稳定、更有利于促进买卖双方共同利益的带动式、辐射式和对接式转变。

表 8-10　北京市食用菌产业主要供应链模式对比

模式类型	自发式	带动式	流通式	辐射式	对接式
核心主体	种植户	农业合作社	批发商	龙头企业	超市
主要优势	生产灵活、环保，投入少、成本低，利润空间大等	降低分散经营风险，价格稳定，规模经济等	流通范围广，优化资源配置，资金回收快等	质量产量稳定，供应内部协调，辐射效益好等	市场反应快，产品新鲜安全，流通交易成本低等
主要不足	季节性强，产量、质量、价格波动大，信息匮乏，生产盲目性大等	合作社容易出现投机行为，真正发挥作用的合作社较少等	渠道过长，信息不畅，交易流通成本高，市场服务监管缺位等	企业管理成本高，资金回收慢，与生产供应者关系不稳定等	物流体系不完善，只要高质量产品，数量有限，资金回流慢等
供应产品数量	较少	最少	最多	较多	少

（三）新型农业经营主体发展情况

1. 农业经营概况

食用菌生产经营主体主要有农民专业合作社、生产企业、专业大户、散户等。其中，农民合作社 44 家，从业人员数量 1 431 人；生产企业 13 家，从业人员 1 002 人；专业大户 30 家，从业人员 334 人；散户 684 家，从业人员 1 421 人。生产企业吸引和带动的从业人员是最多的，每家企业平均带动就业人员 77 人；其次是合作社，每个合作社带动从业人员 32 人；散户基本以家庭为单位从事食用菌生产经营，每个散户平均有 2 人从事生产经营。

食用菌生产经营主体的平均年龄在 50 岁左右，其中生产企业主体从业人员的平均年龄在 44 岁左右，农民专业合作社从业人员的平均年龄在 52 岁左右，专业大户主体从业人员的平均年龄在 48 岁左右，散户主体从业人员的平均年龄在 49 岁左右。

食用菌生产经营模式与机制主要分为产销一体、仅生产和仅销售 3 种方式。从调研数据来看，所有生产经营主体中经营模式为产销一体的比例占到 29%，仅有生产的比例占到 70%。企业生产主体和农民专业合作社生产主体开展产销一体经营的比例是最高的，分别为 69% 和 61%；而大户和散户仅生产的比例分别为 77% 和 73%，主要是以生产为主，销售环节的参与度较低。

2. 新型农业经营主体情况

（1）新型农业经营主体现状

本次调研统计新型农业经营主体为 87 家。农民专业合作社 44 家，占比 50%；农业生产企业 13 家，占比 15%；大户 30 家，占比 34%。

新型农业经营主体共带动农户 2 268 个。其中，44 家合作社带动农户 1 095 家，平均 1 家合作社带动农户 25 家；13 家生产企业带动农户 970 家，平均带动农户 75 家；30 个专业大户带动农户 203 个，平均带动农户 7 家。

（2）新型农业经营主体从业人员现状

新型农业经营主体平均受教育程度普遍偏低，农业产业化龙头企业受教育水平略好。新型农业经营主体从业人员中受到高中教育水平的占 47%，初中及以下的占 53%。其中，农业企业高中教育水平占 60%，农民专业合作社高中教育水平占 43%，专业大户高中教育水平占 40%。

新型经营主体技术掌握情况普遍比较好。技术掌握程度达到优级别的占比 35%，达到良级别的占比65%。农民合作社主体技术掌握程度达到优和良级别的分别占比29%和71%，农业产业化企业主体技术掌握程度达到优和良的分别占比40%和50%，专业大户主体技术成熟程度达到优和良的分别占比40%和60%。

新型经营主体从业人员主要以本地为主，本地人员从事食用菌生产经营的比例为56%，外地人员占比44%。其中，农业专业合作社主体中本地人员的比例最高，占70%；专业大户主体中本地人员占30%；农业产业化企业主体中外地人员占比较高，占55%。

从新型经营主体从业人员的年龄来看，40～50岁的从业人员居多。其中，30～40岁（含40岁）的从业人员占比23%，40～50岁（含50岁）的从业人员占比50%，50～60岁（含60岁）的从业人员占比27%。从不同新型经营主体之间的对比来看，农业产业化企业主体从业人员年龄相对较低，30～40岁（含40岁）的从业人员占比60%，农业专业合作社主体从业人员年龄相对较大，50～60岁（含60岁）的从业人员占比57%。

（3）新型农业经营主体运行模式、机制及其效益

新型农业经营主体在食用菌产业链条中发挥的作用明显比较大，新型农业经营主体中涉及食用菌产销一体化的占70%，仅从事食用菌生产的占30%。

（四）社会化服务情况

1. 社会化服务体系建设情况

围绕食用菌产前、产中、产后等3个主要链条，社会化服务组织机构主要有政府职能部门、技术推广部门、农民合作社、涉农企业、科研院校等。每个食用菌主产区社会化服务建设情况不一，其中最突出的一个特点是所有区均建立了技术推广部门，房山、通州、顺义等区至少有2个以上的技术推广部门。社会化服务主体比较健全的有大兴、房山、通州、顺义等区。这些区有政府职能部门负责相关政策的制定，有科研院校负责新技术的研发，技术推广部门负责技术推广示范，合作社承担技术的应用示范，涉农企业承担部分食用菌的销售等工作。

北京市有各类社会服务机构68个，从业人员550人，其中涉农企业人员占31%，农民合作社人员占27%，科研院校人员占12%，技术推广部门人员占8.5%。政府职能部门和技术推广部门主要以无偿的形式提供各类服务，农民合作社、涉农企业、科研院校则主要以合作的形式提供服务。

2. 社会化服务模式创新

一是合作社＋种植户模式。通过合作聚合食用菌生产规模，提高组织化程度。

二是企业＋合作社＋农户模式。延伸农业产业链条，形成社会分工，企业更多负责产后的市场销售环节，合作社发挥组织和技术指导作用，农户负责生产。

三是政府及技术推广部门引导生产企业走进社区，介绍展示栗蘑烹饪和食用方法。政府职能延伸到产后环节，不仅为食用菌的生产提供政策、技术等支持，还积极帮助农户开拓销路，对接市民。

四是政府＋科研院所＋合作社＋企业。科研院所申请政府资金，基于合作社生产之后的菌棒废弃物开展废弃物研究利用，技术成熟后联合企业开展栽培基质的投产应用。

五是技术双向式服务。对生产者组织技术培训、技术指导；对消费者开展技术进校园、进社区、进写字楼等活动。

六是建立微信群，为种植户提供技术指导。

3. 社会化服务典型创新案例

通州：2016 年通州区碧海圆农业合作社与张家湾镇小北关等 5 个村 150 个种植户签订黑木耳种植协议。由合作社提供黑木耳菌棒和技术支持，农户负责种植管理，产品由企业回收，平均每户增收 5 000 元以上。

农业技术推广站：2016 年北京市推广站累计培训 792 人次，开展家庭栽培食用菌及食用菌科普知识进社区、进校园系列活动 6 次。

（五）消费者接受情况及购买力现状

1. 消费者产品需求状况

（1）北京市食用菌 2016 年上市量情况

基于北京市主要批发市场、主要食用菌品种的上市量交易数据来分析市场消费者对产品的需求情况。采用北京市新发地、大洋路、岳各庄、八里桥、昌平水屯、顺义石门、锦绣大地 7 个大型综合批发市场的监测数据，选择鲜香菇、平菇、金针菇、鸡腿菇、茶树菇、双孢菇、草菇、杏鲍菇、海鲜菇、滑子菇等 10 个主要食用菌品种。2016 年 10 种食用菌批发市场上市量为 13.3 万吨，同比增加 8.7%，由此可以看出 2016 年市场对食用菌的消费需求量呈增加的态势。从主要品种来看，鸡腿菇和海鲜菇等市场上市量增幅较大，增幅分别为 62.4% 和 57.5%；其次是草菇和双孢菇，上市量增幅分别增加 17.9% 和 17.6%。

（2）北京市消费者食用菌的消费偏好

为了了解北京市消费者的食用菌消费偏好，食用菌创新团队在 2015 年 7 月对北京市朝阳区、海淀区、东城区、西城区、丰台区和石景山区 6 大主城区的食用菌消费者进行调研。本次调研采用配额抽样与便利抽样相结合的方法，调研员深入超市、商场、农贸市场、街道、公园等地对消费者进行了问卷调研，共访问消费者 432 名，获取食用菌消费调查问卷 360 份，其中有效问卷 335 份，调查问卷有效回收率为 93.1%。

①品种偏好。消费者日常购买的食用菌品种相对集中，日常购买最多的前五类食用菌品种依次为香菇（236.2）、木耳（171.6）、金针菇（133.6）、平菇（106.8）、杏鲍菇（85.2）。由此可见，北京市食用菌消费者日常购买的食用菌仍集中于大宗品种，珍稀食用菌虽已逐渐进入人们的日常饮食中，但仍未推广开来（图 8-19）。

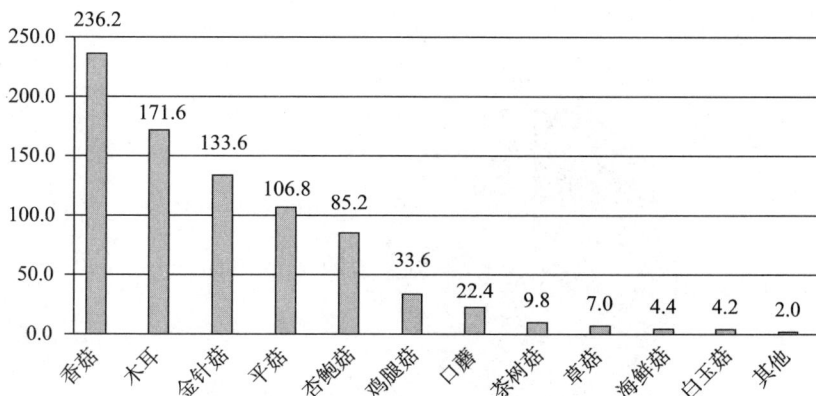

图 8-19 消费者食用菌购买品种集中度

数据来源：根据调研数据整理。

②品牌及产地偏好。消费者对食用菌品牌的关注度仍较低，北京市本地品牌的购买率较高。调查中，只有37.9％的消费者表示购买过有品牌的食用菌，26.9％的消费者表示没购买过有品牌的食用菌，还有35.2％的消费者则表示没注意到食用菌品牌。中粮、北京小汤山两个北京市本地食用菌品牌的购买率最高，分别占到35.3％、25.3％。另外，21.3％的消费者忘了自己购买过的食用菌品牌名称。可见，北京市场上的食用菌品牌已有所发展，但消费者对食用菌品牌的关注度仍有待提高（图8-20、图8-21）。

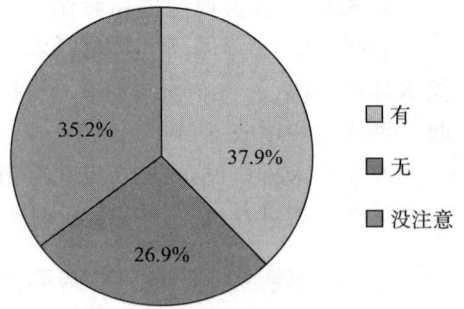

图 8-20　消费者食用菌品牌购买

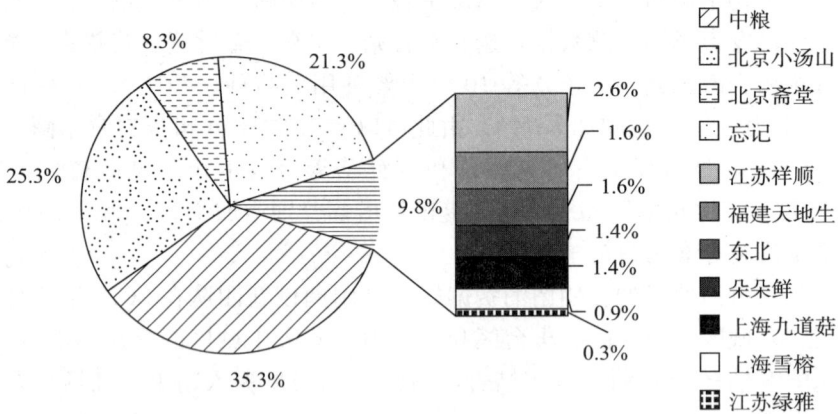

图 8-21　消费者对现有食用菌品牌的购买情况
数据来源：根据调研数据整理。

③质量及价格偏好。质量中等、价格适中的食用菌最受消费者的青睐。63.3％的消费者平时购买食用菌时偏向于选择质量中等、价格适中的食用菌，只有2.7％的消费者偏向于选择质量较好、价格较贵的食用菌，而剩余的34.0％则偏向于选择质量一般、价格便宜的食用菌（图8-22）。

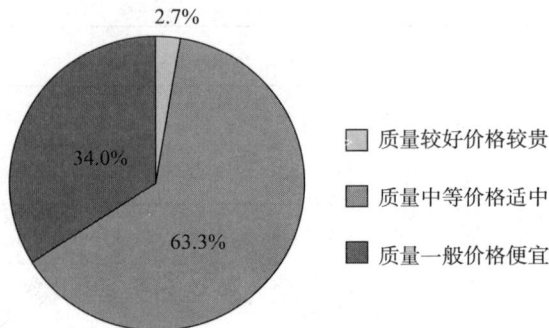

图 8-22　消费者食用菌质量等级选择

2. 消费者购买力分析

（1）北京市食用菌价格对消费者购买力的影响

总体来看，2016 年主要食用菌的平均价格为每千克 7.57 元，同比下降 3.9%。从上市量和价格升降幅度的对比来看，价格下降的幅度远低于上市量增加的幅度，说明消费者的购买能力有保障，而市场上食用菌的供应量增加过多。从不同食用菌品种来看，草菇、鸡腿菇的价格和上市量同步大幅增加，也说明了当前市场供应与需求的不匹配。

（2）北京市消费者食用菌购买力特征

①消费者食用菌购买频率和购买量均较低。51.6% 的消费者一周只购买 1～2 次食用菌，43% 的消费者偶尔购买一次食用菌，只有 5.4% 的消费者一周购买 3 次及以上食用菌。而在购买量上，53.7% 的消费者每次只购买 250～500 克食用菌，28.7% 的消费者每次购买 250 克以下，只有 17.6% 的消费者每次购买 500 克以上食用菌。这表明，大部分消费者尚未形成固定消费食用菌的习惯。

②消费者的食用菌购买地点以超市和农贸集市为主。69.8% 的消费者常在超市购买食用菌，22.4% 的消费者在农贸集市购买食用菌，只有不足 8% 的消费者在其他地方购买食用菌。

③消费者日常购买的食用菌品种相对集中。北京市消费者食用菌购买行为调查显示，购买最多的前五位食用菌为香菇（82.7%）、木耳（66.9%）、金针菇（60.6%）、平菇（42.4%）、杏鲍菇（42.1%）。

（3）食用菌购买频率影响因素分析

①消费者的卫生安全意识与食用菌购买频率成反比。消费者对卫生安全越重视，食用菌购买频率就越低。

②农药残留低、有包装和气味香等与食用菌购买频率成正比。消费者越重视，购买频率就越高。

③购买距离近和亲朋介绍等与食用菌购买频率成正比，距离越近且有亲朋介绍，购买频率就越高。

④消费者对食用菌产品和品牌了解得越多，购买频率就越高。另外，家里有小孩的消费者食用菌购买频率相对较高，自由职业者和家庭收入中等的消费者食用菌购买频率也相对较高。

其他因素（性别、年龄、受教育程度、家庭人数、家里是否有老人同住、营养丰富、色泽新鲜、口味佳、有质量认证、价格便宜、有品牌）对消费者的食用菌购买频率并无显著影响。另外，营养丰富、有品牌对消费者的食用菌购买频率无显著影响，这可能是因为当前消费者对食用菌产品和品牌仍缺乏足够的关注和了解，故未对消费者的消费产生影响。

（4）食用菌购买量影响因素分析

数据分析结果表明，家庭人数越多的消费者，食用菌购买量越高；消费者越重视色泽新鲜，食用菌购买量就越低；消费者越重视包装，食用菌购买量就越低；消费者对气味好闻、农药残留低越重视，食用菌购买量就越高；消费者对食用菌产品了解度越高，对亲朋介绍越重视，食用菌购买量就越高；中低收入消费者（家庭月均收入 5 001～8 000 元）和中高收入消费者（家庭月均收入 12 001～20 000 元）的消费者每次食用菌购买量相对较高；其他因素（性别、年龄、受教育程度、家里是否有老人同住、家里是否有小孩同住、品牌了解度、营养丰富、口味佳、卫生安全、有质量认证、价格便宜、有品牌、购买地距离近）对消费者的食用菌购买量则无显著影响。

（5）北京市食用菌细分市场及供应策略

本研究将6个食用菌细分市场的利益需求特征、人口统计特征和消费行为进行了总结，并提出了差异化的食用菌供应策略（表8-11）。

表8-11 食用菌细分市场特征及供应策略总结

细分市场特征及供应策略		健康型	经济型	时尚型	安全型	体验型	社会型
主要特征	利益需求	以营养功能为首要需求，安全为次级需求	以价格为首要需求，包装和购物体验为次级需求	以食用菌营养功能、食用菌品牌与品种为主要需求	以安全为首要需求，包装为次级需求	以质量和渠道为首要需求，品牌与品种为次级需求	以推荐宣传为首要需求，价格和质量为次级需求
	人口统计	中年女性为主，中低收入群体居多	青年女性为主，家庭收入多为中等水平及以下	中青年女性为主，学历和家庭收入均较高	性别上无差别，青年和中老年为主，家庭收入多为中等水平及以下	女性为主，年龄和家庭收入层次均分布广泛	女性为主，年龄层次分布广泛，家庭收入多为中等水平及以下
	消费行为	购买频率不高，每次购买量相对较大；购买品种集中于香菇、平菇、木耳等传统大宗品种；青睐质量中等价格适中的食用菌；对食用菌品牌购买较少	购买频率和购买量均相对较低；购买地点以超市居多，农贸集市次之；购买品种以香菇为主，兼具多样；质量选择范围多样，选择质量中等价格适中的食用菌者居多；对食用菌品牌购买较少	购买频率较高，且每次购买量较多；购买地点集中在超市；购买品种多样且广泛；从不购买质量较差价格便宜的食用菌；对食用菌品牌购买较多	购买频率较低，每次购买量不多；购买地点以超市为主，农贸集市次之；购买品种多样，以香菇和木耳居多；选择质量中等价格适中的食用菌居多，质量较好价格较贵的食用菌次之；对品牌购买一般	购买频率和购买量均处于中等水平；购买地点多样，以超市为主；购买品种相对集中，以香菇、木耳居多；偏好质量较好价格较贵的食用菌；对食用菌品牌购买较多	购买频率以每周1～2次居多，购买量以每次半斤到1斤居多；购买地点多样，以超市为主；购买品种较集中，以香菇为主；青睐质量中等价格适中的食用菌；对食用菌品牌购买较多
供应策略	供应主体	食用菌种植户的首选目标市场，基地可争取的目标市场	食用菌种植户、基地和企业均可争取的目标市场	食用菌企业未来发展的潜在市场	食用菌种植户、基地和企业均可争取的目标市场	食用菌企业的首选目标市场	食用菌种植基地的首选目标市场
	供应品种	以传统大宗食用菌品种为主	以香菇为主，同时多样化供应	尽量多样化，可作为新品种的首选目标市场	采取多样化供应策略	以传统大宗品种为主，同时可作为新品种推广市场	以传统大宗食用菌品种为主
	质量等级	以中档产品为主	兼顾多种档次，以中档产品为主	以中高档产品为主	兼顾中档产品和高档产品，并多供应中档产品	兼顾中档产品和高档产品，并多供应高档产品	以中档产品为主，适量供应高档产品

（续）

细分市场特征 及供应策略		健康型	经济型	时尚型	安全型	体验型	社会型
供应 策略	渠道	确保渠道终端食用菌产品的卫生安全	提升食用菌销售终端的购物体验	渠道终端以超市为主，可发展"农超对接"模式	努力提升渠道终端食用菌安全性，并进行食用菌安全性宣传	合理布局渠道终端，提高消费者购物体验	采取多渠道供应模式，并加强终端产品质量管理
	促销	加强食用菌营养功能知识宣传，不必过度塑造产品品牌	注重产品的包装设计	加强食用菌品牌的培育推广，宣传上突出食用菌营养功能	供应中注重对食用菌产品的包装	加强产品质量管理，注重产品品牌塑造	注重产品宣传，营造口碑效应，可进行品牌推广

（六）产业支持政策及其效果评价

1. 现行产业支持政策

2016 年食用菌被列入《北京市基本菜田补贴实施办法（试行）》：食用菌几个工厂化生产的高产品种，按每 3 吨折算 1 亩的办法参照执行；根据农业部及财政部的意见，北京市农业局将食用菌有关机械列入农机补贴范围。

2016 年昌平区出台了山区栗蘑菌棒补贴政策（昌平区农委山区办 1175 号），2016 年补贴政策资金 1 133 万元，比 2015 年增加 50 万元。

2015—2016 年通州区实施了菌棒补贴政策试点项目，推进食用菌产业标准化进程。

2. 产业支持政策效果评价

昌平区出台的菌棒补贴政策作用显著，昌平区栗蘑栽种面积显著增加，产业发展迅速，规模化生产显著提高，为山区农民脱贫致富找到了新的出路，得到了较高的评价。

2015—2016 年通州区实施菌棒补贴政策，政策扶持统一制作菌棒，推进食用菌产业标准化进程。项目涉及永乐店、漷县两个主要食用菌生产乡镇的 6 个基地村 98 户种植户，3 个制棒企业，对香菇、平菇、黑木耳、茶树菇 4 个品种的菌棒进行补贴，按每棒 0.5 元的补贴标准，财政补贴菌棒资金 425 万元。全区补贴菌棒数量为 850 万棒左右，其中香菇 98.925 万棒，平菇 117.8 万棒，黑木耳 34.8 万棒，茶树菇 598.1 万棒。通过菌棒补贴项目的实施，通州区 2015—2016 年新发展食用菌生产面积 600 亩，总产量达 4.2 万吨，总产值达 3 亿元左右；带动周边农民就业 500 余人，不仅增加了农户的收入，还解决了企业用工紧张的问题，达到企业与农户互惠和互赢的效果；种植户平均每亩生产用菌棒 1 万，每棒纯利为 1.5 元左右，利润达 1.5 万元/亩，为农户带来的收入共计 1 400 多万元；通过项目实施，企业取得了每棒 0.5 元的收益，调动了企业生产的积极性。

二、食用菌产业发展中创新团队的技术支撑作用

（一）团队基本情况

依照北京市农业局、财政局《关于印发〈现代农业产业技术体系创新团队建设实施方案（试行）〉的通知》（京农发〔2009〕44 号），北京市食用菌产业创新团队于 2011 年组建。食

用菌产业创新团队建设项目为周期延续性项目，第二轮任务建设周期为 2016—2020 年。项目成员涉及单位包括北京市农业局下属植保站、北京市农林科学院、北京市农学院、中国农业大学、中国农科院资源与区划所等共 11 家。2016 年经费共 750 万元，其中 1 名首席专家管理经费 30 万元，10 名岗位专家项目预算资金共 490 万元、5 名综合实验站站长项目预算资金共 150 万元，16 名农民田间学校工作站站长项目预算资金共 80 万元。

（二）北京市食用菌产业创新团队工作内容

1. 团队定位

北京市食用菌产业创新团队以服务现代北京食用菌产业技术体系，发挥科技引领和示范带动作用，为打造"高产、高效、高端、高辐射"的食用菌产业提供强力技术支撑为目标，以区域共性技术和关键技术研究、集成、试验、示范、推广和农民技术培训为核心任务，使更多的农业科技成果得到应用推广，以提升北京市食用菌产业的技术创新能力及综合生产能力，实现菌农增收和食用菌产业的可持续发展。

遵循创新、协调、绿色、开放、共享的发展理念，以实现农业现代化和推进产业结构升级提供科技支撑为目标，加强团队作风建设和制度完善，加大技术研究和示范推广力度，改进技术服务方式，促进产业发展方式转变和产业技术体系完善，推进京津冀协同创新发展，推动产业升级发展，为走出一条产出高效、产品安全、资源节约和环境友好的现代化食用菌产业道路提供有力支撑。

团队成立运行至今，食用菌产业创新团队在产业的影响力和贡献率逐年提升，研发、示范、推广的适宜新品种及配套技术极大地促进了菌农增收，夯实了产业可持续发展的基础，有力地提升了北京食用菌产业的综合生产能力并受到了国内外业界同仁的广泛关注。

2. 团队架构

食用菌产业创新团队由三个层级构成，产业技术研发中心依托单位为北京市农业技术推广站，团队聘任 1 名首席专家，10 名岗位专家，5 名综合试验站站长，16 个田间学校工作站站长，共计 32 个岗位，32 名成员。

3. 团队目标与任务

（1）项目总体目标

按照北京都市型现代农业的发展要求，依照北京市食用菌产业的功能定位，建立起完善的食用菌现代产业技术体系，形成有力的技术服务能力，并大力发挥科技引领和示范带动作用，为打造"高产、高效、高端、高辐射"的食用菌产业提供技术支撑。

（2）工作任务

一是新品种种质资源创新与新品种选育任务；二是工厂化食用菌新品种生产技术研究与示范；三是安全、优质、高产、高效、生态的食用菌生产基础技术大数据收集与分析；四是安全、优质、高产、高效、生态技术集成示范。

（三）团队工作成效

①完成 2011—2015 年五年项目执行验收并形成了阶段性工作成果，制定了 2016—2020 年新一轮五年任务计划。

②开展各项技术研发试验 29 项，集成示范推广新品种 14 个，新技术 26 项，新产品 6

个，累计示范面积 1.2 万亩（含已开展的夏秋茬口食用菌）。

③选育的平菇新品种 4514、4155、4142 的土地产出率比对照 99 高出 9.58%，5.75%，3.83%；层架式立体栽培技术示范使亩产量增加 66.7%～73.37%。

④研发或示范的定时微喷、机械刺孔增氧、快速制种等技术大幅提升了劳动生产率。

⑤全茬口亩平均节水 30.29 立方米，总节水 13.63 万立方米。

⑥示范点平菇平均亩产量 39 769.0 千克，香菇平均亩产量 16 955.6 千克，较去年同期相比涨幅明显，分别达到 12.03% 和 35.44%。

⑦完成了羊肚菌人工栽培、月夜菌驯化、无草炭菌糠育苗基质等技术创新。

⑧发表科技论文 17 篇，鉴定选育新品种 5 个，授权专利 7 项，实物装置产品 3 项。

（四）团队运行机制

1. 分类推进

（1）确保重点攻关类任务

积极探索有效的工作方法，认真总结前期调研工作经验，把做好产业调研贯穿于工作，按照"先易后难，整体推进"的原则，按已制定的目标要求、培训内容，及时调整重点攻关类任务方向、重点和研发力度，把技术研究与集成的工作放在突出位置，做到按时完成各项任务。

（2）加快成熟技术推广速度

在重点做好产业重点攻关任务技术研发的同时，优先将成熟技术总结集成，针对市场需求，本着"缺什么，补什么"的原则，围绕产业需求引导并进行实用推广技术培训，推广一批能够促进产业链增产、增收的成熟技术，将实用技术培训和劳动力就业培训紧密结合起来，辐射带动产业发展和农民增收。

（3）协调不同类任务间关系

要处理好不同类任务之间关系，既做到相互密切衔接，又要突出重点、兼顾创新。以新技术为先导、技术攻关试验示范为重点，创新性技术研究重在集成的原则，做到整体有序、重点突出、有机结合。

2. 分层落实

（1）功能研究室

功能研究室开展产业关键技术研究和技术集成，根据产业发展趋势开展前瞻性基础技术及策略研究；承担政府主管部门下达的应急性技术任务；指导综合试验站开展相关技术试验示范和推广。

（2）综合试验站

综合试验站负责组织田间学校工作站在本区域开展需求调研，承担研发中心和功能研究室提供的试验、示范；协助产业研发中心监测生产动态变化；为辖区农民田间学校工作站的建设与运行提供技术支持。

（3）农民田间学校工作站

每个田间学校工作站要建成示范型田间学校，相关技术进行整村推动，并负责所在乡镇农民田间学校的工作指导，协助综合试验站开展食用菌技术及相关需求信息反馈，承担由综合试验站提供的成熟技术的推广任务，发现、培养 2～3 名农民辅导员、乡土专家和科技示范户，建立 1～2 个技术效果监测点。

3. 加强管理

（1）加强组织领导，建立团队执行专家组、功能研究室、区县综合试验站和农民田间学校管理协调工作机制。

（2）明确划分责任，采取首席专家领导下的民主集中制，由团队成员会商，执行专家组审议，首席专家签署发布。具体项目实施由岗位专家、综合试验站长、田间学校工作站长全权负责。首席专家办公室代表首席专家对团队成员承担的具体项目过程和结果实施登记，并建立信用评价体制，考核计分。

（3）目标管理。坚持团队管理体系，以任务目标为主要管理对象，细化创新研发中各项成绩在总考核重所占比例。同时加大宣传力度与社会舆论监督力度，营造社会对产业创新体系了解的氛围。

（4）质量控制。质量控制，全员参与，坚持经费和做事的高度统一，坚持做事和应用服务对象的满意为一体。

4. 建立考核机制

严格落实《现代农业产业技术体系创新团队评估管理办法》，对团队成员实行既考评过程又考评结果的机制。在每个实施阶段对实施过程中相关事项进行档案登记打分；在半年或年度结束对主要课题任务进行书面工作总结与汇报，根据主要任务完成情况进行考核打分，并按照有关管理办法规定进行相应惩处。

（五）技术研发与主推技术

1. 品种选育与示范

（1）金顶侧耳、桃红侧耳品种示范栽培

示范金顶侧耳、桃红侧耳各 3 个品种，金顶侧耳颜色呈金黄色，桃红侧耳呈现粉红色，颜色非常亮丽，深受市民喜爱。栽培这 2 类具有观赏价值的食用菌，与北京市发展休闲观光农业的定位一致。金顶侧耳不仅外观漂亮，价格也较高，单价比普通平菇高 20％以上（图 8-23）。

图 8-23　金顶侧耳、桃红侧耳品种出菇照片

（2）适合北京春夏季栽培平菇选育、示范

适合品种6个，分别是4142、4155、4195、4513、4514、99，除了4513和4514是新选育品种外，4142、4155、4195、99均通过了北京市食用菌品种鉴定。通过各品种生物学效率的比较，选育出的新品种4142，夏季出菇时颜色较深，肉厚（图8-24），夏季平均售价达到7元/千克，比其他主栽品种高1元/千克，而且生物学效率比主栽品种稍高，栽培经济效益比其他品种高16%以上。

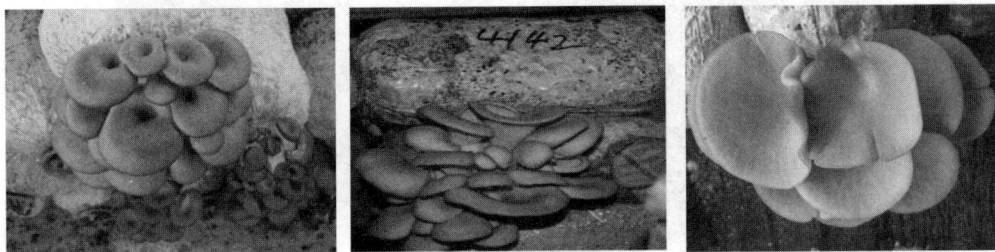

图 8-24　4142和4195夏季出菇比较

（左：4142在6月中旬；中：4142在8月初；右：4195在8月初）

（3）适合北京秋冬季栽培平菇选育、示范

适合品种25个，其中17个通过国家认定或北京市鉴定，其余8个为引进、野生或主栽品种（表8-12）。25个品种已经在通州永乐店出菇，按DUS测试指南的要求进行观测记录。其中，4142出菇非常好（图8-25），表现为颜色黑、肉厚，出菇整齐，转潮快，2016年已经在全国开始主推。大兴综合试验站、内蒙古自治区农牧业科学院蔬菜研究所对4142这个品种充分认可。

表 8-12　秋季示范的25个平菇品种信息

序号	名称	备注	序号	名称	备注
1	89	北京鉴定	14	R8024	国家认定
2	99	北京鉴定	15	R8025	国家认定
3	4003	北京鉴定	16	R8026	国家认定
4	4142	北京鉴定	17	R8027	国家认定
5	4153	北京鉴定	18	CB2	韩国
6	4155	北京鉴定	19	H64	日本
7	4195	北京鉴定	20	848	野生
8	P6	北京鉴定	21	1708	野生
9	亚光1号	北京鉴定	22	4143	野生
10	R10001	国家认定	23	4535	野生
11	R8021	国家认定	24	灰美2号	主栽品种
12	R8022	国家认定	25	特白1号	白色品种
13	R8023	国家认定			

图 8-25　4142 冬季出菇

（4）低温香菇品种比较试验

试验共引进了 208、丰 2、东北、庆科 212、灵仙 1 号、申香 215 等 7 个品种。以 808 为对照，从发菌期水分损失、补水量及菇蕾数量，子实体性状，采收期及产量三个方面进行比较试验，综合菌棒失水量和市场消费较喜欢肉厚、菌盖较大、菌柄较短且细的趋向，以及采收时长和关键产量，尤其是头潮菇刺激出菇管理难度等指标，丰 2 香菇品种具有相对较高的市场应用价值。

（5）高温香菇品种比较筛选试验

香菇属中低温品种，夏季香菇生产在北方地区生产较为困难，但市场售价较高，效益相对较好。试验共引进了"辽抚 10 号""夏菇 1 号""灵宝一号""灵仙一号""申香"和"汀选 18"等 6 个品种，以"汀选 18"为对照，综合高温期出菇能力、子实体商品性性状及产量等指标，"夏菇 1 号""灵宝 1 号""辽抚 10 号"均表现较好，以"夏菇 1 号"为最佳。

（6）高温平菇优新品种引进筛选试验

在 2015 年试验的基础上，引进收集 23 个品种，其中西德 89 为对照品种。对其发菌速度、子实体性状、产量、生物转化率等指标进行比较，从中筛选耐高温、菇型好、颜色较深、产量较高，能够在本地高温季节出菇的优良品种。

通过综合比较不同高温平菇品种的发菌情况、子实体外观、产量三方面的指标分别打分，按照发菌情况占 20%，子实体性状和产量分别占 40% 的加权平均值进行排名，最终的筛选结果为：对照品种云南 89 最好，其次为高温灰平、125、2008A、51942 和杂优-2。

2. 新技术研发及推广

（1）林地香菇高效节水栽培技术

在林下香菇生产过程中，对棚内加湿改用了雾化效果更好的喷头，注水采用了自动开关注水器，在保证林下香菇正常生产的同时也有效节约了水资源。

在出菇管理中，转色完成后的菌棒，因失水较多，此时应注水补给水分，并使菌棒获得必要的刺激。

出菇期间应注意温湿度管理。此时棚架两侧的塑料膜白天卷起，夜间放下，利用微喷系统和自动定时开关系统及时增湿、喷水降温，创造一个最高温度不高于 33℃、湿度在 80%～90% 的出菇环境。采用开 5 分钟、关 3 分钟的程序进行菇棚降温。遇阴雨天气，首先要停止或减少注水，以免刺激过大，出菇集中；其次放下塑料膜，以防雨水冲刷菌棒，影响出菇品质。

8 月上旬进入秋季，气温逐渐降低，空气温湿度变化也较大。当夜间温度低于 20℃时，放下棚架塑料膜，以利于保温、增湿。随时掌握天气变化，多风、干燥时增加注水次数，保持空气湿度 80% 以上利于出菇。

（2）草菇废料轻简化栽培鸡腿菇技术

对大兴菌益农基地草菇生产后的废料进行简单发酵处理，然后装袋高压灭菌，接种鸡腿菇菌种，进行出菇。实验结果表明，草菇废料栽培鸡腿菇可行，而且还具有原基分化稀疏，利于采收的优点。

（3）省力化机械——刺孔增氧机引进与筛选

刺孔增氧是香菇生产比较关键且较为费工的环节，2015 年试验研究表明一次通氧条件下刺孔数量 80、深度为 3 厘米为最佳，依据试验的基础，引进省力化机械—香菇刺孔增氧机械并比较其效率及效益。3 款刺孔增氧机械在秋冬茬香菇进行了试验，工效等比较表明，全自动刺孔增氧机（GCK-MD）最快，小时最高处理菌棒 1 500 棒，亩节省人工 5.5 个。

（4）香菇短棒直立栽培专用筐试验与示范

在 2015 年基础上，对香菇框式短棒直立栽培模式进行了改进，自主设计了专用栽培筐，同时开展了 "922" "台引" "L18" 等 3 个高温品种的筛选工作，以 "L18" 为对照。从发菌期比较、子实体性状比较、采收期及大面积出菇产量三个方面进行试验，结果表明短棒直立框式栽培模式下，干料投入量在 0.45 千克的情况下，品种 "922" 转化率最高，且商品性及品质均具明显优势。

（5）不同光质对平菇生长发育影响的试验

为了摸清不同颜色光源（白光、红光、蓝光、黄光、七彩光 5 种）对平菇生产的影响以及平菇人工补光效果，探索了平菇高产新措施。

试验结果分析，不同光质对发菌速度无明显影响，但对菇型和菇质影响较大。与对照相比，蓝光、七彩光和白光为正向影响，表现为菌盖大，朵型好，尤其是蓝光，效果最显著；黄光和红光为负向影响，表现为菌盖小、菌柄长，畸形菇比例高，红光的影响最大。

光质对平菇产量的影响较大，与自然光相比，白光、蓝光和七彩光可以显著提高其生物转化率，但后三者之间差异不显著；红光和黄光降低了生物转化率，但黄光的影响差异不显著。

（6）菌袋透光性对平菇生长发育影响的试验

开展了菌袋不同透光性对平菇生产影响的试验。菌袋分别为黑色不透光、黑色部分透光、黑色部分半透光、乳白色半透光、无色透光（CK）5 种，测定菌盖形态、菌盖厚度、颜色、生物转化率、产量等指标，比较不同透光性的菌袋对平菇发菌及出菇的影响，探索平菇高产新措施。

菌袋透光性对发菌速度无明显影响，慢袋时间均为 25 天左右。对子实体性状的影响主要表现在菌盖直径和菌盖厚度上，黑袋发菌有利于菌盖直径和菌盖厚度的增加，但对菌柄长度的影响差异不显著。

菌袋透光性对平菇产量有显著影响，与对照相比，4 种处理的菌袋都能提高其产量，尤其是完全遮光的纯黑色菌袋，转化率比对照提高 10.8％。

（7）鲍鱼菇高产栽培技术试验

试验为两因素试验，试验因素 A 为培养料处理方式，分为熟料、发酵熟料、发酵料短时高温处理 3 种；因素 B 为培养料配方，主料分别为棉籽壳、玉米芯、木屑、棉籽壳＋玉米芯、棉籽壳＋木屑、玉米芯＋木屑，测定不同处理发菌速度、菌丝形态、满袋时间、菌棒成品率、产量、子实体性状等指标。

初步结果分析，不同培养料配方和处理方式对鲍鱼菇发菌影响较大，玉米芯配方污染率较高，易感染链孢霉，发酵熟料和发酵料加短时高温的处理发菌速度快，明显优于熟料。

从不同处理的出菇情况来看，熟料处理不同配方的总体单朵重要好于发酵熟料和发酵料短时高温处理料，但从菌盖直径和菌盖厚度看，发酵熟料和发酵短时高温处理料的较大，这表明熟料的栽培的子实体紧实度较好。总转化率以发酵料加短时高温处理料最高，其次为发酵熟料。

综合不同指标，棉籽壳配方的发酵料加短时高温处理培养料最佳，其次为棉籽壳配方的发酵熟料处理和玉米芯＋木屑的发酵熟料处理。

3. 病虫害防控技术研发

（1）六种常用杀虫剂对食用菌蕈蚊的室内毒力测定

选取生产上常用的 4 种生物杀虫剂和 2 种化学杀虫剂，开展其对食用菌迟眼蕈蚊的室内毒力测定试验，筛选出高效、低毒、低残留的农药用于防治食用菌蕈蚊。根据室内毒力测定结果可以看出，几种药剂对迟眼蕈蚊的毒力差别较大，结合田间推荐用量情况，筛选出对迟眼蕈蚊效果较好的 1 种生物药剂和 1 种化学药剂，分别是 1‰苦参碱可溶液剂和 22.4％螺虫乙酯悬浮剂，可在食用菌生产中轮换使用，减缓蕈蚊抗性，提高食用菌害虫绿色防控水平。

研究发现生产上防治食用菌菇蚊蝇较普遍使用的高效氯氰菊酯对蕈蚊的毒性较低，田间推荐使用剂量校正死亡率低于 30％，推测可能是由于北京地区菇棚内长期使用该药剂引起了害虫的抗药性。

（2）菇蚊蝇生物防治技术试验示范

Bti 粉剂及昆虫病原线虫防治菇蚊蝇幼虫在欧美双孢菇生产中登记并使用，但在国内菇场还未使用。为了给生产提供更多更有效的生物防治产品与技术，开展了昆虫病原线虫防治菇蚊幼虫技术和 Bti 粉剂防治菇蚊幼虫技术两种技术引进试验。在以往工作中，已对双孢菇开展了长期系统的试验，并在太师庄双孢菇生产中完全替代了化学药剂的使用。

2015 年项目初步开展了这 2 种生物产品在平菇和茶树菇中的防治菇蚊蝇试验，2016 年项目在 2015 年试验结果的基础上继续在京郊顺义、大兴、通州等 3 个区的平菇、茶树菇和灰树花生产中做了田间试验。通过试验，生物防治措施表现为在一定程度上与化学药剂效果相当，并因其各自的防治特点与食品安全优势，在部分农户或基地受到肯定与欢迎。

（六）技术示范推广效益

1. 技术示范推广情况

（1）推广昆虫病原线虫防治菇蚊幼虫技术推广应用，应用在平菇、茶树菇等食用菌，在 4 个基地推广，覆盖面积 3 亩；Bti 粉剂防治菇蚊幼虫技术推广应用，应用在双孢菇、平菇、茶树菇等品种，在 4 个区推广，覆盖面积 30 亩。

（2）在大兴、通州、门头沟等区推广平菇 4142 和平菇 4155 两个新品种，覆盖面积 40 亩；热带小奥德蘑及鳞伞属食用菌新品种的示范推广，覆盖 60 亩以上。

（3）在北京市范围内推广应用平菇发酵料短时高温处理技术，覆盖面积 5 000 亩；推广应用高温期菇棚覆盖技术，覆盖面积 5 000 亩；推广应用定时雾化微喷技术，覆盖面积 3 000 亩。

（4）推广应用菌糠育苗和栽培基质制备，应用 400 万株；推广应用菌糠部分替代有机肥技术，覆盖 100 亩；推广库区杂草双孢菇堆肥技术，覆盖 10 000 平方米。

2. 技术示范推广经济效益

推广应用平菇发酵料短时高温处理技术，实现每亩增收 1 200 元以上，合计增收 600 万元以上。

热带小奥德蘑及鳞伞属食用菌新品种的示范推广，亩均增收 20% 以上。

密云库区杂草作为双孢蘑菇的栽培原料，有效解决了当地种菇成本较高的问题，每批料仅草料一项投入减少 12 000 元（麦草 800 元 30 吨，草料 400 元 30 吨），节约成本 20% 以上。产量提高带来收益增加 9 万～12 万。

3. 技术示范推广生态效益

密云太师庄双孢菇生产基地采用 Bti 粉剂防治菇蚊幼虫技术，已完全替代化学药剂，达到了农药的零使用，生态效益显著。

平菇发酵料短时高温处理技术实现了低污染和节能的生态效益。

菌糠部分替代有机肥技术节省了一半的有机肥使用量。菌糠育苗和栽培基质制备，节约了 50% 的草炭用量。

减少了草炭这种不可再生资源的使用量，促进食用菌产业的健康发展。

减少肥料使用量，防止土壤板结，改善土壤品质。

4. 技术示范推广社会效益

培养食用菌科技骨干 4～6 人，技术培训、观摩会 1 次，媒体宣传 1～2 次。

密云库区杂草作为双孢菇的栽培原料，对库区冬季防火、水源纯净等安全隐患防患找到了一条很好的路径。

同时，食用菌产业发展为北京市场提供了新鲜的食用菌产品，为当地农民提供了就业机会。

（七）对产业支撑作用

1. 创新团队对产业支持模式

一是在产中环节为生产主体无偿提供技术服务和物资供应。

二是建立了"五统一"生产经营模式，统一菌种、统一原料、统一制棒、统一技术、统一销售。

三是合作开发、市场化运营模式。

2. 创新团队产业支持案例分析

案例分析一："五统一"生产经营模式。顺义三村菇业利用"五统一"生产经营模式生产平菇，实现了较好的经济效益。通州绿源永乐通过"五统一"生产经营模式，带动周边农户发展多种食用菌栽培。

案例分析二：利用菌糠生产有机肥。利用菌糠重金属含量低，有机质含量高，氮磷钾营养含量丰富的特点，将菌糠部分替代厩肥生产有机肥，既可以消纳大量菌糠，又可以极大地降低有机肥中重金属的含量。利用菌糠具有营养含量丰富，比表面积大的特点，将菌糠用作微生物菌剂的载体，既可以为微生物提供一个合适的空间，又可以满足微生物的营养，使微生物保持一定量的菌数和活性。

案例分析三：为了让食用菌能在炎炎夏季正常出菇，2013年食用菌创新团队栽培功能研究室与顺义区综合试验站联合开展了高温期菇棚生物覆盖试验。该试验利用日光温室的钢架结构，架上种植葫芦、南瓜等爬蔓作物，替代传统的棚膜、遮阳网、草帘等覆盖物，进行生物覆盖，棚内种植高温香菇、灵芝、大杯伞等高温型食用菌。据观测，利用生物覆盖遮阴率可达90%以上，棚内温度比两网覆盖的菇棚平均低2～3℃，而且通风效果很好，符合食用菌的生长要求；而且葫芦、南瓜与棚内食用菌上下呼应，具有很好的景观效果，非常适宜食用菌园区进行夏秋季生产。2014年，团队又在顺义区木林镇陀头庙村、通州区宋庄镇双埠头村和大兴区礼贤镇孙营村进行了该技术的示范，各示范点在7—8月北京温度最高的季节可正常出菇，效果显著。

案例分析四：蘑菇住上空调房。双孢菇是一种典型的低温型食用菌，子实体在7～22℃均可形成，以15～18℃为最适宜，低温下形成的子实体洁白、粗壮、菇形圆整、肉厚、产量高，因此如何创造低温环境对双孢菇至关重要。在团队专家的指导和帮助下，2013年北京市密云太师庄种植专业合作社种植的双孢菇住进了为它精心设计的空调房。为了让村民们更轻松地控制菇房，专家们请了空调专家给空调植入了双孢菇的种植工艺，采用了PLC系统。从培养料播入菌种起，空调机与控制版面在人工操作下，按照蘑菇生长发育的节奏开始运行，不断调整着温度、湿度、二氧化碳和氧气的搭配与组合。温度从播种后的27℃到出菇时的16℃；二氧化碳浓度从发菌期16 000毫克/升左右降低到出菇时的800毫克/升左右。空调菇房创造的湿润、适温环境条件尽可能与野生环境相仿，这使蘑菇菌丝健壮生长、子实体密集发生，播种后短短40天头潮菇即开始采收，第65天就完成了一个周期的栽培，进入下一个循环。每个周期产量可以达到25～26千克/平方米，是自然条件下栽培的2～3倍。

三、食用菌产业典型案例分析

（一）"科研单位＋龙头企业＋基地（合作社）＋农户"的创新生产模式

北京老槐富民食用菌专业合作社位于通州永乐店镇老槐庄村，具有现代化冷库一栋，该合作社由20余家中小规模的食用菌种植户组成，开展林下香菇种植，同时还成立了农家院，开展观光旅游食用菌产业发展，栽培的主要品种有香菇、热带小奥德蘑、榆黄菇、猴头、黄伞、尖鳞环锈伞等，占地面积约150亩。该基地依托科研单位提供菌种和栽培技术（包括栽培技术细化、技术培训、节水等工作）、龙头企业提供菌袋，菇农负责栽培，合作社负责产品统一收购、销售，在带动农民增收致富方面发挥了积极作用，平均每亩林下香菇的年纯收益为2.2～2.7万元，农家院年收入在140万元左右；新品种为观光旅游增加了新意，促进了农民就业；节水技术较原来节约用水55.23%。其中，热带小奥德蘑和黄伞京科54通过北京市食用菌新品种鉴定。获得香菇定量注水针实用新型专利 1 项，推广自动开关注水器 100 余套，香菇增产营养液 1 个，林下香菇高效节水栽培技术 1 套，示范林下食用菌高效节水技术 100 余亩。开展技术观摩培训 4 次，累计培训人数为 150 余人。

（二）"村集体管理＋全村农户参与生产"的生产模式

怀柔区琉璃庙镇梁根村海拔 800～1 000 米，气候凉爽，非常适合食用菌生产。当前该村发展的段木黑木耳栽培的组织形式为"村集体管理＋全村农户参与生产"的生产模式。

2015 年以前，该村主导产业为山林管护，村民收入来源以核桃为主，资源少，收入低，为北京市低收入村。但是该村有林场 13 000 亩，每年有 2 000～3 000 亩抚育任务，可间伐木材 2 000～3 000 吨。食用菌团队结合该村情况，利用林木抚育、间伐产生的丰富段木原料，在产前提供菌种、开展技术培训，在产中环节及时进行技术指导，组织生产观摩，产后进行黑木耳采收及晾晒技术服务。

通过培训、指导等技术服务工作带动村民增收致富。目前，通过技术服务，共生产黑木耳 2.6 万段，按段木黑木耳市场售价 300 元/千克计算，年可收入 30 余万元。全村人口为 161 人，可实现人均增入 1 863 元。既增加了村民收入，又解决了老弱劳动力就业的问题，实现了较好的经济效益，而且一次接种可采收 3～4 年。

（三）以合作社为依托，实行合作社内种植户合作互助的生产模式

北京海龙种植专业合作社成立于 2010 年 3 月 9 日，位于房山区琉璃河镇石村村南，占地 105 亩，现有日光温室 40 栋，钢架冷棚 10 栋，种植露地香椿、果蔬等作物 25 亩，主要以食用菌种植为主，平菇占全年生产总产量的 90%，年产食用菌 300 吨，产值 120 万。

石村工作站以合作社为依托，实行合作社内种植户合作互助的方式从事食用菌生产，如集中物资采购、统一生产菌种等。在食用菌生产环节，主要是利用团队技术和品种。通过团队的技术示范应用，采用优良品种（灰美 2 号）和高效栽培技术（发酵料高温灭菌技术、平菇虫害物理隔杀技术等），平菇单产逐年提高，从 2010 年的亩产 18 000 万千克，发展到 2016 年的亩产 38 012 千克，年均增产 18.5%，并带动该田间学校其他示范户采用这些技术和品种。目前该田间学校工作站品种和技术应用率达到 100%。

（四）"岗位专家＋合作社＋企业"的合作模式推广食用菌废弃物循环利用技术

北京海龙种植专业合作社位于房山区石村，成立于 2010 年 3 月，拥有会员 20 户，主要从事平菇的种植，现有菇棚 100 亩，年产平菇数量 500 吨以上，排出废菌棒 250 吨（干料）左右。

食用菌废弃物循环利用技术岗位专家首先牵线搭桥，将有意愿从事废菌棒处理的企业介绍给合作社，通过租赁合作社土地和建废料处理厂，然后岗位专家与进驻企业签订技术转让合同，并指导进驻企业实现对合作社菌棒的无害化处理，经无害化处理的菌棒被进驻企业开发成育苗或栽培基质产品进入市场，形成"岗位专家＋合作社＋企业"的合作意向及模式。

开发的主要产品是利用菌糠生产育苗和栽培基质。该基质主要是利用废弃的木腐菌糠为原料，经过高温发酵腐熟杀灭其中的病原菌、虫卵和草籽后，按一定比例与草炭和蛭石复合

而成。该基质的育苗效果不低于国内外的草炭基质，但成本仅为国外同类产品的 60%，可用做蔬菜、水果和花卉的育苗和栽培。该技术不仅节约了不可再生的草炭资源，丰富了育苗和栽培基质品种，而且为食用菌产业的良性和可持续发展提供了保障。

目前，该企业已生产并试销了将近 100 吨。在试销过程中发现，这种基质在育苗钵育苗和盆栽植物中有推广的潜力，正在为 2019 年世界园博会上展示和应用该基质作筹备和试验。

（五）"林下食用菌＋林草＋林花＋中药材"循环经济生产模式

延庆特色农业人物李彬 2015 年成立了"北京六木食用菌种植专业合作社"。现在每年菌棒生产量约在 40 万袋左右，雇佣工人 7～8 人，年产值 200 多万。2015—2016 年在废菌袋处理做了改进，以前出完菇的废菌袋粉碎以后直接下地还田，通过和北京东祥环境科技有限公司合作，将菌糠与畜禽粪便进行发酵处理做成有机肥，具有增收、耐盐碱抗重茬、防治根线虫、改良土壤、改善作物品质等多重优点，是绿色环保无公害的生产用肥。目前肥料广泛用于玉米、大豆、土豆、菜地及果园等多种作物种植中，具有明显的增产效果，大田作物增产 10%，经济作物增产 20% 以上。产品远销海南、广东、广西等多个省市，口碑良好。

2016 年底与北京宝绿园生物科技有限公司等四家公司联合成立了"北京宝绿园生态农业发展农民专业合作社联合社"，注册资金 1 000 万。主要从事林下食用菌、蔬菜、杂粮、中药材种植推广与技术开发，农林废弃物的开发再利用。采用的是"林下食用菌＋林草＋林花＋中药材"循环经济生产模式。该联合社利用园林选枝成功栽培出多种食用菌，把废弃的树枝作为菌袋的填充物再利用，使之产生更多的经济效益。对各种枯枝烂叶回收粉碎，做成各种有机肥，保护了环境创造了效益，实现了农业循环利用。

（六）"专业合作社＋技术员"的生产模式

北京三村菇业专业合作社成立于 2015 年 6 月，注册资金 100 万元。该合作社主要采用"专业合作社＋技术员"的生产模式。在产前和产中，市区农技推广部门（产业体系）定期组织技术培训观摩、生产技术指导、病虫害防治指导、安全无害产品生产指导、品种对比推荐。主营平菇专业化生产，年产平菇 200～250 万千克，产值 500～700 万元，实现稳产略增态势。已达到京夏季高温平菇市场占有率 30% 左右，增加农民收入 132 万元，带动当地就业 29 人。

目前合作社在生产环节已打造出团队模式，生产工艺固定，属国内创新，为高度可控的自动化生产线，运营模式成熟，但在销售及管理上欠缺。销售及产后加工以传统市场批发为主，主要针对北京顺义石门市场、通州八里庄市场等，产后销售及加工能力薄弱。

四、食用菌产业发展政策与建议

（一）产业发展问题及其技术需求

一是缺少适用于食用菌生产的农药。现有登记的农药品种极少，导致生产中用药混乱，存在食品安全风险。

二是食用菌菌种稳定性较差。菌种主要以购买为主，即使从同一家菌种厂引进的同一个品种，在不同的年份性能表现差异较大。需要加大新品种选育，保障菌种性能的稳定性。

三是食用菌生产成本上升，人工、燃料、原材料成本均出现不同程度上升，而传统食用菌品种价格下行风险较大。应采用机械化减少用工，寻找性价比更高的可替代材料等措施降低生产成本，同时应驯化新种类提高市场价值。

四是专业化、标准化、轻简化栽培技术及设施设备研究仍显不足，组织化程度有待提高。

五是食用菌产后废弃物利用困难较大，菇农种植户较分散，菌糠收集较困难，菌糠处理利用的利润率太低，企业的积极性不高。应研发高附加值的菌糠利用技术。

（二）产业发展趋势及其亟待解决的技术问题

一是工厂化和组织化将是未来食用菌生产的主要方式。迫切需要解决食用菌新品种选育、生产自动化及其管理水平提高、高产配方的研制、新种类的驯化和栽培及标准化生产技术的集成等问题。

二是二、三产融合发展将成为北京市食用菌产业发展的主要趋势。弱化其产出率指标，强化其示范展示、休闲观光、科普教育等功能。积极开展优新品种引进及珍稀野生品种驯化工作、开发多种新型生产模式及配套技术，并实现自动化智能化控制、扩宽食用菌产后销售渠道。

三是循环、可持续农业生产方式。在产后废弃物的处理方面主要是研发高附加值菌渣利用技术，吸引其企业介入食用菌生产，实现废弃物处理市场化运营。

（三）具体政策与建议

1. 开展食用菌深加工技术研究，提高产品附加值

由于食用菌生产的同质性，竞争优势缺乏，应在食用菌深加工方面加大研究力度，开发出具有北京特色的食用菌产品，不再以单纯的鲜食产品销售为主。这样既能破除食用菌短期产量过大的难题，又能形成食用菌新的产业增长点。

2. 建立集约化菌棒制作中心，推进食用菌产业的标准化进程

菌棒制作是食用菌生产中重要环节，涉及各种原料的采购、存放、菌棒的堆放和来回搬挪，使食用菌的生产环节复杂化。集约化菌棒制作中心直接提供各种标准的菌棒制作，接种后直接生产，将有效缩短生产环节，提高食用菌生产标准化进程。

3. 建立菌种资源中心，为生产者提供优质、稳定菌种

当前菌种质量参差不齐、性能不稳定困扰着食用菌产业的发展，应充分发挥北京市种业中心的优势，建立菌种资源中心，不仅为北京本地食用菌生产提供菌种，更能辐射京津冀，有利于充分发挥北京的科技资源优势。

4. 推进废弃菌棒回收利用政策，促进食用菌产业可持续发展

废弃菌棒既是废弃物又是资源，关键看怎么利用。废弃菌棒既能用作有机肥、栽培基质的原料，也能回归种植园区。随着禁烧政策和环保政策的实施，废弃物处理成为食用菌生产企业的一大难题。要抓紧研究制定废弃菌棒的回收利用政策，有限实施废弃菌棒回收补贴，在减少污染的基础上实现废物变宝。

5. 加强生产和市场信息引导，规避市场风险，提高收益水平

食用菌不再是稀缺产品，北京周边食用菌的产量非常大，而且产品同质性较高，短期内还应加强生产和市场信息对食用菌生产的引导作用，调整生产结构，为食用菌的上市安排提供数据参考。开展食用菌灭菌成本补贴，降低食用菌成本投入。随着北京市禁煤政策的实施，灭菌成本将大大增加。对此，要尽快实施灭菌设备补贴政策、替代能源补贴政策，及输气管道建设或输电管道扩容资金补贴。

6. 积极开展食用菌产销对接

引导北京市生产企业进入社区、超市、电商等中高端渠道，提高食用菌产业与二、三产业融合的水平，积极与郊区休闲采摘对接，发挥食用菌观赏性强的优势。政府要配合农户积极宣传食用菌产业，使市民对食用菌在蔬菜市场中的独特地位有更清晰的认识，从而扩大消费量。

第九章　北京市粮经作物产业发展报告

北京市粮经作物创新团队成立于2013年。在2013—2016年这四年的时间内，团队的主要工作对象以小麦、籽粒玉米和甘薯三种作物为主（以下简称"粮经作物"）。

在简要回顾粮经作物产业发展现状的基础上，阐述创新团队在技术上对产业发展的支撑作用以及团队支撑下产业发展的典型案例，进而重点从技术层面对产业发展提出了相应的政策参考建议。

粮经作物产业发展的主要特点。在播种面积大幅下降、单产水平普遍提升的过程中，薯类面积降幅最小，单产水平提升幅度最大；小麦和玉米对北京农作物生产空间压缩的贡献最大。粮经作物生产经营主体年龄偏大、文化偏低现状改观不大；小麦和玉米机械化收获水平整体较高，体现出机械对劳动的替代能力稳步提升。

北京粮经作物的加工与流通。2016年粮经作物加工企业66.7%是粮油收储企业，15.1%是饲料企业，4.3%是小麦粉加工企业。北京产甘薯以鲜食为主，产后加工比例较小。北京粮食局主要从企业收购小麦，从企业和生产者收购玉米的比例在2∶1左右。小麦和玉米及其加工品的销售主要在北京市场，实际销往外省市的比例很小；粮油批发市场是重要流通主体。甘薯的流通以生产者产地销售（商贩收购）为主，批发及产后贮藏与加工的占比相对偏小。

北京粮经作物新型农业经营主体。农民专业合作社仍然是典型的一类经营主体。京郊各区粮食产业专业合作社占本区农民专业合作社总数的比例均在10%以下，粮经作物的社会化服务主体以种子（种苗）和农机为主。

粮经作物的市场需求及消费者偏好。仅占北京常住人口13.5%的北京农村居民常住人口，2015年消费北京粮食总产约50%，消费小麦超过总产的100%，因此，北京小麦需求绝大部分靠外埠供给。北京鲜食甘薯需求量呈现逐年增长趋势。调查表明，多数消费者对甘薯质量比较满意并关注其食疗及营养功能，半数以上被调查者表现出对甘薯消费的稳定偏好。

粮经作物现行的产业支持政策。以中央"农业支持保护补贴"政策为主，补贴对象不再针对具体作物而是鼓励耕地保护。北京目前主要补贴小麦、玉米两种作物，鼓励休耕，同一块地复播不再重复补贴。各区根据自身对主导产业的选择而在重点支持方向上不同，北京市不再有统一的支持标准。比如甘薯主产区密云，农业发展定位于绿色节水抗旱，对甘薯有良种补贴、技术培训、农机作业配套等倾斜；农机方面的支持政策包括深松整地作业补贴和农机购置补贴。

粮经作物创新团队技术支撑产业发展。团队设定了三种作物的工作目标，小麦是节水轻简高效，玉米是轻简旱作高效，甘薯是优质抗逆高效；设定了产业链关键节点的任务，产前是种子种苗应市场需求提升质量，产中从节水、节肥、节药和省工方面提高资源利用率，产后从储藏、加工及市场开拓上追求增值效益。

团队的技术研发与示范推广。团队专家在良种良苗技术，提高资源利用率、劳动生产率、土地产出率的"三率"技术，贮藏增值技术和产后销售技术等主推技术的应用上取得了全面进展，进而在技术示范与推广过程中获得了良好的经济、生态和社会效益。

团队支持产业发展的典型案例。小麦和玉米产业以"兴农天力（万亩方）小麦节水等新技术集成案例"和"房山窦店小麦玉米平播、循环农业、节水农业等综合发展案例"为代表；甘薯产业以"密云高岭石匣优质鲜食品种、脱毒种苗和全程机械化技术集成案例"为典型。典型案例在节水、节肥、省工、带动农民增收等方面取得了相应的经济、生态和社会成效。

粮经作物产业政策建议。在粮经作物供给侧结构调整方面，初步建议在缩减的小麦种植面积上，以政策支持导向为依托，适当发展籽种田、生态景观田或绿肥作物；针对种植意愿不强的生产者，也可以适当鼓励其采取休耕等保护地力的措施；在粮经作物生产经营的产业链主要环节，建议在种子（种苗）方面重点支持甘薯种薯（苗）质量提升工程；水肥方面建议将指针式喷灌机、自动伸缩式喷灌等新型节水灌溉设备纳入农机补贴。甘薯产业支持应急灌溉、水肥一体化技术；植保上从农药减量、生态安全视角形成生态补贴政策的长效机制，推广绿色防控技术，补贴赤眼蜂、高效低毒低残留化学农药等产品，并重点推进专业化统防统治；农机方面建议从地膜使用和残膜回收两方面支持高厚度、高强度地膜使用，方便机械化回收，并实施"旧膜换新膜"等相关政策。

一、粮经作物产业发展概况

（一）生产情况

1. 2016 年北京粮经作物生产规模及布局

北京粮经作物创新团队在 2013—2016 年这四年内，以小麦、籽粒玉米和甘薯为主要工作对象。从生产经营规模看，小麦和玉米的播种面积一直占北京市粮食作物的 90% 以上。其中，顺义、大兴、房山和通州等平原主产区，以小麦和夏玉米平播为主；延庆、密云等山区种植部分春玉米；另外还种植少部分饲用青贮玉米和鲜食玉米。

（1）总体生产规模

2016 年北京粮经作物在生产规模及产出水平总体缩减的同时，单产水平均有所提高。北京主要粮经作物在农业总产值中所占比例不高。

2016 年小麦和玉米的播种面积和总产水平均比 2015 年缩减，其中冬小麦面积和总产缩减幅度最大（分别达 24.3% 和 22.9%）。薯类面积缩减 1.4%，缩减幅度最小。2016 年三种粮经作物单产水平均比 2015 年提高，其中薯类单产水平提升 6.6%，涨幅最多（表 9-1）。

2017 年北京继续调减和退出高耗水种养农业，小麦 2017 年又调减 2 万亩。

表 9-1　2015—2016 年北京市冬小麦、玉米和薯类生产规模和产出水平

指标	年份	冬小麦	玉米	薯类	粮食作物
播种面积（万亩）	2016	23.84	97.86	2.07	131.00
	2015	31.50	114.44	2.10	156.68
2016 年对 2015 年的变化率		−24.3%	−14.5%	−1.4%	−16.4%

（续）

指标	年份	冬小麦	玉米	薯类	粮食作物
总产量（吨）	2016	85 433.0	431 903.5	8 748.7	536 917.2
	2015	110 872.9	494 485.1	8 362.9	626 362.4
2016 年对 2015 年的变化率		−22.9%	−12.7%	+4.6%	−14.3%
单产（千克/亩）	2016	358.45	441.37	423.13	409.88
	2015	357.12	432.11	396.84	399.77
2016 年对 2015 年的变化率		+3.7%	+2.1%	+6.6%	+2.5%

资料来源：根据北京市统计局数据整理。

从产值看，北京 2016 年谷物总产值达到 97 019.8 万元，占北京农业总产值（1 452 011.5 万元）的 6.7%，蔬菜及食用菌（699 433.9 万元）和水果（含瓜果类 450 386.6 万元）占农业总产值的比例合计达到 79.2%。可见，播种面积比例较大的玉米等主要粮经作物，产值在北京农业中所占比例不到 10%。

（2）生产规模和区域布局

冬小麦是夏粮中的主角。2016 年北京冬小麦仍以顺义、大兴、通州和房山为主，四区占北京市冬小麦规模的近 90%（图 9-1）；

图 9-1 北京市各区 2016 年小麦生产规模的区域分布

资料来源：根据北京市农业局数据整理。

玉米是秋粮中的主角。2016 年，夏玉米主要与小麦平播，以大兴、顺义、房山和通州为主。受玉米价格下降影响，生产规模在平原区有所下降；由于远郊山区年龄较大、文化程度相对不高的农业劳动力兼业和外出打工机会相对少，种植春玉米是多年传统，因而，春玉米在远郊的延庆、密云、平谷和怀柔等地仍保留一定面积（图 9-2）。近几年，为保证生活用水，密云水库等地表水源不作为农业灌溉，粮食生产主要靠地下水和雨水维持。

北京薯类生产，以大兴、密云和房山居多。2016 年大兴、密云、房山和平谷 4 个区薯类种植规模在 2 000 亩以上。这种布局既是土壤和气候等自然条件决定的，也符合北京农业发展总体方向（图 9-3）。北京甘薯种植总面积的 3/4 以上在大兴和密云，两区甘薯产量占北京市甘薯总产量的近 90%。

亩 2016年北京各区玉米播种面积

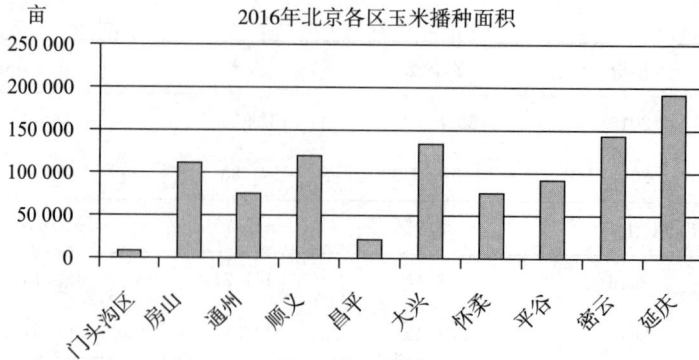

图 9-2 北京市 2016 年玉米生产规模和区域分布
资料来源：根据北京市农业局数据整理。

亩 2016年北京各区薯类播种面积

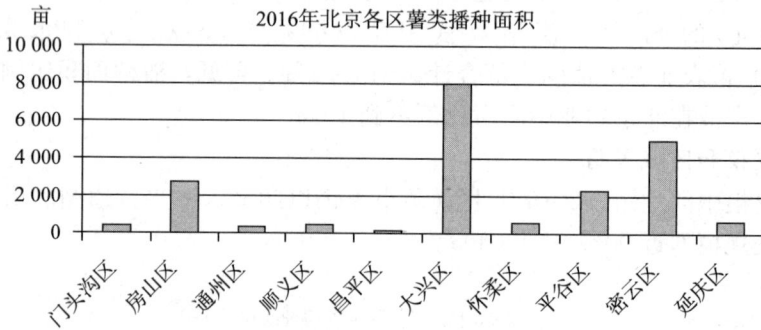

图 9-3 北京市 2016 年薯类生产规模的区域分布
资料来源：根据北京市农业局数据整理。

（3）单产水平的区域比较

2016 年北京小麦单产水平由高到低的地区依次是通州、顺义、房山和大兴等主产区（图 9-4）；玉米单产水平由高到低依次是延庆和怀柔的春玉米，大兴、通州及顺义的夏玉米（图 9-5）；薯类单产水平由高到低的地区依次是通州、大兴、顺义、平谷和密云（图 9-6）；

千克/亩 2016年北京各区小麦单产水平

图 9-4 北京市 2016 年小麦单产水平的区域比较
资料来源：根据北京市农业局提供的数据整理。

图 9-5　北京市 2016 年玉米单产水平的区域比较

资料来源：根据北京市农业局提供的数据整理。

图 9-6　北京市 2016 年薯类单产水平的区域比较

资料来源：根据北京市农业局提供的数据整理。

2. 近年来北京粮经作物生产规模变动趋势及原因

（1）北京市粮经作物播种面积及总产量自 2010 年以来大幅下降

北京夏粮以冬小麦为主，秋粮则有玉米、少量薯类、豆类、谷子、稻谷和高粱等。粮食作物中规模最大的依然是玉米和小麦。

北京粮食作物在 2010 年之后，受平原造林、种植结构调整、密云水库库区限种、首都新机场建设占地等多种因素的影响，播种面积下降明显。特别是 2012 年以来粮田面积减少幅度更大。2010 年北京的玉米和小麦播种面积分别是 224.6 万亩和 92.4 万亩；到 2016 年，北京玉米和小麦播种面积分别下降到 97.9 万亩和 23.8 万亩，下降幅度分别达到 56% 和 74%，小麦面积降幅最大（图 9-7）。

受面积减少的直接影响，北京粮食总产量以及其中玉米和小麦的总产量自 2010 年以来下降趋势也比较明显。粮食、玉米和小麦总产量，分别从 2010 年的 115.69 万吨、84.17 万吨和 28.38 万吨下降到 2016 年的 53.69 万吨、43.19 万吨和 8.54 万吨，较 2010 年分别下降了 53%、49% 和 63%。

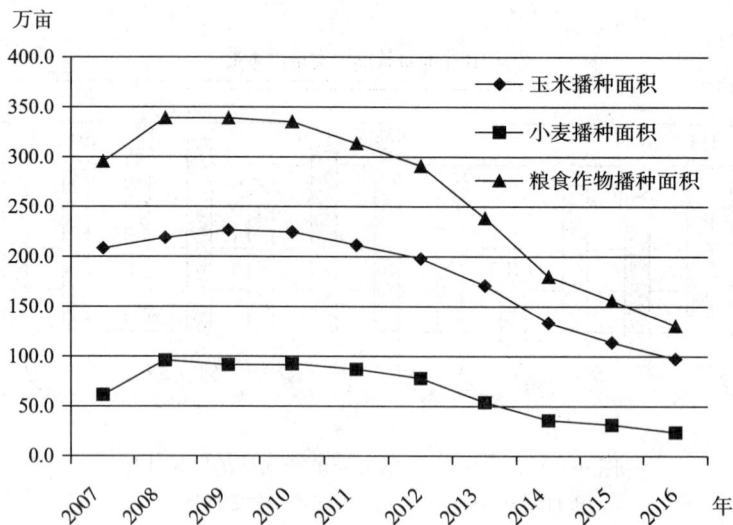

图 9-7　2007—2016 年北京小麦、玉米级粮食作物播种面积演变

数据来源：《北京市统计年鉴》2017。

虽然北京粮食播种面积持续下降，但近两年因自然灾害减少、管理措施得当等综合正向作用，粮食单产水平总体有所上升。2016 年在播种面积比 2015 年下降的同时，单产水平比2015 年上升 2.5%。

（2）北京薯类种植面积和总产量自 2013 年以来总体上相对稳定

北京薯类（以甘薯为主）播种面积和总产量从 2007 年以来一直呈现下降趋势，直至2013 年。自 2013 年粮经作物创新团队成立之后，薯类播种面积基本稳定在 2 万亩左右（图9-8），单产水平由 2013 年的每亩 360.8 千克上升到 2016 年的每亩 423.1 千克。说明随着薯类生产技术的进步，单产能力呈现了上升趋势。

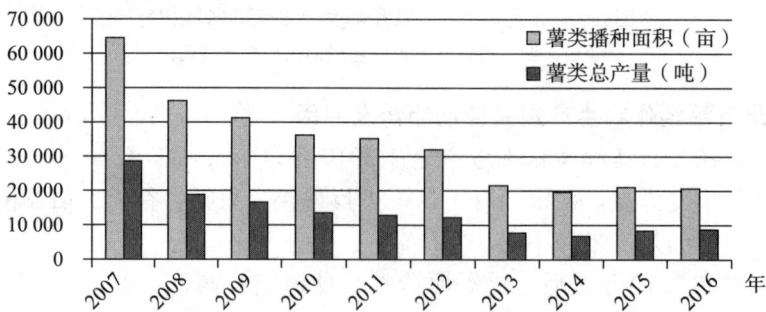

图 9-8　2007—2016 年北京薯类播种面积及总产量演变

数据来源：《北京市统计年鉴》2009—2017。

（3）北京市粮经作物生产规模变动的原因

小麦种植面积的下降，一是受地下水资源紧缺的制约；二是适应北京"调转节"战略大方向的要求。

玉米种植面积的下降，一是受国家临储粮政策改变、市场价格下降的直接影响；二是疏解北京非首都功能时，畜牧业外迁导致青贮玉米面积下降；三是北京玉米生产要素的机会成本（如土地、劳动力等）相对较高，在竞争中区域比较优势不足。

甘薯生产在面积稍有下降的同时，随着生产技术的进步和单产水平的提高，在逐步提升种薯（苗）质量和有效防病的基础上，依靠市场需求拉动，生产规模将相对稳定在当前水平而不会有大幅波动。

（4）从业人口结构

根据本项目 2014—2016 年的抽样调查结果，京郊从事小麦、玉米生产经营的劳动者中，年龄在 46～60 岁的居多；文化程度以初中为主，高中及以下文化程度的种植者占 85% 以上。由于小麦和玉米在生产环节的机械化程度相对较高，生产者中的男女比例基本上各占一半。传统种粮农户中有 2/3 种粮年限超过 20 年。可见北京市粮食种植者的普遍特征表现为文化程度低、老龄化现象明显、传统农户种粮年限较长等。

甘薯从业人口的情况与小麦、玉米有相似之处。团队抽样调查结果显示，样本农户从事农业劳动的群体整体趋向老龄化，薯农平均年龄也是在 45 岁及以上的居多。家庭成员的文化水平在小学到高中之间集中了 90% 左右。

（5）粮经作物生产性收入占家庭全年收入的比例

根据 2014—2016 年对京郊主要粮经作物代表性生产经营主体（与团队有合作的示范户、多年种粮的传统农户）的抽样调查，在京郊的小麦—玉米平播生产中，各类接受调查的代表性生产经营示范主体，其种粮的经营收入占其家庭全年收入的比例达到 36.5%。远郊延庆、密云等区的春玉米生产经营家庭中，种粮收入在其家庭年经营收入中的比例分别是 42.6% 和 37.8%。可见，以粮食生产为主要经营对象的生产者，种粮收入在其家庭全年收入中所占比例在 1/3 左右。

被抽样调查的多年从事甘薯种植的传统薯农（其中包括与团队有关的示范户），没有在外兼职成员的家庭，农业收入仍是家庭收入的主要来源，近 90% 的样本户家庭年收入集中在 2 万元以下：其中 0.5 万～2 万元样本户占 54.5%；35.1% 的农户家庭农业收入在 0.5 万元以下。受种植规模与销售渠道限制，农户农业收入低，不足以满足生活所需，寻求兼职等非农收入就成为农户提高家庭收入的重要补充。

（6）粮经作物的京津冀比较分析

2016 年北京粮经作物生产规模与全国、河北及天津的比较中可看出，在京津冀总量中，北京玉米的生产规模（总产量）占比超过了 2%，小麦和薯类所占比例不足 1%（表 9-2）。

表 9-2　北京 2016 年粮经作物生产规模与全国、河北及天津比较

项　目	全国	河北	天津	北京	北京占京津冀比例（%）
粮食作物总播种面积（万亩）	169 551.72	9 588.72	535.88	131.00	1.28
小麦播种面积（万亩）	36 280.28	3 470.85	166.37	23.86	0.65
玉米播种面积（万亩）	55 151.54	4 786.58	327.66	97.86	1.88
薯类播种面积（万亩）	13 410.92	417.81	2.09	2.07	0.49
粮食作物总产量（万吨）	61 625.05	3 460.24	196.37	53.69	1.45
小麦总产量（万吨）	12 884.5	1 433.25	60.89	8.55	0.57
玉米总产量（万吨）	21 955.15	1 753.64	118.10	43.19	2.26
薯类总产量（万吨）	3 356.17	106.34	0.95	0.87	0.80

资料来源：根据国家统计局提供的数据整理。小麦包括冬小麦和春小麦。

3. 生产上的品种应用及其年际变化

自 2013 年北京市粮经作物创新团队成立以来，粮食生产主要应用特定的品种：小麦品种以农大 211、农大 212、轮选 987 和京 9428 为主，主要分布在京郊顺义、通州、房山、大兴等粮食主产区；夏玉米以郑单 958 和京单 28 为主，春玉米以郑单 958、中金 368 和农华 101 为主，种植区域也是主要分布在主产区；甘薯品种近年来生产面积由大到小依次是龙薯 9 号、北京 553、烟薯 25、密选 1 号和遗字 138，种植区域主要分布在大兴、密云和房山等主产区（表 9-3）。

表 9-3　北京 2013—2016 年粮经作物生产上主要应用的品种及其年际变动

作物	主播品种名称	生产面积（万亩）				京郊生产分布主要地区
		2013 年	2014 年	2015 年	2016 年	
小麦	农大 211	55.0	18.3	15.2	13.1	顺义、通州、房山、大兴、昌平、怀柔、密云、平谷
	农大 212	3.8	5.3	6.6	4.6	
	轮选 987	8.0	2.4	3.5	1.9	
	京 9428	11.5	9.3	5.7	4.3	
夏玉米	郑单 958	17.5	16.3	9.1	8.5	房山、大兴、通州、顺义、平谷、密云
	京单 28	12.3	92.1	5.5	1.2	
春玉米	郑单 958	67.9	32.0	19.5	18.6	延庆、怀柔、大兴、平谷、房山、顺义
	中金 368	17.0	9.9	4.5	2.0	密云、怀柔
	农华 101	12.7	24.6	21.0	15.0	密云、延庆、怀柔、平谷
甘薯	遗字 138	0.25	0.15	0.12	0.09	大兴、密云
	密选 1 号	0.43	0.35	0.25	0.25	密云
	龙薯 9 号	1.20	1.20	0.70	0.70	大兴、密云、房山
	北京 553	0.10	0.20	0.30	0.40	房山、大兴
	烟薯 25	0.00	0.00	0.20	0.30	密云、大兴

资料来源：根据周吉红、周继华、李仁崑、何绍贞等相关岗位专家提供的资料整理。

4. 机械化作业水平

（1）2016 年，北京小麦和玉米的机械化作业情况

据北京市统计局和农机局提供的数据，2016 年北京市机械化作业情况：冬小麦播种面积 23.84 万亩，全部机播、机收。玉米播种面积 97.86 万亩，机播面积 96.82 万亩，机收面积 81.68 万亩。

（2）2013—2015 年，北京小麦和玉米机械化作业变动情况

①小麦机械化作业情况变动情况。2013—2015 年，北京市小麦夏季收获和秋季播种的面积中，机收和机播面积已全部接近或达到 100%。特别是 2014 年和 2015 年机播面积，已经全部实现了机械化（表 9-4）。

表9-4　2013—2015年北京市小麦机械化作业情况

年份	夏收面积（万亩）	机收面积（万亩）	秋播面积（万亩）	机播面积（万亩）
2013	55.23	55.22	44.60	44.52
2014	35.37	35.37	33.73	33.73
2015	30.29	30.22	26.69	26.69

数据来源：北京市农机化统计年报。

②玉米机械化作业变动情况。2013—2015年，北京市玉米播种面积中，机播面积平均达到96.6%。收获面积中的机收面积平均达到77.0%（表9-5）。

表9-5　2013—2015年北京市玉米机械化作业情况

年份	播种面积（万亩）	收获面积（万亩）	机耕面积（万亩）	机　播		机　收	
				面积（万亩）	占播种面积比例（%）	面积（万亩）	占收获面积比例（%）
2013	174.84	174.84	9.22	170.80	97.7	134.52	76.9
2014	136.66	136.55	10.86	130.54	95.5	104.32	76.4
2015	114.44	114.44	12.11	110.67	96.7	88.94	77.7
			平均		96.6		77.0

数据来源：北京市农机化统计年报。

（二）加工流通情况

1. 北京市粮经作物加工情况

（1）北京市粮经作物加工主体类型

北京市粮经作物主要加工企业的经营类型包括粮油收储企业、小麦粉加工企业、饲料企业、制酒企业、粮油批发市场等。粮经作物加工企业各类型的数量差距悬殊。截至2017年9月，粮油收储企业数量最多，占73.1%；其次是饲料企业，占15.1%；小麦粉加工企业、粮油批发市场、制酒企业均占4.3%左右（图9-9）。

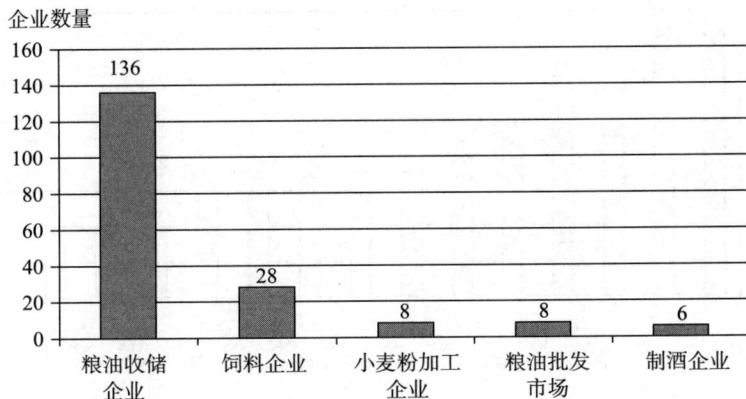

图9-9　北京市粮经作物加工企业主要经营类型（截至2017年9月）

资料来源：北京市粮食局。

（2）北京市粮经作物加工企业区域分布

北京市粮经作物加工企业在总体数量的区域分布不均衡。顺义区加工企业数量最多，有 40 家加工企业，占 14.98%；大兴、通州粮经作物加工企业数量较多，均在 30 家左右，占 11.23%；东城、石景山、门头沟粮经作物加工企业数量最少，均为 5 家，占 1.87%（图 9-10）。

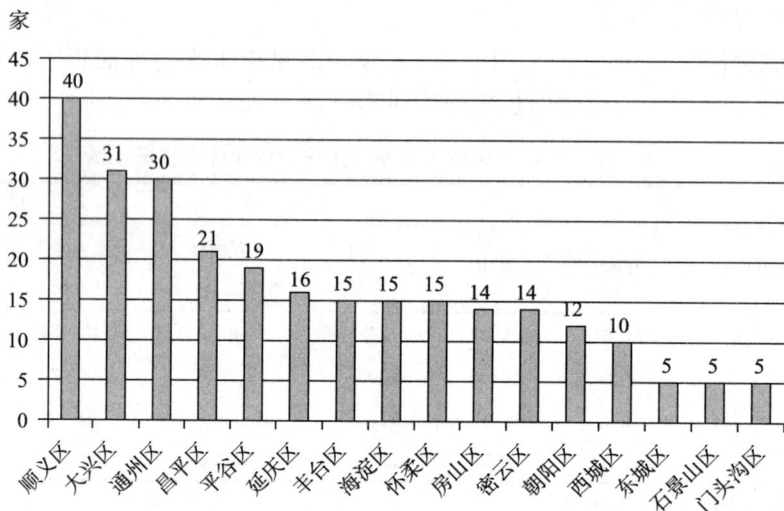

图 9-10　北京市各区粮经作物加工企业数量分布
资料来源：北京市粮食局。

北京市粮油收储企业的区域分布以大兴、顺义区和昌平区居多。在北京市的粮油收储企业中，大兴区企业数量有 16 家。顺义、昌平、延庆的粮油收储企业数量居于第二梯队，均有十家以上企业（图 9-11）。随着非首都功能疏解，粮食加工企业的分布区域也会陆续调整。

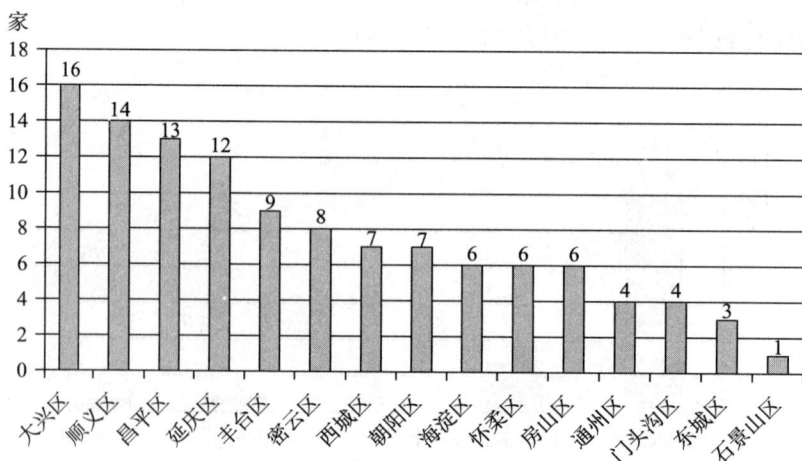

图 9-11　北京市各区粮油收储企业分布情况
资料来源：北京市粮食局。

（3）北京市甘薯以鲜食为主，产后加工比例较小

北京甘薯生产定位于鲜食甘薯，2016 年鲜薯最大贮藏能力占北京市甘薯产量的 1.3%；用于加工淀粉、粉条、薯干等产品的甘薯不足产量的 1%，大部分以鲜食的形式流通于批发和集贸市场。由于北京加工业有疏解趋势，适合发展乡村农家乐旅游的绿色环保加工品。而河北在加工领域则有较大发展空间，可以绿色加工业为前提服务北京及天津。目前，河北生产的甘薯 80% 用于鲜食，20% 用于加工淀粉、粉条、薯干等。

2. 北京市粮经作物流通情况

（1）种子流通情况

小麦种子流通。2013—2015 年，小麦是北京农业行政部门确定的主要农作物之一，小麦品种必须经过依托于北京市种子管理站的北京市品种审定委员会审定或认定，报北京市农业局备案签发才能在京郊推广应用，否则种子执法部门将依法追究相关责任。这期间北京市小麦种子的流通主要表现有以下四个方面，一是由种子生产资质的种子公司建立基地，组织繁种，统一法定包装进行销售；二是繁种大户与种子企业签订合同繁殖良种，由种子企业用法定包装进行销售；三是有关种子企业外调在北京能合法推广的小麦品种种子直接销售；四是农户间相互换种或自留种子进行生产。总体上，由于北京市小麦推广品种仍以常规品种为主，种子流通领域很少发生纯度、净度、劣质或其他相关纠纷，种子流通表现为繁种基地技术成熟、销售渠道畅通的局面。但自 2016 年起，面粉企业为提高出粉率、增加面粉白度，转为以收购白粒小麦为主，一定程度上对红粒品种的流通销售产生了影响，北京市主推的农大 212、轮选 987 等红粒小麦品种的种子受到影响，种子企业和农户逐渐以市场为导向，逐渐更换种植白粒小麦品种。

玉米种子流通。中国玉米种子生产主要有三大制种区，分别在东北、西北和华北；全国玉米产区用种基本由上述制种区生产调运，北京市玉米生产用种主要来自于西北制种区，以有资质的公司组织在制种区繁种后调运北京进行销售。但由于北京市地处东北平原一年一茬春玉米区和华北平原一年两茬小麦—夏玉米区交界地，北部山区为春玉米种植区，南部平原为夏玉米种植区，导致本地区种子经营流通品种较多，加之玉米种子为杂交种，利润空间较大，参与到市场中的场家数量增长迅速，竞争激烈，使得北京市玉米品种一方面呈现出类型较多、覆盖度广的特点，其中不乏优质、高产型品种；但另一方面也显现出品种纷杂带来的主栽品种不突出的劣势。

甘薯种薯（种苗）流通。针对北京市甘薯育苗生产与需求，2015 年 3 月甘薯专家采取问卷调研的形式，对京郊甘薯主产区开展甘薯薯苗需求及甘薯育苗生产情况调研：首先从京郊甘薯主产区密云、大兴、房山、延庆、顺义 5 个郊区县的 16 个乡镇随机抽取 116 户甘薯种植户进行薯苗需求情况调研，再选取密云、大兴、房山、延庆 7 个乡镇的 41 户甘薯育苗户进行育苗生产情况调研。结果显示：75.4% 的育苗户所育种苗仅供自己及亲朋使用，24.6% 的育苗户所育种苗外售，以本县农贸市场出售为主，少数育苗户将种苗销售到河北周边，这部分育苗户的育苗面积介于 15～180 平方米，平均育苗面积 50 平方米。

以京郊甘薯主产区大兴区、密云区甘薯育苗种植基地为例：2016 年大兴区庞各庄、榆垡等甘薯育苗种植基地育苗面积 5 355 平方米，总产苗量 0.11 亿株，能满足 0.26 万亩甘薯种植面积，占大兴区总甘薯生产需求的 33.3%；密云区车道峪、坟庄育苗基地育苗面积 4 796 平方米，总产苗量 0.185 亿株，能满足近 0.46 万亩甘薯种植面积，占密云区总甘薯生

产需求量的 93％。

可见，北京市的甘薯育苗以"自给自足"的流通形式为主。

（2）产品流通情况

北京甘薯销售流通渠道主要有 4 种结构，①薯农—家庭作坊初加工—产地商贩收购—消费者。薯农将生产出来的甘薯直接卖给产地收购商贩或者初加工后卖给商贩，再通过商贩批发或零售到消费终端，这种形式在甘薯主产区是多数薯农销售产品的主要方式，所占比例超过 70％。②薯农—当地农贸市场—消费者。农民将生产出来的甘薯运到产地附近的农贸市场，通过零售卖到消费者手中。这种方式规模小而分散，所占比例约为 10％ 左右。③薯农—产后贮藏及加工企业—零售商—消费者。这里的零售商是指终端超市、集市贸易和个体商贩。农民将甘薯出售给产后贮藏及加工企业，企业将甘薯保鲜贮藏或加工后，通过零售商直接供应给消费者。由于北京限制非环境友好型的加工企业扩张，京郊出产的鲜薯，深加工比例很小，企业以产后贮藏错季销售为主。④薯农—批发商—加工企业—零售商—消费者。这种形式是指企业通过中间环节组织原料，一些大型龙头企业由于需求原料量大，通过自身基地难于满足生产需求，因而以薯农的产品作为原料产品来源的一种补充。

北京市与小麦和玉米有关的粮食加工流通情况详见表 9-6。

表 9-6 2016 年商品粮油收支平衡年报表

单位：万吨

品种指标	收入							支出						
	从生产者购进			从企业购进			加工成品收回	销售			加工原料付出	转化用粮油		其他支出
	小计	其中：省外		小计	其中：省外			小计	其中：省外			小计	工业用粮油 小计	
		小计	其中：实际省外购进		小计	其中：实际省外购进			小计	其中：实际省外销售		饲料用粮油		
折合小麦	40.4	32.7	14.2	453.3	335.3	137.9	106.5	741.1	474.7	23.6	99.0	10.6 4.1	6.4	2.3
实际小麦	40.4	32.7	14.2	334.9	261.9	65.3		522.5	458.2	10.5	99.0	1.9 1.1	0.7	1.6
实际面粉				82.9	51.4	50.8	74.5	153.0	11.6	9.2		6.1 2.1	4.0	0.5
折合玉米	227.5	203.2	32.3	485.6	440.4	19.5	0.0	688.2	643.7	8.5	0.0	81.7 79.0	0.0	0.1

资料来源：北京市粮食局。

（三）新型农业经营主体发展现状

新型农业经营主体是指具有相对较大的经营规模、较好的物质装备条件和经营管理能力，劳动生产、资源利用和土地产出率较高，以商品化生产为主要目标的农业经营组织。新型农业经营主体既包括农业产中环节的生产经营组织，也包括为产中环节提供各种服务的经营组织。劳动素质上，尽管传统农业经营主体和新型农业经营主体都是农民，但前者素质偏低，而后者则更具有职业化特点。

北京小麦、玉米以及甘薯产业的新型经营主体，以农民专业合作社为主。因此，以农民专业合作社作为新型农业经营主体的典型，进行系统分析。

1. 北京市农民专业合作社以密云、平谷和怀柔区居多

北京市农民专业合作社主要集中于北京市的密云区、平谷区、怀柔区、大兴区、延庆区、房山区以及昌平区，而门头沟区、通州区和顺义区的农民专业合作社数量相对较少（图9-12）。

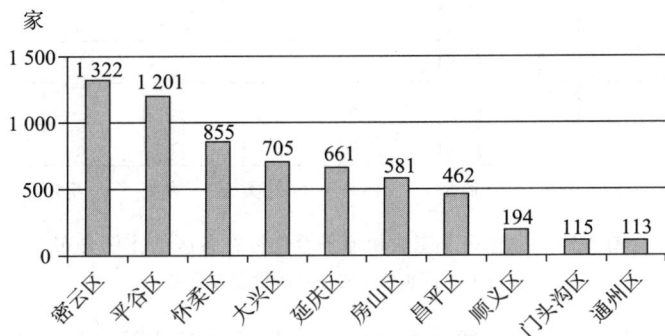

图 9-12　北京市 2016 年农民专业合作社的区域分布
资料来源：北京市农业经济管理办公室。

2. 京郊各区粮食产业农民专业合作社占种植业类合作社及所有合作社比例均不高

京郊各区粮食产业专业合作社占本区农民专业合作社总数的比例相对较小，都没超过10%。粮食产业专业合作社占各区种植业类农民专业合作社的比例差异较大，其中房山区、密云区和怀柔区粮食产业专业合作社占种植业专业合作社的比例相对较高（图9-13）。

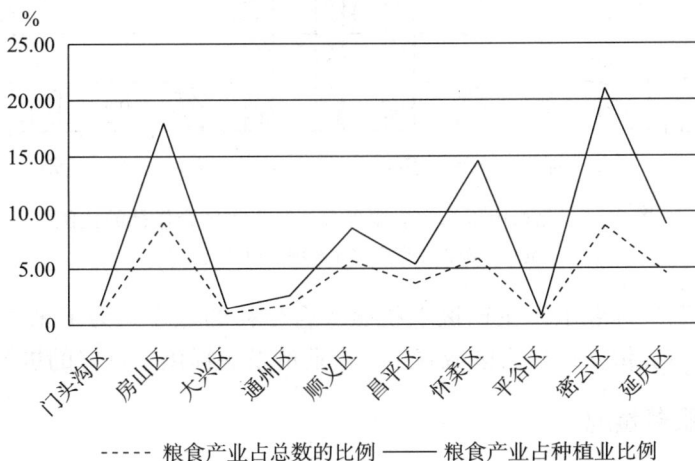

- - - - - 粮食产业占总数的比例　——— 粮食产业占种植业比例

图 9-13　北京市粮食产业专业合作社在各区的比例分布
资料来源：北京市农业经济管理办公室。

3. 小麦和玉米农机服务合作社在各区分布不同

农机专业合作社是以农机服务为主的农民专业合作社，他们以服务成员为宗旨，遵循着

"入社自愿、退社自由"的原则为合作社成员和其他个人或团体提供服务。

北京市小麦农机服务合作社主要分布在通州、大兴、顺义和房山四大小麦主产区（图9-14）。

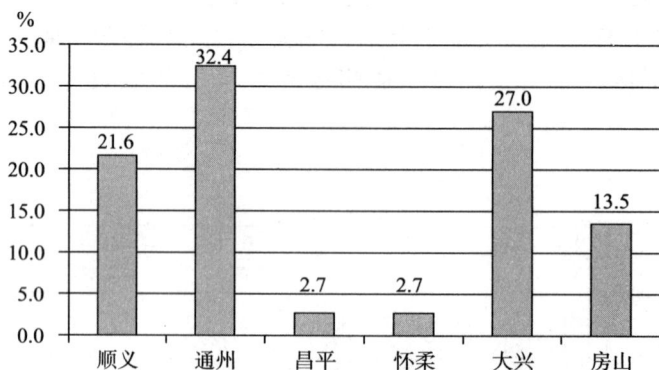

图9-14　北京市小麦农机服务合作社在各区的比例分布
资料来源：北京市农业经济管理办公室。

北京市玉米农机服务合作社主要分布在密云、怀柔及延庆等区域（图9-15）。

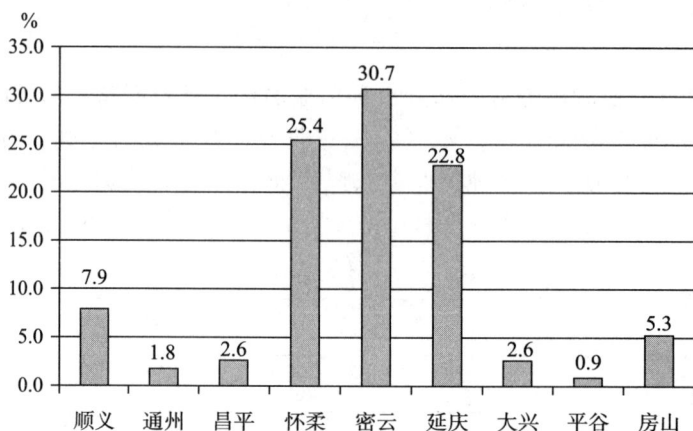

图9-15　北京市玉米农机服务合作社占本区合作社的比例
资料来源：北京市农业经济管理办公室。

密云、怀柔及延庆等春玉米主产区农机服务合作社的建立，为玉米种植户在机械化播种、收割等作业环节提供支持，为区域春玉米产业的发展提供了良好的机械化服务条件。

（四）社会化服务情况

1. 社会化服务内容及服务主体

（1）种子（种苗）社会化服务内容及主体

北京市的小麦种子主要由有资质的种子公司、种子经销店、合作社、繁种大户、村集体等社会化服务组织开展，服务内容主要包括新品种展示推介、组织召开现场观摩会、发放品种介绍材料、籽种保纯技术指导，包括播种时拌种防止机械混杂、生产过程中的去杂、收获环节的单机收割防止机械混杂、拉运晾晒贮存环节防止人为混杂等技术。

玉米种子社会化服务主体主要是种业企业。种业企业一方面委托制种农户制种，然后企业向农户收购，另一方面在批发和零售环节起着主体作用。2013 年玉米种业市场规模为292.62 亿元，占中国种业市场规模的 43.8％。2000 年《中华人民共和国种子法》实施后，一大批私营企业和外资企业进入了玉米种子市场，打破了传统的市场垄断，为种子流通创造了良好的局面。但玉米因杂交种经营门槛较低、利润空间大、参与的厂家迅速增多、鱼龙混杂且竞争激烈，2016 年《农作物种子生产经营许可管理办法》颁布实施后，上述局面得到扭转，种业不断兼并重组，有利于打造龙头企业，促进产业链整合，提升行业整体实力。

甘薯种苗自 2015 年以来初具社会化服务能力，以合作社组织形式为主要服务主体。典型代表"密云车道峪种苗生产合作社"年育苗面积 6 000～8 000 平方米，育苗方式采用温室电热线自动控温育苗，年育苗 3 000 多万株，满足 6 000～8 000 亩甘薯的生产种植。

（2）农机社会化服务内容及主体

农机社会化服务是指农机服务组织、农机户为其他农业生产者提供的机耕、机播、机收、排灌、植保等各类农机作业服务以及相关的农机维修、供应、中介、租赁等有偿服务的总称。农机社会化服务与农机化公共服务相互结合、相互补充，分别为农业生产提供了经营性、公益性的农机化服务，共同构成了推进农业机械化发展的重要力量。

据北京市农业经济管理站提供的资料，截至 2016 年底，北京市有服务性合作社 1 868家，其中从事农机服务的合作社数量达 432 家，占服务性合作社的 23％，接近 1/4。农机合作社通过社员土地入股、土地承包、土地托管多种流转形式，形成规模经营。北京市主要农作物耕、种、收等环节的综合机械化水平达到 87.7％，以农机专业合作社为代表的农机社会化服务组织，其大田农机作业服务面积已占北京市农机作业总面积的 80％以上。同时北京市农机合作社通过跨区、订单等方式开展规模作业。其跨区作业已扩展到吉林、内蒙古、河北、天津、山东、安徽等七个省市，农机合作社快速规范发展，推进了农业生产的适度规模经营，成为发展现代农业新型经营主体、农业机械化发展的重要载体和农机社会化作业服务的主力军。

2. 社会化服务模式创新

（1）从事粮食生产经营的农机社会化服务模式创新

在农机合作社创建过程中，坚持因势利导、正确引导、形式多样。以有利于机械化作业、有利于社会化服务为出发点，宜大则大、宜小则小、形式多样、各具特色。

目前，从京郊农机专业合作社的组织类型来看，主要有以下几种：

一是集体服务型。指以村集体为主体，全体社员参与，机具设备产权归集体所有，合作社经营的主要目的是为本村集体内的社员提供农机作业服务，基本不对外服务，作业面积基本稳定，并不注重经济效益，机具使用效率偏低，发展动力不足。

二是专业服务型。此类农机专业合作社以农机大户为主体组成，机具设备由合作社成员出资并拥有，通过机具设备联合为农户提供农机作业服务。此种类型的合作社数量所占比例比较大，由于只能提供大田粮食生产部分环节的农机作业服务，服务对象、服务面积不稳定，受北京大田粮食种植面积逐年递减的影响，作业面积逐年萎缩，发展趋势呈维持现状态势。

三是"土地流转多种经营＋农机服务复合型"，即"经营＋服务""双主体"。此类农机专业合作社以农机大户或种植大户为主体，吸收一定数量的农机专业户，以农机作业服务为主，同时集中流转适当规模的土地开展规模化农业生产多种经营。此类农机合作社生产经营规模较大，经营内容、经营模式呈现多元化特征，综合实力较强，实现了由单一提供农机作业服务型向"经营＋服务"的双主体的转变，发展势头强劲，可能成为今后农机合作社的发展方向。

（2）甘薯种苗（薯）脱毒技术的社会化服务模式创新

甘薯种苗（薯）脱毒技术的社会化服务模式，主要是以"科研单位＋推广部门＋专业合作社"三位一体的方式助推产业升级。

应用粮经团队建立在中国农业大学研究室的脱毒技术，建立了北京市鲜食甘薯主栽品种脱毒技术体系，整合技术研发、技术推广和专业合作社三方的优势，由北京市和密云区农业技术推广站负责完成脱毒种苗的快繁和原种的规模化生产，由密云车道峪甘薯专业合作社建设甘薯脱毒种苗生产基地，将大量快繁脱毒种苗推广给当地的薯农，实现甘薯脱毒种苗的规模化供给和产业化应用。通过构建北京地区甘薯脱毒种苗规模化生产和推广的技术体系，使甘薯成为北京市的高产、高效、节水和生态产业，并辐射带动了津、冀地区甘薯产业的发展。

3. 农机社会化服务典型创新案例

北京金利农机服务专业合作社，是农机社会化服务中具有代表性的典型创新案例之一。该合作社位于房山区琉璃河镇庄头村，2009 年 8 月注册成立。合作社集农机作业、农业研发于一身，多元化发展；以农机服务为主体，以提高农业机械化水平为抓手，按照"立足大农业、发展大农机、服务新农村"思路，探索出一条适应都市农业发展的新型农机合作化发展之路。

合作社现有社员 242 户，农机持证驾驶人员 16 名，农机持证维修人员 6 名，管理人员 8 名。合作社占地面积 12 500 平方米，有标准化农机库棚 2 000 余平方米，维修间面积 45 平方米，拥有大小农机具 60 台（套），其中：80 马力大中型拖拉机 8 台、20～80 马力拖拉机 11 台、小麦及玉米联合收获机 11 台、精少量播种机 4 台（其中玉米气吸式精量播种机 1 台）、自走式或机引式喷雾机 5 台、秸秆捡拾打捆机 2 台。2016 年，年经营收入 749 万元，年作业服务面积 12 000 亩，入社经营土地面积 3 100 亩。

合作社凭借"适应形势、应运而生"的理念，依靠规范化管理、多元化经营不断带领广大社员共同致富。

一是制章定规，民主决策。合作社按照上级主管部门和自身实际情况制定了各项章程和规章制度，并做到章程和制度上墙，明确告知。严格按照"民主管理、服务于民"的经营理念发展，对于合作社的重大事项和支出召开成员大会讨论决定，真正做到民主管理、民主决策、民主监督。

二是规范服务，标准作业。合作社制定规范的农机作业服务合同，明确作业质量、作业时间、收费标准、结算方式、违约责任等，与服务对象先签订作业合同，再作业，以保障双方的利益。合作社为全部农机进行编号，粘贴统一的标识，为全部机手提供统一服装，认真做到农机统一、人员统一。合作社还与北京市农业机械试验鉴定推广站签订小麦、玉米播种规范化作业试验项目，通过一年的试验进一步提高小麦、玉米播种作业的标准化、规范化程度，促进其播种、收获机械化水平，为北京市合作社农机标准化、规范化作业提供了准确数据和材料。

三是多元发展，全面增效。金利农机服务专业合作社在抓好农机有偿服务的初期，就开创性地走出了多元化发展第一步，先后建立了北京绿茵盛源果树种植专业合作社和北京茂源绿茵蔬菜种植专业合作社，全部取得无公害认证。成立了北京金利同微农业开发有限公司，形成了品牌、服务、生产、销售的完整产业链条。经营范围涉及大田种植和农机服务、指导、咨询、农机修理，农业观光及采摘，形成了全面发展的农民合作化经营模式。

（五）市场需求及消费者偏好特征

1. 商品消费形式及市场需求

（1）粮经作物的消费形式

从商品消费形式看，小麦产品的消费以深加工（面粉）及主食工厂为代表形式；玉米消费形式包括青贮饲料、籽粒深加工（用作饲料、酒精、工业用品等原料）、鲜食等。甘薯以鲜食为主，以加工品（粉条、薯干、淀粉等）为补充。

（2）北京农村居民家庭粮食和小麦消费需求

从统计数据看，北京市农村居民家庭粮食消费量人均在 100 千克左右，其中小麦消费量大约占一半，在 50 千克左右（表 9-7）。按照 2015 年北京农村常住人口 292.8 万人计算，北京农村居民常住人口当年的粮食以及其中的小麦消费量，分别是 30.919 万吨和 16.777 万吨。2015 年北京市粮食和包括春小麦在内的小麦总产量分别是 62.636 万吨和 11.124 万吨。可见，仅仅占北京市常住人口 13.49％的北京农村居民常住人口，当年就消费掉北京粮食总产的接近 50％和小麦总产的 100％以上。因此，北京小麦需求绝大部分靠外埠供给。

表 9-7　2013—2015 年北京农村居民家庭人均粮食及其中的小麦消费量

项　　目	2013 年	2014 年	2015 年
粮食消费量（千克/人）	103	98.2	105.6
小麦消费量（千克/人）	49.5	47.7	57.3

资料来源：北京统计信息网 http：//www.bjstats.gov.cn。

（3）北京城乡居民谷物和薯类购买支出水平

据北京市统计局提供的数据，2015 年北京农村居民家庭人均用于谷物支出及其中的薯类支出金额分别是 469 元/人和 43 元/人，而北京城镇居民家庭人均用于谷物支出及其中的薯类支出金额，则分别是 595 元/人和 58 元/人。2015 年，北京农村和城镇常住人口分别是 292.8 万人和 1 877.7 万人。按此计算，北京市常住人口 2015 年用于谷物支出和薯类支出的购买力总额分别是 125.45 亿元和 12.15 亿元。

2. 消费者的商品消费偏好

以鲜食甘薯为例：随着甘薯的营养成分和保健作用越来越受到更广范围的认可和重视，国内外掀起"食用甘薯热"。首都消费者的膳食结构中，甘薯鲜食的需求比例也在增长。北京市农业技术推广站的调查表明，北京的甘薯鲜食需求量从 2009 年的 92 万吨增加至 2016 年的 110 万吨，北京鲜食甘薯需求量呈现出快速的逐年持续增长趋势。

2014 年 9 月至 2016 年 8 月，通过入户调查结合随机拦截访问，在北京城六区调查回收了 1 025 份有效问卷，统计得出北京市居民甘薯消费特征的主要表现是：

（1）北京城镇居民愿意消费甘薯的场所，以居家消费为主

随着甘薯的营养价值以及食用价值越来越得到认可，甘薯也成为北京居民在家或在外就餐消费时备受青睐的食品。调研显示，受访者中65.3％选择购买甘薯居家食用，34.7％表示在外就餐时会消费甘薯。户外消费和居家消费购买意愿的比例约为1：2。

（2）北京城镇居民甘薯消费频率以每1～3个月消费1～3次占比最大

通过对城镇居民甘薯消费频率的调查发现，居民在家烹饪的平均次数，80％在每2个月1～4次。其中，每月2次、每月1次和每2个月1次的消费频率分别占35％、21.7％和15.3％。而在外消费时购买甘薯的平均次数则有77％选择在每3个月1～3次。其中，每月1次、每2个月1次和每3个月1次的选择比例分别为24.3％、34.7％和18％。由此可见，消费者选择在家消费甘薯的频率较高（图9-16）。

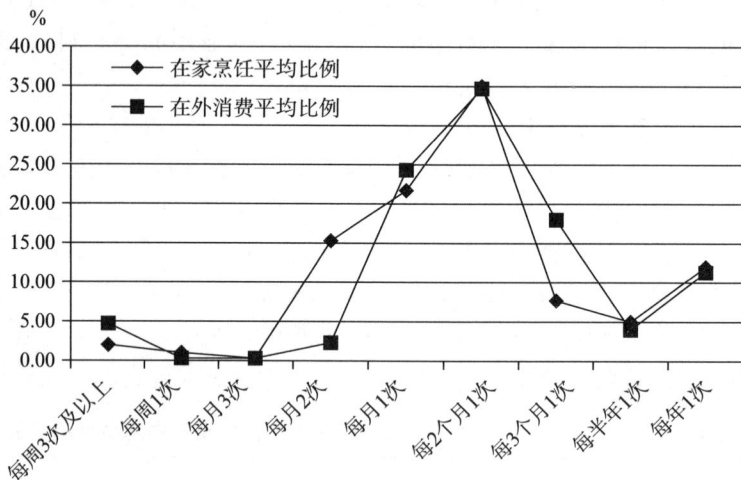

图9-16　北京城镇居民甘薯居家及户外消费甘薯频率

数据来源：调研结果整理。

（3）消费者户外就餐愿意选择紫薯，居家烹饪则以市场上易买到的种类为主

针对消费者对不同种类的甘薯偏好程度排序发现，户外就餐时，消费者偏好最大的是紫心甘薯，占81％；居家食用时，消费者更多烹饪的是市场上易买到的普通黄心或白心甘薯，被选择比例达到78％。

（4）北京城镇居民对甘薯购买便利性总体比较满意，农贸市场是其甘薯购买的主要渠道

在购买地点的选择上，农贸市场被选频率最高，其次是社区菜店（菜摊），最后是超市。网络购买被选择的频率最低（图9-17）。

北京城镇居民对甘薯的购买渠道的便利性评价中，分别有43％和41％的受访者认为购买比较方便和非常方便，甘薯购买的便利程度高总体上能够满足消费者的要求。

（5）多数消费者对甘薯质量比较满意并关注其食疗及营养功能

调查显示，58.3％的受访者对甘薯的总体质量表示很满意；29.3％表示比较满意。在信息快速传播的今天，食品安全和质量问题频频被曝光，而关于甘薯的质量安全问题鲜有耳闻。所以，居民对甘薯质量的信任和满意程度普遍较高。

被调查者中共有75％的居民对甘薯营养方面的相关报道表示比较/非常关注，只有

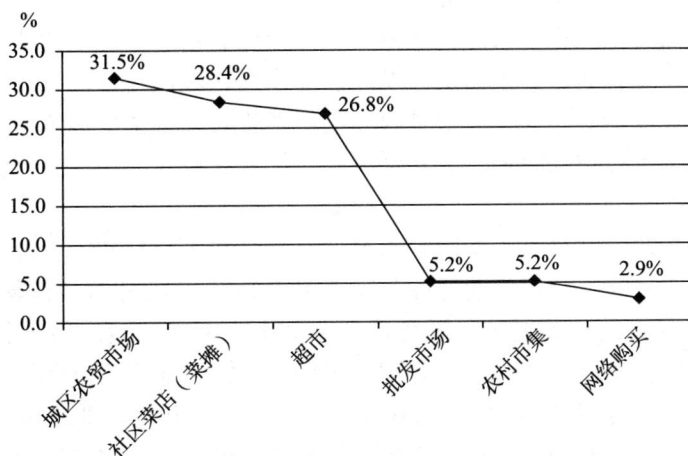

图 9-17　北京城镇居民甘薯购买地点选择的比例

数据来源：调研结果整理。

0.7%和 1.7%的受访者表示很少关注或从不关注甘薯营养方面的报道。同时，有 61.7%的受访者对甘薯食疗或有益健康的总体感觉较好，25.7%的受访者认为甘薯对健康非常有益，这也与居民关注甘薯营养方面的报道有关。

（6）半数以上被调查者表现出对甘薯消费的稳定偏好

甘薯在北京市场大量上市的季节是 10 月至 12 月的秋冬季，但随其贮藏条件的改善依据销售渠道的丰富，甘薯一年四季都可以在一些超市、农贸市场和社区菜店等渠道购买到。调查显示，被访者中有 71%的消费者消费甘薯受季节影响。北京城镇居民 56%的消费者购买甘薯的意愿随季节变化不大，其中近 1/5 的消费者对甘薯的偏好度最高，购买时不受季节影响。

（六）产业支持政策及其效果

1. 现行产业支持政策

（1）小麦和玉米等粮食作物的现行产业支持政策

该类政策分市级政策和区县政策，均以现行的财政部、农业部《关于全面推开农业"三项补贴"改革工作的通知》（财农〔2016〕26 号）和北京市农村工作委员会北京市财政局北京市农业局《2016 年北京市农业支持保护补贴政策的指导意见》（京政农函〔2016〕30 号）发布的指导意见为准。

随着北京近年来重点调减粮食播种面积，北京市财政已经取消统一的粮食扶持政策，目前主要以中央的"农业支持保护补贴"政策为参照，补贴对象也不再针对具体作物，主要补贴耕地。北京各区在执行中仍主要补贴小麦、玉米两种作物，但各区补贴标准不同。同一块地，复播不再重复补贴。各区根据自身对主导产业的选择，而各自决定重点支持方向，北京市也不再有统一的支持标准。

（2）甘薯产业支持政策

北京产区由于甘薯属于非主粮作物，总种植面积相对较小，致使甘薯的产业支撑政策因不同区县农业发展重点的定位不同而异。在甘薯的主要产区密云和大兴，以财政资金或项目形式，对甘薯产业均有不同程度关注：密云区主要定位绿色节水抗旱持续发展农业，在产业调整的大政策下，定位甘薯、谷子为山区发展主要作物，农业支持政策上有良种补贴、栽培技术培训、农机作业配套等倾斜；大兴甘薯以项目形式对育种基地种苗繁育和甘薯储藏窖建设给予过一定支持，给薯农的种苗补贴为 0.15 元/株，到指定育种基地买苗可享受价格优惠。

（3）农机方面的政策包括深松整地作业补贴和农机购置补贴

①深松整地作业补贴。根据农业部办公厅《关于做好 2015 年农机深松整地工作的通知》（农办机〔2015〕6 号）的相关要求，围绕提高劳动生产率、土地产出率和资源利用率的总体要求，以增强土壤蓄水保墒能力、提升耕地质量为目标，北京市出台了《北京市农机深松整地作业补贴工作实施方案》（京农发〔2015〕105 号）。近几年，北京市持续推进深松整地机械化技术普及应用，并开展相关补贴工作，发挥科技对农业的支撑作用。深松整地作业补贴的发放坚持以"补贴公开公正、谁作业谁受益"为原则，对北京市范围内从事农业生产、具备作业机具、为农民进行农机深松整地作业的农机服务组织（年深松面积不少于 200 亩）给予补贴。可优先选择规模较大、农机服务作业面积多、作业质量高、信誉良好、管理规范的农机服务组织，具体标准和办法由各区自行制定。

为了保证深松整地作业质量，《深松实施方案》中明确了深松整地作业为拖拉机带动深松旋耕（施肥）联合作业机具进行作业模式，深松深度必须保证在 30 厘米以上，深松间隔不大于 70 厘米，深松行间衔接行距不大于 50 厘米；做到田面平整，没有漏耕，深浅一致；深松作业以春季和秋季为主。达到以上作业要求，农机服务组织可申请领取农机深松整地作业补贴每亩 50 元。自 2015 年北京市实施深松整地作业补贴政策以来，2015—2017 年北京市共实施深松作业面积 51.6 万亩，补贴资金 2 580 万元。

②农机购置补贴。北京市农机购置补贴政策根据年度中央及市级财政农机补贴资金的规模，按照突出重点与兼顾特色相结合的原则，确定农机购置补贴实施范围为：顺义、大兴、昌平、平谷、房山、通州、怀柔、密云、延庆、门头沟、丰台、朝阳和海淀 13 个区和北京首都农业集团有限公司。中央资金补贴机具种类范围为 11 大类 43 个小类 137 个品目，北京市每年度在 137 个品目中选择部分品目作为中央资金补贴范围，并根据优势主导产业发展需要和补贴资金规模，选择部分关键环节机具实行重点补贴。鼓励区级财政安排资金对本地区适用的机械进行补贴，具体补贴机具品目和补贴标准由区县自定。鼓励开展大型农机金融租赁试点和创新农机信贷服务，多渠道、多形式支持农民和农业生产经营组织购机、用机。

补贴资金由中央和市级补贴资金共同组成，补贴比例为机具价格的 50%。中央补贴资金单机补贴额不超过 5 万元；100 马力以上大型拖拉机、高性能青饲料收获机、大型免耕播种机、大型联合收割机单机补贴额不超过 15 万元；200 马力以上拖拉机单机补贴额不超过 25 万元。

玉米、小麦两用收割机按单独的玉米收割割台和小麦联合收割机分别补贴。2016 年，北京市共落实中央及市级农机购置补贴资金合计 1.7 亿元，粮经产业方面补贴种类有青贮玉米收获机、大中型水稻收获机、秸秆粉碎还田机、秸秆粉碎机、种子加工机械、手扶式插秧机等。

2. 现行产业支持政策的经济、生态、社会效果

不同区县对粮食生产的支持政策各异，小麦玉米等粮食作物主产区如顺义，重点对粮食生产经营大户进行奖励支持，这种支持对保护种粮大户规模化生产经营的积极性、降低粮食生产经营成本、稳定粮食生产经营大户保持一定规模的生产能力具有积极促进作用。

倾向于保护耕地的农业支持保护补贴和深松整地作业补贴，体现了国家"藏粮于地、藏粮于技"的粮食产业发展战略，具有长远的生态保护和产业可持续发展作用。

北京粮食产业的优势是机械等专用性资产基础较好、机械化作业能更好地弥补劳动力不足并省工、粮田的生态功能具有环境正向贡献等；适度保护规模化生产的种粮大户、合作社乃至集体经济从事粮食生产的积极性，对保持粮食产业结构循序优化具有一定作用。

由于甘薯生产面临轮作倒茬、病虫害、土地流转等因素制约，虽然总生产面积没有明显变化，但主产区实施的产业支持政策对降低农户生产成本、提高种苗及产品质量，促进品种更新、农机具提升、栽培技术改进、产后贮藏容量增加，并降低销售风险而促进增收等方面，起到明显的积极作用。在政策的引导与支持下，多项措施共同提升了产业发展质量。

二、粮经作物产业发展中创新团队的技术支撑作用

（一）团队基本情况

1. 团队架构及定位

（1）团队架构

粮经产业技术体系创新团队于 2013 年正式组建。按照农业局创立农业产业技术体系创新团队的统一架构安排，粮经团队也是由技术研发中心、综合试验站和田间学校工作站三部分组成（图 9-18）。

技术研发中心的依托单位为北京市农业技术推广站，首席专家是王俊英研究员；在技术研发中心模块，组建了涉及产业链不同研发环节的育种、栽培、农机与信息和产业经济 4 个功能研究室，聘请岗位专家 13 人，作为粮经产业链上技术研发及创新等科研骨干（表 9-8）。

表 9-8　粮经团队成员构成表

岗位类别	岗位名称	负责人	工作单位	职称
首席专家	首席专家	王俊英	北京市农业技术推广站	研究员
育种研究室	小麦育种	尤明山	中国农业大学	副教授
	玉米育种	王元东	中国农业科学院	副研究员
	甘薯育种及种苗快繁	何绍贞	中国农业大学	教授
栽培研究室	小麦栽培	周吉红	北京市农业技术推广站	高农
	玉米栽培	周继华	北京市农业技术推广站	高农
	甘薯栽培	李仁崑	北京市农业技术推广站	高农
	水肥一体化	李光永	中国农业大学	教授
	病虫草害防控	杨建国	北京市植物保护站	研究员
	病虫草害防控	张志勇	北京农学院	教授
农机与信息研究室	新型农机引进与示范	李小龙	北京市农业机械试验鉴定推广站	高级工程师
	农机农艺融合技术研究	刘亚佳	中国农业大学	副教授
	信息化与精准农业	徐践	北京农学院	教授

（续）

岗位类别	岗位名称	负责人	工作单位	职称
产业经济功能室	生态与经济评价	刘瑞涵	北京农学院	教授
综合试验站	顺义试验站长	杨殿伶	顺义区农业科学研究所	高农
	通州试验站长	朱青艳	通州区农业技术推广站	高农
	房山试验站长	佟国香	房山区农业科学研究所	农艺师
	延庆试验站长	康丽	延庆县农业技术推广站	农艺师
	密云试验站长	徐向东	密云县农业技术推广站	农艺师
	昌平试验站长	苏州	中国农业大学	教授

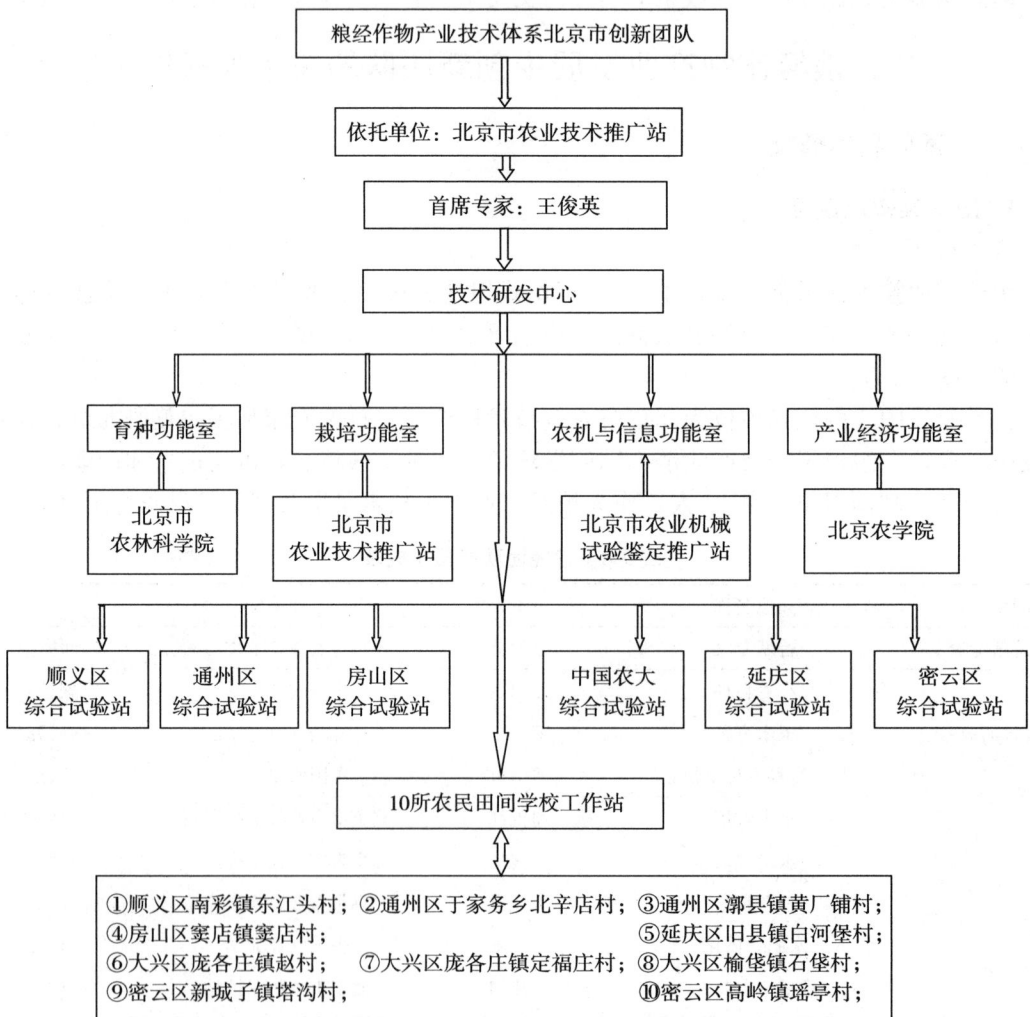

图 9-18　粮经作物团队架构图

综合试验站的设立，则根据北京粮食产业区县布局特点，分别在顺义、通州、房山、密云、延庆和昌平建立 6 个综合试验站，聘请试验站站长 6 人；综合试验站的依托单位主要是相关区县的农业技术推广站/农业科学研究所或农业种植中心，昌平区综合试验站依托中国农业大学上庄试验站。

10所农民田间学校的团队设立，则根据各区县小麦、玉米和甘薯生产布局特点，建立在相关区县代表性产业村。聘请田间学校工作站站长10人，这些田间学校中既有本区县没有综合试验站而独立工作的田间学校（如大兴区田间学校），也有与本区县综合试验站密切配合的田间学校。10所田间学校分别是：大兴区庞各庄镇赵村、大兴区庞各庄镇定福庄村、大兴区榆垡镇石垡村、顺义区南彩镇东江头村、通州区于家务乡北辛店村、通州区漷县镇黄厂铺村、房山区窦店镇窦店村、延庆区旧县镇白河堡村、密云区新城子镇塔沟村和密云区高岭镇瑶亭村。

综合试验站和农民田间学校在农民培训、试验示范、新技术新品种推广等方面发挥着越来越大的作用，是促使成果转化和技术接地气的重要基础。

（2）团队定位

2013—2016年，团队紧紧围绕都市型现代农业发展要求，贯彻落实"调转节"精神，通过新品种选育与应用、高产合理群体构建、科学高效灌水施肥、机械化水平提升、病虫草害绿色防控、粮食作物规模经营、信息管理水平升级等科研创新活动，打造"高产、高效、生态、安全、景观"为一体的粮经作物产业发展特色，为北京市的粮经产业发展、生态质量提升以及农民增收提供技术和服务支撑。

2. 团队目标与任务

（1）团队面临的资源、生态及安全概况

①气候。由于北京夏季降水量占全年降水量的70％左右，盛夏7月是高温季节，这种温度和降水特点与玉米的生长需求相吻合，因此北京雨热同季的气候有利于玉米的生产。

北京的夏季降水多以暴雨形式出现。因此，山区易出现山洪，平原易在降雨后出现洪涝。山区因热对流作用较强，易形成局部地区雷阵雨并伴有冰雹或大风，容易造成小麦或玉米倒伏，或对植株造成伤害，进而给粮食产业造成一定损失。

2016年北京粮经作物生产中，没有因上述极端气候而发生严重自然灾害的情况。

②水资源（地下水）禀赋。因小麦属于需要灌溉的高耗水作物，在北京市地下水严重超采区和水源保护区，小麦等耗水作物种植面积减少明显。

北京的节水生态农业和林下经济有利于发展甘薯生产。一是甘薯属于节水作物，可种植于干旱山地、幼林行间及"拾边地"等闲散地块，利于水土保持；二是甘薯属于环保生态作物，病虫害相对较少，农药施用量少，污染少。三是甘薯的耐阴耐旱特性适于在地表裸露的生态林下栽植，提高土地利用率。因而，探讨甘薯林下经济发展的可行途径，对发展景观农业和促进农民增收是一种有益尝试。

③资源利用。节水节肥。北京市人均水资源量已从多年前的不足300立方米降至近年的100立方米左右，低于国际公认的人均1 000立方米缺水警戒线，成为中国缺水形势严峻的大城市之一。北京市小麦灌溉定额是150～260立方米/亩，水肥利用率偏低、产量低（平均产量350～400千克/亩，高产示范区平均亩产425.9千克）。

传统地面灌溉和管道式喷灌系统很少采用水肥一体化，在风速较大时喷灌易造成喷洒飘逸，导致水肥损失，造成对周围环境的污染。目前大型喷灌机已经用低压微喷头微喷技术代替了传统喷灌，为小麦喷灌实施水肥一体化带来了新契机。

玉米秸秆处理（再利用）。玉米秸秆利用方式主要为肥料化、饲料化、能源化和基料化。近年来，北京市以社会化、市场化为核心，化疏为堵，变废为宝，先后建立了"延庆秸秆捡拾打捆""怀柔秸秆饲料膨化""顺义秸秆有机肥加工"三大利用模式，有力地促进了北京市秸秆综合利用技术的推广。

一是"延庆模式"。该模式采用"农户＋农机合作社＋秸秆用户"的运行方式，在作物收获后，农机合作社利用秸秆捡拾打捆机进行秸秆打捆回收作业，并支付农户一定报酬，再由农机合作社将打捆后的秸秆集中出售给秸秆用户，用于加工秸秆肥料、饲料或燃料等。

二是"怀柔模式"。该模式采用"种植户＋农机服务组织＋养殖企业"的运行方式，由农机服务组织从农户手中收购秸秆，再将收购的秸秆膨化加工成饲料销售给养殖企业，实现秸秆饲料化利用。农户、农机服务组织均获得收益，养殖企业也有了质优价廉的饲料来源。

三是"顺义模式"。该模式主要采用"农业生产者＋经营性服务组织＋有机肥加工厂"的运行模式，由农机专业合作社负责将农作物秸秆、蔬菜残枝等秸秆废弃物收集，拉运至有机肥加工厂进行后续处理加工。

甘薯秸秆利用方式主要有两种：一是机械粉碎作为绿肥还田；二是人工拉秧作为养殖饲料。北京市以机械粉碎还田方式为主。

（2）安全情况包括环境安全和产品三品一标、标准化生产情况

①环境安全。为解决病虫草害防治过程中可能带来的环境安全隐患等问题，2016年粮经作物团队在植物保护工作中，围绕小麦、玉米和甘薯的主要病害、虫害和草害，开展了系列绿色防控技术研究、小麦种子包衣和甘薯茎线虫病防治技术示范、重大病虫害防治技术指导等工作。

②产品三品一标、标准化生产情况。甘薯三品一标情况。甘薯主产区密云，重视山区绿色农业生产，以石匣村、两河村和高岭镇等甘薯生产基地为主出产的商品薯，均属于绿色食品。但其他地区甘薯生产由于连坐障碍和病虫害等原因，尚需进一步研究与推广绿色生产技术。

甘薯标准化生产情况。甘薯种苗基本实现了集中统一供种、育苗和供苗。因而，甘薯种苗生产基本属于节能温室标准化高效育苗方式。每年生产的种苗，基本可满足密云区甘薯生产需要。

（3）团队工作围绕三种作物的主要目标

针对3种作物，团队工作主要目标是：①小麦，节水轻简高效；②玉米，轻简旱作高效；③甘薯，优质抗逆高效。

（4）团队工作围绕产业链环节的主要任务

①种子种苗。粮经作物创新团队示范应用了甘薯绿色环保、水肥一体化高效育苗技术。一是采用电加热育苗床替代传统的煤炭、秸秆采暖育苗方式，即减少大气污染，实现了绿色环保，而且温度易调控，快速、均匀、平稳，育苗时间缩短3~4天，繁殖系数提高5%以上。二是采用倒挂微喷替代传统的软管接喷壶灌水方式，实现水肥一体化，节水1/3。这两项技术已在密云太师屯镇车道峪村100个育苗床进行示范应用，节本增效显著。省工近40%，每个育苗床生产14万株薯苗，纯效益1.4万元，增加效益13%。

②资源利用率（节水、节药、节肥等）。粮经团队在小麦生产中，通过水肥（药）一体化技术的研究与应用，使得小麦在生产示范区采用喷灌施肥，提高氮肥利用率15%；通过以新型药剂应用为重点的节药技术研发，完成了麦田除草剂减量替代药剂的筛选；甘薯根腐病防治中明确了氯化苦的效果，在提高药效减少用量的节药技术上，为提高资源利用率做出了贡献。

研发的甘薯滴灌条件下水肥一体化栽培技术中，根据试验点多年降雨数据及甘薯生长需水习性，总结出甘薯节水灌溉制度：前期造墒保苗、中后期因墒补水灌溉，总灌溉量为传统的1/3～2/3；利用滴灌灌溉方式种植甘薯，亩灌溉20立方米水，起垄（覆膜）10立方米水，发根缓苗期、分枝结薯期各5立方米水，后期可因墒灌溉，较对照节水1/3～2/3；商品薯率提高15%～20%，商品薯产量较对照显著增加8%～10%。团队提高"三率"的技术体系见图9-19。

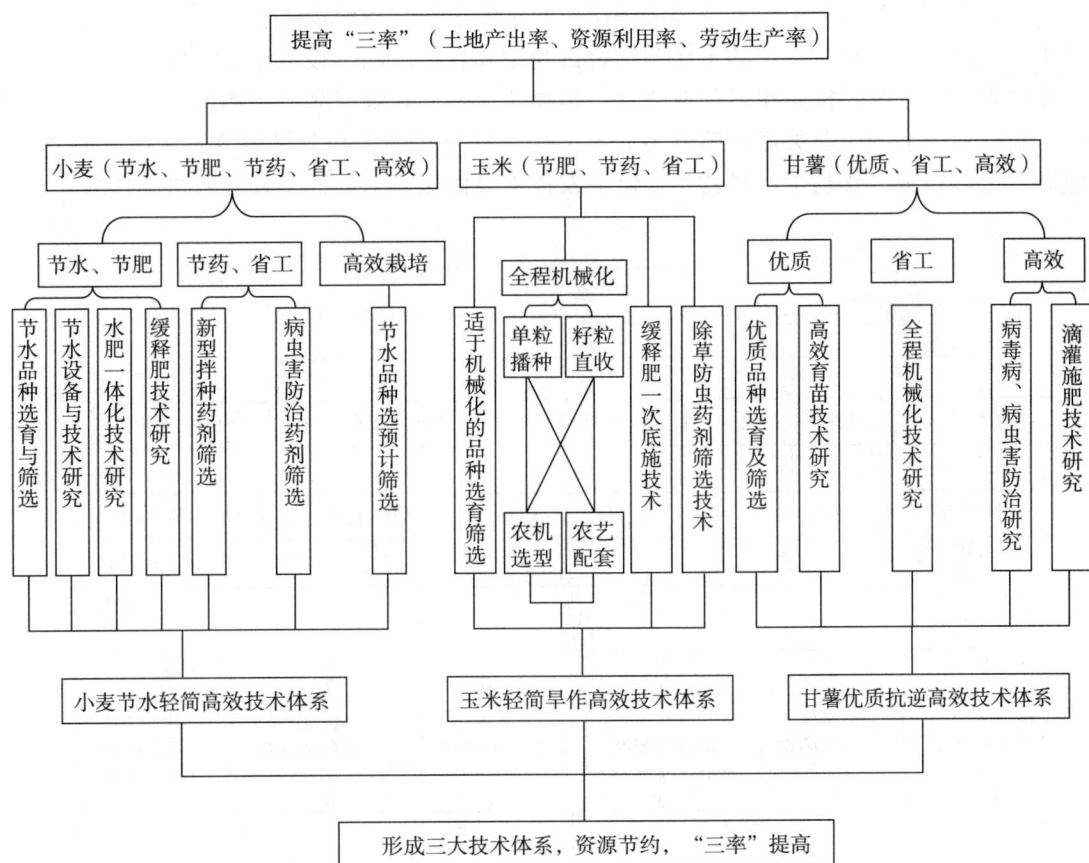

图 9-19　粮经作物团队 2016 年主要任务

3. 团队运行机制（工作方法）

团队运行机制的核心是实施"工作责任到人＋纵向管理与横向管理"相结合。

（1）工作责任到人

主要是分层分类落实任务，按照团队不同岗位的工作特点，明确工作重心（表9-9）。

表9-9　粮经作物团队工作责任分层分类任务表

岗　位	职　责	
岗位专家	①产业关键技术研究和技术集成	②前瞻性基础技术与策略研究
	③承担应急性技术任务	④指导综合试验站开展试验示范和推广
综合试验站	①组织田间学校工作站开展需求调研	②开展生育动态监测
	③承担岗位专家安排的试验、示范任务	④为农民田间学校提供技术支持
农民田间学校工作站	①建成示范型田间学校	②承担成熟技术示范推广任务
	③协助开展技术需求调研与反馈	④培养2~3名农民辅导员和科技示范户

（2）纵向管理与横向管理相结合

纵向管理，主要是按照小麦、玉米和甘薯三大作物的各自产业链为主线，由三大作物的三个栽培岗位牵头，统筹协调各自作物的栽培专家、育种专家、植保专家、水肥专家、农机专家、信息专家、产后加工专家及经济等岗位专家的协作。系统规划与本作物相关的试验示范及推广工作，促使相关专家的工作与综合试验站和农民田间学校工作站有效对接。

横向管理，主要是按照建设种业之都、提高"三率"和农产品产后增值的战略目标，将各个作物产业链上的主要关键环节分为5大工程，每个同类工程分别设立一个工作负责人，促进各自工程在粮经作物生产经营产业链上发挥重要作用并与其他工程有效协同作战（图9-20）。

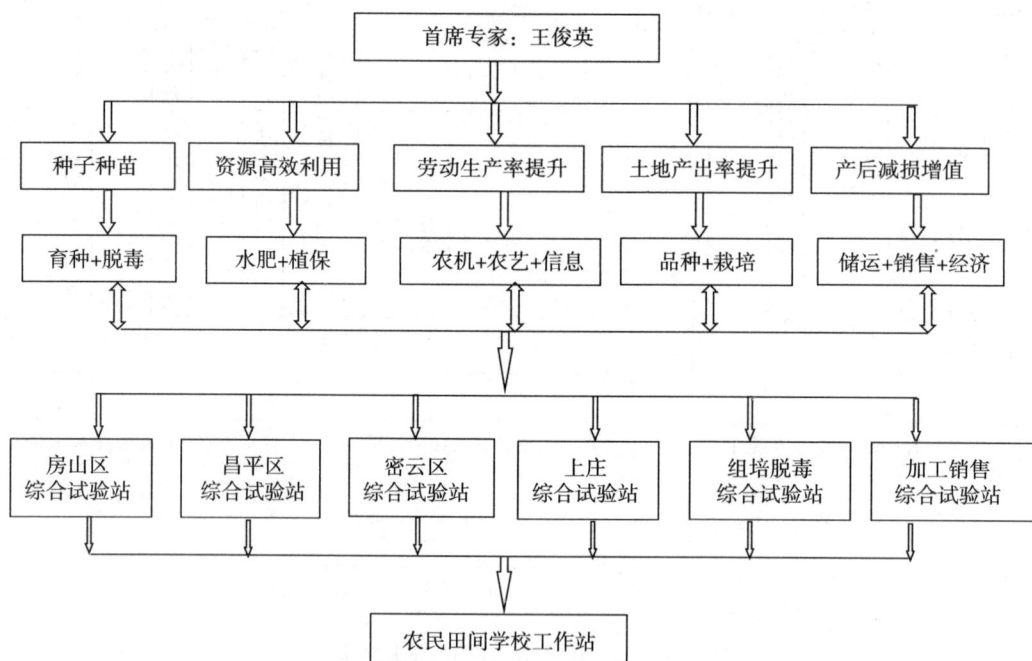

图9-20　粮经作物团队横向管理5大工程运行图

4. 团队工作成效

2016年，粮经作物团队在全体成员的共同努力下，超额完成了团队任务，取得的主要成效包括在以下方面：

（1）小麦产业

①完成了农大 5133、农大 3486 两个品种的区试程序，17 年通过北京市审定；5 个新品系参加区试。

②筛选出适宜京郊种植的节水小麦新品种 3 个，农大 3486 综合抗旱指数最高。

③明确限水灌溉下水量的合理分配方案，全生育期灌水 110 方（冻水 50 方、拔节水 30 方、灌浆水 30 方）。

④完成 4 种新型节水灌溉应用效果调研，进行分析和评价，形成调研报告 1 份。

⑤筛选出了小麦赤霉病防治药剂，25％氰烯菌酯悬浮剂防效达 85.1％。

⑥设计悬挂式 20 行小麦播种机，改进了免耕播种机，研制出破板结机械的样机。

（2）玉米产业

①在内蒙古审定玉米新品种 3 个，京农科 728 完成黑龙江和内蒙古的扩区审定；筛选出玉米抗旱新品种 2 个，明确抗旱度量值 D 和保护酶等关键抗旱指标 2 项。

②明确玉米籽粒直收收获时含水量低于 28％、明确机收速度对作业效果的影响。

③完善了北京市免耕深松种植机械化技术规程，玉米免耕单粒播种机加装施药系统实现播种、施肥、施药一体化作业。

④提出玉米田化学除草节药技术措施，研制应用防飘喷头 IDK，防效达 85％以上。

（3）甘薯产业

①黄香蕉、农大白 2 个甘薯新品系通过鉴定；选育出食用甘薯新株系 25 份。

②扩繁脱毒甘薯原种种薯 2.5 万千克，繁殖夏薯并收获脱毒种薯 50 万千克。

③初步明确甘薯滴灌合理施肥量及使用时期，适宜用氮量 8～10 千克/亩，灌水滴施 3 次 20 方/亩。

④明确新品种 ND28-2 的适宜密度和收获时期，4 000～4 500 株/亩，10 月 10 日收获。

⑤提出根腐病防治药剂——氯化苦，苗期防效达 69.5％；探索威百亩水药一体施用，防效达 29％。

⑥示范甘薯倒挂微喷优质育苗技术，较传统火炕育苗总成本减少 8.8％，经济效益增加 12.2％。出苗量增加了 2 167 株/平方米。

（4）产后综合

①完善了谷物智能测产系统，开发了农作物生产及成果交流数据库；开发了农产品电子商务营销平台，并在 4 个合作社测试安装。

②完成京津冀粮食生产效率比较分析，明确了北京粮食产业在京津冀区域的发展地位及其辐射作用。

③完成农田生态系统服务功能研究，明确了京津冀农田生态系统呈现逐年增加的生态盈余趋势，北京农业节能减排效果最好。

（二）团队技术研发与主推技术

1. 团队技术研发情况

（1）育种方面

小麦：筛选出适宜京郊种植的节水小麦新品种 3 个，农大 3486 综合抗旱指数最高。

玉米：筛选出玉米抗旱新品种 2 个，明确抗旱度量值 D 和保护酶等关键抗旱指标 2 项。

甘薯：通过鉴定了黄香蕉、农大白 2 个甘薯新品系；选育出食用甘薯新株系 25 份。

（2）栽培及水肥方面

A. 小麦

①明确了限水灌溉下水量的合理分配方案：全生育期灌水 110 方（冻水 50 方、拔节水 30 方、灌浆水 30 方）。

②完成了 4 种新型节水灌溉应用效果的分析和评价，形成调研报告 1 份。

③提出了适宜北京小麦水肥一体化的灌溉系统类型；提出了冬小麦与圆形喷灌机、季节全固定管道喷灌、滴灌和微喷灌配套系统的四种水肥一体化技术模式与技术规程。

④开发了分别适合圆形喷灌机和适合滴灌的注肥系统。

⑤创新地提出了两种系统：水肥一体化自动化信息化系统设计与配置和一种田间全移动季节固定式喷灌配套系统。

B. 玉米

①明确籽粒直收最佳收获时期（含水量）、明确机收速度对籽粒直收作业效果的影响。

②筛选出抗旱籽粒新品种 2 个以上，明确关键抗旱指标 2 项。

③完成了以单粒播种技术、缓释肥一次底施技术和籽粒直收技术为核心的轻简化技术体系组配，实现玉米全程机械化作业。

④玉米免耕单粒播种机加装施药系统实现播种、施肥、施药一体化作业。

⑤完善了北京市免耕深松种植机械化技术规程。

C. 甘薯

①明确优质鲜食甘薯节水抗旱、高效灌溉的方式，提出关键技术参数 3 项。

②明确甘薯滴灌种植灌溉制度、灌溉频率、施肥规律。

③明确甘薯中等肥力条件下高产群体适宜的秧苗质量、移栽方式、种植密度。

④明确 N 肥施用对鲜食甘薯产量的影响，提出 3 种新型肥料施用模式。

⑤筛选出优质鲜食甘薯密植中具有调控效应的生长调节合剂 2 个，抑制小薯率，提高商品性。

（3）植保方面

小麦：筛选出了小麦赤霉病防治药剂，25％氰烯菊酯悬浮剂，防效达 85.1％。

玉米：提出玉米田化学除草节药技术措施，研制应用防飘喷头 IDK，防效达 85％以上。

甘薯：提出根腐病防治药剂——氯化苦，苗期防效达 69.5％；探索威百亩水药一体施用，防效达 29％。

（4）机械及信息化方面

小麦：①设计悬挂式 20 行小麦播种机，改进了免耕播种机，研制出破板结机样机；②完善了谷物智能测产系统，开发了农作物生产及成果交流数据库。

玉米：①明确玉米籽粒直收收获时含水量低于 28％、明确机收速度对作业效果的影响；②完善了北京市免耕深松种植机械化技术规程，玉米免耕单粒播种机加装施药系统实现播种、施肥、施药一体作业。

2. 团队主推技术情况

京郊主要粮经作物在试验示范中应用技术结构总体情况见表 9-10。

表 9-10 北京 2016 年主要粮经作物试验示范的主要技术

作物	技术名称	面积（万亩）	北京该技术示范的主要区域
小麦	水肥一体化技术	7.17	房山、顺义、通州、密云
	节水喷灌技术	13.15	顺义、通州、房山、大兴、怀柔、密云、平谷
	一喷多用技术	22.71	顺义、通州、房山、大兴、怀柔、密云、平谷、昌平
	缓释肥应用技术	3.50	房山、顺义、通州、大兴、密云
玉米	玉米全程机械化技术	0.50	延庆、密云、怀柔
甘薯	甘薯脱毒	0.39	密云、大兴
	抗旱保墒适时船底型移栽	2.10	密云、大兴
	合理密植稳产增效	1.90	密云、大兴
	甘薯机械化起垄技术	0.10	密云区高岭镇石匣村、东关村、芹菜岭、好家台、四合村、栗榛寨
	甘薯机械化杀秧技术	0.10	密云区高岭镇石匣村、东关村、芹菜岭、好家台、四合村、栗榛寨

资料来源：根据李光永、李小龙、周继华、李仁崑等岗位专家提供的资料整理。

（1）良种良苗应用方面

2016 年，粮经作物创新团队建立市级综合示范点 13 个，在三大作物上都有新品种（种苗）的推广应用：小麦推广应用农大 5181 品种的面积达到 3.5 万亩，玉米推广应用京农科 728 达到 250 万亩，甘薯推广脱毒种薯的扩繁和电热温床繁育健康种苗技术 0.39 万亩（表 9-11）。

表 9-11 2016 年粮经作物团队主要推广应用的种苗类型、规模或覆盖率

作物	品种类型	主推规模或覆盖率
玉米	京农科 728 京津冀面积（万亩）	250
	京农科 728 全国面积（万亩）	290
小麦	农大 5181 面积（万亩）	3.5
	农大 211、212 北京市面积（万亩）	19.5
	农大 211、212 覆盖率（%）	81.6
甘薯	脱毒种苗应用面积（万亩）	0.39
	脱毒种苗应用率（%）	11.6

2016 年北京粮经作物生产上主要应用的品种结构详见表 9-12。

表 9-12 北京 2016 年主要粮经作物生产上主要应用的品种结构

作物	品种名称	生产面积（万亩）	在北京生产分布的主要区域
小麦	农大 211	13.1	顺义、通州、房山、大兴、怀柔、密云
	农大 212	3.6	顺义、通州、房山、大兴、怀柔、密云
	轮选 987	1.9	房山、大兴、
	中麦 175	1.7	大兴、怀柔
	京 9428	0.7	怀柔、房山、大兴
	农大 5181	0.5	顺义、通州、密云、房山
	其他品种	2.4	顺义、通州、房山、大兴、怀柔、密云
夏玉米	郑单 958	8.0	房山、大兴、通州、顺义、平谷、密云
	京农科 728	3.0	房山、房山、大兴、通州、顺义、平谷、密云
春玉米	农华 101	6.5	密云、延庆、怀柔、平谷
	郑单 958	15.0	延庆、怀柔、大兴、平谷、房山、顺义
	纪元 1 号	7.0	大兴、房山、平谷、怀柔
甘薯	遗字 138	0.1	密云、大兴、房山
	密选 1 号	0.3	密云、延庆
	龙薯 9	0.7	密云、大兴、房山
	北京 553	0.4	房山、大兴
	烟薯 25	0.3	密云、大兴、房山

资料来源：根据周吉红、裴志超、周继华、李仁崑、何绍贞等岗位专家提供的资料整理。

（2）提高资源"三率"技术应用方面（绿色发展）

2016 年，团队在节水、节药以及提高机械化应用的省工方面均取得明显进展。引进小麦新型节灌设备，配置施肥装置，应用水肥一体化技术，配套节水抗旱品种，推广适宜的灌溉制度。在玉米节药和机械收获省工等方面做了重点应用。重点从甘薯机械起垄和机械化割蔓上提高机械对劳动的替代能力，对省工做出贡献（表 9-13）。

表 9-13 2016 年粮经作物团队资源节约型技术的推广应用情况

技术类别	作物	技术应用统计指标（单位）	应用规模或覆盖率
节水	小麦	圆形喷灌机（万亩）	0.62
		喷灌施肥技术（万亩）	7.17
		喷灌施肥适宜区覆盖率（%）	76.6
		北京市小麦灌水量（方/亩）	139.0
	玉米	北京市-玉米灌水量（方/亩）	23.5
	甘薯	北京市-甘薯灌水量（方/亩）	24.1
节药	小麦	节药技术应用覆盖率（%）	100
		总节药量（吨）	28.7
	玉米	节药技术应用覆盖率（%）	64.8
		总节药量（吨）	160.8

（续）

技术类别	作物	技术应用统计指标（单位）	应用规模或覆盖率
机械化省工	小麦	精量播种覆盖率（%）	92
		缓释肥、机追肥覆盖率（%）	25.5
	玉米	单粒播种覆盖率（%）	87
		缓释肥一次底施覆盖率（%）	72
		机械收获覆盖率（%）	91
		机械起垄覆盖率（%）	90
	甘薯	机械化割蔓覆盖率（%）	45
		机械收获覆盖率（%）	85

（3）贮藏增值技术应用方面

初步形成甘薯主要品种贮藏窖温湿度调控参数（表9-14），保证了甘薯商品薯出窖率。

表9-14　粮经作物团队甘薯主要品种贮藏温湿度调控指标

类　　型	龙薯9号	遗字138	烟薯25
适宜贮藏温度温度（℃）	15～17	16～18	15～16
适宜贮藏相对湿度（%）	60～70	70～80	70
耐储性（月）	3	6	5

通过应用产后贮藏技术，延长了甘薯储存时间，避开了产品上市高峰的供给旺盛期，通过淡季销售提高商品薯售价和附加值；随着贮藏规模的扩大，2016年北京市甘薯贮藏增值近500万元（表9-15）。

表9-15　北京市2013—2016年甘薯贮藏量及增值变化情况

类　　型	2013	2014	2015	2016
甘薯最大贮藏量（吨）	533	633	1 843	1 843
甘薯年贮藏量（吨）	311	391	416	1 416
未贮藏的收购价格（元/千克）	1.6	1.5	1.2	1.3
贮藏后出窖价格（元/千克）	4.0	4.0	5.0	4.8
单位产品增值（元/千克）	2.4	2.5	3.8	3.5
甘薯贮藏总增值（万元）	74.64	97.75	158.08	495.60

（4）产后销售技术应用方面

通过开发电子商务营销平台（包括甘薯网络销售平台以及微信销售平台），实现了集宣传和销售等五大功能（包括顾客查询和浏览甘薯商品、甘薯产品展示、用户留言板、企业管理员管理用户和订单信息、根据订单优先级安排配送等）。

（5）"三率"水平分析：土地产出率、劳动生产率、资源利用率

①土地产出率。土地产出率是指归一化处理后的单位土地平均年产值，是反映土地利用效率的一个重要指标。宏观上指的是GDP与土地面积之比，反映单位面积的产出情况；微观上是单位面积当年出产的农产品产值（或产量）。

从 2016 年统计结果看，京郊小麦的单产水平北京市平均是 316.4 千克/亩，单产水平较高的地区是通州、顺义和房山，亩产均高出北京市平均水平 62 千克以上。

京郊玉米单产的平均水平北京市达到 375.6 千克/亩，远郊山区如延庆的一年一季的春玉米单产水平最高，达到 508.8 千克/亩；

京郊薯类的平均单产水平是 423.13 千克/亩，其中，通州区和大兴区单产水平较高。

②劳动生产率。农业劳动生产率的计算主要是用农产品产量或产值除以劳动消耗来表示；一般用劳动净产值表示劳动消耗带来的产值，主要用总产值扣除物化消耗后的余额来表示。如果计算每一个劳动工日创造的净产值，需要用净产值除以劳动用工量。

净产值＝总产值－物质与服务费用；每一劳动净产值＝净产值÷劳动用工量。

公式中的"物质与服务费用"与"人工费用"一起构成生产成本的两大组成部分，生产成本不包括土地成本，总成本中包括土地成本。在京郊土地流转成本较高的情况下，由不包括土地成本的生产成本计算得出的净产值会偏高。

由于北京没有关于粮食生产的成本收益统计数据，根据 2014—2016 年的产业经济抽样调研数据计算，得出京郊小麦、玉米平均劳动净产值分别是 370.5 元/亩和 322.1 元/亩，按照劳动用工量计算，京郊小麦、玉米平均每一劳动净产值分别是 226.2 元/工日和 133.6 元/工日。

（三）技术示范推广效益

1. 技术示范推广的经济效益

甘薯：通过在北京甘薯主产区密云、大兴和房山推广脱毒甘薯种苗，使平均亩产增加 700 千克，增产 30% 以上，平均亩效益较非脱毒种苗增收 800 元，增收 40% 以上，显著提高了薯农收入和生产积极性。因此使得密云车道峪甘薯合作社、海淀区组培中心和廊坊农科院等官方机构，以及天津宝坻区史各庄镇北丰华裕隆甘薯有限公司等，纷纷组建各自的甘薯种苗脱毒组培车间和实验室，开展甘薯脱毒工作及种苗快繁工作。极大地促进了京津冀甘薯脱毒种苗产业化，推进甘薯产业快速发展。通过在密云、大兴、房山等区建设"黄玫瑰""黄香蕉""农大白"和"农大 6-2"等 4 个新品种试验示范基地 6 个，试验示范面积达 200 亩，辐射推广面积 5 000 亩，较目前主栽品种亩增产 350～500 千克，亩增收 700～1 000 元以上，直接累计经济效益 500 万元以上，并逐步实现北京地区甘薯新品种的更新换代和产业化，使甘薯成为北京市的高产、高效、节水、生态产业，并辐射带动津冀地区甘薯产业发展，创造显著的经济和社会效益。

小麦、玉米和甘薯三种作物新技术示范推广取得的经济效益和资源利用率见表 9-16。

表 9-16　2013—2016 年粮经作物团队技术示范推广的经济效益情况

作物	年度	产量 千克/亩	效益 （元/亩）	单方水产出 千克/立方米	纯养分产出 千克/千克	劳动生产率 千克/工日
小麦	2013	345	240	1.0	10.9	202.8
	2016	358	118	1.5	11.7	223.9
玉米	2013	438	634	1.3	15.2	92.4
	2016	441	155	1.1	17.4	126.1

2. 技术示范推广的生态效益

脱毒甘薯的增产增收将刺激农民扩大种植，开发更多适于甘薯生产的土地资源，如生态林、幼林行间及"拾边地"等闲散土地种植甘薯，有效减少地表裸露，增加植被覆盖，减少地表水分的无效蒸发。降雨时，雨水缓慢经过叶片到达地面，避免了雨滴直接冲击地表，而且薯垄起到拦截和减缓水流作用，能减轻对表土的冲刷，有利于雨水在土壤中的渗入和保存，对保持水土有较好作用，可有效缓解北京山区农业供水紧张的矛盾，尤其是保护永定河冲击平原和山区，保护薄沙土地的生态环境和大气环境，减少沙尘、径流和水土流失，起到了清新空气、提高生态效益。此外，推广脱毒甘薯种植，能够有效降低化学药品使用、减少用工、改善大气环境。

3. 技术示范推广的社会效益

甘薯育种成果推广的社会效益：新品种较强的适应性和耐旱性，将会减少水资源的消耗并提高产量，增加薯农收入和种植积极性；新品种抗病性能减少农药用量，为生产"绿色"甘薯、减少对土壤和水源污染、保护生态环境、促进产业可持续发展做贡献。

三、粮经作物产业典型案例分析

（一）典型案例

1. 兴农天力（万亩方）小麦水肥一体化及循环农业技术集成案例

该技术依托于位于顺义区赵全营镇的兴农天力农机合作社的都市型现代农业示范区（简称"万亩方"）。自 2013 年起开始应用圆形喷灌施肥、自动控制微喷施肥和滴灌施肥等水肥一体化技术，亩灌水量降低 30%，人工成本减少 31%，小麦单产实现五连增（2016 年 6 500 亩小麦平均亩产 502.5 千克，比 2012 年提高 57.0%），亩效益增加 75%。实现了节水节本、增产增收。合作社同时进行了种养结合循环农业模式的探索：2015 年该万亩方共收获青贮 24 000 吨，其中 5 500 余吨配送到明仁奶牛养殖场，奶牛养殖场将 2 000 方粪肥返回合作社，其中 1 500 方粪肥用于和小麦秸秆、蔬菜残体一起进行堆制有机肥约 700 吨，500 方粪肥用于大田施肥；堆制的有机肥还进行沼液发酵，沼气为园区内生活使用，沼液用于 100 亩大田的浇灌和 20 个大棚的浇灌。通过建立"青贮—饲料—牛粪—有机肥（沼液）—青贮"的良性生态循环模式，既提高了青贮品质，又提升了奶牛产出的鲜奶质量，并且控制了化肥施用量，减少了土壤污染，保护了环境。

2. 房山窦店小麦玉米平播、循环农业、节水农业综合发展案例

2013 年起，房山窦店镇窦店村 1 500 亩小麦玉米全部实现了喷灌水肥一体化。2014 年该村窦店二农场 253 亩小麦实收亩产达 681.8 千克，刷新了北京市小麦单产纪录。亩灌水 170 立方米，较上年每亩减少 30 立方米，养分生产效率小麦达 2.57 千克/千克。亩养分投入 39.3 千克，每千克肥料生产小麦 17.3 千克，每亩较上年减少养分投入 5.4 千克，折合每亩减少尿素投入 11.7 千克。2015 年该农场再次蝉联北京小麦单产冠军，亩产达 630.7 千克，亩灌水 160 立方米，较上年亩节水 10 立方米，养分生产效率小麦达 2.56 千克/千克。亩施纯养分 39.25 千克，每千克纯养分生产小麦 16.07 千克，高于北京市节水高效示范点 0.17 千克，实现了节水、高产与高效有机结合。该村一直坚持发展循环农业，小麦收获后的秸秆、下茬平播的青贮玉米均被该村自有的奶牛场消化，奶牛场与各农场签订协议，根据小麦秸秆及青贮玉米产量提供沼液沼渣，用于培肥地力，实现了农业的循环可持续发展。

3. 密云高岭石匣繁育甘薯种苗、机械化起垄技术集成案例

2015年密云区高岭镇石匣村成立了石匣甘薯合作社，流转土地1000亩，年辐射周边三个村庄，入社人员达到200多户，560多人，推动水库155高程以下禁种群众增收。初步形成了"甘薯育苗＋生产＋贮藏＋销售"一条龙生产服务体系。

①引进优质鲜食甘薯品种脱毒遗字138、龙薯9号、烟薯25等品种。

②建立健康种苗繁育基地，实现甘薯种薯（苗）繁育两个统一：统一供应育苗繁育种薯、统一供应生产用健康种苗。采用节能电热加温和倒挂微喷节水技术，冷床稀摆、壤土浅盖、通风降温、高位剪苗等繁育措施，满足当地近2000亩甘薯生产的需求。

③推广应用高产、高效栽培技术，采取趁墒机械起垄、适时移栽、合理配方施肥、机械化采收等措施，达到增产、节本、增效目标。

④建设甘薯贮藏窖，年甘薯存储量达到100万千克，延伸商品薯销售周期。

⑤丰富产后加工产品，依托农家乐等休闲形式，开发健康"甘薯干""烤白薯"等产品，增加商品附加值。

⑥注册商标"薯来宝"，并积极与生活网、健康网、物美大卖场等联系销售，所有甘薯包回收，解决农产品销售的后顾之忧。

（二）典型案例应用集成技术而支持产业发展取得的成效

1. 经济成效

2016年石匣甘薯合作社收获甘薯产量达到175万千克，销售鲜食甘薯125万千克（未折合商品薯产量），以商品薯销售，亩产值达2928元，亩效益1370元；储藏10万千克甘薯，销售价格平均3.0元/千克；40万千克磨淀粉，出粉3.5万千克，带动社员平均增收近1万余元。

①引进的甘薯秧蔓粉碎机，作业效率为人工作业的50～90倍；作业成本较人工作业成本低175.15～180.20元/亩。

②引进4U-80型单行甘薯收获机，作业生产效率为人工作业的10～80倍，作业成本较人工作业低370.5元/亩，实现甘薯收获环节机械化作业后，显著提高劳动生产率，降低甘薯种植成本，提高农民收入。

2. 生态成效

从2013年到2016年，共建立小麦喷灌水肥一体化技术示范区25147亩，亩均节水21立方米，共计节水53万立方米，平均亩投入纯养分33.8千克，共计减少纯养分4.6万千克，合计减少尿素投入10万千克。

甘薯作物节水、抗旱、高产、高效，2016年该村灌溉水生产效率610千克/立方米，灌溉水生产产值976元；劳动生产效率261千克/工日，劳动生产净效益222.5元/工日；养分产出率101千克/千克。

3. 社会成效

2015年成立石匣甘薯合作社，流转土地1000亩，年辐射周边三个村庄，入社人员达到200多户，560多人，推动水库155高程以下禁种群众增产、增收。

四、粮经作物产业发展政策与建议

（一）产业发展趋势

粮食生产不同于劳动密集型的果蔬等鲜活农产品，它适于机械化规模作业，适于机械对劳动的替代。由于京郊劳动力机会成本较高、粮食价格下降，小农户通过粮食生产难以达到增收目标，有的农户甚至抛荒弃耕。适于机械化作业的粮食产业，适度规模经营仍然很有必要。

1. 小麦产业

北京由于受到水资源短缺制约，相对耗水的小麦播种面积连年下降，从 2013 年的 36.2 千公顷下降到 2016 年的年 15.91 千公顷。小麦播种面积占粮食作物总播种面积的比例，由 2015 年的 20.8％下降到 2016 年的 18.2％。

在北京农业"调出新方式、调成高效益、调到可持续"的"调转节"政策导向下，下一步将重点发展籽种田、旱作农业田、生态景观田，同时粮田逐渐压减并退出小麦等高耗水作物的生产。因此，近年来北京市小麦生产规模一直呈逐年调减趋势。自 2017 年始，小麦不再属于粮经作物团队的工作范畴。

2. 玉米产业

作为生产发育进程与北京雨热同季气候特征相耦合的玉米，虽然其播种面积也从 2013 年的 171.75 万亩下降到 2016 年的 97.86 万亩。但是玉米占粮食作物总播种面积的比例从 2013 年的 75.2％到 2016 年的 74.4％，基本保持在比较稳定的范围。同时，北京玉米生产规模（播种面积和总产量）在京津冀所占比例也超过 2％，是北京粮食作物中占比较高的作物。

为进一步适应北京农业供给侧结构性改革需要，2017 年籽粒玉米生产经营不再属于粮经作物团队的重点工作范畴。为适应居民多样化需求的发展态势，粮经作物团队将玉米产业中的鲜食玉米作为主要工作对象之一，连同草莓和甘薯，以突出"鲜"字为重点，优先关注优质安全的本地鲜活农产品生产经营，进一步丰富首都菜篮子。

3. 甘薯产业

从需求视角，甘薯因其独特的营养和保健功能而被越来越多的消费者认可，消费者对甘薯的需求稳中有升。目前研究已确认甘薯含有黏液蛋白、脱氢表雄酮、维生素 A、维生素 B_2、维生素 C 等多种营养物质，对预防多种疾病以及补脾、养心神、益气力、消疮肿、阻止动脉硬化、延缓衰老等益寿健身有特殊功效，被世界卫生组织（WHO）认定为冠军蔬菜、蔬菜皇后，因而备受消费者喜爱。

从生产供给角度看，甘薯具有广泛的适应性和节水特性，适于在丘陵旱薄地区、幼林和闲散等田块生长。从商品开发上看，甘薯既可鲜食也可作为加工淀粉、食品、发酵品等加工品的原料，还可叶用和观赏用而成为蔬菜和绿化美化植物；从经济和生态角度看，无论是鲜食甘薯，还是叶用和观赏甘薯，其生产经营的经济收益都高于小麦和玉米等传统粮食作物，并具有节水抗旱和水土保持等生态功能，是适于在北京稳定发展的作物之一。

（二）产业发展面临的主要问题及其技术需求

1. 小麦产业

北京市种植结构调整中，小麦作为高耗水作物首当其冲大面积进行调减，小麦生产面临着面积减少和技术、优质优价等诸多问题。一是面积大幅减少，2016年北京市小麦面积较2013年减少54.4万亩，减少幅度达68.9％。二是技术方面仍不适应节水、节肥、节药和轻简栽培的发展要求，表现在一家一户分散种植户对圆形喷灌机等大型节水灌溉机械没法安装，喷灌水肥一体化等技术没法到田到户，肥水管理难免仍以传统方式为主，存在肥水资源浪费的情况；另外由于小麦成本逐年提高，比较效益低，农户对复合药剂、缓释肥料等轻简施肥、施药技术不重视，轻简栽培技术难以大面积推广应用。另外，中后期"一喷三防"是一种行之有效的节药技术，多年来在北京市获得了较好的推广，相关物资主要依靠政府补贴，但是补贴未形成长效机制，补贴产品随项目变化而波动较大。三是从市民需求角度看，北京市小麦生产仍以普通小麦为主，市民需要的优质中强筋小麦基本靠外省市调进或国外进口加工满足。四是随着市民对营养功能型食品的需求加大，籽粒、蓝粒、富硒等特色营养小麦需求也会增加，小麦育种与生产面临着新的挑战。

2. 玉米产业

随着粮食供给侧结构性改革和北京农业生产结构调整，北京乃至全国的玉米产业均面临价格持续下行、生产成本不断上涨、天花板和地板的双重挤压等挑战。北京作为籽粒玉米的非优势产区，随着畜牧业中心陆续外迁，京郊生产者从种植籽粒玉米中获得增收较困难；从消费趋势看，北京玉米产业要完成从传统籽粒型饲用玉米向鲜食食用玉米的转变。但转型中针对鲜食玉米特点，面临的主要问题包括：一是高端品种匮乏，急需高端鲜食玉米品种的选育和筛选；二是种植技术粗放，需改良和优化配套栽培技术；三是水肥利用率低，需开发水肥一体化技术；四是病虫草害频发，需加快高效低毒植保药剂药械的筛选，在玉米病虫害植保方面，多年来主要依靠政府补贴的方式，发放赤眼蜂等生防产品，这一手段在取得良好防治效果的同时，较好地保护了生态环境与农产品安全，但因补贴未形成长效机制，补贴产品随项目而变化较大，仅靠自发局部释放赤眼蜂，防治效果大打折扣；五是人工成本过高，需提高机械化作业程度；六是鲜食产品销售风险较大，需加快疏通产品加工及销售渠道。

3. 甘薯产业

制约甘薯产量、质量和商品率提升的瓶颈，是甘薯的种苗质量以及根腐病的危害。提升甘薯种苗质量，有效防治并降低根腐病等带来的不利影响，是技术上促进甘薯产业发展的关键。因而，甘薯产业需要解决的主要问题，一是在技术研发上，重点建立甘薯种薯组培繁育与扩繁技术体系；二是在技术示范与推广上，基于现有工作基础，继续以密云区车道峪甘薯标准化集约育苗示范基地为依托，扩大试验示范区域，力争提升脱毒甘薯种苗优质高效繁育技术在京津冀的影响力；三是在栽培技术上，完善鲜食甘薯优质抗逆高效技术体系，包括优选适宜机械化种植的特色品种、研发示范滴灌施肥等水肥一体化技术和推进甘薯农艺与农机相结合技术等；四是与"密农人家"等农产品互联网销售企业合作，建立新型销售示范点2～3个。围绕鲜食甘薯等特色粮经产品，构建"客户需求引领—企业精准销售—农户订单生产—推广全程服务"的生产、加工和销售服务链条，依托互联网实现优质优价和绿色生态农业发展。

（三）支持产业发展的政策建议

1. 从耕作制度上推进轮作休耕制度试点

在北京大幅压缩耗水作物小麦种植面积的过程中，优选替代小麦的作物，是北京农业供给侧结构调整需面对的任务之一。

根据北京种植业生产空间压缩、倡导绿色农业和休闲农业发展的战略方向，结合现行的财政部、农业部、北京市农村工作委员会、北京市财政局、北京市农业局关于农业支持保护补贴政策改革的相关指导意见，建议在缩减的小麦种植面积上，以政策支持导向为依托，适当发展籽种田、生态景观田或绿肥作物；针对种植意愿不强的生产者，也可以适当鼓励其采取休耕等保护地力的措施。

但在选择其他替代小麦的作物时要注意以下几点：一是要选择在北京能安全越冬，冬春绿色覆盖效果好的作物；二是要考虑引进作物与北京现有种植作物的茬口衔接问题，没法合理进行茬口衔接的作物没有推广价值；三是要考虑农机农艺配套的问题，有些绿肥作物种子很小，现有小麦播种机在播深、播量上很难控制，影响播种出苗和后续绿色覆盖效果；四是要综合考虑成本投入与生态覆盖的有机统一，现有的小麦作为冬春覆盖作物，具有成本低、易种植、抗逆性强、农机农艺配套等特点，可直接由生产改为不收籽粒的生态覆盖种植，而绿肥作物种子普遍贵于小麦，成本较高，引进种植时要酌情考虑。

2. 从种业发展角度，建议对甘薯脱毒种苗进行资金补贴

建议对甘薯实施种薯（苗）质量提升工程。重点支持甘薯三级扩繁生产技术体系建设。扶持工厂化育苗企业发展和甘薯脱毒茎尖苗和种薯扩繁生产基地建设，形成脱毒甘薯标准化高效繁育"原原种—原种—良种"的三级扩繁生产技术体系。

推广普及健康甘薯种苗，降低农民购买成本，建议运用公共财力在原种种薯、种苗繁育环节为本市甘薯育苗户提供脱毒甘薯原原种种苗、原种种薯补贴，从而提高脱毒种苗（薯）质量，稳定北京市甘薯的种植面积，并最终带动京津冀400万亩甘薯产业的健康发展。

补贴可针对典型村（基地或合作社），由政府全部承担原原种种苗和原种种薯费用，即原原种种苗补贴金额为1元/株，原种种薯的补贴金额为5.6元/千克。另一种补贴方式为将脱毒种苗（薯）补贴到与现有普通种苗（薯）价格一样，即原原种种苗补贴金额为0.8元/株（普通种苗平均0.2元/株），原种种薯的补贴金额为2.6元/千克（普通种薯平均3元/千克）。

3. 从绿色发展视角，建议对环境友好技术建立长效补贴机制

①植物保护方面：从农药减量、生态安全角度出发，形成生态补贴政策长效机制，推广绿色防控技术，补贴赤眼蜂、高效低毒低残留化学农药等产品，确保防治效果。

②推进专业化统防统治，在充分利用现有的专业化防治组织的基础上，提高服务组织能力建设；对专业化统防统治进行补贴，并探索政府购买专业化植保服务的可能性和有效模式。

③加大甘薯水肥一体化技术与资金投入，特别是在相对贫瘠或山区坡地区域，实施轮作或每年部分轮作制度。鼓励种植抗旱、耐贫瘠作物甘薯、谷子等优质品种，在单位种植面积不小于5亩的基础上，补贴种子、种苗等良种物资。

④鲜食玉米从耕作角度鼓励节水，鼓励膜下灌溉和M沟、V字沟等种植灌溉方式的推广。

⑤探索对秸秆综合利用和深松等环境友好技术的补偿机制，同时，根据农业部残膜回收有关政策，借鉴其他省市经验并结合北京实际，从地膜使用和残膜回收两方面制定相应补贴政策，鼓励高厚度高强度地膜使用，方便机械化回收，并实施"旧膜换新膜"等相关鼓励政策。

第十章 北京市西甜瓜产业发展报告

　　西甜瓜产业作为北京市特色农业产业，以其特有的生物、生态、经济和社会属性成为北京都市型现代农业的重要组成部分。北京市西甜瓜产业的发展对推进农村三次产业融合发展、都市型现代农业升级换代、构建现代农业经营体系、促进农业信息化建设、引领京津冀现代农业一体化协调发展以及科技示范等方面，均起着重要作用。

　　随着北京农业供给侧结构性改革的深入推进，农业"调转节"步伐加快，2016年北京市西甜瓜产业平稳发展。种植面积稳中有降，区域分布略有微调，品种不断适应都市消费需求，先进适用型技术研发推广面积有所增加，品牌建设意识不断增长，流通市场变化不大，消费需求多样，有向中高端发展趋势。本部分从2016年北京市西甜瓜产业发展现状、西甜瓜产业技术体系北京市创新团队在产业发展中的支撑作用、产业发展中存在的问题和对策建议几个方面进行了描述和分析。

一、西甜瓜产业发展状况

（一）生产情况

1. 基本情况

（1）生产结构

　　北京市西甜瓜生产主要以设施栽培为主，设施包括温室、大棚、中小棚。设施栽培的优点是上市早、品质好、受环境影响相对较小；缺点是费工、对劳动力身体健康状况有害。露地栽培省工、成本低、产量高、集中上市；缺点是受环境影响大、上市晚、效益低、种植风险大。大棚作为主要的种植设施，2016年播种面积占西甜瓜总播种面积的63%，主要种植两个茬口包括春季提早栽培和秋季延后栽培；2016年中小拱棚和露地种植面积1.7万亩，其种植面积占西甜瓜总播种面积的25%，而温室种植面积较少，仅占北京市总种植面积的12%。

（2）品种结构

　　北京市西瓜产业结构主要包括中果型西瓜（5千克）和小果型西瓜（2.5千克以下）两类，分别占生产总量的85%和15%。中果型西瓜主要栽培品种主要包括"京欣系列""华欣系列""北农天骄"等。其他中果型西瓜还有"丽嘉""冬喜"、杂牌"京欣"等，但所占份额相对较少。小果型西瓜栽培在北京远超于全国平均水平，品种上主要包括："超越梦想""L600""京颖""京秀"等。北京市主要西瓜产区品种分布情况如表10-1所示。

表 10-1 北京市主要产区西瓜品种及优缺点

地区	品种	优　　点	缺　　点
大兴	京欣	早熟、甜度高、口感好、皮薄、产量高	裂瓜
	华欣	甜度高、产量高、外观好	口感差、晚熟、裂瓜
	超越梦想	外观好、糖度高、抗裂、挂果期长、市场认可	畸形
	L600	甜度很高、市场认可	产量低
	京颖	外观好	产量低
	先锋	挂果期长、抗裂、抗水脱	品质较差
	北农天骄	抗裂、果型好、产量高	晚熟
顺义	京欣	早熟、甜度高、口感好、皮薄、产量高	裂瓜
	华欣	甜度高、产量高、外观好	口感差、晚熟、裂瓜
	极品双冠	抗裂、果型好、口感好、早熟	裂瓜
	新秀	早熟、瓜形好	不耐储运
	冬禧	瓜形好、坐瓜好	晚熟、肉不红
	早春红玉	口感好、早熟	易倒瓤、易裂瓜
	京颖	外观好	产量低
延庆	超越梦想	外观好、糖度高、抗裂、挂果期长、市场认可	畸形
	京颖	外观好	产量低
	新秀	早熟、瓜形好	不耐储运
	麒麟	早熟、质优	产量低
	早顺红玉	口感好、早熟	易倒瓤、易裂瓜

数据来源：2016 年调研数据。

　　北京市甜瓜产业结构主要包括薄皮甜瓜和厚皮甜瓜两类。厚皮甜瓜占总供应量的 91%，品种主要有："一特白""久红瑞""伊丽莎白""天蜜"等。薄皮甜瓜品种主要有："京蜜 11 号""绿宝""竹叶青""京玉"系列等。北京市主要甜瓜品种情况如表 10-2 所示。

表 10-2 北京市主要甜瓜品种及优缺点

品种	优　　点	缺　　点
竹叶青	不熟可食、销量好、上市早	不耐储运、产量低
京蜜	产量高、口感好、销路好	成熟期长
久红瑞	外观好	销路差、口感一般
绿宝	产量高、口感好	成熟期长

数据来源：2016 年调研数据。

（3）地区结构

　　北京市西甜瓜种植区域以大兴区和顺义区为主，主要分布在大兴区（庞各庄、魏善庄、榆垡）及顺义区（李桥、李遂、杨镇、北务）等 8 个乡镇，形成了两个重要的西甜瓜产业带，占总生产面积的 85%。此外，通州、房山、平谷和延庆等区也有小面积生产种植，密云、昌平、顺义、大兴等区的农业观光采摘园区也有部分种植。根据北京市农业局统计，大兴区西瓜播种面积占北京市西瓜播种面积的 50% 左右，西瓜产量占北京市西瓜总产量的 60% 左右，是北京市西瓜种植主产地。

北京各区的种植特色各有不同，其中，大兴西瓜种植品种多样，上市时间以 5 至 6 月和 9 至 10 月为主；顺义以种植中型西瓜、小型西瓜和甜瓜为主；昌平区则以种植"麒麟"为主的中型瓜居多；延庆区可以实现长季节栽培。

（4）从业人口结构

据统计，2016 年，北京市西甜瓜生产的从业人员有 2.7 万人，生产经营单位以农户为主，占总生产面积的 70% 左右；合作社约占 20%；园区、公司及大户生产占 10%。户均种植西甜瓜面积为 4.95 亩，其中种植面积 4.95 亩及以下农户占 63%，4.95~10.05 亩的农户占 31%，10.05~50.1 亩及 50.1 亩以上的农户分别占 4% 和 2%。大兴和顺义经营西甜瓜的合作社 109 家，生产面积 2.4 万亩；园区 23 家，面积 1.2 万亩。如图 10-1、图 10-2 所示。

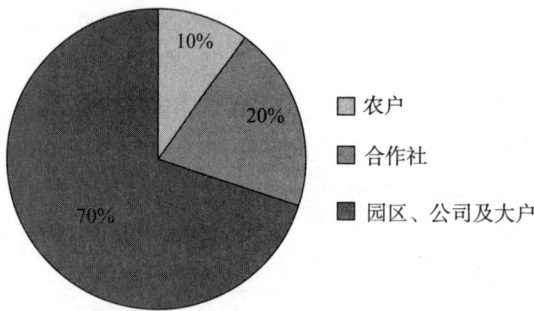

图 10-1 北京市西甜瓜生产主体分布
数据来源：2016 年调研数据。

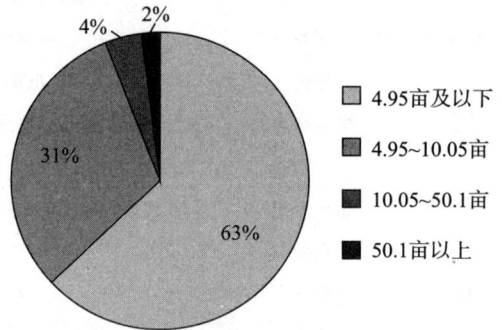

图 10-2 北京市西甜瓜农户种植面积分布
数据来源：2016 年调研数据。

（5）技术结构

①"三节"技术。近些年"三节"技术逐渐成为国内研究环境问题的重点。现如今，在我国"三节"技术发展研究中，农业节水灌溉技术主要以微灌、喷灌、膜下滴灌技术为主，实施范围较广、应用较为广泛、适用性较强；农业节肥技术主要以测土配方平衡施肥、膜下微喷水肥一体化技术为主；农业节药技术主要包括种子处理等直接节药技术和蜜蜂授粉等间接节药技术。

北京市西甜瓜创新团队 2016 年围绕"调、转、节"的指示精神，针对北京地区的西甜瓜产业现状及特点，以"构建生态节水技术体系，减少水、肥、药用量"和"构建高品质、高商品率技术体系，促进优质优价"两条核心主线进行西瓜产业的"三节"技术应用与推广。目前在北京西瓜的生产环节中，不同生产主体节水方面所应用的技术有膜下微喷、沟灌（膜上、膜下区分）、滴灌等节水技术。所应用与推广的节肥技术主要以水肥一体化技术为主。通过节水节肥技术的应用与推广，可以节省西瓜种植过程中的成本，从而达到提质增效的作用。在北京市西瓜生产环节中所应用与推广的节药技术分为直接技术和间接技术。直接技术是指种子处理相关节药技术，间接技术包括蜜蜂授粉、天窗放顶风、"二层幕"提温等相关节药技术，通过这些间接技术降低了病虫害发病率，减少了化学农药的使用，从而达到了西瓜产业的节药效果。

根据 2016 年北京市大兴区综合试验站节水情况汇总显示，大兴综合试验站建立了以留民庄村田间学校工作站为基点，示范面积 260 余亩的微喷灌溉示范田。通过微喷灌溉技术的推广，解决了滴灌浇水慢和易堵管的问题。同时，示范点改进了管道铺设方法，使微喷灌溉存在的不易施肥和灌溉不均的问题得以解决。目前，示范点使用微喷灌溉技术的春茬西瓜大部分已成熟，全生育期可节约灌水 40% 左右，获得了良好的示范效果。根据 2015 年上半年北京市顺义区综合试验站节水情况汇总显示，以杨镇松各庄村为主示范微喷灌溉面积 100 余亩。并对微喷用水量进行试验，以薄皮甜瓜作物为主，春季大棚生产共灌溉 5 次，总灌溉时间 7.5 小时，用水 145 吨，产量 3 500 千克/亩。

②栽培模式。小型西瓜有吊蔓和地爬两种栽培形势。地爬栽培一边 3~4 蔓整枝、栽培密度 700 株左右，亩产量 3 000 千克，但品质相对较差，目前面积不断减少，约 6 000 亩；吊蔓栽培传统上三蔓整枝坐两瓜，亩产量 3 500 千克，品质较好，但商品率不高，一般在 60% 左右；近几年推广的春大棚小型西瓜吊蔓高密度抢早栽培技术，将小西瓜的两条蔓在同 1 根绳上，选择主蔓结瓜、侧蔓供养整枝方式，增加单位面积叶片面积，从而增加光合效率，达到提高产量和品质的目的，通过与常规三蔓整枝吊蔓栽培模式比较，采用高密度种植模式平均亩产量为 4 250 千克、商品率（1.5~1.8 千克）达到 98%、亩产值 16 600 元，较常规种植模式分别高出 20.4%、13% 和 38.3%。2016 年推广到 4 500 亩。

中果型西瓜采用地爬栽培，一般三蔓整枝坐单瓜。在此基础上，"大行距、小株距"中果型西瓜简约化栽培技术快速发展。"大株距、小行距"即将中型西瓜栽培行距提高到 2.5 米左右，株距缩短为 45 厘米左右，种植 4 行，在棚内离棚边缘 1/4 的两侧地方座果，具有省工、瓜商品性一致等优势。大行距可以放任植株生长，无需经常往回"领秧"，且"打杈""疏果"方便；少畦种植可减少作畦耗工，达到省工和简约化栽培的目的。通过对比常规栽培模式发现，采用"大行距、小株距"栽培模式平均亩产量为 5 140 千克、商品率（7.5~8.5 千克）达到 94%、亩产值 14 450 元，较常规种植模式分别高出 9.6%、5% 和 15.4%。2016 年已经达到 6 000 亩，占中果型西瓜栽培面积 15%。

（6）本地生产情况

根据统计，2016 年北京市西瓜生产面积为 6.5 万亩，西瓜产量约 19.89 万吨，亩产量稳定在 3 060.94 千克/亩。北京市甜瓜播种面积为 0.3 万亩，总产量 0.7 万吨，每亩产量 2 482.3 千克（表 10-3）。

表 10-3　2016 年北京市大兴、顺义、延庆西瓜播种面积、单产、总产量

地区	总面积（亩）	亩产量（千克/亩）	总产量（吨）
大兴	32 025.4	4 000	128 101.6
顺义	22 710	3 942.85	89 522.8
延庆	248.6	3 884.4	965.56

大兴、顺义、延庆的西瓜生产面积分别为：32 025.4 亩，22 710 亩，248.6 亩。大兴的亩产量中型果 3 000~4 000 千克/亩，小型果 2 000~3 500 千克/亩；产量 128 101.6 吨。顺义地区的西瓜亩产量 3 942.85 千克/亩；其西瓜年均产量为 89 522.8 吨。延庆地区的西瓜亩产量 3 884.4 千克/亩，其西瓜产量为 965.56 吨。三个地区的亩产量均远高于全国平均水平（2 380.9 千克/亩），处于全国前列。2016 年北京市大兴、顺义、延庆西瓜播种面积、单产、

总产量见表 10-4。

表 10-4　2016 年北京市大兴、顺义、延庆甜瓜播种面积、单产、总产量

地区	总面积（亩）	亩产量（千克/亩）	总产量（吨）
大兴	456.8	2 000（薄）3 500（厚）	913.6（薄）1 598.8（厚）
顺义	1910	2 314.25	4 419.74
延庆	31.2	3 650	113.88

数据来源：2016 年调研数据。

所调查瓜农中，大兴地区家庭总收入为 78 000 元，西甜瓜收入所占的比重为 60.1％。顺义家庭总收入为 15 万元，平均西瓜收入为 53 550 元，占总收入的是 36％；而甜瓜平均收入为 4.75 万元，占 32％。在延庆地区，陈家营大户李杰峰家庭总收入为 105 万元，其中西瓜所占的比重为 60％；沈家营齐文彤家庭总收入为 80 万元，西瓜收入所占比重为 100％；西五里营齐志兴家庭总收入为 67 万元，西瓜收入所占的比重为 100％；西红寺家庭总收入为 5 万元（全村 20 户瓜农平均值），其中西瓜收入所占比重为 62％。

2. 生态环境

2016 年北京市下了大暴雨、冰雹，西瓜受灾地区达 154 826 亩，损失达 31 729 万元。其中延庆发生的自然灾害是雨灾，其主要发生地是西五里营和沈家营，灾害损失达 29 万元。顺义地区无自然灾害。大兴发生了冰雹自然灾害，西瓜受灾面积 154 800 亩，损失达 31 700 万元，其中西瓜受灾面积 12 400 亩，损失达 4 960 万元。自然灾害发生情况如表 10-5、表 10-6 所示。

表 10-5　2016 年延庆自然灾害的发生情况

自然灾害名称	雨灾（西五里营，沈家营）
自然灾害的发生次数（次）	2
自然灾害的发生面积（亩）	6 个棚（西五里营）20 亩（沈家营）
自然灾害损失（万元）	9（西五里营）20（沈家营）
补救措施	保险公司赔偿（沈家营）

数据来源：西甜瓜工作站。

表 10-6　2016 年大兴自然灾害的发生情况

自然灾害名称	冰雹
自然灾害的发生次数（次）	1
自然灾害的发生面积（亩）	154 800
自然灾害损失（万元）	31 700
补救措施	及时拔秧改种，受灾轻的地块要及时清理残枝残果，合理整枝促生新蔓，并适当追肥促进生长。

数据来源：西甜瓜工作站。

3. 安全情况

（1）病虫害发生情况

在西瓜育苗、嫁接、定植、生长、发育、成熟等不同阶段均会发生多种重要的病害，这些重要的病害大体上可以分为三大类：种传病害、土传病害和气传病害。有些种传病害也可以通过土传或气传，有些土传病害也可以通过种传或气传，但大多数气传病害不能通过种传或土传。北京地区西瓜、甜瓜主产区棚室复种指数高，轮茬已出现困难，致使连作西瓜、甜瓜的枯萎病、菌核病和根腐病等土传病害发病较重。针对不同类型的病害所采用的防治方法或措施存在一定的差异。因此，合适的种子处理技术可以有效地防治种传病害，兼治部分土传或气传病害。提前或及时的土壤处理可以高效地控制土传病害、抑制部分种传病害继续扩展、降低气传病害的初侵染菌量，迅速地采用叶面或地上部喷雾可以全面预防气传病害进一步大范围地传播和蔓延。

北京地区西甜瓜上的主要害虫以蚜虫、蓟马和红蜘蛛为主。蚜虫最先发生，一般在3月底进入始发期、4月中下旬进入盛发期并持续到5月上中旬、5月下旬进入衰退期；随着温度升高很快蓟马开始发生危害，蓟马一般在5月上旬进入始发期、5月中下旬进入盛发期持续到6月初、进入6月后蓟马进入衰退期，蓟马主要在花内为害，其他部位如叶片上则很少发现蓟马，需在此时期内开始及时防治，防治重点部位是花；叶螨一般在5月上中旬进入始发期、5月中下旬叶螨数量持续增长，直至监测到6月中旬叶螨数量还在增加，借鉴设施蔬菜上的经验，一般随着棚室高温，叶螨会持续到7月西瓜采收结束。由于北京地区在虫害防治时长期使用吡虫啉、啶虫脒等烟碱类杀虫剂，研究发现，蓟马已经对这类杀虫剂产生抗药性，甚至是对生物药剂——乙基多杀菌素已经产生了2 000～3 000倍的抗药性。出现了农药用量增加及滥用现象，农药残留超标严重危害人类健康和生态环境安全。

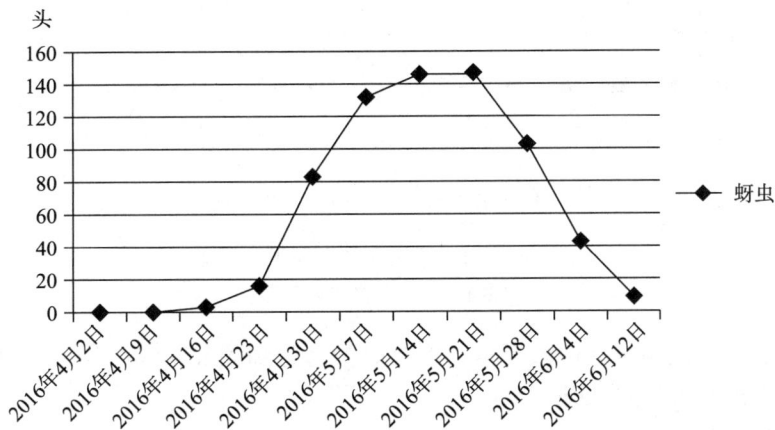

图10-3　蚜虫田间种群动态发生规律

数据来源：2016年调研数据。

（2）三品一标

目前，各园区和企业获得"三品"的数据尚未有具体统计。其中京津1、2、3号和航兴1号四个品种获得"大兴西瓜"地理标志产品保护。全区无公害蔬菜生产面积1.5万亩，绿色食品蔬菜生产面积4 020亩，有机蔬菜生产面积2 163亩。延庆区广积屯茂源广发基地与永宁镇南山健源基地现分别拥有无公害农产品和有机食品认证；沈家营及西五里营基地正在

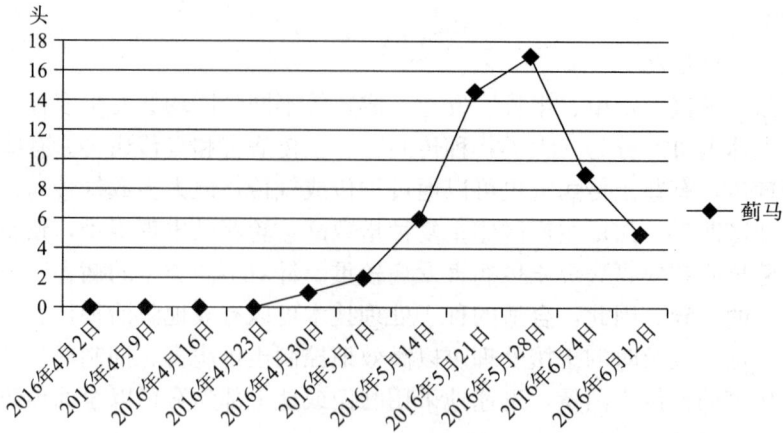

图 10-4　西瓜蓟马田间种群动态规律

数据来源：2016 年调研数据。

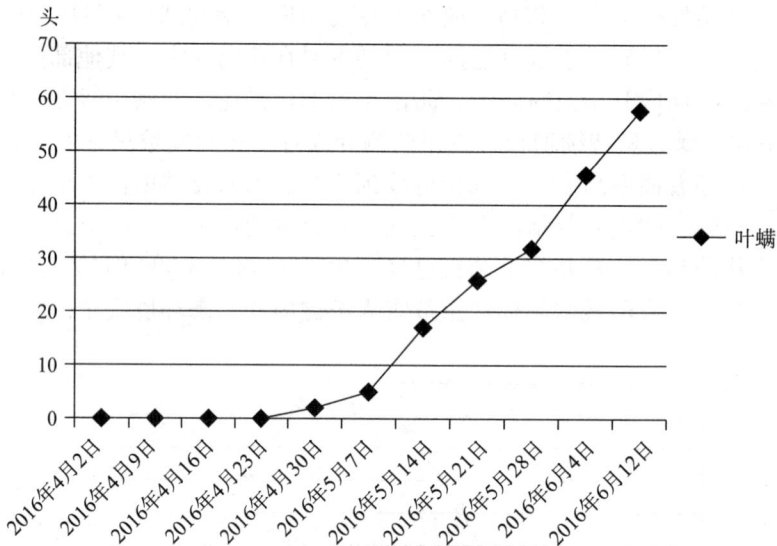

图 10-5　叶螨田间种群动态发生规律

数据来源：2016 年调研数据。

申请无公害认证；其他调研基地截至本书撰写时没有得到无公害农产品、绿色食品、有机食品、农产品地理标志等相关认证。

（3）标准化程度

延庆区市级以上标准化蔬菜生产基地面积 10 400 亩。延庆区西甜瓜种植各基地标准化程度参差不齐。2016 年延庆西甜瓜种植方式主要以地爬式长季节和吊蔓式栽培两种为主。沈家营以及西五里营 320 亩均采用地爬式长季节栽培模式，在北京市西甜瓜创新团队多年扶持下，基本上采用标准化操作；其他基地均采用吊蔓栽培，广积屯的标准化程度已经达到了90%，西红寺村的全村育苗户统一购买西瓜种子、砧木，统一进行药剂包衣处理，统一育苗并且已经对全村西瓜茬口进行了统一，而其他基地由于刚接触该产业，技术水平及标准化程度较低。

（4）品牌建设情况

北京市西甜瓜产业在都市型现代农业发展的大背景下，品牌意识逐年增强，品牌建设良性发展。2007 年 3 月 7 日，质检总局公告批准了"大兴西瓜"（京欣一号、京欣二号、京欣三号、航兴一号）实施地理标志产品保护。在地理标志的带动下，龙头企业、种植大户和合作社以及瓜农开始着重打造西甜瓜品牌。目前，北京大兴区已经注册的西瓜商标有 10 多个，"京庞""乐平""宋宝森""九元""巴特农""永定河"等一批西瓜品牌逐渐呈现在消费者眼前。顺义区蔬菜瓜类农业品牌有 30 余家，其中有北京市著名商标 2 个（北务镇种植业联合会的"绿中名"商标与大孙各庄镇北京绿奥蔬菜合作社的"绿奥"商标）。延庆区西甜瓜品牌建设相对滞后，广积屯茂源广发基地与永宁镇南山健源基地现分别拥有无公害农产品和有机食品认证，拥有自己独立商标，但相对于西甜瓜产品品牌建设还未产生社会影响；沈家营和西五里西甜瓜产品在市场中备受欢迎，但刚刚申请自己的商标，独立品牌在建设中；西红寺村西瓜种植历史悠久，在全区及北京市较有名，销路不成问题，但种植户较多，西瓜品质相互差异较大，组织较为涣散，该村西瓜至今没有注册商标。

（二）流通情况

1. 批发商情况

总体来看，北京市旺季批发商西瓜来源主要以当地农户和外地供应商为主，分别占 56.9％和 35.6％，当地瓜贩子和合作社的比例很低。各大批发市场西瓜来源占比情况如表 10-7 所示。

表 10-7　批发市场西瓜来源占比情况

单位：%

单位	西瓜来源占比			
	当地农户	当地瓜贩子	合作社	外地供货商
岳各庄	10.0	30.0	0.0	60.0
新发地	31.4	0.0	0.0	68.6
水屯	96.0	0.0	0.0	4.0
石门	96.7	0.0	0.0	3.3
锦绣大地	54.3	14.4	0.0	31.3
大洋路	56.7	8.3	0.0	35.0
八里桥	52.9	0.0	0.0	47.1
合计	56.9	7.5	0.0	35.6

数据来源：2016 年调研数据。

批发商销售对象多以超市、零售商和商贩为主，也有少量的饭店和机关事业单位与批发市场合作，所占比例如图 10-6 所示。

2. 零售商情况

这次调研中，涉及零售商有效问卷 90 份，其中便利店 30 份，超市 23 份，农贸市场 37 份。

据调查数据显示，此次调查中经营年限为 0～5 年区间的所占比例将近一半，为 49％，经营年限为 11～30 区间的占比为 31％，其余经营年限为 6～10，具体情况如图 10-7 所示。

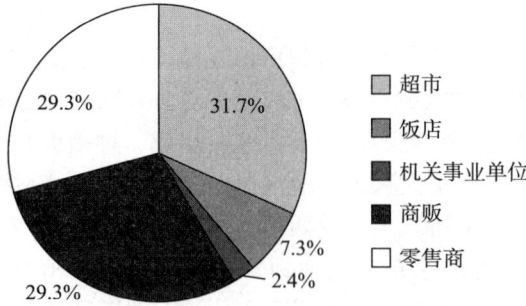

图 10-6　批发商销售对象情况

数据来源：2016 年调研数据。

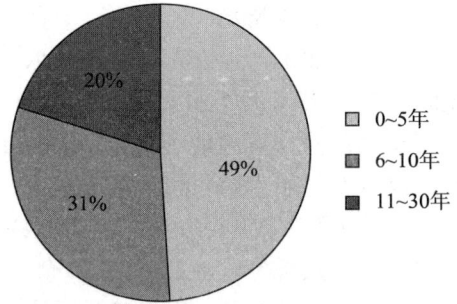

图 10-7　零售商经营年限

数据来源：2016 年调研数据。

在所调查的零售商中，便利店经营年限在区间 0～5 年为主，所占比例为 53%，同样，超市经营年限在 0～5 区间占比达 61%。而农贸市场则经营年限在 11～30 年居多，占 46%，具体数据分布如表 10-8 所示。

表 10-8　零售商经营年限分布

经营年限（年）	0～5	6～10	11～30	总计
便利店	16	6	8	30
所占比例（%）	53	20	27	100
超市	14	6	3	23
所占比例（%）	61	26	13	100
农贸市场	14	6	17	37
所占比例（%）	38	16	46	100

数据来源：2016 年调研数据。

3. 流通方式

批发商采购西瓜主要以自营物流为主，批发商销售西瓜主要以对方物流为主，瓜流通主体普遍规模较小，专业化的第三方物流发展滞后，物流方式单一，商贸物流基础设施落后，配送能力不强，且缺乏统一规划和布局。批发商采购及销售环节的物流方式使用占比如图 10-8、图 10-9 所示。

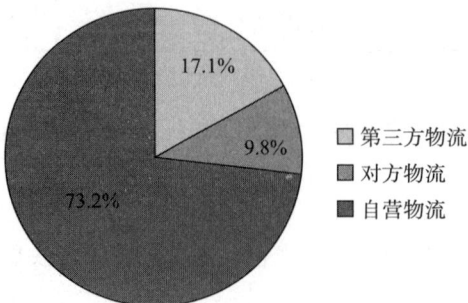

图 10-8　批发商采购物流方式

数据来源：2016 年调研数据。

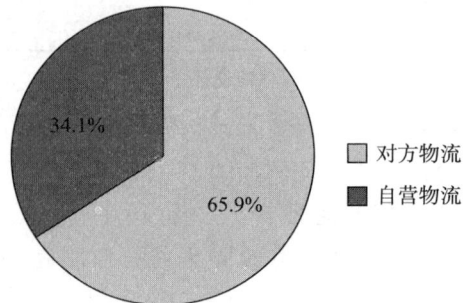

图 10-9　批发商销售物流方式

数据来源：2016 年调研数据。

各大批发市场的合作方式分为口头协议、年度订单、实时交易、一年以上合同。调研发现，合作方式仍以传统的市场交易为主，这样的情况下整个供应链管理的效果处于低水平状态。但由于流通参与主体各自为政，只顾自己眼前的利益，不惜损害上下游合作伙伴的利益，使得流通主体之间的信任度较低，各主体的合作关系较为松散。批发商合作方式情况如图 10-10 所示。

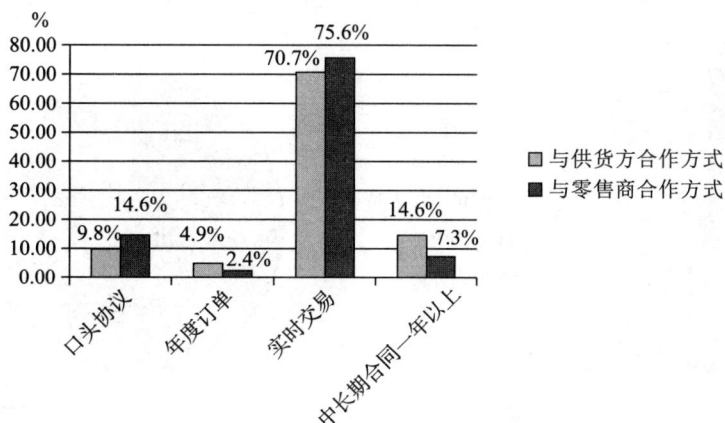

图 10-10 批发商合作方式
数据来源：2016 年调研数据。

被调研超市的三种物流方式占比比较平均，对方运输占 39.1%，自行运输占 34.8%，第三方物流占 26.1%，如图 10-11 所示。

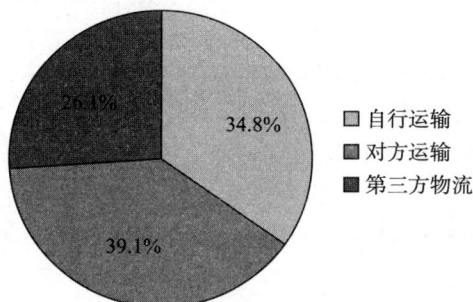

图 10-11 物流方式
数据来源：2016 年调研数据。

4. 流通品种

被调查农贸市场商贩所销售的品种中，本地品种主要包括京欣、麒麟、梦想及 L600 等，华北地区西瓜品种主要有京欣和红玉，西北地区以硒砂瓜为主，东北地区以京欣为主，西南地区主要有麒麟、黑美人等品种。各地区西瓜销售价格如表 10-9 所示。

表 10-9 农贸市场主要品种、进价、售价

主要品种	本地	华北地区	西北地区	东北地区	西南地区
	京欣、麒麟、梦想	京欣、红玉	硒砂	京欣	麒麟、黑美人
平均进价（元）	2.7	2.5	2.5	1.8	5.4
平均售价（元）	4.0	3.7	3.4	2.6	7.4

数据来源：2016 年调研数据。

在供货商选择环节上，以批发市场和专门市场工作人员为主，各占 43.5%，另外通过电话联系供货商这种方式占 8.7%，熟人介绍最少，占 4.3%。被调研超市西瓜的来源，63.1% 来自于批发商，来源于合作社的有 31.7%，另外 5.2% 直接来自于种植户，如图 10-12、图 10-13 所示。

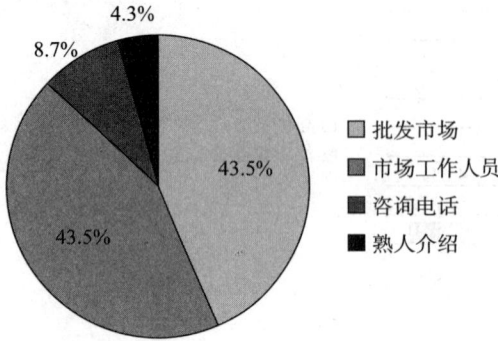

图 10-12　货商选择

数据来源：2016 年调研数据。

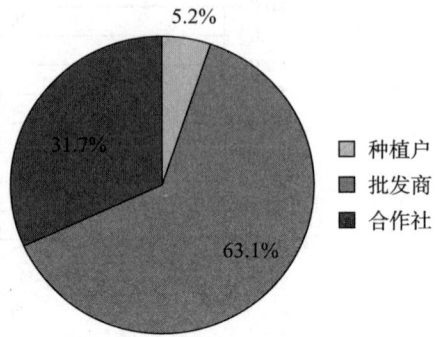

图 10-13　西瓜来源

数据来源：2016 年调研数据。

（三）新型农业经营发展情况

1. 新型农业经营主体发展现状

（1）合作社

根据对大兴区和顺义区 44 家（其中大兴区 28 家、顺义区 16 家）合作社的调查统计，主营项目中 54.55% 的合作社选择果、蔬共同经营，根据一般的种植习惯，春、夏季种植瓜果类，秋、冬季种植蔬菜；45.45% 的合作社主营西甜瓜，其中，由于西瓜受种植周期与成熟季节的限制，专营西瓜的合作社只占 18.18%（图 10-14）。

根据调研表明，2016 年总种植面积为 10 750 亩，同比减少 1.38%。其中生产基地面积为 5 400 亩，占 50.23%，生产基地面积同比减少 0.74%。2016 年单个合作社的平均种植面积为 977.27 亩，平均生产基地面积为 490.91 亩（表 10-10）。

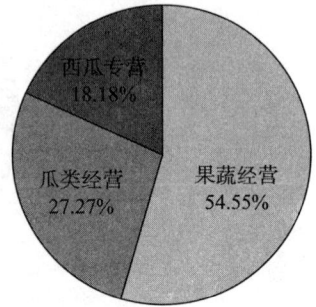

图 10-14　合作社主营项目分布

数据来源：2016 年调研数据。

表 10-10　合作社种植面积情况

单位：亩

	总种植面积	总生产基地面积	社均种植面积	社均生产基地面积
2016 年	10 750	5 400	977.27	490.91
2015 年	10 900	5 440	990.91	494.55
同比增减额	−150	−40	−13.64	−3.64
同比增减%	−1.38%	−0.74%	−1.38%	−0.74%

数据来源：2016 年调研数据。

根据对北京市西瓜合作社种植品种的情况统计，主要栽培的品种包括 L600、超级梦想、京颖、京欣系列、先锋、2K、863、777、888 等。其中，合作社主要以种植小型西瓜为主，种植品种多为 L600、超级梦想、京颖，分别占总合作社数的 72.73%，63.64%，36.36%（图 10-15）。

根据对合作社提供服务环节的情况统计，所有调查的合作社对所属社员都在生产环节提供技术支持，有 81.80% 的合作社对所属社员在销售环节提供销售渠道的帮助，72.70% 的合作社对所属社员在生产环节提供生产资料的采购帮助，63.60% 合作社对所属社员在西瓜生产全过程中提供组织参观学习与培训的机会。其中，有 54.55% 的合作社对所属社员

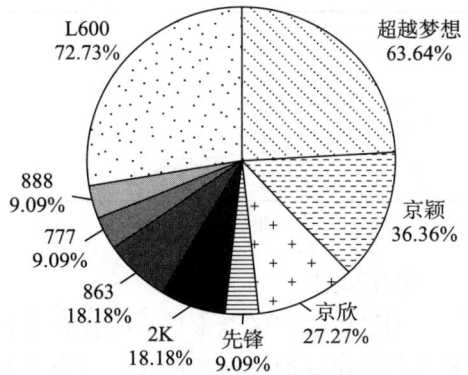

图 10-15　合作社西瓜种植品种分布
数据来源：2016 年调研数据。

提供生产资料采购、生产技术支持、销售渠道以及组织参观学习与培训四项综合服务；18.18% 的合作社对所属社员只提供生产技术的支持（表 10-11）。

表 10-11　合作社提供服务环节

	频率	百分比（%）
生产资料采购	8	72.70
生产技术支持	11	100.00
销售渠道	9	81.80
组织参观学习与培训	7	63.60

数据来源：2016 年调研数据。

根据对合作社与社员联系紧密程度的情况统计，合作社与社员联系相对紧密，非常紧密程度占 63.64%，不紧密程度为 0，说明合作社密切联系所属社员，尽到了合作社应有的责任与义务（表 10-12）。

表 10-12　合作社与社员联系紧密程度

	频率	百分比（%）
比较紧密	4	36.36
非常紧密	7	63.64
不紧密	0	0

数据来源：2016 年调研数据。

根据对合作社希望得到政府及社会支持的情况统计，90.91% 的合作社希望得到政府及社会的资金支持，有 63.64% 的合作社希望得到政府及社会的政策支持，有 54.55% 的合作社希望得到政府及社会的技术支持，有 18.18% 的合作社希望得到政府及社会的舆论支持。其中，只有一个合作社希望在资金、技术、舆论、政策四方面都得到政府及社会的支持（表 10-13）。

表 10-13　合作社需得到支持的情况

	频率	百分比（%）
资金支持	10	90.91
技术支持	6	54.55
舆论支持	2	18.18
政策支持	7	63.64

数据来源：2016 年调研数据。

（2）企业

通过对大兴区老宋瓜王科技有限公司（简称老宋）、乐平集团（简称乐平）和顺义区地源遂航公司（简称地源遂航）三家企业的典型调查分析，西瓜企业除了本地的生产基地还会在农户和外埠生产基地种植西瓜，因此种植规模都比较大，老宋和乐平的种植面积分别为 2 000 亩和 3 000 亩，地源遂航由于成立时间较短，种植面积仅为 13.9 亩。三家公司销售的西瓜主要来自于本地自产，其中地源遂航和乐平达到 95% 以上，老宋除了本地自产，还会从本地农户和外埠生产基地收购西瓜。

公司销售西瓜的渠道主要是便利店和集团，其中老宋 60% 的西瓜都是销往便利店，乐平 40% 的西瓜销往集团。西瓜也会销往批发市场、超市以及通过采摘销售（表 10-14）。

表 10-14　企业销售西瓜的渠道及比例

单位：%

	批发市场	超市	便利店	电商	采摘	集团	事业单位
地源遂航	0	20	30	0	10	20	20
老宋	0	10	60	10	15	5	0
乐平	30	10	0	10	10	40	0
平均	10	13	30	7	12	22	6

数据来源：2016 年调研数据。

公司和收购商的合作方式 47% 是通过年度订单，其中乐平 80% 的销售都是通过年度订单达成；其次是通过实时交易的方式销售（占 37%）；13% 是通过签订一年以上合同销售（表 10-15）。

表 10-15　企业与收购商的合作方式及比例

单位：%

	实时交易	年度订单	一年以上合同	其他
地源遂航	100	0	0	0
老宋	0	60	40	0
乐平	10	80	0	10
平均	37	47	13	3

数据来源：2016 年调研数据。

三家公司销售的西瓜主要来自于本地，品种主要是麒麟，老宋和乐平还销售华北的超越梦想，乐平还有来自西南和东北的品种，如超越梦想、京颖等（表 10-16）。

表 10-16 企业销售的西瓜品种

	本地	华北	西南	东北
地源遂航	麒麟	无	无	无
老宋	L600，超越梦想，京颖，华欣	超越梦想	无	无
乐平	麒麟，超越梦想，京龙，8426	2K，早春红玉，超越梦想	超越梦想，L600	京颖

数据来源：2016 年调研数据。

老宋的宣传渠道最为丰富，除了互联网、电视、电台、报纸广告，还建立了公司的微信公众号。另外两家公司的宣传渠道则集中在互联网和报纸广告。西瓜经营过程中的损耗率平均在 5%，主要是在装卸环节，地源遂航的损耗率则高于 10%，大部分没有销售掉的西瓜卖给低端市场或者是作为禽畜的饲料。

（3）种植大户

通过对 122 家（顺义区 120 家，延庆 2 家）种植大户的调查，种植大户集中表现为家庭农场的新型生产主体模式，即以家庭成员为主要劳动力，从事农业规模化、集约化、商品化生产经营的新型农业经营主体。家庭农场一般家里有青壮年劳动力，素质较高，既有家庭经营优势，可以有效解决农业生产活动空间大、周期长、过程难监管等问题，也具备规模经营的优势，规模经济和规模效益都较明显。

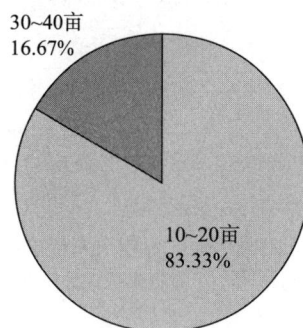

图 10-16 种植大户种植面积分布

2016 年种植大户的种植面积集中分布在 10～20 亩，占 83.33%（图 10-16），且 2016 年平均种植面积为 20.3 亩，同比减少 6.15%（表 10-17）。

表 10-17 2015—2016 年种植大户种植面积情况

	平均种植面积（亩）
2016 年	20.3
2015 年	21.7
同比增减额	-1.4
同比增减率%	-0.07

数据来源：2016 年调研数据。

6 家种植大户种植西瓜的设施全为大棚，有 2 户还采用温室种植，占 33.3%，无中小拱棚或者露地种植者（表 10-18）。

表 10-18 种植大户设施类型分布

设施类型	频数	频率（%）
温室	2	33.3
大棚	6	100.0
中小拱棚	0	0.0
露地	0	0.0

数据来源：2016 年调研数据。

在所调研的种植大户中，33.33%的设施由种植大户自己建造的，66.67%是由政府补贴建造温室、大棚等设施，平均每亩补贴为1 902.46元/亩。

种植大户销售西瓜的途径比较多样，其中瓜贩子地头收购占比最多，占46%；其次是采摘模式，占27%；其他销售途径及所占比例如图10-17所示。

西瓜种植大户全部是自己育苗，其中育苗完全自用的比例占一半，大量外销比例占16.67%，少量外销比例占33.33%（图10-18）。

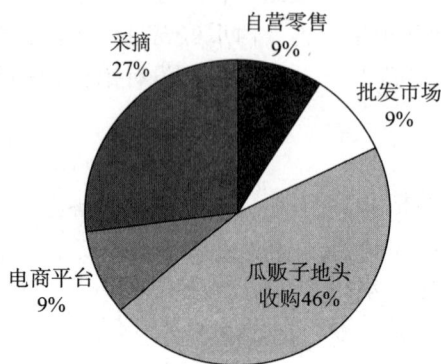

图 10-17　种植大户销售西瓜途径分布
数据来源：2016年调研数据。

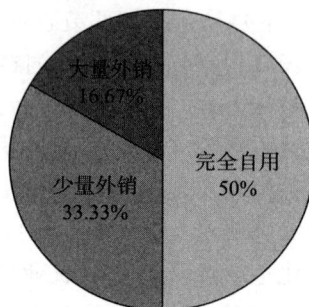

图 10-18　种植大户育苗用途分布
数据来源：2016年调研数据。

2. 新型农业经营主体经营情况

北京市经营主体主要分为家庭经营、种植大户、合作社和企业。

在北京市生产西瓜的地区，农户种植是最为常见的模式。农户模式，就是分散的农民在自有或租借的土地上自主种植西瓜，不参加任何合作社性质的组织，种植规模参差不齐，和其他三种经营模式相比规模相对较小，且经济实力较弱，科技水平达不到较高的层次，遇到问题时更多的是农户之间进行交流、探讨技术，或者根据以往的经验进行治疗，没有足够资金去咨询专业的技术人员。

家庭农场是指以家庭成员为主要劳动力，从事农业规模化、集约化、商品化生产经营的新型农业经营主体。家庭农场一般家里有青壮年劳动力，素质较高，既有家庭经营优势，可以有效解决农业生产活动空间大、周期长、过程难监管等问题，也具备规模经营的优势，规模经济和规模效益都较明显。家庭农场主要的销售渠道是地头销售和地头批发。

合作社就是将一些农户集中起来，形成一个为社员统一购买农资、为社员提供销售渠道的组织。从整体看，北京市西瓜产业的农民合作社规模偏小，竞争力较弱，比较松散，主要为社员提供信息、技术、营销等信息和服务，并不具备统一生产、统一销售的能力；很多合作社还存在财务管理不规范，经营决策不民主等问题。在北京市调查的合作社有45个，大兴28个，顺义16个，延庆1个。其主要的销售渠道为超市、集团供应，电商，会员制，零售。

企业由于资金实力相对较强，已成为社会投资现代农业的主体，总体上对促进农业生产专业化、标准化、规模化和组织化起到积极作用。西瓜产业中的企业一般都拥有自己的生产方式（瓜品种及瓜苗培育）、专门的技术服务队伍、进行西瓜收购和销售的专业队伍。企业

50 家，其中延庆 2 家，顺义 48 家。其销售渠道主要是超市、集团供应、电商采摘、批发。

（四）社会化服务情况

1. 社会化服务体系建设情况

顺义地区通过市种植业系统支持建设社会化服务体系 5 家，其中农机服务队 2 家，植保服务队 3 家。农机、植保服务队结合自身服务性质开展相关工作，其中农机服务队以本地区农民为主开展耕地、打垄等作业服务，植保服务队则开展以本村以及其他园区为主的植保服务。其中植保服务队经费等由上级部门支持。北京蔬之家农业科技发展有限公司建立了顺义区第一家西甜瓜、蔬菜植保服务队，主要解决当前部分地区西瓜线虫为害严重问题，通过专业化服务提高植保防治水平。利用财政资金为服务队配置了相关专用土壤消毒、植保喷药机械设备，组建了由专业人员成立的服务队。该服务队以土壤消毒专业服务为主，实现设施内西甜瓜、蔬菜作物根结线虫控制；开展棚室表面消毒、蔬菜病虫害喷药服务。开展专业村建设，提高大宗作物专业化生产水平。重点开展杨镇高各庄村西瓜番茄蔬菜专业村建设，支持资金 100 万元。通过专业村创建，建成了 200 亩西瓜生产示范核心区，为专业村农民成员配发了防虫网、黄板等物资，购置了适宜种植设施内应用的小型农机、开展了西瓜新技术培训，并建立了农残检测室、加工仓储库房等，初步实现了布局区域化、管理规范化、装备现代化、生产标准化、服务社会化的要求。延庆地区社会化服务体系建设在逐步完善阶段。生产过程中有北京市西甜瓜创新团队做全程技术指导及营销指导服务，机制顺畅，工作成效显著。目前延庆有专业化植保防治队，可提供病虫害生物防治技术及负责田间实施，但在育苗、整枝、收瓜、销售等环节还没有形成专业的社会化服务体队伍，社会服务体系建设有待进一步完善提高。

2. 社会化服务模式创新

北京市作为全国农业的科研中心，从事西瓜育种、栽培研究和推广的单位有 20 余家，资源优势非常明显，因此北京市发展西瓜产业就必须充分利用这些科研资源优势，利用新技术、新装备，研发出优质品种，提高产品科技优势，稳定西瓜的产量并提高质量。在食用品质、安全性、品牌等方面形成北京西瓜产业的优势，同时满足广大消费者的多种需要，提高消费者对北京市西瓜的忠诚度。

2016 年顺义西甜瓜综合站推广蜜蜂为西瓜授粉技术，解决蔬菜瓜果应用激素保花保果影响食品安全问题。实行"区种植业服务中心牵头＋市农科院植保所专家指导＋北京农之翼养蜂场等供蜂＋主产镇镇农业部门＋农民专业合作社组织"落实模式。在顺义北务、杨镇等主产镇开展大棚西瓜蜜蜂授粉、茄果类熊蜂授粉技术推广。2016 年 3 月 24 日，组织了全区瓜菜蜂授粉技术培训，进行了蜂授粉技术推广工作安排。2016 年春季全区保护地西瓜蜂授粉技术应用达到 1.7 万亩，较 2016 年应用增长 6%，蜂授粉大棚西瓜亩收入达到 1 万元以上，为历年来最高。蜂授粉应用达到西瓜种植规模的 85%，为农民节省人工 10.03 万个，节省开支 1 200 万元以上。延庆地区通过利用北京市西甜瓜创新团队这种工作模式，把各位岗位专家和本区农业技术人员、生产基地、示范户联系起来，针对本区特点与实际，引进了新品种、新技术，解决了存在的问题，并结合物化补贴和培训，进行了广泛示范推广应用，成效显著。

3. 社会化服务典型创新案例

自 2013 年以来，北京市西甜瓜创新团队在首席专家的统一安排和部署下，一直立足于延庆自身的地理气候优势，围绕春秋棚小型西瓜地爬式长季节栽培模式，首席专家、岗位专家、延庆综合试验站技术人员与基地紧密合作，投入了大量人力、物力和财力，攻克了关键技术难关，提升了技术水平，培养了种植能手和技术带头人，积极拓展销售渠道，打造全产业链，集成了一套适用于延庆区的中小型西瓜标准化生产和销售运营模式。

一是帮助引进筛选新品种。目前已成功引进西瓜新品种9个，分别为超越梦想、梦想8号、梦想10号、北农传祺1号、京颖-6、日本777、8424、京珑1号和京珑2号。

二是集成和示范多项成熟技术。围绕长季节栽培试验集成了种子处理防治苗期病虫害技术、葫芦砧木嫁接技术、西瓜土传病害绿色防治技术、功能性肥料促根护根提高果实品质技术、膜下滴灌节水技术、菌剂抗重茬技术、长季节整枝技术等多项成熟技术。在这些技术的支撑和保障下，亩产达到6 200千克，中心糖含量平均达到14度。由延庆区选送的西瓜在第二十二届北京大兴西甜瓜擂台赛中荣获小型组第一名；在2015年"瓜推优、评优"活动中荣获金奖。

三是积极引领、拓宽销售渠道。从销售流通环节加以引导，制定了产品分级流程，引进"电商""真的有料"等销售平台，并与水果专营连锁店如"百果园"及超市连锁店对接，使基地的优质产品销往全国各地，受到大众的喜爱，并逐步形成了提前订购的良好势头。

四是培养产业带头人，发挥引领示范作用。协助北京八达岭老齐西瓜专业种植合作社等企业培训技术人员、制定生产计划、完善基地建设、发展电商销售，使其种植面积逐年扩大。2015年种植长季节栽培西瓜为70亩，2016年达到190亩，2017年发展到320亩，计划2018年发展到600亩。

（五）消费者需求情况及购买力分析

1. 消费者产品需求状况

在北京市西瓜消费者的调查中，共计694份有效问卷。其中，受访者基本信息涉及性别、年龄、职业、家庭成员数及家庭年收入5个方面，此外，西瓜消费情况包含购买西瓜偏好、购买过程重视因素、购买地点、主要及非主要购买季节、购买频次及购买重量等10个问题。

在对西瓜品种购物偏好调查中，44％的消费者偏好中型西瓜，25％偏好小型西瓜，具体数据分布如图10-19所示。

在对消费者重视因素调查中，79％的消费者重视口感，消费者对其他因素的重视程度如图10-20所示。

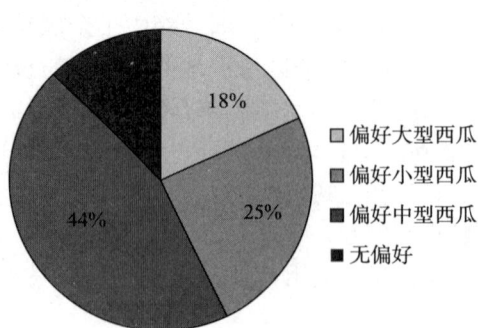

图 10-19　消费者习惯偏好分布

数据来源：2016年调研数据。

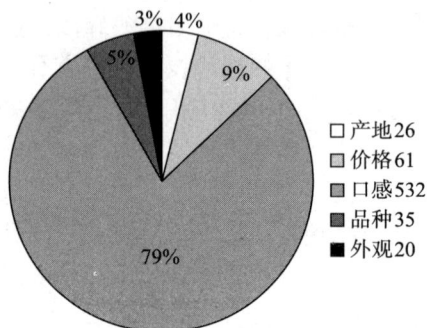

图 10-20　消费者重视因素

数据来源：2016年调研数据。

在西瓜合适重量调查中，35%的消费者认为重量为 0.5～3.5 千克比较合适，29%的消费者认为重 1.5～2.5 千克比较合适（图 10-21）。

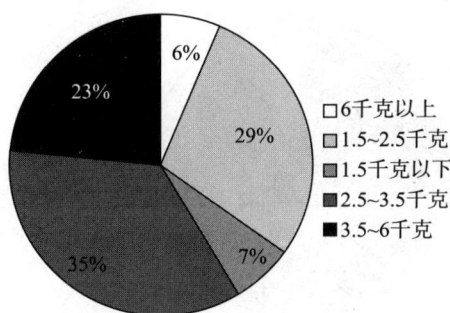

图 10-21 西瓜合适重量分布

数据来源：2016 年调研数据。

在对调查地点是否固定的调查中，513 名消费者调查地点不固定，占 76%，24%消费者调查地点固定。

对购买地点调查中，在超市购买的人数达 299 人，占比 44%，其次为农贸市场占比为 38%，选择网上购买较少，具体情况如表 10-19 所示。

表 10-19 西瓜购买地点分布

购买地点	超市	农贸市场	流动商贩	网上购买	社区便利店	总计
数量	299	254	66	10	45	674
百分比（%）	44	38	10	1	7	100

数据来源：2016 年调研数据。

对购买西瓜季节分布的调查中，71%的消费者在夏季购买，29%的消费者在四季均有购买。在对主要季节一周购买西瓜频次的调查中，一周 2～4 次购买西瓜人数达 423 人，占 63%，一周 1 次及以下占 23%，具体分布如表 10-20 所示。

表 10-20 主要季节一周购买西瓜频次

一周购买频次	一周 1 次及以下	一周 2～4 次	一周 5 次以上	总计
数量	157	423	94	674
百分比（%）	23	63	14	100

数据来源：2016 年调研数据。

在对非主要季节购买频次的调查中，四周 1 次及以下占 61%，三周一次占 23%，具体数据情况如表 10-21 所示。

表 10-21 非主要季节购买频次

购买频次	四周 1 次及以下	三周 1 次	两周 1 次及以上	总计
数量	410	157	107	674
百分比（%）	61	23	16	100

数据来源：2016 年调研数据。

在对每次购买西瓜重量的调查中，消费者每次购买西瓜重量为 3～5 千克人数为 297，占 44%，购买重量为 2～3 千克占 27%，具体情况如图 10-22 所示。

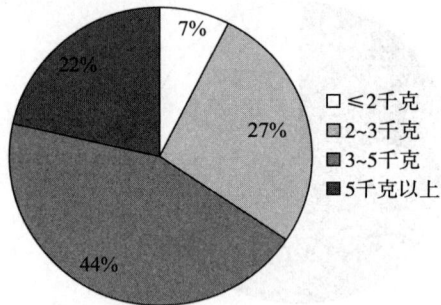

图 10-22　每次购买西瓜重量
数据来源：2016 年调研数据。

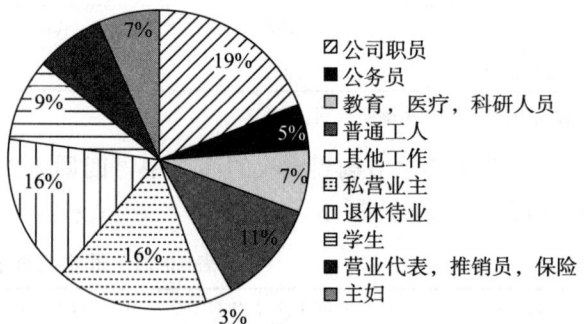

在西瓜消费支出占水果消费支出比例的调查中，有 53% 的消费者支出比例为 10%～20%，22% 的消费者支出比例在 1%～8%（表 10-22）。

表 10-22　西瓜消费支出占水果消费支出比例

比例区间	1%～8%	10%～20%	20%～30%	32%～90%	总计
数量	145	355	87	87	674
百分比%	22	53	13	13	100

2. 消费者购买力分析

调查对象的 694 个消费者中，男性 295 名，女性 379 名，分别占 44%、56%。在所被调查消费者中，年龄在 23～35 岁分布人数最多，达 288 人，占 43%，年龄在 36～45 岁达 170 人，占 25%，年龄在 22 岁以下人数最少，占 5%，具体数据分布如图 10-23 所示。

对消费者工作分布调查中，公司职员人数达 128 人，占 19%，私营业主和退休待业者所占比例均为 16%，教育、医疗和科研人员占比 7%，具体分布如图 10-24 所示。

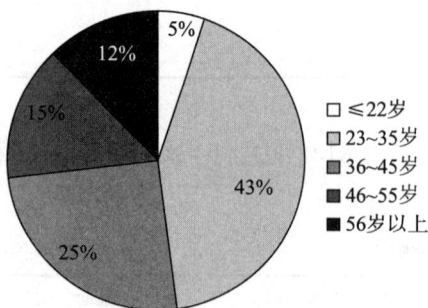

图 10-23　年龄区间分布
数据来源：2016 年调研数据。

图 10-24　消费者职业分布
数据来源：2016 年调研数据。

在被调查者中，家庭人口数为 1～3 人的为 433 人，所占比为 64％，4～10 人的占 36％。

在被调查者中，收入在 25 万～34 万元消费者人数占 37％，消费者收入在 15 万～24 万元的占 30％，小于 5 万元的占 11％，具体分布如图示 10-25。

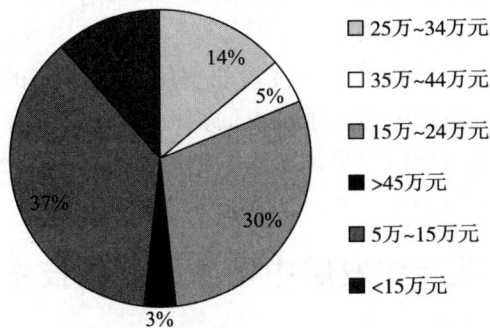

图 10-25　消费者收入分布
数据来源：2016 年调研数据。

（六）产业支持政策及其效果评价

1. 现行产业支持政策

为保护和促进北京西瓜生产，提高西瓜生产者的积极性，政府除加强农业基础设施等方面投入外，应继续推进良种补贴，加大化肥、农药、薄膜等生产投入品的政策性补贴。建设西瓜节水灌溉工程，包括采用滴灌、渗灌等节水设施，不仅可以节约大量水资源，而且可以降低生产成本。同时，加快西瓜产业化建设，以稳定生产者的经营效益，促进西瓜产业的发展。

①顺义 2016 年利用市级财政转移支付资金开展专业村建设 2 个，开展集约化育苗场能力提升建设 4 个，开展基质轻简化栽培技术示范 1 个，涉及支持资金约 700 万元。2017 年相关项目执行处于待批复阶段。资金利用额度与 2016 年比基本持平。

②顺义 2016 年基本菜田补贴资金支持以支持生产主体为主，拟提高支持额度达到 700 元、500 元、300 元/亩（分别对应温室、大棚、露地），支持额度较 2016 年分别增加 100 元。

③延庆享受市政府的菜田补贴政策，露地 300 元/亩，冷棚 500 元/亩，温室 1 000 元/亩，政策款直接划拨到农户卡上，用于购置种子、肥料、农膜等，可减少部分种瓜成本。北京市西甜瓜创新团队延庆综合试验站和 3 个工作站共计有 45 万工作经费，可为部分示范户提供农资如种子、肥料和蜜蜂等。区农委对于西甜瓜地爬式长季节栽培模式今年给予 50 万元项目经费，用于该种植模式技术的研究与示范。

④农业支持水平总量、种类、结构及其与上一年度的变化与 2015 年相比，今年在技术研究与推广方面增加 50 万元项目经费。

2. 产业支持政策效果评价

自 2015 年度实施的北京基本菜田补贴政策，获得京郊广大农民欢迎。北京市政府以稳生产、保供应为出发点，实施基本菜田补贴政策，极大地促进了北京蔬菜产业的稳定发展，保护了从业农民利益。

利用市级农业转移支付资金开展现代农业发展，打造出一批高标准园区，新品种、新技术以及"互联网＋"成为园区新技术支柱。发展新品种增加了该西瓜园区的知名度，打开了消费市场，增加了收入。采用新技术及"互联网＋"降低了西甜瓜的生产成本和流通费用，提升了园区竞争力、影响力以及品牌形象。

其蜜蜂授粉区继续扩大，节省了人工授粉的费用。2016年的总收入相比较上一年有较大增加。政府的菜田补贴政策极大激发了瓜农的积极性，结合项目的实施，完善了技术，加大了宣传培训，使更多基地与种植户更加深入了解西甜瓜种植技术及产业发展，为该产业在延庆进一步发展营造了良好氛围。

二、西甜瓜产业发展中创新团队的技术支撑作用

（一）团队基本情况

西甜瓜产业技术体系北京市创新团队2016年聘任首席专家1名，岗位专家9名，综合试验站站长3名，田间学校工作站站长18名，团队总经费640万。

2016年西甜瓜团队围绕"优质、高效"和"生态、节水"两条主线，构建西甜瓜抢早种植模式、西瓜长季节种植模式、西瓜轻简化种植模式、网纹甜瓜生态种植模式、西甜瓜观光采摘种植模式五大模式集成技术，围绕控肥、节水、省工、节能、减药五大目标建立高效育种体系、生态栽培体系和绿色安全体系三大体系。提升了北京市西甜瓜产业水平和服务首都的能力，促进西甜瓜产业持续稳定发展和瓜农收入稳定增长。

（二）团队工作成效

2016年团队运行平稳规范、团队产出超额完成预期目标、获得了较好的经济效益、改善了西甜瓜生产的生态环境、产生了较好的社会影响力、能够较好地完成上级交办的临时性工作、对发生的大小应急性事件处理得当，整体效果显著，出色地完成了全年的工作任务。全年审（鉴）定新品种4个，开展试验研究30项、集成技术体系3套；示范新品种10个，面积18 270亩，总增收380.75万元；示范推广新技术14项、推广成熟技术5项，面积36 660亩，增收3 749.03万元，取得丰硕成果。一年来，西甜瓜团队的内部成员相处融洽，能够相互合作、及时沟通，团队成员在首席的领导下，严格执行首席的工作安排，整体对团队工作非常满意。通过各个部门积极努力地深入基层，为广大农户、组织服务，专心解决广大农户和各类组织在实际生产经营过程中的问题，得到了种植户、经济合作社、企业等服务对象95.9％的认可和好评，可以看出西甜瓜团队不仅内部相处融洽，而且服务对象对于西甜瓜团队也给予高度认可与支持。

（三）团队运行机制

西甜瓜团队为加强组织化管理，设置功能研究室、综合试验站与农民田间学校工作站三个管理层级，其中功能研究室包括育种、栽培、植保和产业经济发展四个研究室，综合试验站以大兴区、顺义区、延庆区三个地区的种植业服务中心与农技推广中心为依托，农民田间学校工作站由18个工作站组成，涉及大兴区、顺义区、延庆区、怀柔区、通州区、房山区、

昌平区共七个区县，形成由首席专家领导，各部门分工明确的组织化程度高而且统一协调的团队。西甜瓜团队机构健全、分工明确，严格按照"谁主管，谁负责"的原则制定考核奖惩制度以及考评测评机制，在每个实施阶段对各项指标实行严格考评，按照工作完成情况和实施结果分阶段进行测评考核、排序和评比，对于先进的个人给予表彰，落后的给予批评，考核不合格的给予变更或取消资格。一年来组织团队签订任务书和经费预算，开展产业调研，召开多次会议部署、督导和指导团队各项工作，整体进展顺利。西甜瓜团队的内部成员相处融洽，能够相互合作、及时沟通，团队成员在首席的领导下严格执行工作安排。西甜瓜团队沟通协作能力较强。据不完全统计，2016年西甜瓜团队全年主办观摩交流会34次，参与观摩交流会77人次，组织或参加相关技术活动173次，报送相关信息材料123次，团队的会议出勤率高，达到90%以上。团队积极与外部进行技术交流与学习，团队内部的沟通协作能力比较强。

总的来说，在团队运行方面，团队成员在首席专家的领导下和团队成员积极努力下，团队沟通协作顺利，积极、高效地完成了各项任务，不断培养团队意识以及相互之间的默契程度。

西甜瓜团队已形成一套完整的团队理念，团队成员之间合作的密切程度、默契程度显著提高，形成了团结、协作、高效的团队。

（四）技术研发与主推技术

1. 育种技术研发、示范与推广
（1）品种推广

推广西甜瓜品种50多个，早春中型西瓜品种以京欣1号、京欣2号瓜型及花皮类型为主，品种以华欣、华欣863、京欣二号等为主，其余品种包括京欣三号、北农天骄等。小型西瓜主栽品种有超越梦想、L600、特大早春红玉、京颖、福运来、红小帅等。晚熟西瓜以露地种植为主，包括有籽西瓜和无籽西瓜型，有籽西瓜以京欣类型为主，无籽西瓜以暑宝、黑蜜2号为主。秋季小型西瓜生产，种植品种以超越梦想、福运来、早春红玉、京颖等为主，销售以采摘、配送为主。甜瓜种植以保护地生产为主，其中厚皮甜瓜生产占65%，厚皮甜瓜品种呈现多样化，种植数量30余个，以伊丽莎白、京玉系列、金莎、蜜橙、银翠、西博罗陀、久红瑞、丰雷等为主，其中伊丽莎白类型种植超过30%，品种推广面积达60 000余亩。

（2）新品种示范推广

全年推广新品种8个，示范推广面积达10 000多亩。主要有：

①冬温室抢早栽培小型西瓜新品种"锦秀"的示范推广。"锦秀"是小型有籽西瓜，主要解决北京地区冬温室抢早栽培小型西瓜品种在早春低温弱光条件下，花粉少、瓜码稀、座果难、产量低、品质差等问题。2016年在大兴、顺义、通州、昌平与各地区完成示范推广工作，示范推广面积320亩以上，各地区均反映良好。具体表现为：早熟，极易座果，商品率高，肉质脆嫩，风味佳，中心可溶性固形物含量达13%～14%，糖度梯度小；皮薄，耐裂、耐储运。平均单瓜重1.5～2.0千克左右，大的可达4千克左右，座果率100%，商品率99%，冬温室早期上市观光采摘价格在20元/千克，亩效益5万元左右。

②高品质中小型西瓜品种"抗裂京欣3号"的示范推广。"抗裂京欣3号"是高品

质、耐裂中小型有籽西瓜，主要解决"京欣3号"的不足，满足北京地区部分观光采摘高档消费所需。2016年继续在大兴、房山示范推广，示范推广面积达350亩以上，其品质深受消费者欢迎，而且市场在不断扩大，成为房山琉璃河地区观光采摘的首选西瓜品种。

③春大棚优质、耐裂、丰产中小型西瓜新品种"京美4K"的品比示范。"京美4K"是最新育成的优质、耐裂、丰产中小型有籽西瓜新品种。随着人民生活水平的不断提高，消费者对西瓜的品质要求也越来越高，但小型西瓜在北京地区种植面积较小，而且投入的人力、物力较大，很难满足首都中档消费的需求。"京美4K"西瓜新品种主要是解决生产上要求"既要好种、又要好吃"的问题。通过对顺义综合实验站的品比结果调查，"京美4K-1"在4个组合中表现最佳，其产量、糖度、口感均优于其他，计划在2017年开始小面积示范推广。

④高产、耐裂、优质的中型西瓜品种"京美8K"的品比示范。"京美8K"是最新育成的甜王类型的有籽西瓜新品种，主要解决京欣类型的花皮圆果座果差、裂瓜多的问题。2016年在大兴主产区完成了"京美8K"系列的品比示范实验。具体表现为：高产，易座果，果肉大红色，肉质脆嫩，风味佳；中心可溶性固形物含量可达12%左右，皮厚1.0厘米左右，耐裂，裂瓜率减少到5%左右，商品率提高，平均单瓜重8千克以上，大的可达11千克左右，目前正在北京周边大力示范推广。

⑤高品质的中型西瓜新品种"京嘉2号"的品比示范。"京嘉2号"是最新育成的大果早佳类型的有籽西瓜新品种，主要解决目前北京市场京欣类型西瓜的品质问题，目前北京地区种植的京欣类型的中型西瓜品种的品质也越来越不适应市场的需求，必须对老品种加以升级改造。2016年在大兴主产区完成了"京嘉2号"的品比示范实验。具体表现为：高产，易座果，皮薄，瓤红，肉质酥嫩，口感极佳，风味浓；中心可溶性固形物含量可达12.5%左右，皮厚1.0厘米左右，与早佳相比，瓤色更红，平均单瓜重7千克以上，产量提高20%左右。

⑥高抗重茬葫芦砧木新品种"京欣砧优"和小型无籽西瓜新品种"京珑"的示范推广。2016年在延庆进行高抗重茬的葫芦砧木新品种"京欣砧优"与小型无籽西瓜新品种"京珑"的示范推广，示范推广面积50亩以上，已基本取代了美国先正达公司的"墨童2号"，推广范围已扩大到河北地区。

⑦小型哈密瓜品种新脆的示范推广。西甜瓜创新团队育种功能研究室开发的小型哈密瓜新脆在近几年的生产中受到好评，逐步被市场接受。2016年春季进行了小型哈密瓜品种新脆的春季温室生产示范工作，生产示范点为大兴区庞各庄镇西梨园村、密云区河南寨镇圣水头村（合作社）、通州区金福艺农瓜瓜园（园区），从三种不同业态对哈密瓜品种的栽培、技术需求、效益等方面进行生产示范，均取得了较好的效果。

⑧薄皮甜瓜竹叶青的示范推广。薄皮甜瓜竹叶青是在北京顺义后陆马村附近地区栽培的地方品种之一，通过对竹叶青品种的抗白粉病转育和常规品种的选育提纯工作，对品种进行了改良。2016年春季开展了保护地栽培生产示范工作，试验示范地点分别为顺义区松各庄村、密云区穆家峪村，对不同生产主体进行了生产试验示范工作。同2015年的生产示范效果类似，竹叶青甜瓜品种在市场适应性上还是以顺义地区为主。2015年在大兴、2016年在密云，竹叶青市场表现较好，但市场接受程度较差，产生了滞销现象，但顺义地区认可程度

较高，尤其 2016 年使用改良后的种子，在整齐度、糖度上均有所提高，目前具有较高的使用改良品种意愿。

（3）新品种鉴定

2016 年完成 4 个品种的鉴定，获取 1 项专利，申请 1 项专利，具体如下：

"京欣砧 6 号""京欣砧 9 号"两个西瓜砧木新品种通过了鉴定，薄皮甜瓜品种"京友玲珑"和厚皮甜瓜品种"京友蜜翠"2 个甜瓜品种通过了鉴定。

一种控制细菌性果斑病发生的西甜瓜种子消毒技术及其应用（授权专利，ZL2014104198281.8）获得了专利。

一种与西瓜果肉硬度相关的分子标记 Hf2-Indel 及其应用（专利申请号201610591704.X）申请了专利。

（4）新品种研发与筛选

①建立了 LGC 高通量的西瓜炭疽病分子标记辅助育种系统。利用 LGC 分子检测结果与传统的鉴定方法完全一致，而采用 LGC 检测平台，可以在苗期淘汰大量不携带目标基因的植株，迅速获得纯合基因型的单株，减少了后续的田间育种筛查工作量，显著提高了抗病育种的准确度与选择效率。

目前，完成了西瓜炭疽病的高通量分子标记分析技术。实现了 1 人 1 天检测 1 万个样品，比传统检测效率提高 100 倍。

②筛选获得葫芦砧木抗白粉病优良材料。利用葫芦苗期白粉病及根腐病的接种技术，对 50 多份葫芦砧木材料做抗病筛选实验，经过抗病调查，筛选出高抗白粉病优良材料 16 份，其中部分材料已应用于葫芦砧木新品种组合配制，初步表现良好。

③筛选出适合北京地区的甜瓜砧木品种。在 2015 年的基础上进一步开展甜瓜用砧木品种的筛选工作，初步筛选出适合北京地区栽培使用的砧木品种 5 个，分别为青研砧 1 号，科鸿砧 1 号，健将，砧木 1604，砧木 1605，并在生产中进行了推广应用。

2. 栽培技术研发、示范与推广

（1）研发与试验技术

①不同基肥及追肥种类筛选试验研究。不同基肥种类筛选试验：对比五种基肥对中型西瓜品种"北农天骄"生育期、田间性状、产量及品质性状的影响。结果表明，采用"生物有机肥"作为基肥，座果节位 13.3 排名第二，单果质量（4.23 千克）排名第二，亩产量最高 5 012.55 千克，中心含糖量 11.50% 排名第一，中早熟，但不耐裂，肉质细脆，汁多，味甜。

不同追肥种类筛选试验：对比四种新型冲施肥对小型西瓜品种"超越梦想"生育期、田间性状、产量及品质性状的影响。结果表明，采用"氨基酸＋腐殖酸"作为冲施肥，对于提高果实品质效果最好，其中心含糖量最高为 12.56%，且单果重最高为 1.84 千克，亩产量最高为 3 680 千克，纤维含量少，中早熟，肉质细脆，汁多，味甜。

②春大棚中小型西瓜砧木筛选试验研究。春大棚小型西瓜不同砧木品种筛选：对比不同砧木品种如崛京隆、佐佐藤木、神力铁木砧、青研砧木一号、京欣砧 4 号和野生砧 1 号对小型西瓜品种"超越梦想"生育期、田间性状、产量及品质形状的影响（亩定植 1 530）。结果表明，采用"青研砧木一号"作为小型西瓜的砧木，始收期最早（6 月 3 日），单果质量（2.774kg）排名第二；亩产量最高（4 186.27 千克），并且中心含糖量 12.52%，排名第二，

肉质细脆，纤维少，口感好。

春大棚中型西瓜不同砧木品种筛选：对比"京欣砧4号、京欣砧8号、华欣砧优、甬砧5号和甬砧7号"对中型西瓜品种"L777"生育期、田间性状、产量及品质性状的影响（亩定植675棵）。结果表明，采用"甬砧7号"作为中型西瓜的砧木，单果质量（8.42千克）排名第三；亩产量最高5 683.50千克，并且中心含糖量（13.00%）排名第一，中熟，耐裂，肉质细脆，汁多，味甜。

③膜下微喷灌溉技术。膜下微喷灌溉技术、小型西瓜超越梦想长季节栽培密度筛选2项试验目前正在进行，数据正在统计中。

④西甜瓜套种模式研究。麦茬套种西瓜适宜播期和行距配置目前正在进行，数据正在统计。

⑤薄皮甜瓜抢早栽培品种引进与筛选。栽种早熟类型的白皮白肉薄皮甜瓜品种6个，数据初步统计结果表明，陕甜1号、开门红9号、京雪3号结瓜数较多、连续座果能力强，亩产量较其他品种产量高，陕甜1号生育期最短、其次是开门红9号、京雪3号。综合分析表明，开门红9号、京雪3号甜瓜表现优异，适宜进一步推广种植。

⑥小苗膜下移栽在薄皮甜瓜早春抢早生产中的应用研究。小苗膜下移栽的种植方式的研究表明：膜上移栽的甜瓜纵径、横径、单瓜重小于膜下移栽的，其余指标变化与之相反。可能的原因是膜下移栽的日期是3月15日，与对照处理的移栽时间基本一致，一是没有体现出抢早生产，二是膜下移栽后的温度超过甜瓜花芽分化适宜的温度25℃～30℃，造成雌花数减少，结瓜数降低。根据覆膜提温的规律推测小苗膜下移栽的时间在3月1日左右合适，需要在下一年验证。

⑦甜瓜与草莓套种栽培模式研究。哈密瓜采取单蔓单果、单蔓双果两种处理方式的数据结果表明，单蔓单果处理下的坐瓜率、平均单瓜重、亩产较高、与单蔓双果处理的差异显著，说明单蔓单果优势明显，可以在草莓套种中加以应用。

（2）示范推广技术

①建立综合集成和关键技术示范点，分层次分重点进行成熟技术示范推广。在合集成示范点建设方面：

在大兴、顺义集中示范2个点，面积10亩；以延长西瓜供应时间为目标，在延庆集中示范1个点，面积20亩。综合集中示范"超越梦想、京颖、大果华欣、京美4K"等4个中小型西瓜品种；集中示范高密度抢早栽培模式、长季节栽培模式、套种栽培模式、观光栽培模式和中型西瓜简约化栽培模式等六大栽培模式。

在关键技术示范点建设方面：

在大兴、顺义、延庆依托农民田间学校建立22个关键技术示范点，面积150亩。重点示范瓜垫和开顶风装置2个新产品，水肥一体化、减量施肥、平衡施肥和小型西瓜二茬座果、薄皮甜瓜多果多茬等5项关键技术，西瓜观光采摘栽培（10亩）、小型西瓜高密度抢早栽培（50亩）、中果型西瓜简约化栽培（50亩）、草莓日光温室套种西瓜栽培（10亩）和西瓜长季节栽培（30亩）等5项种植模式，西瓜专用薄膜、银灰地膜等2个新材料。

②示范生态节水技术—减少水、肥用量。针对一家一户集中示范膜下微喷水肥一体化技术，针对园区示范滴灌水肥一体化技术，示范化肥减量技术。通过农民田间学习活动、集中

培训与现场培训，覆盖全部 18 个田间学校工作站，使得示范区春大棚亩灌溉量达到 128.5 立方米，化肥用量 80.2 千克，与大水沟灌相比同期节水 45%～52%。针对大兴、顺义灌溉设施配套了 2 种首部和 3 种施肥器（汽油机、重力施肥器和文丘里施肥器）。

西瓜专用肥示范包括示范底肥 2 种，针对园区，有机、无机复合肥（含有机肥 950 千克、菌剂 20 千克、15-15-15 复合肥 30 千克，硼砂 1 千克）；针对农户，腐熟剂 1 千克＋硼砂 1 千克＋生物菌剂 20 千克。包括追肥 2 种，20-10-20 水溶肥 15 千克和 10-6-26 高钾型水溶肥 10 千克，追施叶面钙肥 2 千克。

③示范高产优质栽培技术—提高产量、品质。小型西瓜高密度抢早栽培技术：密度由 1 400 株/亩增加到 2 000 株/亩以上；双行种植改为单行种植，三蔓坐两果整枝改为双蔓结单果整枝。中型西瓜简约化栽培技术：提高行距到 2.5 米左右，由 6～8 行改为种植 4 行，减少作畦和整枝耗工；全地膜覆盖；膜下微喷灌溉；调整整枝座果方式。小型西瓜长季节栽培技术：利用西瓜无限生长和分枝性强的习性，在西瓜成熟采收后，通过加强肥水管理、剪除衰老的枝蔓、使植株不定蔓再次座果，达到一种多收（4 批左右）的目标。采用地爬栽培、减小密度到 500 株/亩。草莓套种西瓜甜瓜技术：利用草莓种植日光温室 3 月至 6 月生产一茬西瓜甜瓜。集约化育苗、3 月上旬定植、双蔓整枝留单果，利用草莓垄隔行定植，密度 600 株/亩。

④示范单项技术—结合、省工省力。天窗放顶风示范效果：一是提高了放风效率，打开天窗 15 分钟温度就能下降 3℃以上；二是降低了棚内空气湿度，外界湿度 30% 条件下棚内湿度 45%，比放腰风方式降低 35%；三是操作简化，每天每亩大棚能节省工时 0.8 小时；四是减轻了棚膜结水珠现象，增加了棚内光照；五是只需要打开窗扇，就可以实现大棚的通风换气，不会对棚膜造成损伤，解决了大棚放腰风效率低及除湿效果不良的问题，棚内湿度可降低 35%，15 分钟可降温 3℃，减少病虫害防治 2 次，节省放风工时 0.8 小时/（天·亩）。2016 年共示范 136 亩，共节省人工 108 个。

3. 植保技术研发、示范与推广

（1）研发与试验技术

①西瓜、甜瓜立枯病或猝倒病病原菌研究。从北京市大兴区庞各庄镇钥匙头村、庞各庄镇东义堂村、北京延庆区康庄镇、八达岭镇等地采集西瓜立枯病和甜瓜立枯病病样，共从西瓜植株上分离得到 7 株丝核菌，其中两株为 *Rhizoctonia solani AG-4HGI*，五株为 *Rhizoctonia solani AG-4 HGIII*。共从甜瓜上分离得到 5 株丝核菌，其中三株为 *Rhizoctonia solani AG-4HGI*，两株为 *Rhizoctonia solani AG-4 HGIII*。

植保功能室在 2015 年开展的相关试验研究有 8 项。其中包括瓜蚜防治方案试验；瓜蚜绿色（生态节水）防治试验；甜瓜种传真菌检测；西瓜黑斑病和甜瓜叶斑病病原研究；品种和育种材料的抗病性鉴定；防治猝倒病、立枯病等苗期病害和细菌性果斑病技术试验；瓜类细菌性果斑病菌种子带菌检测；瓜类种子黄瓜绿斑驳病毒携带情况检测试验。

②应用抗重茬菌、哈茨木霉等"拮抗菌"防控土传病害技术研究。本技术在延庆的多个园区进行了试验示范。首先在延庆广积屯村茂源广发蔬菜专业合作社开展。目前，苗期及棚室生产前期均取得突出的效果。处理组较对照组相比苗期土传病害的平均发病率降低 96.7%，株高和叶面积较对照组分别增加 33.2% 和 37.73%；定植到田间以后土传病害的平

均发病率降低85.74%。近日，延庆西甜瓜已经进入膨瓜起，头茬瓜即将入市，处理病害仍保持较低的发病率。

③蓟马的高效绿色防控（减药）技术研究。研究选取高效自主研发的替代药剂，开展绿色、减药的蓟马防治技术研究，以期实现经济绿色、高效、减药的目的，同时延缓害虫抗药性的产生。试验在大兴区庞各庄镇西义堂村温室大棚西瓜田进行，西瓜品种为"超越梦想"。试验采用自主研发多杀霉素进行蓟马的高效绿色防控，以陶氏益农生产的乙基多杀菌素作为对照药剂，施药方式为叶面和花器喷雾。西瓜上施药3天后，多杀霉素的虫口减退率可以达到84.6%，防治效果为86.3%，对照药剂（乙基多杀菌素）的虫口减退率为87.12%，防治效果为87.91%，空白对照的虫口减退率为-6.51%；施药14天后，多杀霉素的虫口减退率仍为84.71%，防治效果为85.44%，对照药剂（乙基多杀菌素）的虫口减退率为85.41%，防治效果为86.1%，空白对照的虫口减退率为-5.0%。

试验结果表明，自主研发的多杀霉素对于西瓜蓟马具有良好的防效，防治效果可以达85%以上，其防效与乙基多杀菌素无显著差异，可以用于北京地区西瓜甜瓜生产中蓟马的高效、绿色防控，且多杀霉素用药一次可以持续控害2~3周，具有良好的持续性，多杀霉素作为具有良好持效性的生物药剂，可以大幅减少化学杀虫剂的使用，在西瓜全生育期内可以减少化学药剂使用3~5次。该试验在减缓害虫抗药性形成以及化学药剂减量方面均具有十分显著的效果，为西瓜蓟马的高效绿色防控提供了技术储备。

④西瓜猝倒病、立枯病防治药剂的防效验证试验。该实验目的是筛选防治西瓜猝倒病、立枯病的有效种子处理药剂，在人工控制的环境条件下，选择了市场销售的5种杀菌剂对西瓜种子进行处理，对这些药剂的防效进行验证。

⑤干热处理对瓜类种子质量的影响研究。研究在不同处理参数下，干热处理携带CGM-MV种子对瓜类种子质量的影响，选出最佳处理参数。

⑥苗期新发病害的种子健康检测和种子处理技术研究。针对今年发生的一种苗期新发病害，开展相关的种子检测、不同药剂处理试验和干热处理技术试验。

⑦疑难病害鉴定。鉴定疑难病害六种：其中一种是苗期新发病害，已经针对该病害开展防治技术试验。其余几种病害有多年经验的种植户认为以前没有见过，当成是新的病害，经鉴定，均为常见病原，但是由于症状表现比较特殊令有多年经验的种植户都难以识别。造成这种现象的原因是同一种病害在不同的栽培条件下、在不同的生长时期、在不同的品种上，其症状表现会有很大差异；加上不同的病害之间有时症状极其相似，肉眼难以准确识别，需要借助于检测手段才能准确诊断。

⑧育种材料的抗病性鉴定。与育种岗位专家宫老师合作，在市蔬菜中心温室内，对30份葫芦砧木材料进行人工接种白粉病抗性鉴定，依据抗病性鉴定结果，确定可入选下一步的育种材料。

（2）示范与推广技术

①西瓜病害综合防控技术的试验示范。西瓜病害的综合防控技术为三个不同的层面：从时间序列上，通过播前种子处理、育苗阶段土壤处理、移栽定植后叶面或地上部喷雾等多种措施实现从种子健康、幼苗健壮到果实安全生产的整个生育期进行病害的综合防控。从空间序列上，育苗环节苗床喷雾或土壤处理、采用葫芦或南瓜嫁接防治根部病害、幼苗移栽后喷雾防治茎部、叶部、果实病害，保证实现西瓜植株在每个生育期各个不同

部位的病害立体防控。从防治方法上，将抗病品种、农业防治（主要是嫁接）、化学防治、生物防治、物理防治等多种技术交替轮换使用、综合运用，实现病害防控的高效化、多样化和效益化。

示范品种为西瓜 L600，砧木为京欣砧 4 号（南瓜），具体内容包括：种传病害的防治 1 次，土传病害的防治 4 次，气传病害的防治 6 次，虫害的防治 2 次。

示范效果：嫁接前未发现猝倒病、立枯病、枯萎病等种苗期病害。定植后植株长势良好，但在生长的过程中出现零星的黑斑病和白粉病以及少量的害虫。经过防治后当前大棚内未见病害。从育苗至收获期前后，大约用药 11 次。

②西甜瓜种子处理技术。分别开展了有籽西瓜、无籽西瓜、甜瓜种子包衣处理技术的示范推广工作。处理方法为：按照药种质量比 1∶20 进行种子包衣处理；将种衣剂和种子先后装入塑料自封袋，进行 3 分钟的包衣处理；使用包衣处理后的种子进行播种，4 天后调查出苗情况。

技术效果：种子发芽率分别达到 95.6%、70.0%、95.0% 以上，播种后 4 天出苗。幼苗整齐一致，叶色浓绿，根系健壮。利用种子包衣的方法还可有效地防治西瓜苗期立枯病、根腐病、猝倒病等，提高西瓜幼苗质量。出苗后 20 天未见西瓜幼苗发生病害。

示范地点：大兴、顺义、延庆等地示范或推广面积超过 2 800 亩。有籽西瓜种子处理技术示范和推广面积约 2 500 亩，主要覆盖地区为大兴、顺义、延庆、房山和昌平等。无籽西瓜种子处理技术示范面积约 100 亩，主要应用地区为延庆等。甜瓜种子处理技术示范和推广面积达 300 亩，主要覆盖地区为大兴、顺义、延庆等。

③异色瓢虫和东亚小花蝽防治瓜蚜试验与示范。2016 年上半年在顺义、大兴和延庆等西甜瓜主产区建立异色瓢虫防治瓜蚜试验示范区 4 个，示范面积达 80 亩以上。

由于大兴区和顺义区的西瓜棚室多数没有铺设防虫网，棚室环境相对开放，棚室内蚜虫种群基数增长较快，异色瓢虫控害效果相对较差，顺义和大兴的多个示范棚室平均防效仅为 23.67%。延庆区异色瓢虫防治蚜虫试验开展得较晚，在总结前期经验的基础上进行了改进，取得了较好的防治效果。试验结果表明，异色瓢虫对于西瓜瓜蚜具有较好的控害效果，释放 1 周后，西瓜植株上瓜蚜明显减少，处理组虫口减退率为 57.8%，防治效果为 61.57%，空白对照组的虫口减退率为 −15.2%；释放 2 周后，处理组虫口减退率为 72.27%，防治效果为 67.74%，空白对照组的虫口减退率为 −16.32%。试验表明，在棚室条件相对较好，环境封闭的地区异色瓢虫可以很好地控制蚜虫。

在大兴区开展了后续东亚小花蝽替代异色瓢虫防治西瓜蚜虫试验与示范，以期为西甜瓜瓜蚜防治提供新的产品。试验在大兴区小李瓜园展开。试验结果表明东亚小花蝽对于西瓜蚜虫具有较好的控害效果，释放 1 周后，西瓜植株上瓜蚜明显减少，处理组虫口减退率为 53.6%，防治效果为 59.01%，空白对照组的虫口减退率为 −13.2%；释放 2 周后，处理组虫口减退率为 64.3%，防治效果为 67.74%，空白对照组的虫口减退率为 −10.67%，试验表明在棚室环境相对开放的条件下，异色瓢虫或者东亚小花蝽在田间定植后，可以持续控害 3～4 周，将大幅减少化学杀虫剂的使用，示范点西瓜全生育期内整体化学农药用药次数减少 3～4 次/亩，切实保障西甜瓜品质和农业生态环境安全，同时可以节省人工 2.5 个/亩，促进农民增收。

④西甜瓜土传病害绿色防控技术高效集成与示范。由于前期抗重茬菌、哈茨木霉等"拮

抗菌"防控土传病害技术获得较好的试验效果，后续开展工作过程中将产前苗期应用特锐菌防治苗期土传病害技术、产中应用抗重茬菌剂进行土壤微生态调控技术、产中应用高效低毒、低残留化学药剂防治土传病害技术进行有机结合、高度集成形成了西甜瓜土传病害高效绿色防控技术体系，并应老齐瓜园、茂源广发蔬菜专业合作社以及八达岭西瓜产销合作社的要求，分别在3个园区进行了该项技术的试验示范，示范面积达200亩以上，共发放特锐菌（哈茨木霉T-22）600袋，抗重茬菌剂120包，还有其他配套的化学药剂（恶霉灵150瓶、甲基托普津43包、普力克70瓶、烯酰吗啉60包）。目前，延庆区西瓜已经进入膨瓜期、头茬瓜即将上市，土传病害发病率很低，示范区内，发病率不到5%。同时，特锐菌和抗重茬菌剂具有明显的促生长作用，示范区内应用该技术的处理组植株株高较对照组增加37.8%、茎粗较对照组增加14.6%、叶面积较对照组增加36.9%，增产效果后续将继续调查。应用该技术示范区内西甜瓜全生育期内能够减少化学药剂用量3~5次/亩，减少化学药剂用量达150克/亩，切实保障了西甜瓜产品的质量安全。

⑤捕食螨防控叶螨绿色防控技术体系构建与示范。西甜瓜生产中，红蜘蛛危害十分严重，为保证西瓜安全、优质上市。构建了捕食螨防控叶螨的绿色防控技术体系。体系主要采取"预防为主，防治结合"的策略，在红蜘蛛发生初期采用巴氏新小绥螨与智力小植绥螨组合应用，实现减药、安全、高效控害并举；当田间虫口基数较大时，红蜘蛛危害已经进入盛发期，首先选择高效、低残留、抵抗性或无抗性的化学药剂（联苯肼酯）进行防治，争取最大程度压低虫口基数，采用化学药剂压低虫口基数后，采用生物药剂阿维菌素与联苯肼酯进行交替用药1~2次；虫口基数压低到一定程度后，在用药安全间隔期后补充释放天敌，达到长效控害的目的。该技术体系已经在大兴区部分园区、农户进行示范和推广应用，示范区内取得了良好的效果，防控后棚室的平均虫口减退率为74.3%，防效为76.35%。延庆区的老齐瓜园示范区内的控害效果还在进一步调整中。

⑥防治西瓜猝倒病等育苗期病害的技术示范推广。在大兴、顺义进行示范推广，总面积2 000余亩。示范均取得良好的效果，没有发生猝倒病、立枯病，没有喷洒任何相关的药剂。

⑦种子处理防治砧木黄瓜绿斑驳花叶病毒病的技术示范推广。采用物理方法干热处理葫芦砧木种子，防控黄瓜绿斑驳病毒病，在顺义、延庆进行示范，推广总面积60余亩，均没有发生黄瓜绿斑驳花叶病毒病。

⑧种子处理防控西甜瓜细菌性果斑病的技术示范推广。使用的是蔬菜研究中心自主研制的新型种子处理剂。在大兴、顺义、延庆等6个地区进行种子处理防控西甜瓜细菌性果斑病示范推广，总面积2 000余亩，没有该病害发生。

继续开展优质优价探索与规模化生产方式转型探索。围绕电商、精品水果店等新型销售方式对小型西瓜高品质、商品一致性强、供应期长等需求，分别在大兴庞各庄、昌平兴寿镇和延庆区沈家营镇建设4个示范点，推广3项集成技术，并开展多渠道销售方式探索。至6月30日，以电商、精品连锁店等形式销售30万个。其中庞安路西瓜专业合作社销售量所占比例由2015年的3%上升到2016年的50%、老宋瓜园销售量所占比例由15%提高到65%，产品销售价格较传统方式提高45.2%。通过企业与合作社带动，瓜农更注重产品品质。

2016年西甜瓜团队计划工作完成情况统计见表10-23。

表 10-23　2016 年西甜瓜团队主要工作完成情况表

技术	年初目标	完成情况
育种	1. 申报西甜瓜新品种审鉴定 2～4 个	完成新品种审鉴定 4 个
	2. 建立西瓜炭疽病等 LGC 高通量分子标记辅助育种系统	完成了西瓜炭疽病的高通量分子标记分析技术，比传统检测效率提高 100 倍
	3. 利用相关分子鉴定技术，筛选获得西瓜抗病优良材料 80 份以上	已筛选出西瓜多抗材料（枯萎病、炭疽病、白粉病）96 份
	4. 利用接种鉴定技术，筛选获得西瓜砧木抗病优良材料 10 份以上	利用白粉病接种技术，已筛选出抗白粉病葫芦砧木材料 16 份，正在加代提纯中
	5. 通过品比试验，初步获得春大棚中小型西瓜新品种 1～2 个，增产 20％左右；西瓜砧木新品种各 1～2 个，抗病性提高 10％以上	筛选出春大棚中小型西瓜新品种"京美 4K"并获西瓜擂台赛亚军；春大棚中型高品质西瓜新品种 1 个"京嘉 2 号"
	6. 春大棚小西瓜品种推广面积 4 000 亩以上。中小果型西瓜品种示范推广面积 100 亩以上；中果型西瓜品种示范推广面积 1 000 亩以上；耐储运春大棚小西瓜品种推广面积 100 亩以上。减少西瓜裂瓜率 10％左右，亩增产 200 千克，亩增加经济效益 400 元	已完成春大棚小西瓜品种"京颖-6"推广面积 4 200 亩以上。中小果型高品质西瓜品种"抗裂京欣 3 号"示范推广面积 220 亩以上；中果型西瓜新品种"华欣 2 号""大果华欣"合计示范推广面积 1 100 亩以上；耐储运设施抢早小西瓜品种"锦秀"推广面积 200 亩以上
	7. 新型西瓜砧木品种示范推广面积 1000 亩以上，亩增产 100 公斤左右	新型西瓜砧木品种"京欣砧 8 号""京欣砧 9 号"合计示范推广面积 1 100 亩以上。
	8. 筛选出适合北京地区的甜瓜砧木品种 4 个	初步筛选出适合北京地区栽培使用的砧木品种 5 个，分别为青研砧 1 号，科鸿砧 1 号，健将，砧木 1604，砧木 1605，并在生产中进行了推广应用
	9. 甜瓜新品种示范 190 亩以上	新品种示范 208 亩
栽培	1. 示范区春大棚亩灌溉量 130 方以内，亩化肥使用量 82 千克以内，亩节省人工 2 个	完成示范区春大棚亩灌溉量 130 方以内，亩化肥使用量 82 千克以内，亩节省人工 2 个
	2. 示范田小西瓜高密度吊蔓栽培平均亩产量达到 4 250 千克，中型西瓜平均产量达 4 500 千克，用工低于 22 个	完成示范田小西瓜高密度吊蔓栽培平均亩产量达到 4 250 千克，中型西瓜平均产量达 4 500 千克，用工低于 22 个
	3. 小型西瓜品种"京颖"建立春大棚高密度优质抢早栽培技术体系，头茬瓜产量达到 3 500 千克以上	完成小型西瓜品种"京颖"建立春大棚高密度优质抢早栽培技术体系，头茬瓜产量达到 3 500 千克以上
	4. 筛选出 1～2 种菌剂和水溶性肥，明确使用方法	筛选出 2 种菌剂和水溶性肥，并确定了使用方法
	5. 小型西瓜高密度抢早栽培技术推广 1 000 亩，中型西瓜简约化栽培技术 4 000 亩，水肥一体化技术推广 5 000 亩，西瓜提高品质关键技术推广 100 亩，总增产 65 万千克，总省工 2 万工	分别推广 1 250 亩、4 575 亩和 125 亩，总增产 75.3 万千克，节省人工 2.25 万个
	6. 推广膜下微喷、滴灌、膜上沟灌等节水技术 6 万亩，平均灌水量达到 170 立方米以内，平均亩节水 30 立方米，总节水 180 万立方米	推广膜下微喷、滴灌、膜上沟灌等节水技术 6.5 万亩，平均灌水量达到 142.6 立方米，平均亩节水 37.4 立方米，总节水 243.1 万立方米
	7. 薄皮甜瓜抢早栽培技术	正在进行
	8. 薄皮甜瓜抢早品种筛选，薄皮甜瓜与草莓套种，网纹甜瓜栽培管理技术	正在进行
	9. 示范甜瓜新品种、物资包	完成

（续）

技术	年初目标	完成情况
植保	1. 筛选出用于甜瓜枯萎病、猝倒病或立枯病的替代杀菌剂 1～2 种	已筛选 1 种
	2. 检测 50 株丝核菌或链格孢菌对杀菌剂的抗药性或敏感性	完成了 50 株丝核菌或链格孢菌对杀菌剂的抗药性或敏感性的检测
	3. 进行 2 种西甜瓜重要真菌或线虫病害的病原菌种类分析	已完成西瓜、甜瓜立枯病或猝倒病的病原菌分析
	4. 示范点西甜瓜全生育期内施药次数控制在 13 次以内，节药 2 次/亩，用药 1.22 千克/亩，省工 2 个/亩	控制在 11 次以内，省工 2 个/亩，用药量低于 1.2kg/亩
	5. 西甜瓜种子处理技术示范推广面积达到 150 亩	示范推广面积超过 2 800 亩
	6. 调查西甜瓜重要真菌和线虫病害的乡镇数量达到 7 个	完成 10 个
	7. 在 3 个区县设置病害监测和预警地点	设置病害监测和预警地点大兴 2 个，延庆 1 个
	8. 进行种传真菌检测的西瓜品种达到 15 个	西瓜品种 17 个
	9. 初步摸清主要害虫如瓜蚜、红蜘蛛等害虫的动态发生规律	完成
	10. 相关技术示范 100 亩	完成示范面积超过 280 亩
	11. 西瓜苗期猝倒病和立枯病等防治技术示范 10 亩，推广 2 000 亩	完成了西瓜苗期猝倒病和立枯病等防治技术示范 10 亩，推广 2 000 亩
	12. 种子处理防治葫芦砧木种传病毒的技术示范 5 亩、推广 50 亩	完成种子处理防治葫芦砧木种传病毒的技术示范 5 亩、推广 60 亩
	13. 种子处理防治瓜类细菌性果斑病技术示范 10 亩、推广 180 亩	完成种子处理防治瓜类细菌性果斑病技术示范 10 亩、推广 2 000 亩

数据来源：2016 年调研数据。

（五）技术示范推广效益

1. 育种技术效益分析

（1）经济效益分析

①京欣砧 8 号小籽南瓜类西瓜砧木新品种。京欣砧 8 号是最新选育成的小籽南瓜类西瓜砧木新品种，生产示范：2015 年 25 个点次平均亩产 4 042.2 千克，比对照品种增产 261.6 千克；2016 年 22 个点次平均亩产 4 231.9 千克，比对照品种增产 271.7 千克。加权平均后，利用"京欣砧 8 号"嫁接，比对照品种嫁接每亩西瓜增产量为 266.5 千克，增产 6.9%，如表 10-24 所示。

表 10-24 2015—2016 年生产示范产量结果

推广成果：京欣砧 8 号   对照品种：新土佐

年份	点次	推广成果（千克/亩）	对照品种（千克/亩）	比对照品种增产量（千克/亩）	比对照品种增产率（%）
2015	23	4 042.2	3 780.6	261.6	6.92
2016	22	4 231.9	3 960.2	271.7	6.86
加权平均	45	4 134.9	3 868.4	266.5	6.9

数据来源：2016 年调研数据。

生产示范产量加权平均结果：

西瓜品种"京欣砧 8 号"亩产（4 042.2×23＋4 231.9×22）/（23＋22）＝4 134.9（千克）。

对照品种"新土佐"亩产（3 780.6×23＋3 960.2×22）/（23＋22）＝3 868.4（千克）。

比对照品种每亩增产 266.5 千克，增产 6.9%。每千克西瓜可卖 1.8 元，每亩增产值 479.77 元。

"京欣砧 8 号"进行了 3 个区约 1 000 亩的多点示范，乘以一个 0.9 的推广规模缩值系数，则"京欣砧 8 号"实际有效面积为 900 亩，增加经济效益约 67 万元，已经逐渐得到瓜农的认可，推广面积逐年扩大。

②"京颖"小型有籽西瓜新品种。"京颖"是适合春大棚观光采摘的小型有籽西瓜新品种，每亩可以节约种子成本 30% 左右，2013 年通过北京市农作物品种审定。

生产示范：2015 年 15 个点次平均亩产 3 040.2 千克，比对照品种增产 159.6 千克；2016 年 20 个点次平均亩产 3 200.9 千克，比对照品种增产 300.7 千克。加权平均后，比对照品种嫁接每亩西瓜增产量为 240.2 千克，增产 8.0%，如表 10-25 所示。

表 10-25 2015—2016 年生产示范产量结果

推广成果：京颖   对照品种：京秀

年份	点次	推广成果（千克/亩）	对照（千克/亩）	比对照品种增产量（千克/亩）	比对照品种增产率（%）
2015	15	3 040.2	2 880.6	159.6	5.54
2016	20	3 200.9	2 900.2	300.7	10.37
加权平均	35	3 132.0	2 891.8	240.2	8.0

数据来源：2016 年调研数据。

生产示范产量加权平均结果：

西瓜品种"京颖"亩产（3 040.2×15＋3 200.9×20）/（15＋20）＝3 132.0（千克）

对照"京秀"亩产（2 880.6×15＋2 900.2×20）/（15＋20）＝2 891.8（千克）

比对照品种每亩增产西瓜 240.2 千克，增产 8.0%。每千克西瓜可卖 3.8 元，每亩增产值 912 元。

"京颖"进行了超过 5 个区约 4 000 亩的多点示范，乘以一个 0.9 的推广规模缩值系数，则"京颖"实际有效面积为 3 600 亩，增加经济效益约 320 多万元，已经成为可以与国外品种相媲美的小型西瓜品种。

③小型哈密瓜"京友蜜翠"品种。团队育种功能研究室选育的小型哈密瓜品种"京友蜜

翠"，在北京地区春季保护地（塑料大棚、日光温室）推广栽培技术，针对春季早熟栽培、观光采摘市场，具有较好的经济效益。

通过 2013—2016 年的连续小区试验、生产试验，该品种栽培管理技术、植保技术日渐成熟，保证了在春季日光温室、塑料大棚等保护地设施内栽培时的产量、品质，为进一步推广应用奠定了基础。

2013 年以来该项栽培技术在大兴、通州、顺义、密云等地开展技术试验，综合试验表明，该品种春季栽培果实成熟期约 61 天，平均单瓜重 1.85 千克，平均产量 2 724 千克。

目前小型哈密瓜推广应用主要集中在农业园区及个别生产试验农户。

2016 年密云本忠盛达蔬菜种植专业合作社种植"京友蜜翠"8 亩，平均亩产 2 246 千克，平均售价 8 元/千克，总产值约 15 万元。

2016 年密云太师屯镇绿润福源农产品产销合作社种植"京友蜜翠"6 亩，平均亩产 2 650 千克，平均售价 20 元/千克，总产值约 32 万元。

2016 年大兴区庞各庄镇西梨园村农户张洪伟种植"京友蜜翠"1 亩，平均亩产 2 540 千克，平均售价 6 元/千克，总产值约 1.5 万元。

2016 年顺义区农科所赵家峪试验基地种植"京友蜜翠"1 亩，平均亩产 2 145 千克，平均售价 11 元/千克，总产值约 2.5 万元。

2016 年在大兴区及通州区等观光采摘园区共推广种植"京友蜜翠"10 亩，平均亩产 2 246 千克，平均售价 12 元/千克，总产值约 27 万元，效益显著（表 10-26）。

表 10-26　新品种示范推广经济效益表

品　　种	经济效益（万元）
京欣砧 8 号	67
京颖	4 284
京友蜜翠	78
合计	4 429

数据来源：2016 年调研数据。

（2）社会效益分析

①社会影响。创新团队培育的西瓜新品种再次在大兴西瓜节全国西甜瓜擂台赛摘取多项桂冠。在此次擂台赛中，来自北京、江苏、山东、天津、河北、河南等省市的 230 名选手参加了此次擂台赛，参赛品种包括国内多个品种，较以往增多，竞争非常激烈。大型西瓜品种"京欣 6 号"以单瓜重 79.96 千克的成绩获得西瓜重量组的冠军，同时"京欣 6 号"也囊括了该组的所有奖项，连续 2 年捍卫了单瓜重"瓜王"的地位；最新培育的中型西瓜品种"京美 4K"，获得了中型西瓜综合瓜王奖亚军，"京美 800"和"京美 8K"西瓜新品种首次参赛就获得了中型西瓜综合瓜王奖季军。"京颖"已经成为可以与国外品种相媲美的小型西瓜品种，连续多年在大兴西瓜擂台赛上获奖。这些西瓜品种的获奖进一步提升了北京大兴西瓜的知名度，丰富了市民的果盘子，同时也为北京大兴西瓜产业的发展提供了强有力的科技支撑。

②学术影响。团队建立的西瓜抗炭疽病辅助育种技术体系显著提高育种效率。分析建立

主要病害（如炭疽病等）LGC 高通量抗性分子检测技术体系，鉴定方式操作简便，鉴定结果易于观察，稳定性较好，为西瓜炭疽病等的分子标记辅助选择育种提供技术支持。

团队建立的西瓜性别决定基因标记辅助选择技术开创了全新的西瓜品种选育方向。建立的西瓜性别决定基因标记辅助选择技术，结合杂交回交转育和高通量标记筛选，快速获得了雌性西瓜新品种"京雅"。该品种雌花节位密，连续座瓜能力强，单瓜重 0.5～0.8 千克左右，糖度高，剖面美观，尤其适合都市农业小型化和精品化的消费需求新方向，目前已经开始少量生产一代杂交种子。

2. 栽培技术效益分析

（1）经济效益分析

①肥料筛选试验示范。试验采用"生物有机肥"作为基肥，座果节位 13.3 排名第二，单果质量（4.23 千克）排名第二，亩产量最高 5 012.55 千克，中心含糖量 11.50% 排名第一，中早熟，但不耐裂，肉质细脆，汁多，味甜。亩投入成本比普通种植方式增加 54 元，产品单价增加 800 元，亩效益增加 750 元，产值达 16 万元。

冲施肥筛选试验：氨基酸＋腐殖酸处理对于提高果实品质效果最好，其中心含糖量最高为 12.56%，且单果重较高，为 1.84 千克，纤维含量少。亩投入增加 160 元，亩产量增加 120 千克、单价增加 0.2 元/千克，亩效益增加 1 000 元，产值达 17 万元。

②春大棚中小型西瓜砧木筛选试验。春大棚小型西瓜不同砧木品种筛选：采用"青研砧木一号"作为小型西瓜的砧木，始收期最早为 6 月 3 日，单果质量 2.774 千克，排名第二；亩产量最高 4 186.27 千克，并且中心含糖量 12.52%，排名第二，肉质细脆，纤维少，口感好。每亩投入增加 50 元，亩产量增加 350 千克、单价增加 0.2 元/千克，试验面积 3 亩，亩效益增加 1 450 元。

春大棚中型型西瓜不同砧木品种筛选：采用"甬砧 7 号"作为中型西瓜的砧木，单果质量为 8.42 千克，排名第三；亩产量最高 5 683.50 千克，并且中心含糖量 13.00%，排名第一，中熟，耐裂，肉质细脆，汁多，味甜。亩投入增加 30 元，亩产量增加 450 公斤、单价增加 0.1 元/千克，试验面积 2 亩，亩效益增加 930 元。

③高产优质栽培技术示范。小型西瓜"两蔓一绳"高密度栽培能增加产量 15% 左右，提早上市 5 天，商品率（1.5～1.8 千克）可达到 92%，提高 40% 左右。亩增加成本 500 元、增加产值 5 500 元。亩增收 5 000 元。2016 年示范应用达到 2 750 亩，总增收 1 375 万元，增加市场供应 0.14 万吨。

中型西瓜简约化栽培技术平均亩产量为 5 024 千克、商品率（7.5～8.5 千克）达到 94%、亩产值 11 104 元，较常规种植模式高出 15.4%。推广面积 5 570 亩，总增收 825.4 万元。

小型西瓜长季节栽培技术第一批瓜 7 月 2 日成熟，平均亩产量 3 274.5 千克，平均中心含糖量 11.5%、边糖 10%，平均单瓜重 1.85 千克，总增收 262 万元。

草莓套种西瓜甜瓜技术上市时间 5 月 15 日至 28 日，平均亩产量 1 482 千克，平均中心含糖量 12.8%，亩效益 0.89 万元。总应用面积 280 亩，增加商品瓜供应 16.8 万个，总增收 166 万元。

④瓜垫技术示范。天窗放顶风、瓜垫、吊蔓栽培网式结构示范效果显著。瓜垫示范效果：地爬栽培的西瓜有阴阳面、容易受到病虫侵害，采用瓜垫后减轻了阴阳面发生情况、阻

隔了地下害虫和农药灼伤，起到防潮通风作用，使果实下部充分接受阳光，果实表面颜色均匀一致，提高了商品性。可重复使用，一个成本 0.4 元，至少可使用 5～8 年，1 亩地约用 2 400 个，当年即能收回成本，每亩增收 800 元以上。2016 年累计推广 750 亩，增收 112.5 万元。

⑤蜜蜂授粉技术。西瓜蜜蜂授粉技术是西瓜简约化栽培技术之一，它是利用天然蜂群作为授粉媒介，进行西瓜授粉的新技术。西瓜蜜蜂授粉与传统人工辅助授粉技术相比，既可减轻瓜农的劳动强度，又可提高西瓜座果率及西瓜心、边糖含量，改善西瓜品质。

2016 年北京市内推广西瓜蜜蜂授粉技术 16 400 亩，其中大兴 9 700 亩，顺义 5 500 亩；推广小果型西瓜蜜蜂授粉技术 1 200 亩。节省人工 57 400 个，节省农药投入 1 312 万片，节约成本约 754.4 万元。瓜农增收 459.2 万元，蜂农增收 295.2 万元。

⑥西瓜抢早栽培技术。2016 年大兴综合试验站示范推广的西瓜抢早栽培技术主要集中在 7 所田间学校工作站所在村以及庞各庄镇南李渠村、宋各庄村、北顿垡村、南小营村和钥匙头村等西瓜主产村，示范面积 1 080 亩，全区推广带动面积 800 亩。通过应用二层天幕覆盖，使定植日期提早到 3 月初甚至是 2 月底，可提早成熟 7～10 天左右。2016 年南小营村徐学军种植的中果型西瓜采用天幕覆盖技术于 5 月 2 日开始采收，销售价格 7 元/千克，按亩产 3 249 千克计算，亩效益可达 22 743 元。而南小营村整体西瓜成熟期集中在 5 月 10 日左右，早于全区平均水平，在大批量西瓜成熟前已开始大量出售，因此整体效益较高（表10-27）。

表 10-27　栽培技术推广经济效益表

技　　术	经济效益（万元）
肥料筛选	33
春大棚中小型西瓜砧木筛选试验	10
高产优质栽培技术	2 628.4
关键技术示范	112.5
蜜蜂授粉技术	295.2
西瓜抢早栽培技术	4 275.7
节水技术	80
总计	7 434.8

数据来源：2016 年调研数据。

（2）社会效益分析

蜜蜂授粉技术、膜下微喷水肥一体化技术等的使用极大地节省了用工量，减少了劳动强度。2016 年共示范瓜垫 136 亩，共节省人工 108 个；示范蜜蜂授粉节省人工 57 400 个。吊蔓栽培网式结构示范：开发了一种吊蔓栽培用网式结构，亩节省人工 6.5 个。

（3）生态效益分析

①节水技术。膜下微喷灌溉技术：在膜下应用微喷带进行灌溉的技术，分为首部、施肥器、主管和微喷管几个部分，具有流量快、节水的特点。针对大兴、顺义灌溉设施配套了 2 种首部和 3 种施肥器（汽油机、重力施肥器和文丘里施肥器），实现分户膜下微喷灌溉。平均亩灌溉量 104.8 方，大水沟灌相比同期节水 115.2 方。

膜下滴灌技术：在膜下应用滴灌管进行灌溉的技术，分为首部、施肥器、主管和微喷管几个部分，具有流量较慢、节水的特点。平均亩浇水量 107.7 方，比大水沟灌节水 112.3 方。

膜上沟灌技术：在灌溉沟上覆膜，透过膜上的小孔渗水，可以减少灌溉沟水的损失，灌溉更均匀。比大水漫灌省水 35% 左右。

示范区用水情况：建立 18 个西甜瓜节水示范区，5 804 亩地采用设施，针对不同设施条件示范滴灌、膜下微喷、膜下沟灌三种技术。每茬亩用水量分别为：滴灌 99.4 方，膜下微喷 105.0 方，膜下沟灌 223.5 方。示范区平均用水量为 143 方，比常规减少 97 方，示范区总节水 56 万方；示范点改变灌溉方式，由漫灌改为膜下微喷；安装了 4 台水泵变频器，配置了重力微喷施肥器、汽油机施肥器，发放了水溶肥；实现全村 650 亩地全覆盖。与对照技术相比亩节水 176.5 方，肥料利用率提高 20%，示范区一茬西瓜节水 8.8 万方。

应用微喷灌溉技术经统计全生育期平均灌溉 248 方，传统大水畦灌经统计每亩西瓜一茬灌溉 349 方，每亩节约 29%。通过应用西瓜微喷灌溉技术，减少了病害的发生，全区推广 600 亩，一茬西瓜共节水 6.06 万方，效果显著。

②西瓜专用肥示范。示范 635 亩，亩化肥用量控制在 75 千克以内；生物菌剂壮苗、改善品质效果明显。示范点节省化肥用量 15 吨，减少环境氮流失 2.25 吨，累计节省成本 2.4 万元。

③蜜蜂授粉技术。2016 年北京市内推广西瓜蜜蜂授粉技术 16 400 亩，其中大兴 9 700 亩，顺义 5 500 亩；推广小果型西瓜蜜蜂授粉技术 1 200 亩。节省人工 57 400 个，节省农药投入 1 312 万片，节约成本约 754.4 万元。

3. 植保技术效益分析

（1）经济效益分析

①有籽西瓜、无籽西瓜和甜瓜种子包衣处理技术。有籽西瓜种子处理技术示范和推广面积约 2 500 亩，主要覆盖地区为大兴、顺义、延庆、房山和昌平等。无籽西瓜种子处理技术示范面积约 100 亩，主要应用地区为延庆等。甜瓜种子处理技术示范和推广面积达 300 亩，主要覆盖地区为大兴、顺义、延庆等。种子处理技术可以提高发芽率，节省用种量，减少种子投入 5%～10%；每亩按正常用种量 2 200 粒、平均价格按 0.4 元计算，最高可节省 26 万元。同时种子处理技术可降低死苗率，避免后期补苗，也减少用工量和劳务投入 5%，育苗人工投入按 4 天/亩、用工成本 120 元/天计算，可节省人工成本 7 万余元。种子处理成本非常低，每粒种子处理后增加投入不超过 0.02 元，每亩按 2 000 粒用种量计算，大约只需投入 40 元，大大降低了生产成本。

②西瓜病害综合立体防控技术。天敌防控蚜虫和叶螨示范区内取得了良好的效果，应用异色瓢虫和东亚小花蝽联合防控西瓜蚜虫具有较好的控害效果，释放 2 周后，处理组虫口减退率为 74.3%，防治效果为 72.74%；捕食螨防控叶螨绿色防控技术体系已经在大兴区部分园区和农户生产过程中应用和示范，取得了良好的效果，防控后棚室的平均虫口减退率为 74.3%，防效为 76.35%；西甜瓜土传病害高效集成技术，在延庆区的老齐瓜园、北京茂源广发种植专业合作社等基地示范区均取得良好防控效果，园区内平均发病率不到 5%，平均防效可达 87.9%；同时，特锐菌和抗重茬菌剂具有明显的促生长作用，示范区内应用该技术的处理组植株株高较对照组增加 37.8%、茎粗较对照组增加 14.6%、叶面积较对照组增

加 36.9%。

2016 年各项技术示范面积累计为 280 亩，其中异色瓢虫和东亚小花蝽联合释放防治蚜虫技术，示范面积为 80 亩；捕食螨防控叶螨绿色防控技术体系，示范和面积为 50 亩；西甜瓜土传病害高效集成技术，示范面积为 150 亩。技术辐射面积达 500 亩，平均亩挽回产量损失 200 千克。亩增产值按北京市西瓜平均单价 2 元/千克计算；减少人工费用按北京地区雇佣人工标准每工日 100 元计算；每亩减少化学杀虫剂使用量为 150 克（10 万元/吨）。

每亩新增总产值＝主产物增产值＋减少人工费用＋减少化学杀虫剂费用

天敌防控西甜瓜害虫技术和土传病害高效绿色防控技术体系累计示范面积 280 亩，辐射面积 500 亩，总的经济效益为 51.87 万元。

③西瓜猝倒病等育苗期病害防治技术。西瓜猝倒病等育苗期病害防治技术示范 10 亩，推广 2 000 亩，苗期猝倒病比较严重，可导致 5%～50%死苗。仅以减少死苗率 5%，每亩 1 000 株苗计算，推广 2 000 亩，可以减少 10 万株苗的死亡；按每株 2 元计算，挽回经济损失至少 20 万元。

综上对植保技术经济效益的分析，可产生直接经济效益 191 万元，如表 10-28 所示。

表 10-28　植保技术示范推广经济效益表

技　　　术	经济效益（万元）
种子处理技术	33
西瓜病害综合立体防控技术	51.87
西瓜猝倒病等育苗期病害防治技术	20
合计	191

数据来源：2016 年调研数据。

（2）社会效益分析

①有籽西瓜、无籽西瓜和甜瓜种子包衣处理技术。有籽西瓜、无籽西瓜和甜瓜种子包衣处理技术直接播种，省工（不用进行浸种催芽，降低生产成本）、省时（种子处理时间只需要 3 分钟，提高劳动效率）；促进发芽（西瓜种子发芽率提高 5%～10%，减少用种量和减少投入）、幼苗健壮、叶色浓绿；降低死苗率，整个育苗过程中几乎不出现死苗。技术的使用可以减少原来在生产中涉及的多个环节：浸种、催芽、晾晒、破壳等，极大地节省了用工量，减少了劳动强度，可以实现社会效益的整体提高。

②西瓜病害综合立体防控技术。西瓜病害综合立体防控技术总试验示范面积达 600 余亩。主要覆盖地区为大兴、延庆等。通过释放天敌防控西甜瓜害虫和应用以生物为主的绿色防控技术防控土传病害，可大幅减少和替代化学杀虫剂的使用，在保证防治效果的前提下，每个生产季防治亩用药量较常规防治减少 150g 以上，减少了化学药剂对土壤和水源的污染，并保障农产品质量安全和消费者身体健康。同时，使用天敌控害技术，可以节省劳动用工，亩节省劳动用工 2 个，亩挽回产量损失 200 千克，促进农民增收节支。

（3）生态效益分析

①有籽西瓜、无籽西瓜和甜瓜种子包衣处理技术。该技术不仅省水（每千克种子省水 2 千克，起到节水作用），而且省药（减少喷药次数 2 次，降低农药使用量 3%～5%，减少对环境的影响）。

②西瓜病害综合立体防控技术。大面积推广应用天敌和以生物农药为主的土传病害绿色防控技术，生物天敌和生物农药取之自然，用之于自然，该防治技术对生态环境无污染，对农产品无残留，对人畜无毒，能够持续地把害虫危害控制在经济阈值以下，同时，补充释放天敌和有益微生物还可增加自然界天敌种群数量和土壤中有益微生物数量，实现持续有效控害，能够大幅减少化学药剂的面源污染，对人畜和环境不造成危害。西瓜病害综合立体防控技术可降低施药次数，减轻对环境的污染；可保证西瓜品质，农药残留量降低。有助于生态平衡和农业生态系统的良性循环，为推进农业可持续发展和建设生态农业提供技术支持。

③防治西瓜猝倒病等育苗期病害的技术示范 10 亩，推广 2 000 亩，生态效益：所用的种子处理剂毒性低、用药量极少，对环境不会造成不良影响。

④种子处理防治砧木黄瓜绿斑驳花叶病毒病技术和种子处理防控西甜瓜细菌性果斑病技术示范 20 亩，推广 4 000 亩，技术的应用从源头控制，避免或大大减少该病原被带入田间，预防病害发生的同时，避免该病原在田间、土壤里的积累，避免土壤、水源遭受污染，同时，也避免了进一步的侵染源形成。

总的来说，2016 年团队主要工作全额、超额完成，取得了十分显著的成果与效益：育种、栽培、植保岗位专家与综合试验站、田间学校工作站通力合作，以技术集成为手段，以提高产业发展、提高农民收入为目标，产生了较好的经济、社会和生态效益。2016 年示范推广技术 31 项，推广面积达到 40 000 余亩；组织观摩培训 10 余次，进行田间工作指导 100 余次，培训效果较往年明显提升，大幅度提升了种植技术应用效果。产生直接经济效益达 1.2 亿元，简约化栽培技术省力、省工，取得了较好的社会效果，出色地完成了节水、节药、节肥目标，减少了水肥等资源的消耗，有力地促进了资源节约型和环境友好型甜瓜产业的发展。

（六）对产业的支撑作用

西甜瓜团队围绕"优质、高效"和"生态、节水"两条主线，构建西甜瓜抢早种植模式、西瓜长季节种植模式、西瓜轻简化种植模式、网纹甜瓜生态种植模式、西甜瓜观光采摘种植模式五大模式集成技术，围绕控肥、节水、省工、节能、减药五大目标建立高效育种体系、生态栽培体系和绿色安全体系三大体系。提升了北京市西甜瓜产业水平和服务首都的能力，促进西甜瓜产业持续稳定发展和瓜农收入稳定增长。

三、西甜瓜产业典型案例分析

（一）企业型——以老宋瓜园为例

1. 公司基本情况

1994 年，北京老宋瓜王科技发展有限公司总经理宋绍堂投资 20 万元创建西瓜种植基地，2000 年 9 月注册"宋宝森"牌西甜瓜品牌，投资建成"老宋西甜瓜销售中心"，组建自己公司的产销网络，走上品牌经营的道路。2003 年，公司开始扩大特型西瓜种植，搞规模经营，因此牵头成立了北京老宋瓜王农民专业合作经济组织。同时，在各级政府的大力支持下，投资 300 万元成立老宋瓜王科技发展有限公司，并建立老宋瓜园，正式走上产业化发展的道路。

北京老宋瓜王科技发展有限公司以老宋瓜园为依托，是一家集科研开发、科技试验示范、生产销售、旅游观光、休闲采摘、新技术推广应用及培训为一体的高新技术企业。老宋瓜园园区占地4万平方米，现建有标准化温室、大棚35个，全年都可以进行农业科技普及、示范、生产。近年来，在各级政府的大力支持帮助下，依托农业科研、技术推广单位，以及严格的质量管理，赢得了良好的市场信誉，经济效益一直稳步增长，2014年收益900万元，2016年仅园区收入就达到157万元。

2. 公司产业化经营现状

（1）经营模式

2007年公司成立老宋瓜果专业合作社，始终坚持走"公司＋合作社＋农户"产业化经营模式、以"龙头带动、产业互促、增加农民收入"为发展宗旨，为本地区瓜农提供产供销一条龙的全方面服务。通过新品种新技术试验示范，进行科普宣传，积极带动周边农户致富。

合作社充分发挥了在新品种推广、管理技术等方面的优势，根据瓜农的实际需求主要实施了三个服务：一是种苗服务，为会员和周边瓜农提供优质的种子和瓜苗；二是技术服务，通过发放技术资料向瓜农传授科技种瓜的知识，同时开通技术咨询电话；三是市场服务，提供市场需求信息，帮助农户联系销售产品，发挥了带头服务作用。此外，合作社还聘请有关专家作为合作社的常年顾向，利用科技知识和"老宋瓜王"的多年种植经验，开设西甜瓜培训班，对会员和瓜农进行专业技术培训，不仅增强了自身的品牌意识，还利用大兴的西瓜大品牌优势和产品质量赢得了消费者的认可，提高了市场占有率。

合作社目前已吸纳472户瓜农入社，种植面积达到2 310亩，社员年平均增收3 000元。合作社作为"北京市观光农业示范园""最佳观光采摘园""北京市、区两级示范合作社"，近些年来接待来园观光采摘和参观学习的人逐渐增加，销售收入平均每年以40％的幅度递增。合作社在促进公司利润增加的同时也有效地推动了大兴农业的快速发展，展示了大兴都市型现代农业，具有极其深远的社会影响和良好的社会效益。

（2）经营定位

为了夯实产业基础，公司建立了国内首家以西瓜为主题的观光园。园区结合自然、文化、科技、艺术四大理念对西瓜进行全方位的开发。园区引进新的栽培模式和新品种，并开发了盆栽西瓜、印字西瓜和造型西瓜等新技术，展示西瓜文化和西瓜的栽培科技。同时，园区还建有百米长廊，两侧立有科普宣传栏，通过对西瓜文化、新农村、西瓜之乡历史、农业科普、农村文化等内容的展示，向游客展现了新农村都市型现代农业的文化科普知识，提升了农作物的文化品位。现在，园区已成为国内"主题定位最明确，文化内涵最丰富、艺术手法最精致、科技含量最高"的西瓜主题公园。

（3）经营方式

公司坚持走现代化农业发展的道路。依靠北京市雄厚的科技与人才优势，大力发展高科技产品，以实现更好的发展。公司通过五种方式以科技带动优势产业：一是建设技术中心；二是引进新品种；三是改善优良品种繁育体系；四是充分利用科研实力以及资金优势，聘请优秀的专家；五是为科研单位提供实验、示范基地。

公司在科技创新上重点抓好三个环节，首先是优良品种选育。其次是加工、销售，根据市场变化，及时调整产品结构，采取精细加工、精包装等措施，充分满足消费者不同层次的需求。再次是抓质量，创品牌。

（4）经营战略

公司在实施产品和市场多元化经营的同时，最具特色的是其品牌战略。公司为了扩大品牌优势，进一步将品牌优势转化为经济优势，坚持以市场为导向，以科技为动力，以强化品牌管理为手段，不断提升公司市场的竞争力。

品牌战略的第一步，严格控制管理产品的质量，从种植到采摘都做好详细的生产记录，从而确定有效的产品资源即品牌资源。经过几年的努力，公司创造了"老宋""老宋瓜王"和"宋宝森"等知名品牌。第二步，用优质服务呵护品牌资源。公司精心挑选员工参加专业服务的培训，让成熟的服务成为市场支持强有力的手段。第三步，积极推广品牌。公司的宣传手段多样化，专门成立媒体小组扩大知名度，公司耗资九万元拍摄了累计四十分钟的电视宣传片；建设合作社网站，并在百度进行竞价排名，通过多维的网络渠道，为瓜农建设一个信息交流的平台；发放广告宣传册 13 000 千册，制作广告宣传牌 30 块；改建、装修农产品销售大厅 90 平方米；改建、装修农产品展示大厅 95 平方米。

为了进一步扩大西甜瓜产销网络的规模，拓宽产品的销售渠道，老宋西瓜已进驻华联、城乡贸易、翠微百货、双安百货等超市开拓市场。2015 年 7 月 20 日，公司开始与中石化北京石油进行合作，老宋西瓜以产销直供模式进入易捷便利店销售，以降低采购成本，提升竞争优势。公司在开拓市场的同时，也大大提高了大兴农产品的知名度、美誉度和诚信度。

（5）经营产品

公司目前主要的产品服务有农药、种子、瓜果、蔬菜、观光等特色农业，在种植传统西瓜的基础上，还种植种子经过卫星搭载的现代高新科技航天西瓜、有机西瓜；积极推广国内优良品种，如超越梦想、京颖、L600、传奇 4、京欣 3 号等，同时也积极引进国外先进品种，

老宋西瓜皮薄肉厚、脆嫩多汁、清爽香甜，含糖量历史最高达 14 度，是传统西瓜种植技术与现代高科技手段的结晶。从选种、育苗、种植到采摘、装箱，层层把关，严格保证西瓜的品质，蝉联历届全国西甜瓜比赛中的冠军和瓜王称号，受到社会各界消费者的一致好评，并受到专家认可。

3. 优点

（1）注重人才培养

公司非常注重对于人才的培养，每年各级部门都会组织研讨会并且聘请相关专家举办讲座，为员工进行农业生产技术、营销业务等专业培训，提高了公司职工的业务素质和整体服务水平，目前已有多人取得了初级以上的技术职称。

（2）与科研单位交流频繁

公司经常和北京市西甜瓜创新团队进行植保、信息化方面的交流，团队专家也经常来到园区以及周边瓜农所在的种植区进行指导，尤其是栽培、防病虫害，节水灌溉和蜜蜂授粉等方面的技术指导。

（3）积极为合作社会员服务

为了更好地普及科技知识，展示都市型现代农业，更好地为农民服务，合作社定期举办各种农业生产技术培训班，满足广大农民多元化的需求。组织农民到园区实地参观学习，让农民切实体会到"农业科学技术"在农业发展中的重要性，并大大改变了农民的传统耕种观

念。通过培训、学习、参观使农民很快掌握了西瓜有机化栽培、立体栽培和四季栽培等技术，从而取得了农业科学知识普及和应用的良好效果。

4. 不足

（1）与农户的利益机制有待完善

完善与农户的利益联结机制能够有效推动公司产业化快速发展，公司作为重要的产业化组织来联结农户和市场，一方面要为企业盈利，另一方面也肩负着带动农户增收的责任。但就目前而言，在与农户利益联结机制的构建上还存在着紧密性不足、稳定性差等问题。

（2）没有形成完善的企业科技创新模式

农业企业科技创新周期长，具有高投入高风险的特点，需要企业具备雄厚的资金和风险承受能力，但该公司规模较小，科技推广能力有限，还未形成有效的技术创新成果，在科技创新方面还没有实现突破性进展。

（3）产品的销售市场狭窄

目前，公司产品的主要销售渠道是礼品团购以及电商平台，集中于本地市场，这在一定程度上限制了公司取得更大的发展。公司只有拓宽市场，将产品推向外地市场，才能进一步提升公司的竞争力。

（二）合作社型——以世同瓜园为例

1. 世同瓜园发展现状

世同瓜园迄今成立 8 年，位于北京市大兴区庞各庄镇庞安路中段，并于 2007 年 10 月以世同瓜园为核心种植区成立了北京庞安路西瓜专业合作社，以科技服务为主，集试验、观摩、培训、宣传等多种服务功能于一身，带动周边并服务于全镇乃至远郊区县共计约 3 000 户瓜农共同发展。

当前世同瓜园的组织形式是以专业合作社为基础，主要负责为合作社成员服务功能；以公司为主要销售主体，主要负责农资与生产资料的采购等功能。世同瓜园内主要以通过不同种植方式生产优质西瓜为特色，走精品、优质西瓜道路。

世同瓜园主要灌溉方式是最新节水型的滴灌设备，当前采用滴灌方式的大棚 72 个，30 个大棚采用沟灌方式，4 个大棚采用微喷方式。

2. 发展规模

世同瓜园内共有 170 亩土地、106 个大棚，并有 2 个温室、1 个连栋温室，2015 年世同瓜园种植西瓜主要采用地爬种植模式与立架种植模式，采用地爬种植模式是种植大瓜型西瓜，采用立架种植模式是种植小瓜型。2015 年与 2016 年种植西瓜面积与产量对比如表 10-29 所示。

表 10-29　2015 年、2016 年世同瓜园种植西瓜面积与产量

年份	种植面积 （单位：亩）	产量 （单位：千克）	品　种
2015 年	101	397 375	华欣、京颖、L600 等
2016 年	120	360 000	超越梦想、L600、京颖、华欣 等

数据来源：2016 年调研数据。

2015 年西瓜种植面积 101 亩，共产 397 375 千克，主要的品种是华欣、京颖、L600 等。2016 年世同瓜园西瓜种植面积为 120 亩，种植品种与往年无明显变化，年产量 360 000 千克。世同瓜园近几年为满足市场需求，对精品小西瓜的种植规模正在逐年扩大，因此 2016 年种植面积扩大，但产量略微减少。

精品西瓜主要是针对于小瓜型遴选出甜度高、外形好、品质优的西瓜，在市、区推广中心的大力推广下，世同瓜园逐步使用生物用药，进行半有机模式栽培，培育出有机精品西瓜，生产出的西瓜品质好、绿色无污染、市场销路好，在市场竞争中更具价格优势。

3. 世同瓜园经营情况

合作社自成立以来，一直保持以专业合作社为西瓜种植户服务为基本，致力于为北京市西瓜种植户的生产、销售问题服务。伴随着种植西瓜技术不断成熟，园区自身西瓜种植水平也不断提升。因此当前园区为适应消费者的购买需求，以发展精品西瓜为主，采用最新的半有机模式进行栽培，生产有机的精品西瓜。

（1）生产种植水平稳步提高

世同瓜园在各方推广部门的支持下以及北京市西甜瓜创新团队专家的帮助下，生产种植技术水平得到了较大的提高。

目前北京市大兴区庞各庄地区的西瓜已成功注册成为中国著名地理标志产品，世同瓜园以其精品西瓜的品质为优势，多次在大兴西瓜节获奖，并与各大超市及电商签订合作意向，形成了规模化生产。

（2）"合作社＋公司"发展模式效果较好

2007 年世同瓜园建立专业合作社，截至 2016 年合作社成员共有 471 户，在后期为扩大生产经营规模、增加生产服务项目，建立起北京九天元宇农业发展有限公司，形成"合作社＋公司"的生产经营发展模式。在这种生产经营的模式的带动下，合作社与公司二者各司其职、相互促进，建立起产、供、销一体化的产业化发展模式。

（3）产品销售方式多元化

当前世同瓜园采用的销售渠道有四种，分别是批发销售、采摘销售、电商销售与精品西瓜销售。但是在世同瓜园的西瓜销售过程中，位于首位的是批发销售，其次是采摘销售，在近年网络销售平台的带动下，当前产值较高的电商、精品西瓜的销售方式也占据主要销售方式的第三、四位。

（4）种植成本效益核算

通过对世同瓜园 2016 年种植西瓜过程中的各项成本进行核算，进一步了解世同瓜园生产经营现状，具体各项成本如表 10-30 所示。

表 10-30　2016 年世同瓜园种植成本

类　　型	金额（元）
土地成本	240 000
雇工总费用	320 000
育苗费用	193 500
地膜费用	7 200
肥料费用	24 000

（续）

类　　　型	金额（元）
农药费用	6 500
租用生产资料费	6 000
灌溉用电费用	14 000
销售费用	112 000
合计	923 200

数据来源：2016 年调研数据。

通过各项生产费用初步统计，园区内种植西瓜成本为 923 200 元。其中，土地成本和雇工费用占总成本的 60.7%，可见，北京作为国际化大都市，在农业生产中，土地及人工成本费用过高，但面对北京的大市场，生产优质的西瓜价格更具优势。育苗费用 193 500 元，占总成本的 21%，地膜、肥料、农药及其他费用共占 18.3%。

4. 优点

（1）开展公益性植物诊所

世同瓜园为回报社会，为广大种植户解决田间实际问题，进行针对性种植技术辅导，开设了全北京市第一家公益性植物诊所，并于每周三全天坐诊，实现免费为种植户提供诊断治疗，开具绿色、环保药物。此公益性植物诊所自开展以来，先后为北京市 1 000 多位种植户诊断病害。为大兴区乃至全北京市农作物种植问题提供最为权威的公益性解答。

（2）网络销售平台初建设

伴随着许鲜、天天果园等众多生鲜水果网络销售平台的兴起，网络平台的建设已悄然成为生鲜水果销售的主要方式，为适应大环境，世同瓜园在微信上开办微店"思密达乐园"，实现 18：00 前下单，北京地区第二天思密达西瓜触手可及的承诺。开发了具有特色优势的品牌"思密达 13"，设计了具有自身特色的西瓜包装礼盒，确保西瓜在运输途中完整无损。

自平台成立以来，店铺产生约 500 笔订单。园区也因平台的宣传，迎来了一些慕名而来的消费者，成为世同瓜园第三大销售方式。

（3）开办西瓜种植技术培训班

合作社为提升西瓜种植户的生产技术能力，积极联系北京市农业推广中心与西甜瓜创新团队的岗位专家，不定期为种植户开办西瓜生产、种植、栽培等方面的培训讲座。此外，为满足广大种植户种植过程中的实际需求，合作社定期开放种植大棚，种植户可以进行参观与交流。通过此举，种植户的种植技术能力明显提高，取得了一定的成效。

5. 缺点

（1）规模化程度低

作为合作社为最初形态的世同瓜园，始终以社员承担更多销售方面的责任为己任，在瓜熟期，积极为农户寻找高于市场收购价的渠道。但由于种植西瓜的农户较多，西瓜品种多、杂、乱，生产种植过程中采用的种植方法、栽培方式、施肥施药标准等方面不统一，因此各种植农户种植出的西瓜品种质量不均等，导致合作社无法大规模进行收购并出售，严重影响精品西瓜的发展道路。

（2）西瓜附加值较低

北京西瓜市场愈发火热，消费者对西瓜的要求已由传统的普通西瓜上升为高品质的精品西瓜，由此可以看出消费者的需求层次也在不断地上升。但根据近几年的统计，西瓜的销售仍然只停留在初级产品的销售，唯一创新的只有礼品盒类销售，西瓜仍难以成为具有高附加值的农产品。

（3）机械作业难度高

在投入方面，2016年世同瓜园的西瓜种植成本核算中，雇工费用占全部成本的34.7%。因此，随着劳动力成本的急剧增加，世同瓜园作为一个面积较大的园区，已着手采用机械进行棚内作业，但由于政府补贴的大棚内部空间小、高度低，而机械较大，无法进入大棚，不具有使用机械作业的条件，致使当前无法进行大规模机械作业，严重影响世同瓜园标准化、一体化水平的提高，阻碍了生产经营成本的降低。

（三）家庭农场型——以老齐瓜园为例

1. 老齐瓜园发展现状

齐文彤（以下简称"齐"）家住河南，2010年携二子一女来到北京延庆租地种瓜，五年来种植规模与效益逐年提高，他本人也成为延庆西瓜种植的典型示范大户。延庆西甜瓜种植主要集中在延庆镇周边，集中在康庄镇西红寺村和王家堡村、八达岭镇小浮坨村和大榆树镇陈家营村，其他村镇以及合作社有少量种植。这些地区土壤质地以壤土、沙壤土为主，水质纯净，各项条件较适宜西甜瓜生长，所以出产的西甜瓜质量上乘外形周正。因此，齐一直以来都是租赁小浮坨村的大棚进行西甜瓜生产经营。

2. 发展规模

2014年齐在八达岭镇小浮坨村租借生产队67个冷棚，占地40余亩，2015年在此基础上又租了103个冷棚，共170个冷棚，总面积扩大到了120余亩。

通过对齐的西甜瓜生产经营情况进行调研，发现其具有家庭农场的基本特征，是比较典型的家庭农场经营模式。

齐种植西瓜的模式与传统冷棚西瓜种植不同，其采用的长季节种植方式从5月份到10月份能收获三到四茬西瓜，平均每年每亩产量在3 500～4 000千克之间。

除了齐和他子女四家人种植西瓜外，齐每年3月到10月还会雇佣长工，期间农活繁重时会视情况雇佣短工。在生产管理上，齐和他两个儿子一个女儿虽然各自经营，但是在生产过程中会统一购买生产资料，种、肥、药都有长期稳定的供货商。在销售上，齐和他的子女统一租赁批发市场摊位，西瓜大部分采用装箱，以"礼品箱"的形式销售，销售渠道比较稳定，大部分由长期客户（超市）采购，同时，齐的西瓜品牌"八达岭"，在当地有一定知名度，但是没有进行工商注册。

齐2016年西瓜生产经营的成本收益情况见表10-31。

表10-31　2016年成本收益表

西瓜品种	超越梦想
设施个数（个）	117
种植面积（亩）	70
土地成本（元）	110 000
雇工总费用（元）	37

（续）

西瓜品种	超越梦想
育苗棚面积（亩）	0.8
育苗费用（元）	35 000
棚膜费用（元）	200 000
地膜费用（元）	22 000
肥料费用（元）	140 000
农药费用（元）	37000
租用生产资料费（元）	3 500
灌溉用电费用（元）	5 000
销售费用（元）	329 720
产量（千克）	436 800
平均单价（元/千克）	3.2
总收入（元）	1 398 000

数据来源：2016 年调研数据。

3. 优点

（1）规模经济

齐的西瓜种植体现了家庭农场在一定规模内随着规模扩大，亩效益稳定扩大（表 10-32）。

表 10-32　近三年成本效益对比情况

单位：元

年份	总成本	亩成本	总效益	亩效益
2014	478 150	11 894.3	1 286 400	20 105.7
2015	1 104 200	9 006.5	3 003 700	15 493.5
2016	882 257	12 603.7	1 398 000	19 971.4

数据来源：2016 年调研数据。

（2）品种及种植方式独特

在调研过程中齐告诉我们，他选用的西瓜品种"墨童"品质好、抗病性强、甜度高，且商品率在 90％以上，耐储运。他说他从 2010 年就种这个品种，当时北京西瓜市场上这个品种很少，可以说是他打开了墨童西瓜在北京的市场。同时，他采用长季节新型种植方式，具有省时省工的特点，较传统种植方式更省工、更适合规模生产，因此经济效益显著。

（3）家庭经营

从事家庭农场生产管理的都是本家族成员，所以在生产经营过程中，成员间交流生产经验、技术等基本没有隐瞒及保留，能够及时有效地共享生产资料及生产经验。在调研中得知，齐一家在西甜瓜生产经营过程中，从采购生产资料到收获装箱拉往市场销售，都是整个大家庭统一组织生产经营活动，即家庭成员首先是经营管理者，其次才是生产劳动者。

（4）市场化程度高

齐在延庆租地种瓜，不是为了满足生计而是为了盈利，因此他的产品商品率很高，而且齐跟普通种植户的最大区别在于，他拥有稳定的销售渠道且大部分西瓜走礼品市场，受市场上西瓜价格波动影响较小，因此收益情况较为稳定。

（5）与政府农业服务部门联系紧密

在整个生产经营过程中，齐都积极配合政府农业服务部门进行技术的实验、示范及推广，积极地寻求技术上的支持，使得其能及时发现处理病虫害等问题。

4. 不足

（1）技术问题

例如育苗嫁接成功率低，齐告诉我们，为了降低生产成本，他每年都是自己育苗，在嫁接时死苗率较高，造成了很大的经济损失。因此，尽管在整个生产经营过程中，齐虽然经验丰富，但是有一些新技术他还掌握得不够成熟，需要指导。

（2）用工问题

一方面是招工难，除了长工以外齐在忙时还需雇佣短工，但是随着城镇化脚步加快，农业劳动力短缺问题日益严重。另一方面是近年来劳动力成本大幅上升，导致生产成本得上升。

（3）资金问题

规模化运营需要大量资金投入，资金短缺是家庭农场持续发展的关键因素。由于化肥、农药、农膜价格上涨，使得齐的生产资料投入逐年提高。

四、西甜瓜产业发展政策与建议

（一）产业发展问题及其技术需求

1. 种植技术问题

（1）节水灌溉技术推行难

通过近几年的培训，建立了多个节水灌溉示范区，节水灌溉推广面积也在逐年上升。但由于资金分散、节水设备投入高、缺乏村内支持等多重原因，节水灌溉技术在部分地区仍难以推广。

（2）机械化生产水平较低

受目前技术水平限制，嫁接、定植、授粉等高强度、重复性工作难以实现机械化，专用机械应用效果欠佳。受保护地结构和面积限制，大型农机具难以应用，进一步阻碍了西甜瓜机械化栽培模式的发展。亟需高效、实用和小型化的专业农机具，以提升西甜瓜产业机械化水平，从而促进劳动生产率的提升。

（3）新品种结构调整有待突破

北京西甜瓜品种结构未发生大的变化，虽然不断有新品种出现，但在新品种推广上力度不大，品种更新速度较慢。随着国内西甜瓜育种投入的加大，新的品种不断推出，中国农科院、北京农科院以及在京的西甜瓜育种企业，不断对现有品种进行改良，不断推出新品种，但大部分农户在生产惯性驱使或者在收购商的引导下，仍以原来种植的品种为主，采用新品种的动力不足，导致北京地区新品种推广乏力。

同时，在育种研发方面也存在育种成本高、市场开发慢以及生产周期长等问题。

（4）西甜瓜生产中节水技术进步进展缓慢

郊区农业生产中节水工作已发展多年，但是以低效设施设备及技术应用居多，高效、成本适宜的技术开发、推广应用不足，在当前北京水资源极度匮乏情况下，节水工作已成为当前亟待解决的问题。

（5）西甜瓜生产中病虫危害发生有加重趋势

目前北京地区西瓜、甜瓜主产区棚室复种指数高，轮茬已出现困难，致使连作西瓜、甜瓜的枯萎病、菌核病和根腐病等土传病害发病较重。

过去北京地区很少发生的果腐病近年来已经少量发生，需要重视；瓜类白粉病、蚜虫危害进入5月下旬后危害有加重趋势。

由于北京地区防治蓟马长期使用吡虫啉、啶虫脒的等烟碱类杀虫剂，部分研究发现，蓟马已经对这类杀虫剂产生抗药性，甚至对生物药剂——乙基多杀菌素已经产生了 2 000～3 000 倍的抗药性。农药用量增加及滥用，导致农药残留超标，严重危害人类健康和生态环境安全。

大兴区和顺义区的西瓜棚室多数没有铺设防虫网，棚室环境相对开放，棚室内蚜虫种群基数增长较快，异色瓢虫控害效果相对较差，调查顺义和大兴的多个示范棚室，平均防效仅为 23.67%；延庆区异色瓢虫防治蚜虫试验开展得较晚。西甜瓜生产中，红蜘蛛危害十分严重。

（6）设施改造后配套设备应用制约

西甜瓜生产以大棚生产为主，目前竹木大棚改造为钢架大棚的工作已完成。改造完成后的大棚的通风、省力化农机作业等配套技术欠缺，需要解决。

（7）"集约化"育苗技术推广面临硬着陆

北京西甜瓜育苗采用集约化程度还处在较低水平，普遍为一家一户的育苗散户，育苗大户数量少，育苗质量不稳定，苗场管理缺乏规范标准的制度和体系。随着《北京市 2013—2017 年清洁空气行动计划》和《北京市 2017 年农村地区"无煤化"工作实施意见》的逐步落实，截至 2017 年底实现农村地区"无煤化"。直接限制了一家一户育苗工作的开展，将促使育苗方式由零散式向集约化转变。但目前集约化育苗市场仍在培育阶段，突然的转变将使苗场面临极大的育苗压力，且农户与苗场间的信任和了解尚不充分，双方对接环节中极易出现多种问题。

（8）西甜瓜种子处理技术亟待改进

有籽西瓜种子处理存在的问题：①生产中西甜瓜育苗时种子不发芽或发芽率低。②西甜瓜幼苗出苗后，部分幼苗出现倒伏和死亡。③种植户对西甜瓜种子处理的作用认识不足，普遍认为种子处理的作用就是保证种子发芽，从而单纯使用浸种催芽技术促进种子尽快发芽。④西甜瓜种子处理方法不当，主要表现在浸种时间、浸种温度、浸种所用的介质（普遍采用温水等）。⑤西瓜种子处理靶标性不强，未能有效地防治种苗期病害。⑥西瓜种子未进行种子处理，直接播种造成出苗晚、出苗不齐、幼苗弱小，不利于嫁接。⑦种子处理后需要及时播种，不能贮藏。

无籽西瓜种子发芽存在的问题：①无籽西瓜种子的种皮坚韧、种胚发育不完全，从而导致在育苗过程中存在着不同程度的种子萌发障碍和幼苗出苗不齐、不全等问题。②生产上通常采用浸种、破壳、控湿、控温等多种技术或方法提高种子的发芽率和幼苗的出苗率，但这些技术或方法存在效果不理想、费时费工等缺陷。③进行种子破壳操作时很容易对种胚造成伤害。④近年来推广应用的西瓜嫁接技术要求幼苗出苗整齐、健壮，对种子质量也提出了更高的要求。

甜瓜种子发芽存在的问题：目前在生产中还没有进行甜瓜种子处理药剂的应用，生产中主要采用浸种催芽技术进行发芽的诱导，容易出现出芽不整齐以及胚芽过长折断导致不出苗、出苗后幼苗死亡等诸多问题。

2. 组织化、规模化问题

（1）规模化程度低

北京市可用种植面积小，西甜瓜以农户为主要经营主体，生产规模小，平均每户西瓜种植面积不足 5 亩，仍有一大部分瓜农生产面积在 5 亩以下，面对 2 000 多万居民的巨大消费市场，零散的小型生产很难对先进的生产技术进行普及，很难满足消费者的需求，很难与批发零售商建立稳定的供销关系，因此，发展农业适度规模经营仍有空间。北京市西瓜生产以自发组织和粗放经营为主，先进实用技术在生产中应用不足，产出水平低。单户农民对市场、价格信息存在一定盲区，大都不具备分析市场反馈信息的能力，不利于生产者及时调整价格，造成销售困难，生产利益减少。

（2）组织化程度有待提高

北京市西甜瓜产业组织化程度相对松散，虽然合作社在近几年起到相应的作用，但带动周边农户的效果不明显，合作社生产销售各环节针对性不强，专业化水平不高，对西甜瓜种植多环节的带动作用，合作社的组织者往往应接不暇。此外农业社会化服务水平不高，北京市西瓜种植以自己育苗为主，一方面，这种育苗方式对煤电消耗大，不是绿色发展的方向；另一方面，零散育苗对育苗质量和种植品种不能统一，不利于规模化种植。在农资供给上，服务的专业化水平仍然不高，不能做到因地适宜。因此，北京市西甜瓜产业组织化程度的提高依赖于农业社会化服务的专业化水平的提高。

3. 市场问题

（1）西瓜价格不稳定

2017 年春季大棚西瓜上市价格高，为农民带来较高收益，6 月末以前上市西瓜价格平均 0.5 元/千克；但进入 7 月份，晚熟西瓜以及露地西瓜价格很快下跌，最低价格仅 0.15～0.2 元/千克，虽然涉及农民不多，但对种植农户而言亏损无盈利。建立西瓜价格合理调控机制成为政府服务部门重要课题。

（2）市场渠道拓宽问题

现阶段西甜瓜销售仍然以地头销售为主，农民对市场、价格信息存在一定盲区，不利于生产者及时调整价格以保证生产利益。近年来发展较快的采摘、观光农业因为特殊原因受到制约，一是政府推动因为调控减少，资金支持力度下降；二是消费者到田间采购还未得到大的发展，未形成消费主流。此外，一个突出矛盾为各地农业结构调整及大市场发展造成种植面积过大带来的销售压力。销售渠道不畅，合作组织礼品西瓜销量降低，导致对瓜农的收购量降低。在 6 月初至 6 月中旬，西瓜集中上市，西瓜价格迅速下滑，导致经济效益降低。综合试验站积极通过微信公众平台及社交群对西瓜产品进行了大力宣传，但目前取得的效果甚微。

（3）观光采摘发展力度降低

各地过去以政府参与为主导的农业观光采摘活动随着政府推动力量的退出，采摘活动转变成为相关园区自主运营。北务"绿中名"瓜菜采摘节政府依然提供服务，但限于新闻发布、部分协调等服务，政府直接采购部分已经取消。并且西甜瓜采摘产品活动过于单一，吸引消费者的持久力不足。相关采摘观光园区计划开发餐饮住宿业务等受政策限制无法得以有效破茧发展。

4. 技术需求

（1）针对不同需求引进新品种

针对观光采摘、长季节、露地栽培等不同需求和不同模式引进优质西甜瓜新品种。

（2）进一步完善配套技术

针对无公害、绿色、有机不同认证水平进一步完善配套技术；针对地爬和吊蔓两种模式提升长季节或多茬栽培技术模式；探索高端精品西甜瓜栽培技术。

（3）轻简化栽培技术及机械的研究和应用

用工成本在西甜瓜种植中占很大比重，加之现在从事农事劳动的人员结构越来越趋于老龄化，愿意从事农事劳动的年轻人越来越少，急需轻简化栽培技术及机械的研究和应用，有效降低成本，提高劳动生产率。

（二）产业发展趋势

1. 农村人口老龄化

随着平原造林工程的推进、新机场及周边配套设施的建设和土地流转工作的逐步开展以及劳动力老龄化日益严重，大兴区西甜瓜栽培面积正在逐渐萎缩。粗略统计结果显示，目前春茬西甜瓜栽培面积仅为 24 000 余亩。西甜瓜产业结构将面临重大改革，未来西甜瓜产业发展方向和技术服务重点难以把握。

2. 总种植面积呈下降趋势

未来一段时间北京西瓜生产会发生两类分化，其一是发展中地区为主的数量、质量并重的常规生产会稳定相当长一段时间，对这一类型为主的西瓜生产重点是品种优化、技术升级、产品优质安全为目标的生产技术体系建立。其二是以大都市都市型农业体系建设为主的生产，西瓜作为主要产品会发生栽培技术的升级，以保障土壤安全、产品安全为主的包括无土栽培技术在内的新技术会逐渐成为主流，相应带来新技术体系形成；同时可能发生经营体制新的创新，生产者主体由目前的老龄化向年轻化变化；设施生产成为主体和载体，承载高效获得和保障市场供应任务；土地资源利用合理化，生态农业得到较快发展。

3. 休闲观光仍有空间

西甜瓜种植面积将进一步扩大，将吸引更多的投资者和从业者，与休闲观光农业的结合将越来越紧密，影响力也将不断加强。亟待解决的技术问题一是品种和育苗问题，针对延庆地区和不同需求引进筛选适销对路的品种，提高育苗水平和技术；二是针对不同认证完善配套技术，降低用水、用肥与用药量；三是轻简化、机械化栽培技术的研究和应用。

4. 规模化种植是未来方向

北京市西瓜种植历史悠久，随着经济的发展，农业在产业结构中的比例逐渐降低，北京市各区县西瓜种植规模也呈现逐年降低的趋势。在这种发展背景下，北京市近年来出现了以企业、合作社、家庭农场形式为代表的新型西瓜种植组织，改变了传统的种植分散、管理不便的西瓜种植，顺应了农业适度规模种植的趋势。未来北京市西甜瓜产业若想切合都市型现代农业的发展，突破土地瓶颈，创新发展规模化种植是未来的发展方向。

（三）具体政策与建议

1. 创新发展观光采摘农业

围绕都市型现代农业发展，在产业体系综合建设上增加力度。重点在品种、技术、产品安全监管系统应用、质量追溯等方面实现突破。开展观光农业健康发展模式研究应用与推广，解决北京西甜瓜产品类型为主的观光农业发展缓慢问题。提升观光采摘和礼品销售型高端市场西瓜品种的质量和丰富度。

2. 加强技术推广与应用

着力打造集中示范区，重点示范蜜蜂授粉技术和微喷水肥一体化灌溉技术，以提升高效栽培技术的辐射带动作用。蜜蜂授粉技术的推广，可明显减少授粉期人工投入和"一株一片"等杀虫药剂的使用，从而提升劳动生产率，降低生产成本，获得更高的经济和生态效益；通过微喷水肥一体化技术的推广，有效提升水、肥资源利用率，减少灌溉工作量。开展西甜瓜无土栽培技术的研发与推广，解决农业发展土地资源制约与水资源制约问题，探索工程化农业发展，实现农业生产根本方式的转变。加强对新品种引进与配套技术试验示范的支持力度，使技术研究向更精准和轻简化方向发展，为西甜瓜产业标准化、规模化、产业化发展打好基础。重视西甜瓜产业发展中的节水工作，考虑建立1个综合节水试验示范区，摸索本地适宜发展应用节水技术与推广应用模式。为满足都市型农业需求，推广优质、耐储运、多样化的中、小果型西瓜新品种。

大力发展集约化育苗，既要着力培养育苗大户，又要建立完善的育苗管理机制，使育苗集中化、标准化。同时，随着劳动力成本的逐年增加，加大育苗机械化，降低劳动力成本，提高劳动生产率是北京地区集约化育苗需要考虑的问题。

以提高品质、抗性和产量为目标，选育综合抗病性强的砧木品种。

以降低发病率、减少施药次数、提高食用安全性为目标，建立北京西瓜绿色防控体系。

以提高西瓜品质和"三率"为重点，开展集约化、精准化、轻简化栽培技术的研发和集成，并推广应用。以产业可持续发展为方向，开展西瓜生产风险监测，分析评估市场风险，研发风险管理工具，构建风险管理体系和平台，提高产业抗风险能力。

3. 拓宽销售渠道，增强品牌建设

抓住国家"互联网＋"政策，发展西瓜电商，拓展北京西瓜销售渠道，建立起北京西瓜销售融传统与现代方式方法于一体的销售新体系。尝试建立北京西瓜产品生产、市场信息服务平台，以大数据为生产者提供选择决策服务。鼓励专业营销平台及专业营销队伍建设；鼓励更多电商与延庆西甜瓜种植者对接；搭建更多平台使更多人认识西甜瓜，加大西甜瓜品牌知名度和影响力。重点关注龙头企业、园区和合作组织的创新营销模式，争取建立合作共赢机制，大力发展电商平台和"互联网＋"等新兴销售渠道，解决西甜瓜销售难问题，提升西甜瓜产业经济效益。

4. 加强农民教育培训

依托北京市西甜瓜创新团队资源，建立主产区新品种、新技术试验、示范展示园，每年定期向农民及其他生产者进行推介。进一步加大新品种、新技术培训力度，将培训重点由一家一户转向园区、企业和合作社等集体组织，有利于开展集中示范，从而提升辐射带动作

用，以促进新品种、新技术的推广。加强对北京西瓜生产农民职业教育工作。结合国家发展家庭农场要求，培育新型骨干农民，在开展以实用技术为主的科技培训基础上，开展现代农业经济管理知识技能培训工作，破解北京西瓜产业从业人员年龄老化与经营规模过小效益低下问题、解决未来北京乃至全国"中国谁来种地"的问题。拓宽培训方式，采用集中培训、观摩、田间指导和实操培训等方式，使更多的人们了解和掌握西甜瓜栽培技术和产业发展趋势，加大对典型示范户和事例的宣传，为产业发展营造良好的社会氛围。

5. 着力推广长季节栽培模式

延庆长季节栽培模式的成功经验应在延庆、密云等地区大力推广，通过扩大种植面积既可以弥补北京市场 7 月至 9 月北京本地西瓜的空白，保证北京本地西瓜的供应周期，又可以提高北京西甜瓜特色产业的可持续发展。建议针对延庆、密云等地区的西瓜生产给予一定的优惠政策，扶持这些地区的西瓜产业。

6. 完善补贴覆盖

在原有政策的基础上，应考虑补贴的综合效益，如针对西甜瓜种植户应给予建棚补贴和推广新技术所配套的肥料、农药、机械补贴，减少种植户生产成本，提高农户种植西甜瓜积极性。

第十一章　北京市生猪产业发展报告

生猪产业技术体系北京市创新团队根据北京市农业"调、转、节"有关政策、《北京市"十三五"时期都市现代农业发展规划》和《全国生猪生产发展规划（2016—2020年）》《全国农业可持续发展规划（2015—2030年）》部署，和北京市生猪产业发展现状及产业发展需求，遵循"打造高精尖，引领京津冀"发展思路，坚持创新、绿色、协调发展理念，在第一个五年任务规划顺利执行、第二个五年任务规划顺利推进的基础上砥砺前行，制定并顺利推进新的五年任务规划（2016—2020年）。团队在上级主管部门领导下，全体成员团结协作，圆满完成了2016年计划任务，成效显著。为进一步摸清北京市生猪产业2016年发展状况、探索都市型现代农业稳定发展途径，特编写《北京市生猪产业发展报告（2016）》。

本报告主要依据相关统计年鉴、相关主管部门的内部数据资料、生猪产业技术体系北京市创新团队的内部资料、生猪产业技术体系北京市创新团队产业经济岗位的调研资料等，基于2016年北京市生猪产业发展现实，并以2011年以来的发展情况为基准，以津冀地区和全国水平为参考，综合运用多种分析方法，从生猪产业发展概述、生猪产业发展中创新团队的技术支撑作用、生猪产业典型案例、生猪产业发展政策与建议四个方面全面总结北京市生猪产业发展现状与成效，深入剖析面临的挑战与趋势，力求在技术和政策两个层面上厘清发展思路。

一、生猪产业发展概述

（一）生猪产业的地位和作用

1. 生猪产业的地位

作为畜牧业的支柱产业，生猪产业在发展都市农业经济、促进农民增收和保障城乡居民猪肉消费方面具有举足轻重的地位，是关系首都民生的重要产业。近年来，北京市生猪总产值基本呈缓慢下降态势，在农业产值中的比重虽然有所减少，但仍然占据相当重要的地位。2016年北京市生猪总产值为542 999.9万元（图11-1），较2011年下降了8.64%，占当年畜牧业总产值的44.26%、农业总产值的16.06%。与此同时，在种业生产中，受生猪产业周期波动影响，2016年种猪产值36 047.1万元（图11-2），较2011年下降了39.14%，占当年畜牧种业总产值的27.93%。但北京市仍是全国最活跃的种猪市场，种猪产业是首都"种业之都"的重要支撑点，形成了养猪育种中心、顺鑫小店良种场和六马养猪科技三家国家育种场为核心的生猪良种繁育体系，协同北京市91家种猪场开展种猪生产经营，辐射全国各省市。

万元

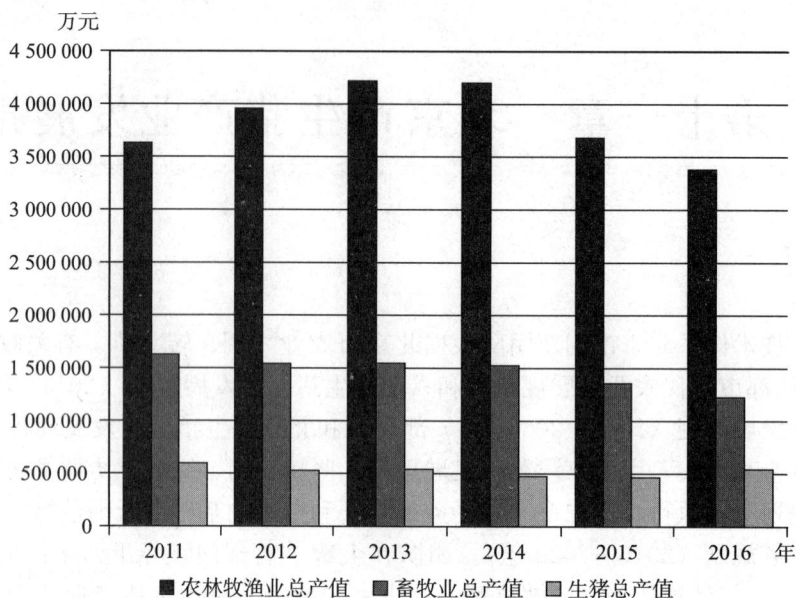

图 11-1　北京市农业生产各项产值变化趋势
数据来源：北京市统计局网站信息和历年《北京统计年鉴》。

万元

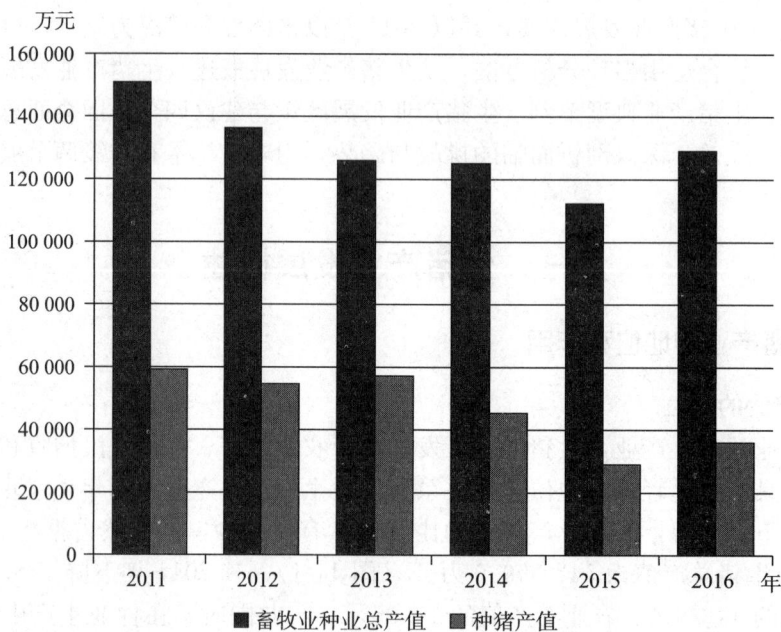

图 11-2　北京市畜牧种业产值变化趋势
数据来源：北京市统计局网站信息和历年《北京统计年鉴》。

2. 生猪产业的作用

猪肉是居民食物消费的第一大肉类，因此生猪产业的发达与否紧密关系着首都民生福利水平高低。2016 年，北京市限额以上批发和零售业猪肉销售量为 38 417.67 万千克，比

2011 年增加 178.61%[①]。北京市生猪屠宰数量占北京市场份额的 68% 左右，外埠进京猪肉占 32% 左右[②]。2015 年，北京市居民家庭人均猪肉消费 14.2 千克，占肉类消费的 54.62%，较 2011 年下降 9.21 个百分点[③]。虽然居民猪肉消费比重趋于下降，但随着人口增长、城镇化进程加快以及居民尤其是农村居民生活水平的提高，未来猪肉消费绝对量仍将保持稳步上升态势。可见，北京市生猪产业是菜篮子工程建设和大都市猪肉应急保障供应的中坚力量。2015 年，北京市除部分种猪良种精液销往外埠外，纯种猪供种占全国市场的 15%[④]，为北京市乃至全国生猪产业持续健康发展提供优良种猪，"种业之都"地位进一步得到巩固。因此，在转变农业增长方式、调整农业生产结构，保障都市猪肉应急供给、稳定市场猪肉价格进程中，北京本地生猪产业健康发展仍显得十分必要。

3. 生猪产业发展对创新团队的需求

按照国家《全国生猪生产发展规划（2016—2020 年）》《全国农业可持续发展规划（2015—2030）》等相关发展规划和《北京市"十三五"时期都市现代农业发展规划》、菜篮子工程建设等部署[⑤]，以及北京市情、农情现状，一定时期内北京市还需要自有一定规模的生猪产业产能。但目前生猪产业发展中面临资源环境、生产效率、质量安全等多方面的问题和挑战。为此，北京市生猪产业创新团队应运而生，以实现服务居民、富裕农民、科技引领和节能减排为目标积极开展工作。在市农业局和首席专家的带领下，团队专家深入产业一线调研，围绕提高成活率技术、繁殖障碍关键技术、节本增效减排技术、生猪和猪肉质量安全生产技术等方面开展课题攻关，推出多项主推技术，为首都生猪产业创新、绿色、协调发展保驾护航，提供生猪产业发展内生原动力，使团队和产业相互融合、共同发展。

（二）生产概况

1. 基本情况

（1）北京市总体情况

2016 年，北京市生猪出栏 275.34 万头，比 2015 年下降 3.19%、比 2011 年下降 11.81%；生猪出栏毛重 29.18 万吨，比 2015 年下降 2.67%；平均每头生猪出栏毛重 105.98 千克，比 2015 年上升 0.55%。2016 年，北京市生猪年末存栏 165.31 万头，比 2015 年下降 0.18%、比 2011 年下降 7.82%，其中，能繁母猪存栏 20.5 万头，较 2015 年、2011 年分别下降 3.05% 和 14.26%。2016 年，北京市猪肉产量为 21.8 万吨，比 2015 年下降 2.86%、比 2011 年下降 9.75%（图 11-3）。

（2）主产区情况

从北京市生猪生产分布看，顺义、平谷、大兴、房山、通州、密云、怀柔、延庆和昌平 9 个区为生猪主产区，这些地区 2016 年生猪出栏量、年末存栏量、猪肉产量分别占北京市的 99.04%、98.79%、99.07%，形成京北和京南生猪产业带；其中，顺义产能最大，生猪

---

① 根据北京市统计局网站信息和历年《北京统计年鉴》整理。
② 根据鹏程公司提供资料整理。
③ 根据《中国统计年鉴（2016）》整理。
④ 根据北京市农业供给侧结构性改革调研报告整理。
⑤ 详见产业政策及其效果评价部分。

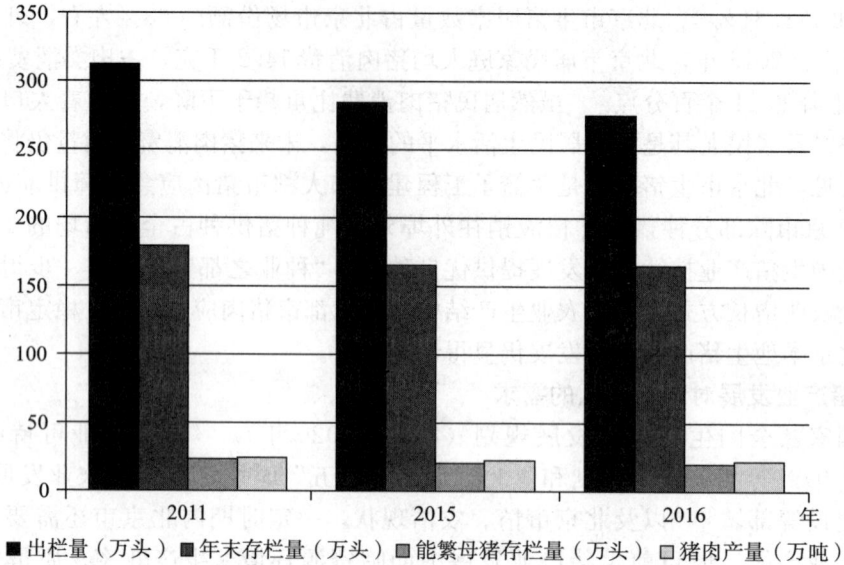

图 11-3　北京市生猪生产情况

数据来源：北京市农业局畜牧处和《北京统计年鉴（2012）》。

出栏量、年末存栏量、猪肉产量分别占北京市的 27.73％、28.80％、27.90％，平谷次之，大兴、房山紧随其后（图 11-4）。

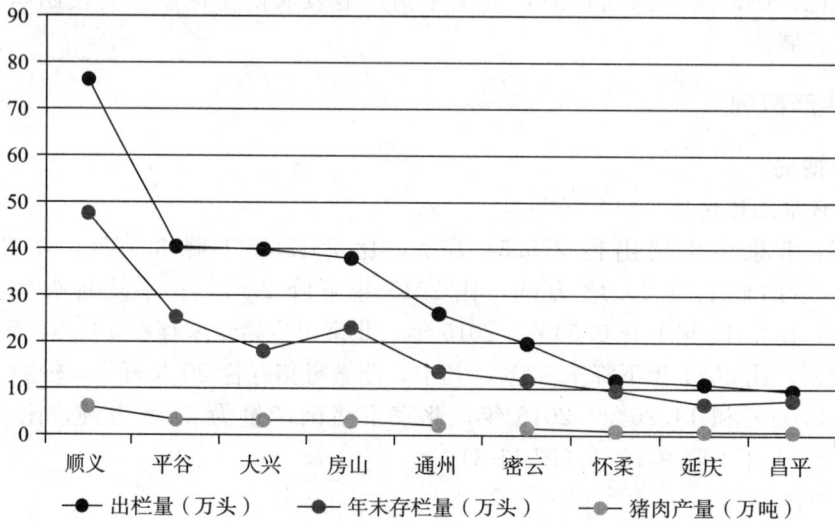

图 11-4　北京市生猪主产区生产情况

数据来源：北京市农业局畜牧处。

2016 年与 2011 年相比，怀柔、平谷和延庆出栏量增幅为正，分别为 22.52％、13.96％、7.21％，而大兴降幅最大，达 28.61％；怀柔、平谷、延庆、昌平年末存栏量增幅为正，其中怀柔存栏变化显著，增加了 47.01％，而大兴降幅最大，达 28.68％；怀柔猪肉产量增幅为正，达 31.91％，而大兴降幅最大，达 27.74％。综合来看，顺义、大兴、房山、通州、密云 5 区呈现"三量齐减"局面（图 11-5）。

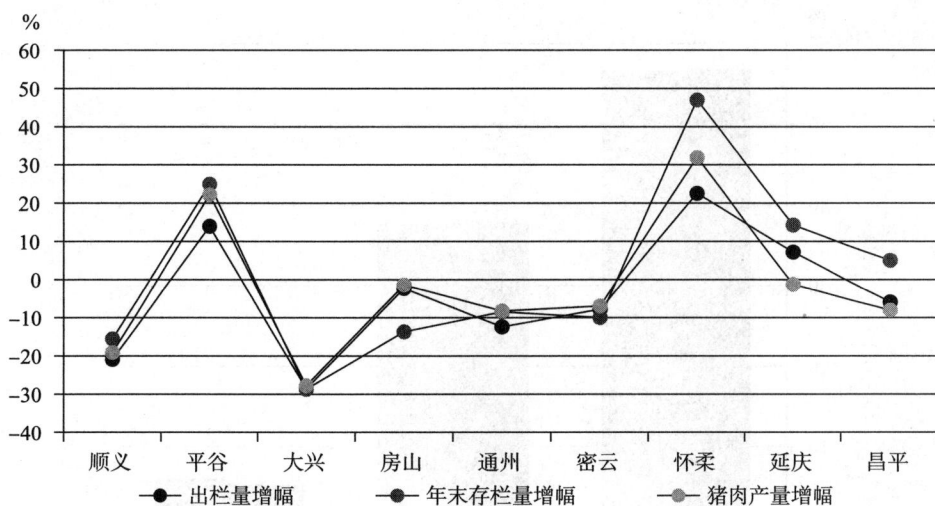

图 11-5　北京市生猪主产区生产变化情况

数据来源：北京市农业局畜牧处和《北京统计年鉴（2012）》。

（3）规模化和产业化发展

2016 年，生猪标准化生产和规模化养殖快速推进，首都畜产品"菜篮子"进一步得到保障。以首农集团、顺鑫农业、大北农为代表的一批有国际影响力的龙头企业进一步发展壮大，"鹏程""黑六"等品牌知名度不断上升，紧密型外埠基地建设进程加快，产业化水平快速提升。2016 年北京市登记备案的养殖场（小区）达到 1 744 个，较上年减少 481 个、较 2011 年减少 641 个，其中生猪养殖场（小区）788 个，较上年减少 157 个、较 2011 年减少 30 个，北京市规模养殖水平达 80％以上[①]。2016 年，顺义、房山、大兴、通州和平谷等区改造提升规模畜禽养殖场 50 家，重点改造畜禽养殖污染物防治及资源化利用、养殖场育种设施保温、养殖场清洁能源改造、自动化生产设施和引种等环节[②]。

2015 年，北京市生猪养殖场（户）13 458 个，比 2011 年减少 6 193 个；其中年出栏 49 头以下养殖场（户）占 56.59％，年出栏 50～499 头养殖场（户）占 37.49％，年出栏 500 头以上养殖场（户）占 5.92％，分别比 2011 年增加－0.24、－0.46、0.70 个百分点（图 11-6）。

（4）良种产业发展

2016 年北京市种猪出栏 15.26 万头，比 2011 年下降 41.47％[③]，全年新增种猪个体登记头数 28.12 万头，累计达 290.66 万头，比 2011 年增加 334.63％[④]；新增产仔窝数 3.05 万窝，累计达 36.35 万窝。大白猪、长白猪和杜洛克体重达 100 千克，日龄在 159～162 天[⑤]。2016 年，北京市种猪常温精液产品质量总体水平较好，抽检合格率为 96.30％[⑥]。生猪饲养品种主要是大白、长白与杜洛克，还有皮特兰、斯格、北京黑猪、香猪等品种。

① 根据北京市农业局畜牧处数据和北京市农业供给侧结构性改革调研报告整理。
② 根据北京市农业局 2016 年度绩效任务完成情况整理。
③ 根据北京市统计局网站信息和《北京统计年鉴（2012）》整理。
④ 根据北京市农业局信息和《中国畜牧兽医年鉴（2012）》整理。
⑤ 根据北京市农业局信息整理：http：// www. bjny. gov. cn/nyj/231595/611703/616324/5842174/index. html。
⑥ 根据北京市农业局信息整理：http：// www. bjny. gov. cn/nyj/231595/611703/616324/5850617/index. html。

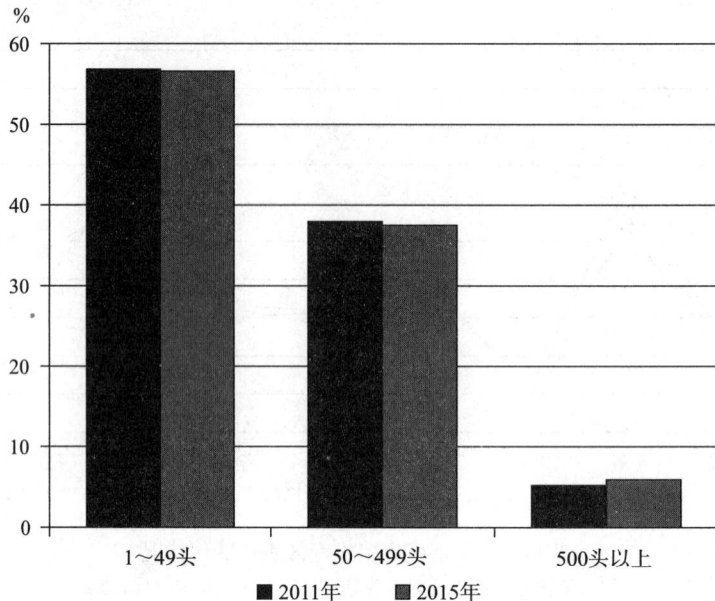

图 11-6　北京市生猪养殖场户规模分布情况

数据来源：《中国畜牧兽医年鉴（2016）》和《中国畜牧兽医年鉴（2012）》。

（5）京津冀协同发展与外埠基地建设

2016 年，农业部、国家发展改革委等八部门联合印发《京津冀现代农业协同发展规划（2016—2020 年）》，指出优化调整京津冀畜禽养殖业布局和结构。随后，京津冀农业科技创新联盟、京津冀现代农业协同创新研究院、京津冀畜牧业协同发展高峰论坛等相继创立和举办，推动三地畜牧业协同发展。京津冀农业部门签订或进一步执行的"京津冀畜牧业协同发展合作框架""京津冀农产品流通体系创新行动方案""京津冀辽豫饲料质量安全检测工作协同发展意向书""京津冀植物疫情和重大农业有害生物防控协同工作框架""京津冀土肥水协同发展创新联盟协议""京津冀协同发展畜牧兽医事业合作框架协议""京津冀畜禽屠宰监管工作联席会议章程""京津冀动物疫情联合预警章程"等一系列行业发展和管理合作协议，把协同发展的目标、重点和路径落在实际行动上。同时，2016 年京津冀三地生猪产业技术体系创新团队为密切合作，专门成立了联合办公室，建立联席会议制度，定期开展协同工作。

2015 年，农产品供给保障水平保持稳定，外埠基地积极发展，北京市猪肉自给率达到 31%。畜牧业 57 个外埠基地中，生猪基地 30 个，年出栏生猪 60 万头。2016 年，北京市"菜篮子"产品政策扶持顺鑫农业和北京六马两家公司建设生猪外埠基地[1]。2016 年，北京市生猪屠宰企业的生猪来源中，河北占 33%、天津占 3.3%，外埠进京猪肉主要来自河北省秦皇岛宏都食品有限公司和三河市鑫兴肉类有限公司两个生猪屠宰企业，屠宰量分别达到 170 万头和 44 万头[2]。

---

[1]　根据北京市农村工作委员会网站信息整理。

[2]　根据鹏程公司提供资料整理。

（6）养殖场户生产情况

据团队 2016 年调研数据显示（表 11-1），生猪养殖场（户）中男性场主占比为 76.92%，场主平均年龄 51.1 岁，其中大于 60 岁的超过 15.38%；场主学历以初中（46.15%）、高中（37.69%）为主，北京户籍比例达 96.92%。养殖场（户）中，企业占 3.08%，加入合作社的占 37.69%，有雇工的占 66.92%，平均雇工 5.29 人次，员工平均受教育年限为 9.8 年。平均而言，养殖场（户）养猪收入占家庭总收入的 85.5%，其中养殖收入是家庭总收入一半的比例达 90.77%。养殖场户平均年出栏生猪 1 883 头、年出栏量大于 500 头的占 66.15%、能繁母猪存栏 139.7 头。

表 11-1　北京市生猪养殖场户基本情况

特　征	类别	样本数	比例
场主性别	男	100	76.92%
	女	30	23.08%
场主年龄	大于 60 岁	20	15.38%
场主学历	小学	6	4.62%
	初中	60	46.15%
	高中	49	37.69%
	大专	12	9.23%
	本科及以上	3	2.31%
场主户籍	北京户籍	126	96.92%
	非北京户籍	4	3.08%
所有制	个体户	126	96.92%
	企业	4	3.08%
是否加入合作社	是	49	37.69%
	否	81	62.31%
是否雇工	是	87	66.92%
	否	43	33.08%
养猪收入占家庭总收入	100%	66	50.77%
	50%及以上	118	90.77%
生猪年出栏	500 头及以上	86	66.15%

数据来源：团队 2016 年对平谷、大兴、房山、密云、顺义 5 区调研数据整理（130 个样本）。

2. 生态环境

（1）环境制约

北京市属于暖温带半湿润大陆性季风气候，四季分明。春季增温快、夏季炎热多雨、秋季天高气爽、冬季寒冷干燥。2016 年平均气温为 12.1℃，比常年偏高 0.6℃，接近 2015 年。其中，1 月平均气温明显偏低，3 至 4 月、7 至 9 月、12 月气温偏高；高温日数为 8 天，接近常年（8.3 天）；极端日最高气温为 37.8℃，极端日最低气温为 −15.2℃。2016 年北京市降水量偏多，年平均降水量为 680.6 毫米，比常年偏多 26%，比 2015 年偏多 14%。

其中，2月、6至7月、9至10月降水偏多①。

2016年北京市水资源总量35.06亿立方米，人均水资源占有量为161立方米，远低于全国平均水平2 348立方米；总用水量38.8亿立方米，其中农业用水占15.72％，远低于天津（44.12％）、河北（70.10％）、山东（66.12％）②。总体来看，2016年北京的自然环境接近2015年，没有发生严重自然灾害，水资源仍紧缺。

（2）废弃物处理

根据环保部现行测算方法，2015年北京市农业COD、氨氮分别减少17.8％（1.53万吨）、17.9％（0.09万吨），超额完成"十二五"减排目标③。通过治理，规模化猪场COD去除率达到80％，通过对规模畜禽养殖场自动清粪、污水收集处理、污染物综合再利用等改造提升，实现与种植业、林业的循环利用，形成了牧菜结合、牧粮结合和牧林结合三种典型模式④。如大兴的北京礼贤奥天农业有限公司、通州的北京万全恒瑞牧业有限公司、延庆的北京清泉湾养猪有限公司、顺义的北京顺鑫农业茶棚原种猪场等都较好地实现了生猪养殖废弃物的资源化利用。

在生猪粪污资源化利用纵向关系中，以自家还田、赠予或与周边种植户进行市场交易为主。生猪粪便通过堆肥发酵等处理后主要用于粮食、蔬菜、水果及林地施肥，而污水由于不便长距离运输多用于养殖场周边农田灌溉。其中，养殖场（户）是否从事种植业生产、自家农田面积与养殖粪污排放量是否匹配、距养殖场（户）距离远近、周边种植品种是否为蔬菜或水果等经济作物等因素显著影响生猪粪污资源化利用的程度⑤。

2016年，北京市划定禁养区面积5 202.3平方千米，完成关停禁养区内养殖场379家⑥。采取干清粪、雨污分离、污水存储和厌氧好氧发酵等多种工艺，完成100家规模化养殖场粪污治理工作⑦。全年屠宰环节共无害化处理病害猪32 627头，比上年下降12.57％⑧。

（3）节能情况

2016年，北京市启动农业生产领域减煤换煤工作，着力推进重点区域内规模化养殖场畜禽舍"煤改清洁能源"工作，摸清畜禽养殖场冬季供暖685.1万平方米的底数。北京市共完成"煤改清洁能源"技术改造151家，农业生产领域完成优质燃煤替代2.2万吨⑨。北京市生猪产业创新团队以节能减排为目标，紧抓节能工作，形成了适用于不同阶段猪舍的环境调控方案，开发了适用于猪场的冬季通风热回收设备；采用可启闭的猪舍自然通风器、小群饲养母猪采食半限位栏、繁殖猪舍夏季蒸发降温设备、仔猪保育提高成活率的配套技术产品、清粪工艺和粪污处理等产品成果，对示范猪场进行保温节能改造，节能幅度达到34％～65％。

---

① 根据北京市气象局网站信息整理：http：//www.bjmb.gov.cn/info/842/4960266.html。
② 根据《2016年北京市水资源公报》和《2016年中国水资源公报》整理。
③ 根据《北京年鉴（2016）》整理。
④ 根据北京市农业供给侧结构性改革调研报告整理。
⑤ 根据舒畅博士学位论文《基于经济与生态耦合的畜禽养殖废弃物治理行为及机制研究》整理。
⑥ 根据北京市农委2016年农业农村经济发展形势分析报告整理。
⑦ 根据北京市农业局2016年度绩效任务完成情况整理。
⑧ 根据北京市农业局屠药处数据整理。
⑨ 根据北京市农业局畜牧处《畜牧生产领域"煤改清洁能源"和"减煤换煤"工作介绍》整理。

3. 安全情况

（1）疫病防控

2016 年，北京市累计免疫口蹄疫 1 162.46 万头次、高致病性猪蓝耳病 528.05 万头次、猪瘟 660.40 万头次，应免率达到 100%。年度监测结果显示，猪瘟、口蹄疫、猪蓝耳病、狂犬病免疫抗体合格率均在 70% 以上，符合部颁标准。2016 年，共采购口蹄疫疫苗 403.325 万毫升、猪瘟疫苗 274 万头份、高致病性猪蓝耳病疫苗 98 万（毫升/头份）。2016 年 1 至 11 月，北京市累计产地检疫动物 18 255.3 万头（只），其中生猪 149.5 万头；累计屠宰检疫畜禽 3 948.7 万头（只），其中生猪 551.9 万头；北京市公路、航空监督检查进京动物 2 027.3 万头（只），其中生猪 426.5 万头；动物产品 49.8 万吨，其中猪肉 12.7 万吨[①]。截至 2016 年底，北京市病死畜禽收集暂存点 548 处[②]。

（2）产品安全

2016 年，北京市继续深入开展兽用抗菌药、畜禽屠宰、"瘦肉精"等八大农产品质量安全专项整治，累计出动执法人员 4.5 万余人次，检查生产经营企业、种植、养殖户 2.1 万余家次，印发宣传材料 71.5 万余份，指导培训 1.4 万余人次，全年未发生重大农产品质量安全事件，畜禽产品质量安全监督抽查合格率为 99.8%。2016 年养殖环节"瘦肉精"专项监测工作共涉及 350 家生猪养殖场（户），检测结果均为阴性，未发生"瘦肉精"违禁添加事件[③]。2016 年，北京市畜牧总站继续开展畜禽养殖场饲料营养与卫生指标检测（公益类）工作，全年共采集并检测样品 195 份，覆盖了 5 个郊区的 26 个畜禽养殖场[④]。

4. 效益水平

受资源环境双重约束，生猪养殖成本快速上涨，尽管饲料转化率还有微弱优势，但成本效益劣势地位明显（图 11-7）。2015 年北京市中规模生猪养殖饲料转化率为 3，较 2011 年下降 0.31，低于全国平均水平（3.05）和天津（3.11），但高于河北（2.88）；大规模生猪养殖饲料转化率为 3.07，较 2011 年下降 0.42，低于天津（3.14），但高于全国平均水平（3.04）和河北（2.85）。2015 年北京市中规模生猪成本利润率为 10.96%，较 2011 年下降 13.76 个百分点，分别低于全国平均水平、天津和河北 4.38、5.99 和 6.51 个百分点；大规模生猪养殖成本利润率为 2.47%，较 2011 年下降 14.31 个百分点，分别低于全国平均水平、天津和河北 12.65、13.29 和 21.35 个百分点。

与此同时，母猪生产力水平也相对较低（图 11-8），2015 年北京市每头母猪提供出栏猪（商品猪和种猪）仅 13.27 头，较 2011 年下降 0.66 头，低于全国平均水平的 14.71 头和天津的 15.34 头、河北的 18.68 头。这可能是因为北京市种猪场较多，而原种猪繁殖率相对较低。

2016 年，北京市 13 家规模养殖场（种猪场 10 家、商品场 3 家）能繁母猪监测结果显示，母猪年平均胎次为 2.13 窝，同比提高 0.1 窝；母猪窝平均产仔数、平均产活仔数、平均断奶仔猪头数分别为 10.78 头、10.59 头、10 头，同比略有浮动；仔猪成活率为 84.5%，

---

① 根据北京市农业局 2016 年度绩效任务完成情况整理。
② 根据北京市农业局数据整理。
③ 根据北京市农业局信息整理：http://www.bjny.gov.cn/nyj/232120/233008/233012/5836568/index.html。
④ 根据北京市农业局信息整理：http://www.bjny.gov.cn/nyj/231595/611703/616324/5836474/index.html。

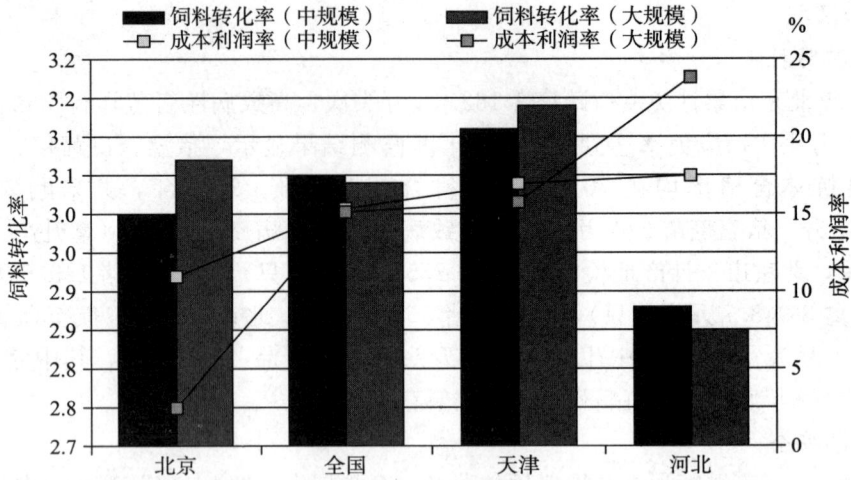

图 11-7　北京市生猪养殖效率比较情况

数据来源：《全国农产品成本收益资料汇编（2016）》。

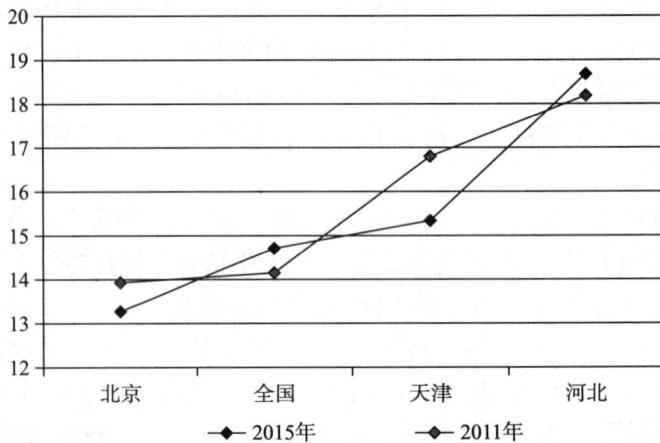

图 11-8　北京市及周边省市母猪生产力水平比较情况

数据来源：《中国畜牧业年鉴（2016）》。

同比上升 11.7%；年提供断奶仔猪数（PSY）为 21.3 头，同比提高 1.8 头；母猪非生产天数（NPD）为 61.12 天，同比缩短 4 天[①]。

（三）加工流通概况

1. 加工情况

2016 年生猪定点屠宰加工企业下降到 10 家，生猪屠宰量为 605.47 万头，较上年下降 15.64%[②]。2015 年北京市生猪屠宰加工企业的自营养殖基地 15 家，主要分布在本市及河北、内蒙古、辽宁等外埠；非自营基地 110 家，主要分布在河北、河南、内蒙古、辽宁、黑

---

① 根据北京市农业局信息整理：http：//www.bjny.gov.cn/nyj/232120/233040/5856493/index.html。

② 根据北京市农业局屠药处数据整理。

龙江、吉林、山东、天津等地区[①]。屠宰加工企业分别是：北京顺鑫农业股份有限公司鹏程食品分公司、北京二商大红门肉类食品有限公司、北京市第五肉类联合加工厂、北京燕都立民屠宰有限公司、北京千喜鹤食品有限公司、北京资源亚太食品有限公司、北京中瑞食品有限公司、北京宇航肉联加工有限公司、北京市郎中屠宰厂、北京市西黄村牧业食品有限公司[②]。

2016 年，北京市饲料工业总产值约 138 亿元，同比增长 16.1%；总营业收入约 145 亿元，同比增长 9.9%。饲料产品总产量约 262 万吨，同比减少 4.1%，配合饲料、浓缩饲料、添加剂预混合饲料产量比为 62∶13∶25。饲料工业总出口额比 2015 年有所增长，饲料产品出口量增加，饲料添加剂出口量减少[③]。2016 年度上报信息的 218 家饲料企业职工总数8 631 人，同比减少 1.9%，大专以上学历占 51.1%，博士、硕士等高学历人才数量增加明显，特有工种人员占 7.8%[④]。

2. 流通情况

（1）猪肉流通格局

北京市生猪和猪肉流通主要涉及生猪养殖、生猪购销、屠宰加工和猪肉销售四个环节，各环节参与主体的特征如下[⑤]：

①生猪养殖。如前文所述，北京市 2016 年出栏生猪 275.34 万头，生猪的主产区为顺义、平谷、大兴、房山、通州、密云、怀柔、延庆和昌平，九区的出栏量占北京市出栏量的 99.04%。除本市供应外，2016 年北京市屠宰的生猪主要来自河北、河南、辽宁、内蒙古、天津、山西、山东、吉林、黑龙江等省（区、市）。外来猪源主要来自与大型屠宰加工企业签订购销协议的合同养殖场（户）和企业自有养殖基地，也有少部分来自小规模散养户。

②生猪购销。北京市屠宰加工企业多设有专门的生猪采购部门，负责企业生猪收购。采购部门的工作人员每天和活跃于不同猪源地的生猪购销商进行电话联系，沟通北京本地和京外各猪源地生猪的数量、价格、质量等信息。屠宰加工企业根据当日猪肉市场销售情况制定次日的生猪采购计划，并与生猪购销商达成购猪协议。屠宰加工企业与生猪购销商多签有长期购销协议，从提供猪源的数量、质量等方面进行约定。对于生猪合作社和较大规模生猪养殖场，屠宰加工企业会直接与他们签订生猪购销合同，直接进行生猪采购。一个生猪购销商通常与多家企业签订购销协议，根据企业提供的生猪价格决定猪源去向。此外，屠宰加工企业从自有养殖基地通过内部交易的方式收购生猪也是一种重要方式。

③生猪屠宰。2016 年，北京市 10 家生猪定点屠宰加工企业中既有拥有现代化屠宰加工设备和生产工艺的大型企业，也有主要从事代宰业务的中小型企业。屠宰加工企业购入生猪后，按照国家规定的操作规程和技术要求，将大部分生猪加工成白条猪，少部分加工成分割肉。屠宰加工企业的产品中，白条猪根据不同的等级销往超市、专营店、批

---

① 根据北京市农业供给侧结构性改革调研报告整理。
② 根据北京市农业局兽药处数据整理。
③④ 根据北京市农业局信息整理：http：// www. bjny. gov. cn/nyj/231595/611703/616324/5855327/index. html。
⑤ 根据乔娟、王慧敏《基于质量安全的猪肉流通主体行为与监管体系研究》和相关数据整理。

发市场、农贸市场、集团客户和外埠市场。其中又以超市和批发市场为主，销往超市的白条猪质量等级普遍较高，而销往批发市场的白条猪各个质量等级都有。分割肉部分以小包装和礼品盒的形式销往高端市场，部分销往企业内部熟食加工车间或者其他肉制品加工企业。

④猪肉销售。北京市生鲜猪肉的销售主体主要有批发市场、大型连锁超市、商场专柜、猪肉专营店、小型超市、农贸市场的小摊贩和社区便利店。其中，批发市场分为猪肉一级批发大厅和猪肉批发零售大厅，屠宰加工企业每天凌晨将猪肉配送至各批发市场的猪肉一级批发大厅，一级批发大厅的猪肉经营者为一级批发商，一级批发商又分为经销商和代理商，一级批发商主要从事批发业务，客户群体是本市场猪肉零售大厅的二级猪肉批发零售商和大型集团客户。批发市场批发零售大厅的二级猪肉批发零售商直接从所在批发市场的猪肉一级批发大厅进货，并在批发零售大厅内销售。二级猪肉批发零售商从事批发和零售业务，主要客户群体是下游的农贸市场以及单位、工地、学校和普通消费者。大型连锁超市、猪肉专营店、商场专柜、农贸市场小摊贩、社区便利店主要从事猪肉的零售业务，直接面对家庭和普通消费者。

北京市生猪和猪肉流通具有小生产、大市场、定点屠宰的特点，形成两头大、中间小的哑铃状格局。

（2）生猪流通情况

生猪养殖场（户）主要依靠生猪经纪人和生猪购销商出售生猪，生猪购销商自己或者委托生猪运输者将收购的生猪运往生猪屠宰加工企业，生猪购销商再与生猪屠宰加工企业完成活猪交易。同时，也有养殖场（户）直接将生猪出售给屠宰企业或多种途径都用。调研数据显示，通过生猪经纪人销售生猪的养殖场（户）占 61.54%，通过购销商销售生猪的养殖户占 35.38%，直接售给屠宰企业的占 10.77%[①]。

据北京市商委统计[②]，2015 年，北京市农产品批发市场 9 个，农贸市场 200 多个，直营菜店 1 000 多个，生鲜连锁超市 700 多家。70%以上屠宰生猪流向北京市内市场，其余流向外埠或出口。其中在流向市内的产品中，流向超市的占 24.3%，流向批发市场或农贸市场的占 57%，流向宾馆饭店的占 12.9%。而批发市场上本地屠宰猪肉占 77.5%，天津、河北屠宰猪肉分别占 5.7%、10%；批发市场上的猪肉主要流向农贸市场、餐饮场所、机关和学校，共占 60.5%。

（四）新型农业经营主体发展概况

2016 年，新评定市级农业产业化龙头企业 24 家，市级以上农业龙头企业累计达到 180家，其中国家级 39 家。登记注册农民合作社达到 7 168 家、成员 18.4 万名，成立了 3 个区级农民专业合作社联合会，北京市农民专业合作社联合社已经达到 31 家，合作社规范化建设取得积极进展[③]。

---

① 根据团队 2016 年对平谷、大兴、房山、密云、顺义 5 区调研数据整理（130 个样本）。
② 根据北京市农业供给侧结构性改革调研报告整理。
③ 北京市委农工委、市农委 2016 年工作总结。

2016 年，北京市共有 788 个生猪养殖场登记备案[①]，其中暂未养殖和关停 66 个，种猪养殖主体 67 个。生猪养殖企业（公司）共 84 个[②]，合作社 41 个，分别比 2011 年增加 30 个、2 个；平均养殖规模为 3 152 头、1 158 头，分别比 2011 年减少 990 头、1 012 头；养殖规模大于 5 000 头的企业占比 23.81%，比 2011 年下降 15.08 个百分点，养殖规模大于 1 000 头的合作社占比 35.19%，比 2011 年下降 9.25 个百分点，新型农业经营主体发展平稳。

（五）社会化服务概况

北京市生猪产业依托生猪产业技术体系北京市创新团队，联合中国农业科学院和北京农林科学院等科研院所、中国农业大学和北京农学院等大专院校的科研人才资源，整合畜牧总站、动物疫病预防控制中心、兽药监察所、饲料监察所、动物卫生监督所、畜牧业环境监测站、家畜繁育改良站、乡镇畜牧兽医站、畜牧技术推广站等畜牧技术机构的技术力量，购买浩邦、新华保险公司等企业社会化服务以及培育相关合作社、协会等主体，构建起了"政府—院校—企业—协会"多方参与的完整社会化服务平台，有力推动了全产业链上的技术研究与实用技术推广，提升了产业科技创新能力与技术水平。

2015 年北京市拥有 1 个市级和 14 个区级畜牧站，在编人员分别为 66 人和 507 人，拥有中高级技术职称的人员比例分别为 69.70%、30.18%，本科及以上学历比例分别为 78.79%、54.24%；128 个乡镇畜牧兽医站中，848 人在编，拥有中高级技术职称的人员比例为 26.30%。与 2011 年相比，总体上机构数量和在编人员数量下降，中高级职称比例和本科及以上学历比例上升（表 11-2）。

表 11-2　北京市畜牧站变化情况

年份	市级畜牧站				区级畜牧站				乡镇畜牧兽医站		
	数量	在编人员	中高级职称比例	本科及以上学历比例	数量	在编人员	中高级职称比例	本科及以上学历比例	数量	在编人员	中高级职称比例
2011	1	99	39.39%	61.62%	15	506	20.16%	39.92%	137	907	22.49%
2015	1	66	69.70%	78.79%	14	507	30.18%	54.24%	128	848	26.30%

数据来源：《中国畜牧兽医年鉴（2016）》和《中国畜牧兽医年鉴（2012）》。

（六）消费者购买力现状及趋势

作为普通商品，人口规模影响着地区猪肉消费的数量，北京市人口规模的不断扩大会对猪肉消费产生更多需求。2005—2015 年北京市人口规模出现快速增大的趋势，常住人口、户籍人口、外来人口均出现较大幅度增加，三类人口 2015 年分别为 2 170.5 万人、1 347.9 万人、822.6 万人，较 2005 年分别增加 632.5 万人、167.2 万人、465.3 万人（图 11-9）。与此同时，北京市农村居民人均猪肉消费量 2015 年增加到 15.3 千克，较 2010 年、2005 年分别增加 2 千克、5.1 千克，城镇居民人均猪肉消费量 2015 年为 14 千克，较 2010 年、2005

[①]　根据北京市农业局畜牧处数据整理；主体包括养殖场、户、厂、基地，养殖公司，养殖专业合作社，养殖小区和养殖中心。

[②]　不含暂未养殖和关停的企业。

年分别减少 1.3 千克和 2.8 千克，但北京城镇人口年均增长率高于猪肉消费的年均降低率，表明北京城镇居民年猪肉消费总量会出现增加。

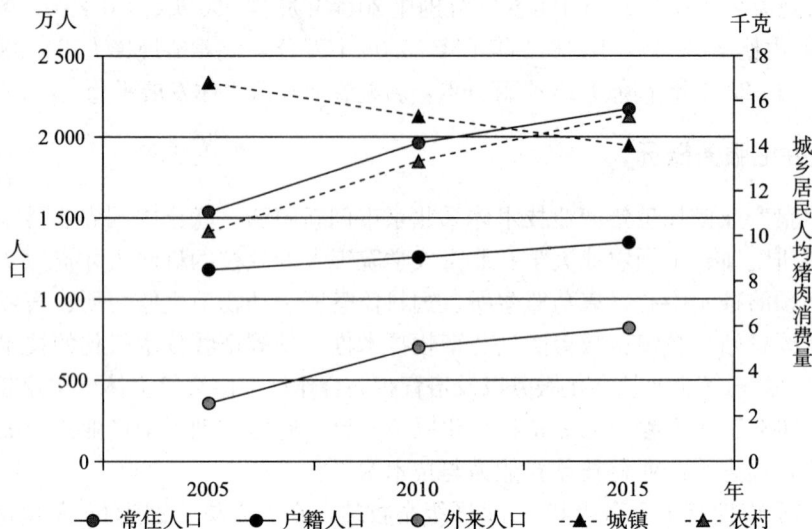

图 11-9　北京市 2005—2015 年人口与城乡居民人均猪肉消费量情况
数据来源：乔娟、张振《中国直辖市居民猪肉消费行为研究》和《中国统计年鉴（2016）》。

　　总体来看，人口规模的扩大同猪肉消费总量呈现共同增长特点，不断增加的人口是猪肉消费继续增加的持久动力，北京市人口构成相对其他城市更加复杂，消费档次也较多，这些因素都会给猪肉消费模式、猪肉消费渠道及居民的猪肉消费行为带来影响。同时，一个地区总人口与该地区经济发展水平密切相关，对消费者的购买行为、购买水平以及消费方式等都会带来影响，最终影响一个地区整体猪肉消费行为。

　　北京市农村居民人均纯收入 2015 年为 20 568.7 元，较 2010 年、2005 年分别增加 7 306.7 元、12 708.7 元（图 11-10）。与此同时，北京市农村居民人均猪肉消费量较 2010 年、2005 年分别增加 2 千克、5.1 千克，说明农村居民收入与猪肉消费呈显著的正相关关系。同期城镇居民人均可支配收入急剧上升，2015 年为 52 859.2 元，较 2010 年、2005 年分别增加 23 786.2 元、35 206.2 元，增幅达 181.82%、299.43%。而城镇居民人均猪肉消费量 2015 年较 2010 年、2005 年均出现下降，分别减少 1.3 千克和 2.8 千克。随着收入提高，城镇居民猪肉消费量没有快速下降，只因不同收入层次的居民出现消费上的分化，具体表现为收入水平相对较高的居民会更加注意猪肉的消费质量，进而转化为高端猪肉的消费群体；收入水平较低的居民仍处于对猪肉消费数量增长的阶段。加上北京市人口基数的不断扩大，猪肉消费量仍将保持较大规模。

　　猪肉是北京市城乡居民的重要肉类消费（猪肉、牛羊肉、禽类）来源。2015 年，北京市农村居民人均猪肉消费量占肉类消费量的比重为 56.25%（图 11-11），较 2010 年、2005 年分别下降 7.75 和 18.75 个百分点；城镇居民人均猪肉消费量占肉类消费量的比重为 42.81%，较 2010 年、2005 年分别下降 9.19 和 10.19 个百分点。城乡居民猪肉消费比重都不同程度减少，但农村居民猪肉消费仍占据主导地位，城镇居民的肉类消费除猪肉这一重要来源外，其他消费选择更加多元化。

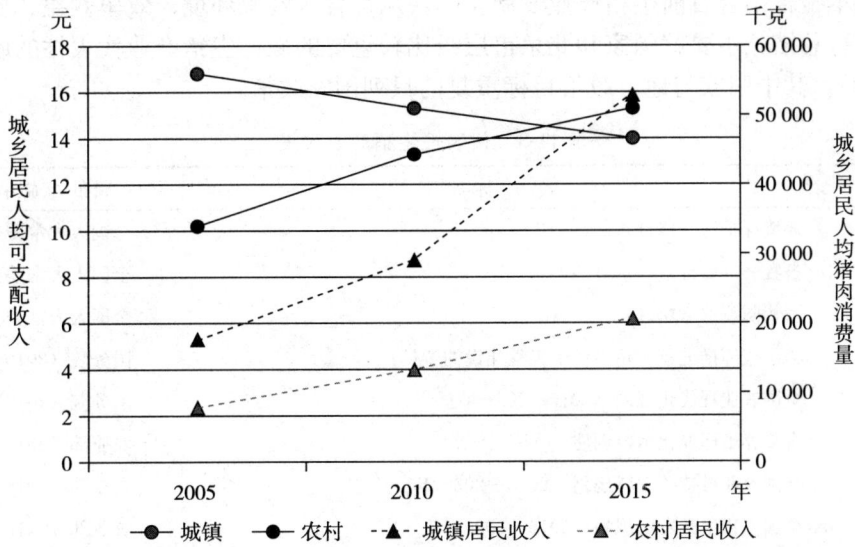

图 11-10 北京市 2005—2015 年城乡居民人均可支配收入与猪肉消费量情况

数据来源：乔娟、张振《中国直辖市居民猪肉消费行为研究》和《中国统计年鉴（2016）》。

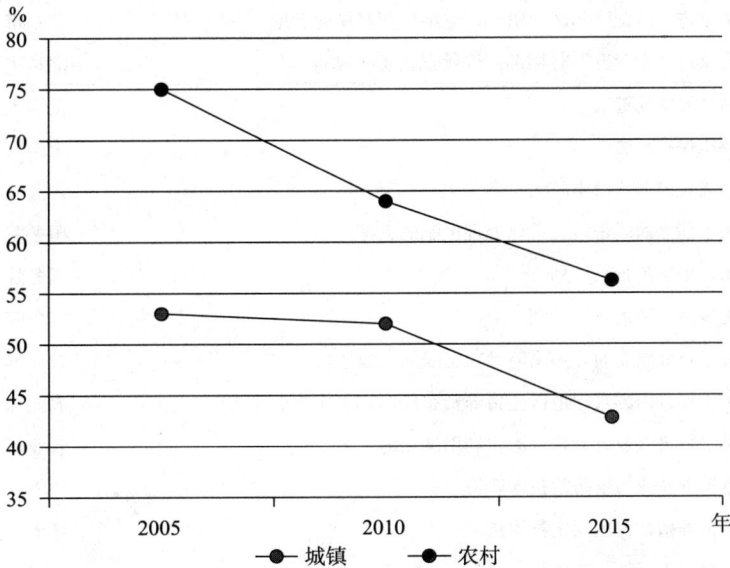

图 11-11 北京市 2005—2015 年城乡居民人均猪肉消费占肉类消费比重情况

数据来源：乔娟、张振《中国直辖市居民猪肉消费行为研究》和《中国统计年鉴（2016）》。

（七）产业政策及其效果评价

1. 主要产业政策

截至 2016 年底，北京市实施的生猪产业政策大体可以分为支持性政策和限制或约束性政策，包括相关法律和法规、规划和计划、措施和手段。由于产业政策的颁布实施从国家、部门、市局到区县乃至行业都有所涉及，政策类型多样，有效期限不等，一一列举也难全面覆盖，因此本报告结合目前生猪产业发展实际，从综合、资源环境、效率效益、质量安全等四个方面进行总结，主要就国家和北京市层级比较重要的现行生猪产业代表性的政策进行梳理（表11-3）。其中国家与地方政策目标重复的只列国家政策。

表11-3　代表性生猪产业政策

类别	名　称	颁布/实施单位（年份）
综合	环境保护法（修订）	全国人大常委会（2014）
	畜牧法（修订）	全国人大常委会（2015）
	动物防疫法（修订）	全国人大常委会（2015）
	关于统筹推进新一轮菜篮子工程建设的意见	国务院（2010）
	全国农业现代化规划（2016—2020年）	国务院（2016）
	畜禽养殖标准化示范创建	农业部（2010）
	全国农业可持续发展规划（2015—2030年）	农业部（2015）
	全国生猪生产发展规划（2016—2020年）	农业部（2016）
	畜牧业绿色发展示范县创建	农业部（2016）
	现代农业产业技术体系北京市生猪产业创新团队	北京市（2009）
	关于调结构转方式发展高效节水农业的意见	北京市（2014）
	关于进一步调整郊区养殖业产业结构和布局的意见	北京市（2015）
	北京市"十三五"时期都市现代农业发展规划	北京市（2016）
资源环境	循环经济促进法	全国人大常委会（2008）
	环境保护税法	全国人大常委会（2016）
	畜禽规模养殖污染防治条例	国务院（2013）
	关于建立病死畜禽无害化处理机制的意见	国务院（2014）
	水污染防治行动计划	国务院（2015）
	土壤污染防治行动计划	国务院（2016）
	关于打好农业面源污染防治攻坚战的实施意见	农业部（2015）
	关于促进南方水网地区生猪养殖布局调整优化的指导意见	农业部（2015）
	关于推进农业废弃物资源化利用试点的方案	农业部（2016）
	畜禽养殖业污染防治技术政策	环境保护部（2010）
	畜禽养殖禁养区划定技术指南	环境保护部（2016）
	北京市水污染防治条例	北京市（2011）
	北京市畜禽养殖禁养区划定工作方案	北京市（2016）
效率效益	生猪生产和市场统计监测制度	国务院（2007）
	饲料和饲料添加剂管理条例	国务院（2012）
	兽药管理条例（修订）	国务院（2016）
	畜禽良种工程项目	农业部（2005）
	动物防疫补助	农业部（2007）
	农业保险支持	农业部（2007）
	生猪标准化规模养殖场（小区）	农业部（2007）

（续）

类别	名　称	颁布/实施单位（年份）
效率效益	全国生猪遗传改良计划（2009—2020年）	农业部（2009）
	关于促进兽药产业健康发展的指导意见	农业部（2016）
	2016年畜禽养殖标准化示范创建活动工作方案	农业部（2016）
	国家口蹄疫防治计划（2016—2020年）	农业部（2016）
	畜牧良种补贴	财政部（2005）
	生猪调出大县奖励	财政部（2007）
	国家储备肉	商务部（2007）
	生猪目标价格保险	北京市（2013）
质量安全	农产品质量安全法	全国人大常委会（2006）
	食品安全法	全国人大常委会（2015）
	关于加快推进重要产品追溯体系建设的意见	国务院（2015）
	农产品质量安全县创建活动方案	农业部（2014）
	国家农产品质量安全县管理办法（暂行）	农业部（2015）
	关于加快推进农产品质量安全追溯体系建设的意见	农业部（2016）
	食品安全管理体系认证实施规则	国家认监委（2010）
	北京市加快推进重要产品追溯体系建设实施方案	北京市（2016）

数据来源：相关政府部门网站。

这些政策一定程度上提高了农户或企业的生产积极性，有效增加了生产环节抵御风险的能力，缓解了养殖环境与资源约束的压力，明确了产业可持续发展的路径，促进了减量不减产、提质增效以及保障北京市畜产品质量安全等政策目标的实现。

2. 产业政策评价

通过归纳分析生猪产业政策，可以发现政府的政策手段主要包括法律手段、行政手段和经济手段，三种手段相辅相成。近年来，法律手段和经济手段使用逐渐增多，通过法律手段规范环境治理和质量安全的案例更多；经济手段以项目扶持为主，普惠制力度较小，但经济处罚力度有所上升。行政手段是产业政策最主要的手段，呈现丰富化、多样化的特点，以规划、方案、意见为主，行政规章相对较少。总体上看，生猪产业政策支持力度越来越大，涉及主体和范围也越来越广。除效率效益这一传统政策支持重点外，资源环境和质量安全成为政策倾斜的新兴领域。2014—2016年，国家和北京市密集出台多项关于生猪养殖废弃物治理的产业政策，不断释放重要的政策信息。

众多的产业政策归根结底要落到养殖者行为上。为全面了解国家生猪产业政策的实施效果，本报告以团队2016年调研数据为例，从养殖场（户）这一微观生产主体出发，分析其对产业政策的评价。表11-4显示，听说过强制免疫疫苗、病死猪无害化处理补贴、养殖保险三项政策的养殖场（户）最多，分别达到90%、89.23%、88.46%。其次，养殖场（户）接受过最多的产业政策也是强制免疫疫苗、病死猪无害化处理补贴、养殖保险这三项。在接受过政策支持的养殖场（户）中，对所有政策的满意度都超过76%（比较满意和非常满意之和），其中目标价格保险补贴、标准化规模养殖场补贴、病死猪无害化处理补贴的满意度最高，分别达到 95.12%、94.59%、94%。面对生猪生产，养殖场（户）最需要的三项产业政策是养殖保险（90.77%）、病死猪无害化处理补贴（87.69%）、强制免疫疫苗（83.08%）。总体上，养殖场（户）对生猪产业政策满意度较高、需求度较大，但部分政策的知晓度有待进一步提升。

表 11-4　生猪产业政策评价

	听说过	接受过	满意程度					需求程度
			不满意	不太满意	一般	比较满意	非常满意	
良种精液补贴	39.23%	23.08%	0.00%	6.67%	6.67%	20.00%	66.67%	62.31%
强制免疫疫苗	90.00%	81.54%	4.72%	3.77%	15.09%	29.25%	47.17%	83.08%
养殖保险	88.46%	76.15%	0.00%	1.01%	7.07%	31.31%	60.61%	90.77%
病死猪无害化处理补贴	89.23%	76.92%	1.00%	2.00%	3.00%	26.00%	68.00%	87.69%
标准化规模养殖场补贴	69.23%	28.46%	0.00%	5.41%	0.00%	24.32%	70.27%	78.46%
目标价格保险补贴	60.77%	31.54%	0.00%	0.00%	4.88%	31.71%	63.41%	71.54%

数据来源：团队 2016 年对平谷、大兴、房山、密云、顺义 5 区调研数据整理（130 个样本）。

二、生猪产业发展中创新团队的技术支撑作用[①]

（一）团队基本情况

1. 团队定位

第一，科技引领。立足创新，突出与首都科技中心相适应的科技引领功能。

第二，技术支撑。重视转化，体现对产业进步的技术支撑作用。

2. 团队架构

团队采取项目型复合组织管理模式。首席专家为团队最高管理者，对岗位专家、功能研究室主任、首席专家办公室及其工作成效负主要管理责任；执行专家组负责工作审核，顾问组为主要咨询机构；岗位专家对单个项目负直接管理责任；综合试验站长对所承担的试验示范项目负直接管理责任，并联系协调辖区田间学校工作站；田间学校工作站站长对所承担的推广培训项目负直接管理责任。团队 2016 年设立 3 个攻关协作组，分别是环保攻关协作组、安全攻关协作组和高效攻关协作组。

2016 年，团队在首席专家、岗位专家、综合试验站站长和田间学校工作站站长原有架构的基础上，加强团队架构建设，创新引入团队角色"影子团队"。影子团队成员以岗位专家和综合试验站站长的岗位为主，参与团队活动，认可团队文化，以团队总体目标为工作方向开展相关工作。影子团队的成立，有效增强了团队的工作动力和活力，扩大了团队影响。

3. 团队目标与任务

（1）主要目标

初步建立可持续促进生猪产业实现环保、高效和安全发展模式的技术支撑体系，发挥科

---

① 根据北京市生猪产业创新团队 2016 年的工作总结、内部评估报告、效益专项报告等整理。

技创新和示范推广的辐射带动作用，分阶段、分层次实现环境友好度高、生产成本低、产品质量佳、盈利水平高的北京生猪生产模式。具体目标为：

①环保目标。到2020年，示范猪场能耗降低50%；猪场废水COD浓度低于400毫克/升；粪便的综合利用率达到95%以上。

②高效目标。到2020年，示范猪场母猪年提供断奶仔猪数（PSY）达到22.5头；提高生猪育成育肥阶段饲料转化率，料重比降到2.65：1；劳动生产率提到1 100头/人。

③安全目标。到2020年，示范企业肉品中亚硝盐超标率降低5个百分点，微生物超标率降低7个百分点；团队示范场（户）饲料中抗生素的用量减少60%以上，开发安全、优质猪肉产品2～3种。

（2）主要任务

根据团队目标制定五年任务规划的基础上，2016年团队围绕主要目标从环保、高效、安全方面出发，制定了主要任务。

（二）团队工作成效

1. 紧跟发展形势，开展供给侧结构性改革调研

2016年度，共开展调研203次，地点以北京郊区为主、全国各地为辅，调研养殖人员和消费者3 611人次。调研内容涉及养殖废弃物（粪便、污水、病死猪等）处理、生猪价格、养殖效率、猪肉质量安全、特色养殖、疫病防控、肉品加工与防腐剂等生猪全产业链的10余个方面。团队基于调研成果，连续两次在关键时间点上准确预测生猪价格走势，得到了业内高度认可。

2. 攻关任务方向明确，完成年度目标

团队聚焦"环保、安全、高效"三大方向，围绕2016年重点任务，共开展21项技术攻关和研发工作，全部完成年度目标。

（1）聚焦环保方向，实现节能、节水、降排

①开展保育猪舍保温节能改进技术研究。通过优化设计保温节能改造方案，推广保温节能改造面积6 545平方米以上，每个冬季可节约标准煤111.3吨以上，减少CO_2排放量超过271.9吨/采暖季，节能减排比例55%～77%。

②开展猪舍饮水系统节水技术研究。通过比较研究，采用节水饮水器可较传统鸭嘴式饮水器节水20%以上。结合全自动干清粪技术可减少生产用水38%～43%。按照万头规模猪场计算，相比人工干清粪＋鸭嘴式饮水生产模式，每年可节约生产用水2.29万～2.81万吨；相比水冲粪生产模式，每年可节约用水4.01万～4.32万吨。

③全自动干清粪技术研究示范。应用全自动干清粪技术进行粪尿分离后，一个万头规模猪场可通过减少污水的方式少排放COD 0.14～0.17吨、TN 0.005～0.011吨、TP0.002～0.01吨（以国家产排污系数及2016年应用测试为计算依据）。干清粪方式较水冲粪、水泡粪方式在BOD5、COD、SS、TP、TN等五项主要污染物的指标浓度方面均有显著效果，降低比例分别可达80%、88%、98%、79%、40%。

④猪低氮排放日粮技术体系的推广。采用该技术体系，将《中国猪饲养标准》（2004）推荐的生长肥育猪日粮蛋白质水平降低3～4个百分点，豆粕用量减少6～8个百分点，氮排放减少28%～35%，饮水量减少8%～12%，粪尿排泄减少15%～20%，猪舍中氨气浓度

减少 35%～40%。猪低氮排放日粮技术体系已在北京市 11 个区（占比 100%），823 家（占比 92.1%）养猪场/养殖小区得以辐射推广。

⑤粪便资源化利用示范推广。采用人工接种微生物菌剂的高温堆肥技术，在 30 家团队示范场开展粪便资源化利用示范推广，粪便综合利用率达到 85% 以上。

⑥减煤换煤综合技术研究。形成的《北京市猪场建筑节能改造及其相关能源供暖估算》分析报告，为下一步具体实施无煤化取暖技术提供了技术支持。

⑦"高效兼性微生物＋水生植物污水"技术研发。2016 年度完成试验示范点测试工作，夏秋季条件下，可将猪场废水 COD 由 6 000 以上降低到 400 以下，冬春季还存在水生植物越冬和处理效率下降的问题。

（2）聚焦高效方向，实现多生、少死、长得快

①猪生长曲线拟合及相关参数的遗传分析。应用 logistic 模型拟合猪只生长曲线，结果表明生长曲线参数遗传力都在 0.6～0.7 之间，属于中高遗传力，所以 logistic 生长曲线参数可以作为生长性状进行育种选择。

②母猪定时输精技术研究。实验结果表明应用该技术可显著提高经产母猪断奶 7 天内的配种率（提高至 99%）、分娩率（提高至 94%）。既能节省劳动力与劳动成本，也能有效利用隐性发情母猪，减少非生产天数。

③猪瘟、蓝耳病、口蹄疫、伪狂犬病的净化研究示范。以通州万全恒瑞养殖场、大兴九鼎种猪场作为示范场，共采集血清、抗凝血、鼻拭子和扁桃体样本 400 头，对监测出的阳性猪进行扑杀和无害化处理，逐步达到净化的目的。2016 年六马种猪场通过"伪狂犬病净化创建场"评估，列入国家猪伪狂犬病净化创建场名单。

④建立并完善猪繁殖与呼吸综合征等生猪疫病相关诊断试剂。申请 PRRSV 美洲型经典株数字 PCR 绝对定量试剂盒（CN105483294A）、一种高致病性猪繁殖与呼吸综合征标记疫苗及其血清学鉴别方法（CN105749267A）专利两项。获得 1 项三类新兽药证书《高致病性猪繁殖与呼吸道综合征耐热保护剂活疫苗》。发表诊断试剂、疫苗和流行病学调查相关文章多篇，并开始进行《ELISA 指南》一书的编译工作。

⑤仔猪脐带血诊断疾病技术的示范应用。利用脐带血诊断疫病技术为 41 个养殖场（户）开展了 9 项常见疫病检测和预警，提高出栏率 3%～5%，在 50 000 头规模推广应用，共计多出栏 3 500 头，增加经济效益 125 万元。

⑥益生菌——中药联合抗病促生长方案研究及健康养猪生产模式的试验示范。试验结果表明，益生菌组、中药组和联合组平均日增重、平均日采食量比对照组显著提高，料重比较对照组明显下降。

⑦复合益生菌制剂的研究示范。示范结果表明，仔猪平均日增重提高 5%，达到 450 克/天，饲料报酬提高 7%，达到 1.9∶1 以下，复合益生菌具有提高仔猪生产性能的效果。同时，开展了针对生长猪专用益生菌制剂及使用的技术研究，试验猪的平均耗料增重比为 2.63∶1，粪中有害菌（大肠杆菌）数量减排 31% 以上。

⑧妊娠母猪和哺乳母猪发酵饲料技术研究。进行了嗜酸乳杆菌、罗伊氏乳杆菌、乳酸片球菌的制备及发酵饲料技术研究工作，试验猪便秘率降低 10.5 个百分点，母猪每窝断奶活仔猪数提高 8.6%。

⑨物联网猪舍的测试与维护。不定期通过手机端进行环境数据、饲料数据、母猪信息的

抽查，并通过视频监控设备抽查猪舍内的生产情况。

（3）聚焦安全方向，利用技术保驾护航

①中式肉制品 HACCP 体系的建立与应用。建立了"酱猪肝加工过程 HACCP 控制系统"和"卤猪头肉加工过程 HACCP 控制系统"，完成安全酱猪肝和安全卤猪头肉 HACCP 操作流程及技术手册，建立 HACCP 体系。

②环保饲料应用技术研究示范。环保促生长饲料可以改善生猪肠道健康、提高生长性能，使生猪生长期（30~60 千克）的饲料报酬达到 2.63：1，平均生长速度达到 790 克/天以上，转化效率较普通饲料对照组提高 8.06%。

③肠杆菌肽的研究与开发。建立了乳酸杆菌表达系统，液相、反相检测方法；完成中试纯化工艺（纯度≥99.95%），已开始国家一类新兽药的评价；获得肠杆菌肽中试发酵工艺；申请国家发明专利 1 项。

④低温乳化肉制品稳定体系的建立——菊粉对肉糜乳化稳定性的影响。经试验对比，当添加 6% 菊粉时，能够最有效改善低脂香肠的蒸煮损失和口感风味，色度值也与高脂对照组香肠接近，是较理想的菊粉添加量。

⑤基于计算机视觉的猪胴体自动分级系统的升级。该系统介绍了角度求索法提取拐点的算法，并将该算法应用于猪胴体轮廓特征点的提取。运用自定义的算法对膘厚信息进行测量，取得了更加精确的结果。

3. 发挥引领与技术支撑作用，开展技术示范与推广

团队共推广新技术、新产品 22 项，覆盖规模达 127.16 万头，实现经济效益 4 849.9 万元，社会效益和生态效益显著，充分发挥了生猪团队的引领和支撑作用。

4. 采用多种形式，统筹开展培训工作

团队统筹部署，各级成员结合实际生产需要，采用专题座谈、技术观摩、入户指导等多种方式多层面、多角度与养殖企业进行技术交流，2016 年积极开展各种培训活动 278 次，累计达 10 674 人次。基层技术人员通过观摩学习，已经逐步认识到科技对农业生产的巨大推动力。通过各类型教育培训，养殖场（户）的生产理念已经发生很大转变。

5. 扩大团队影响力，积极开展对外宣传工作

团队 2016 年共组织宣传 172 次，发放宣传材料 60 557 份，明白纸 17 257 份，通过网络、电视、报纸、电台、微博微信等媒体宣传达 612 次。积极参加各领域论坛及峰会，还以灵活多样的方式开展全方位、多角度、深层次的宣传工作。

6. 积极开展国内外交流

2016 年共开展国内外交流 87 次，特别是通过召开京津冀生猪创新团队协同发展研讨会、第十届全国猪人工授精关键技术研讨会以及全国地方生猪产业技术体系创新团队 2016 年终盘点论坛 3 个常规交流活动，奠定了生猪团队在京津冀乃至全国的引领地位。

2016 年度团队成员共进行对外交流 8 次，到访法国、日本、尼泊尔、西班牙、美国、澳大利亚、瑞典等国。国际影响力日益提升，对外交流日益频繁。

7. 论文、专利、著作及获奖情况

团队 2016 年共发表论文 62 篇，其中 SCI20 篇；申报专利 17 项，获得专利 17 项；获得新兽药证书 1 个，出版著作 9 部，获奖 8 项，制定地方标准 1 项。

（三）团队运行机制

1. 制度建设

加大力度继续推进任务制订、科学预算和进度、成本、质量绩效考核，狠抓团队各项管理制度的落实工作。严格工作质量测量标准，制作 WBS 词典，探索工作质量量化评价方法；将经费合理、合法、合规使用作为信誉的第一条件，加强审计监管；进一步完善量化工作管理措施，开展工作进度、成本、质量监督检查，对团队各类岗位工作绩效开展定期审计评价。

2. 过程管理

各项技术工作必须严格按照团队工作管理规范执行，首席办按照各成员提交的里程碑清单开展绩效核查和经费审计。团队成员要严格按照任务书开展工作，按时填报工作绩效调查表，接受检查、评估、考核和验收。团队成员及建设依托单位的重大变更情况，要严格履行相关程序和报备制度。团队成员及建设依托单位要积极配合年度经费审计，并承担主体责任。及时填写任务书、总结报告、工作日志、工作信息、经费使用、成果等相关信息。

3. 验收标准

团队示范场，请上级主管及第三方专家验收；岗位专家示范场，由首席办组织第三方专家验收。

4. 考核奖惩制度

考核奖惩制度按照"谁主管、谁负责"的原则，制定考评测评机制，在每个实施阶段对各项指标实行严格考评，按照工作完成情况和实施结果分阶段进行测评考核、排序和评比，对于先进的个人给予表彰，落后的给予批评，考核不合格的予以变更或取消资质。

（四）技术研发与主推技术

2016 年度本团队开展任务书规定的内容共 114 项；其中，研究项目 20 项，试验示范 72 项，推广新技术、新产品 22 项，覆盖规模达 127.16 万头。整体上完成或超额完成年度技术研发和推广指标。

（五）技术示范推广效益

1. 经济效益

2016 年，团队聚焦"环保、高效、安全"三大方向，围绕节能减排、高效生产、提高饲料利用率、生物安全、产业发展与"互联网＋"等 5 个 2016 年重点任务开展各类技术示范与推广工作，推广规模达 127.16 万头，实现经济效益 4 849.945 万元。

2. 社会效益

（1）养猪业"调、转、节"取得成效

几年来，团队有目的、有节奏地调整服务对象，增加种猪、减少肉猪；在生产模式、产品构成方面适度引导差异化发展；鼓励引导养猪场（户）进入流通环节，实现猪农向猪商转变；大力研发和推广节水养猪技术，在节水养殖方面取得较大成效。

（2）劳动力素质进一步提升

岗位专家经常深入养猪场（户）一线，与养猪场（户）交朋友结对子。田间学校工作站和综合试验站培训活动丰富多样、寓教于乐，满足养猪场（户）多种需求，培育出的养猪场

（户）学员本性淳朴，符合当代农民的新形象。其中涌现出众多致富能手、科技带头人等，成为养猪场（户）的学习榜样与产业生力军。

（3）科技成果转化成效显著

通过田间学校工作站和综合试验站平台，大批先进生猪养殖技术得到推广应用。大量科技成果的落地，吸引更多的科研院所中的科技人员进入养猪场（户），解决实际问题，开展更细致的需求调研，研制更实用、更科学有效的养猪生产技术，养猪场（户）增产和增收效果显著。

（4）媒体报道与对外交流日益活跃

2016 年，团队积极参加各领域论坛及峰会，在大会上作专题报告并得到业内外人士的高度认可。其次，成员不断加强与国内外沟通交流，全年共参加国内外交流 87 次，通过网络、杂志、电视、微博微信等媒体宣传达 612 次。广泛报道了生猪产业创新团队试验示范的成果，扩大了团队的影响力，提高了团队知名度。

（5）产业咨询服务得到政府部门的认可

2016 年，团队重点区域调研覆盖面达到 40% 以上，主要包括养殖效率及影响因素、猪肉可追溯体系建设、养殖废弃物（粪便、污水、病死猪等）治理、良种繁育体系等。同时，参加市农业局供给侧结构性改革调研，并提出建设性意见；参加北京市减煤节煤政策性咨询活动，提出的意见得到了政府部门的认可。

3. 生态效益

（1）促进环境改善

应用猪舍保温节能改造技术、猪舍无动力通风节电技术、添加植酸酶技术、猪舍自动干清粪技术，不同程度减少猪舍 CO_2、氨气等有害气体排放，也在饲料添加剂、粪便处理方面取得良好效果，降低了生产成本，减少了对环境的影响。

（2）倡导节水养殖

在怀柔绿源康养殖场等推广人工干清粪技术，减少用水量并使清除的粪便经堆积发酵后还田，减少了化肥的使用量。万头猪场年可减少污水排放 20%，达 3 000 余吨。开展节水型饮水器的改造示范和应用推广工作，减少猪只饮水浪费，效果明显，同时显著减少饮水撒漏造成的污水量增加。万头猪场年可节约生产用水 4.01 万～4.32 万吨。

（六）产业支撑模式

团队自 2009 年成立以来，紧密联系北京市生猪产业发展实际，不断完善、总结支持生猪产业模式、做法，形成可推广、可复制的工作经验。

1. 需求调研是基础

团队从成立之初就十分注重调研工作。通过调研策划、工作准备、人员培训、产业调查（分概查和专题调查）、产业分析汇总等一系列过程，全面开展对北京市生猪产业的需求调研。根据调研数据，通过专业化分析，得出研究结论，查找问题差异，形成解决对策和攻关内容，确定了产业定位、发展方向与工作重点。

2. 培训场（户）是前提

根据北京市生猪产业发展的实际需要推进培训工作。每年组织开展冬春科技培训工作，以提高养殖场（户）对现代科技的吸纳转化应用能力和综合发展能力为重点，以农业科技工程项目为载体，坚持"政府主导、上下联动、多元参与、广泛培训"工作机制，开展多层次、多渠道、多形式的养殖场（户）培训。在工作指导中，采取实物现场演示、疑难问题技术咨询、专家面对面与养殖场（户）交流、展板图片展示、发放技术手册、现场观摩操作等多种形式。

3. 监督机制是保障

不断完善团队管理，全面推行《技术工作管理规范》，重点做好规范项目编制培训，实施中期、年度进度、成本和质量绩效考核。要求在各级任务书中列出每个工作包的"计划活动内容—工作进度—计划经费表"。通过考核这种形式努力营造一种"创新、合作、务实、民主"的团队建设氛围，尤其要加强经费的管理，保障专款专用。

4. 节能增效是目标

紧紧围绕科技养猪、大力倡导低碳养猪、积极推进品牌养猪，为行政管理部门提供更多的产业信息，指导产业更快更好地发展；在饲料营养、饲养环境等方面，使养殖场向节水、节能、节饲料、高效能、低排放的养殖模式转变，促进北京规模化养殖场绿色低碳可持续发展。以更少的能源资源消耗，更低的环境污染实现更大的经济效益和更多的劳动就业，有力促进生猪产业节能、降耗、增效目标的实现。

5. 注重效果是根本

产业发展的根本是增强产业内生增长能力，实现各主体、各环节可持续发展。团队所有工作的开展是为了提高经济、社会、生态三方面效益，在推进产业发展过程中，根本是抓住效益这个核心，多方努力、协调并进，做到经济、社会、生态效益"三位一体"平衡发展。

6. 量化考核是创新

全面推行先进的项目管理模式，做好规范项目监督和量化考核。根据 SPI、CPI、QPI 测算结果，评价岗位成员的绩效，然后采取纠偏整改措施；积极开展文化建设，形成团队特有的工作方式、思维习惯和行为准则，构建团队文化，培育团队的价值观。

三、生猪产业典型案例分析

（一）北京六马科技股份有限公司

北京六马科技有限公司（以下简称北京六马）[①] 是一家创建于 2001 年的集团化管理公司，致力于"大体型美系种猪"育种生产、动物营养研究、人员培训、技术推广为一体的国家生猪核心育种场、北京市高新技术企业。2016 年度营业收入为 8 962.35 万元，净利润 380.30 万元。集团下辖一家现代化猪饲料营养公司（北京劲能生物科技股份公司）、8 个独资和合资控股种猪公司。目前北京六马独资和合资种猪场的规模达到总存栏基础母猪 1 万头，有 39 家"九吨母猪合作场"，每年可向市场提供六马大体型优质种猪 10 万多头。北京六马是拥有高效率生产优质"香扉"猪肉的"大体型"种猪基因、大体型种猪基因的鼻祖，是中国首家美国华多（Waldo）合资原种猪公司。

北京六马在 2016 年成为团队的"影子团队成员"，2017 年正式成为团队的综合试验站，先后荣获"国家生猪核心育种场""国家动物疫病净化创建场"、高新技术企业、北京市"菜篮子"工程优级农业标准化基地等称号。并于 2016 年通过国家"伪狂犬病净化创建场"评估。

北京六马以"大体型、肉质好"为基本育种方向，致力于打造安全绿色品牌"香扉"猪

---

① 根据北京六马提供资料和网站信息整理：http://money.163.com/17/0605/10/CM5KHN16002580S6.html。

图 11-12　北京六马科技有限公司的猪场全景图

肉。自 2013 年开始探索六马大体型配套系的研发，以 6 个专门化品系为核心，通过有目的地对各专门化品系进行杂交配合力的测定，研发的雷霆公猪及九吨母猪、"香扉"商品猪已陆续向社会推广测试，六马大体型配套系已形成雏形，形成具有六马知识产权的配套系。

北京六马一直采用先进技术提高养殖效率和经济效益，提高机械化水平并减少雇工。猪舍设计以"生物安全"为主导原则，以"科学、高效、节能、环保"为基本理念，突破创新、不断完善设计方案，养猪生产的供料与通风、保暖设备由机械化自动化向智能化转变，在育肥阶段，公司每位饲养员一年可饲养商品猪近 6 000 头。公司生产管理采用核心群育种、后备准入＋驯化、周批次生产、可视化流程管理、精细化评估整改等关键技术，不断优化生产环节、提升生产效率，从而降低了生产成本。同时，公司定期邀请国内外专家指导生产/育种，使公司的生产管理达到卓越的水平。公司一直秉承"养重于防、防重于治、综合防治"的理念，从选址、场区布局、舍内小环境控制、全进全出、部分批次清群、公猪站空气过滤、投入品控制、防疫制度、疫病预警系统、现场数据（生产数据、实验数据）评估系统、兽医人才队伍建设等多个方面，建立了完善有效的生物安全管控体系。除此之外，公司饲料配方专门针对"大体型"种猪的影响需求设计，采用阶段性营养配方技术，根据生猪类型及不同的生长阶段制定了精准的营养标准。同时，从原料采购、饲料加工、饲料运输、饲喂全过程的全流程控制和记录，保证了饲料的质量安全。兽药采用集团统一标准、统一来源、统一价格、统一采购的 4 统一过程管理，确保安全有效与成本优化。

北京六马采用一体化标准化养猪模式，建立了完善的食品安全保障体系和可追溯体系，实现了从厂址选择、原料采购、饲料加工、投入品控制、生猪饲养、与猪联网衔接猪交易等环节的全程标记式监控，充分保证了食品安全。品牌塑造方面结合公司战略，与"十百千生猪产业联盟"中的"1000 家商品场"嫁接，致力于推动自有品牌"香扉"猪肉，此路线旨在让消费者采购到"安全、生态、味佳"的猪肉。

北京六马在发展过程中高度重视环保问题。不断改进和试验养殖废弃物处理新技术，走资源化循环之路，形成了可持续的"六马绿色养猪模式"：第一，无害化处理，固体粪便通过高温好氧堆肥发酵，杀灭病原微生物，制成有机肥；粪水经过厌氧处理，杀灭有害微生物，贮存于沼液池，并做双重防渗处理；病死猪等统一按照北京市标准送至集中场所进行无害化处理制备有机肥；第二，源头用水控制，坚持资源节约型发展，在养殖场采用新工艺，减少头均粪水产量，降低成本；第三，资源化利用，堆肥、沼液归田，与农民签署肥料使用归田协议。

北京六马秉承打造中国领先的"集约化猪场一站式高效率服务平台"的理念，坚持打造世界级种猪科技基因公司的战略发展方向，在"管理数字化、技术专业化、营销网络化、服务一站化"的过程中正高速健康的发展。

（二）北京顺鑫农业股份有限公司鹏程食品分公司

北京顺鑫农业股份有限公司鹏程食品分公司（以下简称鹏程公司）[①]是一家集种猪繁育，生猪养殖、屠宰加工，生鲜肉精加工、肉制品深加工及仓储物流配送于一体的农业产业化龙头企业。是北京市最大的安全猪肉生产基地，日屠宰量可达7 000~8 000头，单厂屠宰量位居全国首位，生鲜猪肉产品始终位居北京市场领先地位。鹏程公司现有销售网点3 300个，拥有4万吨华北地区最大单体冷库，综合实力位居中国肉类行业前列。鹏程公司2009年起成为团队的综合试验站。

多年来，鹏程公司以"诚信、敬业、创新、高效"的企业文化理念，以"完整、科学、现代"的产业模式，以营养、健康、方便、快捷的产品理念，充分发挥产业化经营优势，引领行业的健康发展，成为中国肉类行业的领导品牌。鹏程公司是北京奥运会和残奥会、南京青运会、纪念中国人民抗日战争暨世界反法西斯战争胜利70周年、北京国际田联世界田径锦标赛唯一的猪肉产品供应企业，并完成了APEC北京峰会、历届全国两会、北京市两会等重要活动和重大会议的食品供应任务。荣获2008北京奥运会和残奥会猪肉供应企业证书、北京奥运会和残奥会猪肉供应服务先进集体、2014年亚太经合组织会议猪肉供应单位、2015北京国际田联世界田径锦标赛最佳支持单位、新中国成立60周年国庆阅兵猪肉供应单位、反法西斯战争胜利70周年阅兵贡献突出奖、肉类行业诚信经营先进集体、中国食品企业社会责任百强企业、中国品牌价值500强、中国肉类行业十大品牌企业、中国肉类行业十大影响力品牌、营养丰富猪肉食材奖、畜禽屠宰最具价值品牌企业、"生态中国"优选推荐品牌、中国肉类食品安全信用体系建设示范项目企业等荣誉。

鹏程公司先后在北京市顺义区，河北省承德县、迁安市、滦平县、兴隆县、肃宁县和山西省阳高县等地区建立15家自有养殖基地；存栏生猪20万头，年提供优质种猪10万头，年出栏生猪30万头。与北京及河北、河南、山西、辽宁、内蒙古等周边省（区）市的大型养殖场、养殖小区、农民养猪合作组织共同建立186家鹏程公司生猪养殖基地，带动专业养殖户3 000多户，每年可向鹏程公司提供安全、优质商品猪达到200万头。鹏程公司通过与生猪养殖场、养殖小区以及农民养猪合作组织建立供需关系，提出保底价收购、种猪优惠销售、无障碍回收三项优惠措施，利益互补、共同发展，构建生猪养殖基地。充分发挥该公司较强的市场网络和本身具备的生猪养殖技术力量，确保了生猪养殖基地健康、稳定的发展。

鹏程公司率先在全国提出"放心肉"的承诺，并通过ISO 9001质量管理体系认证、ISO 14001环境管理体系认证、ISO 22000食品安全管理体系认证、HACCP体系认证，并取得国家无公害农产品认证。鹏程公司还构建了目前国际市场上最先进的RFID食品安全可追溯体系，为确保产品销售环节的安全，公司配备了200多辆专业冷藏车，并对车辆安装了GPS全球定位系统，实现了生产运输全程冷链，全程监控。

从打造绿色北京、保护生态环境角度出发，在养殖板块，鹏程公司已将自有养殖场的锅炉

---

① 根据鹏程公司提供资料整理。

拆除，进行锅炉"煤改电"改造；在屠宰加工板块，2016 年完成了总投资 1 559 万元的锅炉煤改气技术升级改造。公司根据不同车间的需求特点，制定出了不同的节电方案，年可节约电费近 100 余万元。公司配备了污水处理能力 3 000 吨/日的污水处理设施，将处理后的水用于厂内绿化、冲洗圈舍等，以实现水的重复利用，提高水资源利用率，年可节约 50% 的用水量，减少 COD 排放约 2 475 吨，减少 BOD5 排放约 225 吨，减少油脂排放约 45 吨，社会效益显著。同时，公司建设了病死动物集中收集无害化处理工程，主要涉及顺义区十四个镇的病死动物集中收集无害化处理，降低了动物疫病发生风险，妥善解决了病死动物污染环境问题。

为推动京津冀协同发展，提升京津冀地区肉品质量安全水平，鹏程公司围绕京津冀协同发展目标以及首都城市功能定位，重点从源头与市场进行突破，构建企业饲料、养殖、屠宰、加工、销售的封闭式运营模式。

（三）北京清泉湾养猪有限公司

北京清泉湾养猪有限公司（以下简称清泉湾公司）[①] 成立于 2008 年 3 月，注册资本 10 万元，生产基地位于延庆区永宁镇境内山区。2008 年 9 月引进祖代及公母代种猪，实行封闭自繁自养自补，次年 11 月公司育肥场建成并采用生物发酵床技术。基础母猪 500 头左右，年出栏优质生态与有机商品猪 1.1 万头以上。公司依托当地良好的自然环境与原料资源，充分发挥自身福利、生态与健康养猪技术优势，致力于安全优质的有机品牌猪肉的生产与技术推广。通过福利养殖，猪肉肉质可口不腻、味美纯正，不饱和脂肪酸占总脂肪酸比例高达 60%。先后获得农业科技试验示范基地、北京菜篮子工程优级生产基地、有机猪认证证书、四星级福利养殖金猪奖、全国畜禽养殖标准化示范场、农场动物福利评价证书、中国美丽猪场等荣誉和证书。清泉湾公司 2014 年被团队产业经济岗位评选为示范场。

通过多年建设，清泉湾公司探索出一条独特发展之路。始终坚持"待猪如人、健康永恒"的理念，注重健康与福利，追求技术与创新。

第一，研发饮水节水装置。猪只咬饮水器会造成射漏，使圈舍长期处于潮湿状态，容易导致病原微生物滋生而引起发病率上升，降低猪只福利水平，影响猪的健康。为破解这一技术难题，清泉湾公司历经两年时间，针对猪只咬饮普通饮水器（含饮水杯、饮水碗等）导致的大量漏水现象（经测试 1 头 45 公斤的猪咬饮普通饮水器，24 小时漏水量高于 7 升，漏水不仅导致圈舍潮湿，而且导致水资源浪费且带来污水处理与排放的环保压力）展开认真筛选试验，在 2011 年初成功研制出无漏水且保证饮水卫生的节水盆装置（该节水装置于 2012 年 3 月获得实用新型专利证书，专利号：ZL201120193049.5）。节水装置在清泉湾公司应用以来，节水效果十分理想，猪场日均用水总量下降 50% 以上，不仅保证了圈舍的干燥环境，使猪只健康水平与福利待遇显著提升，更重要的是节约了宝贵的水资源。由于节水与减少污水效果明显，国内 30 多家猪场采用了该节水装置。

第二，创造宽松、自由的舒适居养小环境。为饲养生态猪，清泉湾公司修建的舍内起卧空间比普通猪场几乎大三倍，饮食、休息、排泄区自然分开，还具有宽敞的舍外运动场，有机猪可自由奔跑，怀孕母猪还享有每头 100 多平方米的户外放牧场。此外，猪场每天还播放轻音乐 3 次，每次 2 小时左右。

---

① 根据清泉湾公司提供资料整理。

第三，从饲料和投入品源头上确保猪肉安全。清泉湾公司制定了十分严格的采购及领用制度，始终做到不添加抗生素药物及其他任何违禁添加物。用良好的饲养环境，科学的消毒手段，合理的防疫疫苗，以及允许使用的益生素（如乳酸杆菌）、酶制剂等提高猪群的免疫力与健康水平。即使个别病情，也只采用中药制剂治疗（如双黄连、穿心莲等）。因此，清泉湾公司在多次肉品检测中均取得无残留数据的优秀成绩。

第四，创造人猪亲和的氛围，实现人与自然的和谐。清泉湾公司自建场开始，就以"待猪如人、健康永恒"为基本养猪理念，并将这一理念通过常年培训、现场交流、互动观摩学习等形式根植于每位从业管理者与饲养工人的心中。另外，清泉湾公司采用太阳能沼气装置、生物发酵体技术、添加益生素及酶类措施等处理粪便、减少异味。污水未向外排放，没有对环境产生影响，处理产生的沼液、生物发酵肥源源不断地返还自种农田及周边有机蔬果种植农场，促进了有机循环农业的发展，实现了人与自然的和谐。

第五，引进自动化、智能化养猪设备，劳动生产率不断提高。近五年来，清泉湾公司大力投资、增强基础设施。2013年6月投资22.5万元，安装育肥猪自动料线；2015年9月投资26.3万元，引进妊娠母猪智能化饲喂器；2015年10月投资15.7万元，引进生物无害化处理设备，用于病死猪的无害化处理并获得优质有机肥；2016年3月投资6万元，引进部分哺乳母猪智能化饲喂器。清泉湾公司通过引进使用先进的自动化、智能化养猪设备，劳动生产率大幅提升，用工成本显著下降，猪场总员工由2013年的27人下降至2016年的15人。

第六，粪污资源化利用。生长育肥猪采用生物发酵床，连续使用两年后分解成安全优质的有机肥，实现零排放，清泉湾公司每年为周边多家从事有机种植的农场有偿提供约300立方米的发酵床分解肥。繁殖场采用干清粪，利用太阳能沼气池和堆肥场处理粪尿，沼渣沼液用于本场青饲料地，堆积发酵肥一半用于本场青饲料地，另一半销售给周边果菜农，每年销售约280立方米。利用这些技术，清泉湾公司实现了粪污的资源化利用，既保护了环境，又与周边农户形成了良好关系。

（四）北京天鹏兴旺养殖有限公司

北京天鹏兴旺养殖有限公司（简称天鹏兴旺）[①] 2014年被团队联合育种岗位选为示范场，2015年被生猪团队确认为示范基地。天鹏兴旺为原种猪场，饲养基础母猪500头左右，养殖方式为种养结合，种猪场占地84亩，苗圃900亩。根据企业现有基础和优势，生猪团队集中团队资源将其打造成"环境友好、资源节约、生产高效"的环保型养猪企业。

环境友好即采取种养结合的生产方式，猪场产生的粪便和污水在苗圃内消纳，对外零排放；粪污经过干湿分离，干粪发酵制成有机肥，作为苗圃的肥料；污水经过化学和生物处理，去除臭味和有毒有害物质，达到可排放标准，一部分作为苗圃的灌溉用水，另一部分又可以循环利用冲刷猪舍。资源节约：猪场所用之水天上来，实施集雨工程，猪舍安装节水碗；冬季供暖采用清洁能源——太阳能供暖系统，夏季猪舍通风降温采用太阳能发电。生产高效：对猪舍进行改造，自动消毒、自动控温、自动清粪、自动喂料和饮水，自动测定生产性能，实现生产管理的自动化；从母猪发情配种、仔猪测定到食品安全全程监测，形成一套完整的物联网信息体系，实现管理过程的信息化。

---

① 根据北京市生猪产业创新团队提供资料整理。

2016 年团队开展的工作主要是常规育种与分子育种相结合的种猪选育、自动干清粪、空气电净化除臭防污染等多项技术应用。未来将开展太阳能利用（冬季太阳能供暖系统改造、夏季太阳能发电）、集雨工程、人工湿地处理猪场污水、有机肥加工、除臭、自动化种猪性能测定系统安装、物联网信息系统建设等十余项工作。

天鹏兴旺主要产业技术示范内容为：种养结合、自动化干清粪、粪污干湿分离、太阳能取暖工程。

四、生猪产业发展政策与建议

（一）产业发展问题及技术需求

1. 面临的主要问题

（1）环境污染与产业发展矛盾突出

尽管受环境规制、机会成本上升、比较优势下降等影响，特别是北京市 2014 年颁布的《关于调结构转方式发展高效节水农业的意见》中提出将生猪年出栏量调减 1/3 的政策诉求，北京市生猪养殖业依然是畜牧业的重要组成部分。随着消费者对安全、健康、优质、高端畜产品需求空间不断加大，消费者对北京市生猪养殖业也提出了更高的要求。不仅需要提高生猪养殖业的综合生产能力，夯实猪肉产品保障基础；还需要加强治理生猪养殖废弃物以适应生态农业发展要求。

相对于其他畜禽，生猪养殖受环境规制影响最大。一方面由于生猪养殖废弃物（粪便、污水、病死猪等）产量大、缺乏消纳用地，难以被自然环境负荷，容易带来水体富营养化、氮气过度排放等污染问题；另一方面由于前期投入处理简单化，使生猪养殖废弃物中残留大量重金属、抗生素和病原体，即使还田也易造成二次污染。近几年，北京市政府相关部门已经推行诸多处理技术或模式，也取得较好治理成绩，但治理效果并不彻底，亟需提出及推广更为合理的技术与模式。2015 年农业部颁布《全国农业可持续发展规划（2015—2030 年）》，要求"到 2020 年和 2030 年养殖废弃物综合利用率分别达到 75％和 90％以上"的规划目标，不仅给地方政府带来治理的硬性规定，也提出了新的治理思路。

2016 年，北京市农村工作委员会等部门联合发布的《北京市畜禽养殖禁养区划定工作方案》拉开了北京市全面划定畜禽养殖"禁养""限养"序幕，大兴、房山、通州、昌平、怀柔、顺义等郊区相继出台本区具体划定方案。都对划定范围、组织工作、时间进度、补偿标准等作出明确要求。禁养区划定政策对包括生猪产业在内的养殖行业产生了不可避免的压力，在从根本上去除养殖污染源的同时，也削减了生猪产能，环境保护与产业发展矛盾突出。因此，亟需既能实现生态、经济和社会效益协调统一又能适应生态农业发展要求的生猪养殖废弃物治理的资源化路径。

（2）生产效率亟待提高

北京市生猪养殖效率高于全国平均水平，但与国际先进水平还有较大差距，与全国科技创新中心的地位不符，不能充分体现引领和示范功能。同时，受日益趋紧的资源环境双重约束，北京市生猪养殖成本快速上涨，养殖效益比较劣势明显，生产效率亟待提高。北京市生猪产业创新团队 30 个示范场监测数据显示，2014 年每头母猪年提供断奶仔猪 16 头，育肥阶段料肉比为 2.7：1，人均出栏商品猪 700 头，稍高于同期全国平均水平，《全国生猪生产发展规划 2016—2020 年》数据显示，2014 年全国每头母猪年提供商品猪 14.8 头，育肥猪饲料转化率为 2.8∶1，规模猪场人均出栏商品猪 650 头。但与发达国家水平相比仍存在较大差距，如美国每头母猪年提供断奶仔猪 25 头左右，育肥猪料肉比在 2.5∶1 以下[①]，而母猪生产力水平最高的丹麦每头母猪年提供断奶仔猪高达 30 头。根据《全国农产品成本收益资料汇编》数据计算，2015 年北京市中规模和大规模生猪养殖成本利润率分别为 10.96％ 和 2.47％，低于同期全国平均水平 4.38 和 12.65 个百分点。因此，为与全国科技创新中心的地位相匹配，并充分发挥其引领和示范功能，提升产业竞争力和效益，亟需提高北京市生猪产业的生产效率。

（3）猪肉质量安全保障任重道远

北京市猪肉质量安全监管水平在全国一直处于领先地位，但猪肉质量安全隐患仍然客观存在。主要原因是多数养猪场（户）自配饲料且缺乏饲料质量安全检测，饲料原料质量无法有效控制，容易诱发疾病而过量用药；为防控疫病和提高养殖效益，养猪场（户）不规范使用饲料添加剂和抗生素的情况仍然客观存在；生猪流通环节参与主体多，尚未实现对生猪购销和运输过程的有效监管，存在生猪质量安全隐患；生猪屠宰加工企业尚未建立或者尚未严格执行安全猪肉生产 HACCP 体系，猪肉及猪肉加工品存在质量安全隐患；猪肉终端市场尚未实现优质优价和生猪产业链各环节利益分配机制不完善，难以正向激励养猪场（户）的安全和规范养殖行为。

受生活习惯、饮食偏好的影响，猪肉还将在中国居民肉类消费中占据主导地位，而且随着经济增长和居民收入水平的不断提高，消费者在关注能否买得起和方便买到猪肉的同时，将更加关注猪肉质量安全是否有保障。猪肉质量安全问题不仅会严重损害消费者利益、挫伤消费者信心、扰乱市场秩序，也将使政府形象大打折扣。因此，2012—2016 年连续五年的中央 1 号文件都在强调农产品质量安全保障与监管的重要性、紧迫性。

2. 技术需求分析

（1）环保技术需求

只有通过不同环节环保技术集成、全方位研发及推广治理技术模式，才能促进养殖废弃物治理的彻底性和有效性，适应生态农业发展要求，促进北京都市现代农业持续健康发展。环保技术需求主要包括以下几方面：

①种养结合与循环经济节点技术。一是全程监控减量化投入、无害化处理以及资源化利用三个关键节点，保障肥料化产品质量；二是确立肥料化的农地、水源可承载能力，通过卫星遥感系统等全面了解区域内种养面积、作物品种及数量，理清不同自然环境下种植不同作物所需的肥料数量，控制超载。

②废弃物资源化利用技术。积极推广能源化、基质化等新型资源化技术；推动成本低、利用率高、便于推行的病死猪资源化技术。

③节能节水技术。推动煤改电、煤改气、雨污分流、干湿分离等技术。

④清洁能源应用技术。安全推进沼气工程，选择成熟、便于运行的沼气技术模式，探索适合不同养殖规模的沼气配备运行技术。

⑤微生物系统工程。继续研发推广微生物在环保饲料、兽药研发、养殖废弃物无害化处

---

① 中国经营网 http：//www.cb.com.cn/rfzb/2016_1124/1172633.html。

理环节的应用，形成系统工程项目。

（2）高效技术需求

为提高北京市生猪产业生产效率，降低养殖成本、提升产业效益，充分发挥其引领示范作用，亟需开展与提升母猪生产力、饲料转化率和劳动生产率等相关的节本增效技术的筛选、研发、集成、示范与推广。高效技术需求主要包括以下几方面：

①母猪生产力提升技术。如提升育种效率的常规和分子育种技术，提升繁殖效率的定时输精技术，以及预防仔猪腹泻、提高仔猪成活率的相关技术等。

②饲料转化率提升技术。如促进猪群消化吸收提高饲料利用效率的生物饲料，降低废弃物排放的低排放饲料，以及分阶段精准日粮与精细化管理技术等。

③劳动生产率提升技术。如引进成熟的机械化自动化设施设备、物联网大数据云计算管理技术、积极开展养猪从业者技能培训以及设备管护方面的技术培训等。

（3）安全技术需求

为保障北京市猪肉质量安全，维护消费者权益，保证北京市生猪产业健康、有序运行，亟需在生猪养殖和流通过程中、猪肉产品加工过程中开发、应用相关的安全控制技术。安全技术需求主要包括以下几方面：

①生产过程安全控制技术。如疫病防控和疫病净化等减少乃至摆脱某些药物添加剂技术等，替代或减少生猪养殖和生猪流通过程中的可能导致猪肉质量安全隐患的添加剂、抗生素等的替代或减量化技术等。

②猪肉产品安全控制技术。如控制生猪和猪肉质量安全隐患的 HACCP 体系、追溯技术等，消除或较少亚硝酸盐残留、微生物超标等化学防腐剂和有害微生物等的替代或减量化技术等。

（二）产业发展趋势

1."调减做精"理念形成，提质增效是目标

为积极推进农业结构调整，优化农业空间布局，加快转变农业发展方式，发展高效节水农业，大力提升都市型现代农业发展水平，北京市农业局依据北京市委、市政府《关于调结构转方式、发展高效节水农业的意见》制定了《调整农业结构发展高效节水农业的实施方案》，明确在环境规制、资源压力、机会成本上升、比较优势下降等环境和经济因素的制约下，根据"高效、节水、生态、安全"的基本原则加快转变农业发展方式的政策导向。

北京市提出"调减做精"畜牧业的发展理念，淘汰低端、落后产能，疏解本市畜禽养殖总量，发展标准化规模养殖，提升畜牧种业发展水平，盘活存量，提质增效，在保障"菜篮子"畜产品应急保障能力的同时，强化北京市畜牧业"高端、高效、高辐射"的引领示范作用，推进产业化、良种化、标准化、无疫化进程，增强其在全国的影响力和带动力。对于生猪养殖业，要求生猪养殖量大幅度调减、严格控制新建养殖场、禁养区养殖和不符合相关发展规划的散户逐步退出，将标准化规模养殖作为产业主要发展方向以不断提高生产效率、健全疫病防控体系，同时保障猪肉产品的质量安全和养殖环境的生态净化。

2016 年农业部印发的《全国生猪生产发展规划 2016—2020 年》也将提质增效作为产业发展基本原则和目标之一，对以北京市为代表的约束发展区提出的主要任务是稳定现有生产规模，优化生猪养殖布局，加强生猪育种能力建设，提高集约化养猪水平和猪肉产品质量安全水平，加快信息化建设，构建质量安全可追溯体系，发展现代生猪产业。

2. 养殖废弃物治理提上日程，资源化利用是首选

在提倡生态文明建设、定位休闲生态农业功能、统筹城乡一体化大格局的背景下，北京市对生态环境建设提出更高要求。在《北京市"十二五"时期都市现代农业发展规划》等多个重大农业规划文件中明确指出畜禽养殖废弃物环境污染是农业发展面临的突出问题，也是北京市农业环境保护的重点任务，重点强调养殖废弃物的无害化处理和资源化利用，提出"十二五"结束前北京市规模养殖场粪便资源化利用率达90％以上、规模养殖场全部达标排放或零排放的努力目标。将畜禽粪污肥料化还田是具有悠久历史传统和科学生态理论依托的循环经济模式，也是治理的最终路径。2013年国务院颁布的《畜禽规模养殖污染防治条例》明确提出"支持种养结合消纳养殖粪污"；2015年农业部会同有关部门印发《全国农业可持续发展规划（2015—2030年）》提出"到2020年和2030年养殖废弃物综合利用率分别达到75％和90％以上，促进种养循环，规模化养殖场畜禽粪污实现生态消纳或达标排放"的战略目标；同年农业部在《关于促进南方水网地区生猪养殖布局调整优化的指导意见》提出"要根据水环境保护要求和土地承载能力，以种养结合方式实现生猪粪便就近还田"；2016年农业部印发的《全国生猪生产发展规划2016—2020年》提出到2020年粪便综合利用率要达到75％以上。除此之外，能源化、饲料化、基质化等资源化技术路径也在实践中不断完善；对于病死畜禽，2014年国务院办公厅发布的《关于建立病死畜禽无害化处理机制的意见》呼吁养殖场（户）应优先采用化制、发酵等资源化处理方式。

3. 依托科技资源优势，"种业之都"建设势在必行

2014年2月25日，习近平视察北京时指出要明确城市战略定位，坚持和强化首都全国政治中心、文化中心、国际交往中心、科技创新中心的核心功能。2013年9月29日，国务院副总理汪洋视察北京市现代种业发展工作时指出，北京要充分发挥种业科研机构和种业企业多、科技人才聚集的优势，打造国家种子"硅谷"，为推进现代种业发展做出应有贡献。北京种业是都市现代农业的重要组成部分，具有高端、高效、高辐射的显著特征，经过多年的建设发展，已初步确立了在全国的领先地位。

为抓住2014年北京举办世界种子大会的历史机遇，推进首都种业跨越式发展，促进世界城市建设，实现打造"种业之都"的根本目标，北京市农委会同其他部委和单位共同编制了《北京种业发展规划（2010—2015年）》，提出"2468种业行动计划"，即围绕建立中国种业科技创新中心和全球种业交易交流服务中心两大基本目标，以种植、畜禽、水产、林果花卉四大种业为载体，以种猪、奶牛、蛋种鸡、肉种鸡、种鸭等十六个种业优势品种为重点，以八大基础工程为主要措施，全力推进首都种业的跨越式发展。2016年农业部印发的《全国生猪生产发展规划（2016—2020年）》提出要建设现代生猪产业，深入实施全国生猪遗传改良计划，以国家生猪核心育种场为主体、区域性种公猪站为纽带、全国种猪遗传评估中心为中枢，同步推进企业集团育种和联合育种，并对包括北京在内的生猪约束发展区提出了加强生猪育种能力建设的任务。

4. 提高竞争力和健康持续发展，品牌建设是关键

随着经济进入新常态、改革进入深水区，北京的经济社会发展更加突出疏解首都功能、治理大城市病，面临更加深刻的结构调整，以突出发展的质量和效益。新形势下，北京农业发展在自然资源、市场竞争等方面面临的压力更加明显。

《北京市国民经济和社会发展第十三个五年规划纲要》明确提出要通过健全食品安全体

系，建设健康活力城市，从而持续增进民生福祉。《北京市"十二五"时期都市现代农业发展规划》指出农产品质量安全监管难度仍然较大，打造形成首都特殊的农产品品牌需求极为迫切。北京市的猪肉需求量巨大，品质要求也高。支持鼓励有条件、有能力、有想法的生猪产业经营者建设发展独有的品牌猪肉，在宏观层面可以使首都猪肉生产与首都市场需求相适应，保障首都农产品高品质、多元化有效供给；在中观层面可以提高生猪产业市场竞争力，打造农业发展新增长点；在微观层面可以提升生猪产业参与企业的经营效益，增加农民收入；同时有助于猪肉产品质量安全方面的相关监管。

受资源约束和环保压力，北京城郊普通生猪养殖相对周边主产省区已经很难获得竞争优势。在较高的养殖用地和生产成本下，如何充分发挥自身经营管理优势，创建高端猪肉品牌，建设优质生猪生产基地，抢先抓住和占领北京日益扩大的高端猪肉市场，是北京生猪产业发展亟待研究的重要课题。

（三）主要政策建议

1. 适应资源环境约束，推动生猪产业可持续发展

面临日益趋紧的资源和环境约束，应主动适应、积极应对，争取环境治理与产业发展的最大主动权。根据种养品种和环境可承载能力优化种养业结构和布局，统筹布局畜禽污染物处理中心、扩大有机肥市场需求、鼓励研究推广新技术，进一步推进种养结合的农牧循环养殖模式；在切实贯彻落实禁限养区划定工作基础上，稳步推进土地流转，保障消纳用地和基础设施配置；根据种养结合程度加强养殖废弃物治理纵向关系，发挥新型经营主体示范作用；建立权威与明确、全面与合理的治理政策体系，提高废弃物经济价值。利用环境治理这一契机，顺势调整优化生猪产业结构，提高可持续发展能力。

2. 进一步提高养猪效率和效益

生猪产业各主体的生产效率和效益的提高，是支撑北京市生猪产业发展的根本。进一步稳定和完善生猪养殖业扶持政策；鼓励种猪企业根据自身资源和优势，在种猪生产的选育和扩繁环节通过专业分工和紧密纵向协作，积极参与联合育种，提升北京市种猪产业的整体竞争优势；继续提高规模化养殖比重，鼓励"公司＋合作社＋农户"或"公司＋农户"的经营模式，提高生猪养殖的产业化、组织化水平；扶持龙头企业建立紧密型外埠基地，提高资源使用效率和养殖效益；依托产业技术体系的科研力量，围绕种、料、病、管等关键环节开展攻关研究，转变生猪产业发展方式，形成以科技进步为主的内涵式增长模式，提升生猪产业科技创新能力。

3. 切实保障猪肉质量安全和首都菜篮子供应

安全的猪肉产品才能满足日益增大的市场需求。生猪产业链条上每一环节、每一主体都应高度重视质量安全问题，从投入品管理、生产规范、检验检测、售后反馈等方面实现源头到餐桌的可追溯。应明确政府监管职能，加强相关部门之间的协调与合作；建立多方主体参与的猪肉流通领域质量安全监管体系；发挥批发市场质量安全控制的公益性职能，加强猪肉可追溯体系的宣传力度，提高消费者的溯源意识，推进猪肉质量安全追溯体系的发展。稳步推进畜牧业"菜篮子"工程建设，提高生猪养殖场的规模化、标准化、现代化水平和资源利用水平，促进猪肉产量、品种、质量不断提高，提升首都畜产品的应急供给和质量安全保障水平。

第十二章　北京市家禽产业发展报告

家禽产业是北京市畜牧业的重要组成部分，在保障北京家禽产品安全供应和农户收入持续稳定增长方面发挥着重要而又不可替代的作用。

按照北京市农业局"调、转、节"的总体思路，围绕京津冀家禽产业发展新形势，在一期（2011—2015 年）工作的基础上，2016 年现代农业产业技术体系北京市家禽创新团队（以下简称北京市家禽创新团队）制定了以五大工程为主要工作内容的北京市家禽创新团队十三五规划（二期五年规划）。按照任务计划，北京市家禽创新团队在深入开展技术需求调研的基础上，落实既定攻关任务，各项工作圆满完成，有力地支持了北京市家禽产业的健康发展。

北京市建设"政治中心、文化中心、国际交往中心、科技创新中心"战略地位的确定，北京市委市政府《关于调结构转方式、发展高效节水农业的意见》和北京市农业局《关于调整农业结构发展高效节水农业的实施方案》等一系列政策措施的实施对北京市家禽产业的发展提出了新要求和挑战的同时，也提供了新的发展机遇。在新的发展阶段，迫切需要系统分析北京市家禽产业的发展状况，梳理北京市家禽产业的内外部环境条件和面临的挑战和机遇，研究北京市家禽产业的发展战略，为政府和行业主管部门决策提供依据。

本报告在分析北京市家禽产业的发展现状，分析北京市家禽创新团队在产业发展中的技术支撑作用和典型产业案例介绍的基础上，对产业发展政策及其效果进行了分析，并提出了相应的建议。

一、家禽产业发展概况

随着畜牧业的发展，北京市禽类产品的数量和质量迅猛发展 。北京市家禽品种主要包括：蛋鸡、肉鸡和肉鸭（北京鸭和瘦肉型鸭）等，涉及畜产品（肉、蛋、奶）供给中的肉和蛋。禽产品已经成为世界上发展速度最快、原料丰富、物美价廉、生物安全性较高的健康食品。

（一）生产情况

1. 基本情况

（1）家禽产业是北京市畜牧业的重要组成部分

北京市农林牧渔产值波动较大，但畜牧业尤其是禽业产值较为稳定，且在农业生产中占有重要地位。2016 年北京市家禽饲养产值 33.90 亿元，占农林牧渔业总产值 388.1 亿元的

8.7％，占畜牧业产值 122.7 亿元的 27.63％。其中，2016 年北京市禽蛋产值为 21.1 亿元，占农林牧渔业总产值的 5.4％，占畜牧业产值的 17.2％，占家禽饲养总产值的 62.2％。

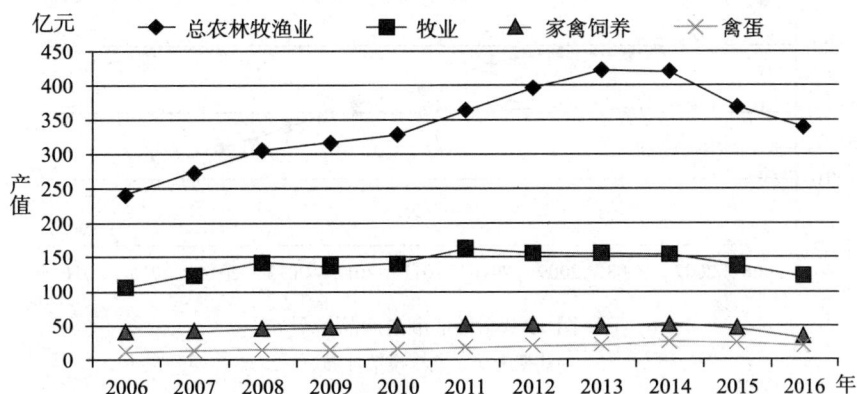

图 12-1　北京市农林牧渔业、牧业和禽业产值
数据来源：北京市统计局。

（2）家禽养殖数量和禽产品产量呈现下降的态势

2006 以来，北京市家禽养殖数量和生产量呈现下降的态势。2016 年末家禽总存栏量 1 838万只，2016 年末家禽出栏量 3 882.7 万只。

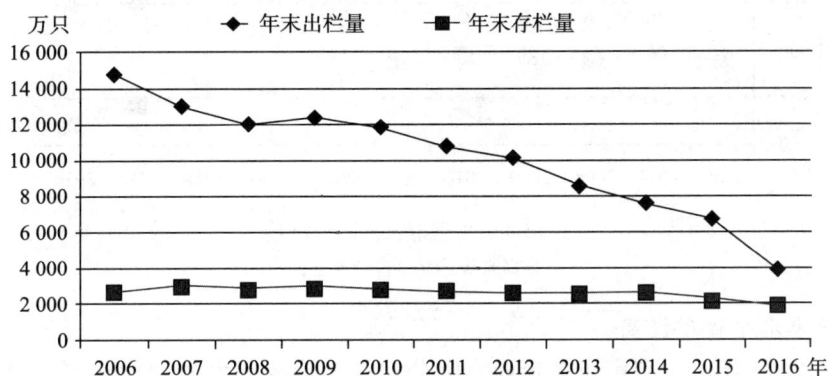

图 12-2　家禽存栏与出栏数量
数据来源：北京统计年鉴。

2006 以来，北京市禽肉产量逐年下降，到 2016 年降低到 6.0 万吨，较 2006 的 23.4 万吨减少了 73％；2006—2014 年，禽蛋产量一直稳中有升，但 2015 年开始下降，2016 年的产量为 18.3 万吨，但仍然比 2006 年高 20.4％。

（3）蛋鸡在北京市家禽产业中占有绝对优势

北京市的家禽养殖种类主要是蛋鸡、肉鸡和鸭。从存栏数量上看，蛋鸡所占比重最高。2016 年，北京市家禽总存栏 1 868.05 万只，其中蛋鸡 1 507.99 万只、肉鸡 194.41 万只、鸭 133.51 万只，分别占总存栏的 82.04％、10.58％和 7.26％。

肉鸡和鸭的养殖数量逐渐减少，尤其是 2011 年之后。蛋鸡养殖数量相对平稳，在家禽养殖中的比重呈上升趋势，而肉鸡和鸭的养殖比重有不同程度的降低。

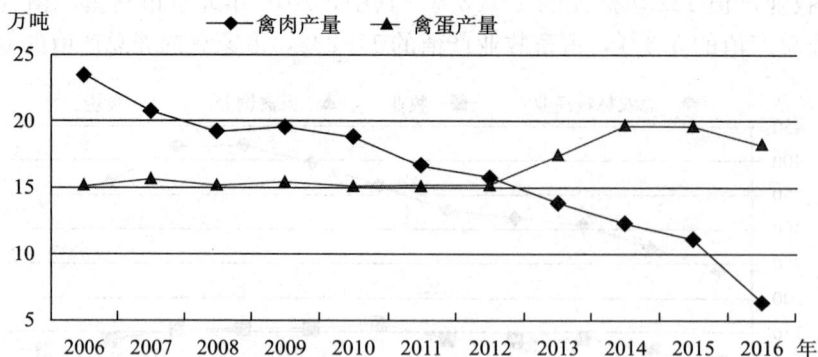

图 12-3　北京市禽产品产量
数据来源：北京市统计局。

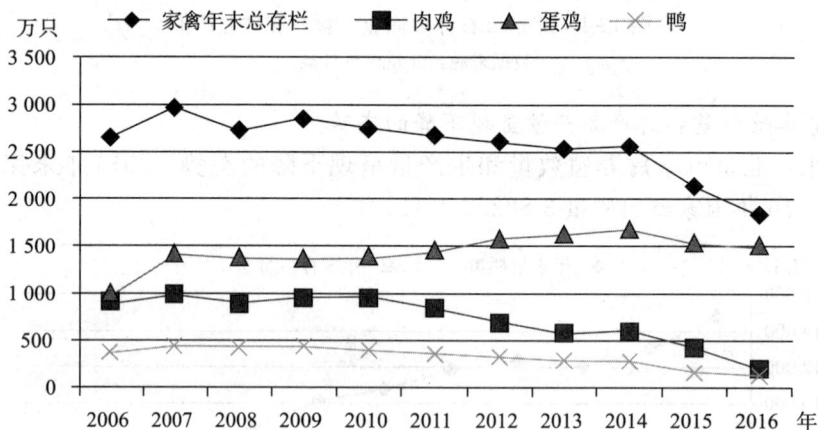

图 12-4　北京市家禽品种结构
数据来源：北京统计年鉴。

（4）生产率水平稳步提高

从 2011—2015 年，北京市正大蛋业有限公司、德清源等大型现代化蛋鸡养殖场生产性能由 262 枚增加到 280 枚，2015 年全程产蛋率达到 82%，料蛋比为 2.2∶1，全程成活率为 88%。中等规模养殖场的产蛋数从 262 枚增加到 2015 年的 264 枚，年产蛋量从 15.9 千克增加到 16.64 千克，产蛋率由 70% 提升到 73%；蛋鸡全程成活率从 79% 提升到 83%。放养蛋鸡的产蛋数从 120 枚提高到 160 枚，年产蛋量达到 9.8 千克，提升了 2.8 千克/只，产蛋率由 30% 提高到 50%，全程成活率从 60% 提高到 79%。

北京市快大型肉鸡饲养周期为 43~45 天，每年饲养 4~6 批，上市体重为 2.6~3.1 千克，料肉比 1.9∶1~2.1∶1，成活率 94%~96%；优质肉鸡的饲养周期为 110~130 天，上市体重为 1.4~1.7 千克，料肉比为 4.7∶1，成活率为 92%。

烤制型北京鸭采用免填饲料自由采食，可以实现生长速度加快，从 2011 年到 2015 年出栏时间由 41 天缩短到 39 天；饲料转化效率得到进一步改善，料重比由 2.4∶1 提升到 2.25∶1；皮脂率达到 36% 以上；青腿导致的次品发生率降低，成品率提高 3%；由于细菌性疾病导致的死淘率由 5% 降低到 3%。（数据来源：北京市家禽创新团队统计）

（5）规模化程度不断提高

2015 年，北京市有 2 742 个肉鸡养殖场（户），较 2007 年减少了 3 681 个，其中，年出栏小于 2 000 只的肉鸡养殖场（户）数占全部养殖场（户）数的比重为 22.9％，年出栏数在 10 000 以上的肉鸡养殖场（户）数占全部养殖场（户）数的比重为 47.5％。

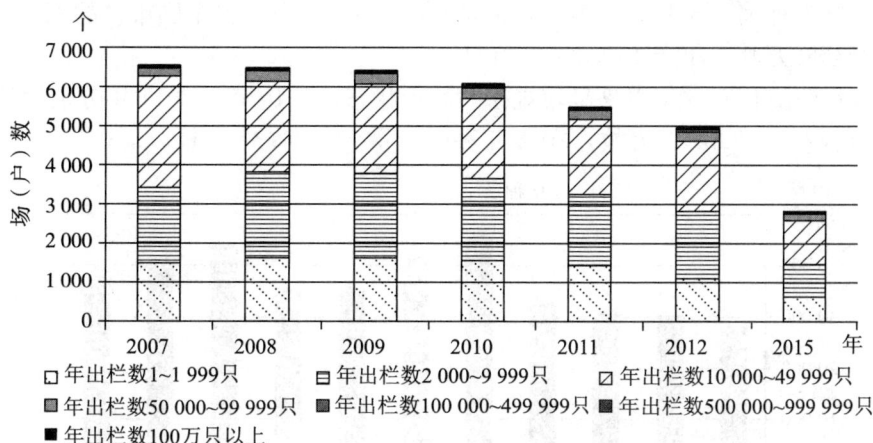

图 12-5　北京不同规模肉鸡养殖场（户）结构
数据来源：中国畜牧兽医年鉴。

从数量上看，蛋鸡场（户）数有了大幅度的减少。2015 年蛋鸡养殖的场（户）有 8 394 个，比 2007 年减少了 11 336 个。

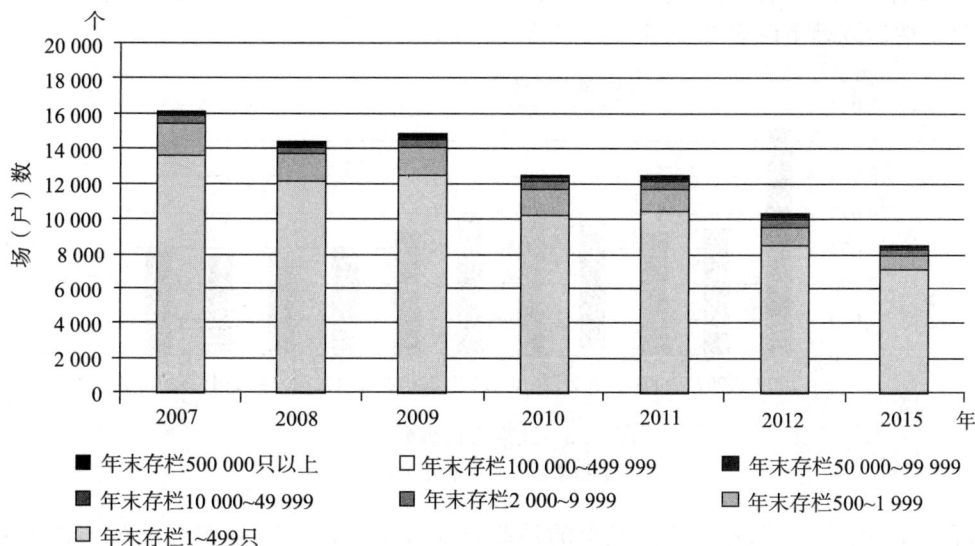

图 12-6　北京不同规模蛋鸡养殖场（户）结构
数据来源：中国畜牧兽医年鉴。

（6）种禽业地位稳固

北京畜禽良种繁育体系进一步完善，领先地位进一步巩固。蛋种鸡成为我国唯——个不受国外控制的畜禽品种。北京市已选育出新品种，如蛋种鸡中的京红 1 号、京粉 1 号、京粉

2 号、农大 3 号等。

北京作为家禽良种产业基地和交易中心，85％的蛋种鸡、60％的父母代肉种鸡销往外埠，市场占有率不断扩大，在全国领先地位进一步巩固。蛋用种鸡场 21 个，饲养原种 5 万套、祖代 30 万套、父母代 150 套，年产蛋用雏鸡 13 800 万只，占全国市场的 10％；肉用种鸡场 31 个，饲养种鸡 115 万套，年产商品肉雏鸡 9 000 万只，占全国市场的 12％；种鸭场 8 个，饲养种鸭 30 万套，年产雏鸭 4 500 万只。

种蛋产量变化自 2006 年以来呈较规律的波动状态，2010 年、2014 年分别达到生产峰值 45 817.22 万枚和 43 720.55 万枚，2016 年种蛋产量 34 434.37 万枚。

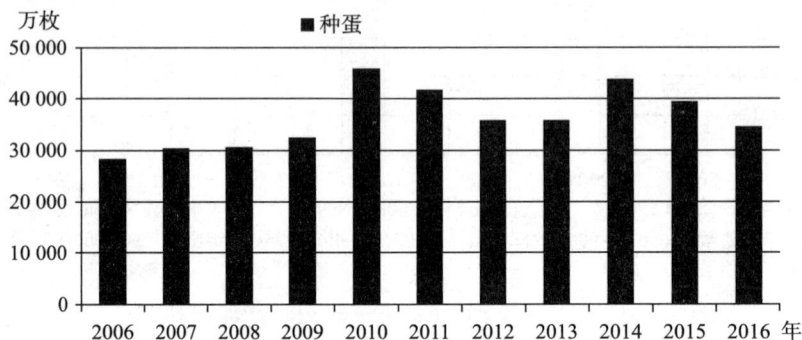

图 12-7　北京市种蛋产量
数据来源：北京市统计局。

北京市种雏禽产量也呈现规律的波动趋势，2010 年产量 4 257.01 万只，较 2008 年增长 788 万只，然后逐渐下降至 2016 年的 2 926.68 万只。

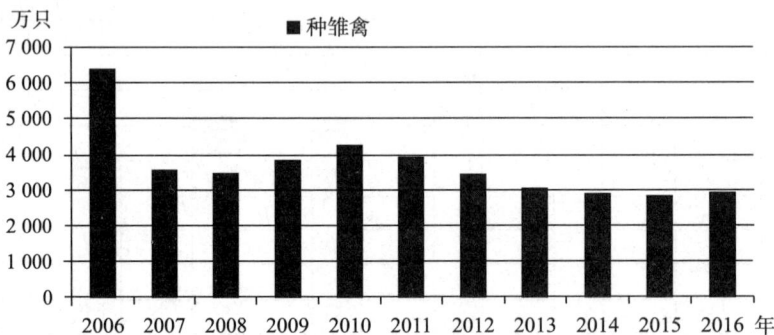

图 12-8　北京市种雏禽产量
数据来源：北京市统计局。

从农业、林业、畜牧业和渔业四类的种业总收入来看，2015 年畜牧业收入占种业总收入的 88.63％，其中，种猪、种雏禽和种蛋分别占 25.84％、17.51％和 47.63％。

2006 年以来，北京市种业、种牧业总收入变化呈波动状态。2011 年达到峰值分别为 181 189 万元和 150 905.4 万元，之后呈下降趋势，2016 年收入下降至 139 867.7 万元和 129 068.7 万元，较 2011 年分别下降 22.8％和 14.5％。种蛋收入波动较小，逐年增长，2016 年收入 40 801.8 万元，较 2006 年增长 96.3％。种雏禽收入波动较大，2016 年种雏禽收入 41 881.1 万元较 2006 年增长 88.6％。

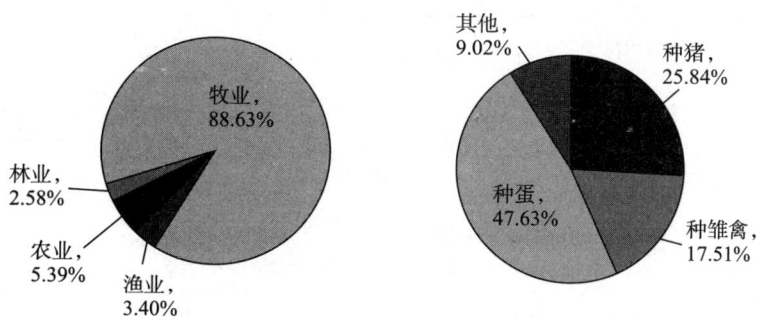

图 12-9　北京市种业收入结构
数据来源：北京统计年鉴。

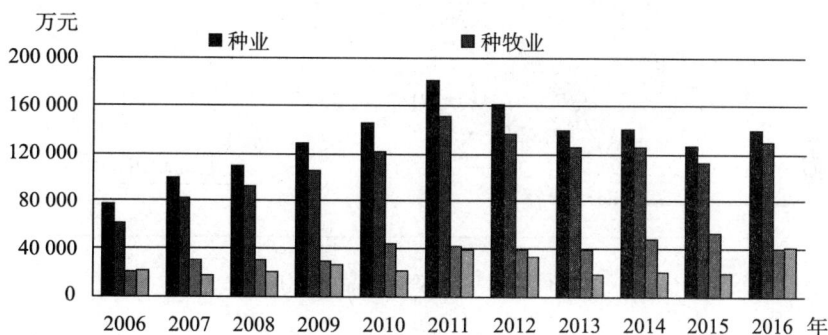

图 12-10　北京市种业、种牧业及种禽业收入
数据来源：北京统计年鉴。

（7）品牌建设初见成效

全国十大鸡蛋品牌中，北京有两个。根据中商产业研究院发布的《2017—2022 年中国鲜鸡蛋行业市场调查及投资前景研究报告》，2015 年我国鲜鸡蛋行业市场份额排名前十的品牌分别为：圣迪乐村、正大、蒙山娇、咯咯哒、木兰湖、咯家果佳、八峰森林、神丹、德青源和家美惠。从品牌监测情况来看，鲜鸡蛋市场前十品牌市场占有率为 40％左右。这十个品牌鸡蛋的产地分布在我国 5 个省和直辖市，其中北京市有两个，分别是德青源和正大。

从电商品牌来看，根据在 1 号店、天猫商城、京东商城和苏宁易购 4 家电商平台上销售的鸡蛋的统计，北京的鸡蛋品牌共有 10 个，其中密云区最多，有 5 个品牌，其次是昌平区，有两个品牌，平谷区、延庆区和大兴区各有一个品牌，分别是：德青源、百年栗园、正大食品、鲜农乐、凯诚、密农人家、密心、农佳优选、依禾农庄、密园小农。

（8）外埠基地情况

北京市家禽产业围绕京津冀地区及国家产业带建立外埠基地 20 个，其中蛋鸡的外埠基地 12 个，肉鸡的外埠基地 5 个，肉鸭的外埠基地 3 个。外埠基地蛋鸡总存栏约为 800 万只，肉鸡的外埠基地年出栏肉鸡 1 000 万只，肉鸭外埠基地年出栏肉鸭 800 万只。

2. 生态环境

北京市的人口数量巨大，土地、水资源严重缺乏，限制性资源的严重缺乏导致北京发展

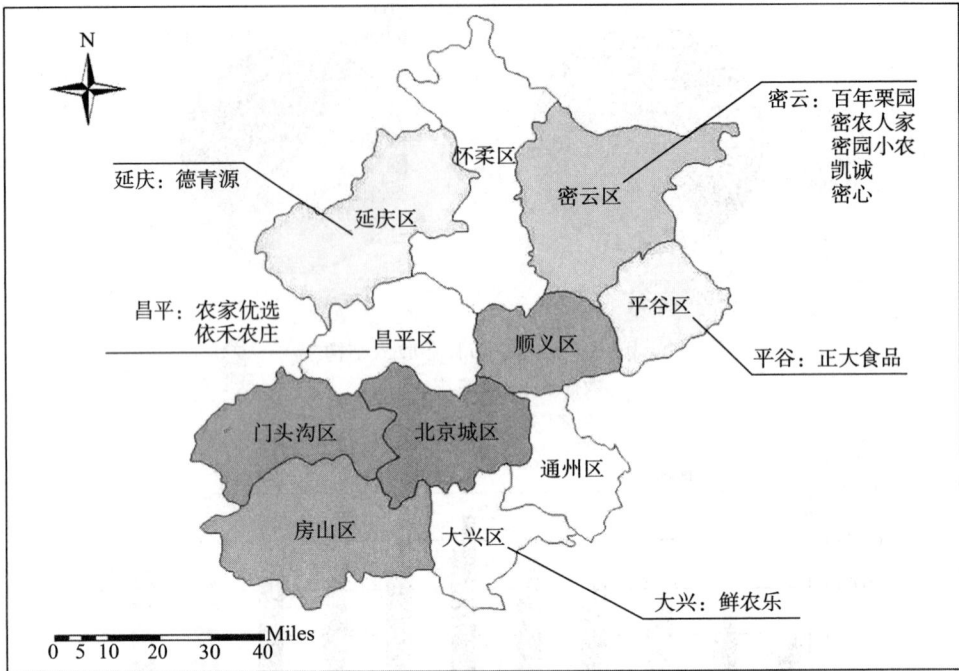

图 12-11　北京鸡蛋品牌分布

家禽产业受到限制。以 2016 年北京的常住人口总量为基数，北京市人均水资源量 200 立方米，不到全国平均水平的 1/8，不足世界平均水平的 28%，而且降水多集中在夏季，难以进行资源化利用，属资源型重度缺水地区。为了限制水资源的过度使用，缓解北京的生态压力，2015 年 4 月国务院印发《水污染防治行动计划》，12 月份北京市也出台了针对水资源的"水十条"——《北京市水污染工作防治方案》，将家禽养殖业中的耗水量大的企业进行了外迁和疏解，其中就包括华都肉鸡公司和部分屠宰企业。

3. 安全情况

（1）疫病防控取得很大成效

2016 年，团队圆满完成了 H7N9 流行病学调查、鸡白痢示范与调查研究、大肠杆菌耐药检测、养禽场生物安全控制技术、禽白血病净化技术研究与示范、鸡毒支原体感染状况调查及家禽防治技术培训等各项计划内容，其中禽白血病净化技术研究与示范推广获得农牧渔业丰收二等奖。

（2）积极配合上级本门完成突发事件的应急处置工作

2016 年以来本团队成员就通州人感染 H7N9 事件、顺义汉石桥湿地苍鹭、绿头鸭、麻鸭死亡等相关事件第一时间赶赴现场开展紧急调查和诊断工作，为上级部门的科学处置决策奠定基础，展现了家禽团队的业务素养与服务意识；其次今年在推广鸡白痢调研与净化工作当中，团队成员积极创新思路，统一发放部分诊断试剂并联合区疫控中心、综合试验站和种鸡场一起实施调查和净化措施的探索，一方面团队专家开展现场技术实施与生产实际相结合的实践摸索，同时将示范技术、理论知识与对基层人员的业务需求培训有机结合在一起，在落实项目工作内容的同时，强化了养殖人员的净化意识，提升了基层技术人员技术净化技术能力，为更好地促进疫病净化工作奠定了基础。

（3）继续开展 H7N9 亚型流感流行病学调查，根据相关环节病原学和血清学检测结果分析该病传入潜在风险

人感染 H7N9 亚型流感疫情不仅给广大人民的健康带来巨大威胁，而且严重威胁家禽产业的健康发展及消费者的安全。按照任务计划积极开展流行病学调查，了解北京市禽群 H7N9 亚型流感的具体情况，为北京市禽类 H7N9 亚型流感防控提供参考，为保障畜禽产品安全和公共卫生安全奠定基础。

4. 效益水平

针对北京市家禽产业"高效、生态、优质、安全"的发展方向，北京市家禽团队通过科技示范和引领，提高家禽的单产水平与效率。家禽养殖的总成本主要分为生产成本和土地成本，其中生产成本又分为物质与服务费用（雏鸡费、饲料费等）、人工成本两部分。下面从肉鸡、蛋鸡养殖的成本、收益以及与全国其他地区的比较三个方面来分析北京市大、中规模肉鸡、蛋鸡养殖的成本收益特征。本部分数据来源为《全国农产品成本收益资料汇编》（2007—2016 年）。

（1）肉鸡成本收益情况

北京市肉鸡养殖总成本呈上升趋势，生产成本所占比例大。如图 7-13 所示，近十年来，北京市大、中规模肉鸡养殖的总成本不断攀升，2015 年略有下降。与 2006 年相比，2015 年大规模肉鸡养殖总成本为 2 654.09 元/百只，年平均增长率为 4.7％。2015 年中规模肉鸡的总成本为 2 634.31 元/百只，与 2006 年相比年平均增长率为 4.6％。北京市肉鸡养殖生产成本占总成本的比例在 2009、2010 年下降较为明显，大规模降至 91％左右，中规模降至 97％左右，其余年份一直稳定在 99％以上。

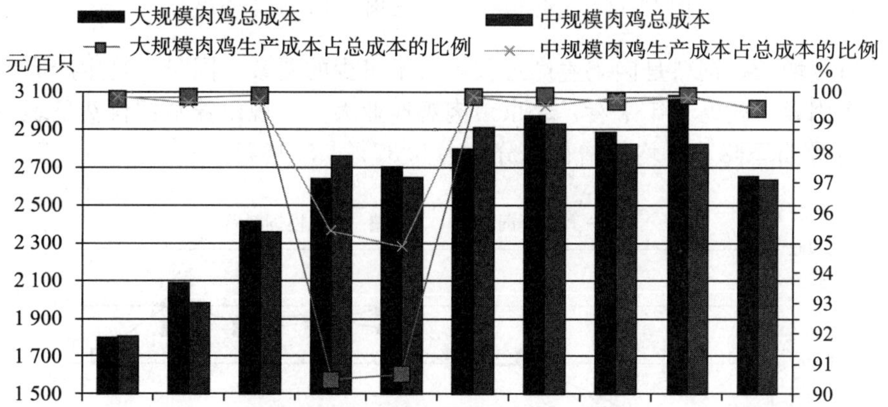

图 12-12 北京市大、中规模肉鸡成本变化

生产成本中物质与服务费用所占比例大。2015 年北京市大、中规模肉鸡养殖的生产成本分别为 2 638.93 元/百只、2 619.58 元/百只，物质与服务费用分别为 2 493.33 元/百只、2 470.09 元/百只，二者均占各自生产成本的 94％。其中饲料费分别为 1 841.36 元/百只、1 838.5元/百只，均占各自物质服务费用的 70％。雏鸡费为 427.5 元/百只、430 元/百只，均占各自物质服务费用的 16％。

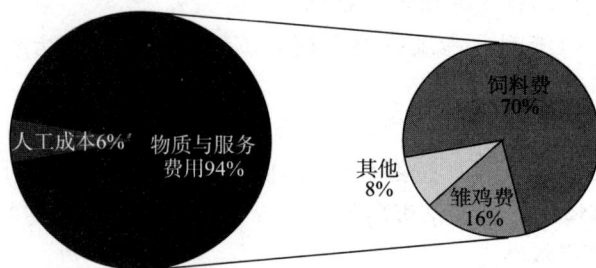

图 12-13　2015 年北京市大、中规模肉鸡生产成本构成

生产成本波动增长。如图 7-15 所示，近十年北京市大、中规模肉鸡生产成本在波动中呈上升趋势，2006 年大、中规模肉鸡生产成本分别为 1 794.82 元/百只、1 799.53 元/百只，到 2015 年二者分别为 2 638.93 元/百只、2 619.58 元/百只，年增长率分别为 4.7%、4.6%，增长的主要原因是由于饲料费、雏鸡费、人工成本都有不同程度的增长。

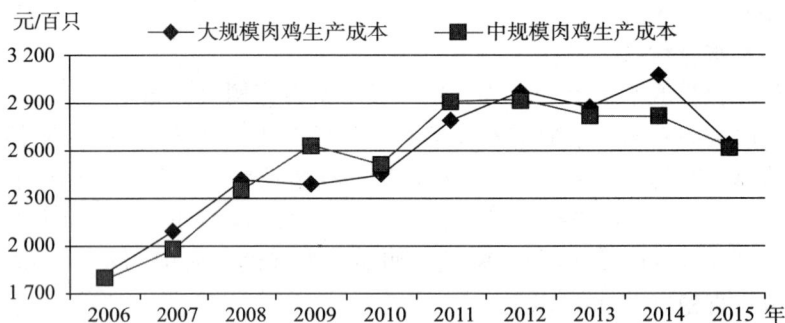

图 12-14　北京市大、中规模肉鸡生产成本变化

饲料费持续增长。饲料是肉鸡生产过程中必不可少的要素，同时又是生产成本中所占比重最大的一个因素。就近十年来看，北京市肉鸡产业大、中规模养殖饲料费呈现不断上涨的趋势，2015 年略有下降，平均年增长率分别为 5.37%、5.13%。

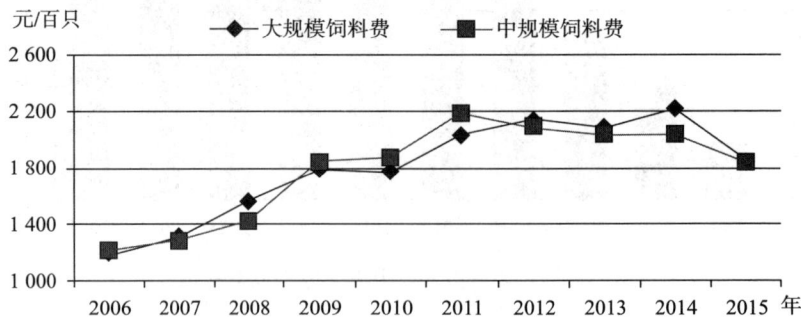

图 12-15　大、中规模肉鸡饲料费变化

雏鸡费波动幅度较大。大、中规模雏鸡费十年来波动较大，2008 年达到峰值分别为 514.9 元/百只、490 元/百只，2010 年又跌至谷底，大、中规模雏鸡费均为 342 元/百只，2012 年以来趋于平稳，无剧烈波动。

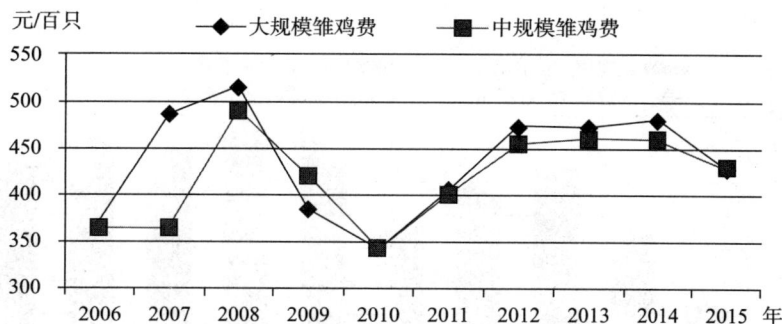

图 12-16　大、中规模肉鸡雏鸡费用变化

中规模人工成本波动幅度较大。北京市中规模肉鸡养殖人工成本波动较大，2008 年、2009 年费用较高，均高于 150 元/百只，其他年份稳步增长，平均年增长率为 26.9%。大规模养殖人工成本除 2008 年、2014 年有两个明显的峰值外，其他年份波动较小，年增长率为 17.6%。

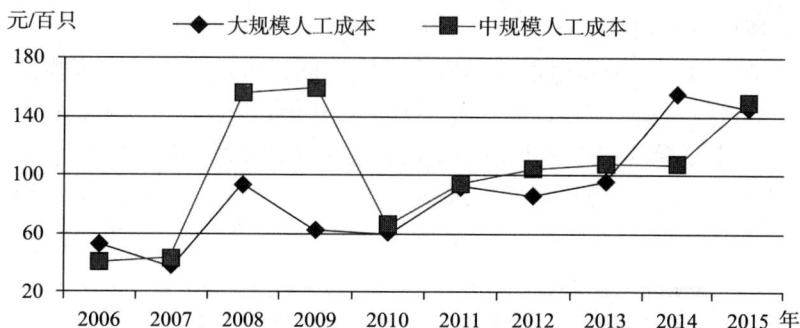

图 12-17　大、中规模肉鸡人工成本变化

土地成本较低，个别年份变化剧烈。北京市大、中规模肉鸡养殖土地成本 2006—2008 年无明显波动，均低于 20 元/百只。2009 年、2010 年费用突增，大、中规模土地成本分别高于 250 元/百只、120 元/百只，2011—2015 年处于平稳状态，均低于 20 元/百只。

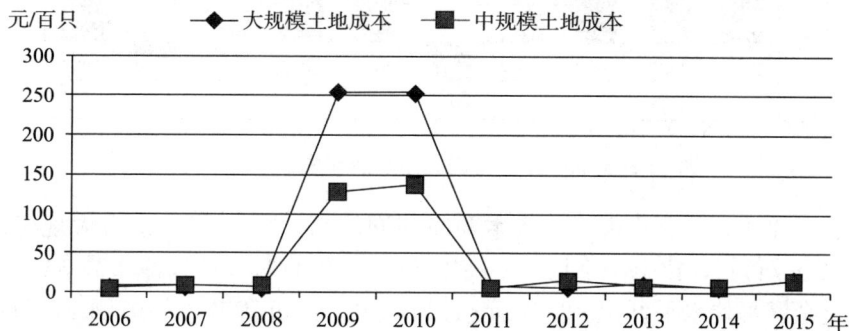

图 12-18　大、中规模肉鸡土地成本变化

总产值波动上升，主产品产值比重较大。北京市大、中规模肉鸡养殖产值走势大致相同，均在波动中增长，2006—2015 年的年平均增长率分别为 4.22%、4.47%。主产品产值

所占比重较大，均在 98％以上。

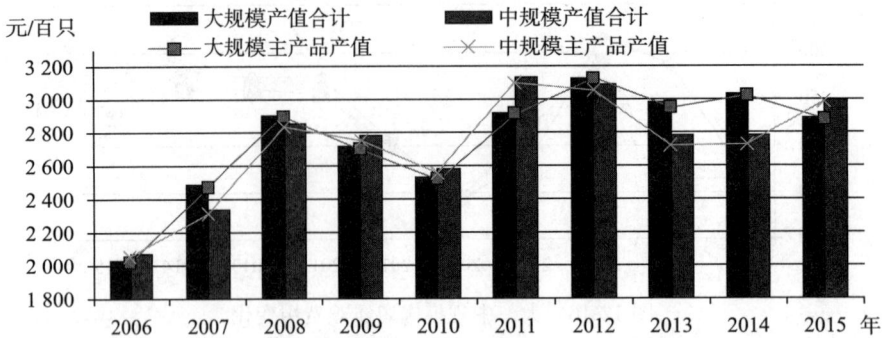

图 12-19　大、中规模肉鸡总产值和主产品产值变化

成本净利润与成本利润率波动剧烈。从成本净利润来看，大、中规模养殖成本净利润走势大致相同，波动较大。2010 年出现亏损，大中规模净利润分别为－166.42 元/百只、－67.57 元/百只。虽然 2011 年有所改善，但是 2013 年、2014 年又出现亏损，2015 年大、中规模净利润有所增长分别为 236.79 元/百只、361.59 元/百只。

与净利润波动类似，两种养殖模式的成本利润率同样波动很大。大规模的成本利润率从 2008 年到 2010 年持续下降，2011 年有所回升但 2014 年又跌至－1.63％，2015 年有所回升，达到 8.92％。中规模的成本利润率波动幅度也不亚于大规模，2010 年为亏本生产。尽管 2011 年形势有所改善，但情况并不容乐观。2013 年、2014 年均为亏损状态，到 2015 年回升至 13.73％。

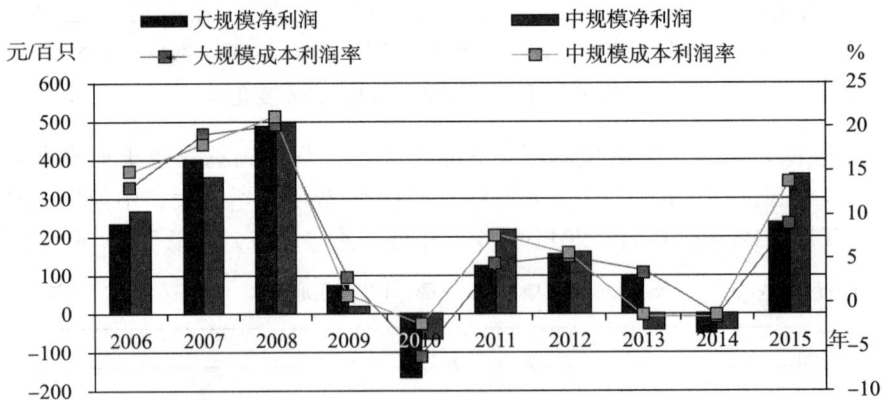

图 12-20　大、中规模肉鸡净利润和成本利润率变化

与全国、天津比较，北京市生产成本和净利润均高。2015 年北京市大规模肉鸡生产成本为 2 638.93 元/百只，比全国平均水平高出 49.99 元/百只、比天津市高 340.49 元/百只。其中饲料费比全国平均水平低出 48.57 元/百只，比天津市高出 227.07 元/百只；雏鸡费比全国高 127.63 元/百只，比天津市高 173.66 元/百只。净利润北京市为 236.79 元/百只，比全国高 162.12 元/百只，比天津市高 91.63 元/百只。中规模肉鸡的生产成本比全国高 155.91 元/百只，比天津高 592.67 元/百只。净利润比全国高 117.17 元/百只，比天津市高 331.56 元/百只。

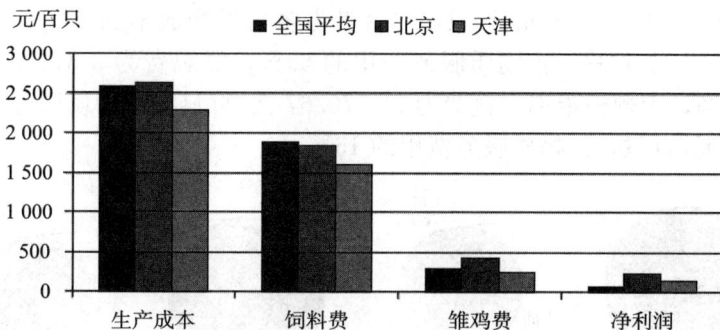

图 12-21　2015 年大规模肉鸡平均生产成本、饲料、雏鸡、净利润对比

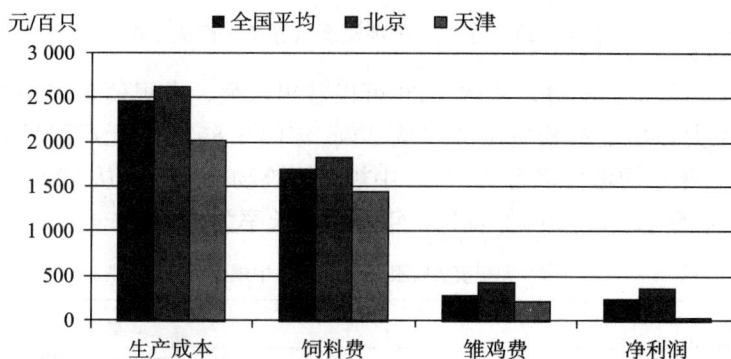

图 12-22　2015 年中规模肉鸡生产成本、饲料、雏鸡、净利润对比

（2）蛋鸡成本收益情况

北京市蛋鸡养殖总成本呈上升态势，生产成本所占比例大且稳定。如图 7-24 所示，近十年来，北京大、中规模蛋鸡养殖的总成本不断攀升。2006 年北京市大规模蛋鸡养殖总成本为 9 376.6 元/百只，2015 年增长到 15 511.39 元/百只，年增长率为 6.5%。2006 年北京市中规模蛋鸡养殖成本为 8 787.68 元/百只，2015 年增长到 15 339.35 元/百只，十年间的年平均增长率为 7.5%。大、中规模蛋鸡养殖生产成本所占总成本的比例一直稳定在 99% 以上。

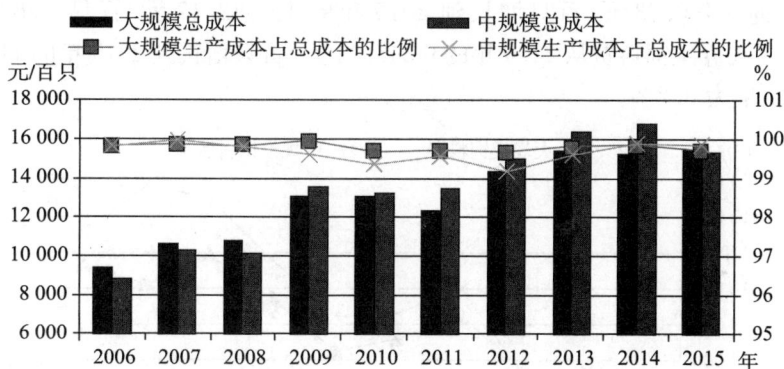

图 12-23　北京市大、中规模蛋鸡养殖成本变化

生产成本中物质与服务费用所占比例大。如图 7-25 所示，2015 年北京市大、中规模蛋鸡养殖的生产成本分别为 15 458.31 元/百只、15 311.68 元/百只，物质与服务费用分别为

14 446.75 元/百只、14 219.68 元/百只，二者都占各自生产成本的 93%。其中大规模蛋鸡饲料费为 10 642.17 元/百只，占物质服务费用的 69%。雏鸡费为 3 316.67 元/百只，占物质服务费用的 21%；中规模蛋鸡饲料费为 11 570.67 元/百只，占物质服务费用的 75%。雏鸡费为 2 407.67 元/百只，占物质服务费用的 16%。

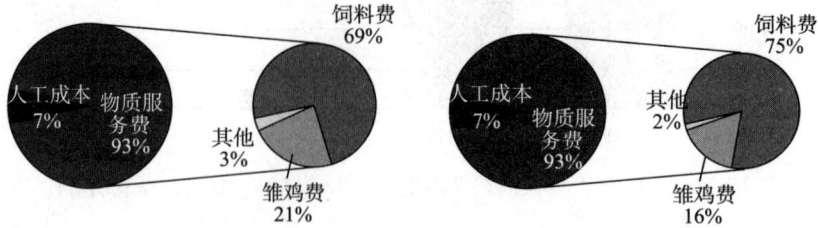

图 12-24　2015 年大、中规模蛋鸡养殖生产成本构成

物质服务费呈逐年增长趋势。从图 7-26 可以看出，大、中规模蛋鸡物质服务费均呈稳步增长趋势。其中大规模蛋鸡物质服务费从 2006 年的 8 893.41 元/百只增长到 2015 年的 1 446.75元/百只，年平均增长率为 6.2%。中规模蛋鸡物质服务费从 2006 年的 8 452.9 元/百只增长到 2015 年的 14 219.68 元/百只，年平均增长率为 6.8%。

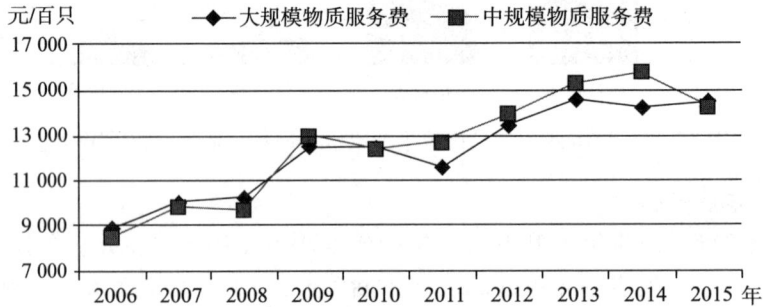

图 12-25　大、中规模蛋鸡养殖物质与服务费用变化

饲料费持续增长。大、中规模蛋鸡养殖饲料费增体呈增长趋势。其中大规模蛋鸡养殖饲料费从 2006 年的 6 490.23 元/百只增长到 2015 年的 10 642.17 元/百只，年平均增长率为 6.4%。中规模蛋鸡养殖饲料费从 2006 年的 6 345.24 元/百只增长到 2015 年的 11 570.67 元/百只，年平均增长率为 8.2%。

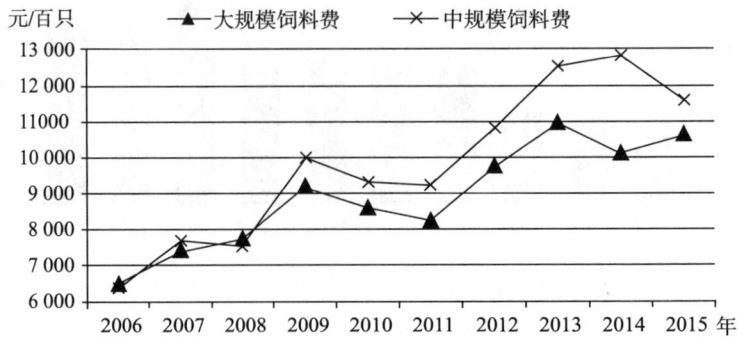

图 12-26　大、中规模蛋鸡饲料费变化对比

　　雏鸡费用逐年增长，大规模高于中规模。从图 7-28 中可以看出，大、中规模雏鸡费用呈逐年增长趋势。其中 2006 年大规模雏鸡费用为 1 701.33 元/百只，2015 年为 3 316.67 元/百只，年平均增长率为 9.5％；2006 年中规模雏鸡费用为 1 600 元/百只，2015 年为 2 407.67 元/百只，年平均增长率为 5％。2011 年大、中规模雏鸡费用差距最小，大规模为 2 575 元/百只，中规模为 2 561.29 元/百只，近十年来，大规模蛋鸡养殖雏鸡费用均高于中规模蛋鸡养殖。

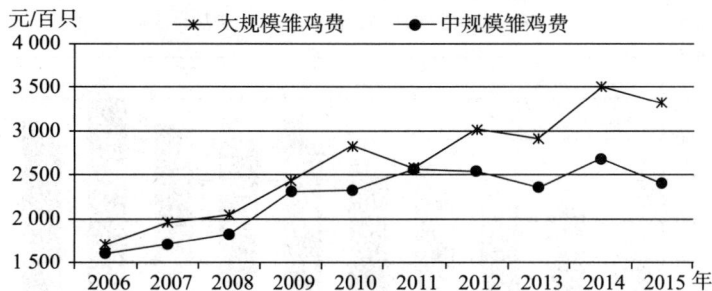

图 12-27　大、中规模蛋鸡养殖雏鸡费变化对比

　　人工成本增长幅度较大。大规模蛋鸡养殖人工成本从 2006 年的 462.97 元/百只增长到 2015 年的 1 011.56 元/百只，年平均增长率为 11.8％。中规模蛋鸡养殖人工成本从 2006 年 321.08 元/百只的增长到 2015 年的 1 092 元/百只，年平均增长率为 24％。

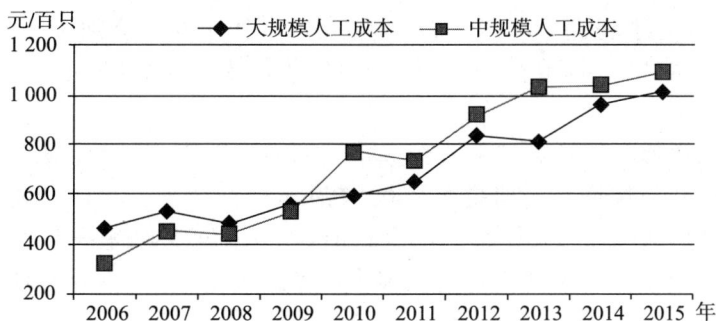

图 12-28　大、中规模蛋鸡人工成本变化

　　中规模蛋鸡养殖土地成本波动较大。中规模蛋鸡养殖土地成本的最低值为 2007 年 5.4 元/百只，最高值为 2012 年的 124.11 元/百只，平均年增长率为 55％。从 2012 年到 2015 年的 27.67 元/百只，年平均减少率为 11.6％。相比之下，大规模蛋鸡养殖土地成本变化较为平缓，从 2006 年的 20.22 元/百只到 2015 年的 53.08 元/百只，年平均增长率为 16.3％。

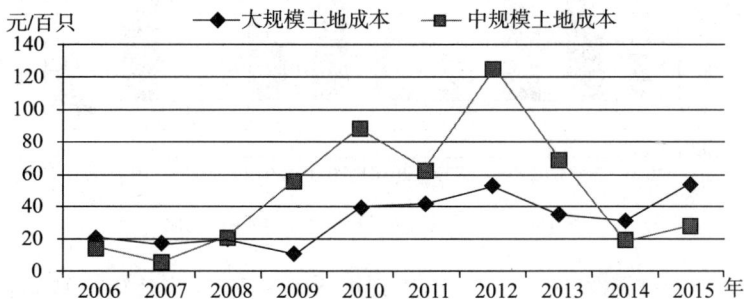

图 12-29　大、中规模蛋鸡养殖土地成本变化

　　总产值呈增长趋势，主产品产值比重较大且稳定。北京市大、中规模产值走势大致相同，均呈增长趋势，年平均增长率分别为 6.3%、6.9%。主产品产值所占比重较大且稳定在 80%～90% 之间。

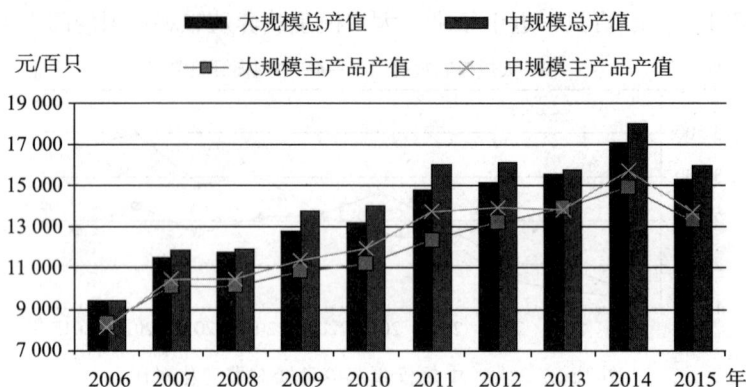

图 12-30　规模蛋鸡养殖总产值变化对比

　　成本净利润与成本利润率波动剧烈。从成本净利润来看，大、中规模养殖成本净利润走势大致相同，波动较大，最大值均在 2011 年，分别是 2 529.71 元/百只、2 566.06 元/百只。大规模蛋鸡养殖净利润在 2009 年、2015 年出现亏损，分别为 -211.18 元/百只、-206.14 元/百只；中规模养殖在 2013 年亏损较大，为 -638.09 元/百只，2015 年盈利 617.65 元/百只。

　　与净利润波动类似，两种养殖模式的成本利润率同样波动很大。大规模的成本利润率从 2006 年到 2008 年持续增长，但是在 2009 年跌至 -1.62%。2011 年涨幅比较大，2012 年、2013 年又持续下跌，2014 年有所回升，但在 2015 年又跌至 -1.33%。中规模的成本利润率波动幅度也不亚于大规模，起伏多次，2015 年相对 2014 年有所减少，利润率为 4.03%。

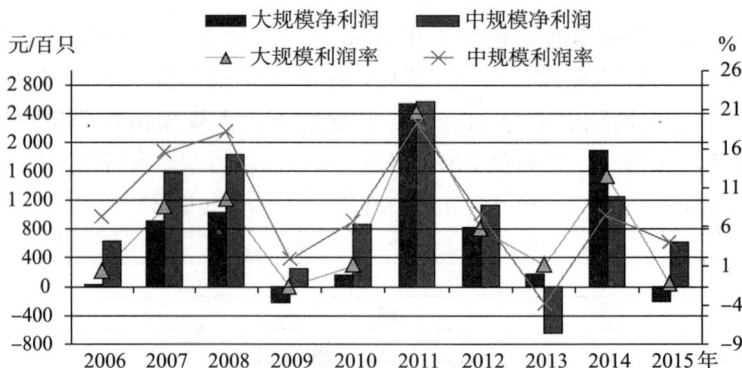

图 12-31　规模蛋鸡净利润和利润率变化

　　与全国平均水平、天津对比，2015 年北京市大规模蛋鸡养殖生产成本略高于全国平均水平和天津市，其主要原因是雏鸡费用较高；利润率低于全国平均水平及天津市。

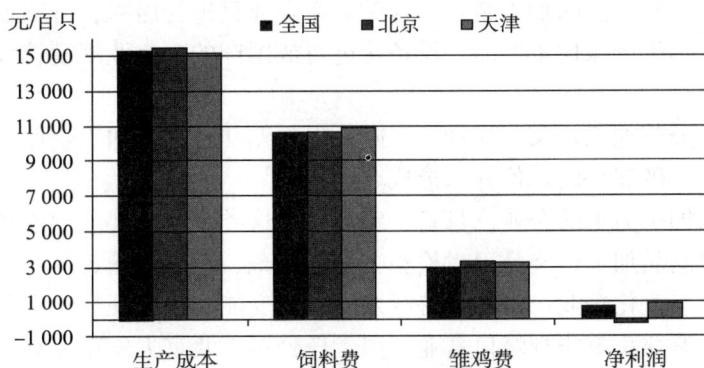

图 12-32　2015 年大规模生产成本、饲料费、雏鸡费、净利润

2015 年北京市中规模蛋鸡养殖生产成本略低于全国平均水平及河北、天津。其主要原因是雏鸡费用低于其他地区；净利润低于全国平均水平，但高于河北、天津。

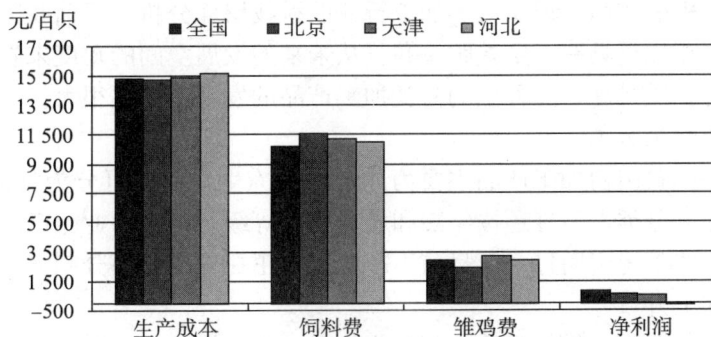

图 12-33　2015 年中规模生产成本、饲料费、雏鸡费、净利润

（二）加工流通情况

1. 北京市禽产品加工情况

（1）概况

北京市家禽市场已禁止活禽交易，以冷冻、冰鲜禽肉等初加工产品消费为主。禽蛋消费形式以鲜蛋为主，鲜蛋消费量占鸡蛋总产量的 90%，而鸡蛋加工转换程度仅为 0.26%，其余 9.74% 作为鲜蛋出口或损失掉。

（2）禽产品加工企业类型

从禽类加工企业角度看，国内出现了一批高新技术企业，如湖北神丹健康食品公司、福建阳光公司、北京德青源公司、大连韩伟公司、四川圣地乐公司等，北京德清源、大连韩伟的清洗蛋在全国居首。

近年来北京市禽类加工产业得到了迅猛发展，各类禽类加工企业纷纷涌现，主要类型有：

①只有初加工或深加工禽类系列产品的企业。市场采购原料，实施加工、销售一体化，此类企业多数规模较小，是以作坊式手工操作为主的中、小型禽类加工企业。其品种来源不固定，加工方式落后，产品质量缺乏保证。

②提供原料肉或原料蛋的加工企业。这类禽肉企业只进行屠宰、分割加工，而禽蛋类公司主要生产壳蛋，不生产深加工产品，设备是进口或国产的，企业规模较大，运行正常，但数量并不多。

既进行屠宰、分割加工，又有深加工车间，生、熟并行配套加工企业。这类企业多数是由初加工企业延伸发展起来的，但并未形成产业化。

③以禽类产品加工为主的企业已具备一定规模。这类企业大都已形成禽类养殖、屠宰加工、肉类分割、肉制品加工、肉品卫生检验、冷冻储藏、冷链运输、批发零售于一体的配套体系，是近代新型产业化企业，也是可持续发展、应变能力强的现代化企业。北京市知名的肉鸡加工企业主要有北京市华都峪口禽业有限责任公司、北京大发正大有限公司等；知名的肉鸭加工企业以北京金星鸭业中心等为主要代表；北京市的禽蛋加工企业中以北京市禽蛋公司、北京德青源农业科技股份有限公司为主要代表，从事生产、加工以及销售禽蛋类制品。

总体来看，北京市禽类产量及工业产值在肉类总产量和工业总产值中均已占有一定的分量，家禽加工产业已具备了一定的规模，禽肉制品品种繁多，对促进家禽业发展、丰富消费者菜篮子起到了积极的作用。但从禽类加工行业的科技层面分析，目前我国禽类加工业的发展水平与发达国家相比仍具有一定差距，并且从未来的发展空间的角度来看，随着人们消费安全需求不断提升，质量高、品种全的禽类加工产品的发展空间还很大。

（3）禽产品的初级加工

禽肉初级加工。禽肉初加工产品主要为冰鲜、冷冻生食品，可分为整禽和分割禽两类。整禽可按照净膛程度分类，另外还按年龄和质量划分等级。以往商业生产的主要品种是蛋用型淘汰鸡，现在主要是烤用肉仔鸡。目前不净膛家禽正在减少，而分割禽（按禽体的自然部位解体）的比例在上升。

禽蛋初级加工。北京市售鲜蛋绝大部分为脏蛋。有抽样调查表明，10%的市售鸡蛋的表面携带有沙门氏菌，64%的鸡蛋表面大肠杆菌严重超标。鲜禽蛋经过清洗消毒、干燥涂膜、分级包装等初加工工艺后，可去除表面90%以上的细菌，称为"洁蛋"。

目前，北京很多禽蛋加工企业都已经形成一套完整的洁蛋生产处理系统，如正大、百年栗园等。

（4）禽产品的深加工

禽肉的深加工。20世纪80年代以来，随着科技的发展，禽肉加工程度由初加工向深加工方向发展，分割产品越来越多，如鸡腿、鸡翅、鸡脯、鸡爪等，分别包装计价，供应超市、炸鸡店等。禽肉深加工产品以中式传统禽肉制品和新型分割制品为主。近年来以分割禽肉为原料的新型禽肉系列产品逐渐占领市场，前景广阔，如：油炸鸡块、禽肉松、烤鸭串、微波系列煲、休闲食品、旅游食品、特禽风味食品等。

肉鸡深加工产品不但可以提高产品风味，而且提高了产品货架期（达12个月），丰富了鸡肉产品市场，增加了鸡肉产业效益。目前市场上鸡肉深加工产品主要有蒸煮类、烤制类以及乳化类产品等。

肉鸭的深加工产品包括北京烤鸭、鸭肉火腿、鸭肉肉肠、肉卷和罐头等，另外，内脏可精心加工制成特色菜肴如"鸭八吃""全鸭宴"、鹅肝等，鸭绒毛还可制成衣被，价值很高。在不断发展的过程中，鸭加工工艺越来越完善，品种工艺方法越来越多样，不断满足广大人民群众的生活要求。烤鸭是北京诸多经营正餐的餐饮企业的常见菜品，其中比较知名的品牌企业包括全聚德、便宜坊、大董、鸭王、九华山、大鸭梨、金百万等，普通餐店也经常经营此菜品。

目前北京市蛋制品加工水平相对较低。禽蛋产品绝大多数均以鲜蛋的形式消费，进行深加工利用的比例只有 1%，与日、美、欧等发达国家相比（日本 50%、美国 32%、欧盟 25%），差距巨大。

北京市几家大型蛋制品加工企业生产的蛋品的形式还局限于壳蛋、传统蛋制品（皮蛋、咸蛋等再制蛋）等，少数企业（如德清源、北京禽蛋公司）生产一些蛋粉、液蛋等，但品种及产量远远比不上发达国家。此外，目前国内鸡蛋深加工制品基本以糕点房、食品加工厂、宾馆饭店、烘焙业等企业消费，还基本没有走进家庭的迹象。

北京市场上流通的新型蛋制品种类主要有：液蛋制品（液全蛋、液蛋黄和液蛋白等）、冰蛋制品（冰全蛋、冰蛋黄、冰蛋白等）、干燥蛋制品（普通及加糖全蛋、蛋白及蛋黄粉等）以及一些保健产品（溶菌酶、卵转铁蛋白、蛋清多肽、卵黄抗体、卵磷脂和卵高磷蛋白等）。

2. 北京市禽产品流通情况

（1）北京市禽肉及禽蛋供需状况

北京市禽肉需求量不断增长，从 2009 年开始大于禽肉生产量需要外埠供应。2015 年北京市禽肉产量 11.1 万吨，消费量达到 25.4 万吨，本市供给率 44.4%。

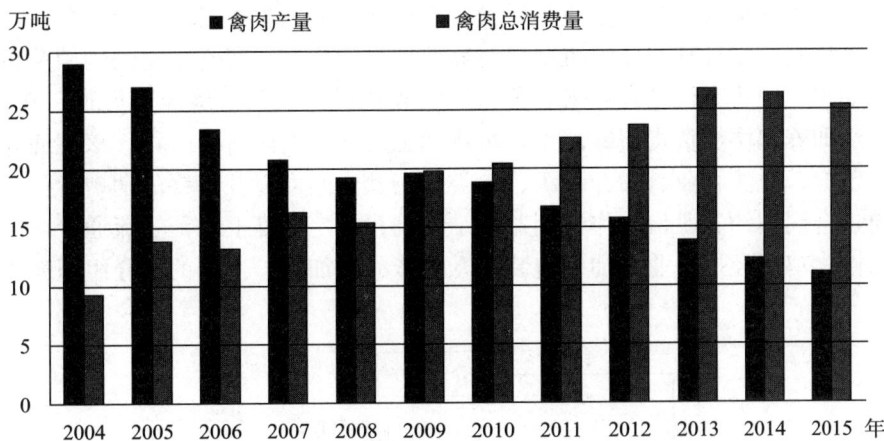

图 12-34　北京市禽肉产量和消费量对比图
数据来源：北京统计年鉴。

北京市禽肉及禽蛋的销售渠道主要有批发市场、农贸市场、集市、超市、菜市场等。肉禽蛋批发市场是禽肉产品的购销集散地，近年来肉禽蛋市场上的交易量显著提高，尤其是禽肉产品交易量呈逐年上升趋势。

（2）北京市主要禽产品流通模式

按照参与主体划分，北京市的禽产品主要有以下几种流通模式：

①传统流通模式。传统流通模式的参与主体是批发市场，此外还包括作为生产主体的养殖户、充当流通主体的农贸市场、超市、乡镇集市、经纪人和最终的消费者。批发市场主导模式下，由养殖户自行或由收购者（农户称之为"鸡头"）、加工单位等中介将分散的禽肉和禽蛋集中到批发市场由批发商收购。批发市场的下级流通主体主要有各地农贸市场、菜市

场、超市和零售商等。然后再通过零售方式流入消费者手中，直接销售对象主要包括个人消费者、机关或学校等的食堂、餐馆等。

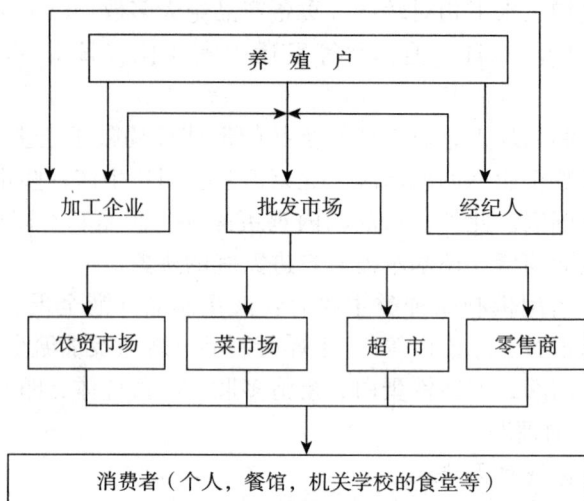

图 12-35　批发市场主导模式

②龙头企业主导模式。龙头企业主导模式是以农产品加工或流通企业为龙头，通过合同契约、股份合作制等多种利益联结机制，与养殖户、中介组织建立稳定的购销关系，将农产品的生产、加工、销售有机结合起来。公司统一收购后进入下一级流通渠道。在加工环节，某些中介组织如养鸡协会负责屠宰加工，再将加工后的肉鸡出售给公司。该流通模式中的流通主体是养殖户、龙头企业、中介组织、各类市场及中间商以及最终的消费者。

公司通过合同契约、股份合作等利益联结机制在一定程度上保证了流通产品的质量安全以及可追溯性，鸡蛋经过企业的加工包装提升了产品附加值。这里的中介组织充当协调和管理的部门。

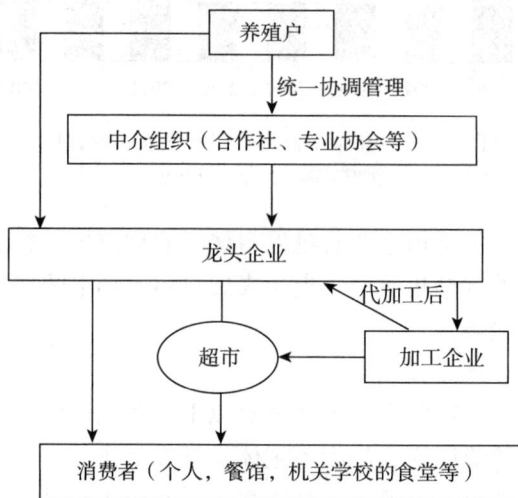

图 12-36　龙头企业主导模式

③农超对接模式。农超对接模式的流通主体是养殖户和超市，主要是针对本地一些散养户。昌平和通州的几家蛋鸡养殖户直接给超市供应鲜蛋，采用的就是农超对接的模式。该模式是农产品由农户直供超市的一种创新经营模式，其实质是农产品供应链条的优化，是农户、超市和消费者的"三赢"，有利于建立农户与零售商之间稳定的购销关系，促进农产品销售；有利于提高农产品流通效率，降低农产品运输损耗；有利于农户获取流通环节的增加值，提高农户的组织化水平；也有利于超市和合作社建立自己的农产品品牌，提高市场竞争力。

④电商模式。电商模式是近些年新发展起来的销售模式，由养殖户、生产企业或加工商在电商平台发布产品信息，消费者通过电商平台下单后，产品将直接邮寄到消费者手中，销售对象多为鸡蛋需求量较小的家庭消费者。随着生鲜农产品电子商务的快速发展，北京市部分大型品牌鸡蛋企业已经在京东、天猫、1号店等电商平台上开店销售，电商模式在未来的禽产品市场中有巨大的发展潜力。

（三）新型农业经营主体发展情况

1. 新型农业经营主体现状

畜禽业新型经营主体相对于传统家庭经营主体而言，是以家庭经营制度为基础，具备一定经营规模，以商品化生产为主要目标，与现代农业及市场经济相适应的农业经济组织，主要包括专业大户、合作社以及龙头企业。这些新型农业经营主体已经成为我国农业标准化的实施主体，也是保障我国农产品质量安全的主要力量。因此，探寻畜禽业新型农业经营主体的标准化生产行为的动因和障碍，对于发挥市场机制在我国畜禽产品质量安全治理以及落实农业供给侧改革中的主导作用，具有重要的现实意义与理论价值。

北京市新型家禽经营主体可以分为三种类型：专业大户、合作社和龙头企业。相较于传统的小规模分散的家庭养殖，新型经营主体养殖规模大，分布集中。

2. 新型农业经营主体运行模式、机制及其效益

"合作社＋农户"是当前北京家禽养殖尤其是蛋鸡养殖中重要的合作模式，发挥了一定的带动效应。以密云诚凯成合作社为例，鼓励引导更多的低收入养殖户开展柴蛋鸡养殖，增加农民的收入，该合作社制定了相关帮扶养殖计划，带动农户共同发展柴蛋鸡产业化发展。基本情况如下：

①助困计划。只要具备一定养殖条件（具备养殖场地，有养殖积极性，家庭收入较低，尤其是低保户），合作社可提供鸡雏1 000~2 000只（最多5 000只），并提供饲料供应，其鸡雏款及饲料款，等柴鸡产蛋后将从回收来的鸡蛋销售款中渐渐扣除。合作社负责技术指导，并签订回收协议。

②增收计划。具备养殖条件的养殖户（自己有养殖场地，同时有一定的养殖能力，而且对养殖积极性高的农民，可以凭借自身的养殖情况，对养殖的规模自由选择），雏鸡款暂时由诚凯成合作社先行垫付，等鸡产蛋后从销售鸡蛋款中逐步扣除，养殖户自备饲料款，合作社负责产品回收协议。

③养殖方式。有机养殖（适合于2 000只以下户），鸡开产后合作社负责提供有机饲料（饲料费由养殖户自付）、负责提供技术指导，养殖户按合作社指定的有机生产模式进行生产。无公害养殖（适合于2 000只以上户），鸡开产后合作社负责提供无公害饲料（饲料费

由养殖户自付）、负责提供技术指导，养殖户按合作社指定的无公害标准或邮寄标准进行生产。

④产品回收。合作社负责产品回收，在随行就市的基础上本社设定最低价，最低保护价为无公害产品8元/千克，有机产品12元/千克。入社社员享受二次盈余返还（2006年、2007年每千克二次返还为1元）双方签订养殖协议书、办理入社等相关手续。

合作社通过多种服务如统一育雏、统一配送饲料、统一加工销售，使生产销售环节降低成本，依托品牌效应，农产品质量有了保证，效益不断提升，使社员现如今年收入比过去的年收入增加2万余元，比没有加入合作社的养殖户收入平均高出35%。近几年，合作社社员队伍不断扩大，2016年底，诚凯成合作社入社社员遍布北庄、太师屯、新城子、穆家峪等9个镇，丰台、顺义、河北省部分养殖户也加入了合作社，合作社影响带动能力不断提升。

（四）社会化服务情况

1. 社会化服务体系建设情况

北京市家禽创新团队成立以来，注重北京市家禽产业服务体系的建设，形成了由团队首席科学家、功能研究室、综合实验站和田间学校与政府、院校、企业和合作社组织相互融合的社会服务体系。

北京市家禽创新团队由首席专家（首席专家办公室）牵头，下设功能研究室、综合实验站和田间学校共四个层面；首席专家依托单位为北京市畜牧总站，岗位专家来自于中国科学院和中国农业科学研究院、中国农业大学和北京农学院等在京科研院校，综合试验站为区县畜牧技术推广部门和家禽龙头企业；田间学校工作站为乡镇畜牧兽医技术推广单位和农民合作社。项目依托单位包括政府和行政事业单位、院校、企业和合作社。得益于北京市家禽创新团队凝聚了首都禽业科技优势资源，组建集研发、示范、推广为一体的团队，合力提升家禽产业科技综合创新能力；以优势产区为重点，以综合试验站和田间学校为载体，通畅技术成果转化渠道，增强科技转化与运用能力；统筹兼顾家禽产业链各个重要节点，为北京市家禽产业提供全方位的社会化服务。

2. 社会化服务组织运行现状

2016年，北京市家禽创新团队主导的服务对象分类指导服务模式，针对各综合试验站和农民田间学校工作站的具体工作内容和规划，分别安排相应的岗位专家与综合试验站对接。岗位专家工作组负责指导综合试验站开展相关技术试验示范和推广，组长分别由五个功能研究室主任担当；农民田间学校工作站所在郊区如设立有综合试验站，工作内容由综合试验站负责包干指导，岗位专家协助指导。未设立综合试验站的郊区，农民田间学校工作站由相应岗位专家负责包干指导。

得益于北京市家禽创新团队强有力的科技和服务支撑，北京家禽业科技引领优势涉及生物技术、基因工程、动物营养、灾害预测、信息技术、环境工程等众多学科的前沿领域，以首农集团为代表的家禽业龙头企业科技化优势明显，成果输出及种业外销具有辐射引领作用。北京市不断健全动物防疫体系，在畜禽传染病的防疫、疫病的治疗、监控、畜禽及产品检疫等方面为畜禽生产提供服务和安全保障。

3. 社会化服务模式创新

①政府主导的综合服务体系模式。北京市对畜禽产业的发展提供了多项扶持政策和资金支持。金融信贷资金在产业化龙头企业的发展壮大中发挥主要扶持作用，政策性农业保险保障了养殖业生产安全，农投等财政金融政策给农户带来实惠。北京市初步构建了政府支持、企业和社会共同参与的综合畜牧生产技术推广与服务体系，不断健全动物防疫体系，还担负着技术培训、科技推广等任务。

②农民田间学校参与式、互动式服务模式。在科技推广和技术培训方面，北京市创办了参与式、互动式的"农民田间学校"，创新了农民培训方式，成为政府加强农民和技术人员能力建设的典范。

③"龙头企业＋农户"模式。指以农业企业为龙头，通过契约的利益联结机制，带动农户从事专业生产，集"研发、培训、管理、加工、销售"于一体，为农户提供技术、信息、资金等服务的模式，包括国有企业、股份制企业、民营企业等不同类型。

④专业合作社模式。指以家禽饲养为主的能人，通过合作利益联结机制，带动农户从事家禽专业生产，并提供生产资料采购供应、产品加工和销售等生产环节一体化经营的服务模式。

（五）消费者接受情况及购买力现状

1. 消费者产品需求状况

家禽产品是居民日常饮食的重要组成部分，在饮食结构中占有重要比重。2017 年 12 月北京市家禽团队对北京市消费者对鸡蛋的接受情况进行了调查。

（1）问卷设计

在查阅国内外有关文献资料的基础上，设计了一套调研问卷。考虑到调研对象的素质参差不齐，同时也为了便于统计分析，题目都设计为封闭式命题。

问卷内容由消费行为和个人资料两部分组成。其中，消费者的消费行为包括购买频率、偏好及影响因素、标识认知等。消费者的个人资料主要包括性别、年龄、婚姻状况、家庭规模、收入、受教育水平、职业、民族等。

（2）调研对象和地点

本次调研主要考察消费者对于鸡蛋及其加工品的消费意愿，因此调研的对象为北京市各区县消费者。调研的地点主要选取海淀区、朝阳区、东城区、西城区、丰台区和石景山区的大型超市和农贸市场。具体包括：海淀区美廉美超市（花园路店）和清河镇农副产品交易市场中心，朝阳区家乐福（国展店）、华联超市（来福世广场店）和亚运村华洋菜市场，东城区美廉美（和平新城店）和东四朝内菜市场，西城区家乐福（马连道店）和新民菜市场，丰台区家乐福（马家堡店）、千百家农副产品市场和鑫利厚农贸市场，石景山区家乐福（石景山鲁谷店）、物美综合超市（古城店）、新五星菜市场和芳园美菜市场。

（3）数据统计和处理方法

由于在调研地点现场发放和回收问卷，问卷的回收率 100%。将回收的问卷进行初步分类和统计，然后采用 EXCEL 软件，对数据进行统计、比较、归纳和总结。本次对于鸡蛋的调查共发放问卷 992 份，其中有效问卷 926 份，问卷有效率为 93.35%。各区县的问卷回收及有效情况见表 12-1。对数据的处理采用描述性统计分析方法。

表 12-1　各区县问卷回收及有效情况

区　县	回收问卷（份）	有效问卷（份）
海淀区	125	123
朝阳区	180	143
东城区	125	111
西城区	125	118
丰台区	187	184
石景山区	250	247

（4）调研样本的人口统计变量特征

通过对数据进行统计和计算，得到样本的基本情况如表 12-2。

表 12-2　调研样本的人口统计特征

人口统计变量	项目	数量（人）	所占比例（%）
性别	男	333	35.96
	女	593	64.04
年龄	25 岁以下	193	20.84
	25～44 岁	435	46.98
	45～65 岁	253	27.32
	65 岁以上	45	4.86
婚姻状况	未婚	253	27.32
	已婚	660	71.27
	离异	9	0.97
	丧偶	4	0.43
家庭组成	家中没有未成年	625	67.49
	未成年人	311	33.59
平均月收入	2 999 元以下	89	9.61
	3 000～5 999 元	223	24.08
	6 000～9 999 元	327	35.31
	10 000 元以上	287	30.99
受教育水平	初中以下	95	10.26
	高中	167	18.03
	大专	201	21.71
	本科	359	38.77
	研究生及以上	104	11.23
职业	党政机关和事业单位人员	114	12.31
	公司/企业人员	384	41.47
	自由职业者	123	13.28
	农民	19	2.05
	教育和科研机构人员	51	5.51
	学生	93	10.04
	无业/退休	126	13.61
	其他	16	1.73

（续）

人口统计变量	项目	数量（人）	所占比例（%）
民族	汉族	895	96.65
	回族	11	1.19
	维吾尔族	2	0.22
	满族	12	1.30
	蒙古族	4	0.43
	其他	2	0.22

（5）调研结果分析

①购买频率和地点。调研发现，大多数消费者购买鸡蛋的频率较高，每周购买鸡蛋的人数占被调研总数的40%（图12-37）。

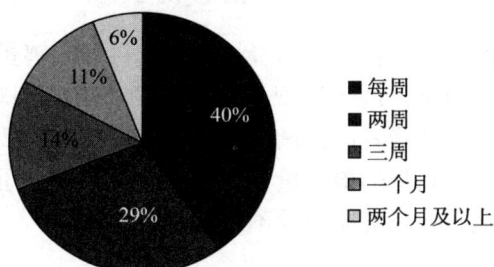

图 12-37　消费者购买鸡蛋频率

目前，鸡蛋在各大超市、农贸市场、批发市场等普遍销售。但由于购买习惯不同，追求的品质各异，消费者在选择购物地点的时候也有所差异。调研发现，超市、社区菜市场和农贸市场等传统的农产品销售市场更受到消费者的青睐。（图12-38），而一些新兴的购物场所，如网络和专卖店等，受到价格和便利程度不同的影响，受众数量不高，购买者以年轻人居多。对于路边摊来说，大多数消费者对其品质持怀疑态度。批发市场多为大量销售场所，且数量较少，分布较为分散，不方便市民日常购买。

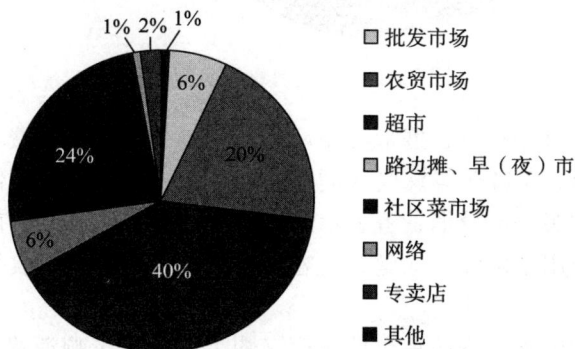

图 12-38　消费者购买鸡蛋地点（多选）

②鸡蛋产地和规格。鸡蛋产地对消费者购买意愿的影响不大，大多数消费者并不清楚自己购买的鸡蛋是本地生产还是外地生产。通常只要质量有保证、价格低廉，并且购买方便，

消费者就可以接受。

在选择包装时，79％的消费者都会选择散装鸡蛋，其中，散装普通鸡蛋购买最多（图7-40）。包装鸡蛋的购买人数相对较少，且其主要购买群体的平均月收入多在6 000元以上。

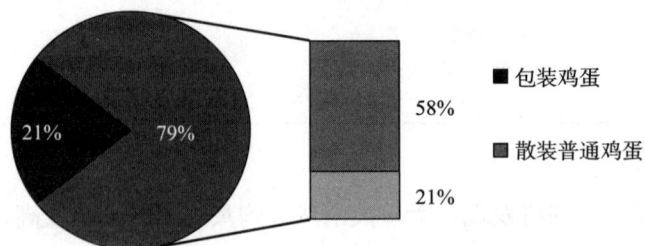

图12-39　消费者购买鸡蛋种类

③食用鸡蛋数量和类别。消费者食用鸡蛋的习惯直接影响鸡蛋的购买数量。我国是世界上人均食用鸡蛋数量最多的国家，调研发现，北京市消费者食用鸡蛋的数量多为每周4～6个，每周食用2个以上鸡蛋的消费者占被调研总数的70％（图12-40）。近90％消费者表示会在以后的饮食中保持或增加鸡蛋的摄入量。尽管人们普遍将鸡蛋作为日常饮食的一部分，但也有部分消费者出于健康、安全等原因并不食用鸡蛋。

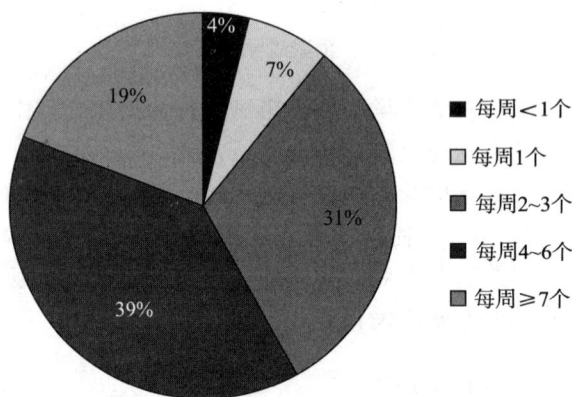

图12-40　消费者食用鸡蛋数量

鸡蛋加工品由于其口味独特、携带方便，也越来越受到广大消费者的欢迎。传统的鸡蛋加工品，如皮蛋、卤蛋、茶叶蛋等深受人们的喜爱。但一些新型加工制品，如蛋粉、蛋液和蛋片等则鲜有消费者购买，部分消费者表示从未听说过此类产品。目前，鸡蛋中提炼出的生物活性物质已经广泛应用于医疗、保健、美容等各个领域。但直接食用的鸡蛋加工品却并未被市场完全接受。

④影响购买意愿的因素。按照重要性排序（图12-41），影响消费者购买意愿的因素前五位依次为新鲜、安全、营养、卫生、有保质期或生产日期。大小、颜色、品牌和包装等因素对消费者的购买行为影响不大。前面的分析中，消费者主要购买的为散装鸡蛋，因此，对于保质期或生产日期一项一般针对超市或者有包装产品。

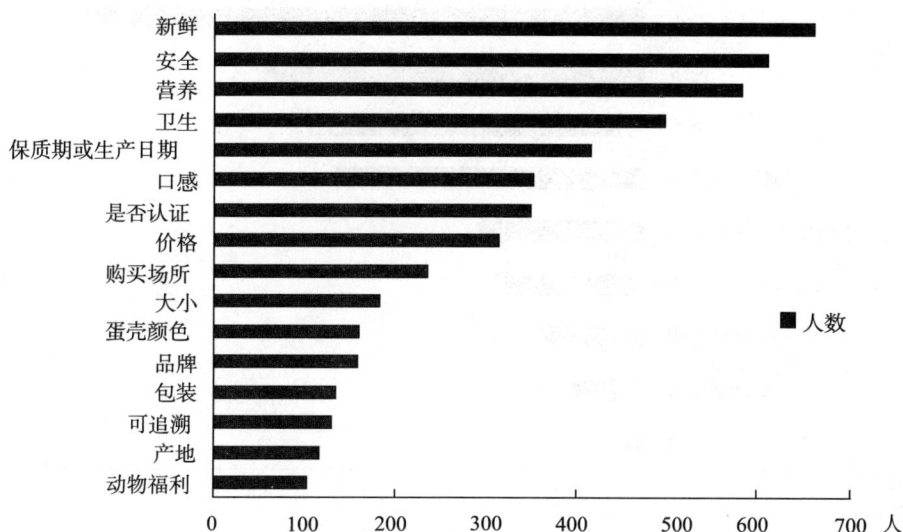

图 12-41　消费者购买意愿影响因素

　　⑤鸡蛋质量安全。由图 12-42 可见，消费者将鸡蛋的质量安全看得尤为重要。消费者最担心的问题就是鸡蛋不新鲜、添加饲料添加剂和携带禽流感病毒等。近年来，食品质量安全问题越来越受到媒体和民众的关注，为了牟取利益，商家以次充好、农户大量使用添加剂导致的食品安全问题令人担忧。与此同时，信息不对称的存在使得消费者在购买环节中对于所购买的产品是否安全始终持怀疑的态度。因此，在购买的过程中会或多或少地遭遇鸡蛋质量安全问题。

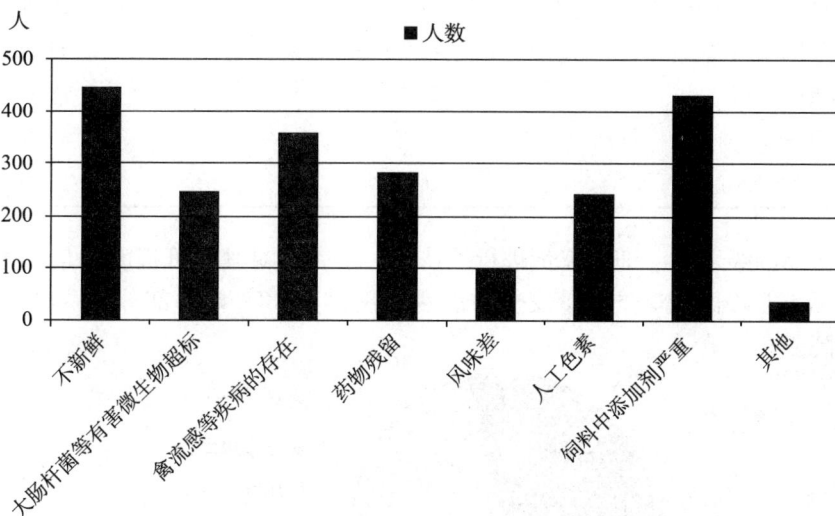

图 12-42　消费者认为鸡蛋存在的问题

　　⑥质量安全相关认知。新媒体的普及使人们获取信息的途径不断拓宽，目前，人们获取质量安全信息的主要媒介是电视、网络、报纸和亲朋好友等（图 12-43）。通过这些媒介，几乎每天都能获得一些信息。

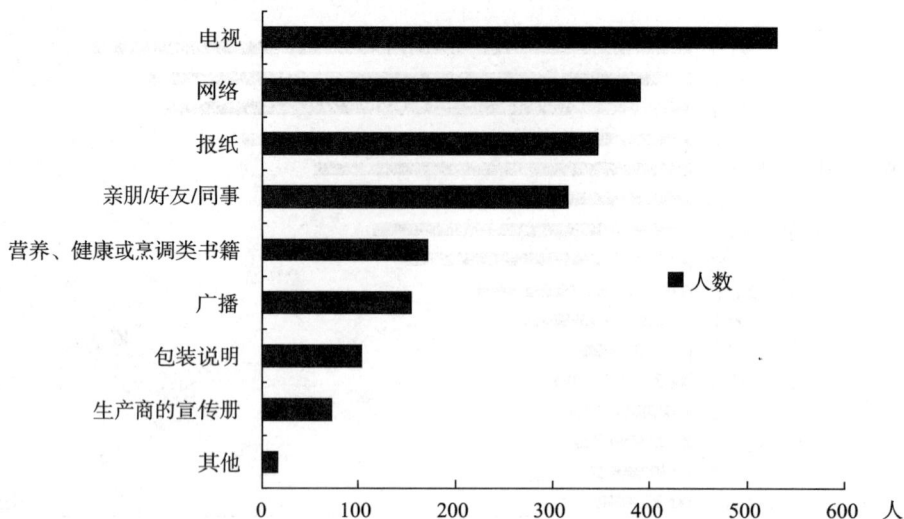

图 12-43　质量安全认知来源

在调研中，选取了目前常用的食品质量安全标识，包括无公害标志、原产地域产品标志、绿色产品标志、OFDC 有机认证标志和 QS 质量安全标志。在食品包装上通常印有 QS 质量安全认证，政府对于其宣传力度较强，认知度相对较高；而原产地域产品标志和有机认证标志则有超过一半的人完全不认识。

表 12-3　食品质量安全标志认知

标　　志	完全认识（%）	完全不认识（%）
无公害标志	20.41	34.56
原产地域产品标志	9.40	56.37
绿色产品标志	29.91	23.87
OFDC 有机认证标志	10.26	55.08
QS 质量安全标志	46.49	13.51

⑦认证产品购买意愿。即使鸡蛋进行了认证，消费者对其认可程度也并不高。调研数据显示，相信标志能够保证鸡蛋质量安全的消费者仅仅为 32%，大部分消费者认为质量认证的可信度不高。

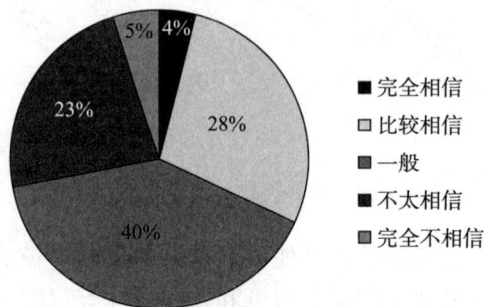

图 12-44　消费者对于认证标志的认可程度

通过调查消费者是否愿意为"放心鸡蛋"支付较高的价格，发现愿意为此多支付 20％ 的人占 60％ 以上，有 20％ 左右的消费者愿意为"放心鸡蛋"多支付 50％。更多的消费者不愿意承担过高的价格负担。但不容忽视的是消费者对产品的认证过程、标识的获得以及标识的使用还没有足够高的信任度。

2. 消费者购买力现状分析

（1）人口情况

2012 年到 2015 年，北京市常住人口数量不断增长，但增长速率逐渐下降。预计北京市常驻居民可能维持在 2 500 万左右。

（2）消费支出情况

表 12-4　2015 年北京市家庭人均食品支出

单位：元

项　　目	北京市平均水平	低收入户	中低收入户	中等收入户	中高收入户	高收入户
人均消费支出	33 803	16 549	23 309	30 554	42 533	64 857
食品	4 644	3 189	4 088	4 957	5 365	6 166
肉类	920	682	866	1 010	1 055	1 057
禽类	147	103	137	164	163	182
蛋类	152	116	138	157	172	189

数据来源：2016 北京市统计年鉴。

从北京市家庭人口食品支出情况来看，北京市平均人均消费支出为 33 803 元，其中，食品支出平均为 4 644 元，在食品支出中，禽肉支出为 147 元，占肉类消费支出的比重为 15.98％，占食品支出的比重为 3.17％；蛋类支出为 152 元，占食品支出的比重为 3.27％。

可以看出，禽肉和蛋类支出在居民食品中所占的比重很小，仅占 3％ 左右。仍有较大的上升空间。

（六）产业支持政策及其效果评价

1. 现行产业支持政策

近年来，家禽产业状况不断，北京市对畜禽产业的发展出台了多项扶持政策，包括农投、农保、农发等财政金融政策，为北京家禽业发展提供了良好的政策环境。尤其是自发生 H7N9 禽流感病毒感染人以来，北京市政府迅速出台了相应的补贴政策，积极应对，取得了良好的防控效果，保护了北京市家禽业生产能力、促进了家禽业持续健康发展。

表 12-5　北京市家禽产业相关支持政策

年份	政策名称	政策内容	效　果	颁布部门
2005	《北京市人民政府办公厅贯彻落实国务院办公厅关于扶持家禽业发展若干意见的通知》（京政办发〔2005〕65 号）	对家禽免疫和疫区家禽扑杀给予财政补贴；税收政策上对家禽业相关企业给予优惠，并减免部分政府性基金和行政性收费；加强流动资金贷款和财政贴息支持；保护种禽生产能力和家禽品种资源；科学引导禽类产品消费，稳步推进家禽业转变饲养方式	缓解国内部分地区发生高致病性禽流感疫情对北京市家禽业的冲击，促进北京市家禽稳定发展	北京市政府

（续）

年份	政策名称	政策内容	效 果	颁布部门
2013	《关于促进本市家禽产业稳定发展意见的通知》	每只成年种禽补贴 10 元。为存栏成年产蛋鸡每只补贴 3 元，为存栏肉鸽每只补贴 2 元。对散养家禽专业户给予困难补助。需贮存的禽肉产品每吨补贴 700 元	降低 H7N9 流感影响	北京市农委、市财政局、市农业局
2015		北京市登记畜禽规模养殖场（小区）共有 2 287 个。明确了养殖场基础信息和经纬度，全部实现 GPS 定位，并纳入农业局信息中心数据库管理	疏解畜禽养殖总量	北京市
2015		对北京市 55 家规模畜禽场进行生产设施改造提升，实施高效集雨 40 万吨	改造种畜禽场生产设施	北京市
2015		对 11 家企业配备高技术设备 130 台（套）	改造农机设备	北京市

2. 产业支持政策效果评价

金融信贷资金在产业化龙头企业的发展壮大中发挥主要扶持作用，政策性农业保险保障了养殖业生产安全，农投等财政金融政策给农户带来实惠，政府政策扶持为家禽业长足发展提供了有力支撑。

疏解畜禽养殖总量。以北京市地下水严重超采区和重要水源保护区为重点，引导禽畜养殖逐步退出禁养区，不符合相关发展规划的散户逐步退出。北京市不再新建规模化养殖场。2016 年，北京市无新建规模养殖建设项目。实现养殖场"定位上图"。建立规模化养殖场登记备案数据库，截至 2016 年 12 月 31 日，北京市进行登记的畜禽规模养殖场（小区）共有 1 774 个。在已登记的规模畜禽养殖场（小区）中，标注进行备案的畜禽养殖场（小区）共有 1 412 个（表 7-6）其中，共 950 个有地理 GPS 定位记录，并纳入农业局信息中心数据库管理，所占比例为 67.28%。

表 12-6 2016 年末北京市畜禽养殖场（小区）等级备案情况

畜禽种类	登记场数（个）	养殖规模（只、头）	备案场数（个）	备案场所占比例（%）	养殖规模（只、头）	占地面积（亩）
生猪	803	2 060 055	713	88.8	1 631 772	14 634.11
蛋鸡	356	17 606 396	263	73.9	15 609 296	11 306.08
肉鸡	221	10 252 200	136	61.5	7 618 600	2 914.5
奶牛	170	128 319	156	91.8	118 004	12 712.7
肉牛	35	37 070	20	57.1	28 720	1 817.5
蛋鸭	4	137 000	4	100.0	137 000	1 353.4
肉鸭	45	4 547 700	32	71.1	3 283 200	1 064.5
肉羊	81	86 170	35	43.2	42 150	578.6
特养	59	969 927	53	89.8	943 957	3 904.05
合计	1 774	35 824 837	1 412	79.6	29 412 699	50 285.44

盘活存量。利用国家畜牧业"菜篮子"资金,分别在房山、怀柔、平谷和通州支持5家种畜禽场进行改造提升,建设单位必须有病死动物无害化处理设施、节水设施、粪污治理设施。利用转移支付支农资金,对北京市55家规模畜禽场进行生产设施改造提升,实施高效集雨40万吨。推广畜禽养殖场高效节水技术,规模畜禽养殖场实现节水、循环、健康养殖。

在农机补贴的支持下,重点对畜牧种业和标准化示范企业农机设备进行提升,共对11家企业配备高技术设备130台(套),有效提升了畜牧业装备水平。

按照"企业主导,政府推动"的原则,引导畜牧业一、二、三产融合发展,华都峪口蛋鸡公司创新"龙头企业+标准化基地"的流动蛋鸡超市模式,通过设施设备改造和提升全产业链服务,形成"育繁推售"一体化的全产业链模式;大北农集团以互联网和金融为手段,整合蛋鸡产业生产流通销售和服务环节,创建中国蛋鸡产业第一创业孵化平台。

北京市农业局联合市环保局组织区、县开展108家畜禽规模化养殖场实施粪便治理和资源化利用工程,按照环保部粪污治理"五种模式"对畜禽场粪污进行治理。创新循环利用方式,实施"种养结合""内部循环""有机肥生产"等循环利用途径。北京市规模畜禽养殖场实现与种植业、林业的循环利用途径。畜牧业提前3年完成了市政府与环保部签订的减排任务。

二、家禽产业发展中创新团队的技术支撑作用

(一)团队基本情况

1. 团队定位

现代农业产业技术体系北京市家禽产业创新团队以"调、转、节""供给侧改革"为目标,健康高效生产、节水生态养殖为导向,通过"京津冀"协同合作提升团队辐射范围,"打造高精尖,引领京津冀",发挥科技引领和示范作用,定位于服务都市型现代农业,丰富首都市民菜篮子。

2. 团队架构

北京市家禽创新团队聘任首席专家1人,岗位专家17人,综合试验站站长5人,农民田间学校工作站站长26人。首席专家依托单位为北京市畜牧总站;岗位专家来自于中国科学院、中国农业大学、中国农科院、北京农学院等在京科研院校,综合试验站为区县畜牧技术推广部门和家禽龙头企业;田间学校工作站为乡镇畜牧兽医技术推广单位。

3. 团队目标与任务

按照北京市建设"政治中心、文化中心、国际交往中心、科技创新中心"的具体要求和家禽产业京津冀协同发展的重大需求,立足于从过去对北京家禽产业的科技支撑作用,转为科技支撑与引领产业发展相结合的发展方向,以"调转节""供给侧改革"作为团队发展的总体目标,通过"京津冀"协同合作提升团队辐射范围,"打造高精尖,引领京津冀",实现团队在部分领域引领北京市家禽产业的发展。

2016年是北京市家禽创新团队二期的开局年,团队在2011—2015年一期工作基础上,按照北京市农业局"调、转、节"的总体思路,围绕京津冀家禽产业新形势,制定了以五大工程为主要工作的北京市家禽创新团队十三五规划(二期五年规划),即"中国自主培育蛋鸡品种高效生产技术示范与推广工程""功能性家禽食物研究平台构建、研究

与示范工程""北京鸭、北京油鸡地理标志产品开发、管理与推广工程""健康养殖工程"和"疫病防控工程"。

（二）团队工作成效

2016年家禽团队共组织调研126次，选育与引进筛选新品种4个，研发与引进筛选新产品22项，开展研发与引进筛选新技术32项。技术成果示范家禽4 700余万只，社会和生态效益明显。开展技术培训超过6 000人次。发表论文70篇，申请专利16项、获得授权7项，获得各类省部级奖励6项（农业部丰收奖二等奖1项，三等奖1项；北京市推广奖4项）。共报送各类信息1 000余条，其中首席采纳621条，科教处采纳47条，撰写工作日志627条。

（三）团队运行机制

1. 分类推进

（1）重点攻关类任务

积极探索有效的工作方法，认真总结团队一期工作经验，把做好产业调研贯穿于工作的始终，按照"先易后难，整体推进"的原则，按照已制定的目标要求、培训内容，及时调整重点攻关类任务方向、重点和研发力度，把技术集成的示范推广工作放在突出位置，成熟一个推广一个，保证如期完成各项任务。

（2）推广服务类任务

在重点做好产业重点攻关任务技术研发的同时，要紧紧围绕"高效、高端、高辐射技术"，优先将成熟技术整体打包，针对市场需求，本着"缺什么，补什么"的原则，围绕产业需求进行实用推广技术培训，推广一批能够促进产业链增产、增收的成熟技术，争取将实用技术培训和劳动力就业培训紧密结合起来，辐射带动产业发展和农民增收。

2. 分层落实

（1）功能研究室

开展产业关键技术研究和技术集成，根据产业发展趋势开展前瞻性基础技术及策略研究；承担政府主管部门下达的应急性技术任务；指导综合试验站开展相关技术试验示范和推广。

（2）综合试验站

组织田间学校工作站在本区域开展需求调研，承担研发中心和功能研究室提供的试验、示范；协助产业研发中心监测生产、疫情、灾情等动态变化；为辖区农民田间学校工作站的建设与运行提供技术支持。

（3）农民田间学校工作站

建成示范型田间学校，并负责周边2～3所农民田间学校的工作指导，协助综合试验站开展养鸡（鸭）技术及相关需求信息反馈，承担由综合试验站或岗位专家提供的成熟技术的推广任务。

3. 分类指导

（1）服务对象分类指导

加强对家禽产业的技术技能培训和现场指导，使养殖者掌握科学饲养管理技术，向养殖者提供规范化、标准化技术服务。

深层次、多方位、常态化开展对产业蛋鸡、肉鸡和肉鸭场、加工企业和政府推广机构、消费者的需求调研，利用优质的信息服务，多渠道多途径为养殖者、消费者、企业和行业主管部门提供更新、更快、更便捷的信息服务。

优先推广先进的饲养管理理念，通过新技术推广手段，开展产业集成技术攻关，为企业和消费者提供优质产品。协助行业主管部门落实产业政策，使生产者享受更多的政策支持。

（2）各层级分类指导

加强各层级之间的协调配合，充分发挥合力作用。针对各综合试验站和农民田间学校工作站的具体工作内容和规划，分别安排相应的岗位专家与综合试验站对接。岗位专家工作组负责指导综合试验站开展相关技术试验示范和推广，组长分别由五个功能研究室主任担当。

农民田间学校工作站所在郊区如设立有综合试验站，工作内容由综合试验站负责包干指导，岗位专家协助指导。未设立综合试验站的郊区，农民田间学校工作站由相应岗位专家负责包干指导。

4. 管理措施

（1）组织领导

加强组织领导，建立团队执行专家组、功能研究室、郊区综合试验站和农民田间学校管理协调工作机制。

（2）责任划分

落实岗位责任制，明确责任区域划分，搞好岗位对接、专家指导、配合协作。

（3）目标管理

抓好目标管理，建设团队管理体系，细化产业技术。加大宣传力度与社会舆论监督力度，营造社会对产业创新体系了解的氛围。

（4）质量控制

研发方向和重点任务的选择要在需求调研的基础上，采取首席专家领导下的民主集中制，由团队成员会商，执行专家组审议，首席专家签署发布。具体项目实施由岗位专家、综合试验站长、田间学校工作站长全权负责。执行专家组对具体项目实施监督、考核。

（5）考核奖惩制度

考核奖惩制度按照"谁主管，谁负责"的原则，制定考评测评机制，在每个实施阶段对各项指标实行严格考评，按照工作完成情况和实施结果分阶段进行测评考核、排序和评比，对于先进的个人给予表彰，落后的给予批评，考核不合格的予以变更或取消资质。

（四）技术研发与主推技术

1. 团队技术研发情况

2016年家禽团队在充分调研的基础上，确定了团队技术研发围绕"五大工程"开展联合攻关。

（1）1号工程：自主培育蛋鸡品种高效生产技术示范与推广工程

1号工程的实现，需要整合团队成员从育种、饲养、加工、销售多方面提供技术支持，进一步挖掘自主培育的蛋鸡品种的潜力和价值，实现联合攻关。

①育种技术取得成果。2016年，团队育种工作上获得"农大5号小型蛋鸡""大午金凤

蛋鸡""栗园油鸡新品系"三个蛋鸡新品种（配套系）证书，并加快"绿壳蛋鸡"新品系的培育。

"农大5号"蛋鸡配套系的选育：通过与团队综合试验站"北京中农榜样蛋鸡育种有限公司"合作，培育形成了农大5号配套系，该配套系已经在今年年初获得了新品种证书。

"大午金凤"蛋鸡配套系的选育：经过多年长期的研究，研发了培育"大午金凤"蛋鸡配套系的核心分子育种技术，并在今年获得发明专利。通过分子育种技术和常规育种技术的紧密结合，最终形成了世界上首个红羽产粉壳蛋的高产蛋鸡配套系。该配套系今年上半年已经通过了国家新品种审定。

"栗园油鸡新品系"蛋鸡配套系的选育：百年栗园综合试验站的种鸡产业建立了原种、祖代、父母代相对完善的三级繁育体系，2016年培育出"栗园油鸡蛋鸡"和"京星黄鸡103"配套系，其中"栗园油鸡蛋鸡"配套系是北京市畜牧总站与百年栗园合作多年培育出的商品代蛋鸡新品种，该配套系抵御市场风险能力强，商品代蛋鸡具有节粮、鸡蛋售价比普通鸡蛋高等优势，有助于打造北京油鸡知名品牌。

绿壳蛋鸡新品系的培育：2016年完成对F6代公鸡和母鸡的绿壳基因鉴定，正在对纯合的绿壳蛋鸡进行选配留种。9月份开始F7代的留种。本团队采用分子标记的手段进行绿壳蛋鸡新品系的选育，目的是获得稳定高产的绿壳蛋鸡以提高经济效益。

②饲养模式创新及推广

笼养蛋鸡方面：通过健康养殖技术团队开展蛋鸡高产高效技术集成示范推广，2016年为北京留民营生态农场、双银养殖户、北京富佳种禽中心、北京密清源养殖专业合作社、平谷绿都兴和公司等单位使用，覆盖产蛋鸡50万只，提供洁蛋配方、厂区规划、粪污处理等健康养殖的环境控制技术，并形成洁蛋配方和种公鸡种用饲粮配方各1套。对平谷、大兴、密云、昌平、通州的蛋鸡养殖户的65.8万只产蛋鸡进行了健康养殖饲料配方、水线清洗、加工设备等服务。

放养蛋鸡方面：示范推广放养蛋鸡标准化养殖技术。针对北京地区放养蛋鸡存在的技术瓶颈，开展技术需求调研，发现北京地区的放养蛋鸡饲养普遍存在品种杂乱、生产性能低下、品种来源不明确、孵化和育雏过程不规范等现象，为此，根据前期放养蛋鸡生产性能测定的结果，结合养殖模式和市场定位，针对性地推荐放养蛋鸡品种，推广放养蛋鸡标准化养殖技术，并在昌平和房山建立示范区。通过该项技术的示范推广，大幅提高北京远郊山区放养蛋鸡的生产水平和标准化程度，提高林地、果园和空闲山坡地的资源利用率，促进山区农村老年、体弱者科技增收。建立了集休闲观赏、动物福利、标准化、自动化等为一体的放养蛋鸡健康养殖新模式——放养蛋鸡标准化养殖模式，并形成了相应的配套技术，包括人工草地景观建设、房舍建筑、饲养管理、环境控制、疾病预防等设施。此外，还通过物联网技术将硬件、互联网和养殖设备三者进行紧密结合，开发家禽养殖智能化新工艺——智能化禽舍环境监测与管理系统，可实现蛋鸡养殖过程全程智能化监控和管理，可实现自动采集养殖环境气象（温湿度、光照、风向）和气体浓度（甲烷、氨气、二氧化碳、硫化氢）参数信息，并通过手机信息管理系统对养殖场环境进行智能化控制。

通过技术配套、熟化，形成一整套的专利技术，预计明年将在4个示范场进行示范推广，覆盖蛋鸡20万只。

③新型环保饲料推广。团队进一步优化了环保型饲料配方，蛋鸡环保型饲料可降低鸡粪

氮排放 32.33%，降低鸡粪磷排放 40.78%，降低鸡舍内的氨气含量 26.08%，效果十分显著，得到了养殖户的认可。

④种公鸡繁殖性能营养调控饲料配制技术。基于本团队已有研究成果，2016 年团队根据不同品种和不同周龄种公鸡的能量蛋白需求不同，以及如何加强种公鸡机体特别是睾丸组织的抗氧化能力，保护精子免受氧化损伤，提高精液品质，新设计出提高蛋用种公鸡综合繁殖性能饲料配制技术 1 套，并已在北京市华都峪口禽业有限公司展开了示范推广试验。饲喂新型蛋用种公鸡专用饲料后种蛋受精率可提高 1.84%，孵化率提高 2.18%，效果十分显著。

⑤鸡蛋分级与储藏技术。2016 年在昌平、密云和唐山开展了鸡蛋气调贮藏技术和鸡蛋分级技术的示范工作，贮藏鸡蛋 40 吨，分级 20 吨。提高了生产效率，节省了人工成本，延长了鸡蛋保质期，成效显著。

（2）2 号工程：功能性家禽食物研究平台构建、研究与示范工程

2 号工程简称"功能性禽产品研发工程"，综合中国、加拿大（以下简称中加）功能性禽产品合作、饲料与营养团队研发攻关和市场需求调研与分析，推动功能性禽产品发展，搭建功能性禽产品研发与管理平台，促进北京市家禽产业供给侧改革。

①ω-3 北京鸭开发。在 2014—2015 年中加 ω-3 鸡蛋生产技术研究合作成果基础上，中加双方今年在北京鸭上继续深入合作，合作开发 ω-3 北京鸭，为高端烤鸭市场提供全新产品。2016 年 6 月根据《中加 ω-3 北京鸭生产技术合作框架协议》。按照协议加拿大 STANDARD NUTRITION CANADA.CO 派 Joseph Frend 和 William Hoffmann 2 位专家专程来京指导 ω-3 北京鸭研发工作。

中方联合北京大营宏光肉鸭专业合作社与加方专家组共同组成中加 ω-3 北京鸭技术合作小组，加方专家介绍饲喂试验方案和检测情况，双方共同考察试验场区和实验动物，共同考察宏光鸭场的屠宰工艺，加方根据北美功能性食物的要求，对 ω-3 北京鸭研发试验提出建设性意见。并于同年团队成员李复煌赴加拿大开展为期十天的考察和技术交流，本技术研发试验工作也已在田间学校工作站-大营宏光肉鸭养殖场完成。

②不同蛋鸡品种富集不饱和脂肪酸效率比较。ω-3 多不饱和脂肪酸作为一种独特的生物活性物质，对人体有重要的生理功能，ω-3 多不饱和脂肪酸在稳定细胞膜的功能、调控基因表达、维持细胞因子和脂蛋白平衡、抗心血管病、调控免疫和炎症反应、降血糖、调控癌细胞的生长和转移、促进生长发育等方面起着重要作用。在饲料中添加富含 ω-3 的亚麻籽可以生产富含 ω-3 的功能性鸡蛋。基于此，为提高生产效率，找到对 ω-3 沉积效率最高的蛋鸡品种。研究通过给八个品种的蛋鸡饲喂添加了亚麻籽的日粮，通过检测鸡蛋中 ω-3 的含量找出 ω-3 沉积量最大的一种鸡蛋，对实际生产中选择蛋鸡品种提供理论参考。所选的品种为海兰灰、海兰褐、新杨黑鸡、北京油鸡、农大 3 号蛋鸡、京白 1 号蛋鸡、苏禽绿壳蛋鸡和大午金凤。

试验结果显示，苏禽绿壳蛋鸡的蛋重是最小的，每 100 克鸡蛋中，苏禽绿壳的 α-亚麻酸含量是最高的，每个鸡蛋中苏禽绿壳的 α-亚麻酸含量是最高的。由测定结果可以得出初步结论，苏禽绿壳蛋鸡对于亚麻籽中 ω-3PUFAs 的转化效率最高，更适合应用于生产。

③有机硒健康鸡蛋。已经评价硒代蛋氨酸羟基类似物、酵母硒、蛋氨酸硒、纳米硒和亚硒酸钠等 5 种有机硒源的有效性和部分硒源的耐受性，有机硒健康鸡蛋生产技术已经在北京和河北的部分养殖户推广应用。

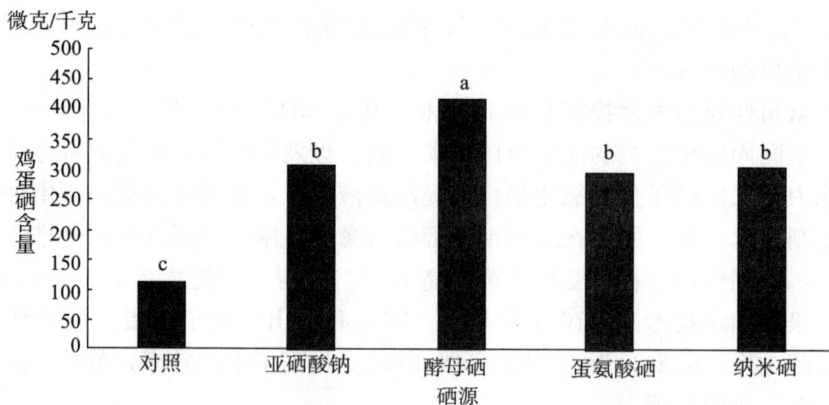

图 12-45　不同硒源对鸡蛋内硒含量的影响

（3）3号工程：北京鸭、北京油鸡地理标志产品开发、管理与推广工程

3号工程简称"地理标志工程"。即通过地理标志保护作为公益性的管理手段提升北京鸭和北京油鸡的产业化水平。北京市家禽创新团队已经在一期完成了部分的技术储备，包括北京鸭和北京油鸡特异性基因挖掘（北京油鸡多趾基因、北京鸭分子特征标记研究），以及北京鸭和北京油鸡地理标志保护产业化研究。家禽团队二期工作将注重产品生产性能及特色品质的研究与开发、快速检测及鉴定方法的建立、可追溯体系的建立和遗传资源保护与开发、配套养殖模式和安全生产模式研发。

①北京油鸡高产蛋品系和五趾品系培育。北京油鸡作为我市特有的地方优良品种，具有典型的外貌特征，多趾性状作为其外貌特征之一，目前受国内外广泛关注，并已成为研究热点。近年来，北京市家禽团队围绕北京油鸡特色品质研究与开发，加强分子标记开发利用平台建设，重点对五趾特征分子标记进行研究，形成了具有自主知识产权的成果。目前，该项目通过了中国农科院畜牧所、北京市农林科学院畜牧所专家组验收。

项目利用候选基因法精确定位北京油鸡多趾基因，并通过对保守区序列突变位点研究，挖掘得到一个SNP分子标记，并证明该标记与北京油鸡多趾性状存在100%连锁关系。此外，还成功建立北京油鸡多趾性状的PCR-RFLP检测方法，并在北京油鸡群体中进行验证，通过对500只北京油鸡的检测，准确率达100%。

该研究成果将作为北京油鸡"基因名片"和"生物身份证"，为北京油鸡提供屠体标识，对北京油鸡地理标志保护管理具有重要意义；同时可为北京油鸡多趾品系的分子标记辅助育种和特色品质研究奠定基础，有力促进了优质鸡产业化开发。

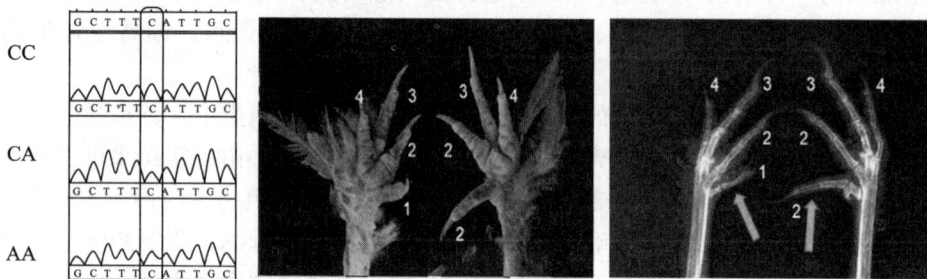

图 12-46　北京油鸡多趾品系图

②基因组技术、等位基因特异性表达技术，重点挖掘北京鸭生产及品质性能相关的分子标记。继续将分子标记技术应用于实际育种工作中，深入揭示"樱桃谷鸭"和"枫叶鸭"在这一百多年的杂交繁育中，有哪些基因发生了改变，从而导致其在生产性能上的差异，同时提高纯种北京鸭的生产性能。

③异位发酵床养殖肉鸭的试验示范。与传统地面养殖相比，异位发酵床可缩短存栏时间3~5天，节省人工成本60%以上。与网床养殖相比，可节省大量的冲洗水，而且没有后续粪污处理的问题。异位发酵床养殖与网床养殖和地面平养的对比发酵床养殖可使料肉比由2.26∶1下降到2.07∶1（降低8.4%）；残鸭率由5.27%下降到2.07%（降低60.7%）；死亡率由0.38%下降至0.085%（降低77.6%）。与网床养殖相比，养殖4批共计6 000只北京鸭，可节水87.2吨（节水率81.9%）。

④烤制型北京鸭腿部出血综合征（血腿症）发病原因的探索。2016年北京鸭腿部出血综合征的主要调研对象为大营宏光肉鸭养殖合作社，在此过程中也初步了解到金星鸭业有限公司以及冀龙鸭业的发病情况，发现今年北京鸭腿部出血综合征的风险因素仍然是高温和填饲。而且填饲时间、填饲量、填饲过程中的驱赶、抓捕、填喂都会影响填饲效果，也会影响腿部出血综合征的发病率。在填饲过程中，应尽量做到轻拿轻放、科学填喂，以保证填饲效果，减轻填饲应激。

在实验室前期流行病学调查的基础上，进一步研究北京鸭腿部出血综合征的病理学。研究发现北京鸭腿部出血综合征单双侧发病率无明显差别，雌性鸭多发，可能与雌鸭生长速度较慢，填饲时间较长有关。此外，出血好发于腓肠肌前部与腓肠肌外侧部，也可发生于胫前肌、腓骨长肌和第二指有孔穿屈肌，未见其他肌肉出血。该病的主要病理学表现为出血，剖检可见肌肉间淤积大量血凝块，严重的伴有肌肉断裂；病理组织学主要表现为肌纤维间距增宽，肌纤维间大量红细胞淤积，有的伴有炎性细胞浸润和结缔组织形成；超微病理学变化主要为线粒体数目增多、线粒体膜溶解、嵴消失，伴有线粒体空泡化和肌原纤维断裂、分叉。

⑤围绕北京鸭的饲料配方优化，开展了不同营养水平（能量、蛋白）对烤制型北京鸭生产性能、屠宰性能、烤制性能的影响效果及机理研究。结果发现，日粮营养浓度显著影响北京鸭生产性能，屠宰性能，综合饲养成本考虑，能量浓度为3 050千卡/千克可以实现低成本条件下最佳的生产性能和屠宰性能。

⑥北京鸭农产品地理标志申报工作顺利通过现场核查和品质鉴评。在各项申报材料准备完备的基础上，"北京鸭农产品地理标志现场核查暨品质鉴评会"于2016年11月2日在大兴区大营宏光肉鸭养殖场顺利召开。会议在北京市农业局农产品质量安全处、北京市农业环监站组成的核查组的主持下，按照地理标志申报程序，听取了北京畜牧总站地理标志申报工作汇报，完成了专家鉴评和现场核查。专家组由中国农业科学院齐广海研究员和张德纯研究员、中国农业大学宁中华教授、北京市农业局李文海调研员、北京农学院郭勇教授五位组成。

（4）4号工程：家禽健康养殖技术研发与示范推广工程

4号工程以节水、生态技术持续推进家禽健康养殖，在一期工作基础上，通过引入设备、革新理念和自主研发，开展了舍内环境控制与舍外环境监测两方面工作。

①舍内环境方面。组织团队成员在平谷、顺义、房山、怀柔、门头沟、通州、昌平等区

县建立示范推广基地6家，推广成熟技术3项，筛选并试验示范节水技术3项，涉及禽舍环境调控、照明、通风、消毒、饮水等多个领域，覆盖蛋鸡、肉鸡2个品种累计存栏66万羽，建立相关技术示范舍16栋，超标准完成了任务目标。

此外，为做好节水技术的筛选，组织开展了家禽饮水器应用情况调研工作，覆盖6个区县的40家养殖场，调研结果为饮水器筛选与应用提供了数据支撑和应用保障。

通过对9个区县64家养殖场（其中26家示范基地，38家非示范基地）管理状况、环境现状现场调研和环境质量监测，累计梳理各类调研监测资料15 000余条（个），结果表明示范基地禽舍内温度、照度、细菌总数，饮用水中的硝酸盐氮等重点关注指标的合格率均明显高于非示范基地16.2%、2.8%、5.3%和28.8%，这与示范基地管理上的不断规范，环境控制能力的明显增强密切相关。

节水效果方面，一栋万羽规模的蛋鸡舍应用节水型饮水技术后，单月可节水10.9吨。根据2016年技术应用情况，可完成6栋养殖舍的节水技术改造，预计年可节水8 500吨，约为15户人家的年用水量。根据我市规模化养殖场存栏数量估算，北京市约有蛋鸡舍2 000余栋，肉鸡舍1 000余栋，如果全部完成节水型消毒技术改造工作，年可节水39万吨，约为6 540户居民的年用水量。

节水型消毒技术。根据前期试验数据，节水型消毒技术单栋每次消毒可节水60升，按照全年消毒120次估算，一栋5万羽规模的蛋鸡舍年可节水7.2吨。按照目前技术应用的情况，该技术的示范推广范围可覆盖6栋养殖舍，预计年节水43.2吨。根据北京市规模化养殖场存栏数量估算，北京市约有蛋鸡舍2 000余栋，肉鸡舍1 000余栋，如果全部完成节水型消毒技术改造工作，年可节水2.1万吨，约为360户居民的年用水量。

②舍外环境方面。禽场生物气溶胶中抗生素耐药菌与抗性基因的研究，本年度在前期对养鸡场生物气溶胶污染特点进行监测的基础上，进一步研究了鸡场空气环境中抗生素耐药菌的浓度、粒径分布和群落组成，得到以下主要结论：鸡场（n=14）空气中四环素和红霉素耐药菌浓度为102～105CFU/立方米，相对丰度（耐药菌占总细菌的比例）为8.8%～41.8%，肉鸡场（n=7）空气中两种耐药菌的浓度和相对丰度都高于蛋鸡场（n=7）；鸡场空气中四环素耐药菌和红霉素耐药菌浓度显著正相关（P<0.05）；鸡舍内两种耐药菌的动力学粒径都在3.2～4.6微米之间，在呼吸道的沉降位置主要在支气管，具有较大的健康风险。

以5类抗生素（β-内酰胺类、四环素类、喹喏酮类、磺胺类和大环内脂类）的55种抗性基因为目标基因，在鸡场空气中检出22种抗性基因；空气与粪便样本中目标抗性基因的浓度显著正相关（P<0.05），表明粪便是鸡场空气中抗生素抗性基因的重要来源。

通过对14家规模化鸡场舍内空气中耐药性细菌的检测，发现蛋鸡舍内占优势的四环素耐药菌为葡萄球菌属，占优势的红霉素耐药菌为罗氏菌属和葡萄球菌属；肉鸡舍内占优势的四环素和红霉素耐药菌均为葡萄球菌属。

③粪肥施用对农田土壤抗生素残留和抗性基因的影响。选取北京地区11个蔬菜生产基地作为采样点，各采样点均连续施用粪肥5年以上，分别位于北京市的延庆、海淀、昌平、顺义、平谷、房山、大兴、通州、怀柔和密云。图12-48中采样点的温室每年至少种植2茬蔬菜，每年粪肥施用量为4 000～8 000千克/亩；大田每年种植1～2茬蔬菜，粪肥用量一般不超过2 000千克/亩。对各样品的抗生素和抗性基因进行了检测分析。

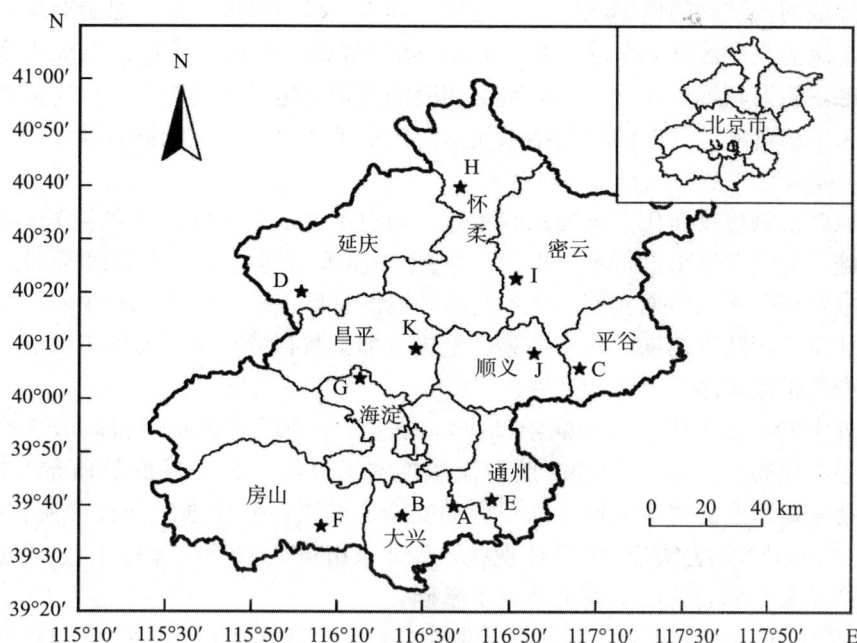

图 12-47　采样点分布示意图

结果表明，北京地区菜田土壤由于粪肥施用，普遍存在四环素、磺胺和喹诺酮类抗生素污染，其中四环素类抗生素残留量最高，其次为磺胺类；温室土壤的抗生素残留高于大田土壤。温室和大田土壤磺胺类抗性基因 sul1、sul2 和四环素类抗性基因 tet L 的检出率均为100％，温室土壤其他 ARGs 和 intI1 的检出率普遍高于大田土壤，sul2 的相对丰度与磺胺二甲嘧啶和强力霉素的含量显著正相关，而 tet L 与抗生素含量无明显相关性。

（5）5 号工程：家禽主要疫病监测及综合防控工程

圆满完成了 H7N9 流行病学调查、鸡白痢示范与调查研究、大肠杆菌耐药检测、养禽场生物安全控制技术、禽白血病净化技术研究与示范、鸡毒支原体感染状况调查及家禽防治技术培训等各项计划内容。疫病防控方面在有效落实功能研究室岗位专家年度任务各项工作的同时，积极配合上级本门完成突发事件的应急处置工作。2016 年以来本团队成员就通州人感染 H7N9 事件、顺义汉石桥湿地苍鹭、绿头鸭、麻鸭死亡等相关事件第一时间赶赴现场开展紧急调查和诊断工作，为相关部门的科学处置决策奠定基础，展现了北京市家禽创新团队的业务素养与服务意识；今年在推广鸡白痢调研与净化工作当中，团队成员积极创新思路，统一发放部分诊断试剂并联合区疫控中心、综合试验站和种鸡场一起实施调查和净化措施的探索，团队专家开展现场技术实施与生产实际相结合的实践摸索，同时将示范技术、理论知识与对基层人员的业务需求培训有机结合在一起，在落实项目的工作内容的同时，强化了养殖人员净化意识、提升了基层技术人员技术净化技术能力，为更好地促进疫病净化工作奠定了基础。

继续开展养殖场生物安全控制技术的研究与示范，开展示范点建设，完成相关制度 1 套。与试验场沟通合作，对养殖场生物安全体系防控风险关键点制定相应的控制措施，并开展检测分析，从而判定防控措施效果。为了更加细化防控措施，根据不同区域（或范围）能否与鸡群直接或间接接触的概率或距离，把场区分为三级防疫区。即一级为鸡舍，能与鸡群直接接触；二级为生产区（鸡舍除外），与鸡群间接接触，离鸡群较近；三级为生活区，与鸡群间接接触，距离较远。通过对各区制定相应的管理措施并实施监测，以完成对措施效果的评价，相关措施落实后开展的监测结果显示防控措施效果良好，能够有效地降低疫病发生的风险。

继续开展鸡白痢检疫净化方案的试验示范，通过扩大示范区域，建立合作体系，进一步完善净化措施，并向北京市进行示范推广。按照2016年任务计划，在继续开展北京市华都峪口禽业有限责任公司鸡白痢检疫净化示范点建设的基础上，重点组织对中农榜样蛋鸡育种有限公司、北京农职院种鸡场、北京油鸡、爱拔益加家禽育种有限公司的鸡群开展鸡白痢感染现状的调查并推动其净化工作的开展。

继续开展H7N9亚型流感流行病学调查，通过对相关环节病原学和血清学检测结果分析该病传入潜在风险。人感染H7N9亚型流感疫情不仅给广大人民的健康带来巨大威胁，而且严重威胁家禽产业的健康发展及消费者的安全。按照任务计划积极开展流行病学调查，了解北京市禽群H7N9亚型流感的具体现状，为北京市禽类H7N9亚型流感防控提供参考，为保障畜禽产品安全和公共卫生安全奠定了基础。

2016年5月26日经北京市疾病预防控制中心确诊今年本市首例人感染H7N9亚型流感患者后，提出围绕患者所在村及相关区域开展紧急H7N9亚型流感检测建议，共计采集30个禽类养殖场（户）的近1 000份血清学样品，300份病原学样品，通过实验室检测，病原学样品检测结果均为阴性，血清学样品个别场（户）检测到阳性，对阳性场（户）将开展持续抽样检测以掌握抗体变化情况。

2016年鸡主要疫病的流行动态分析主要是进行鸡常见主要疫病的流行病学监测与分析。通过对新城疫（ND）、禽流感（AI）、传染性支气管炎（IB）、禽腺病毒感染（FAdV）等鸡重要疫病进行系统的检测和分析，完成了2016年鸡主要疫病的流行动态分析报告，供北京地区乃至全国养殖户进行参考。

新城疫（ND）和禽流感（H9N2）二联灭活疫苗研制。新城疫（ND）和H9N2亚型禽流感（AI-H9N2）是我国当前主要通过疫苗进行防控的两种重要疫病，根据流行株的变化研发新型疫苗是控制两种疫病的关键。在前期研究基础上，我们已经成功筛选出了两种疫病的候选疫苗株，并试制了新城疫（基因VII型）、禽流感（H9亚型）二联灭活疫苗并对其免疫抗体消长规律、最小免疫剂量、对不同地区分离毒株的保护行为进行了研究，完成了其临床申报材料并获得了农业部的临床批文。

2. 团队主推技术情况

通过"五大工程"建设，2016年家禽团队主推的技术包括家禽重大疫病禽流感、新城疫免疫抗体关键点监测技术、规模养禽场禽舍环境综合控制技术、禽舍节能光照技术等。并且围绕高效、节水农业，加强前沿技术、关键技术研究，建立国家技术体系科技创新与服务平台，集创新设备技术于一体，生物技术、新材料和信息技术多学科配套的高效节水生产模式，开展生态环境、疫病综合防控、养殖设备与工艺融合等技术的创新研究与集成应用，加强农业节水、生态循环农业等关键技术集成与示范，进一步促进成果的落地转化，开展蛋鸡舍节水饮水技术试验示范，分别在北京京宇润种鸡场、北京双银养殖户、北京绿都峪口兴合养殖有限公司开展品牌乳头饮水器应用技术，以检测节水和改善粪污的含水量来评估效果。畜禽养殖物联网应用技术研究与示范项目在首都平谷家禽养殖场首次落地。与北京市农业局信息中心、首席办、健康养殖和环境控制功能研究室岗位专家市畜牧环境监测站王全红对接，在平谷区大兴庄镇韩屯村"北京绿都峪口兴合养殖有限公司"首家开展家禽养殖物联网应用技术研究与示范项目及家禽场环境智能远程控制系统，系统已安装调试。

（五）技术示范推广效益

1. 技术示范推广情况

2016 年，综合试验站围绕辖区内的家禽养殖布局和规划确定团队技术示范场 47 家，推广新技术 21 项，覆盖家禽 4 700 万只，其中蛋鸡 1 200 万只，肉鸡 2 000 万只（京津冀），肉鸭 1 500 万只。

表 12-7　技术示范推广统计表

名　　称	研发/筛选	示　范			推　广		
		区县（个）	场户（个）	规模（只）	区县（个）	场户（个）	规模（只）
成本核算软件应用	研发	1	1	50 000	1	6	100 000
成本核算软件应用	研发	1	2	50 000	1	27	1 064 600
现代化养殖场物流销售软件应用	研发	1	1	30 000	1	1	30 000
异位发酵床养殖北京鸭	研发	1	1	20 000	1	1	200 000
生物气溶胶监测	研发	2	5	30 000	2	15	300 000
禽白血病净化技术研究与推广应用	筛选	1	4	440 000	4	13	1 530 000
屎肠球菌在肉鸡生产中的应用	筛选				1	1	10 000
一水肌酸在提高经过宰前运输的北京鸭肉品质中的应用	研发	1	1	5 000	1	2	5 000
放养蛋鸡补充料配套技术	研发				1	2	10 000
蛋鸡环保型饲料配套技术	研发	1	1	20 000			
种公鸡专用饲料配套技术	研发	1	1	600 000	2	4	180 000
二流体消毒技术	筛选	3	3	28 000			
播种式消毒技术	筛选	3	3	28 000			
节水型饮水器	筛选	3	3	28 000			
功能性鸡蛋生产技术	研发	2	4	20 000	2	4	600 000
抗生素减量技术	筛选	3	5	400 000	3	3	600 000
鸡蛋分级技术	筛选	2	2	32 000			
鸡蛋气调贮藏技术	研发	2	2	20 000			
动物健康的营养调控	研发	4	5	250 000	2	5	250 000
水线清洗	筛选	3	4	350 000	2	12	80 000
蒙脱石	研发	6	18	260 000	7	20	500 000

2. 技术示范推广经济效益

（1）蛋鸡产业

团队围绕遗传育种、营养与饲料加工、健康养殖与环境控制、疫病防控、加工与经济流通五大方面开展联合技术攻关，共研发技术21项，集成并示范推广项目27项，联合北京峪口禽业有限公司、北京中农榜样有限公司、百年栗园、北京正大蛋业有限公司及北京市的标准化示范场进行示范推广，覆盖种鸡350万只，其中原种5万套、祖代31.5万套、父母代300万套、商品代1210.9万只，占蛋鸡总存栏75%，目前北京正大蛋业有限公司、德清源等大型现代化蛋鸡养殖场生产性能由262枚增加到280枚，全程产蛋率达到82%，料蛋比为2.2：1，全程成活率为88%。中等规模养殖场的产蛋数从262枚增加到264枚，年产蛋量从15.9千克增加到16.64千克，产蛋率由70%提升到73%；全程成活率从79%提升到83%。放养蛋鸡的产蛋数从120枚提高到160枚，年产蛋量达到9.8千克，提升了2.8千克/只鸡，产蛋率由30%提高到50%，全程成活率从60%提高到79%。

（2）肉鸡产业

集成"舍内环境自动监测与智能化调控技术""禽舍智能化节能光照技术""可调控无助力风机技术"以及"与自动化喂料同步喷雾消毒和粉尘降解技术"，有效改善了鸡舍环境，提高了鸡舍的健康养殖水平。肉鸡出栏只鸡平均体重增加30～50克。

（3）肉鸭产业

建立并完善北京鸭饲料转化效率的选择技术；建立北京鸭繁殖性能测定标准化鸭舍和规范化操作方法。通过采用家系选择方法选择提高北京鸭母系的产蛋性能，完善母本品系的繁殖性能记录。完善北京鸭活体测定胸肌厚度方法，并建立综合选择指数。完善北京鸭亲子鉴定技术，形成标准的北京鸭亲子鉴定分子标记库。开发异位发酵床养殖，解决常规发酵床养殖造成北京鸭趴脯和霉菌感染等问题。不但改善养殖环境，能够减少有害气体的排放，还降低了北京鸭养殖粪污的排放。开发北京鸭新型饲料，可以实现北京鸭生长速度加快，出栏时间由41天缩短到39天；饲料转化效率得到进一步改善，料重比由2.4：1提升到2.25：1；皮脂率达到40%以上；青腿导致的次品发生率降低，成品率提高3%；北京鸭由于细菌性疾病导致的死淘率由5%降低到3%。推广量400万只以上。

3. 技术示范推广生态效益

在低碳循环养殖技术推广方面，推广有机肥生产与低排放饲料应用技术，有机肥还田生态效果明显，氮排放降低33.95%，磷排放降低9.15%。

在减少抗生素用量方面，建立了以抗菌肽、包被益生菌、量子化沸石等新产品为核心的抗生素减量技术体系，减少抗生素使用10%以上。

在家禽产品质量水平安全提升方面，通过长期监测，形成了质量安全风险控制综合措施，有效防御了质量安全风险。

在节水生产技术方面，集成节水技术8项，极大减少了生产用水量。

4. 技术示范推广社会效益

2016年全团队共报送信息600余条，在网络、报纸、各级政府刊物、电台、电视台等公开媒体上宣传报道40余次。组织国际交流13次，国内交流17次，国际论坛7次，国内论坛15次，扩大了团队影响力。

提供技术指导和培训175次，组织现场观摩29次，科技入户135场，提升了农民素质。

非洲援助 3 次，展现大国风范。

（六）对产业支撑作用

1. 创新团队对产业支持模式

以打造"高效、生态、优质、安全"的北京特色家禽产业为目标，北京市家禽创新团队深入养殖户，深入市场，开展技术、市场调研，针对北京市家禽产业技术、市场需求开展工作。团队"十三五"规划的发展方向将从过去对北京家禽产业的科技支撑作用，转为科技支撑与引领产业发展相结合的方向发展。

2. 创新团队产业支持案例分析

烤制型北京鸭技术集成的示范和基地的建立。北京产业技术体系家禽创新团队在陈余首席的带领下，营养与饲料研究室袁建敏老师、健康养殖研究室王旭明老师以及疫病控制实验室王玉田老师等，与北京金星鸭业中心建立合作关系，就烤制型北京鸭新品系选育、烤制型北京鸭饲料免填技术、青腿发生及控制技术、北京鸭质量安全控制技术及北京鸭产品质量追溯系统开展合作研究。

首先，开展免填饲料配制技术示范和推广，利用其饲养的烤制型北京鸭开展益生素替代抗生素效果，并将在其他基地取得的免填鸭适宜能量、蛋白质水平，蛋氨酸和酶制剂添加技术，抗氧化剂选择技术应用到宏光鸭场进行验证和推广，最终获得烤制型北京鸭免填饲料的饲喂效果。

其次，开展健康养殖技术示范和推广。我们发现北京大营宏光肉鸭养殖专业合作社在肉鸭饲养后期采用原始的地面饲养方式，饲养密度低，不仅浪费土地资源，增加人工成本，还不能获得良好的养殖利益。结合已完成试验"肉鸭网上饲养适宜密度评估试验"和"色氨酸缓解肉鸭高密度应激试验"数据结果，指导北京大营宏光肉鸭养殖合作社进行科学的网上饲养工作，每平方米饲养 5 只以上，优化养殖参数，解决实际生产中的问题，并以其为示范，促进网上饲养方式在北京以及周边地区的进一步推广。团队成员定期询问并走访调查网上饲养鸭舍的使用情况以及使用过程中面临的主要问题，并提出解决方案。如建议其扩大网上饲养密度使得饲养密度保持在 5～8 只，而高密度饲养建议其添加 0.77% 的色氨酸。同时实施异位发酵床技术减少污水排放。

再次，开展青腿发生及控制技术，疫里氏杆菌与大肠杆菌混合感染等疫病防治技术。目前，大营宏光肉鸭养殖合作社的网上饲养方式与普通地面饲养相比，其饲养密度增大，填鸭饲料推广量达到 350 万只，出栏时间提前 1～2 天，40 天体重达到 3.25 千克，料重比为 2.25：1，皮脂率为 38%（含腹脂）。成品率提高 3%。此外，节约时间、人力，能显著提高土地产出率、劳动生产率、资源利用率。

三、家禽产业典型案例分析

（一）蛋鸡标准化示范场——北京多利养殖场

北京多利养殖场，2015 年首都唯一的蛋鸡标准化示范场，坐落在著名的大桃之乡北京市平谷区夏各庄镇，通往金海湖的观光路旁。场区远离村庄和水资源保护区，一面环山，三面桃林环抱，胜似世外桃源，风景秀丽的绿化资源形成天然防疫隔离带。

2008年建场，占地总面积23亩，分生活区、饲料加工区、生产区三大部分，总建筑面积6 000平方米，生活建筑面积370平方米。生产区建筑面积4 970平方米，饲料加工车间面积660平方米，注册资金99万元，资产总额800万元。

五年来，饲养规模和利润逐年增加。2011年饲养3栋产蛋鸡2.7万只，创利27万元；2012年4栋产蛋鸡3.6万只，创利50万元；2013年均饲养4栋产蛋鸡3.6万只，创利65万元；2014年饲养5栋产蛋鸡4.5万只，创利300万元；2015年发展到蛋鸡舍6栋，笼位6万只，年产鲜蛋1 100吨，创利85万元。建设中鸡舍1栋，笼位1万只；雏鸡舍1栋，笼位1万只，库容500吨；鸡蛋库100平方米，库容30吨。全场职工13名，饲养员8名，技术人员2名，场长、财务、保管各1名。

现已具备自动喂料、自动饮水、自动清粪、场区监控等现代化设备，自2011年8月份在北京市家禽产业创新团队平谷区综合试验站站长秦玉成的引导下开始应用西安庆安牌乳头饮水器，五年来，共饲养商品蛋鸡248 600只，按2014年示范基地北京绿都峪口兴合养殖有限公司开展不同品牌饮水器对比试验结果，使用西安庆安牌乳头饮水器较养殖场原有的杂牌饮水器每只鸡节省饮用水45克，推算5年可节约用水20 416.28吨。

2014年开始应用禽场舍内环境控制技术——禽舍环境自动监测与智能化调控技术、禽舍智能化节能光照技术、自动化喷雾技术等健康养殖新技术，被列为北京市家禽创新团队健康养殖技术试验示范基地、平谷区家禽产业科技示范户和示范基地。

为适应市场需求，进行品牌加工，经北京市畜牧环境监测站、北京市安全生产体系建设办公室、北京市农业局的检查、检测、认证、认定，达到了无公害、食用农产品认证标准。2012年分别被市、区农业局和质量技术监督局授予"2012年北京市菜篮子工程优级标准化生产基地"，2015年获得农业部办公厅授予的"畜禽标准化示范场"，北京唯一的"蛋鸡标准化示范场"荣誉称号。

场长张全利对综合试验站几年的组织培训形式和聘请的专家给予了极高的评价，收获极大，他说通过培训企业提高了效益。尤其在2012年在听取团队健康养殖和环境控制功能研究室主任武书庚老师讲到的新玉米要经过2～3个月淀粉代谢转化后再用于饲料，既减少鸡只腹泻，又提高了饲料原料的能量，节约了饲料。疫病控制岗位专家张国中老师讲述的疫病流行动态和禽流感、鸡传染性支气管炎的防治技术使养殖场获益匪浅，场长张全利说，几年来集群的健康稳定培训交流起到了重要作用。通过培训，他尤其重视鸡舍的通风环节，对鸡舍建设上舍得投入，引进品牌风机，鸡舍环境优越舒适，为鸡群营造了良好的生产环境，产蛋高峰期95%产蛋率长达4个月，2015年底产蛋水平达到全程平均产蛋率82%，年产蛋量月19千克/只，全程成活率93%；2011年产蛋水平全程平均产蛋率78%，年产蛋量16.5千克/只，全程成活率90%。2015年较2011年产蛋水平全程平均产蛋率提高4%，年产蛋量2.5千克/只，全程成活率提高3%。

（二）首都高校鸡蛋输送基地——北京绿都兴瑞养殖专业合作社

张阳，女，毕业于北京吉利大学。为了更好地带领平谷区广大蛋鸡养殖户发家致富，2009年，她成立了北京绿都兴瑞养殖专业合作社。通过多年的努力和发展，合作社现拥有社员200多户，主要分布在平谷区大兴庄、马昌营、刘家店、峪口、王辛庄、大华山、马坊等乡镇，覆盖平谷区60%以上蛋鸡养殖户，占地面积80余亩，总资产3 000余万元，可饲养商品蛋鸡 120 万只，年销售鸡蛋 700 余万千克，形成了产、供、销一条龙，是平谷区知名的现代化商品蛋鸡饲养基地，全国农民专业合作社示范社、北京市农村实用人才示范实训基地、北京市农村妇女"双学双比"活动示范基地、北京市教委高校食堂原材料直供基地、清华大学绿色食品基地、北京工业大学绿色食品基地、中国农业大学研究生培养与科技创新实践基地、平谷区最大的禽蛋仓储物流中心，现正与北京市家禽创新团队展开交流合作。

四、家禽产业发展政策与建议

（一）产业发展存在的问题

1. 北京市农业结构调整对北京市家禽产业的影响

随着城市化进程的加快，畜牧业发展所需的土地资源受到明显挤压，统筹安排家禽业大规模生产的难度越来越大。而且从目前的政策导向来看，北京市开始淘汰大部分的养殖主产区中的小散户以及在水源保护地附近的养殖场，并且明确未来不增加新的养殖场。在经济进入新常态和京津冀协同发展的大背景下，北京家禽产业的保有量将由多方面因素共同作用。从外部看，疏解非首都功能是京津冀协同发展的重中之重，以产业转移为突破口的非首都功能疏解，有利于生产要素在更大范围内自由流动。家禽养殖保有量在应急保障的同时需要淘汰低端、耗能的养殖方式，适应环保压力的增加趋势。

2. 环境保护压力较大，动物疫情仍较严重

作为国际化大都市，北京市对环境质量要求越来越高；作为重要的动物产品消费的大市场，畜禽产品的大量调入增加了重大动物疫情的传播概率，因此动物疫病防控工作面临的任务依然十分繁重。同时，国家动物疫病防治规划中明确了种畜禽疫病净化达标的要求，种畜禽场疫病净化压力较大。

3. 京津冀协同发展对北京市家禽产业的影响

土地、水、人工成本等限制性因素较多。北京市人均水资源量 248 立方米，不到全国平均水平的 1/8，属资源型重度缺水地区，畜牧业发展所需的土地资源受到明显挤压，畜牧业劳动力相对短缺，生产成本较高。

产品的竞争优势不明显，甚至处于劣势。单纯就禽产品而言，北京不具有竞争优势，由于北京周边经济发展水平存在断崖式差异，所以河北、天津的禽产品拥有较大的价格优势，而且由于运输距离较短，周边省市的禽产品对北京市场冲击较大。

4. 全球一体化对北京市家禽产业的影响

在全球一体化发展的大背景下，家禽产业发展处于拐点，发展面临困难的主要问题是消费水平下降及消费者对家禽行业的信心不足。家禽养殖模式也在发生巨大变革，27 个欧盟成员中，瑞典、卢森堡、奥地利和德国已经分别于 1999 年、2007 年、2009 年和 2010 年完全实现了蛋鸡养殖模式的改变。全球一体化对北京市家禽产业提出了新的要求，面临消费者需求的改变、家禽养殖模式的变革、功能性食物的发展，北京市家禽产业必须做出新的发展，从供给端进行改革，应对当前发展的新趋势。

（二）产业发展趋势及其亟待解决的技术问题

综合分析北京市家禽产业的特点和新时期外部环境变化及对家禽产业发展的影响，北京

市家禽产业在十三五期间面临几个战略性的选择。

1. 北京特色产品和北京传统文化相融合

借助地理标志平台，通过知识产权保护的手段，强化公益性技术服务职能，提升北京鸭和北京油鸡的市场竞争力和经济效益。

2. 强调技术引进和自主创新相融合

北京作为"科技创新中心"和"国际交往中心"具有明显的区位优势，但是单纯地通过技术输血很难占据产业的技术高地，必须通过自主创新形成独有的技术体系。

3. 功能性禽产品和健康产业的融合

作为功能性食物的优良载体，禽产品具有很好的市场前景，随着老龄化临近，健康将成为市民对禽产品的主要需求，而且通过功能性禽产品的开发可以减少对未来公共医疗体系的压力，具有很好的市场发展前景。

（三）具体政策与建议

1. 发展高端高效高辐射优势产业

目前北京市家禽产业发展正处于结构调整和产业升级的转型阶段。针对北京市家禽产业竞争力不高问题，充分发挥北京的科技人才优势、龙头加工企业优势以及市场广大的优势，大力发展技术密集、辐射力强、效益较高的高科技产业是产业提升的关键。作为我国农业科技最密集的地区，北京聚集了61.1%的国家重点试验室，23.7%的涉农国家工程技术研究中心，29家全国一流的农业高校和涉农科研机构，具备整合高端科技资源、人才、服务和发展高端产业的优势条件。北京在家禽良种繁育上具有独特优势，2010年北京正式实施《北京种业发展规划》，首次明确了打造"种业之都"。"十二五"畜牧业发展规划中北京突出做强良种业、做大食品加工产业，发展优质高效产业链，凸显北京家禽业龙头的品牌效应和地位优势。另一方面北京市家禽业要依靠"品牌"和"龙头"加快发展区域经济，形成"两头在内，中间在外"的跨区域产业布局，在北京市内重点发展畜禽良种、食品加工产业和企业总部经济，有利于产业集聚效应和规模效益的发挥，辐射带动外埠规模化商品性养殖基地的建设，促进生态健康养殖模式的推广和扩张，促进科技资源优势向产业优势再到区域综合带动优势的转变。

2. 建立综合性产业风险管理体系

目前北京市家禽业多重风险叠加，尽管家禽业生产者对风险防范需求强烈，但是对风险防范的重视不够，对风险规避的各种工具并不了解，因此今后应该借鉴国外经验，政府加强对提高市场风险规避的手段和国外养殖业进行风险管理的经验的宣传，提高农户自身的抗风险能力。其次，针对北京市养禽业保险产品有效供给不足，区县发展不平衡的问题，要进一步宣传和完善政策性农业保险制度，对政策性保险公司加大财政扶持，在家禽专业协会发展壮大的基础上逐步引入合作性保险。三是在当前生态安全形势日益严峻的情况下，北京家禽业需要解决综合防疫体系建设和生态环境保护问题以及综合食品安全质量控制体系建设问题，实现风险防控和质量提升的目标。四是要从产业安全视角尽快开展一体化风险管理体系的设计和制度安排。包括市场化风险管理工具的设计、政策性风险管理措施的优化组合模式，提出北京家禽业风险有效管理的体系。

3. 构建产学研结合的产业技术集成创新中心

家禽业关联种业、种植业、饲料加工、兽药、食品加工、餐饮业和运输业等多个涉农领域，其产业关联度和依存度高，是整个大农业领域中产业化程度最高、与国际前沿科技接轨最早、现代化装备和技术含量最好、带动农业增收最多的一个产业。北京发展家禽养殖业更应当突出高端产业的技术集成优势，构建产学研结合的产业技术集成创新中心，并建立起促进合作成果转化的长效机制。通过共同研发具有自主知识产权和国际竞争力的家禽产品；集成一批包括饲养技术、产品质量、工艺装备等在内的安全高效化生产关键共性技术；实现科技资源整合和衔接，形成公共技术支撑平台，提高技术创新资源利用效率，实行知识产权分享；加速创新成果转化，推动产业核心竞争力的提升。一方面，通过新的技术手段来提高遗传资源的改良和利用效率，促进家禽生产性能、品质和适应性的全面发展；另一方面，通过发展家禽健康养殖技术体系和建立种畜禽疫病净化配套技术体系，提高家禽生产效率，同时提高疫病防控综合能力特别是种业疫病防控能力以及家禽产品精深加工力度，持续促进产业结构的优化升级。

4. 加强政府主导的综合服务体系

北京市已经构建了政府支持、企业和社会共同参与的综合畜牧生产技术推广与服务体系，不断健全动物防疫体系，还担负着技术培训、科技推广等任务。今后北京市家禽业，一方面要改变在科技支撑、基础设施、环境设施和服务设施的建设方面的分散投入，加强在良种繁育、健康养殖、食品加工、配套综合服务方面资源整合力度；另一方面要通过政府主导建立跨区域产业服务支撑体系，发挥首都家禽产业高辐射带动功能，建立区域间便捷的空间联系，保障区域间在物流、信息流、资金流上的快捷畅通。具体包括：一是发展首都与周边区域间的空间联系网络化建设，尽快建立区域内外综合快速物流体系；二是建立以北京为核心的良种繁育信息网，在交易信息发布、质量安全监督、行业资源共享等方面提供公共服务，实现种畜禽市场、畜禽管理、品种资源以及联合育种等信息资源共享和有效利用；三是健全基层推广体系，扩大推广人员队伍，提高待遇，开展素质培养；四是要加强跨区域家禽产业金融服务、管理咨询服务、专业业务服务等。

第十三章 北京市奶牛产业发展报告

北京奶牛产业是首都重要的民生产业，是一、二、三产业深度融合的创新产业。本报告主要分为四个部分。一是从奶牛生产、加工、新型农业经营主体发展情况、社会化服务情况、消费者接受及购买力现状等方面阐述了北京奶牛产业特色发展情况，展示了近年来北京奶牛产业发展取得的可喜成就。二是从产业发展中创新团队的技术支撑作用出发，介绍了成立于2012年的北京市奶牛创新团队为北京奶牛产业发展所开展的一系列卓有成效的工作，以及为北京奶牛产业发展起到的巨大推动作用。北京市奶牛创新团队始终秉承"和谐、高效、务实、创新"的理念，积极发挥人才、技术和平台优势，以全面践行"促进奶业优质安全发展""全国奶业发展规划（2018—2020年）""供给侧结构性改革""调转节"和"京津冀协同发展"等大政方针为指引，以"立足北京、引领津冀、辐射全国"为核心，以"生态环保、高端高效、优质安全、示范引领"为产业发展方向，以研发、集成、示范、推广奶业生产一线急需的高新技术、产品为切入点，在试验研究和示范推广的各个环节实施标准化、机械化和信息化为手段，通过"示范基地建设""套装主推技术落地""奶牛保姆行动实施""奶牛团队进学校、社区、公园"等途径，努力实现"三生"共存、"三率"并举、"三产"融合、"三化"同步的北京市现阶段农业发展目标，以及淘汰落后产能、提供优质和高契合消费者需求的乳产品的产业目标，切实加大高新技术成果转化水平，提高从业人员业务素养、提升产业技术水平、提高消费者对国产牛奶的认知度和信心，促进北京乃至津冀地区奶牛产业的高质量、健康和可持续发展。三是开展典型案例研究，介绍了北京诚远盛隆养殖有限责任公司"互联网＋现代奶牛养殖场"管理模式，北京归原生态农业发展有限公司全程有机生产模式，从奶牛育种、饲养、研发、加工、储运、销售到售后服务的全产业链质量管理高标准全程质量可追溯体系的北京三元食品股份有限公司运营模式。四是产业发展的问题及政策建议，分析了产业发展的趋势、需要解决的问题并提出了相应的政策建议。

一、奶牛产业发展概况

（一）生产情况

1. 总体情况

（1）奶业发展布局

据北京市奶业协会统计，近年来北京奶牛存栏量和成乳牛数量呈双线下降趋势。截至2016年12月，北京市奶牛总存栏113 076头，成乳牛存栏69 525头。自2011年以来，经历了2013年存栏144 435头的历史最高峰之后，奶牛存栏量和成乳牛存栏量持续下降，2016年比2013年分别下降22.59％和23.70％；比2015年同比下降9.99％和9.22％（图

13-1)。

从各区来看，城市发展新区是奶牛养殖集中地，奶牛存栏达到 74 424 头，成乳牛 48 480 头，分别占北京市总量的 66.57% 和 67.16%。奶牛养殖规模较大的区是大兴、密云、延庆和顺义（表 13-1）。

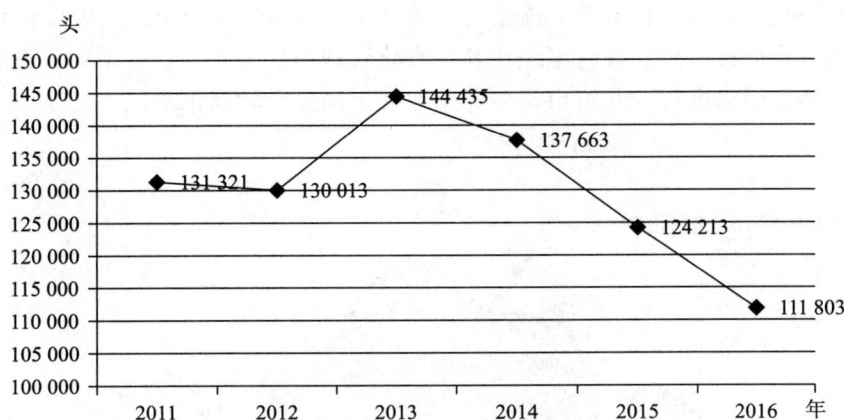

图 13-1　北京市奶牛存栏量

表 13-1　北京市各区奶牛存栏情况

单位：头，%

年份	2011	2012	2013	2014	2015	2016	2016 增长率
北京市	131 321	130 013	144 435	137 663	124 213	111 803	100
城市功能拓展区	3 419	—	5 172	3 755	1 446	1 222	1.09
朝阳	159	164	2 520	1 911	824	626	0.56
丰台	618	564	760	158	39	39	0.03
海淀	2 642	—	1 892	1 686	583	557	0.50
城市发展新区	74 159	72 395	93 909	88 520	79 535	74 424	66.57
昌平	4 620	4 524	10 821	10 459	8 740	6 776	8.61
房山	10 994	10 778	14 071	11 516	11 278	9 623	18.28
通州	13 263	13 552	23 036	22 786	22 388	20 436	15.91
顺义	20 831	19 594	17 380	16 672	16 876	17 787	6.06
大兴	24 451	23 947	28 601	27 087	20 253	19 802	17.71
生态涵养发展区	56 701	—	45 767	45 388	43 232	36 157	32.34
门头沟	316	—	30	29	10	10	0.01
怀柔	10 482	11 743	9 285	8 664	7 819	4 667	4.17
平谷	1 328	1 125	760	1 042	1 080	936	0.84
延庆	22 164	21 749	16 855	16 839	14 850	12 180	10.89
密云	22 411	22 273	18 837	18 814	19 473	18 364	16.43

资料来源：中国奶业年鉴，"—"代表数据缺失。

奶牛养殖规模化水平较高，现代奶业建设步伐加快。到 2011 年，散养奶牛入场入区工程顺利完成，奶牛标准化、规模化养殖水平稳步提升，奶牛养殖场 100% 实现了机械化挤奶。截至 2016 年 12 月，北京市存栏 100 头以上的规模化现代牛场（合作社、户）139 个，总存栏量占奶牛存栏总量的 99.2%；其中 1 000~1 999 头的有 31 个，主要分布在怀柔、大兴和顺义；2 000 头以上的有 10 个，主要分布在大兴和密云（图 13-2）。规模化程度不断提高，为奶牛场（合作社、户）推行组织化和标准化管理提供了基础，一系列先进和实用的饲养管理制度、体系得以推行，北京市奶牛养殖业在全国处于较高水平。

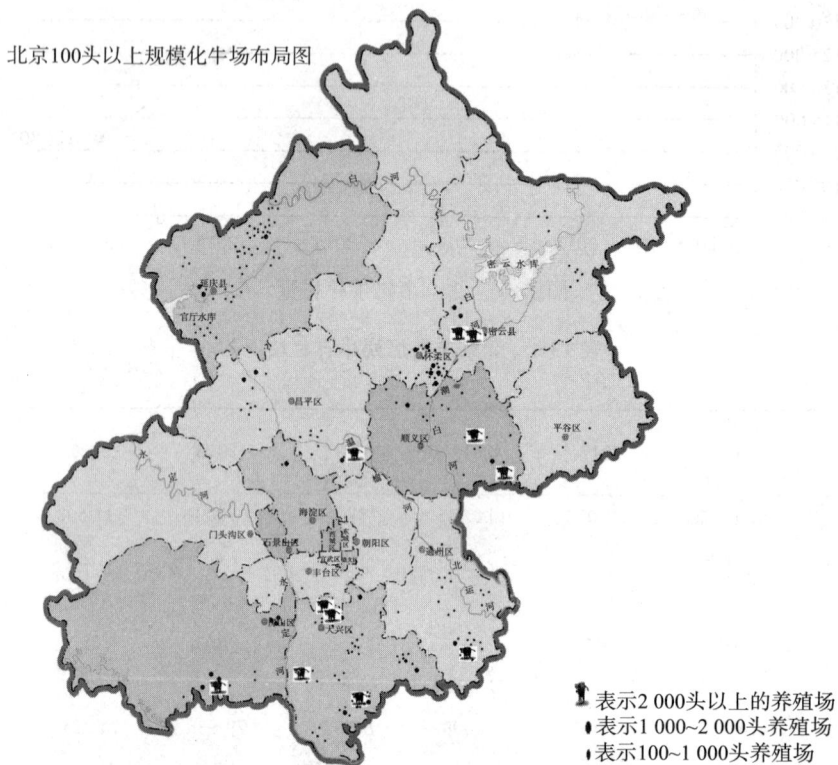

图 13-2　北京 100 头以上规模化牛场布局图

（2）牛群结构及生产水平

北京市奶牛饲养品种主要以荷斯坦牛为主。荷斯坦牛占 97.5%，娟姗牛 0.5%、西门塔尔牛 0.5%，其他品种奶牛占比 1.5%。牛群结构中，成乳牛占总存栏量的 47.8%，育成牛占 18.5%，青年牛占 16.6%，犊牛占 17.1%。其中国有大规模牛场成乳牛比例为 49.5%，民营、独资和股份制牛场成乳牛比例为 51.3%，小区和散养农户成乳牛比例相对较低，仅有 41.4%（图 13-3）。

北京生鲜乳总产量稳中有降，但单产水平较高。近年来，随着现代奶牛饲养管理实用技术、新技术的积极推广，北京市成乳牛单产水平呈稳步提高趋势。2016 年北京市牛奶产量 45.70 万吨，比 2011 年减少了 28.58%；但是成乳牛平均单产 7.5 吨，比 2011 年增长了 17.19%，和全国 6.0 吨/头的平均水平相比，北京成乳牛单产平均高出约 1.5 吨/头（图 13-4）。

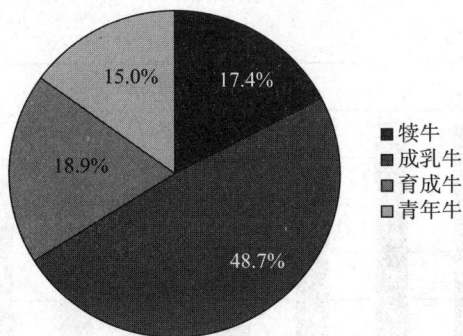

图 13-3 北京市牛群结构图

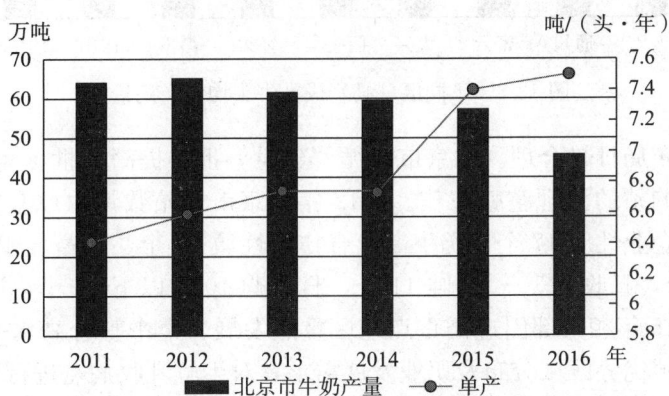

图 13-4 北京市牛奶产量及成乳牛单产情况

不同规模、所有制形式和地区间差异较大。国有牛场成乳牛年平均单产达到 10 405.9 千克/（头·年）；民营、独资和股份制养殖场成乳牛年平均单产为 5 899.8 千克/（头·年）；养殖小区和散养户成乳牛年均单产相对较低，仅为 5 107.7 千克/（头·年），比全国平均水平还要低 1 293 千克。此外，奶牛头年单产水平在区（县）间差异较大，顺义区最高达到 7 685 千克，平谷区最低只有 4 000 千克，相差近乎 1 倍（图 13-5、图 13-6）。

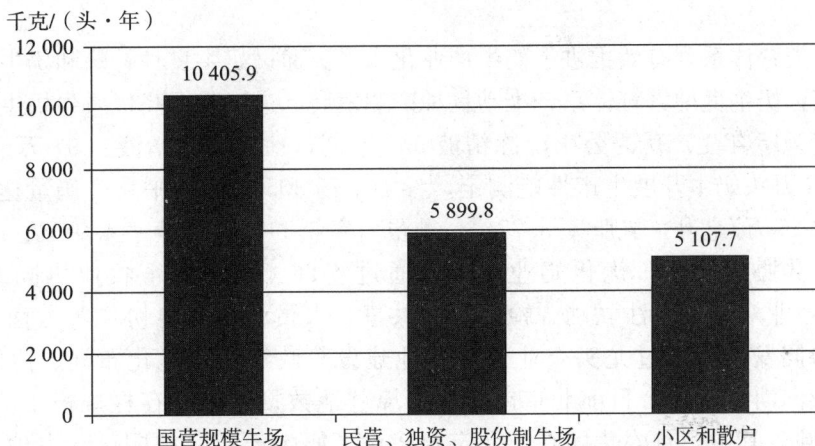

图 13-5 不同所有制形式养殖场成乳牛头均年产奶量

千克/（头·年）

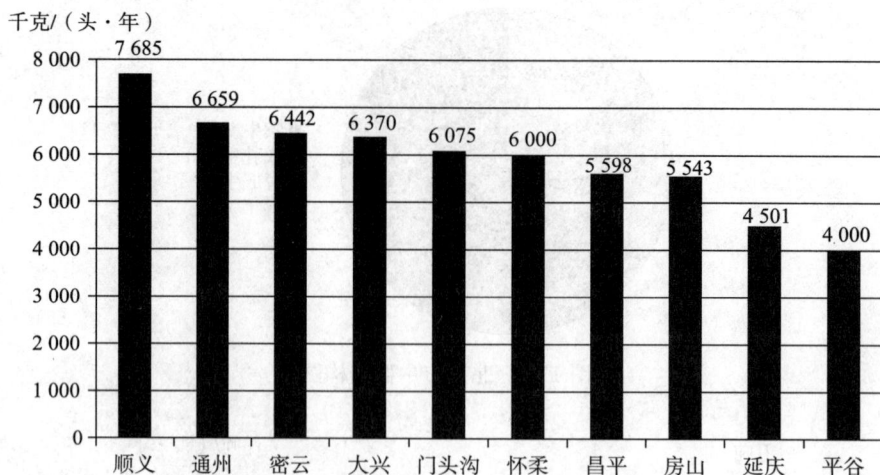

图 13-6 不同区（县）成乳牛头均年产奶量

生鲜乳收购站布局日趋合理。北京市遵循"建设一批、提高一批、淘汰一批"的目标，集中开展生鲜乳收购站的清理整顿工作。2012 年北京市奶站数量由原来的 77 个缩减至 51 个，其中乳品加工企业性质 17 个、奶牛专业合作社性质 14 个、奶畜养殖场性质 20 个。日收购 50 吨以上 7 个，日收购 10～50 吨 11 个，日收购 10 吨以下 32 个，还有 1 个新建奶站没有投入运营。2015 年相关部门遵循重点地区重点发展、集中整合高水平生产的原则，又根据北京市奶牛养殖优势区域分布及奶业发展需求，对生鲜乳收购点进行了布局调整，北京市生鲜乳收购站数量为 41 个，其中乳品企业和奶畜养殖场兴办 24 个，奶农合作社收购养殖小区和散养户生鲜乳性质 17 个。具有生鲜乳运输车 179 辆。

（3）奶源基地建设

实施标准化生产，有效推进首都"菜篮子"生鲜乳保障建设体系。通过实施畜牧业"菜篮子"系统工程、奶牛标准化规模场改扩建项目等，对北京市奶牛规模养殖场进行标准化改造升级。标准化规模化有力提升了生鲜乳质量安全水平，促进了产业化发展和生产方式的转变。北京市登记备案的奶牛养殖场 230 家，奶牛良种覆盖率 100%，生鲜乳检测合格率 100%。

完善良种繁育体系，有效推进了奶牛产业化水平。通过奶牛良种补贴和奶牛生产性能测定等项目，完善奶牛良种繁育体系，推动良种产业发展，进一步提高优质牛奶生产能力和良种供种能力。2015 年生产优秀公牛冷冻精液 300 万剂，性控冷冻精液 4.97 万剂。对 75 个奶牛场的 4.99 万头奶牛开展生产性能测定。参测牛场 305 天胎次平均产奶量达到 9 485 千克，体细胞数 26 万/毫升，乳脂率 3.77%，乳蛋白率 3.11%，乳糖率 4.97%。

推进京津冀协同发展，优化奶业布局。通过签订《京津冀畜牧业协同发展合作框架》，重点从产业对接、执法联动、检测资源共享、人员科技信息协作等方面，共同推动奶业京津冀协同发展。通过龙头企业外埠基地建设等政策，按优化布局、协同发展的原则，引导产业向河北转移。目前北京市奶业外埠基地数量 7 个，存栏规模 10 万头，年产牛奶 7.05 万吨；其中，首农集团在河北定州建设了奶牛产业科技园区，占地 3 万亩，饲养规模 6 万头。

2. 生态环境

（1）环境污染问题

一头奶牛一年排放的粪尿可达 12 吨，北京市一年仅奶牛这一产业排放的废弃物接近 190 万吨，如何来消纳这些粪污就成了问题。在粪污处理技术方面，北京市奶牛养殖场的牛粪超 80％被周边农户购买后用于农田施肥，其中 56.6％的牛粪被直接使用或销售。目前北京各区中小型奶牛养殖场对于液体污水基本上采用简单处理，对于固体废污，多是采用人工收集，经过腐熟卖给当地农民。也有一些养殖场自己建立有机肥生产线，提高了养殖效益。

（2）缺乏专用养殖用地

没有足够的养殖用地，一是规模化牛场的粗饲料需要较远距离的运输，增加了奶牛的养殖成本；二是没有足够的土地消纳大量的粪污，不仅污染了环境，而且增加了远途清运的成本。

（3）奶牛养殖发展空间受限

经过多年规划和发展，奶牛养殖向标准现代化示范场方向发展，向规模化生态养殖和特色养殖发展，已初步形成以延庆、密云和怀柔等区为主的京北奶牛产业带，以顺义、通州、大兴、房山等区为主的京南奶牛产业带，基本打造成理念先进、布局合理、品质优良、效益显著的都市型现代奶牛产业体系的雏形。但随着城市化进程的快速推进，北京市奶牛养殖空间受土地资源减少、城市缺水和降低污染物排放要求等因素制约，受周边省区牲畜养殖规划不规则的影响，奶牛场防疫压力加大，养殖空间格局正在从近郊到远郊，从平原到山区，从京内向京外转移。

3. 安全情况

（1）牛疫病防治问题

北京疫病防控部门对奶牛口蹄疫、结核病、布病等重大疫病做了大量工作，发病率降到了相当低的水平，但是常发病仍然是影响奶牛产业经济效益的制约因素，例如奶牛的乳房炎、子宫内膜炎、繁殖障碍等，对奶牛场的经济效益产生影响。在奶牛疫病的防治上还要注意用药的安全，一些药物的过量使用不仅会对奶牛产生不利的影响，也会危害人体的健康。

（2）小规模牛场质量安全认证比例较低

通过 GAP 认证，能够提升农业生产的标准化水平，生产出优质、安全的农（畜）产品，有利于增强消费者信心。通过 GAP 认证，将成为我国农产品出口的一个重要条件。GAP 认证已在国际上得到广泛认可，实施良好农业规范认证正在成为农产品国际贸易中增强国际互信、消除技术壁垒的一项重要措施。通过 GAP 认证的企业将在欧洲的 EUREP-GAP 网站和（或）我国认证机构的网站上公布，因此 GAP 认证能够提高企业形象和知名度。通过 GAP 认证的产品，可以形成品牌效应，从而增加认证企业和生产者的收入。通过 GAP 认证，有利于增强生产者的安全意识和环保意识，有利于保护劳动者的身体健康，有利于保护生态环境和增加自然界的生物多样性，有利于自然界的生态平衡和农业的可持续发展。

从调研情况来看，该项目内容调查的 149 个有效样本中，只有 27 个规模化养殖场完成了 GAP 认证，占有效样本的 18.1％，占规模化养殖场的 28.4％；有 2 个完成了 HACCP 认证，其中有 1 个规模化养殖场，1 个养殖小区，占有效样本的 1.3％。另外 80.6％的养殖场（区、户）没有完成这两项认证（表 8-2）。这两项认证的落后性，将成为北京奶牛产业拓展国内外市场，尤其是走向国际市场的重要障碍。

养殖环节的规范和安全管理是奶牛产业两条后续环节质量保证之源头，应进一步推动规模化养殖场和养殖小区的 GAP 认证和 HACCP 认证。

表 13-2　牛场（小区、户）认证情况

牛场类型	样本类型		频率	雷达图
规模牛场	有效	GAP 认证	27	
		HACCP	1	
		其他	5	
		无	50	
		合计	83	
	缺失	系统	12	
	合计		95	
养殖小区	有效	HACCP	1	
		无	31	
		合计	32	
	缺失	系统	5	
	合计		37	
散养奶牛户	有效	无	33	
	缺失	系统	9	
	合计		42	

数据来源：团队调研整理。

（3）健康养殖问题

在牛场设施设备方面，北京市奶牛养殖场的防暑降温设施、饮水槽加热装置、卧床垫料和运动场地面设计、奶牛福利设施等总体上在国内处于相对较高水平，但与国际主要奶业生产国相比仍存在较大差距。美国、澳大利亚等国家普遍采用太阳能、电围栏以及防冻供水系统，同时配有先进的装卸和运输奶牛的装置和设备。在奶牛福利理念方面，与全国其他省份类似，北京市多数养殖场对奶牛福利不够重视，牛群健康监测和评价记录严重缺失，与国外奶牛福利现状形成强烈反差。如荷兰成立了"农场牛奶产业供应链质量保障基金会"，对动物健康、营养、福利、卫生和环境等方面进行检查，法国设立《动物福利保护法》，要求奶牛养殖户要从场区建设、动物心理方面考虑动物福利。

（4）生鲜乳质量安全状况

北京市生鲜乳平均品质水平处于国内先进水平，但与国外相比仍有相当差距。国有大型奶牛养殖企业如首农畜牧生鲜乳质量已经达到或超过国外的先进水平，但小规模养殖场的原料奶质量与国外相比仍存在很大差距。北京生鲜乳的乳脂肪率高于全国平均水平，但乳蛋白率低于全国平均水平。和国际发达国家新西兰、荷兰、日本相比，生鲜乳的乳脂肪率分别低 0.8、0.7 和 0.3 个百分点；生鲜乳的乳蛋白率分别低 0.6、0.4 和 0.2 个百分点（表 13-3）。

表 13-3　北京及国际生鲜乳品质情况对比

指　标	新西兰	荷兰	日本	中国	北京
乳脂肪％	4.8	4.4	4.0	3.76	3.7±0.3
乳蛋白％	3.8	3.5	3.3	3.23	3.1±0.2

数据来源：中国奶业年鉴，2016；其中北京数据来自调研。

国家生鲜乳质量安全监测计划每个地区每年共监测 40 批次，北京市配套监测 1 000 批次，监测项目与国家计划相同，其他省市为国抽样品数的 3～5 倍，北京市在全国处于较为领先的行列。在检测能力上，北京市在技术、人才、设备、经费等各个方面均位于全国前列。

（5）地方标准

截至 2015 年底，北京市制定与奶牛产业相关的地方标准共计 10 项，对推动本地区奶牛产业规范、健康、有序发展起到积极作用（表 13-4）。

表 13-4　北京市奶牛产业地方标准

标准号	标准中文名称	实施日期
DB11/T 1021—2013	奶牛电子耳标技术规范	2014/2/1
DB11/T 868—2012	生鲜乳贮运技术规范	2012/9/1
DB11/T 708—2010	生鲜乳收购站建设与管理技术规范	2010/8/1
DB11/T 631—2009	有机生鲜乳生产技术规范	2009/5/1
DB11/T 150.5—2007	奶牛饲养技术规范　第5部分：卫生防疫	2007/12/1
DB11/T 425—2007	种奶牛场舍区、场区、缓冲区环境质量	2007/3/15
DB11/T 150.1—2002	奶牛饲养技术规范　第1部分：育种	2002/4/1
DB11/T 150.2—2002	奶牛饲养技术规范　第2部分：繁殖	2002/4/1
DB11/T 150.3—2002	奶牛饲养技术规范　第3部分：饲养与饲料	2002/4/1
DB11/T 150.4—2002	奶牛饲养技术规范　第4部分：卫生保健	2002/4/1

数据来源：北京市畜牧总站。

（6）奶牛饲养管理规范化和标准化程度较高

据团队调研分析发现，目前北京的奶牛养殖管理还不够规范。调研的有效样本中有68.8％的养殖场（户）对奶牛养殖进行记录，但仍有31.2％的没有养殖记录，这其中包括了11.8％的规模化养殖场、40％的养殖小区和68.4％的散养奶牛户。养殖管理的粗放会带来效益的无序化（表13-5）。

表 13-5　奶牛养殖记录情况分析表

牛场类型	是否有养殖记录	有效样本	有效百分比％
规模牛场	是	75	88.2
	否	10	11.8
	合计	85	100.0
养殖小区	是	21	60.0
	否	14	40.0
	合计	35	100.0

（续）

牛场类型	是否有养殖记录	有效样本	有效百分比%
散养奶牛户	是	12	31.6
	否	26	68.4
	合计	38	100.0

从养殖记录的内容来看，主要包括用药记录、饲料记录、产奶量记录、配种记录等。各养殖场对奶牛配种和产奶量记录相对较详细，但对饲料使用记录较低、尤其是用药记录比例更低。通过比较分析可以看出规模牛场记录的内容比养殖小区和散养户记录的内容更为全面。而散养户100%进行配种记录，70.6%记录产奶量，记录饲料和用药的仅有47.1%和35.3%。用药记录的不健全将成为奶源质量的重要隐患（表13-6）。

表13-6　奶牛养殖记录内容分析表

牛场类别	记录内容	个案百分比
规模牛场	用药记录	91.3%
	使用饲料记录	93.8%
	产奶量记录	96.3%
	配种记录	97.5%
养殖小区	用药记录	70.8%
	使用饲料记录	79.2%
	产奶量记录	91.7%
	配种记录	87.5%
	其他记录	4.2%
散养奶牛户	用药记录	35.3%
	使用饲料记录	47.1%
	产奶量记录	70.6%
	配种记录	100.0%

4. 效益水平

（1）奶牛产业在北京畜牧业中的地位

2005年以来，北京市奶牛养殖业产值呈稳定上涨态势，由2005年的13.1亿元增加到2009年的19亿元；占北京市畜牧业产值的比重也由2005年的10.8%增长到了2009年的14%。奶牛产业作为北京畜牧业的"朝阳"和"母亲"产业，已成为京郊农村新的经济增长点之一（表13-7）。

表13-7　北京市奶业占畜牧业比重

年份	农林牧渔业（亿元）	畜牧业（亿元）	奶牛（亿元）	奶业占畜牧业比重（%）
2005	239.3	120.8	13.1	10.8
2006	240.2	105.1	13.1	12.5

（续）

年份	农林牧渔业 （亿元）	畜牧业 （亿元）	奶牛 （亿元）	奶业占畜 牧业比重（%）
2007	272.3	122.4	13.4	10.9
2008	303.9	140.5	19.0	13.5
2009	315.0	136.1	19.0	14.0
2010	328.0	139.6	—	—
2011	363.1	162.7	—	—
2012	395.7	154.2	—	—
2013	421.8	154.8	—	—
2014	420.1	152.7	—	—
2015	368.2	135.9	—	—

注："—"表示该指标没有单独统计。

资料来源：北京奶业统计年鉴（2011），北京统计年鉴（2016）。

北京奶牛养殖业已经成为京郊农村劳动力就业的重要渠道。据调查，北京现有100头以下的散户31户，户均劳动力4.3人，预计可吸纳劳动力130人；100头以上的规模化奶牛场有139个，预计吸纳劳动力3 726人。仅奶牛养殖环节就可吸纳农村劳动力4 000多人（表13-8）。

表 13-8　不同规模牛场就业人数

存栏规模	平均职工总人数 （人）	养殖场数量 （个）	就业人数 （人）
100头以下	4.3	31	133
100～499头	12.7	78	989
500～999头	24.4	32	781
1 000～1 999头	53.9	19	1 024
2 000头以上	93.2	10	932
合计	188.5	170	3 859

资料来源：平均职工总人数根据调研数据分析整理。

（2）劳动生产率分析

北京市奶牛养殖业劳动生产率明显高于全国平均水平，呈明显上升的趋势。2015年，北京50～500头中规模牛场的牛奶的劳动日产量为845.3千克，500头以上的大规模牛场牛奶的劳动日产量为756.9千克，分别比全国水平高出了648.2千克和521.3千克，但比北京2010年水平分别升高了572.3千克和396.7千克。

从劳动日产值看，北京奶牛养殖业也远高于全国平均水平，除了2014年有所回落，其他年份呈增长趋势。2015年，北京50～500头中规模牛场的牛奶的劳动日产值为3 475.6元，500头以上的大规模牛场牛奶的劳动日产值为3 063.9元，分别比全国水平高出了2 639.6元和2 003.3元（表13-9）。

表 13-9　全国及北京规模化牛场劳动生产率表

年份	劳动日产量　千克/日				劳动日产值　元/日			
	全国		北京		全国		北京	
	大规模	中规模	大规模	中规模	大规模	中规模	大规模	中规模
2010	216.0	149.7	360.2	273.0	753.7	540.5	1 243.5	998.8
2011	217.3	154.9	629.3	274.7	838.9	571.9	2 412.5	1 002.6
2012	432.9	169.6	511.7	341.3	1 775.0	669.4	1 919.8	1 188.8
2013	181.7	222.8	469.5	617.1	773.8	1 006.9	1 944.4	2 622.6
2014	171.4	247.5	252.4	700.6	769.0	1 190.6	1 100.7	3 327.6
2015	235.6	197.1	756.9	845.3	1 060.6	836.0	3 063.9	3 475.6

资料来源：中国奶业年鉴（2016）。

（3）劳动力与技术人才情况分析

从北京市不同规模牛场的牛均占用劳动力人数看，散养农户劳动力投入最大，平均每头牛投入 0.16 个劳动力，而规模牛场仅有 0.04 人，是散养奶牛户的四分之一（表 13-10）。

表 13-10　不同规模牛场平均每头牛使用劳动力人数

牛场类别	数量	极小值	极大值	均值	标准差
规模牛场	88	0.01	0.25	0.04	0.03
养殖小区	30	0.01	0.20	0.06	0.04
散养奶牛户	29	0.04	0.75	0.16	0.19

资料来源：团队调查问卷整理。

从技术人员使用情况看，规模牛场技术人员配备力量较强，但中小规模牛场较差。技术人员数量和业务素质的差异是造成了散养农户与规模牧场成本收益率、劳动生产率差距较大的主要原因之一。

（二）加工流通情况

1. 北京市乳品加工企业分布

"三聚氰胺"事件后，北京市重新对乳品加工企业的资格进行审查和调整，乳品加工企业分布发生一定改变。具有北京市乳制品及相关乳饮料生产许可证的企业由 2010 年的 36 家调整为 2015 年的 27 家，主要分布于顺义、昌平和通州等区。北京市乳品加工企业每日生鲜乳处理量约为 2 000 吨，而其中加工能力的 90% 集中在大兴、顺义、通州、密云和怀柔的三元、光明、蒙牛、伊利、达能等 5 家大型企业（图 13-7）。

2. 乳制品加工企业数量减少，但加工能力不断扩大

截至 2015 年，北京市共有牛奶加工企业 27 家，比 2005 年的 39 家少了 12 家。但乳品加工企业的规模化和产品多样化水平都有所增加。其中伊利、三元和蒙牛成为北京牛奶加工市场的三个巨头。据测算，北京市生鲜乳每天产量在 1 500～1 600 吨，三元食品股份有限公司每天加工量约 700～800 吨，几乎占据了乳品加工一半的份额。从乳制品市场看，市场份额第一位的是伊利、第二位的是三元（约占 38%～39%，如果把三元每天 100 多吨到户的

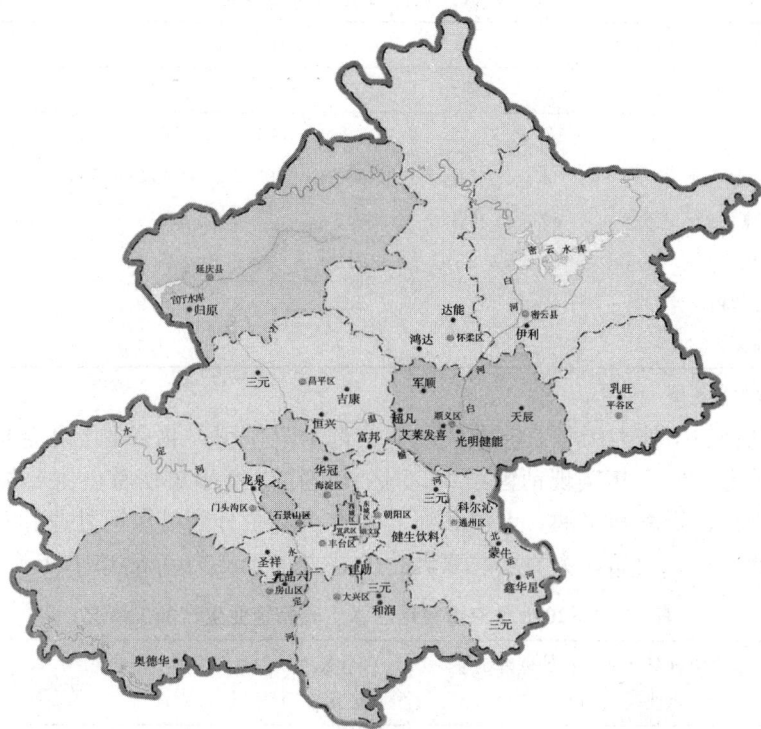

图 13-7　北京市乳品加工企业区（县）布局图

巴士消毒奶也统计在内，销售量将排在第一位），蒙牛第三位。据调研，目前各乳品加工企业产能不到设计能力的 2/3，加工能力还有很大的提升空间。

3. 乳制品加工企业存在奶源的供应不均衡现象

据调查，一年中 365 天奶源的供需都是不平衡的，1 至 4 月份原料奶产量高，但是加工厂奶源需要量全年最低；7 至 9 月份市场需要量大，但受气候等因素影响原料奶产量却很低，因此造成了供需上的不均衡。

在原料奶供应不平衡的情况下，乳品加工企业就会扩大对牛奶的进口，进口冲击了国内牛奶市场，导致奶粉价格上涨，我国奶粉价格 3.5 元/千克，欧盟价不到 2.4 元/千克，进口了 2.4 万的奶源，现国内市场全部成本 3.2 万～3.4 万元，对国产奶造成了较大的冲击。

4. 京津冀乳品加工能力比较

北京市乳品加工技术先进，乳品种类丰富，乳制品附加值高。如表 8-11 所示，2013—2015 年北京地区乳制品加工企业稳定在个位数。较津冀少很多，但是乳制品总产量和总产值实现三连增，2015 年加工乳制品 62.1 万吨，比 2013 年增长 5.68%，同比增长 2.44%；工业销售为 124.0 亿元，比 2013 年增长 27.23%，比 2014 年增长 7.12%。北京市乳品企业的产品涵盖了几乎所有的乳制品种类，北京市乳制品的产品结构以液态乳为主，与其他所有乳制品的产量相当，表现在生产形式上主要是发酵乳、灭菌乳、巴氏杀菌乳和调制乳等液态乳制品。北京地区乳制品附加值高，主要表现在北京地区乳制品产量明显少于津冀地区，但产值高于天津，产值占河北的比重高于产量所占比重。2015 年，北京乳制品产量最少，但产值是天津的 1.5 倍，产量占河北的 1/6，产值占比却高于 1/2。

表 13-11　京津冀乳品加工情况

	2013 年			2014 年			2015 年		
	北京	天津	河北	北京	天津	河北	北京	天津	河北
乳品加工企业数（个）	6	16	35	9	16	36	9	18	38
工业销售产值（亿元）	97.5	88.0	226.7	115.8	102.7	259.2	124.1	82.8	288.4
乳制品产量（万吨）	58.8	62.6	298.1	60.6	76.8	328.9	62.1	81.3	346.0
液态奶产量（万吨）	55.6	29.5	274.4	57.2	31.6	323.1	58.7	32.8	335.4
干乳制品产量（万吨）	—	—	—	3.5	45.2	5.9	3.4	48.5	10.6
奶粉产量（万吨）	—	—	—	1.7		4.4	1.6		6.0

资料来源：中国奶业年鉴。

北京本土乳企加工能力引领京津冀，凸显首都示范作用。北京本土乳企是三元食品，日处理鲜奶 3 780 吨，2015 年实现销售额 45.5 亿元，稳居京津冀榜首。主要加工产品是液态奶、乳饮料、奶粉、奶酪和奶油。天津和河北的本土乳企分别是海河乳业和君乐宝乳业，日处理鲜奶量远低于三元食品，突显了北京乳企的强大加工能力（表 13-12）。

表 13-12　2015 年京津冀地区本土乳品企业生产加工情况

地区	主要乳品加工企业	日处理鲜奶量（吨）	销售额（亿元）	主要产品
北京	三元食品	3 780	45.5	液态奶、乳饮料、奶粉、奶酪、奶油
天津	海河乳业	480	5.3	巴氏奶、酸奶、UHT 奶、乳饮料
河北	君乐宝乳业	1 350	63	酸奶、UHT 奶、婴幼儿配方奶粉

资料来源：2016 中国奶业统计资料。

（三）新型农业经营主体发展情况

1. 北京奶牛养殖企业性质与分类

北京奶牛养殖场中，国有养殖场占 13%，集体和个体养殖场占 48%，民营、独资和股份制牛场占 39%。根据规模、技术、资金、人才等大致可分为三类，第一类以国有大型企业为主，技术、资金、人才等方面力量雄厚，基础条件好，以三元绿荷奶牛养殖中心和北京奶牛中心等 28 家国有牛场为主，代表着北京奶业乃至全国奶业发展的最高水平；第二类以民营、独资和股份制规模牛场为主，规模适度，有一定的竞争意识，能够主动接纳行业内的新技术、新方法和新事物，愿意为提高生产性能而加大科技投入，如果加以有效引导和培训，整体实力可得到进一步提升；第三部分由养殖小区、合作社和养殖户组成，规模小、管理意识粗放、技术落后，是整个养殖环节的薄弱点所在（图 13-8）。

2. 奶牛养殖人员文化水平有待进一步提高

奶牛养殖是一个对技术要求较高的行业，对职工的文化素质要求也较高。从调研的结果看，随着养殖规模的扩大、职工人数的增长，职工的文化素质也在提高。规模化养殖场职工有着较为合理的宝塔形学历结，平均职工在 22.3 人，其中大专及以上学历人员占总人数的 16.7%，高中生占 25.3%，初中及以下职工 58.0%。养殖小区和散养户养殖员工的文化水平相对规模场要低（表 13-13）。

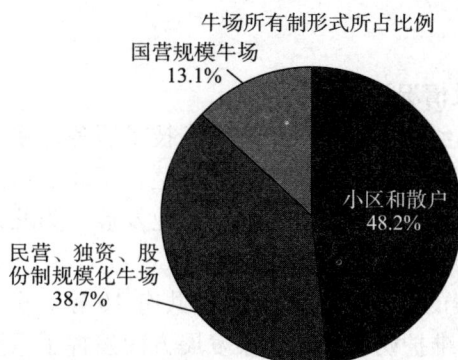

牛场所有制形式所占比例
国营规模牛场 13.1%
小区和散户 48.2%
民营、独资、股份制规模化牛场 38.7%

图 13-8 养殖场所有制形式

表 13-13 养殖场（区、户）职工文化程度

经营牛场类型	职工文化程度	平均职工人数	比例（%）
规模牛场（95 个）	初中及以下文化程度职工人数	12.9	58.0
	高中文化程度职工人数	5.7	25.3
	大专及以上文化程度职工人数	3.7	16.7
合计		22.3	100.0
养殖小区（37 个）	初中及以下文化程度职工人数	3.9	61.9
	高中文化程度职工人数	1.9	31.2
	大专及以上文化程度职工人数	0.4	6.9
合计		6.2	100.0

3. 奶牛合作社的作用有待于进一步发挥

奶牛养殖户入社率不高。奶牛合作社入社率还不高，只有 36% 的奶牛养殖场（户）加入了奶牛合作社，其中包括 32.8% 的规模牛场、43.8% 的养殖小区和 28.2% 的小规模养殖场。64% 的场（户）没有加入奶牛合作社（图 13-9）。

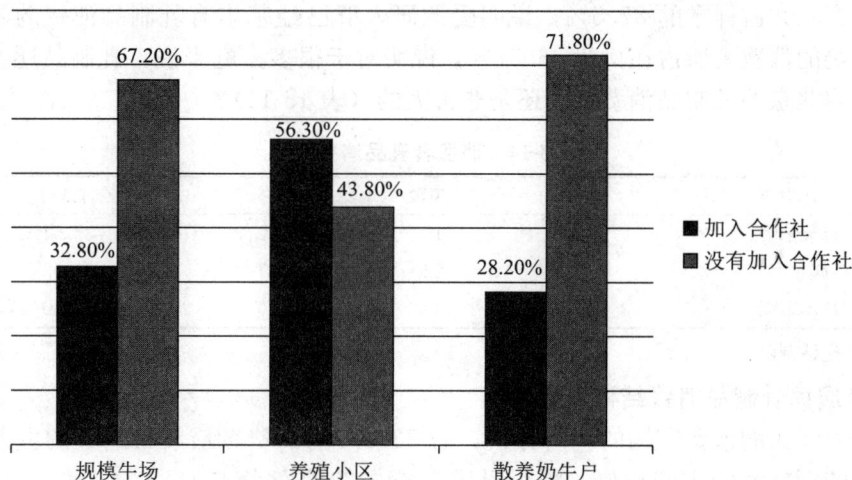

图 13-9 养殖场户加入合作社情况

（四）社会化服务情况

1. 社会化服务体系建设情况

北京市通过市、区县、乡镇、村"四级"推广技术服务体系、奶牛产业技术体系创新团队搭建的北京地区奶牛养殖精准技术平台，有效地整合了北京市的科技、人才资源，创立了多种形式的产学研合作模式，全方位服务于奶牛产业发展，为北京奶业的健康发展提供了政策、科技与人才支撑。

2015 年北京市登记备案的奶业社团组织机构共有 19 家，分布于 10 个区，在协助政府进行行业管理、服务行业、维护奶农产业健康发展方面发挥了重要的作用。

2. 社会化服务模式创新

启动"奶牛保姆行动"。启动以实用技术、操作技能培训为主要内容的"奶牛保姆行动"。针对北京市奶牛生产一线存在的各类瓶颈，团队启动以"减少生产经营损失，提高奶牛养殖场（户）相关人员的技术水平，增进团队专家与基层养殖场（户）的联系与技术对接"为目的"奶牛保姆行动"，全体成员通过现场集中"一对多""一对一"答疑等多种培训形式，开展了一系列有针对性的实用技术操作技能培训，用实际行动担当"奶牛保姆"，为提高北京市奶牛产业生产水平提供技术支持。

启动了专家对接牛场、科技服务基层的"专家牛场对接行动"。从北京市 200 余家大中型牛场中选定 48 家牛场作为团队"示范牛场"，同时团队专家与示范牛场对接，推动示范场的"率先示范"，初步达到了"以点带面、全面提升"的效果。启动了"奶牛产业技术体系创新团队示范奶牛场动态信息月监测表"报送机制，从基本情况、原奶储存及销售情况、繁育情况、饲料供应情况、疫病及乳品安全情况等方面，对北京市范围内有代表性的 48 个二类牛场进行月度信息动态跟踪，使团队工作与生产实践的结合更加紧密。

（五）消费者接受情况及购买力现状

1. 北京居民乳制品消费潜力较大

调研中北京市奶牛创新团队对消费者消费乳制品的频率也进行了了解。每天都喝以及偶尔喝的消费者总共占样本的 87.5%，说明受调研人群已经基本有乳制品消费的习惯。但是能每天都喝奶的消费者所占比例为 36.57%，说明对于很多家庭来说，乳制品还不是日常消费品，也说明北京的乳制品消费潜力还是非常大的（表 13-14）。

表 13-14　消费者乳品消费频率

选项	频数	百分比
每天都喝	158	36.57%
偶尔喝	220	50.93%
基本不喝	54	12.50%

资料来源：电话调研。

2. 北京居民乳制品消费结构日趋合理

通过对乳制品的消费结构的调研分析，有 53.9% 的消费者最经常购买的乳制品是常温奶，25.2% 的消费者购买冷藏奶，购买巴氏消毒奶的消费者占 16.9%。常温奶价格便宜，方便储藏，且保质期长，受到大多数消费者的青睐。巴氏杀菌奶营养要高于其他几种乳制品，但是保质期较短，只有 1～3 天，很多消费者也不太了解巴氏杀菌奶，也有很多消费者还不能接受。在国外，市场上的鲜奶几乎都是巴氏杀菌奶，而很少有保质期超过 30 天的乳制品。今后在我国的乳制品也会不断向巴氏杀菌奶过渡。

3. 北京居民乳制品消费趋于理性

消费者在选择乳制品时趋于理性，更多地关注产品质量安全、营养价值和品牌，而非口味和外观等其他因素。调研中有 89% 的消费者购买乳制品是注意乳制品安全方面的信息。2008 年的"三聚氰胺"事件使得我国乳制品遭遇严重的信任危机，很多消费者减少了购买量，直到现在，消费者的信心也没有完全恢复。很多消费者转而更为信任进口品牌的奶粉。消费者关心的问题从高到低排列依次为乳制品是否超过保质期、食品添加剂是否超量使用、商家是否使用劣质原料来欺骗消费者、乳制品是否符合卫生标准、原料是否新鲜（表 13-15）。这几项食品安全问题除了是否符合卫生标准和原料是否新鲜，其他都引起了超过半数的消费者的关注。

而消费者关注质量安全的主要方式是乳制品包装上的信息。有 65% 的消费者表示会注重乳制品包装上的生产日期和保质期以及其他方面的介绍乳制品的信息，说明更多消费者更加关注此类信息，更加注重乳制品的安全。

表 13-15　消费者选择乳制品考虑的因素情况

选　　项	频数	百分比
食品添加剂是否超量使用	249	57.64%
商家是否使用劣质原料来欺骗消费者	227	52.55%
食品是否超过保质期	260	60.19%
是否符合卫生标准	206	47.69%
原料是否新鲜	151	34.95%

4. 北京居民乳制品的消费信心逐步得到恢复

北京的乳制品消费正处于恢复性增长。调研中有 67.6% 的消费者今后一段时间家庭的乳制品消费量与现在基本持平，但有 22% 的消费者乳制品消费量预期将增加。面对乳制品质量安全事件的发生，消费者还是有着较为理性的判断。在被调研的消费者中，认为乳制品安全问题最主要的原因是厂家盲目追求利润，不守诚信，其次是政府机关监督不力，第三是法律法规不够完善。消费者认为在乳制品质量安全问题上，起关键作用的应该是政府和企业。企业做到诚实守信，不掺假、造假，生产优质乳制品，再加上政府的严格监督，相信北京的乳制品市场将会更加和谐。

5. 北京居民品牌消费意识不断增强

关于乳制品消费品牌的调研，有 72.2% 的消费者有固定的消费品牌。在北京，居民消费的乳制品品牌排前三位的是蒙牛、伊利和三元。对于三元的本地情结，消费者的热衷程度在不断提升（表 13-16）。

表 13-16　北京居民对乳制品品牌的认知

选项	频数	累计频数	百分比
蒙牛	241	241	55.79%
伊利	222	463	51.39%
光明	56	519	12.96%

（续）

选项	频数	累计频数	百分比
三元	186	705	43.06%
夏进	12	717	2.78%
雀巢	12	729	2.78%
君乐宝	11	740	2.55%
完达山	7	747	1.62%
圣元	3	750	0.69%
娃哈哈	4	754	0.93%

另外，有 56.9% 的消费者不喜欢尝试新品牌，喜欢尝试新品牌的消费者仅占 24.5%，不仅说明大部分消费者有固定的品牌偏好，相信大品牌的质量，而对于未知的品牌，消费者似乎不太感兴趣，而且担心新品牌乳制品的质量。

6. 民族奶业发展仍然面临着国际市场的挑战

消费者对进口乳制品寄予了一定的希望，多数消费者表示会尝试食用进口乳制品，因此民族奶业发展仍然面临着国际市场的挑战。

（六）产业支持政策及其效果评价

近年来，北京为了推动奶牛产业的发展，出台了一系列鼓励政策，对奶牛产业发展起到了较好的推动作用。主要包括：

①生母犊牛补贴每年 500 元/头，后备牛补贴每年 100 元/头。

②冷冻精液每剂国家补贴 10～15 元，超出的部分自己支付。

③旧厂房改造、小区道路地面硬化，给予设备补贴 50%，以及挤奶设备、奶罐车、旧牛舍的补贴。

④污水处理，沼气补贴标准基本为 80%。

⑤免费疫苗、免费消毒用品等。

政策的出台较好地推动了北京奶牛产业向规模化、标准化方向的发展。2015 年北京市采购良种精液 12 万剂，每剂补贴 15 元，中央拨付 180 万元；奶牛生产性能测定争取国家和北京市项目补贴资金测定奶牛 4.99 万头，进一步提高了奶牛科学饲养和精细化管理水平；通过龙头企业外埠基地建设，优化布局、协同发展，引导产业向河北转移；农委对首农集团、中地集团等单位的外部基地已扶持拨付扶持资金 400 万元，实现了产业疏解和首都市场畜产品的市场供应和应急保障能力。

各区为了本区奶牛产业的发展，也纷纷出台了辅助性政策。如对于资金周转比较困难的养殖场，审批后可以得到免息贷款；优先从村集体中低价享受土地使用权的转让。但在落实产业扶持政策的过程中，有的区或乡镇存在政策不到位的现象，应进一步加强奶牛产业专项资金的落实机制。

二、奶牛产业发展中创新团队的技术支撑作用

（一）团队基本情况

1. 团队架构

奶牛产业技术创新团队于 2012 年 4 月组建，有功能研究室 5 个，综合试验站 8 个和农

民田间学校工作站 17 个。49 名团队成员分别由来自中国农业大学、中国农业科学院、北京农学院、北京农林科学院、北京农职院等大专院校、科研院所、各级畜牧兽医技术推广机构及首农集团、中地畜牧等企业。团队共设置研发中心、功能研究室、综合试验站和田间学校工作站四个层级，专业涵盖繁殖、育种、饲养、营养、兽医、环境、乳品加工、安全、产业经济等 9 个领域，可全方位为产业前、中、后各环节健康发展提供技术支撑。

2. 团队定位

团队以"占高端、提效率、降排放、保安全"为发展方向，积极发挥团队拥有的人才、技术和平台优势，从多学科领域入手全面提升北京市奶牛产业的技术水平。重点从奶牛疫病防治及健康水平、饲料与营养供应及保障水平、奶牛繁育水平、产业安全水平和产业竞争力水平五大方面促进北京市奶牛产业的技术发展。团队打造以"优质、高效、环保、安全"为核心的高端都市型奶牛产业，建设"专业化"的从业人员队伍。

3. 团队目标与任务

五年规划的团队总目标包括：①成乳牛年均产奶量提高 10%，从 6.4 吨提高到 7.0 吨以上，其中成乳牛平均单产达到 11 吨以上的牛群数量占北京市成乳牛存栏的 30% 以上；年自主培育优秀种公牛 50 头以上。②年开闸各类技术培训 70 场（次）以上，推广高效、生态环保养殖等技术培训 5 000 人次以上，全方位提高从业人员综合素质。③建成"专业、高效、和谐、团结"的奶牛产业技术体系创新团队。

（二）团队工作成效

在技术成果方面，2016 年度本团队成果丰硕，均超额完成原计划任务，在成果转化率方面达到了 90% 以上，具有较强的实践意义。

新产品：主要有乳房炎系列新兽药、犊牛代乳粉、产后护理产品等，示范推广新产品 37 个（项），覆盖牛群 85 358 头次。

技术研发：开展自主试验研究 133 项，直接参与试验的牛只达 59 400 头次；示范推广技术 62 项，其中自主研发 27 项，筛选 35 项，合计示范 66 540 头次，推广 581 940 头次。

专利及专有技术拥有：申报专利 39 项（发明 5 项），授权 14 项（发明 4 项）；制定颁布国家标准、地方标准 4 项；撰写研究报告 34 篇；撰写政策建议 4 项，有 1 项被农业部奶业办公室采纳；出版专著 15 部，发表标注团队学术论文 128 篇（SCI32 篇）。

北京市奶牛创新团队以最终实现北京市奶牛产业的可持续发展，达成产品安全放心、养殖场增收致富、环境友好和谐的都市型奶牛产业为发展目标。团队秉承"理解、敬业、奉献、合作"的精神，以"高效、公平、公开"的评价制度进行管理，形成了"使命共同体、事业共同体、利益共同体、信任共同体"，团队建设成效显著。

（三）团队运行机制

1. 一体化管理模式

按照上级单位对团队工作模式的设计，产业一体化管理模式是团队开展工作的主体。奶牛团队从成立伊始就积极践行该管理模式，即首席专家为团队最高管理者，对岗位专家、功能研究室主任、首席专家办公室及其工作成效负主要管理责任；执行专家组负责工作审核，顾问组为主要咨询机构；岗位专家对单个项目负直接管理责任；综合试验站长对所承担的项目负直接管理责任，并联系协调辖区田间学校工作站；田间学校工作站长对所承担的项目负直接管理责任；功能实验室主任负责联系本功能室岗位专家，组织协调研究室内分工；首席专家办公室对综合试验站、农民田间学校工作站实施管理，并协调功能研究室、岗位专家、综合试验站和田间学校工作站之间的工作。通过积极践行这一工作模式，使团队保持了持续、高效的"执行能力"，各种工作均按照 5 年任务规划和年度工作计划顺利开展。

2. 逐步开展"精细化管理"

在完善《工作细则》《绩效考核办法》《团队项目管理规范》《会议制度》《考核细则》等主体制度的基础上，在团队成员日常管理（参加团队活动、报送信息等）、年度工作计划制定、工作考核、产业应急工作响应和牛场信息收集等方面引入了"精细化管理"的手段，进一步保持了团队工作的高效运转，团队管理、开展工作的针对性等得到了显著提高。

3. 以团队文化建设为纽带，打造基层满意团队

团队成员来自不同的单位，每个人在单位均承担着一定的本职工作。要使这一松散组织取得好的绩效，只有从增加团队管理和团队归属感、工作使命感等方面入手，狠抓团队文化建设才能完成。为此，团队 2013 年组织了多次团队文化建设活动，设计了团队 LOGO，确立了团队口号和团队使命。团队的总体目标为：打造以"优质、高效、环保、安全"为核心的高端都市型奶牛产业；建设"专业化"的从业人员队伍；完善团队建设，更好地为奶牛产业发展服务。（图 13-10）

图 13-10　团队运行机制图

（四）技术研发与主推技术

开展自主试验研究 133 项，直接参与试验的牛只达 59 400 头次；示范推广技术 62 项，其中自主研发 27 项，筛选 35 项，合计示范 66 540 头次，推广 581 940 头次。技术研发项目 49 项，其中研发疫病防治新技术 8 项；研发遗传技术 4 项；研发繁育技术 11 项；新产品品种 26 个。

1. 技术成果

（1）技术研发项目

团队技术研发项目如表 13-17 所示。

表 13-17　团队技术研发项目情况

序号	成果形式	成果名称	简　　介	年度
1	新技术	Ovsynch/TAI 技术	利用繁殖调控技术使奶牛繁殖过程中不需要发情鉴定，在固定时间内进行人工授精，使泌乳牛在产后 80 天内完成第一次人工输精，有效解决奶牛生产中存在的发情症状不明显和受胎率低下等问题	2016
2	新技术	早期妊娠诊断技术	利用 B 超，奶牛配种 29～31 天能够确诊妊娠，准确率可达到 99% 以上，比直肠检查（45～60 天）提前 14～31 天，应用兽用 B 超仪可使奶牛妊娠诊断提早到配种后 30 天，减少了奶牛空怀率	2016
3	新技术	奶牛繁殖标准化技术	奶牛发情调控、发情鉴定、人工授精、围产期管理等标准化繁殖技术	2016
4	新技术	奶牛同期发情定时输精技术	对经产泌乳奶牛采用同期发情定时输精技术，结合早期妊娠诊断技术来确定情期受胎率	2016
5	新技术	奶牛基因组遗传评估技术	基于高密度芯片技术，计算公牛基因组育种值和基因组选择指数	2016
6	新技术	规模化奶牛场犊牛健康保健技术	包括犊牛应激缓解技术示范推广、犊牛腹泻/肺炎防治技术示范推广、犊牛初乳灌服技术、犊牛断奶时机判断与操作技术、犊牛肺炎早期普查监测计划和犊牛腹泻、肺炎防治技术规范推广	2016
7	新技术	治疗子宫内膜炎的新组方药物	用于治疗奶牛子宫内膜炎的药物	2016
8	新技术	牛副结核净化和综合防制措施	在中地商都奶牛场对大面积腹泻牛群进行牛副结核的血清学检测，然后在河北石家庄周边牛场进行了血清学监测	2016
9	新技术	β-内酰胺酶检测试纸条	为养殖场（户）提供用快速有效的检测技术，以提升奶品质	2016
10	新技术	黄曲霉 M1 毒素检测试纸条	为养殖场（户）提供用快速有效的检测技术，以提升奶品质	2016
11	新技术	四环素类抗生素残留检测试纸条	为养殖场（户）提供用快速有效的检测技术，以提升奶品质	2016
12	新技术	规模化奶牛场堆肥翻推技术	本技术围绕规模化养殖场粪便资源浪费、低温不能及时处理、环境污染严重等问题，开展了安全化处理关键技术集成和创新，在本市奶牛场、生物肥料厂推广，取得了显著的生态、经济和社会效益。本技术与同功能德国巴库斯翻推机相比，本智能翻推机投入成本降低 64.3%，能耗降低 31.0%；与常规畜禽粪便堆肥工艺相比，本工艺安全化程度高，无兽药、激素类污染物检出，成本降低 27.4%，产入投出比提高 42.6%	2016

（续）

序号	成果形式	成果名称	简　介	年度
13	新技术	奶牛专用抗热应激剂巴尔吡尔应用效果验证	巴尔吡尔是北京金娜尔生物技术有限公司生产的奶牛专用抗热应激剂新产品。为了验证该新产品的效果，团队受该公司委托开展验证试验研究，以期探明该新产品实际应用的最佳技术参数。	2016
14	新技术	奶牛场粪便静态通气堆肥技术	根据房山 500 头奶牛场粪便场区堆积、环境问题突出现状，制定了粪便堆肥发酵生产有机肥技术方案	2016
15	新技术	乳房炎防治新技术	综合用药治疗乳房炎	2016
16	新技术	子宫内膜炎防治新技术	血生化分析潜在奶牛子宫内膜炎	2016
17	新技术	奶牛精细化养殖技术	通过"互联网＋"更好地管理牛场	2016
18	新技术	奶牛快速孕检检测	利用可视孕检试剂盒快速测定奶牛怀孕	2016
19	新技术	犊牛饲养技术	通过代乳粉及犊牛开食料等饲喂犊牛	2016
20	新技术	瘤胃补液	通过瘤胃补液器补液及时补充奶牛所需营养，既增加了瘤胃的充盈度，又补充了奶牛所需的营养，可有效减少奶牛产后真胃变位、产后瘫痪的病例发生，同时提高奶牛的产奶性能	2016
21	新技术	犊牛培育	通过使用犊牛灌服器灌服初乳，提高犊牛的免疫抗体，提高成活率。初乳检测仪可准确判定初乳的质量、监测犊牛的抗体水平	2016
22	新技术	酮病监测	通过对产后 7～10 天奶牛血酮值的监测，提早预防酮病的发生	2016
23	新技术	性控冻精	通过使用性控冻精，提高繁殖的母牛率	2016
24	新技术	DHI 报告分析	将延庆区 DHI 参测牛场的数据进行分析形成报告提出指导意见然后反馈给奶牛场	2016
25	新技术	奶牛线性鉴定	在延庆区综合试验站技术人员协助下，对牛场进行全群泌乳牛体型缺陷鉴定	2016
26	新技术	奶牛早期妊娠诊断技术检测	将延庆区奶牛早起妊娠检测参测牛场报表每周报送至团队繁殖调控岗位，通过对数据分析统计，分析技术推广效果	2016
27	新技术	奶牛牛用增犊灵	研发可提高经产奶牛首次配种受胎率的注射针剂，使春季使用经产奶牛首次配种受胎率由 38.32%（82/214）提高到 46.83%（118/252），提高了 22.2%；夏季经产奶牛首次配种妊娠率由 25%（12/48）提高到 38.89%（42/108），提高了 55.56%	2016
28	新技术	牛用降体细胞数无抗针剂	研发可以降低血液中皮质醇的浓度，增加免疫球蛋白 IgG 和 IgM、白蛋白、丙氨酸氨基转移酶和血清乳酸脱氢酶浓度以及白细胞、淋巴细胞和中性粒细胞数量。可以从体液和细胞免疫方面提高奶牛的机体免疫力，降低牛乳中的体细胞数量的注射针剂，为辅助治疗奶牛乳房炎，降低牛乳中体细胞数量提供了一个安全、快捷的方法	2016

（续）

序号	成果形式	成果名称	简　介	年度
29	新技术	华牛芯片 I	隐性乳房炎抗性相关基因 SNP 标记芯片的研制与检测	2016
30	新技术	遗传缺陷基因快速检测技术	大兴区规模化牛场奶牛遗传缺陷基因检测及科学选配	2016
31	新技术	奶牛性控冻精输精技术	对青年牛进行性控冻精输精技术	2016
32	新技术	计步器	检测发情	2016
33	新技术	奶牛繁殖管理软件	繁殖管理软件的使用	2016
34	新技术	全株玉米及秸秆菌酶联用发酵技术研究与应用	针对全株玉米青贮制备过程中 pH 需要快速降低以减少营养物质损失、开窖后抑制二次发酵保证青贮品质，青玉米秸青贮保藏保鲜提高利用率、干玉米秸秆木质纤维素降解以提高营养物质利用率等的技术问题，分别开展研究。通过微生物技术筛选适宜全株玉米青贮、玉米秸秆的菌株，确立最佳发酵工艺参数；通过化学分析和瘤胃尼龙袋法筛选全株玉米及秸秆发酵用菌酶复合组方；以动物饲养试验证实际效果，最终达到改善全株玉米及秸秆发酵后产品品质，提高粗饲料利用率，促进奶牛和肉羊生产性能的目标。该成果核心内容包括，研究发现了青贮使全株玉米及秸秆中有害菌群数量减少，菌群多样性降低，证实了青贮过程中关键因素对饲用品质和有氧稳定性具有显著影响；确定了全株玉米及秸秆发酵中 4 种微生物接种剂和酶制剂的优化组合，显著提高了玉米青贮饲料的有氧稳定性，改善了 pH、真菌数量和挥发性脂肪酸含量，菌酶联用可有效破除玉米秸秆的木质素—纤维素—半纤维素复合体结构，提高秸秆营养物质的体外消化率和瘤胃降解率；研发了全株玉米及秸秆 4 种菌酶联用接种剂工业化生产工艺及中试产品，开发了含乳酸菌和纤维素酶类的玉米青贮专用添加剂、含真菌和纤维素酶类的秸秆菌酶复合剂、含植物乳杆菌、布氏乳杆菌、纤维素酶类的秸秆青贮菌酶复合剂、含木质化纤维素酶类的秸秆型复合酶制剂。该成果在北京、河北、天津、内蒙古、河南等省市进行了大面积推广应用，提高奶牛产奶量 5.0% 以上，显著提高育肥羊日增重，改善饲料转化率，为提高全株玉米及秸秆饲用质量提供了理论依据和实际应用技术	2016
35	新技术	TMR 饲料配制技术	依据实测饲料的 CNCPS 成分，采用 TMR 的优化技术及 TMR 的营养需要量规格，根据奶牛的目标产量及饲养方式，全面平衡 TMR 的能量及蛋白质，RDP 与 RUP 等，提高饲料的转化效率	2016
36	新技术	牛 A 型多杀性巴氏杆菌快速诊断	利用细菌分离和鉴定技术对疑似牛出败的患病奶牛进行确诊并利用药敏试验筛选出敏感抗生素进行治疗	2016
37	新技术	干乳期奶牛乳房炎药物防治技术	盐酸头孢噻呋乳房注入剂（干乳期）	2016
38	新技术	干乳期奶牛乳房炎药物防治技术	头孢洛宁乳房注入剂（干乳期）	2016
39	新技术	干乳期奶牛乳房炎药物防治技术	硫酸头孢喹肟乳房注入剂（干乳期）	2016

（续）

序号	成果形式	成果名称	简 介	年度
40	新技术	泌乳期奶牛乳房炎药物防治技术	硫酸头孢喹肟乳房注入剂（泌乳期）	2016
41	新技术	奶牛子宫内膜炎药物防治技术	硫酸头孢喹肟子宫注入剂	2016
42	新技术	奶牛子宫内膜炎药物防治技术	利福昔明子宫注入剂	2016
43	新技术	奶牛产后截瘫诊治技术	奶牛产后截瘫诊断和治疗技术	2016
44	新技术	壳寡糖在常温液态奶生产中的应用	将新食品原料壳寡糖用于超高温灭菌液体乳的生产，生产壳寡糖奶	2016
45	新技术	干奶期饲喂燕麦草提高奶牛生产性能	研究干奶期燕麦草的不同喂量对奶牛产后干物质采食量、体况、生产性能、血液生化指标、疾病情况、繁殖情况的影响	2016
46	新技术	成母牛饲料利用木薯替代10％玉米	研究不同比例的木薯代替玉米对奶牛生产性能的影响	2016

（2）专利及专有技术

团队专利及专有技术如表13-18所示。

表13-18 成果清单［专利（授权）］

序号	成果形式	简 介	成果名称	备注	年度
1	专利	一种用于奶牛的硫酸头孢喹肟子宫注入剂及其制备方法	ZL 201510316219.7	李秀波	2016
2	专利	一种奶牛干乳期用盐酸头孢噻呋乳房注入剂及其制备方法	ZL 201310665166.0	李秀波	2016
3	专利	一种奶牛泌乳期用硫酸头孢喹肟乳房注入剂及其制备方法	ZL 201310664982.x	李秀波	2016
4	专利	一种用于奶牛的子宫灌注给药装置	ZL 201620728975.0	李秀波	2016
5	专利	一种用于奶牛的乳房灌注给药装置	ZL 201620737289.X	李秀波	2016
6	专利	一种新型修蹄刀	2016203629683	高春洋	2016
7	专利	自动装奶装置及具有自动装奶装置的奶车	2016205971533	贾海东	2016
8	专利	搅拌车	2016205971302	罗杨	2016
9	专利	牛场专用铲斗及使用该铲斗的牛场专用清槽铲车	2016205971942	罗杨	2016
10	专利	一种自动扫描计数系统	2016205971158	麻柱	2016
11	专利	奶牛专用助产器	2016205901992	彭晶晶	2016
12	专利	犊牛用口嚼	2016205987809	彭晶晶	2016
13	专利	一种新型犊牛开口器	2016203631768	王海洋	2016
14	专利	一种用于犊牛的输液固定装置	2016205901418	尹有忠	2016
15	专利	带计量系统的装载机	2016205987796	于福有	2016
16	专利	一种奶牛修蹄标尺	2016205901456	赵鑫	2016

另外，团队公投稿标注团队文章 35 篇，发表 9 篇，其中 SCI11 篇，编撰专著 4 部。

2. 产品成果

新产品品种 26 个，分别为生产性能测定、科学选配、计步器、和浓缩蛋白粉等（表 13-19）。

表 13-19　成果清单（新产品）

序号	成果形式	成果名称	简　　介	备注	年度
1	新产品	生产性能测定	DHI 报告解读	肖炜	2016
2	新产品	科学选配	在生产性能分析、体型外貌评定、群体近交分析、遗传缺陷基因检测、公牛信息解读等工作基础上，为牛场制定了精细化的选配方案	肖炜	2016
3	新产品	计步器	计步器用于发情鉴定及返情监测	王栋	2016
4	新产品	奶牛繁殖管理软件	繁殖管理软件的使用	王栋	2016
5	新产品	奶牛基因组遗传评估技术	基于高密度芯片技术，计算公牛基因组育种值和基因组选择指数	孙东晓	2016
6	新产品	青贮接种剂	含乳酸菌和纤维素酶类的玉米青贮专用添加剂	屠焰	2016
7	新产品	氟苯尼考、醋酸氯己定	对奶牛场子宫内膜炎发病情况进行调研	倪和民	2016
8	新产品	牛主要疫病血清抗体检测试剂盒	以 IDEXX 公司的试剂盒对奶牛场进行了牛副结核，病毒性腹泻以及支原体病的血清抗体检测	李永清	2016
9	新产品	新兽药盐酸头孢噻呋乳房注入剂（干乳期）	干乳期乳房炎防治	李秀波	2016
10	新产品	兽药硫酸头孢喹肟乳房注入剂（干乳期）	干乳期乳房炎防治	李秀波	2016
11	新产品	兽药硫酸头孢喹肟乳房注入剂（泌乳期）	泌乳期乳房炎防治	李秀波	2016
12	新产品	兽药硫酸头孢喹肟子宫注入剂	奶牛子宫内膜炎防治	李秀波	2016
13	新产品	β-内酰胺酶检测纸条	为养殖场户提供用快速有效的检测技术，以提升奶品质	冯小宇	2016
14	新产品	黄曲霉 M1 毒素检测试纸条	为养殖场户提供用快速有效的检测技术，以提升奶品质	冯小宇	2016
15	新产品	四环素类抗生素残留检测试纸条	为养殖场户提供用快速有效的检测技术，以提升奶品质	冯小宇	2016
16	新产品	β-内酰胺酶检测试纸条	为养殖场户提供用快速有效的检测技术，以提升奶品质	冯小宇	2016
17	新产品	奶牛酒精阳性奶防治新产品	防治奶牛酒精阳性	侯引绪	2016
18	新产品	浓缩乳蛋白粉	已研发牛乳浓缩乳蛋白粉加工关键技术，制备了酪蛋白胶束粉、天然乳清蛋白粉、乳蛋白浓缩粉等产品	吕加平	2016

（续）

序号	成果形式	成果名称	简　　介	备注	年度
19	新产品	犊牛吹风机	为牛场发放犊牛吹风机	王艳	2016
20	新产品	DHI 检测软件	DHI 软件安装、指导	陈少康	2016
21	新产品	28 天早孕检测	繁殖调控与检测	姜小平	2016
22	新产品	电子初乳检测仪	测定初乳免疫球蛋白的含量	黄毅	2016
23	新产品	电子酮病检测仪	检测围产牛血酮值	黄毅	2016
24	新产品	挤奶系统	推广挤奶机系统	薛志友	2016

（五）技术示范推广效益

1. 技术示范推广情况

团队成员的持续宣传和努力践行下，"奶牛保姆行动"已被京郊奶牛养殖场（户）欣然接受，有问题找"团队"已成为广大养殖场（户）的第一选择。这种"以牛场需求"为导向的技术培训模式，只看结果、不拘形式、效果显著。2016 年，开展各种形式的"奶牛保姆行动"962 次；其中召开会议、培训等 228 次，发放资料 11 024 册（件）；开展工作指导492 次；开展农民活动日次数 242 次，学员 684 人，农民田间学校工作站推广新技术 33 项，覆盖牛只 22 174 头次，推广新产品 9 个，覆盖牛群 2 355 头次，16 019 人次技术接收培训。

2. 技术示范推广经济效益

通过 40 余家示范牛场监测，成乳牛单位产量平均年增产 218.88 千克。以 2016 年底北京市存栏成乳牛 11.3 万头，约有 6.9 万头成乳牛核算，累计增产 1.51 万吨，为奶农增加直接经济效益约 5.73 亿元余。

3. 技术示范推广生态效益

"降排放、保安全"是本团队工作的重要宗旨。在积极推进北京奶业生产效率的同时，团队号召成员时刻关注生态效益。通过饲料与饲养、健康养殖、环境保护等途径，积极践行了"低碳、高效、环保"的理念，取得了显著的生态效益。在饲料转化方面，鼓励饲草与农作物秸秆相结合的粗饲料高效利用模式，不断提高奶牛日粮转化率，降低饲料废弃的二次环境污染；在健康养殖与环境控制方面，构建了北京规模化奶牛场应激环境动态监测系统，推广夏季奶牛环境综合控制技术，较好地改善了牛场的环境污染问题；在乳品加工环节，设计制作处理量为 1 吨/小时 CIP 废酸碱液净化回收设备样机，将为今后提高加工污水有机物质回收提供重要设施支撑；在节水方面，加强养殖场节水培训，节水意识贯穿了奶业链各个环节，奶牛养殖业逐步向节水高效转变。综上可以看出，本团队有效地提升了生态效益。

4. 技术示范推广社会效益

奶牛创新团队的工作，社会效益可用"高、大、广、深"四个字概括。

"高"主要体现在参与工作起点高、研究内容切入点高、形成成果水平高、人员能力得到了很大程度的提高等方面。团队首席专家、岗位专家、综合试验站、示范牛场分别从不同途径、方面，以不同身份参与了"奶牛育种联盟"、天津奶牛创新团队、河北畜牧兽医学会奶牛繁殖分会等技术联合体的组建和相关工作，从更高的起点宣传和展示了北京奶牛创新团队及其占据的技术高地。试验研究内容涉及奶牛育种、营养与饲料、疫病防治等领域的联合育种、过瘤胃营养物质利用、新兽药研发、检测试剂盒研发等多个高精尖方面。专利申报及授权、研究论文发表、专著出版等科技成果数量明显多于以往，质量显著提高。发明专利的申报及授权量创历年最高。团队成员及示范牛场技术人员技术能力得到了很大提高。完全以密云综合试验站人员为主体申报的"奶牛养殖关键技术的应用与推广"获得了北京市密云区科学技术进步"一等奖"，就是人员综合素质有效提高的充分展现。

"大"主要体现在团队影响力进一步扩大。团队影响力除在北京地区逐步得到扩大外，在国内外得到了进一步的扩大。2016年团队在于哈尔滨举行的"2016中国国际乳业合作大会"上承办"乳房炎专场"学术交流专场，为全国同行提供了交流的平台，扩大了团队影响力。2016年团队又在哈尔滨参加2016中国国际乳业合作大会暨第十四届中国国际奶业展览会，团队专家开展了专场讲座，得到国际同行认可，团队影响力进一步提高。

"广"主要体现在试验研究、技术示范、培训交流覆盖面"广"。试验研究覆盖整个产业链，针对不同的技术问题，开展了基因组选择技术、中长脂肪酸对犊牛生长和免疫技能的作用等大量基础研究和试验示范。乳房炎新兽药、犊牛代乳粉、降体细胞无抗针剂、初乳灌服及监测仪器等技术和产品示范走出京津冀，走向全国。团队专家与国内外专家同行的交流更加密集，"奶牛保姆行动"走出京津冀，在辽宁、内蒙、河南、甘肃、宁夏等地牧场助力产业技术提升。

"深"主要体现在团队工作更加深入产业发展的各个层面，团队成员之间、成员与示范场之间联合加深。奶牛分娩应激缓解技术研究与示范、DHI报告深度解读、经产牛春夏季使用褪黑素复合抗氧化剂技术规范制定等工作，深入与生产一线需求接轨。团队成员之间形成"专家组、专家群"，组团服务牧场，取得了良好的效果。多名专家与示范场深度合作，形成了"互联网＋"牛场、"犊牛营养调控研究试验基地"等长期合作、互利共赢的合作模式。在年初发生低温寒潮极端天气时，团队成员第一时间编撰技术指导手册，通过团队途径加以宣贯，在一定程度上降低了极端天气给牧场带来的损失。

通过本团队的技术推广服务和奶农培训工作，三元绿荷以外的200余家规模化奶牛养殖场的管理水平和技术水平都得到了大幅度的提高，奶牛养殖场的规范化、标准化、精细化程度不断提高，牧场技术人员、基层工作人员的技术水平得到了很大的提高。综上可以看出，本团队的工作带来较高的社会效益。

（六）对产业支撑作用

1. 创新团队对产业支持模式

北京市畜牧技术推广体系随着都市型现代农业发展的进程得到了不断完善。现行体制下的农技推广形式主要是一种自上而下的主导控制模式，而奶农和牧场技术人员作为一个特殊类群，在心理特征、年龄结构、学识学历、行为规范和获取资源、信息能力等方面都存在着差别。因此，奶业技术推广体系必须按照"用户导向"的模式加以调整，以提高农技服务的实效，确立牧场在技术应用中的主体地位，建立以基层需求为根本取向的农技服务运行机制。（图13-11）

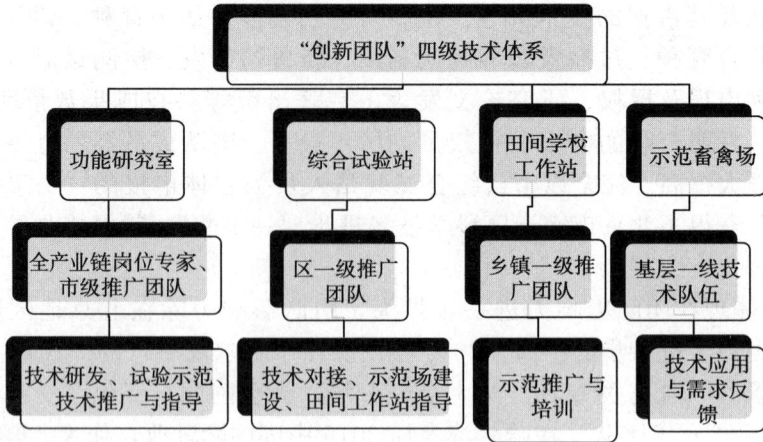

图 13-11　创新团队技术服务体系

2. 创新团队产业支持案例分析

启动"奶牛保姆行动"。启动以实用技术、操作技能培训为主要内容的"奶牛保姆行动"。针对北京市奶牛生产一线存在的各类瓶颈，团队启动以"减少生产经营损失，提高奶牛养殖场（户）相关人员的技术水平，增进团队专家与基层养殖场（户）的联系与技术对接"为目的"奶牛保姆行动"，全体成员通过现场集中"一对多""一对一"答疑等多种培训形式，开展了一系列有针对性的实用技术操作技能培训，用实际行动担当"奶牛保姆"，为提高北京市奶牛产业生产水平提供技术支持。

（1）管理机制与运行模式

采用团队日常管理为主，服务对象评价反馈为辅的管理服务机制。依托公益性推广体系和北京奶牛创新团队服务体系，构建了一个农科教、产学研相结合的高效社会化公共服务新平台。按照工作模式的总体设计，"产业一体化管理模式"是团队开展工作的主体。运行机制的创新主要体现在考评考核动态管理机制、推广路径调控机制、合作带动协同机制、基层服务保障机制等4个方面，它们是一个有机整体，各有侧重又相互联系（图13-12）。

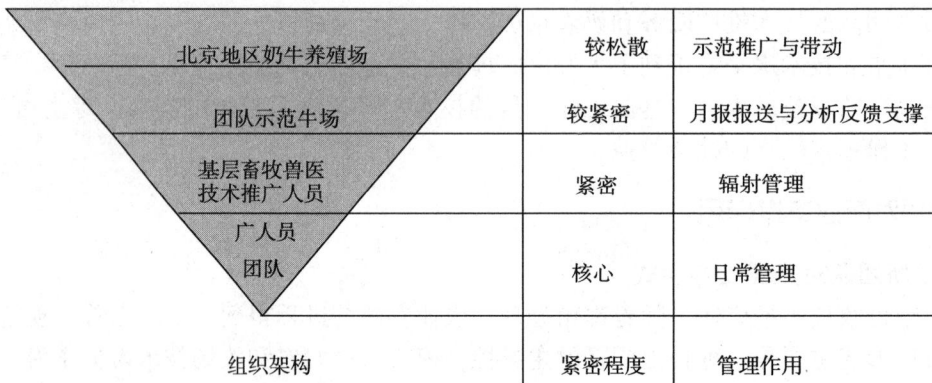

图 13-12　"奶牛保姆行动"组织架构图

（2）推广路径调控机制

包括推广体系建设和推广运行调控两方面。奶牛推广体系建设包括：资格准入，定岗定责，按需设岗，竞争上岗，确定工作任务；实施合同责任管理制，各成员签订五年工作规划和年度责任书；制定量化绩效考核办法，建立起人员淘汰、补充和内部流动机制。技术推广运行内容主要包括产业需求调研、技术研发、技术推广（单项技术应用、套装技术应用）、示范场建设、技术入场入户指导、多元化培训（一对一、一对多、多对一、多对多等）、专家"一对一"对接服务，科技服务超市、技术产品定制服务、团队文化建设（团队文化建设、交流，知识竞赛等）、信息宣传与普及等。具体采用了"团队联合推广体系、专家成员对接示范场、示范场形成示范群、牧场帮牧场"的推广路径，这是符合现阶段北京市农技推广体系和奶牛产业现状特点的现实选择（图 13-13）。

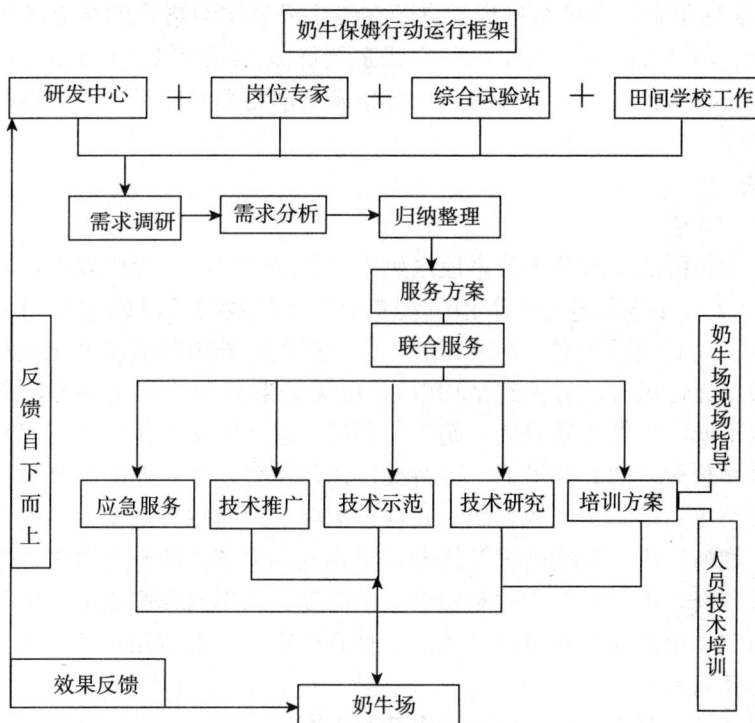

图 13-13　"奶牛保姆行动"运行框架图

（3）奶牛保姆行动主要成效

自奶牛保姆行动开展以来，团队共开展试验研究 240 项，形成"奶牛繁殖调控技术""犊牛早期培育技术""奶牛乳房炎药物防治技术"等新技术 84 项，开发产品 46 个（套），覆盖牛群 26 万余头次，辐射北京市 92％以上的牛只；获得专利 40 项，发表研究论文 188篇，北京成乳牛单产连年增长，截至 2015 年，奶牛平均单产已达到 7.47 吨，比 2012 年提高 1.07 吨，保姆行动的实施功不可没，为奶业发展提供了技术支撑。

三、奶牛产业典型案例分析

（一）"互联网＋"现代奶牛养殖场管理模式——北京诚远盛隆养殖有限责任公司

1. 基本情况

北京诚远盛隆养殖有限责任公司，地处北京市昌平区沙河镇踩河新村，是北京市奶牛创新团队典型示范牛场之一。存栏量 300 头，年产奶量约 600 吨。该养殖场集成了北京市畜牧总站、北京市奶牛创新团队、中国农业科学院北京畜牧兽医研究所/动物营养学国家重点实验室、北京农学院/奶牛营养学北京市重点实验室、北京市昌平区动物疫病预防控制中心的各项技术服务，实现来了"互联网＋现代奶牛养殖场"管理模式。北京诚远盛隆养殖有限责任公司作为"互联网＋现代奶牛养殖业"的案例实践，同时也是北京市奶牛创新团队的试验研究基地，承担了大量的科学研究试验。"网络化、智能化、服务化及协同化"的"互联网＋"技术实践案例应用的奶牛在 300 头左右，涉及养殖过程数据的信息化与数字化、养殖环境数据的智能化采集与远程控制、个体饲喂的精细化、动物福利及挤奶数据的在线化采集等5 大环节，基本实现了奶牛养殖全过程信息的在线化采集与网络化的智能处理，受到了预期的示范应用效果。该"互联网＋奶牛场"实践案例从 2014 年开始启动建设，近 3 年包括软件、硬件及控制设备共投入 350 余万元，也包括满足动物福利的设备与局域网与远程视频监视系统。

2. 主要做法

（1）案例实施背景

北京市奶牛创新团队在服务于北京地区奶牛专业养殖户的过程中发现，非大型国有奶牛养殖企业的 2、3 类养殖场普遍存在养殖过程粗放、养殖效益低下的共性问题，具体表现为牛只系谱不清甚至没有纸质档案，饲喂粗放、浪费严重，养殖环境恶劣无控制系统，个体产奶数量及品质数据无记录（仅有大致平均数），更无奶牛福利控制设备等，所导致的结果必然是奶牛单产水平低、生乳品质堪忧，奶牛可利用年限（胎次）少（2～3 胎），而生乳收购价格在国际经济增长放缓的大背景下一致持续低迷，使得这些企业的生乳单位生产成本往往与收购价相当甚至还高出，企业的利润空间甚至生存空间面临严重挑战，淘汰退出的企业不断增加。因此，如何利用"互联网＋"技术，对具备一定条件的专业养殖户进行养殖模式的技术创新与模式创新，提高全要素的利用率，全面提升奶牛的单产水平、生乳品质及奶牛的利用年限，通过节本增效提高养殖综合效益，具有现实的需求与深远的意义。

（2）案例建设内容

本案例建设内容及解决的技术问题包含 5 个方面：

一是奶牛养殖过程信息管理系统的应用。以 RFID 电子标识的佩带为切入点，实现个体奶牛的全程信息的在线及必要的手工采集，尤其是繁殖数据的采集。截至目前基本实现奶母牛的系谱管理、胎次结构的智能化分析，以及包括发情、配种、转群、换料、免疫与分娩的智能提醒，显著提高了牛场生产的数字化管理水平。

二是牛舍环境参数的动态监测与远程智能控制。采用环境控制物联网技术，通过传感器技术实时监测牛舍的温湿度与氨气浓度，一旦温湿度或氨气浓度达到嵌入式系统设定的阈值时，系统自动（或远程手动）启动水冷风机或喷淋系统，总能使核心牛舍的环境处在可控制范围，最大限度减少奶牛的热（冷）应激，努力维护在恶劣环境下奶牛的生产水平。

三是个体奶牛精准饲喂系统的创新研究与应用。奶牛的采食行为特性越来越影响奶牛的生产水平与福利水平。为此，创新研究了基于奶牛个体的精准智能饲喂站系统，申报及获得相关专利 5 项，出版专著 1 部。通过个体奶牛精准饲喂系统的应用，获得大量的不同产奶水平奶牛的采食行为特性，为制定精准饲喂方案提供了科学依据。

四是构建奶牛的福利辅助系统。主要包括牛场不同区域的音乐播放系统、安装了挠痒设备及饮水温度自调节系统，保证奶牛的身心舒适与健康，在提高产量和延长利用年限方面发挥了明显的作用。

五是建立了数字化的挤奶间系统。全面集成了国际先进的阿菲金自动仿生挤奶设备及挤奶数据自动采集系统，与"奶牛养殖过程信息管理系统"融合后，为奶牛养殖的大数据分析提供数据源，同时引进奶牛计步器系统，提高了发情鉴定的效率与准确性。

（3）本实施案例的创新分析

技术创新：在传统的奶牛养殖企业，将现代的奶牛繁殖技术、营养技术（如 TMR 技术）与管理技术即在线化与数字化技术，应用在养殖过程的各个环境，包括繁殖、饲养、环境、健康与挤奶等环节，实现了物联网闭环控制，充分体现信息技术是现代畜牧业的制高点。

组织创新：案例实施集中了不同渠道的科技、资金与人力资源优势，包括中央科研院所、北京市及昌平区的资源优势，在技术、资金及人力资源上分工明确、组织高效、效果明显。本实施案例基本建成后接待来自全国各地的参观人员 2 000 余人，各种媒体报道 500 余次，通过"互联网＋"推动传统产业的转型升级效果明显。

模式创新：本案例模式实现了产学研用相结合的模式，既将各种"互联网＋"技术在企业落地，帮企业解决了部分投资问题，又满足科研团队开展科学研究对数据的需求，探索了合作共赢模式。

服务创新：案例实施构建了网络数据采集与分析平台及移动 APP 系统，技术服务人员利用有线或无线获得服务企业的过程数据，如繁殖、营养、环境及健康数据，尤其是奶牛的DHI 的数据，利用数据挖掘分析模式，可在线分析牛场甚至个体奶牛的生产性能与健康问题，并及时给出建议，从根本上提供服务的科技含量与依据。

3. 经验效果

（1）探索了"互联网＋"技术改造传统奶牛养殖模式

本案例按照国务院推进"互联网＋"行动的要求，率先将互联网技术的在线化和数据化在奶牛养殖过程链实现全覆盖。目前物联网技术已经覆盖奶牛电子标识、TMR 饲喂与计量、挤奶自动计量与数据传输、奶牛个性化精准饲喂、牛场养殖环境的自动监测与数据的传输、环境控制设备的手动及自动远程控制等，实现了从养殖环境、繁殖育种、饲养营养及挤奶出售的全过程的数字化管理以及生产关键环节的全过程及闭环控制，极大地提高了奶牛生产的经济和社会效益。

本案例通过近 2 年的实施与效益测算，一头泌乳牛一年通过节本增效增加综合效益 510元以上，如果大规模推广应用，生产的规模效益是可观的。

（2）建设了一流的人才培养与科技转化平台

高层次人才培养是提升奶业技术和生产水平的核心和关键，本基地建设过程中，在奶牛场建设了小型实验室、实验动物模型等现代科研条件，将青年教师和研究生派到基地学习、实践作为整个培养过程的必要条件，提升了青年教师、研究生的创新能力和解决实际问题的能力，特别是将团队承担的项目、研发的产品、转化的技术等在基地进行实践，了解在牛场的使用情况，包括使用方式、使用剂量、使用效果以及使用过程中存在的问题，为下一步的转化、技术示范等搭建现代平台，实现了技术与产品在生产一线的实时转化。

（3）加强技术示范和宣传，提升基地建设显示度

依托北京市奶牛创新团队，与京郊 7 个综合试验站以及 20 多个田间学校建立了密切的联系，在产业技术体系每一次开会、培训、技术交流过程中，项目组多次进行了有效的宣传和介绍。本案例技术和产品在基地试验示范后，通过北京市奶牛创新团队在京郊牛场进行了推广。其在昌平综合试验站支持下，在该区规模化奶牛场进行了示范性推广，奶牛单产提高 5.2% 以上，经济社会效益显著。此外，物联网奶牛场建设得到了媒体的广泛关注。农民日报、劳动午报、新京报等媒体以国内首个物联网试验牛场建成报道了团队 2015 年度重点建设的物联网试验牛场。此外，中国畜牧网、凤凰资讯、新浪网等 4 561 个网站对物联网牛场建设进行了报道。

| 互联网牛场的局部 | 手机远程监控画面 |
| 牛舍环境温度远程监测 | 牛舍环境湿度远程监测 | 环境控制设备远程遥控 |

图 13-14　个体奶牛精准饲喂物联网设备

（二）全程有机认证——归原乳业发展模式

1. 基本情况

北京归原生态农业发展有限公司始建于 1998 年，坐落于北京西北部的延庆县，这里平均海拔 500 米以上，大气、水质均达到国家一类标准，是首都生态涵养发展区，八达岭长城、龙庆峡、松山、康西草原、野鸭湖等一批知名的自然和人文景观散布在公司周围，良好的周边环境为归原有机奶提供得天独厚的自然条件。公司总资产 6 000 万元，占地 2 240 亩，其中：饲料地 2 100 亩，绿化用地 30 亩，奶牛养殖小区占地 80 亩，总建筑面积 2.6 万平方米，公司外饲料用地 25 000 亩，现奶牛存栏量为 680 头，年产有机鲜奶 1 500 吨。

2. 主要做法

（1）全程有机认证、安全有营养

安全性高：种植、养殖、加工全部经过有机认证。种植过程无化肥、农药残留。

多品种奶牛混养模式，用牛自身条件调节牛奶的口感。普通养殖场每头牛日产奶量在 38 千克左右，归原奶牛只产 15～16 千克。养殖过程不给奶牛用激素、抗生素，不采用催乳剂。回归自然散养，不给奶牛食大量的精饲料，粗饲料占奶牛采食量的 95％以上。

归原牛奶采用巴氏杀菌工艺，在杀死有害菌的同时，营养成分的保留高于普通牛奶几十倍。在整个生产加工过程中无任何添加剂，回归牛奶自然本源。公司还承诺如任何人在归原牛奶中检测出人为添加剂（除酸奶中添加沙糖及发酵菌外），归原将给予百倍赔偿。

（2）归原有机奶与常规奶的对比

一是相对于一般牛奶，有机牛奶更富含维生素 E、不饱和脂肪酸，维生素原 A 等抗氧化物质，更有利于人们保持青春、促进健康。有机牛奶中 omega3 脂肪酸含量非常丰富，比普通牛奶高出近两倍。omega3 对于保护心脏，维护骨骼、韧带的柔韧性有很好的功效，同时还可以促进骨骼、牙齿的健康和坚固。

二是维生素 E 高于普通牛奶 50％，β-胡萝卜素高于普通牛奶 75％，omega3 脂肪酸高于普通牛奶 64％。

三是无论成年人还是儿童，喝有机牛奶都大有好处。归原低温杀菌工艺生产的有机牛奶与普通牛奶相比，营养价值更高、更安全、更有利于健康、乳香更浓、口感更好。

（3）归原有机奶成为乳糖不耐受症患者的专享福利

亚洲人因先天遗传和后天生活习惯等多种因素，许多人都不同程度地有乳糖不耐受症。归原牛奶在十多年的销售活动中，遇到上千位乳糖不耐受症患者，他们在食用归原奶产品后，没有发生腹鸣、腹泻等症状。

（4）归原奶庄文化建设及互动体验活动的开展

归原奶庄建有奶业文化廊、世界奶业展示区、休闲体验互动区等，配有可视化挤奶厅、奶牛观光走廊、旅游公厕等设备设施。奶庄开设奶业科普宣传、饮奶常识讲解、儿童犊牛饲喂、挤奶体验、DIY 制作、园艺实践、儿童乐园以及中国、美国、荷兰、新西兰饲养模式介绍等项目。其中，DIY 特色鲜明，包括酸奶、奶酪、奶茶、奶豆腐、奶皮子、"酸老大"等民族奶品手工制作。游人通过休闲观光、亲身体验、动手实践，实现了寓教于乐，有利于消费者了解奶业知识，可以引导牛奶消费。庄园地处北京后花园"夏都"腹地，沿线旅游资源丰富、文化底蕴厚重，距北京市区 1 小时车程，交通便利。

3. 经验效果

公司秉承人与自然和谐发展的理念，在饲料种植、奶牛养殖与乳品加工过程中摒弃一切化学物质的介入，将农业生产回归到自然生态的本源，从而诞生了归原有机牛奶。目前主要产品为"归原"牌有机巴氏牛奶和有机酸牛奶等一系列产品。企业在生产高品质有机奶的同时，更注重生态的可持续发展，注意周边环境的保护。公司自建了污粪污水处理设施，处理后的粪渣经过厌氧活菌发酵后一部分作为牛床垫料使用，一部分用于有机田中，为奶牛提供食用的有机饲料，如此，就形成了一套完整的生态循环系统。2009 年，归原养殖场被授予了"北京市循环经济示范小区"的称号。真正实现了资源再利用，变废为宝。归原人秉持着"细心、精心、用心，品质永保称心"的经营理念，依托公司先进的生产设备和科学的管理模式，以市场为先导，以科技为支撑，以质量为生命，以人为本，为消费者的健康保驾护航。

（三）管理高标准、全程可追溯——北京三元食品股份有限公司

1. 基本情况

北京三元食品股份有限公司是以奶业为主，兼营麦当劳快餐的中外合资股份制企业。前身是成立于 1956 年的北京市牛奶总站，至今拥有 60 余年的历史。作为历次国家和北京市重大政治、经济、文化大型活动的乳制品供应商，三元食品受到了几代党和国家领导人的亲切关怀，肩负着"振兴民族乳业"的重任。多年来，三元食品始终坚持"质量立市、诚信为本"的经营理念，产品涵盖低温鲜奶、低温酸奶、常温高端奶、常温酸奶、常温乳饮料、奶粉、干酪及冰淇淋等系列。在全国拥有 14 个大型生产加工基地，海外布局加拿大、新西兰、法国，2016 年与普度资本（加拿大）设立合资公司收购加拿大 Crowley 公司 100％的股权。2017 年联合复星竞购法国 St-Hubert 100％股权。是中国北方最大的鲜奶品牌和全国最大的奶酪生产商。同时，三元食品拥有国家母婴乳品健康工程技术研究中心、国家认定企业技术中心、国家乳品加工技术研发分中心、北京市乳品工程技术研究中心、企业博士后科研工作站，并牵头成立国家首个"国家乳品健康科技创新联盟"。是国家高新技术企业、国家技术创新示范企业和首批国家级两化融合示范企业。

2. 主要做法

随着乳业市场的消费升级，三元在坚守质量安全的同时，不断升级产品品质，坚持以"健康国人"为己任，以科研创新带动产品升级，驱动发展。依托首农集团奶业全产业链优势，三元食品建立了完善的全程质量可追溯体系，打造从奶牛育种、饲养、研发、加工、储运、销售到售后服务的全产业链质量管理体系，坚持执行高于国家、高于欧盟、高于行业标准的内控标准。凭借多年的科研优势，三元不断提高产品科技含量，致力于带给消费者全生命时段的营养健康。为了让中国孩子能喝上自己的民族配方奶粉，三元历时 3 年，横跨 6 省，获取 2 000 多万条数据，建立了迄今为止最完善的"中国母乳成分数据库"，研发升级出了更适合中国宝宝健康成长的三元爱力优婴幼儿配方乳粉，也是第一款模拟中国母乳并通过临床验证的大数据奶粉。同时，三元运用生命科学技术，协同全产业链创新，突破了以往乳业市场对奶源的细分方式，基于多年研究成果与技术累积，建立了完善的奶牛血统追溯及基因筛查体系，甄选出血统纯正的 A2 型奶牛，从而生产出更加接近母乳蛋白结构的 A2β-酪蛋白纯牛奶，有效地降低了牛奶蛋白的致敏性及乳糖不耐症概率，同时也提高了人体胃肠的舒适性，实现了从源头开始的创新升级。

3. 经验效果

作为一家拥有 60 余年历史的乳业品牌，三元坚持以积极推动公益事业为己任，用实际行动践行"取之于社会，回馈于社会"的企业社会责任观。从成立之初即专注为首都儿童、老人、病人等特殊人群提供牛奶，心系民族乳业，始终为消费者提供安全、营养、健康的乳制品，始终以"良心、爱心、责任心"为企业核心价值观，坚持践行企业社会责任。自 2000 年开始，为在京的老红军无偿提供鲜奶，至今已有 17 年时间；坚持发展循环经济，提高资源利用率，累计回收玻璃瓶 50 亿瓶，减少碳排放量 220 万吨，相当于种树四亿三千九百万棵、8 万辆轿车停驶 10 千米，承接"美丽中国"构建理念；2016 年，三元启动"精准健康扶贫"项目，向河北省提供了 10 万册扶贫手册，将对河北省 62 个贫困县的 10 万名 0～7 岁儿童开展为期 5 年的一对一健康扶贫。2017 年 8 月，三元 10 分钟快速反应连夜调集超过 50 万元的蓝标爱力优奶粉及其他食品物品紧急赶赴九寨沟地震灾区。2017 年 11 月，三元食品以 69.3 的社会发展指数在中国乳品企业社会责任发展指数（2017）中位列三甲。

不忘初心，牢记使命。60 年品质坚守，三元已成为中国乳业的"品质名片"。从中国第一杯工业化酸奶，到全球第一包早餐奶再到中国第一款母乳奶粉、第一款夸克风味奶酪，三元坚持科技创新满足消费需求的同时也不断引领行业转型升级。未来，将继续依托全产业链优势和强大的科研实力，开发更多适合消费者的乳制品，用责任和匠心做好民族乳业的品质担当，用创新和匠心让企业迈上新高度。

四、奶牛产业发展政策与建议

（一）产业发展趋势及其亟待解决的技术问题

1. 产业发展趋势

（1）将北京打造成奶牛种质资源的生产基地

"十二五"期间，按照北京市农村工作委员会、农业局等单位颁发的《有关加快推进北京种业发展方式转变的意见》与《北京种业发展规划（2010—2015 年）》的最新政策，通过自主公牛培育和奶牛遗传物质生产技术创新，全面提高优秀种牛冷冻精液、胚胎（包括性控）的生产效率。同时，形成包括隐性有害基因检测、分子血缘追溯和遗传物质质量检测等在内的技术平台，北京地区全部种公牛及种母牛均纳入上述种牛质量安全监测体系。最终将北京建成全国最大、遗传水平最高的奶牛良种自主繁育体系及供种基地，进一步巩固北京市作为全国奶牛良种基地的核心地位，加速全国奶牛遗传改良整体步伐。

（2）将北京建成生态环保、优质高效、适度规模化的奶源生产示范基地

以《北京市畜牧业发展规划（2010—2015年）》为指导，以促进北京市农业结构调整和产业升级为目标，以奶业密集技术集成为手段，以科技开发、示范为主要内容，辐射北京郊区及周边地区，通过规模化、标准化奶牛养殖设施的升级改造，全面示范应用奶牛精细养殖技术，全面提高种质资源及饲料资源的利用效率，全面提升生鲜乳品质，促进养殖业、种植业和加工业的可持续发展，并带动饲料工业及其他相关产业的发展，促进当地经济发展和农业结构调整，进而提高北京奶业的整体水平和国际竞争力，将北京建成生态环保、优质高效、适度规模化的奶源生产示范基地。

（3）将北京打造成集奶业新技术应用、成果推广与产业化示范的基地

依托在京相关科研院所、大专院校、优势企业和技术推广部门等单位的紧密合作，实现人才、技术、设备的资源共享，建立起产、学、研、推一体化的技术服务体系，为北京现代奶业发展提供技术支撑。同时，加强与国内外奶业科研机构的交流与合作，实现技术自主创新，使北京奶业在奶牛繁育、饲料营养、疾病防治、健康养殖、乳品加工与质量安全等领域的重大关键技术达到奶业发达国家水平，并面向全国全方位展示和推广，建成具有世界先进水平的现代化奶业科技成果转化示范和辐射基地。

2. 解决的技术问题

（1）繁育研究室

奶牛遗传改良与优良种牛选育。夯实奶牛生产性能测定、体型鉴定、品种登记、良种登记、后裔测定、选种选配、数据分析与奶牛群技术管理体系等基础性工作，筛选适合中国特点的遗传评估模型，提高选种准确性，实现后备公牛自主培育，增加优秀验证公牛数量，大力推广优质冻精，大力推广胚胎移植技术。

奶牛繁殖技术研究与应用。①奶牛同期发情、诱导卵泡发育、高效胚胎生产方法（超排、胚胎冷冻—解冻方法等）等发情排卵调控相关技术的研究和推广应用，建立繁殖性能记录，提出繁殖激素合理利用和繁殖障碍综合防控的技术规范，提高繁殖效率。②完善奶牛XY精子分离技术体系，开展性控胚胎生产技术研究，提高奶牛性控冻精配种受胎率。③研究奶牛冷冻精液高效生产技术、低精子数牛冷冻精液生产及人工授精技术。开展奶牛繁殖技术培训，提出改进奶牛场繁殖效率的技术方案和繁殖管理规程。

（2）饲料与营养功能研究室

在饲料与营养研究方面，以推行科学评价饲料成分及营养价值为出发点，建立实用的饲料质量评价体系及饲料成分及营养价值基础数据库，研究不同饲养模式下和饲料类型下包括犊牛、后备牛及成母牛的营养需要量及饲料优化配方技术，以及饲料的加工与饲喂技术，从促进奶牛的瘤胃健康，实现奶牛养殖的健康、优质、高效、环保和可持续发展。

研究饲料质量快捷检测技术，制定北京市奶牛饲料数据库及成分表。集成北京饲料检测的人才、设备及技术优势，建立起饲料质量快速检测与服务体系，调研北京市主要精、粗饲

料原料种类与品质，结合国内外的研究进展，重点补测或评定典型饲料的营养价值数据，建立具有针对性、适合北京市奶牛饲养的专用饲料数据库及饲料成分表。

筛选制定北京市典型奶牛饲料配方模型，开发精细饲养的信息管理系统。根据建立的饲料数据库，集成新型饲料添加剂，研究开发 TMR 精准配方技术，依据不同的养殖模式，研究制定一批典型的犊牛、后备牛及成乳牛配方并进行筛选与完善；研制开发适合不同养殖模式的精细饲养信息化管理系统，以期实现对牛群的繁殖、育种、饲料与营养、生产周转及健康的数字化管理。

研究不同饲养模式下粗饲料调制技术，探索精粗饲料高效利用模式。针对京郊奶牛粗饲料单一、加工方法简单的现状，重点推广粗饲料颗粒化技术、揉碎技术及相关工艺；研究不同粗饲料与精饲料正组合效应，提出精粗饲料高效利用模式，推进现代奶牛饲料加工工艺在京郊奶牛场的广泛应用。

建立青贮质量评价体系，改进青贮方式，提高青贮营养价值。研究推广优质青贮调制保藏技术，制定青贮饲料质量评价体系。根据青贮原料的营养成分含量研制营养平衡剂、青贮调制剂，降低青贮过程中营养物质的损失率，提高青贮品质；研制二次发酵抑制剂，青贮饲料的有氧稳定性，减缓开窖后青贮的霉变。

研究示范后备牛科学培育及饲喂技术，全面改善奶牛的利用年限。研究新型代乳品，推广犊牛早期断奶技术、小母牛优质培育技术，实施后备牛高效培育技术规范，促进犊牛断奶日龄提前到 45～60 天，改善各阶段后备牛的营养条件，促进体型体重增长、乳腺良好发育和瘤胃健康发育，使青年母牛初配月龄及初配体重达到预期目标。

（3）疾病防控

协助开展口蹄疫、布鲁氏菌病和结核病的防控工作。根据《国家中长期动物疫病防治规划（2012—2020）》，到 2015 年北京市 A 型口蹄疫达到净化标准、亚洲 I 型口蹄疫达到免疫无疫标准、O 型口蹄疫达到控制标准，布鲁氏菌病达到控制标准，奶牛结核病达到净化标准。为此，奶牛创新团队应加强口蹄疫、布鲁氏菌病和结核病的综合防控技术研究，积极配合、协助北京市兽医管理部门实现奶牛口蹄疫、布鲁氏菌病和结核病的防控目标。

加强奶牛重要传染病的防治。调研奶牛病毒性腹泻、传染性鼻气管炎和副结核的流行情况，分离、鉴定当地病毒（菌）株并研究感染牛群中病毒（菌）的抗原及分子生物学特点，研究建立特异性的快捷诊断方法，在此基础上制定防控措施。

加强奶牛常发病的防治。调研分析这些疾病高发的原因，包括确定引起奶牛乳房炎、子宫内膜炎的主要优势病原菌，诱发肢蹄病和前胃疾病主要因素，有针对性地制定防治措施。

加强奶牛用疫苗、兽药研究和安全用药指导。依托现有技术单位和兽用疫苗新技术，开展奶牛用疫苗研究，重点开展生产工艺及质量控制关键技术研究，提高疫苗产品质量，强化细胞悬浮培养、分离纯化、免疫佐剂及保护剂技术研发，大力发展多联多价疫苗、长效疫苗、口服疫苗，增强疫苗产品保障能力。加大奶牛用安全、高效、低毒、低残留药物的开发力度，重点开发奶牛乳房炎、子宫内膜炎等疾病的防治药物。积极开展病原菌的药敏试验，通过宣传培训指导养殖场户安全、合理用药。

加强诊断技术研究和疾病防控技术的培训、推广工作。有效整合、建设奶牛疫病诊断技术研究和推广应用平台，研制奶牛疫病诊断试剂、努力提高诊断试剂产品质量，并对兽医技术人员开展持续性培训，满足北京市奶牛疫病防控需求。

（4）健康养殖

加强奶牛热应激福利设施及调控技术研究。从奶牛生理和行为需要出发，研究减少应激影响因素的福利型饲养设备、运输和屠宰设备及其工艺控制参数，探讨符合动物福利要求的饲养环境调控技术、生产管理替代技术和挤奶技术，建立奶牛低应激生产的技术体系。

加强奶牛养殖场牛舍改造和生产工艺改进指导。针对北京市多数牛场牛舍环境简陋、生产工艺落后等特点，根据奶牛场生产工艺参数和规模大小，研究确定规模化奶牛场（小区）和奶牛专业户牛舍建筑改造和生产工艺改进方案。加强对奶牛养殖场牛舍通风设施设备改进、新生犊牛保育室改造等进行指导。

制定并推广奶牛健康养殖技术标准体系。针对北京市奶牛养殖特点，借鉴发达国家和地区的奶牛健康养殖技术规范或标准，研究制定奶牛健康养殖技术标准体系，确立北京市乳制品良好生产行为规范标准，研究建立适合北京市的规模养殖场和养殖小区广泛应用的健康养殖技术标准和规范。

加强低成本粪污处理技术的推广示范。根据北京市"十二五"时期都市型现代农业发展规划中明确提出的通过规模化养殖场粪污治理和健康养殖，使北京市规模畜禽养殖场畜禽粪便资源化利用率达90％以上，规模化养殖场全部达标排放或零排放的努力目标。研究适合养殖小区使用的低成本奶牛粪便处理与资源化利用技术和关键设备。

推进奶牛健康监测和养殖评价体系建设。针对北京市奶牛养殖的特点，研究确定评价奶牛健康的相关指标和参数，制定牛群健康评价的统一标准，推广示范整套牛群健康监测标准设备，并建立相应的监测和评价方法，大力推进奶牛健康监测和养殖评价体系建设。

（5）乳品加工岗位

积极开展原料奶品质评价及加工特性研究，建立原料乳及制品的质量品质数据库。通过系统分析不同生产方式、季节、区域原料奶的理化、营养、生物学（细菌总数、嗜冷菌、体细胞、耐热酶等）质量指标，按照主导产品的质量要求，研究上述不同质量原料奶对生产的 UHT 乳、酸奶、奶酪、巴氏消毒奶等产品质量的影响规律，建立各产品原料奶质量及加工适宜性评价指标体系，建立 UHT 乳货架期预测模型，为各类产品选择适宜的加工原料，保证产品品质提供理论和技术支持。

加大对干酪加工、乳清回收再加工及自主益生菌菌种开发力度。开发适合国内消费嗜好的干酪产品，并针对干酪加工中产生的大量乳清，提高其综合利用率，开发系列低脂乳制品和蛋白膜产品，同时开展脱盐乳清粉、WPC、WPI 等乳清系列产品的膜技术制备技术研究，以减少排放乳清造成的环境污染和资源浪费，提高加工企业的综合经济效益。加强益生菌的筛选、功能评价及产业化应用，制定相应的产品标准，用于酸性乳饮料等乳制品生产。

积极推进乳制品加工厂清洁生产技术。采用专用膜组件，研制可回收乳品厂原位清洗（CIP）的酸碱清洗废液的专用设备，研究回收技术。为建立乳品加工清洁生产技术体系奠定基础。通过本技术及设备的推广应用，可以减少企业的硝酸和氢氧化钠的排放，减少清洗废水的排放，节约大量酸碱开支，减少对环境的污染和资源浪费。

持续开展现有产品的工艺改进及质量升级。针对市场产品出现的主要问题，对企业开展工艺、配方、技术等方面的咨询和技术指导工作，以便帮助企业进一步提高产品质量，特别是货架期产品质量的稳定性，减少或杜绝质量投诉事件的发生。维护企业和消费者利益。

加强新产品研发投入。针对现代城市人口结构特点和健康状况，拟开展中老年营养乳制品、生物活性肽、益生菌发酵制品、具有降糖和其他保健功能的功能性乳制品等产品的加工技术研究与产品开发工作，并根据企业发展需要进行部分产品产业化生产。

加强对生鲜乳兽药及真菌毒素残留的检测。针对奶牛场常用药物种类如β-内酰胺类（青霉素类、头孢类）、氨基糖苷类（链霉素、庆大霉素）、四环素类（土霉素、四环素）、喹诺酮类（环丙沙星、氧氟沙星、诺氟沙星、磺胺类和大环内酯类等），开展药物残留快速检测技术及仪器确证方法研究，开展牛奶中药物代谢与残留消除试验研究，建立方法标准，开展牛奶中兽药残留状况调研和奶牛重要病原菌耐药性监测，为乳品安全风险分析提供数据。开展饲料中霉菌毒素检测技术研究，针对奶牛场常用饲料，开展霉菌毒素（如总黄曲霉毒素、玉米赤霉醇等）检测技术及牛奶中霉菌毒素残留检测研究，为奶产品安全保障提供技术支撑。

（6）生鲜乳质量检测岗位

生鲜乳及乳制品质量安全快速检测技术与产品研究。针对生鲜乳及乳制品质量安全快速检测技术落后、国外检测产品价格高、国内产品质量不稳定的现状，利用团队拥有全国最大兽药抗体资源库的优势，自主研制质优价廉的兽药残留及污染物快速检测试剂盒和检测卡。

生鲜乳及乳制品兽药残留及污染物确证检测方法标准研究。针对生鲜乳及乳制品兽药残留及污染物确证检测方法中多种类药物同步提取净化同时检测方法标准缺乏的现状，选择奶牛养殖场使用频率高、用量大的药物，开展多种类兽药确证方法标准研究。

开展生鲜乳药物残留和污染物调研与监控。针对目前国内抽样品数量少、监测药物种类覆盖面不足的现状，开展生鲜乳种药物残留和污染物普查，同时开展饲料及投入品中污染物调研，摸清药物残留状况，提出重点监控药物清单。

开展生鲜乳细菌耐药性调研与监控。针对生鲜乳细菌耐药性监控缺失的现状，选择奶牛养殖场发病率高、危害面广、经济损失严重的疾病，开展菌耐药性普查，摸清耐药状况，提出监控计划建议。

（7）产业经济岗位

建立北京奶牛产业信息预警平台。通过定期调研跟踪，建立奶业生产、加工和市场价格等产业链各环节的动态数据库，以及国际和国内奶牛遗传资源、生鲜乳以及乳制品贸易动态数据库，利用产业损害预警分析模型，实时跟踪北京奶牛产业链各环节的利益主体的经济动态，并给出产业预警分析。

研究不同规模奶牛养殖场经济效益的提高途径。全面分析北京不同规模奶牛养殖场经济效益，探究在北京环境资源、土地资源、饲料资源和人力资源约束下，北京不同规模奶牛养殖场经济效益提高途径。同时分析北京奶牛产业劳动力吸纳能力及就业意向，以把握奶牛产业未来发展的就业空间和社会需求，利于农民增收。

研究北京乳制品价格波动及调控机制。从北京生鲜乳及乳制品生产和价格波动特征和规律、北京生鲜乳及乳制品价格的传导机制、北京生鲜乳及乳制品价格波动的成因、北京当前调控生鲜乳及乳制品市场的政策评价和国际比较等几个方面展开研究，最终提出稳定北京生鲜乳及乳制品价格与市场供应的调控机制的政策建议。

北京奶牛产业市场竞争力研究。运用区域竞争力理论、产业竞争力理论分析北京奶牛产业的市场竞争力及其影响因素，并重点从种源控制、产品控制和产业文化控制等方面分析未来提高北京奶牛产业竞争力的路径选择。

（二）具体政策与建议

1. 调整产业结构，实现数量发展型向质量提高型的转变

随着北京市建设国际化大都市进程加快，农用土地面积不断减少，再加上一些区县的转型发展，使原有的一些区县的奶牛养殖面临场地和饲料供应的困难。由于农用土地减少，给奶牛粗饲料、青饲料生产带来了较大的影响。为此调整北京市奶牛养殖的方针从数量发展型转为质量提高型将成为北京奶业发展的重中之重。

2. 推广三元养殖模式，提高北京市奶牛养殖生产和管理水平

应着重向北京市推广三元绿荷奶牛养殖中心的管理模式：即从奶业集约化、现代化、标准化、网络化、智能化管理为内容的先进管理经验着手，加大对区县规模养殖场（养殖小区）的培训工作，对区县在奶牛养殖中的共性问题采取北京市统一培训；对区域性的问题采取地域性的培训；对个别牛场的问题采取一对一培训；这种培训的方式真正帮奶农解决了实际问题，统一了思想和理念。

3. 加强示范，推动奶牛养殖场规模化和标准化建设

规模化是提高效益的途径，标准化是保证质量的平台。政府应通过专项资金投入，打造一批规模化、标准化、现代化程度很高的奶牛养殖场，并引导奶农向规模化、标准化饲养模式转变。如顺义北京中地畜牧科技有限公司等现代化的奶牛养殖管理模式，拥有较高的投入产出比，值得推广。

4. 完善产业扶持机制，推动奶业升级和健康持续发展

（1）饲料饲草专业化

在北京，一个很大的问题就是没有足够的土地，饲料的供给也严重不足，需要其他地区来供应。在奶牛的饲草和饲料的生产上要保证质量和营养，形成专业饲料产业。在合理搭配精粗饲料的同时还要广泛开辟粗饲料的来源，提高粗饲料的质量。秋收时节北京一些奶牛场专门为周边的农民免费收割玉米，收完玉米剩下的秸秆，奶牛场用来制成奶牛饲料，一举两得。既为农民减轻了负担，同时又在最近的地方找到了饲料，减少了运输费用。在北京郊区奶牛场附近可因地制宜种植奶牛的饲料，如苜蓿和青贮玉米。苜蓿的粗蛋白丰富，青贮玉米含有丰富的糖类，一亩地产生的秸秆比普通玉米多2~3吨。而且种植青贮玉米可以长期保存，是非常好的饲料。在北京要适当推广全混合日粮（TMR）技术。TMR技术使奶牛的传统养殖过渡到现代化养殖，采取此技术的奶牛场可以提高奶牛的生产水平。一些大型奶牛场已经采取TMR技术，获得了较高的产量，对于北京一些中小型个体奶牛场来说，也应该根据奶牛场的具体情况逐渐地过渡到TMR技术。

（2）加强对奶牛产业的保护，培养国有奶业的市场竞争力

调研中，多数养殖户希望政府把补贴直接拨给奶农和养殖场，对牛奶进行合理限价，并适当控制进口奶，以给民族奶业以更大的发展空间。针对产业发展过程中存在的问题，加大对产业政策引导和有效扶持。

（3）加大产业设施的补贴力度，缓解奶农的资金压力

调研中，养殖场（户）普遍反映，随着对原料奶质量要求的不断提高，对生产的基础设施和仪器设备尤其是对污水处理设备的要求也越来越高，这成为目前养殖企业运营的重要资金压力。希望政府扩大良种补贴的范围，提高补贴费用；提供先进检测仪器与全混合日粮机

（配制饲料的机器），并有机械设备（30%～50%）补贴（如挤奶机，搅拌机、自动饮水设备、铡草机、揉碎机等）。牛棚改造，希望得到50%的扶持资金，并免费提供兽药、疫苗。

（4）加强专业养殖和管理技术培训，加强技术推广人员服务

奶牛产业面临的主要挑战就是如何把传统农民改造成现代农民，大多数奶农缺乏养殖经验，没有受过专门培训，对养牛的知识一知半解。而发达国家的奶牛场农场主都有丰富的养殖经验，接受过专门的培训，有专门的养殖知识。另外国外养牛场都是种养结合，有大面积的土地，而在北京，让养牛人有足够的耕地是一个很大的问题。因此，适度规模养殖更适合北京的奶牛场。政府充分发挥科研院所等社会力量，组织多层次的技术培训，提升奶牛产业劳动力的业务素质。还可以借助北京"村官"队伍平台，加强奶牛产业的专业技术人员队伍的素质。

（5）完善原料奶价格形成机制和收购程序，解决奶农市场之忧

北京目前还存在一定数量的小规模农户，各级部门应重视这批奶农的生存与发展，保护他们的生产积极性。调查中，多数规模化牛场希望政府提供保护价格政策（稳定奶价，降低饲料价格），规范生鲜乳收购价格的形成机制，稳定生鲜乳的收购程序。建议采用"配额制"等政策鼓励在京的大型乳品加工企业（如三元、蒙牛、伊利、光明等）积极带动奶农发展，建立"公司＋农户"的产业经营模式。借此也可以进一步提升合同牛场的经营管理水平，助推北京奶业的规模化、标准化和规范化的进程。针对调研中养殖场（户）普遍反映的收购标准不统一问题，国家应统一制定质量安全监测标准，也可以尝试推行第三方检测。

（6）鼓励奶牛合作社的发展，增强奶农市场谈判能力

成立奶农合作组织可以降低个体奶农的饲养成本，通过集中批量采购饲料、药品来压低采购价格，降低奶农的养殖成本。奶农合作组织还可向奶农提供市场信息、培训信息，联合首都高校专业技术人员组织专题讲座和现场指导，提高中小型奶牛场的养殖技术。在奶牛的养殖上，鼓励更多的养殖户加入奶牛合作社，进入养殖小区，进行统一管理。既提高了效率，又保证了质量，同时也降低了市场风险和自然风险。在对牛奶的销售和加工方面也形成产业化，增加奶制品加工厂产品的种类和多样性，以龙头企业为依托，发展奶制品加工。

5. 采用国储和外埠生产基地形式，缓解原料奶供需不平衡问题

针对目前原料奶需求和供给不均衡的现象，建议采用西方配额制，农户需要多少奶，就生产多少奶，换句话说，就是不需要奶就少生产奶，需要奶就多生产奶。为了实现这一目标，将以彻底推进乳品企业与养殖场捆绑共建模式，实现生鲜乳供应与价格形成一体化机制。国外是国储奶粉（正向选择），国内无国储，而是靠进口作为调剂池，这属于逆向调剂，降低价格，价格就越来越低。因此国内也可以采用国储的形式来解决供需不平衡。同时，为了规避北京土地资源紧张、产业结构转型的压力，要积极鼓励本市奶业龙头企业到外埠建立标准高、可控性强的奶牛生产基地，缓解北京奶源的供需不均问题。

6. 加强乳品消费文化宣传，共推北京乳业健康发展

奶牛文化产业也是一个新兴产业。在瑞士，一些人在山区牧场租奶牛，在劳作中度过假期，而且这种度假方式在瑞士城市居民中也日趋流行。人们通过饲养租来的奶牛和亲手挤奶来体验牧场的生活。在我国也有奶牛文化，将奶牛场与奶牛文化结合，将参观、娱乐和亲身体验结合。在北京发展奶牛文化产业，产业链将拓展和延长。

第十四章　北京市观赏鱼产业发展报告

近年来，顺应北京市发展都市型现代农业的潮流，北京以养殖生产为主的传统渔业开始向"生态、生活、生产"功能为一体的都市型现代渔业转变。观赏鱼产业凭借自身优势，依托并服务于城市建设，逐步发展成为北京都市型现代渔业建设中的一个亮点。2016年，受国内渔业大背景的影响，本市观赏鱼产业销售量动荡不稳，观赏鱼价格整体下跌，或者滞留在企业、农户手中。据不完全统计，到2016年底北京市观赏鱼养殖面积8 644.5亩，较2015年下降335亩。观赏鱼产业的发展急需调整。在如此波动之时，观赏鱼团队积极开展主推技术、主推品种、主推产品等推广服务，稳定提高了京郊观赏鱼产业的经济效益，亩均纯收益实现了1.151万元，较2015年的1.11万元提高了3.69%。团队技术服务推广苗种4.853亿尾，带动养殖面积58 000亩，推广饲料80吨，实现京郊良种覆盖率71%，经济效益6.5亿元。

一、观赏鱼产业发展概况

（一）生产情况

1. 基本情况

近年来，顺应北京市发展都市型现代农业的潮流，北京以养殖生产为主的传统渔业开始向"生态、生活、生产"功能为一体的都市型现代渔业转变。观赏鱼产业凭借自身优势，依托并服务于城市建设，逐步发展成为北京都市型现代渔业建设中的一个亮点。

（1）经济效益

2016年，受国内渔业大背景的影响，本市观赏鱼产业销售量动荡不稳，观赏鱼价格整体下跌，观赏鱼产业的发展急需调整。在如此波动之时，观赏鱼团队积极开展主推技术、主推品种、主推产品等推广服务，稳定提高了京郊观赏鱼产业的经济效益。通过对78家观赏鱼企业、养殖户的调研数据可知，2016年养殖观赏鱼的亩均纯收益实现了1.151万元，较2015年的1.11万元提高了3.69%。团队技术服务推广苗种4.853亿尾，带动养殖面积58 000亩，推广饲料80吨，实现了京郊良种覆盖率71%，经济效益6.5亿元。

通过改善饲料物料配方和加工工艺，友谊恒远饲料科技有限公司加工团队饲料能耗下降了5%，出料速度约提升了10%，饲料外观完整性、耐水性均有显著提高。折合成利润，仅工艺调整一项使得该企业年利润提高近50万元。

团队成果配方"血鹦鹉增色系列饲料"具有增色快、保持时间长等特点，仅商品饲料"血鹦鹉金营养"饲料，电商年销量可达25吨，获得了全国用户的广泛认可，销量居全国同类产品销售量首位，售价达8.5万元/吨，生产销售企业年利润170万元，其中新增（原产品售价 4 万～5 万元/吨）利润近 80 万元。不但如此，由于用户对血鹦鹉系列增色饲料的应用，大大缩短了鹦鹉鱼的暂养周期，加快了养殖企业、暂养企业鹦鹉鱼的出塘率，提高了上市鹦鹉鱼的品质，据统计，每条鹦鹉鱼所带来的效益增收约为 0.8～1 元，行业效益是相当可观的。

2016 年推广的"锦鲤专用系列饲料"，虽然成本较普通锦鲤饲料有所增加，但是其在中高端锦鲤养殖中推广的效益也是可观的。示范推广的"中档"饲料售价约为 1 万元/吨，但是以"神阳"饲料为例，其售价约为 1.6 万元/吨，两者的养殖效果没有差异，也就是说，应用团队饲料养殖"中档锦鲤"，饲料成本将节约 30%以上，折合成利润也是可观的。以示范养殖户"贤雅聚悦生态农业园"养殖锦鲤为例，2016 年其中档锦鲤因饲料成本节约所带来的利润增加约为 200 元/条，该养殖园每年生产中档锦鲤 2 000 尾，其利润增加为 40 万元/年，约占其年总利润的 15%～20%。

团队成果"金鱼专用系列饲料"由于具有适当的能蛋比，对比普通商品料，其饲料成本增加约为 800 元/吨，但应用该成果养殖金鱼具有生长好、饵料系数低等特点，对于培养名品金鱼、塑造好的体型具有广阔的应用前景，其潜在应用价值也是可观的。

通过开展观赏鱼养殖无线远程水质动态监控技术，加强对亲鱼及养殖水质的科学管理，示范区域内观赏鱼优选率在原有基础上平均提高 2%。高档观赏鱼年平均单产提高约 46 尾，亩效益年平均增加约 3 200 元。

观赏龟养殖技术：从研发的初步结果看，每平方米至少可以养殖稚龟 100 只。根据市场多年的价格走势来看，黄缘闭壳龟稚龟价格 1 000 元/只，麝香龟稚龟价格 200 元/只，养殖到来年的春季销售价格将会增加 50%，即黄缘闭壳龟幼龟 1 500 元/只，麝香龟幼龟的价格 300 元/只，利润增加值非常可观。观赏龟养殖时，投喂饲料一般是按照龟体重的十分之一投喂，养殖一年也不需要多少饲料，饲料价格为 8～10 元/千克，投入成本非常低；黄缘闭壳龟属半水栖，用水量非常少，尤其是稚龟，养殖容器的水深仅需 1 毫米，就可以生长得非常好；成龟、种龟也仅需 5 厘米左右深的水；麝香龟属水栖种类，用水比半水栖种类略微多一点；除了种龟培育时用来循环的几百瓦水泵耗电外，养殖观赏龟的电费支出非常少。总之，从整个研发过程看，养殖的投入成本非常低。而每平方米的产出至少在几千元以上，进行繁殖生产也基本如此。在实际操作过程中，平均每 0.01 平方米养殖的黄缘闭壳龟稚龟，为养殖者带来 1 000 元经济收入，平均每 0.12 平方米养殖麝香龟也为养殖者带来不少于 2 000 元的经济收入。

（2）养殖产量

成鱼总产量变动与养殖企业构成相似，在成鱼数量上，北京市成鱼主要来自于个体养殖户，连续三年，个体养殖户成鱼产量连续增加，2016 年达到了 32 445 万尾，较 2014 年增加 3 523 万尾，增幅达到了 12.18%；其次是乡镇企业，但三年来乡镇企业观赏鱼成鱼产出连续下降，2016 年仅为 3 045 万尾，产出数量最少的则是股份制企业，2016 年仅为 326 万尾，与 2014 年持平。2016 年三类企业观赏鱼成鱼产出占当年北京市观赏鱼总产量的 8.50%、0.91%和 90.59%。由此可见，个体养殖户是北京市观赏鱼成鱼主要供给者。

育苗总产量变动在产量上，尽管 2016 年草金鱼与锦鲤养殖企业相差不多，但从产量上，草金鱼却是锦鲤成鱼产量的 6 倍左右。三年内，草金鱼养殖企业数量下降 77 家，但草金鱼成鱼产出仅下降约 2 000 万尾，由此可见，三年来所缩减的草金鱼养殖企业多为小型养殖户，所剩 60 家养殖企业多是规模化养殖企业，由此也可以看出草金鱼养殖环节三年来不断优化，而近三年来，锦鲤养殖企业增加 47 家，增幅达 3 倍之多，锦鲤成鱼产出增加近 1 倍，由此可见，锦鲤养殖企业规模在不断扩大，规模化程度也在逐步增加；近三年来，鹦鹉鱼独家企业养殖尽管养殖面积没有变化，但成鱼产出却下降一半；龙鱼产出三年没有变化，相对稳定。

不同鱼种养殖面积变动从不同鱼种养殖面积来看，北京市鹦鹉鱼和龙鱼养殖面积近三年保持不变，分别为 200 100 平方米和 667 000 平方米。由于草金鱼养殖企业数量迅速减少，其有效养殖面积也迅速缩减，由 2014 年的 992 726 平方米缩减至 2015 年的 584 756 平方米，下降幅度达到了 40% 以上，锦鲤养殖面积随着养殖企业数量的增加，有效养殖面积迅速增加，由 2014 年的 349 500 平方米增至 2015 年的 1 257 469 平方米，增长四倍左右；增长幅度最大的则是其他类观赏鱼，尽管养殖企业由 1 家增至 5 家，但有效养殖面积却增长 10 倍左右。

不同鱼种鱼苗产出变动近三年来，北京市鱼苗总量呈波动性增加，2014 年鱼苗总量为 3.572 亿尾，2015 年达为 4.382 亿尾，2016 年达到 4.853 亿尾。近三年来，草金鱼育苗数量不断增加，由 2014 年的 1.035 亿尾增至 2016 年的 1.814 亿尾，育苗数量约翻一番，锦鲤鱼苗数量最多，其中在 2016 年达到了 2.816 亿尾。

（3）养殖品种

养殖品种为温水性鱼类和热带鱼类。温水性鱼类包括鲤形目的锦鲤、金鱼等。锦鲤主要包括红白、昭和三色、大正三色、写鲤、别光、浅黄、衣鲤、变种鲤、光泽类、花纹皮光、光写、金银鳞、丹顶等 13 个类型的 40 余个品种。金鱼包括草金鱼、文种类、龙睛类、蛋种类、龙背类及引进品种等 100 余个品种。热带鱼类包括鲇鱼科、攀鲈科、丝足鲈科、花鳉科、真鲨科、丽鱼科、松鲷科、弓背鱼科、斗鱼科、骨咽鱼科、脂鲤科、软骨鱼及吸甲鲶科（异型类）等 100 个余品种，暂养交易品种 600 余个。

（4）地区布局

据不完全统计，到 2016 年底北京市观赏鱼养殖面积达 8 644.5 亩，较 2015 年下降 335 亩。其中通州养殖面积与 2015 年持平，约为 6 173 亩，全区 11 个乡镇均有农户养殖观赏鱼，重点分布在京沈高速公路和六环路的台湖、张家湾、西集、潞城、马驹桥、梨园等乡镇，已经初步形成了区域化产业特色的发展形式，并建成一条观赏鱼产业观光带，主要养殖品种包括金鱼、锦鲤和热带观赏鱼。顺义区养殖面积急剧增加，建成北小营镇、北务镇、李遂镇、后沙峪镇等连片观赏鱼集中发展带，并重点打造金鱼品牌，如"顺民义友"。大兴区观赏鱼养殖特色突出，尤其打造锦鲤品牌效应显著，如"北京雅仕锦鲤"。

（5）技术结构

A. 育种与繁殖技术

①进行规模化人工繁殖及苗种培育技术研究。

②根据各区县资源和市场情况，从众多的养殖品种中筛选出适宜该区县特点的观赏鱼养殖品种，并对各区县适宜的养殖品种开展观赏鱼亲鱼培育、配组、催产、大规模苗种繁育、产后亲鱼康复、亲鱼早繁等技术研究。继续开展锦鲤常年繁殖技术研究。

③继续开展锦鲤、金鱼的家系选育及杂交育种技术研究。

B. 营养与病害技术

①确定花罗汉育成专用饲料配方及生产工艺，并进行花罗汉育成专用饲料的示范推广。

②开展花罗汉促隆头物质的筛选研究。

③研发能提高花罗汉观赏价值的促隆头专用饲料。

④开发观赏鱼维氏气单胞菌菌蜕疫苗，争取申请专利。开展免疫预防工作。

⑤开展血鹦鹉非特异性免疫的研究。

⑥持续开展观赏水生动物病害监测，形成北京地区观赏鱼病流行病学报告。

C. 苗种培育与养殖技术

①进行异形类、龙鱼类观赏鱼苗种培育与成鱼养殖技术研究；引进猪鼻龟、红面蛋龟稚龟，进行人工培育。引入 1~2 种观赏鳌虾试养殖。

②建立狮头金鱼养殖资源库，并进行提纯与复壮；开展锦鲤苗种小池精养模式研究。

③对琉金、兰寿、龙凤锦鲤、墨色锦鲤的子二代进行筛选，并引入新种进行改良。初步研究锦鲤养殖中人工手术修裁鱼技术。

④引进珍珠、蝶尾金鱼品种，并进行人工养殖，留选后备亲鱼。

⑤对琉金、兰寿、龙凤锦鲤养殖形成技术规范。

⑥推广血鹦鹉筛选技术，罗汉鱼、食土鲷苗种培育技术。

2. 生态环境

2016 年主要采用节水品种、水质调节技术实现节水，2016 年已经推广节水品种 3 个：麝香龟、火焰龟、黄缘闭壳龟。推广节水技术 9 项，6 350 亩，最高节水比例 85.46%。2016 年在原有的节水技术上，着重地膜养鱼技术、无排放节水池塘循环养鱼技术的使用。

在生态循环利用技术方面，除了大面积推广工厂化循环水养殖技术外，积极推广无排放节水池塘循环养鱼技术。通过改造土池塘，将观赏鱼养殖废水引入土池进行二次利用，在土池中种植荷花、茭白等水生植物提升景观效果，并开展观赏鱼养殖，探索无排放池塘循环利用养殖新模式，此模式的成功利用，将实现土池塘的生态系统平衡、池塘废物循环利用，整个养殖过程不需要化学品的投入，真正做到池塘生态循环养鱼。

3. 安全情况

2016 年观赏鱼团队积极在病害防治、病害监测、标准化生产、营养饲料等方面强化观赏鱼产业安全生产。

（1）病害防治方面

2016 年建立了维氏气单胞菌菌蜕疫苗 20 升发酵罐的生产工艺；筛选出了菌蜕、壳聚糖、左旋咪唑、天蚕素等四种观赏鱼非特异性免疫增强剂；推广中草药防治技术，筛选了 6 种中草药配方，降低抗生素使用；确诊了锦鲤浮肿病（CEV），下一步将研究防治方案。

（2）病害监测方面

一是重大疫病监测，2016 年在通州、顺义等区县建立观赏鱼病监测点 20 个，抽样检测鲤春病毒血症、锦鲤疱疹病毒病、金鱼造血器官坏死病 3 种重大水生动物疫病，监测样品 80 个。通过病害监测点的设置，2016 年成功为通州潮县、顺义大孙各庄村、通州唐大庄村等 16 户农户解决不同鱼病诊断工作，及时治疗了鱼病，避免了大面积的损失。二是药物敏感性监测，在通州区唐大庄村的 2 个主养金鱼的观赏鱼场建立监测点，测定病原菌对 8 种水产常用抗菌药物的最小抑菌浓度（MIC），分析养殖金鱼的病原菌耐药性现状，形成金鱼常见致病菌敏感药物谱。

（3）在标准化生产方面

制定并推广实施了《锦鲤养殖技术规范》《锦鲤人工繁殖技术规范》《锦鲤池塘养殖技术

规范》《锦鲤工厂化养殖技术规范》《锦鲤分级鉴赏饲养标准》《金鱼养殖技术规范》《金鱼小池精养技术规范》《金鱼鉴赏规范》等近20个技术规范。同时，开展了信息化管理养殖用水研究，研发了观赏鱼养殖无线远程水质动态监控技术，实现了养殖水面水质的科学化管理，加强了养殖用水的合理利用，在保证养殖水质适合鱼类最佳生长条件的前提下，显著降低了水产养殖过程中的用水总量，对北京缺水现状有所缓解。从技术角度实现了排放废水的实时动态量化监测和历史数据的记录管理，保证了养殖废水的排放能够达到国家规定的相关标准，降低了水产养殖废水排放对周边环境的影响和污染，达到了节能减排效果，在产生良好的生态效益的同时，强化了安全生产。

（4）营养饲料方面

调整饲料配方，改善加工工艺，降低饲料系数15%～20%，减少了因饲料投喂对养殖水质环境的不良影响。

（二）加工流通情况

1. 观赏鱼供货分析

（1）进货渠道

2016年，北京市观赏鱼经销商主要从北京和天津进货，选择北京和天津供货商的经销商比例分别达到61.75%和59.85%，该比例虽然较2015年有所下降，但该类经销商三年来均占到了经销商商户的半数以上，自2014年北京观赏鱼养殖节水要求颁布以来，北京市观赏鱼养殖户数量较过去有所减少，养殖规模也有缩减，单位养殖成本较过去有一定提高，进而导致部分经销商选择供货商时由京内转向京外，包括天津、广州、海南等地。

广州和海南也成为北京市观赏鱼的主要供货来源，选择广州和海南直接进货的经销商分别达到被调研对象的28.54%和30.52%，选择从海南进货的经销商比例有所提升，选择广州进货的经销商比例三年内不断下降。比较而言，尽管北京市海水观赏鱼和名贵观赏鱼消费比例很低，随着观赏鱼消费不断普及，经销进口观赏鱼的经销商比例三年内不断上升，2016年达到被调研经销商的6.55%（图14-1）。

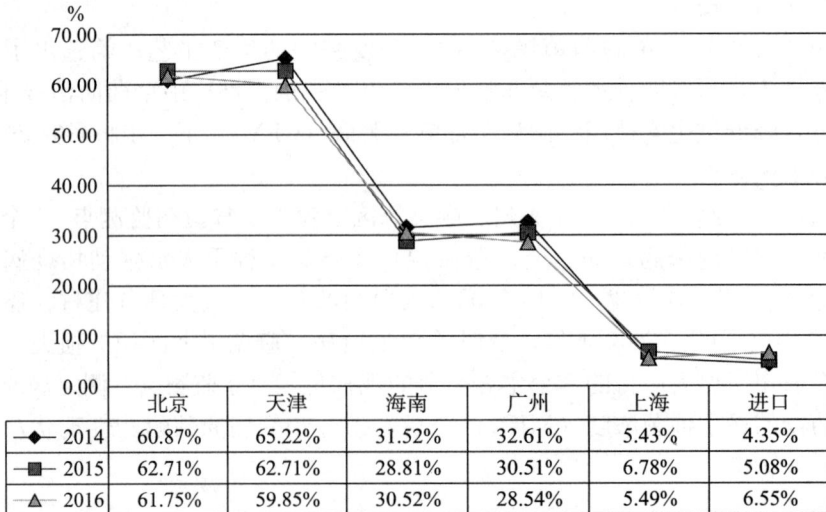

	北京	天津	海南	广州	上海	进口
2014	60.87%	65.22%	31.52%	32.61%	5.43%	4.35%
2015	62.71%	62.71%	28.81%	30.51%	6.78%	5.08%
2016	61.75%	59.85%	30.52%	28.54%	5.49%	6.55%

图14-1 北京市观赏鱼经销商进货渠道选择

2016 年经销锦鲤和金鱼的经销商比例急剧下降，鹦鹉鱼也有小幅下降，但经销热带鱼的经销商比例迅速上升，本次调研显示，商户认为养殖观赏鱼的消费者中多数选择热带鱼，一方面随着水族箱养殖的不断普及、热带鱼价格下降、热带观赏鱼的高观赏性等因素，促使消费者更多选择热带鱼，而锦鲤多集中于集团消费，由于国家对相关经费管理的规范化，导致锦鲤养殖客户下降（图 14-2）。

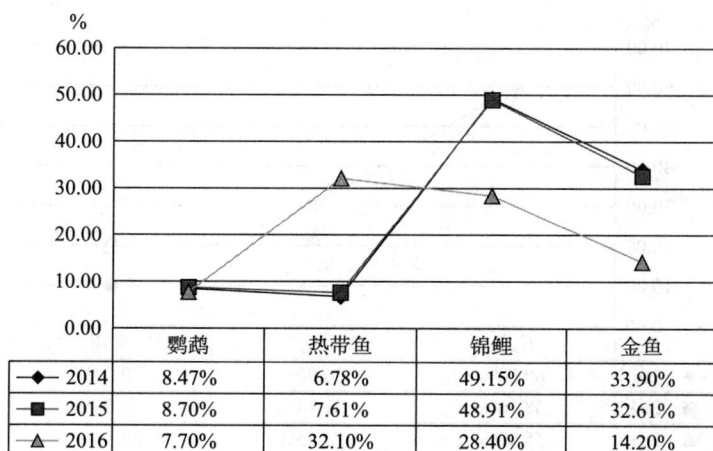

	鹦鹉	热带鱼	锦鲤	金鱼
◆ 2014	8.47%	6.78%	49.15%	33.90%
■ 2015	8.70%	7.61%	48.91%	32.61%
▲ 2016	7.70%	32.10%	28.40%	14.20%

图 14-2　北京市观赏鱼经销商进货最多的鱼种

（2）进货产地选择

北京市观赏鱼市场品种繁多，对于不同的鱼种，经销商所选择的产地也有较大差别。

对于金鱼，2016 年北京市观赏鱼市场上半数以上金鱼来自北京和天津，其中北京、天津各占总销量的 29.67％和 24.83％，与 2015 年相比较，北京所产观赏鱼市场占有率变化不大，福建、南京、上海和广东所产金鱼在北京市场上所占比例较低，分别为 16.88％、13.57％、5.99％和 9.46％。北京由于节水约束，部分养殖户养殖转型，2015 年开始，所产金鱼市场占有率急剧下降，尽管 2016 年有所提高，但仍不足市场销售总量的三分之一（图 14-3）。

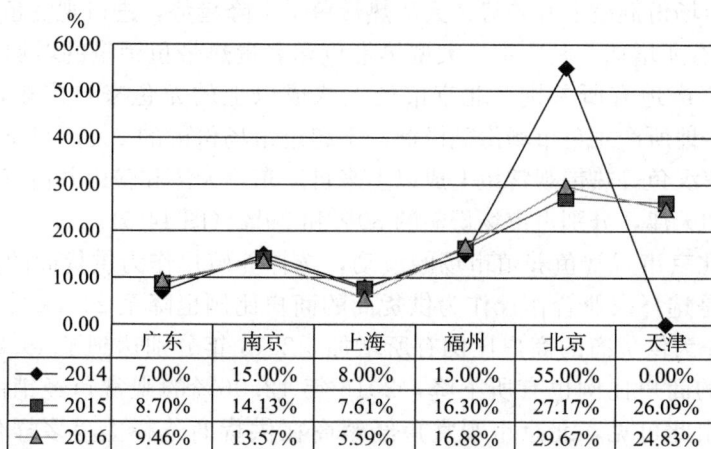

	广东	南京	上海	福州	北京	天津
◆ 2014	7.00%	15.00%	8.00%	15.00%	55.00%	0.00%
■ 2015	8.70%	14.13%	7.61%	16.30%	27.17%	26.09%
▲ 2016	9.46%	13.57%	5.59%	16.88%	29.67%	24.83%

图 14-3　北京市场上金鱼产地来源及其所占比例

目前，红白、大正三色、昭和三色三个锦鲤品系约占北京市锦鲤总量的 80％左右。与其他观赏鱼相似，锦鲤的长度、品种和品相直接影响其价格、销量和利润率，2016 年北京市观赏鱼市场上的锦鲤主要来自广东、北京和天津以及江浙一带，其中小型锦鲤（20 厘米以下）主要是北京市本地所产，约占总销量的 90% 以上，大型锦鲤（20 厘米以上）主要来自广东，约占市场销量的 60% 以上。2014 年，北京本地所产锦鲤约占 30% 左右，天津和浙江所占比例较低，仅为 10% 左右（图 14-4）。

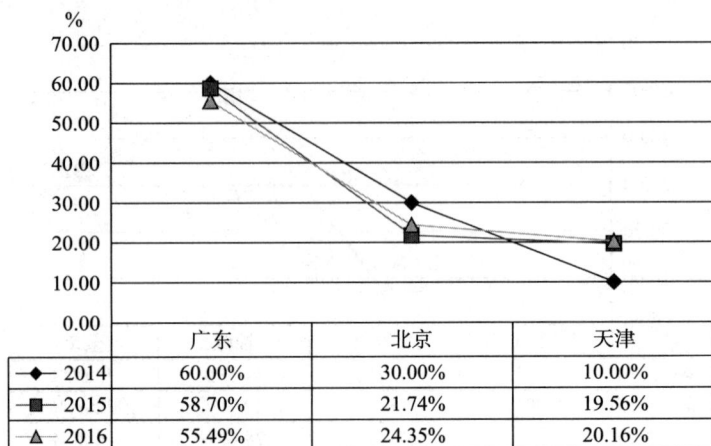

	广东	北京	天津
2014	60.00%	30.00%	10.00%
2015	58.70%	21.74%	19.56%
2016	55.49%	24.35%	20.16%

图 14-4　北京市场上锦鲤产地来源及其所占比例

在锦鲤总体市场占有率上，天津锦鲤在北京的市场份额有所增加，广东锦鲤在北京的市场份额有小幅下降，北京本地所产观赏鱼具有较大波动性，其中 2015 年仅占 21.74%，2016 年有所回升，但仍不足市场总销量的四分之一。

北京市热带观赏鱼销量约占观赏鱼销量的三分之一，仅次于普通金鱼的市场占有量，根据大小选择不同产地。对于小型热带鱼，北京经销商更多选择就近天津进货，约占总销量的 66.03%；其次是广东，约占市场销量的 25.52%，较前两年略有提高；进口热带观赏鱼较少，仅占 8.45%，主要来自马来西亚、印度尼西亚、泰国和巴西。总体来说，北京市场上广东热带鱼所占市场份额呈上升趋势，天津热带鱼呈下降趋势，进口观赏鱼虽然市场份额较小，但较 2015 年有所增加，其中主要大型热带鱼和名贵热带鱼销量的增加。大型热带观赏鱼根据鱼种不同，产地有所差别，北京市场上八成以上的龙鱼来自广东，进口龙鱼约占 15% 左右，北京本地所产龙鱼市场份额极低，不超过市场份额的 2%；与龙鱼相似，北京市场的地图鱼、花罗汉鱼等热带观赏鱼七成以上来自广东，天津和鞍山共占三成左右，血鹦鹉则主要来自海南和天津，分别占市场份额的 80% 和 20%（图 14-5）。

近两年由于北京市观赏鱼养殖市场的波动，选择养殖户作为供货商的商户比例急速下降，与之相似的是选择农业合作社作为供货商的商户比例也降至 21.54%，选择产地代购商和销地批发商作为供货商的商户比例有所增加，2016 年分别达到了 49.27% 和 66.10%，选择国际进口商的商户比例也有所下降，2016 年 12.96% 的观赏鱼经销商户的供货商中有国际进口商。由此可见，北京市观赏鱼经销商在供货商选择上呈多样化的状态，且与前两年相比较，北京市观赏鱼流通中涉及主体也有所变化，产地代购商和销地批发商参与程度不断增加，在一定程度上提高了观赏鱼供给的稳定性，同时降低了观赏鱼流通成本（图 14-6）。

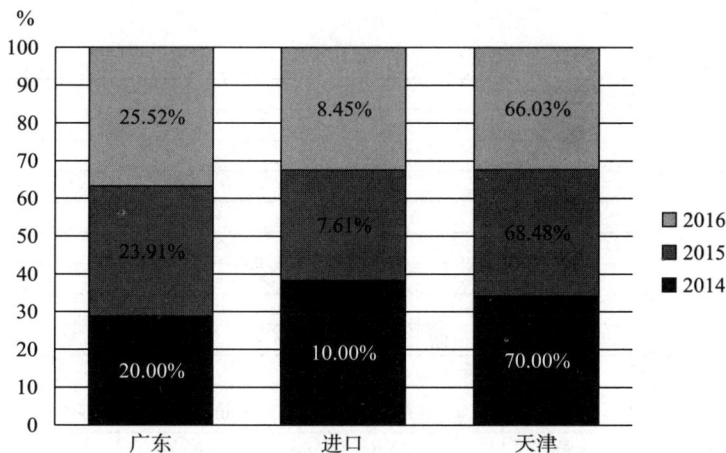

图 14-5　北京市热带观赏鱼主要产地及其比例

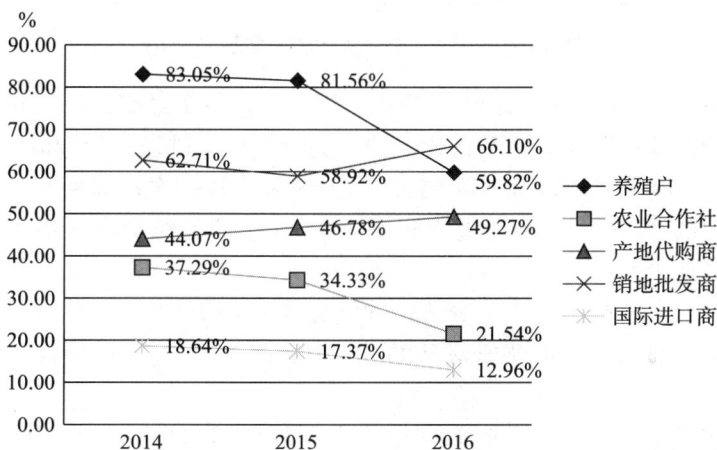

图 14-6　北京市观赏鱼经销商进货商类型选择

　　本次所调研的经销商大多有固定的货物来源，占被调查总数的 99.22%，且九成以上的经销商同时选择多种类型的供货商，其中同时选择 5 种供货商的经销商占被调研者的 35.67%，仅选择一种类型供货商的商户所占比例仅占被调研对象的 3.87%，显著低于 2015 年的 8.70% 和 2014 年的 28.81%，进口供货商一般供应高档鱼种或者品相上等的鱼类，价格往往很高，消费者有限，所以选择国际进口供应商的经销商也是少数，约占调研对象的 12.96%。

　　在各类供货商供货比例上，养殖户和销地批发商仍是北京市观赏鱼经销商的主要供应商，2016 年二者供货占北京市观赏鱼市场销量的 31.50% 和 41.51%，销地批发商供应所占比例明显提高，较 2015 年提高 9 个百分点。与之相似，产地代购商供货所占比例连续三年提升，2016 年达到了 17.21%，农业合作社和国际进口商供货所占比例连续三年下降，2016 年分别占市场总销量的 7.52% 和 2.26%（图 14-7）。

　　（3）进货量与销售额

　　由于进货渠道、供货商类型以及鱼种不同，商家的进货周期从一天至两个月不等，其中

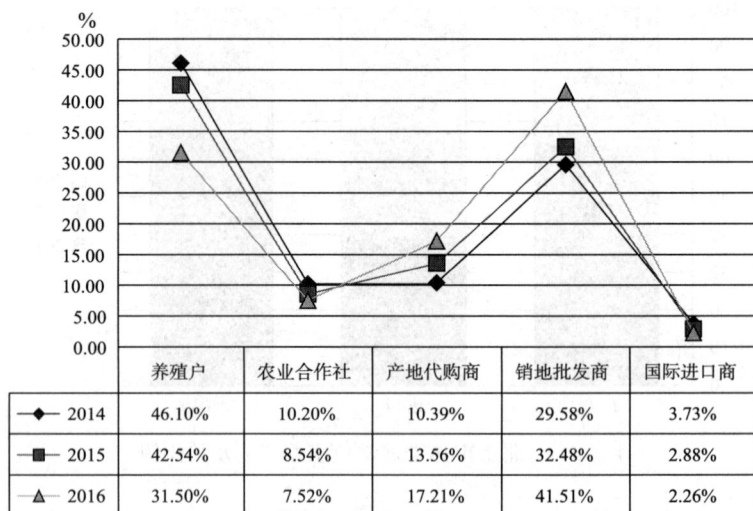

	养殖户	农业合作社	产地代购商	销地批发商	国际进口商
2014	46.10%	10.20%	10.39%	29.58%	3.73%
2015	42.54%	8.54%	13.56%	32.48%	2.88%
2016	31.50%	7.52%	17.21%	41.51%	2.26%

图 14-7   不同类型供货商供货量所占比例

半数以上的经销商（约 56.47%）进货周期在一周以下，该类经销商所经销的观赏鱼主要是北京本地养殖户和销地批发商，由于进货方便，为降低售卖过程中所造成的损耗，往往尽可能缩短进货周期，甚至要求供货商每天或者每 2～3 天进货一次；周期在一个月及以上的经销商约占调研样本的 26.47%，平均进货周期为 16 天，该类经销商所销售观赏鱼多是易养殖的鱼类，且以产地批发商为主。

在每次进货价值上，单次进货最少的在 500 元左右，最高的达到 40 万元左右，单次进货价值在万元以上的商家约占被调研对象的 60% 左右，单次进货价值高、进货周期短是北京市观赏鱼销售的特点。

在每年的销售额上，经销商之间差别很大，年销售额超过 100 万元的约占调研对象的 3.7%，年销售在 40 万元以下的经销商占本次调研对象的 41.8%，年销售额在 40 万～80 万元的约占调研对象的半数左右，本次调研对象中年销售额最高的达到 150 万元，最小的仅为 20 万元，平均销售额为 54.6 万元。较 2015 年平均销售额有较大幅度下降。总之，与北京市观赏鱼消费市场相比较，北京市观赏鱼经销商呈现出规模大小不一、鱼种广泛、但主打品种单一，且年销售额差别大的特点。

（4）采购关注重点

基于对北京市观赏鱼消费市场的调研，北京市消费者养殖观赏鱼的主要目的是家庭装饰，对于同类观赏鱼，消费者重点关注的是鱼的品相，所以品相直接影响销售额。为迎合消费者需求，经销商在观赏鱼采购过程中，品相是关注的重点，特别是对大型经销商，经销鱼种多、价格相对较高，对品相关注度更高，即使是小型经销商，为提高利润率，品相也是其进货关注的重点。考虑到消费者对鱼是否容易养殖的关注，经销商对鱼种的关注度仅次于对品相的关注。与其他商品不同，观赏鱼经销商首先关注鱼的品种和品相，然后才是鱼的价格，无论鱼产自何处、品牌如何，对消费者消费选择的影响并不大，经销商在进货过程中对此关注度也较低，特别是鱼的产地，仅有 10.85% 的被访经销商对此关注。且此类经销商主要集中于大型经销商和名贵观赏鱼（图 14-8）。

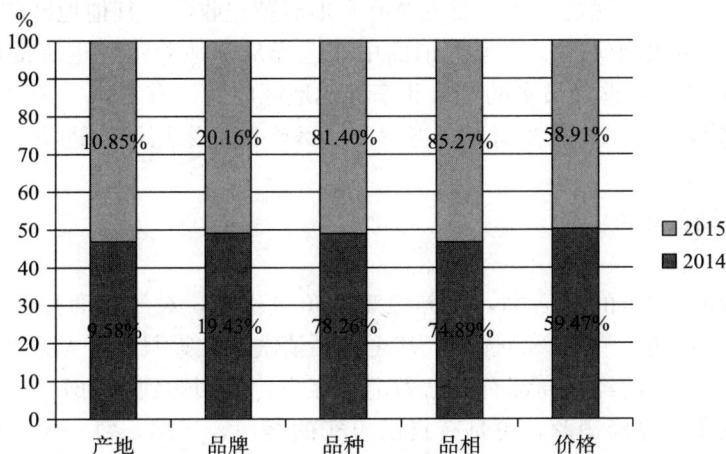

图 14-8　经销商采购过程中关注的重点

2. 观赏鱼的流通分析

（1）流通时间和成本

在经销商进货方式上，迫于北京市人力成本压力，北京市经销商多在选定供货商之后，通过电话联系或约定时间由供货商发货，其中多数采用电话联系供货商发货，由于不同季节、不同节假日销售量变化幅度较大，经销商多在需要之时，指定供货商送货；当然，也有部分经销商与供货商约定时间送货。

除去大型观赏鱼夜市之外（如每周四晚上的官园观赏鱼夜市），无论供货商是养殖户、产地代购商还是销地批发商等，目前北京市经销商进货方式多采用电话下单、货到付款的形式，运输过程多由运输商或者供货商负责，本次调研的 129 家经销商中 85 家经销商采用此方式，占调研对象的 65.89％，采用此方式的经销商并不承担运费或运输过程中的损耗，其他的 44 家经销商则选择自行运输，直接到养殖户或产地代购商进货，无论是运费还是运输损耗均由自己承担，但此方式有利于保证鱼的质量，如品相、鱼种。

无论是自行运输还是运输商运输，经销商认为对于供货商是在北京市郊区的养殖户，流通时间较短，大多数在 2 小时左右，且在专用运输工具的保护下鱼的损伤相对较小、成活率较高，但是经销商为减少库存成本，往往进货周期较短，进货频率较高，无形中增加了鱼的运输成本。同时，调研结果也表明，对于经销商而言，流通时间越短，鱼的成活率越高，在销售过程中，平均损耗为进货总价值的 7.55％；对于广州、海南和福建所产的观赏鱼，流通时间一般比较长，为降低流通损耗，多采用空运方式，运输成本占进货总价值比例显著增加，当然，采用此类进货方式的多是大型经销商，且主要是价值相对较高的鱼种，如龙鱼、优质锦鲤等。尽管空运缩短了运输时间，但与京郊供货商相比，损耗明显增高，在售卖过程中平均损耗约占进货价值的 11.27％左右。

（2）进货方式

事实上，由于经销商销售鱼种不同，针对的消费人群也有一定差别，为扩大销售覆盖面，多数经销商销售观赏鱼在价格、品相以及档次上覆盖范围较广，所以其进货方式也多是混合型的，针对不同鱼种、不同价位以及销量变化幅度的观赏鱼采用不同的进货方式。

在进货渠道上，北京观赏鱼经销商主要有本地养殖户收购、其他地区收购和周边省份进货三种进货渠道，本次调研的129家经销商中，选择从本地养殖户进货的经销商有77家，占调研样本的59.82%，选择最多的是从北京其他地区收购，有115家经销商，选择最少的是从周边省份进货，仅有22家经销商。当然，多数经销商采用混合进货渠道，同时选择三种甚至更多的进货渠道。

3. 观赏鱼的销售分析

（1）销售渠道

消费者为提高观赏鱼的成活率，在养殖观赏鱼过程中，对经销商往往具有很强的依赖性，如饵料选择、鱼病防治等产品选择，甚至包括清洗鱼缸等服务。无论是大型批发商还是终端零售商，几乎所有的经销商都有自己固定的客户，比例达到97.67%，特别是年销售额在50万元以上的中大型经销商，更是有自己忠实的客户，当然，每一个经销商往往都有多个类型的客户。

经销商所销售的观赏鱼的主要客户是普通消费者，约占总消费量的七成左右，其次是下一级零售商，由于本次调研中大型批发商数量有限，以下一级零售商为客户的比例相对较低，显示出北京观赏鱼市场以零售为主，批发为辅。比较而言，公司集团消费比例显著降低，2016年公司集团消费约占总消费量的10.24%，显著低于2015年，主要原因是国家关于相关经费管理日趋规范化所致（图14-9）。

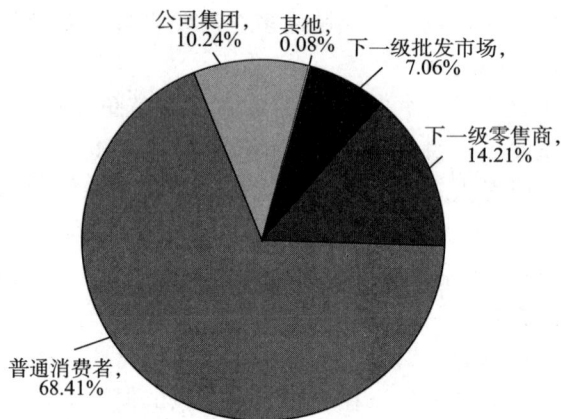

图14-9　2016年不同类型客户销售量所占比例

北京市观赏鱼销售渠道相对比较广泛，多种渠道销售在某种程度上促进了北京市观赏鱼产业的发展，但是无形当中也增加了观赏鱼的流通环节，比如，养殖户—产地供货商—经销商—观赏鱼专卖店或者下游经销商—终端消费者，共经历了5个环节，流通环节的增加将直接导致终端价格的提高，降低消费者的消费信心和消费能力，同时也增加了流通过程中的损耗（图14-10）。

由于北京市观赏鱼消费市场相对比较稳定，迫于竞争压力和利益追求，部分经销商也在不断积极拓展京外市场，其中部分经销商销往外地的观赏鱼最高达到总销售额的七成左右，可见外地市场也逐渐成为北京市观赏鱼经销商市场的重要组成部分。

（2）配套产品销售

观赏鱼养殖配套产品不仅是提升观赏鱼养殖乐趣、观赏性、装饰性和成活率的重要手段

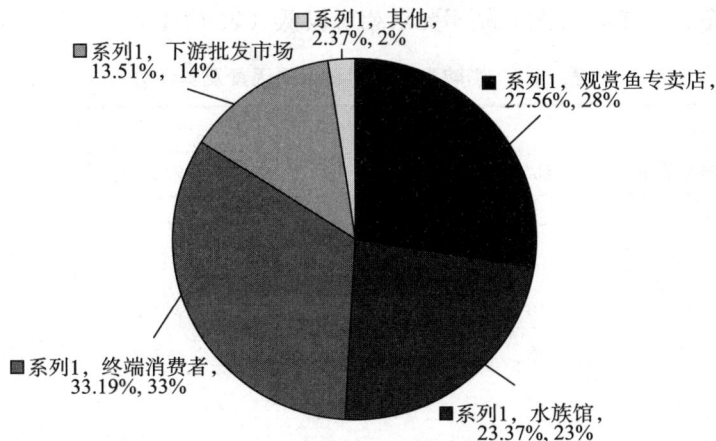

图 14-10　2016 年不同类型客户销售量所占比例

和方式,更是经销商提升投资利润率的重要途径。对于经销商而言,稳定自己客户的首要手段是提升观赏鱼养殖成活率,九成以上的经销商均销售鱼食、鱼药和水质稳定剂,分别达到了调研对象的 93.02%、92.25% 和 100.00%。同时,考虑到北京市观赏鱼消费目的主要是休闲娱乐、家庭装饰,三分之一的经销商也从事水草和水族箱等相关器械销售,且多数经销商承认自己的固定客户均会接受相关配套产品的推荐(图 14-11)。

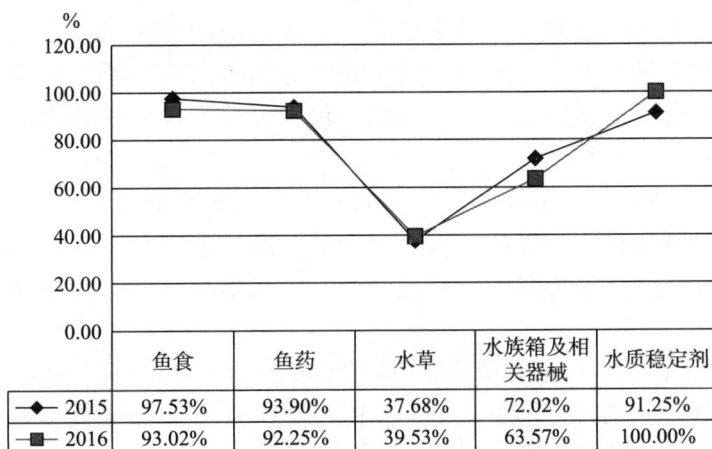

	鱼食	鱼药	水草	水族箱及相关器械	水质稳定剂
2015	97.53%	93.90%	37.68%	72.02%	91.25%
2016	93.02%	92.25%	39.53%	63.57%	100.00%

图 14-11　经销商推销附属产品类型及比例

(3) 利润影响因素

本次调研不仅调研了影响观赏鱼利润的相关因素,同时调研了经销商对不同因素的评分,总体上,所调研的四个因素均是影响观赏鱼利润率的因素,从平均分角度来看,经销商对品牌、产地和规格打分的平均分均为 3 分,品相平均分更高,为 5 分。

从打分分布来看,产地影响度最低,对产地打分低于 3 分的经销商占比达到了 39.9%,其次是品牌,打分低于 3 分的经销商占调研对象的 36.3%,然后是观赏鱼的规格,低于 3 分的经销商比例为 22.6%,因此,尽管三个因素平均打分均为 3 分,但从打分分布来看,规格对观赏鱼利润率影响更大,其次是品牌,经销商均是小型经销商,年销售额在 20 万左右，且以销售草金鱼为主，自然对品相要求相对较低（表 14-1）。

表 14-1　影响观赏鱼利润率的因素及其评分

打分	品牌		产地		规格		品相	
	频率	有效百分比	频率	有效百分比	频率	有效百分比	频率	有效百分比
0	20	17.7	22	19.5	22	19.1	5	4.0
1	6	5.3	7	6.2	0	0	2	1.6
2	15	13.3	16	14.2	4	3.5	0	0
3	25	22.1	22	19.5	14	12.2	0	0
4	37	32.7	34	30.1	29	25.2	6	4.8
5	10	8.8	12	10.6	46	40.0	111	89.5
合计	113	100.0	113	100.0	115	100.0	124	100.0

因此，经销商考虑到消费者养殖观赏鱼目的不同，对鱼的品种要求不同。比如，为了家庭装饰，多购买价格比较便宜的血鹦鹉等色彩鲜艳的观赏鱼；对于有较高养殖兴趣和一定养殖经验的消费者，倾向于购买价格相对比较昂贵且具有一定的价值增值的鱼类，比如龙鱼。对于同品种的鱼，消费者更倾向于购买色泽鲜艳、体型匀称等品相较好的鱼；对于价值较高的观赏鱼，消费者则对其品牌或者纯度有较高要求。比较而言，消费者对鱼的产地并不十分关注，能够真正关注鱼的产地和来源的消费者往往是具有资深养殖经历的消费者，此类消费者毕竟是少数，且主要针对的是名贵鱼类，而且此类消费者往往直接参与鱼的选择或直接到养殖户自行采购。根据消费者的消费特点，普通观赏鱼的产地对经销商利润影响并不大。

通过对观赏鱼经销商的了解，不同鱼种观赏鱼其利润率也有巨大差别，对于同品种的观赏鱼，品相对经销商利润率影响最大，其次是品牌或者品种。比较而言，同品种观赏鱼的规格和产地对经销商的利润率影响较低，但仍在某种程度上直接影响经销商的进货选择。

观赏鱼的品种、品相、产地等都会影响其销售的难易程度，对于不同品种的观赏鱼给经销商带来的利润也有一定的差别，半数以上的经销商认为热带观赏鱼的利润率最高，63.57% 的经销商对此持赞成态度，由此可见，北京市场对热带鱼消费势头呈增强态势，尽管北京市场的热带观赏鱼多从外省份甚至进口而来，运输成本和运输损耗相对较大，但热带观赏鱼以其特有的色彩吸引了诸多养殖者，而且北京市消费者消费能力相对较高，而物以稀为贵，热带观赏鱼利润最高。比如血鹦鹉、龙鱼、虎头鲨等，虽然其价格不高，但其利润率却遥遥领先。

其次是锦鲤和名贵观赏鱼，比较而言，锦鲤利润率相对高于名贵观赏鱼，但与 2015 年相比较，二者利润率具有一定程度的下降，北京市场上的小型锦鲤多是北京本地所产，无论是进货成本还是成活率都相对较高，而且该类鱼以企业消费为主，所以其利润率相对较高，对于名贵观赏鱼，部分经销商则对其进行二次培育养殖，实现价值增值，提高其利润率，普通观赏鱼给经销商带来的利润率最低，但该鱼类在北京市也最为普遍（图 14-12）。

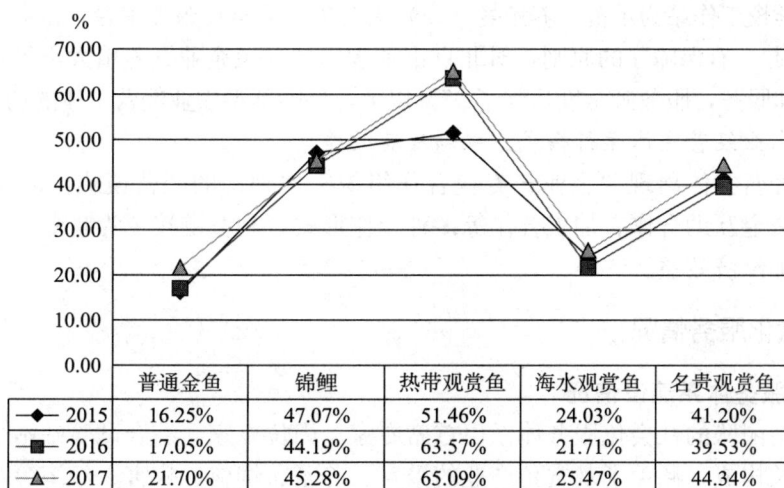

	普通金鱼	锦鲤	热带观赏鱼	海水观赏鱼	名贵观赏鱼
2015	16.25%	47.07%	51.46%	24.03%	41.20%
2016	17.05%	44.19%	63.57%	21.71%	39.53%
2017	21.70%	45.28%	65.09%	25.47%	44.34%

图 14-12　不同品种观赏鱼利润率排名

（三）新型农业经营主体发展情况

1. 农业经营概况

不同规模和不同性质观赏鱼养殖企业约 495 家，主要集中在通州、顺义、朝阳、房山和大兴，海淀、平谷和延庆也有少量养殖企业和养殖户。

北京市观赏鱼经销商相对比较集中，多集中在花鸟鱼市或农贸市场，但规模普遍不大。在被调研的 59 家从事观赏鱼经销的商家中，规模最大的经营面积仅为 105 平方米，最小仅为 5 平方米，平均面积为 34.5 平方米，从事相关经营工作的时间普遍较短，主要集中在2～5 年，平均经营年限为 6 年，有 7 年以上销售经验的仅有 13 家，比例约为 20%，普遍销售经验不足。

2. 新型农业经营主体情况

（1）新型农业经营主体现状

2016 年各区县成立的观赏鱼协会、农民合作组织有近 20 个，经营观赏鱼业务的进出口公司有上百个，拥有不同规模和不同性质观赏鱼养殖企业约 495 家，北京市拥有华声天桥、官园鱼市、十里河鱼市、莱太等展销市场 50 余个。观赏鱼市场也带动了相关产业的发展，观赏鱼饲料、水族器材等十分红火。据不完全统计，北京市水族市场年消费额约 7 亿元。随着消费者喜好的变化，观赏鱼产业中热带鱼及观赏虾、观赏龟产业逐渐升温，其中热带鱼占15%，品种为龙鱼、血鹦鹉、花罗汉、地图等慈鲷类和一些小型热带品种；其他观赏水生动物（观赏虾等）占 15%。

规模经营以龙头企业、合作社、养殖大户为载体，经营范围包括金鱼、锦鲤、草金鱼和热带鱼，通过发展规模经营，加快了土地逐步向产业基地集中，有效发挥了专业合作社推动土地流转的辐射效应，推动传统观赏鱼养殖向都市渔业的发展和转变。

（2）新型农业经营主体从业人员现状

新型农业经营主体绝大多数受教育程度较低，平均受教育程度为初中水平，年龄多数在40 岁以上。北京市观赏鱼创新团队通过建立"首席专家为领军、岗位专家为主导、综合试验站为纽带、田间学校工作站为示范、养殖场（户）为对象"的科技服务平台，以服务为本，秉承"找得着、用得起、有保障"的原则，对北京市范围内的养殖企业、养殖大户等新型农业经营主体进行培训和服务，服务满意度达到了97％以上，保障新型农业经营主体的切身利益。

（3）新型农业经营主体运行模式、机制及其效益

新型农业经营主体出现"企业＋专业合作组织＋农户"的经营模式，以及土地股份合作、联合社、资金互助合作、加工合作等多种合作形式，利益链接更为紧密，可有效地降低养殖风险，增加经济效益。

（四）社会化服务情况

1. 社会化服务体系建设情况

观赏鱼创新团队的社会化服务体系由首席专家、岗位专家、综合试验站站长和农民田间学校工作站站长构成，涵盖了观赏鱼产业的繁育、养殖、饲料、病害、经济等观赏鱼产业发展的各个环节，观赏鱼创新团队的社会化服务体系着眼解决产业发展的各个环节的需求。并着眼"京津"、整合资源、强化引导、跟进服务。同时，观赏鱼团队创新社会化服务方式，通过观赏鱼"进社区、进学校、进公园"等方式，促进观赏鱼产业融入市民生活，多渠道推动产业升级。

（1）示范推广主导品种和主推技术、产品。

2016年，团队共示范推广主推技术18项，观赏水生动物品种8个，已覆盖苗种4.853亿尾，主推饲料产品7个。

（2）观赏鱼病害监测技术持续保障产业健康发展

重大疫病监测：已在通州、顺义等区县建立观赏鱼病监测点20个，抽样检测锦鲤春病毒血症、锦鲤疱疹病毒病、金鱼造血器官坏死病3种重大水生动物疫病，监测样品80个。通过病害监测点的设置，2016年成功为通州潮县、顺义大孙各庄村、通州唐大庄村等16户农户进行不同鱼病的诊断工作，及时治疗了鱼病，避免了大面积的损失。

药物敏感性监测：在通州区唐大庄村的2个主养金鱼的观赏鱼场建立监测点，测定病原菌对8种水产常用抗菌药物的最小抑菌浓度（MIC），分析养殖金鱼的病原菌耐药性现状，形成金鱼常见致病菌敏感药物谱。

（3）助力企业，推动观赏鱼产业高效对接

①创新工作方式。通过"无偿种苗、宣传引导、提供服务、唱响品牌、适应市场"等措施，推动观赏鱼企业发展。无偿种、苗4 335尾（只），每个企业平均降低成本5.87万元。

②助力企业，实现双赢。与友谊饲料联合，团队提供饲料配方和技术指导，友谊饲料提供生产线，双方充分利用线上平台，推广成品饲料，线上月销量达2吨以上，稳居全国线上同类产品销售冠军。团队为企业提供技术支撑，企业为团队提供推广平台，此举既实现了企业的利润增加，又展现了团队对企业的助力作用，实现了双赢。

③着眼"京津"，整合资源，强化引导，跟进服务。团队与天津2个观赏鱼养殖龙头企业结盟，推广团队主推技术，提供无偿技术服务，并以"岗位专家"为纽带，将两地龙头企业苗种推广对象互补，此举扩大了企业的销售渠道，通过观赏鱼团队这个平台，天津2个企业在自有销售渠道的基础上，又销售了1 500万尾水花，充分体现了团队的纽带作用。

④宣传、培训、观摩、交流等科技服务。团队共组织宣传25次，发放资料1 650份，

1 930人次参加，报送平台信息167次，其中网络宣传13次，采访7次，报纸5次。开展国内外技术交流16次，组织、参与观摩活动32次，1 780人次参与。

2. 社会化服务模式创新

（1）苗种推介会，推动渔业转型升级，提质增效。

2016年3月31日，在行业市场和观赏鱼团队的双重推动下，北京金鱼、锦鲤苗种推介会在顺义召开，通过5年的连续举办，苗种推介会已成为北京市展现观光休闲渔业发展成就、展示企业发展实力、助力企业品牌发展的高效平台。

（2）创新观赏鱼社会化服务方式

通过观赏鱼"进社区、进学校、进公园"等方式，促进观赏鱼产业融入市民生活，多渠道推动产业升级。2016年共组织观赏鱼进社区6次（蒲黄榆社区、富卓苑社区、天通苑社区、顺义河北村、大兴魏善庄、东坝奥林匹克花园社区），进公园3次（团结湖公园、望和公园、蟹岛）、进学校8所；提供观赏鱼23 000余尾，发放宣传资料1 500余册，赠送小金鱼3 000余尾。举办观赏鱼陶艺大赛1次，举办观赏鱼大课堂1个，设置文化交流站2个。

2016年举办观赏鱼展览、比赛及品评会等活动4次。9月22日，在中山公园愉园举办"全国金鱼大赛"；9月24日，在北京郁金香锦鲤馆举办"锦鲤大赛暨郁金香第三届锦鲤比赛"；11月1日，在北京郁金香锦鲤馆举办"第二届北京传统金鱼品鉴会"；11月13日，在郁金香锦鲤馆举办北京金鱼协会"玩一玩、赛一赛"活动。

3. 社会化服务典型创新案例

典型案例一：观赏鱼团队通州区西永和屯农民田间学校工作站学员胡宝胜有水面13亩，在观赏鱼团队的扶持下，其中8亩放养10 000尾经过三挑的锦鲤鱼种，5亩放养锦鲤水花200万尾，利用螺旋藻增色饲料进行精品锦鲤养殖，目前所养殖的高品质锦鲤已开始销售，销售价达46～50元/千克，可产出商品鱼7 500千克，可实现纯收益16余万元。

典型案例二：观赏鱼团队通州区靛庄农民田间学校工作站学员朱希桐有养殖水面15亩，在观赏鱼团队的扶持下，在其中8亩精品锦鲤养殖示范池中放养精心挑选的8 000尾高品质锦鲤鱼种，使用优质螺旋藻增色饲料进行精品观赏鱼养殖试验示范，提升观赏鱼品质。所养殖的优质锦鲤已达40厘米以上，陆续开始销售，销售单价达每尾180元，取得较好经济效益。现存塘三龄草金鱼种鱼2 000余千克，年孵化优质草金鱼鱼苗3 000万尾，实现纯效益20余万元。

（五）消费者接受情况及购买力现状

1. 消费者产品需求状况

数据来源于观赏鱼团队调研，调研主要采用问卷调研法，随机选择超市、市场及小区等对消费者进行大范围调查，同时结合访谈方法，进一步了解消费者对两种消费的相关建议。

2016年6月采用随机调研的方式，对北京市观赏鱼消费者进行随机调研，本次研究共发放问卷800份，收回问卷800份，经初步统计分析后，有效问卷794份，问卷回收率和有效率分别达到了100.0%和99.25%，无论是问卷发放数量还是有效率均远超2015年。在本次调研中，不仅通过问卷了解了消费者对观赏鱼的认知和消费情况，同时，结合消费者访谈，弥补了问卷数据调研的缺失，了解了消费者对观赏鱼产业的进一步认知和消费者在观赏鱼消费过程中的困难与期望。

与2015年相似，从年龄结构上看，本次调研对象年龄集中在19~29岁，约占调研样本的42.3%，低于2015年的48.85%的比例，其次是30~39岁的中年人群，约占调研对象的20.2%，40~50岁的中年人群占调研对象的18.6%，高于2015年15.25%的比例，18岁以下和60岁以上两类人群所占比例最低，共占调研对象的10.8%，因此，较2015年，本次调研对象在年龄结构上分布更为合理。

从调研对象受教育程度来看，本次调研涵盖了所有受教育水平者，其中高中与中专、大专或本科学历者占主要比例，分别占被调研者的35.0%和41.3%，与2015年21.80%和64.43%的比例相比较，两类学历人群所占调研对象比例下降，而初中及以下学历人群所占比例显著高于2015年5.74%的比例，达到调研对象的15.4%。研究生及研究生以上学历人群所占比例相对不变，因此，从调研对象学历角度看，分布更为均匀。

调研对象居住地以市区和市郊为主，两者共占被调研者的81.6%，其中市区占45.6%，农村调研对象占15.6%。从就业单位性质来看，本次调研对象覆盖了国企、政府机关、事业单位及各类企业从业人员，其中从事其他行业的最高，达到29.2%，其次是事业单位职工，约占被调研对象的24.7%，民营企业或个体分别占一成左右，这与调研地点集中于超市有关，由于超市老年人和无业人员相对比较集中，但并不影响消费者对观赏鱼消费分析的影响，其他行业从业人员分布相对比较均匀。

（1）鱼种选择整体情况

尽管目前北京市观赏鱼市场鱼种繁多，但通过本次调研发现，北京市观赏鱼消费仍以普通金鱼为主，超过半数的消费者选择养殖普通金鱼，其次是热带鱼种，一方面出于养殖成本考虑，另一方面则是由于普通金鱼和热带鱼养殖相对比较容易。由于名贵观赏鱼和海水观赏鱼养殖成本比较高，消费者养殖比较少，二者所占比例仅为20.58%，其中养殖海水观赏鱼的消费者仅为9.00%（图14-13）。

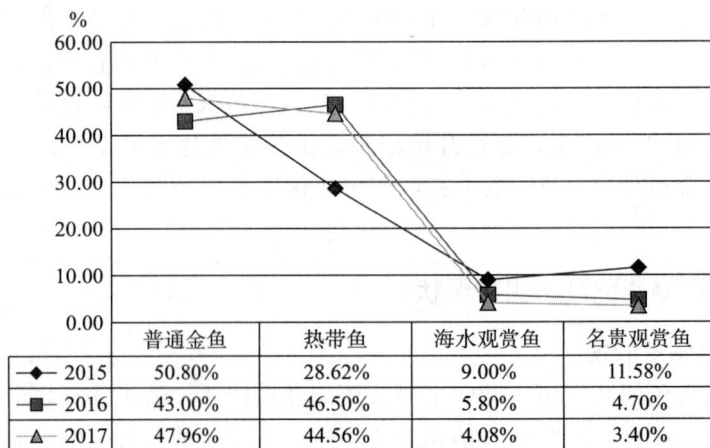

%	普通金鱼	热带鱼	海水观赏鱼	名贵观赏鱼
2015	50.80%	28.62%	9.00%	11.58%
2016	43.00%	46.50%	5.80%	4.70%
2017	47.96%	44.56%	4.08%	3.40%

图14-13　北京市消费者观赏鱼鱼种选择

（2）不同养殖经历消费者观赏鱼鱼种选择情况

与目前观赏鱼鱼种养殖相似，无论是过去养殖的、正在养殖的，还是打算近期养殖的消费者，对于鱼种选择都是以普通金鱼为主，其次是热带鱼类。

对于将来想养殖的消费者，特别是打算近期养殖的消费者，由于对其他鱼种养殖的难易程度没有足够的了解，首次养殖不会选择海水观赏鱼，该类人群中的高收入者则会考虑名贵观赏鱼，比较而言，海水观赏鱼消费者选择比例最低。由此可见，北京观赏鱼消费者在一定时期内仍以普通金鱼为主，该比例将占到观赏鱼市场销量的一半左右，其次是热带观赏鱼（表14-2）。

表14-2　不同养殖经理消费者观赏鱼鱼种选择

	普通金鱼（%）	热带鱼（%）	海水观赏鱼（%）	名贵观赏鱼（%）
正在养殖	45.45	32.47	9.09	12.99
过去养过	58.02	23.66	9.16	9.16
打算近期养	60.00	26.67	0.00	13.33

（3）不同养殖年限鱼种选择

消费者观赏鱼养殖经营与养殖年限有一定的相关性，养殖年限越长，经验越丰富。本次调研发现，随着养殖年限的延长和经验不断丰富，消费者选择热带鱼种、海水鱼种和名贵鱼种的比例会有较大幅度提高，特别是名贵鱼种，提高幅度更为明显，值得注意的是养殖经历在3年以上的消费者，该类消费者以养殖热带鱼种为主，由于热带观赏鱼色彩比较艳丽，养殖相对比较容易，中型水族箱即可满足养殖要求，消费者选择比较多（表14-3）。

表14-3　不同养殖年限消费者观赏鱼鱼种选择

	普通金鱼（%）	热带鱼（%）	海水观赏鱼（%）	名贵观赏鱼（%）
1年以下	83.90	14.41	0.85	0.85
1～3年	31.15	40.16	15.57	13.11
3～6年	25.00	39.29	21.43	14.29
6年以上	37.04	37.04	7.41	18.52

（4）不同收入人群鱼种选择

随着消费者收入的提高，消费者观赏鱼鱼种选择有巨大的差异，但并非与收入有较强的关联性。

一方面，无论收入高低，普通金鱼仍是多数消费者的首要选择，但总体上，收入高的家庭选择普通金鱼的比例会有所下降，热带鱼选择比例有所上升，特别是海水观赏鱼选择比例会随收入的提高更为明显。

另一方面，名贵观赏鱼消费选择与消费者收入并无关联性，低收入家庭选择名贵观赏鱼的比例也可能高于高收入家庭。根据消费者介绍，是否选择观赏鱼价格是一方面因素，他们更看重的是观赏鱼带来的乐趣。部分消费者从风水角度去理解观赏鱼养殖，名贵观赏鱼选择与该类消费者消费心理直接相关（表14-4）。

表14-4　不同养殖年限消费者观赏鱼鱼种选择

收入（元）	普通金鱼（%）	热带鱼（%）	海水观赏鱼（%）	名贵观赏鱼（%）
<5 000	60.98	31.71	4.07	3.25
5 000～8 000	49.69	30.06	6.75	13.50
8 000～10 000	48.05	40.26	6.49	5.19
10 000～15 000	55.17	26.44	18.39	0.00
>15 000	35.53	42.11	11.84	10.53

2. 消费者购买力分析

如前文所述，北京市观赏鱼消费以普通金鱼为主，热带鱼次之，所以，在观赏鱼养殖消费支出方面，年支出并不高，年支出在1 000元以下的消费者占调研对象的74.47%，其中以500元以下为主，约占调研养殖对象的53.90%。尽管北京市养殖成本较高的名贵观赏鱼和海水观赏鱼养殖比例很低，但年养殖成本支出在2 000元以上的消费者仍达到14.89%，高于名贵观赏鱼和海水观赏鱼养殖比例（图14-14、图14-15）。

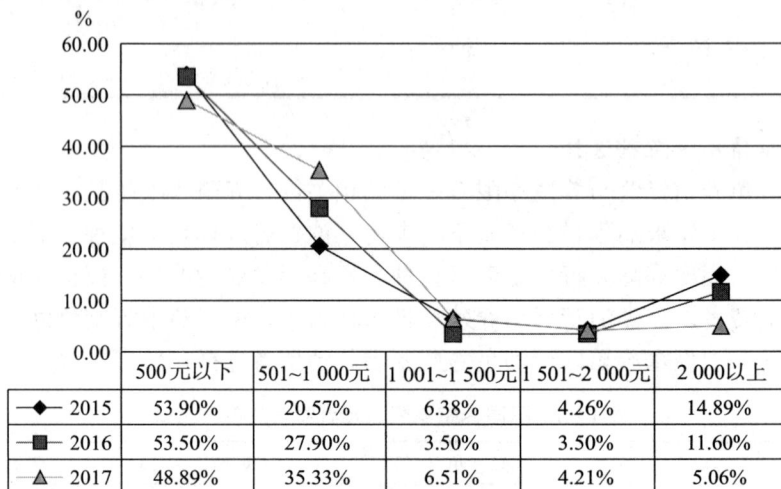

	500元以下	501~1 000元	1 001~1 500元	1 501~2 000元	2 000以上
2015	53.90%	20.57%	6.38%	4.26%	14.89%
2016	53.50%	27.90%	3.50%	3.50%	11.60%
2017	48.89%	35.33%	6.51%	4.21%	5.06%

图14-14 养殖年支出情况

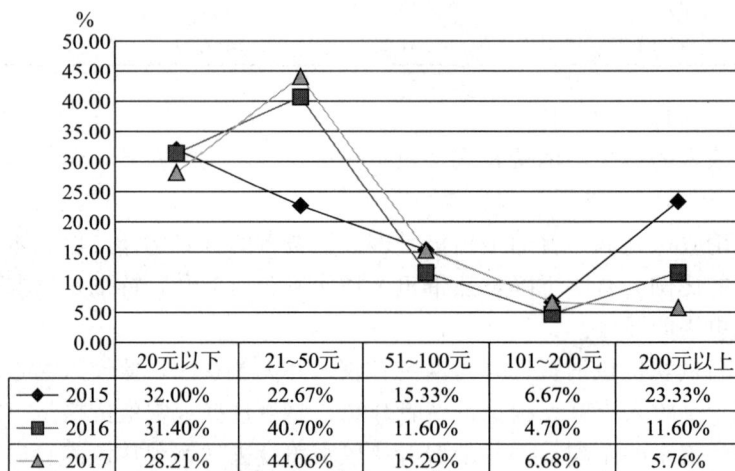

	20元以下	21~50元	51~100元	101~200元	200元以上
2015	32.00%	22.67%	15.33%	6.67%	23.33%
2016	31.40%	40.70%	11.60%	4.70%	11.60%
2017	28.21%	44.06%	15.29%	6.68%	5.76%

图14-15 购买鱼的单价

随着热带鱼不断普及和价格降低，在鱼的单价方面，消费者所选择多是50元以下的普通金鱼和热带鱼，如血鹦鹉、地图等，该类消费者约占目前正在养殖消费者的54.67%，其中单尾消费在20元以下的消费者约占23.33%。

值得注意的是尽管购买单尾价格在50元以上的消费者约占45.33%，但其中购买单价在200元以上的鱼类的消费者却在23.33%，通过与部分消费者交流和访谈得知，此类消费者所购买的并非一定是海水观赏鱼或者名贵观赏鱼，更多的还是金鱼和热带鱼，如金龙、红龙以及过被银龙等。

通过对消费者收入与其观赏鱼养殖年支出交叉分析可以看出，消费者的收入与其年支出有直接关系，总体上来看，半数以上的消费者年支出在 500 元以下，随着家庭收入的提高，消费者年支出，特别是年支出在 2 000 元以上的消费者所占比例呈增加的趋势。值得注意的是尽管部分家庭收入不高，但仍有部分消费者观赏鱼养殖年支出在 2 000 元以上，该类家庭切实将观赏鱼作为家庭一员，但有的家庭虽然收入较高，但其年支出并不高，一方面与其养殖鱼种有一定关系，另一方面与其养殖定位、养殖态度有关（表 14-5）。

表 14-5　不同收入水平消费者观赏鱼养殖年支出情况

月收入	<500 元 （%）	501~1 000 元 （%）	1 001~1 500 元 （%）	1 501~2 000 元 （%）	>2 000 元 （%）
<5 000 元	59.02	26.23	10.66	1.64	2.46
5 000~8 000 元	55.85	22.23	14.70	3.02	4.20
8 000~10 000 元	53.85	21.23	16.83	2.63	5.46
10 000~15 000 元	46.85	29.40	19.66	1.64	2.46
>15 000 元	42.85	30.23	10.83	7.63	8.46

3. 需求特征与趋势

（1）观赏鱼品种需求多样化

近年来，消费者对观赏鱼的需求量迅速上升，观赏鱼市场价格稳中有升，特别是高档、稀有品种的价格居高不下，遗憾的是由于国内对观赏鱼的品种研究较少，多数优质的品种全部依赖进口。因此，除积极引进国外的名贵观赏鱼品种外，还应当不断开发观赏鱼名优品种，着重提纯复壮那些历史悠久、性能稳定、市场行情好的品种，并运用一些生物技术手段，开发优良新品种，以增强国内观赏鱼在国际市场上的竞争力。

（2）观赏鱼需求直线上升

随着我国人民生活水平的日益提高，观赏鱼进入了寻常百姓家庭，需求量逐年扩大。由于观赏鱼具有非食用性，其出口环境相对比较宽松，在出口创汇上潜力极大，养殖观赏鱼创汇也较高。特别的品种则能卖出高价，如青龙、红龙、白龙和蝴蝶鱼等高档品种，在欧美市场上受到青睐，色泽独特的锦鲤，一条能卖到几万元。我国观赏鱼的生产与贸易已成为渔业强劲的增长点。

（3）热带鱼、观赏水生动物火热

近几年，陆续从国外引进和试养的热带鱼类及名贵珍惜品种也已增至 150 多种，北京市的观赏龟养殖业也正朝专业化方向发展。房山区大陆广翼研究中心已建成相当规模的观赏龟养殖基地，引进和试养国内外观赏龟 20 余种。

目前的龟鳖经营，已不是当时的只管养、不愁销，只求数量、不求花样的单一经营模式，而是汇集养殖、餐饮、观赏、科教、娱乐和体验的多样化、多形式、多思路的经营模式，这不但扩展了经营范围，也大大降低了经营风险。

到目前为止，养殖产量在平稳增长，产品质量稳中有升，市场销量也在逐步增长，品牌意识也越来越强，产品加工业也有所突破，龟鳖的普及面也在逐年扩大，企业经营效益也日趋见好，所以龟鳖产业的总体发展已日趋平稳。

（六）产业支持政策及其效果评价

1. 现行观赏鱼产业支持政策

在关于观赏鱼产业的部委指导文件中并没有对观赏鱼产业的支持政策做具体的规定，但是观赏鱼产业属于休闲渔业的重要组成部分，因此我们可以从农业部《关于促进休闲渔业持续健康发展指导意见》（农渔发〔2012〕35 号）（以下简称《指导意见》）、农业部办公厅《2016 年渔业渔政工作要点》（农办渔〔2016〕12 号）（以下简称《工作要点》）中看出观赏鱼产业的发展空间。

《指导意见》中第一条"充分认识发展休闲渔业的重要意义"，休闲渔业是以渔业生产为载体，通过资源优化配置，将休闲娱乐、观赏旅游、生态建设、文化传承、科学普及以及餐饮美食等与渔业有机结合，实现三次产业融合的一种新型渔业产业形态，主要包括休闲垂钓、渔家乐、观赏鱼、渔事体验和渔文化节庆等类型。说明了观赏鱼产业是休闲渔业的主要组成部分之一。

《指导意见》中第五条"做好休闲渔业发展规划"，要结合地域优势和传统特色，积极引导观赏渔业发展，规划建设一批现代化的观赏鱼、水族装备生产基地和批发市场。说明观赏鱼产业是休闲渔业规划引导的重要方向。

《指导意见》中第八条"加强宣传推广"，通过多种方式，加强宣传推广，为休闲渔业发展搭建平台，支持举办渔文化展示、垂钓比赛、观赏鱼评比、水族器材（包括钓具、钓饵等）展销等各类活动，推广渔业休闲文化，增强行业的吸引力，促进休闲渔业做大、做强。第十四条"加强宣传推广"，各级渔业部门要加大服务力度，为休闲渔业创造良好的发展环境。要重视和加强对休闲渔业的科学研究和技术推广服务，重点开展休闲渔业配套设备研究和开发、优质钓饵研究和开发、观赏鱼养殖技术研究和新品种开发，全面开展水产技术推广服务。说明了观赏鱼产业具有广阔的发展空间。

《工作要点》中第六条"促进产业融合发展"，大力发展休闲渔业，出台促进休闲渔业发展的指导意见，召开全国休闲渔业发展现场会，深入挖掘渔文化，积极发展休闲渔业新业态。观赏鱼产业作为休闲渔业的重要组成部分，也将是渔业新业态下转型升级的重要举措。

2. 产业支持政策效果评价

近年来，北京开始向着世界城市和宜居城市发展，城乡产业依存度不断增强。为应对新形势，北京市农业局把大力发展都市型现代渔业确立为新时期渔业工作的重点内容，并将观赏鱼列为市农业发展的重点扶持项目，以整个产业的统筹规划、协调发展为重点，加大观赏鱼相关领域的科研、推广力度，积极引导养殖户转变生产经营模式，对北京市渔业由传统生产方式向科技含量高、生态友好、农民增收快的新型发展模式转变具有极大的推动作用。

二、观赏鱼产业发展中创新团队的技术支撑作用

（一）团队基本情况

1. 团队定位

观赏鱼创新团队围绕观赏鱼产业在品种结构和区域布局，进一步优化目标，建立区域品牌；加强观赏鱼文化与休闲创意工作的结合；加大新型职业农民的培养力度；注重观赏鱼产

业的节水技术和生态技术推广，为农民增收、致富服务，为北京市观赏鱼产业发展注入新的活力。

根据产业发展需求，2016年末观赏鱼团队为贯彻落实北京市农业"调、转、节"政策，紧扣观赏鱼产业转型升级主题，突出可持续发展，以市场为导向、以创新为动力，以"高效、节水、怡情、乐享"为目标，发展观赏鱼养殖、观赏鱼饲料、水族器材、观赏鱼文化等要素为一体的综合性产业。"十三五"期间观赏鱼产业的定位为：研发新技术，开发新产品，提高从业者技术水平，提高产业链条各环节的生产效率和效益；加强宣传引导，提高市民养殖观赏鱼的技术水平，使观赏鱼走进千家万户，从而实现产业的可持续发展。

2. 团队架构（图 14-16）

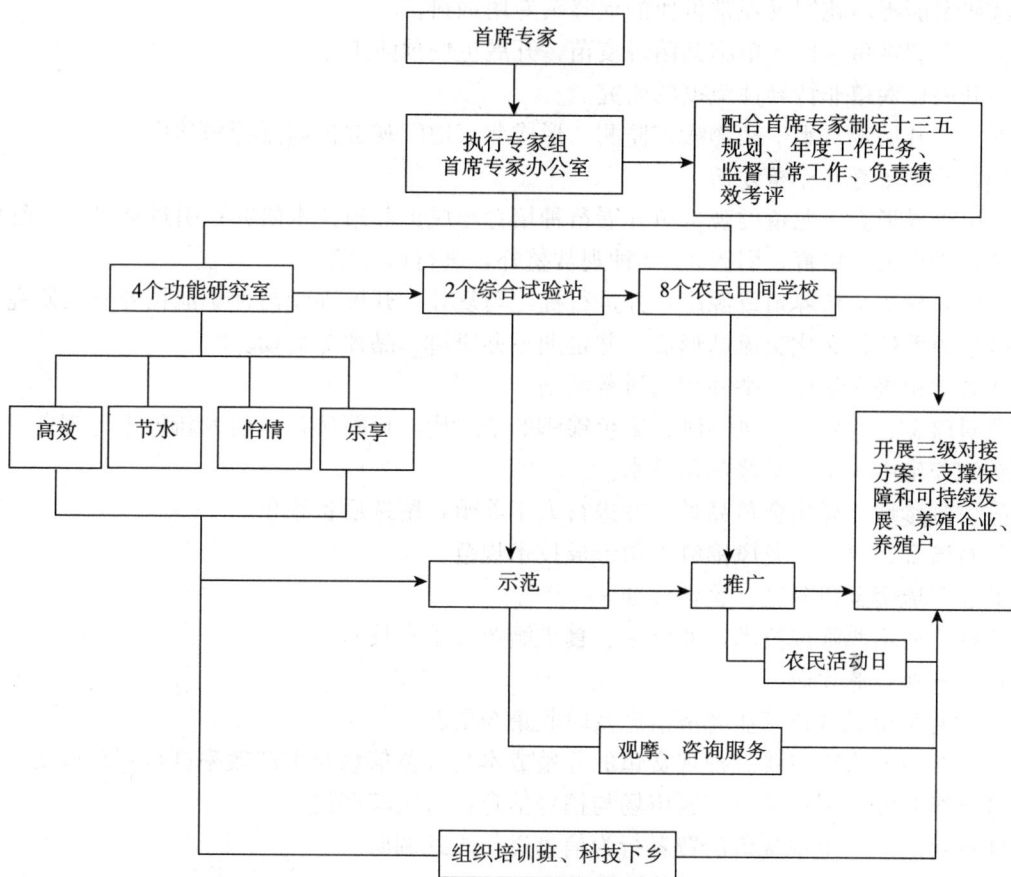

图 14-16　团队架构图

3. 团队目标与任务

围绕观赏鱼产业在品种结构和区域布局，进一步优化目标，建立区域品牌；加强观赏鱼文化与休闲创意工作的结合；加大新型职业农民的培养力度；注重观赏鱼产业的节水技术和生态技术推广。致力于农民增收、致富，为北京市观赏鱼产业发展注入新的活力。为北京市现代渔业的转型升级夯实基础，为把首都建设成为世界城市做出贡献。2016年工作任务如下：

（1）育种与繁殖方面

①进行规模化人工繁殖及苗种培育技术研究。

②根据各区县资源和市场情况，从众多的养殖品种中筛选出适宜该区县特点的观赏鱼养殖品种，并对各区县适宜的养殖品种开展观赏鱼亲鱼培育、配组、催产、大规模苗种繁育、产后亲鱼康复、亲鱼早繁等技术研究。继续开展锦鲤常年繁殖技术研究。

③继续开展锦鲤、金鱼的家系选育及杂交育种技术研究。

④生产季节指导北京地区大型苗种场的亲鱼培育、配组、繁育工作。积极配合团队开展技术培训、科技下乡等工作。

（2）营养与病害方面

①确定花罗汉育成专用饲料配方及生产工艺，并进行花罗汉育成专用饲料的示范推广。

②开展花罗汉促隆头物质的筛选研究。

③研发能提高花罗汉观赏价值的促隆头专用饲料。

④开发观赏鱼维氏气单胞菌菌蜕疫苗，开展免疫预防工作。

⑤开展血鹦鹉非特异性免疫的研究。

⑥持续开展观赏水生动物病害监测，形成北京地区观赏鱼病流行病学报告。

（3）苗种培育与养殖方面

①引进异形类、龙鱼类观赏鱼开展苗种培育与成鱼养殖技术研究；引进猪鼻龟、红面蛋龟稚龟，进行人工培育；引入1~2种观赏鳌虾，进行试养殖。

②建立狮头金鱼养殖资源库，并进行提纯与复壮；开展锦鲤苗种小池精养模式研究。

③金鱼养殖、文化交流站形成，并定期举办研讨、品评等活动。

④观赏鱼进入学校，举办相关科普活动。

⑤对琉金、兰寿、龙凤锦鲤、墨色锦鲤的子二代进行筛选，并引入新种进行改良。初步研究锦鲤养殖中人工手术修裁鱼技术。

⑥引进珍珠、蝶尾金鱼品种，并进行人工养殖，留选后备亲鱼。

⑦对琉金、兰寿、龙凤锦鲤养殖形成技术规范。

⑧起草琉金金鱼养殖、鉴赏标准。

⑨推广血鹦鹉筛选技术，罗汉鱼、食土鲷苗种培育技术。

（4）产业经济方面

①对北京市观赏鱼产业经济信息及时收集与更新。

②继续对北京市主要品种观赏鱼的养殖成本与收益信息及生产效率进行跟踪调研。

③继续对北京市观赏鱼流通市场与销售信息进行跟踪调研。

④继续对北京市观赏鱼消费者行为信息进行跟踪调研。

⑤继续开展北京市观赏鱼品牌建立研究。

⑥继续开展北京市休闲渔业与创意文化的发展研究。

⑦组织多形式的农民培训。

⑧进行宣传或新闻报道。

（5）综合实验站

重点配合功能研究室岗位专家的观赏鱼及观赏水生动物的品种技术的引进、试验示范、推广工作。

（6）农民田间学校工作站

重点配合所在区县综合实验站完成推广任务。房山区吉羊村农民田间学校工作站配合通州区区综合实验站完成推广工作；顺义区北务镇庄子村农民田间学校工作站、大兴区礼贤镇东黄垡村农民田间学校工作站配合朝阳区综合实验站完成推广工作。

（二）团队工作成效

1. 调研跟踪，摸清产业发展的关键

（1）在春季寄生虫、细菌等鱼病高发时期，团队及时到农民田间学校工作站所在的区县进行调研，并主动将病鱼带回实验室紧急检查，提出有效的治疗方案，共对 15 家渔场的 38 例鱼病进行了第一时间的治疗，极大地减少了经济损失。

（2）2016 年团队以产业经济岗位专家胡金有为核心，集团队所有成员力量，集中对北京观赏鱼产业进行了深入的调研，采用商业化统计、样本统计的方式，覆盖北京 100% 的地区，并延伸至天津、河北，与国内外相关研究进行对照，完成了《全国观赏鱼产业调研报告》。

（3）观赏鱼产业经济研究。重点开展了观赏鱼消费者行为调研、观赏鱼销售市场调研、观赏鱼养殖成本收益调研，成功制作了观赏鱼养殖户养殖日志收集具体养殖数据，利用"互联网＋"构建了"基于 GIS 北京市观赏鱼养殖信息管理系统"。

2. 创新科研，针对需求开展系统化研究

开展了各类试验技术研究项目数 25 项，示范技术项目数 18 项，涉及锦鲤、金鱼、金龙鱼、罗汉鱼、麝香龟、黄缘闭壳龟、鳌虾、水晶虾等重点观赏水生动物 8 个品种。

（1）锦鲤常年繁殖技术体系建设

继续完善锦鲤规模化繁养殖技术体系建设。首次提出锦鲤延后繁育技术，8 月 20 日成功繁育苗种 530 万尾，可实现锦鲤的均衡上市。

（2）优质观赏鱼 P_5 代家系选育

以优质锦鲤 P_4 代家系为育种材料，进行 P_5 代选育。2016 年 4 月 24 日、5 月 29 日完成家系选配，共配组家系 13 个（锦鲤 8 个、金鱼 5 个），分别于 5 月 6 日、6 月 1 日、6 月 9 日人工收集受精卵并孵化成功家系 8 个（锦鲤 5 个、金鱼 3 个）。家系选育效果：第一次挑选锦鲤的选优率平均在 62.5%；金鱼的选优率在 84.6%。

（3）高品质锦鲤系谱选育

国内首次开展系谱选育技术，打造精品。在家系选育基础上，筛选和建立高品质锦鲤系谱选育组合，评价不同系谱选育组合内雌雄亲本的配合效果和育种潜力。通过繁殖力、成活率、早期挑选率和二龄挑选率的评价和筛选，选育获得锦鲤优质配组 3 组，选育高品质锦鲤系谱品系 3 个：培优 2014、特优 2014、朝点优 2014。2016 年 3 个高品质锦鲤系谱品系共繁殖水花 73 万尾，平均成活率为 95.78%。培优 2014、特优 2014、朝点优 2014 第一次挑选率为 65.4%、62.6%、63.7%。

（4）观赏鱼杂交育种及新品种培育技术研究

①红草金鱼（♀）和红白锦鲤（♂）远缘杂交 F1 代个体倍性检测。检测方法为：流式细胞仪和肾细胞染色体制片检测。结果显示：杂交 F1 代中有二倍体、三倍体，比例为 4∶1（16∶4）。二倍体染色体数目为 $2n=100$，三倍体染色体数目为 $3n=150$。三倍体口角无须，二倍体有须，推测可能是三倍体继承了母本无须的性状，也可能是个体只有 13 月龄，观察不到。

通过红草金鱼（♀）和红白锦鲤（♂）杂交得到了三倍体，属于多倍体鱼，多倍体鱼在生长速度、抗逆性等方面均有很大优势，而且不干扰其他鱼类资源，是鱼类遗传育种学高度重视并追踪研究的热点。

②红白锦鲤（♀）和红草金鱼（♂）远缘杂交，已经获得杂交 F_1 代水花约 830 尾。

（5）锦鲤胚胎发育酶活性研究

以锦鲤胚胎为研究对象，分别在受精初期、卵裂期、囊胚期、原肠期、胚体及器官形成期、出膜前期取样，测定鱼卵受精初期及胚胎发育不同时期超氧化物歧化酶、酸性磷酸酶、碱性磷酸酶活性及丙二醛含量。结果显示，锦鲤鱼卵受精初期超氧化物歧化酶、酸性磷酸酶、碱性磷酸酶活性及丙二醛含量均较低，随着胚胎发育进程，酶活性及丙二醛含量均呈现出上升的趋势。当发育至原肠期时，酶活性及丙二醛含量均显著升高（$P<0.05$）；当胚胎发育至出膜前期时，酶活性及丙二醛含量继续上升，且显著高于以前各个时期（$P<0.05$），此时期超氧化物歧化酶、酸性磷酸酶、碱性磷酸酶活性及丙二醛含量分别为受精初期的 1.78 倍、3.62 倍、23.41 倍和 1.92 倍。

（6）观赏水生动物品种引进、试养殖研究

引进黄缘闭壳龟 15 只、金鱼（狮头、鹤顶红、兰寿、蝶尾、珍珠）1 200 尾、锦鲤（龙凤、墨色）400 尾、引进金龙鱼 20 尾、引进鳌虾 2 000 尾，水晶虾 700 尾，并成功实现了人工驯养和繁殖，获得优质苗种 5 350 万余尾。

①金龙鱼养殖技术研究。通过改变养殖环境水质条件，观察不同养殖温度环境下对金龙鱼生长发育状况的影响。从实验结果来看，水温 28℃左右生长状况最理想，体重和体长增长均为最佳。

②水晶虾人工驯养技术试验。水晶虾的存活率与养殖水体水质情况（pH）、温度存在相关性，其中水晶虾在 pH 6.8～7.0 的环境中成活率最高，可达 68%；在温度为 22～24℃的环境中成活率最高，可达 65%；经过水晶虾繁殖试验，成熟的母虾一次约抱卵 20～30 个，但受各种因素影响试验中幼虾孵化率在 70%左右，孵化期为 3 个星期左右。

③鳌虾孵化试验。成功实现了每对亲虾产苗约 30～50 尾。

④麝香龟繁育技术试验。成功产出龟卵 198 枚，孵化出龟苗 183 只，成活率达到 90%，基本形成了一套麝香龟养殖操作规范。

⑤黄缘闭壳龟人工驯养技术试验。成功产出龟卵 217 枚，已经孵化出 201 只龟苗，初步摸索出一套适合本地的繁殖技术。

⑥在锦鲤、金鱼养殖岗位专家示范点（顺民义友渔场）建立了北京市狮头金鱼养殖资源库，签订了引种协议，拟引进包括大鳞三色、黑白凤高、紫凤尾高头球、红头紫罗袍、粗鳞云石、紫金凤高、凤尾高头球、粗鳞五花等品种。

（7）锦鲤抗病力的营养强化研究

主要是从生长、饲料利用以及免疫性能等方面探讨微生态制剂对锦鲤生长性能和抗病力影响。进行了为期 45 天的养殖试验。研究表明，饲料中添加微生态制剂可显著提高锦鲤幼鱼的生长性能、提高非特异性免疫机能，适宜添加量为 0.2‰。

（8）罗汉鱼起头物质及饲料工艺研究

通过在花罗汉鱼饲料中添加不同种促起头物质，对比试验鱼的起头率，从而筛选出能够明显促进花罗汉鱼起头的物质。第一阶段试验以十八罗汉鱼为研究对象，通过在试验饲料中添加以蛇床子、淫羊藿、雄蚕蛾、甘草等为成分的组方中药（均按 2% 添加）和两个浓度梯度（20 微克/克、40 微克/克）的睾酮激素，结果显示中药配伍添加组生长指标低于对照组，而含 20 微克/克浓度睾酮试验饲料能够显著提高试验鱼的生长激素水平（$P<0.05$）。第二阶段试验，在饲料中分别添加 10 微克/克、20 微克/克、40 微克/克、80 微克/克的丙酸睾酮和 2% 雄蚕蛾，结果显示，雄蚕蛾组饲料能够促进罗汉鱼的生长，降低饵料系数，且能显著提高养殖罗汉鱼的起头率（$P<0.05$）。

完善观赏鱼饲料生产工艺——微调配方。分别作了调整饲料挤压温度、蒸汽量、干燥工艺的研究、尝试，生产出了高品质的观赏鱼饲料，使饲料加工环节能耗降低了 8%～10%。

（9）维氏气单胞菌菌蜕的生产工艺研发及免疫评价

建立维氏气单胞菌菌蜕疫苗的生产工艺，在 20 升发酵罐的中试规模生产菌蜕疫苗中，确定了替代碳源、氮源的国产原料和基础配比。

采用菌蜕疫苗（CLGs）和甲醛灭活疫苗（FKC）对锦鲤进行注射免疫，并设一个注射 PBS 的对照组。在不同时间随机取样，对血清抗体滴度、相对免疫保护率（RPS）、溶菌酶（Lysozyme）、呼吸爆发、补体 C3、髓过氧化物酶（MPO）、超氧化物歧化酶（SOD）、丙二醛（MDA）及 *hepcidin* 基因表达量进行测定。试验表明，在一定免疫强度下，菌蜕疫苗对鲤特异性免疫和非特异性免疫有显著作用，整体免疫效果好于甲醛灭活苗。

（10）免疫增强剂对血鹦鹉非特异性免疫的研究

开展了菌蜕、壳聚糖、左旋咪唑、天蚕素等四种免疫增强剂对血鹦鹉非特异性免疫的研究，通过检测各试验组 NBT 浓度、C3、SOD 活性、MPO、LZM、ALP 等的变化，结果显示，饲料中添加 5% 菌蜕，可有效提高血鹦鹉的非特异性免疫能力，其次是添加 2‰ 的壳聚糖。可见，菌蜕和壳聚糖能够显著增强血鹦鹉鱼的非特异性免疫反应，因此这两种免疫增强剂具有很好的应用前景。

（11）中草药配方研发及免疫效果研究

筛选了 6 种中草药配方。并开展了中草药对金鱼免疫指标的测定，通过对溶菌酶、超氧化物歧化酶（SOD）、碱性磷酸酶（AKP）、酸性磷酸酶（ACP）等指标的测定，表明 1 号和 2 号中草药能显著提高金鱼的各项免疫指标（表 14-6）。

表 14-6　6 种中草药的主要成分

方剂	主要成分
1#	黄芩、苦参、麻黄等
2#	大黄、黄芩等
3#	苦参、辣蓼、地榆、薄荷等
4#	五倍子
5#	苦参
6#	贯众

（12）锦鲤浮肿病（CEV）的研究

2016 年 8 月，顺义区南彩镇、通州区西永和屯、房山区窦店吉羊村的 3 家观赏鱼场养殖的锦鲤发病。发病鱼有鳃损害等类似 KHVD 的临床特征，一度怀疑是 KHV 感染引起，但实验室多次 KHV 检测结果均为阴性，也未检出细菌。通过电镜在发病鱼肾脏内观察到痘病毒，并进一步经过 PCR 方法确认为 CEV，这是国内首次确诊。

（13）观赏鱼信息化技术研究

①观赏鱼养殖无线远程水质动态监控技术研究。利用最新无线传感网络技术，研制了基于无线传感网络技术的全天候"无线智能网络观赏鱼养殖环境实时监控预警系统"，对水温、溶氧、pH 等水产养殖环境指标参数以及气温、湿度、光照等环境参数进行实时自动监测、远程无线传输、数据自动处理分析、多平台控制、智能预警、手机短信报警。同时能及时地保存所采集的数据信息，并建立大容量的"水质环境历史数据库"。目前在团队研发中心及示范基地北京京朝花园农业发展中心进行了系统安装、测试和示范。

②利用"互联网＋"构建"基于 GIS 北京市观赏鱼养殖信息管理系统"。北京市观赏鱼养殖信息管理系统基于 GIS 开发的养殖信息管理平台，采用 Arcgis10.2 作为开发平台，借助已有北京市域图层信息进行开发，后台则采用 SqlServer 数据库，并通过 Arcgis 数据库连接对数据进行各种管理操作，实现了养殖信息管理的基本功能。可以准确实现北京市观赏鱼养殖信息各项参数的可视化，包括北京市观赏鱼产业养殖面积、养殖品种及其动态变化、空间分布，同时通过对养殖环境参数、产业状况等信息层的构建，可及时掌握与了解北京市观赏鱼产业的养殖参数情况与经济状况，便于统计并给相关用户提供参考。

3. 引领示范，推动观赏鱼产业转型升级

（1）示范推广主导品种和主推技术、产品

2016 年，团队共示范推广主推技术 18 项，观赏水生动物品种 8 个，已覆盖苗种 4.853 亿尾，主推饲料产品 7 个。

（2）观赏鱼病害监测技术持续保障产业健康发展

重大疫病监测：已在通州、顺义等区建立观赏鱼病监测点 20 个，抽样检测锦鲤春病毒血症、锦鲤疱疹病毒病、金鱼造血器官坏死病 3 种重大水生动物疫病，监测样品 80 个。通过病害监测点的设置，2016 年成功为通州漷县、顺义大孙各庄村、通州唐大庄村等 16 户农户诊断鱼病并及时治疗，避免了大面积的损失。

药物敏感性监测：在通州区唐大庄村的两个主养金鱼的观赏鱼场建立监测点，测定病原菌对 8 种水产常用抗菌药物的最小抑菌浓度（MIC），分析养殖金鱼的病原菌耐药性现状，形成金鱼常见致病菌敏感药物谱。

4. 助力企业，推动观赏鱼产业高效对接

（1）创新工作方式

通过"无偿种苗、宣传引导、提供服务、唱响品牌、适应市场"等措施，推动观赏鱼企业发展。无偿提供种、苗 4 335 尾（只），每个企业平均降低成本 5.87 万元。

（2）强强联合，助力企业，实现双赢

与友谊饲料联合，团队提供饲料配方和技术指导，友谊饲料提供生产线，双方充分利用线上平台，推广成品饲料，线上月销量达 2 吨以上，稳居全国线上同类产品销售冠军。团队为企业提供技术支撑，企业为团队提供推广平台，此举既实现了企业的利润增加，又展现了团队对企业的助力作用，从而实现双赢。

（3）着眼"京津"，整合资源，强化引导、跟进服务

团队结盟天津 2 个观赏鱼养殖龙头企业，推广团队主推技术，提供无偿技术服务，并以"岗位专家为纽带"，将两地龙头企业苗种推广对象进行互补，此举扩大了企业的销售渠道，

通过观赏鱼团队这个平台，天津 2 个企业在自有销售渠道的基础上，又销售了 1 500 万尾水花，充分体现了团队的纽带作用。

（4）苗种推介会，推动渔业转型升级，提质增效

2016 年 3 月 31 日，在行业市场和观赏鱼团队的双重推动下，北京金鱼、锦鲤苗种推介会在顺义召开，通过 5 年的连续举办，苗种推介会已成为北京市展现观光休闲渔业发展成就，展示企业发展实力，助力企业品牌发展的高效平台。

5. 生态立基，保障产业可持续发展

采用节水品种、水质调节技术实现节水，2016 年已经推广节水品种 3 个：麝香龟、火焰龟、黄缘闭壳龟。推广节水技术 9 项，总面积达 6 350 亩，最高节水比例 85.46%。2016 年在原有的节水技术上，着重发展地膜养鱼技术、无排放节水池塘循环养鱼技术。

在生态循环利用技术方面，除了大面积推广工厂化循环水养殖技术外，积极发展无排放节水池塘循环养鱼技术。通过改造土池塘，将观赏鱼养殖废水引入土池塘进行二次利用，在土池塘中种植荷花、茭白等水生植物提升景观效果，并开展观赏鱼养殖，探索无排放池塘循环利用养殖新模式，此模式的成功利用，将实现土池塘的生态系统平衡、池塘废物循环利用，整个养殖过程不需要化学品的投入，真正做到池塘生态循环养鱼。

6. 服务为本，技术护航助弱扶困

共开展各种形式科技服务 91 次，培训指导 1 138 人次，组织观摩 182 人次，开展工作指导 28 次，田间学校工作站培训实地操作 13 次。其中订单式邀约培训指导、观摩 520 余人次，占总培训人次的 39.39%。

团队积极响应"精准扶贫"政策，拟通过观赏鱼产业引导走出扶贫致富途径，积极主动带领大兴区礼贤镇扶贫试点农户参加团队组织的培训班 8 次，培训扶贫对象 25 人次。

2016 年，团队充分认识科技服务对产业升级的巨大推动作用，建立了"首席专家为领军、岗位专家为主导、综合试验站为纽带、田间学校工作站为示范、养殖场（户）为对象"的科技服务平台，并充分增强了科技创新能力的"链式效应"。科技服务平台以服务为本，秉承"找得着、用得起、有保障"的原则，充分开展了"订单式邀约培训"模式，充分扩大培训群体，保障农民切身利益。团队对科技服务的创新，引领了渔业从传统的技术培训到服务为本的重大转变。

7. 与时俱进，多渠道推动产业升级

团队共组织宣传 25 次，发放资料 1 650 份，1 930 人次参加，报送平台信息 167 次，其中网络宣传 13 次，采访 7 次，报纸 5 次。开展国内外技术交流 16 次，组织、参与观摩活动 32 次，1 780 人次参与。

通州区综合试验站站长张宝华组织区内三个农民田间学校工作站站长、助手及技术骨干，积极深入养殖一线开展技术咨询、指导和培训工作，站内定期举办技术培训班、农民活动日等科技服务活动，同时还积极组织技术骨干、养殖企业、养殖户等参加团队其他岗位专家举办的培训会、观摩会等。共开展技术培训、观摩交流活动 6 次，培训农民学员 300 人次。张宝华站长积极探索观赏鱼养殖节水新模式，有效利用了鑫淼基地现有资源，改造养殖土池塘，将观赏鱼养殖废水引入土池塘中进行二次利用，在土池塘中种植荷花、茭白等水生植物提升景观效果，并开展观赏鱼养殖，探索无排放池塘循环利用养殖新模式。并在靛庄站、西永和屯站开展节水技术推广，使地膜铺设完成后不会再因池塘渗漏造成养殖水流水，

保水、节水效果显著。张宝华站长在病害高发季节，指导工作站、示范企业养殖户科学投喂、实施病害防控及相关养殖技术，其中王庄工作站延续 2015 年的鱼病防治工作，尤其是酵母对观赏鱼器官坏死治疗实验。该实验成果的普及减少了 30% 的鱼病的发生，降低了养殖户的损失。

朝阳区综合试验站站长解凯围绕提高养殖户科技文化素质，积极开展各项工作。一是充分利用团队黑庄户观赏鱼养殖发展中心、郁金香锦鲤俱乐部、京朝花园农业发展中心、北京兴旺兴业合作社四个示范企业，开展了多种形式的技术推广。①郁金香锦鲤养殖中心示范工厂化养殖锦鲤技术，京朝花园示范工厂化养殖热带鱼和观赏龟及中草药防治鱼病等技术，共计 10 亩。②郁金香锦鲤养殖中心示范锦鲤分级挑选和锦鲤增色饲料技术 10 亩。③黑庄户观赏鱼发展中心示范锦鲤分级挑选、锦鲤增色饲料试验和中草药防治鱼病等技术 20 亩。④黑庄户观赏鱼养殖发展中心示范金鱼小池精养技术 1 亩。⑤兴旺兴业合作社示范墨色锦鲤养殖技术 5 亩。共计投入饲料 7 吨，鱼药 92 箱（桶）。二是开展农业文化遗产普查工作，高碑店小金鱼、黑庄户宫廷金鱼已经申报北京市农业文化遗产资源，力争进入农业文化遗产名录，为北京市的观赏鱼发展历史留下记录。三是突出观赏鱼文化宣传，2016 年先后在朝阳区田华小学、黑庄户教辅中心、太阳宫公园等地多次开展观赏鱼进城入园宣传活动，观赏鱼进公园活动在朝阳有线电视台宣传一期。四是组织北京市锦鲤赛事，扩大企业知名度。组织示范企业郁金香锦鲤养殖中心定期开展北京市锦鲤赛事及拍卖会，通过赛事的举办扩大行业交流，提升企业知名度，推动行业发展。

团队创新观赏鱼宣传方式，通过观赏鱼"进社区、进学校、进公园"等方式，促进观赏鱼产业融入市民生活，多渠道推动产业升级。

共组织观赏鱼进社区 6 次（蒲黄榆社区、富卓苑社区、天通苑社区、顺义河北村、大兴魏善庄、东坝奥林匹克花园社区），进公园 3 次（团结湖公园、望和公园、蟹岛）、进学校 8 所；提供观赏鱼 23 000 余尾，发放宣传资料 1 500 余册，赠送小金鱼 3 000 余尾。组织观赏鱼陶艺大赛 1 次，开设观赏鱼大课堂 1 个，设置文化交流站 2 个。

举办观赏鱼展览、比赛及品评会等活动 4 次。9 月 22 日，在中山公园愉园举办"全国金鱼大赛"；9 月 24 日，在北京郁金香锦鲤馆举办"锦鲤大赛暨郁金香第三届锦鲤比赛"；11 月 1 日，在北京郁金香锦鲤馆举办"第二届北京传统金鱼品鉴会"；11 月 13 日，在郁金香锦鲤馆举办北京金鱼协会"玩一玩、赛一赛"活动。

8. 凝结群力，保障团队工作成效提升

（1）对团队的组织管理和各机构、人员的工作协调情况

①对功能研究室、岗位专家、试验站、农民田间学校工作站的管理。根据观赏鱼团队五年规划考核指标及任务分解的要求，与各功能研究室主任、岗位专家、综合试验站站长、农民田间学校工作站站长签订了 2016 年任务书，明确了各岗位聘任成员的任务指标，加强了日常管理、中期总结的力度，以执行专家组对接综合试验站、农民田间学校工作站的形式，提高了团队的管理水平与工作效率。

本年度重要工作会议有：4 月 28 日，召开 2016 年工作部署会，主题是部署 2016 年的工作，团队成员——汇报了本岗位的工作计划及进展情况，明确了团队目标，提出了具体要求。6 月 24 日，团队召开第一次工作交流会。7 月 7 日，召开中期总结会，团队全体岗位聘任成员汇报了本岗位上半年的工作情况，并为下半年工作开展制定计划。8 月 23 日，团队

召开第二次工作交流会，重点为各聘任岗位成员就 2016 年已开展的工作、存在的问题及下一步工作安排等进行发言交流，并对团队"十三五"的规划进行了深入的交流，以上会议出勤率达到了 96％，会议中团队成员均表示对团队的工作满意。

团队首席专家办公室及时追踪团队成员的科研、示范、推广动态，全年首席专家办公室要求团队各层级岗位聘任成员报送材料 34 次。

此外，团队注重成员间感情的培养，2016 年 8 月 9 日由团队首席专家办公室组织，在研发中心小汤山基地举办了拔河比赛，这是团队成立以来举办的第一次团体活动，此次团队活动将进一步激发团队成员团结协作的精神，提高凝聚力、向心力，促进团队工作的有序开展。

②对岗位专家间、岗位专家与综合试验站、农民田间学校工作站间的协调。为进一步加强团队各层级间、各岗位聘任成员间的技术交流与和合作，通过各种途径与方式，强化岗位专家间、岗位专家与综合试验站、农民田间学校工作站之间的工作联系，使团队真正实现整体效应，充分利用整个团队为观赏鱼产业服务。2016 年度开展了 8 次大联合大协作活动，如 2016 年 7 月 18 日，由北京市观赏鱼产业创新团队首席专家办公室主任史东杰带队一行 9 人，调研大兴区重点培育的观赏休闲企业，北京市红云锦鲤养殖场和权水洼公社，实地考察了企业的养殖基地，与企业负责人座谈交流，了解企业生产运营情况、发展规划和存在的问题及困难，并就观赏鱼团队如何对企业发挥产业保障功能，与企业负责人深入交换了意见。北京市农业局科教处张猛同志、大兴区动物卫生监督管理局尚宴增主席参加了此次调研活动。北京红云锦鲤养殖场为大兴区 2016 年新建并重点培育观赏鱼养殖基地，目前该场建设已基本建成，占地 268 亩，是集锦鲤精品繁养殖、农业休闲观光高度融合的企业，2017 年可正式投入生产，该场负责人王继强具有 20 余年的锦鲤养殖经验，在国内观赏鱼养殖产业中家喻户晓。权水洼公社占地约 13 余万平方米，是一家融合了渔业科普文化、拓展训练等的综合性休闲基地，该场还是极具特色的生态养殖基地，通过六级池塘立体养殖模式的示范养殖，秉承了留名营"中国生态第一村"的理念。观赏鱼团队今后要进一步优化服务，为企业办实事，为其生产经营中的具体困难建言献策，努力为企业发展壮大提供技术保障。

同时，在团队日常运行中，注重各岗位、综合试验站、农民田间学校工作站间的联合协作。典型举措如下：

①产业经济岗位专家胡金有与金鱼、锦鲤养殖岗位专家黄文合作编写《小池精养观赏鱼体外观视觉（品质）特征渐变过程调控建模方法》。

②金鱼、锦鲤养殖岗位专家黄文与文化创意岗位专家何川交流与合作，多次参与了观赏鱼进社区、进学校等活动，与热带鱼养殖岗位专家丁文积极联系锦鲤养殖及销售情况。与本团队病害养殖专家就养殖户病害防治情况进行了沟通与交流。

③营养与饲料岗位专家李铁梁与病害防治岗位专家马志宏共同完成了"不同免疫增强剂对血鹦鹉非特异免疫能力的影响"的研究，合作完成了该项研究血鹦鹉鱼免疫增强剂的添加工艺及试验饲喂管理部分；在营养与饲料岗位专家李铁梁的推广工作和开展的"促罗汉鱼起头物质筛选研究"试验中，鱼病岗位专家马志宏为保证示范、试验鱼的健康提供了技术支持。

④病害防治岗位专家马志宏积极与文化创意岗位专家何川、金鱼锦鲤养殖岗位专家黄

文、病害监测岗位专家王姝合作，积极为各岗位所提供的研究对象提供饲料投喂方面的建议、方案，主动为发生营养疾病的试验鱼提供技术指导。

⑤病害防治岗位专家马志宏与病害监测岗位专家王姝多次交流京津冀地区观赏鱼病害的监测和防控情况等信息，探讨了近两年北京金鱼多发的传染性金鱼造血器官坏死病的监测、预防和防治手段。两个病害岗位专家交流了嗜水气单胞菌、大肠杆菌、停乳链球菌等鱼类致病菌种资源，为进一步的技术研究打下了坚实基础。

⑥病害防治岗位专家马志宏与文化创意岗位专家何川开展合作，为养殖户提供技术服务。针对创意岗位专家采样的观赏鱼进行常规病原检查和为养殖户提供行之有效的病害防治方案。按照"北京市常见鱼病操作规程"标准，岗位专家检查了鱼体健康状况，制定了一套该品种观赏鱼的病害防治方案。

⑦育种与繁殖岗位专家梁拥军与金鱼、锦鲤养殖岗位专家合作开展锦鲤体色对比试验。

⑧育种与繁殖岗位专家梁拥军、经济岗位专家胡金有、文化创意岗位专家何川、营养与饲料岗位专家李铁梁、热带鱼岗位专家丁文、观赏水生动物养殖岗位袁丁、金鱼锦鲤养殖岗位专家黄文、病害防治岗位专家马志宏、病害监测岗位专家王姝等均与通州综合试验站、朝阳综合试验站及8所农民田间学校工作站合作开展了观赏鱼养殖户及批发市场调研工作、观赏鱼进校园宣传活动、金鱼新品种推广试验、金龙鱼养殖试验、工厂化养殖无线远程监控技术试验、观赏龟繁养殖技术试验等方面的合作。

（2）管理平台应用

充分应用市农业局创建的现代农业产业技术体系创新团队管理平台，截至2016年11月15日，团队年度完成工作日志776篇、工作信息167条（其中科教处采纳54条）。填报内容涉及科学试验、调研工作、会议交流、农民田间学校活动、技术培训、技术服务、观摩及其他，包括了团队各岗位、各综合试验站、各农民田间学校工作站的参与人员，全面记录了团队的年度工作。

（3）与主管单位、其他体系、团队的有机衔接

①主动与市农业局科教处、水产处等业务处室沟通，为首都休闲渔业建设建言献策，并积极按要求参加其主办的会议10余次。

②与天津水产主管部门沟通，为天津市水产产业技术体系创新团队建设提出合理化建议，并提供了本团队7年来的建设经验。

③7月21日，北京市观赏鱼产业创新团队首席专家办公室主任史东杰组织团队成员一行7人参加了叶类蔬菜团队中期总结会，为市农业局现代农业产业技术体系建设提供了一个开展横向交流的平台。会上，主要听取了叶菜团队各岗位聘任成员上半年的工作总结，使本团队成员开阔了视野，增进了两个团队的交流与合作，使市农业局地方产业技术体系创新团队的整体水平再上新台阶，从而推动大农业更高效地发展。

④团队多次与奶牛团队就十三五规划的编制工作进行探讨。

⑤团队在运行过程中，多次与国家罗非鱼产业技术体系对接示范推广的新方法，促进不同国家体系与地方团队的有机融合。

（4）各种利益关系的处理

观赏鱼团队始终把产业利益、社会利益、农民利益放在首位，在团队的岗位设置、综合试验站和农民田间学校工作站布局、单位和人员选择等方面，能妥善处理好各方关系，摆正

自身位置，树立时刻为观赏鱼产业服务的理念。

鉴于观赏鱼产业需求，以及团队近几年建设成果，观赏鱼团队于 2017 年增设水族岗位，可见观赏鱼团队在京郊渔业产业中具有极大的贡献和作用。

（5）学风建设和诚信道德建设

由于观赏鱼团队成员与生产一线结合极为紧密，绝大部分专家和综合试验站站长和农民田间学校工作站站长具有长期基层工作经历，已养成务实和诚信的工作作风，在科研、示范推广等各方面都能做到脚踏实地、为民服务。2016 年，团队已制定和完善 10 个内部管理文件，包括团队总体方案、工作细则、日常工作管理办法、会议制度、干系人期望管理办法、团队人员评估办法、资金管理办法、信用管理办法及实施细则、团队建设专项管理办法等，促使团队成员有更多时间和精力从事团队工作，真正为产业技术需要服务。

（三）团队运行机制

1. 任务划分

2016 年末设立高效、节水、怡情、乐享四个攻关组（表 14-7）。

表 14-7　团队攻关组

序号	攻关组	组长	岗位专家	功能研究室
1	高效	史东杰	丁文、袁丁、李铁梁、马志宏、王姝、黄文、胡金有、何川、史东杰	苗种培育与养殖功能研究室、育种与繁殖功能研究室、营养与病害功能研究室、产业经济功能研究室
2	节水	黄文	黄文、袁丁、李铁梁、丁文	苗种培育与养殖功能研究室、营养与病害功能研究室
3	怡情	何川	何川	苗种培育与养殖功能研究室
4	乐享	朱华	朱华、李铁梁、胡金有	水族功能研究室、营养与病害功能研究室、产业经济功能研究室

2. 组织与管理

2016 年，首席专家组织本团队的成员全面开展本产业需求调研，提出本产业和本领域"十三五"研发和试验示范与推广任务规划。团队成立了执行专家组和首席专家办公室，主要用于组织、监督、统筹、协调团队事宜。

执行专家组负责团队工作的组织、监督。建立首席专家负责的定期会议制度，由首席专家办公室组织，每季度召开一次团队工作会议，总结上季度工作情况，查找存在的问题，针对生产实际研讨和部署下季度的具体工作计划，细化到每个岗位专家、试验站、田间学校工作站。针对制约产业发展的重大问题，建立协同攻关机制，团队各层级之间协调一致，建立综合试验点。

首席专家办公室总体统筹、协调、考核团队各层级、各单位工作；团队及各部门内部实行绩效考核制度；加强对管理平台的日常管理。

围绕团队目标，设立 4 个攻关组，根据具体攻关的目标，将不同研究方向的岗位专家进行重新组合，开展协同攻关。攻关小组的负责人协助首席专家进行任务管理，并负责攻关目标的完成。

（四）技术研发与主推技术

1. 团队技术研发情况

2016 年，团队共研发技术 18 项，覆盖观赏水生动物品种 8 个，覆盖苗种 4.853 亿尾（表 14-8）。

表 14-8　团队技术研发情况

编号	主要技术
1	金鱼小池精养技术
2	促罗汉鱼起头技术
3	锦鲤增艳技术
4	血鹦鹉增艳技术
5	金鱼营养投喂技术
6	饲料烘干节能技术
7	菌蜕中试生产工艺
8	黄缘闭壳龟繁殖技术
9	麝香龟繁育研究
10	中草药防治鱼类细菌性疾病技术
11	耐药监测技术
12	红白锦鲤分级技术
13	大正三色锦鲤分级技术
14	昭和三色锦鲤分级技术
15	锦鲤常年繁育技术
16	观赏鱼无限远程水质动态监控技术
17	血鹦鹉筛选技术
18	罗汉鱼苗种培育技术

2. 团队主推技术情况

2016 年，团队共示范推广主推技术 18 项，观赏水生动物品种 8 个，已覆盖苗种 4.853 亿尾，主推饲料产品 7 个（表 14-9）。

表 14-9　团队主推技术情况

编号	主要技术
1	金鱼小池精养技术
2	促罗汉鱼起头技术
3	锦鲤增艳技术
4	血鹦鹉增艳技术
5	金鱼营养投喂技术
6	饲料烘干节能技术
7	菌蜕中试生产工艺

（续）

编号	主要技术
8	黄缘闭壳龟繁殖技术
9	麝香龟繁育研究
10	中草药防治鱼类细菌性疾病技术
11	耐药监测技术
12	红白锦鲤分级技术
13	大正三色锦鲤分级技术
14	昭和三色锦鲤分级技术
15	锦鲤常年繁育技术
16	观赏鱼无限远程水质动态监控技术
17	血鹦鹉筛选技术
18	罗汉鱼苗种培育技术

（五）技术示范推广效益

1. 技术示范推广情况

2016 年，团队共示范推广主推技术 18 项，观赏水生动物品种 8 个，已覆盖苗种 4.853 亿尾，主推饲料产品 7 个。

2. 技术示范推广经济效益

2015 年至今，受国内渔业大背景的影响，本市观赏鱼产业销售量动荡不稳，大量观赏鱼价格下跌，或者滞留在企业、农户手中。观赏鱼产业的发展急需调整。在如此波动之时，观赏鱼团队积极开展主推技术、主推品种、主推产品等推广服务，提高了京郊观赏鱼产业的经济效益。通过对 78 家观赏鱼企业、养殖户的调研，2016 年养殖观赏鱼的亩均纯收益实现了 1.151 万元，较 2015 年的 1.11 万元提高了 3.69%。团队技术服务推广苗种 4.853 亿尾，带动养殖面积 5.8 万亩，推广饲料 108.5 吨，实现了京郊良种覆盖率 71%，经济效益 6.5 亿元。

3. 技术示范推广生态效益

团队在积极利用品种、技术，推进观赏鱼产业经济效益和社会效益的同时，时刻以生态立基，保障产业可持续发展。

节水方面，积极发展节水技术 9 项，共覆盖 6 350 亩，引进节水品种 4 个，较普通池塘平均换水量减少 81.2%，并加强节水技术培训，宣贯节水养殖，极大地推进了观赏鱼产业"调转节"工作。

循环利用技术方面，除了大面积推广工厂化循环水养殖技术外，积极改造土池塘，将观赏鱼养殖废水引入土池进行二次利用，在土池中种植荷花、茭白等水生植物提升景观效果，并开展观赏鱼养殖，探索无排放池塘循环利用养殖新模式，此模式的成功利用，将实现土池塘的生态系统平衡、池塘废物循环利用，整个养殖过程不需要化学品的投入，真正做到池塘生态循环养鱼。

健康养殖技术方面，构建了锦鲤常年繁育技术体系，追踪子代遗传表型，较好地改善了锦鲤的种质污染。

病害防治方面，贯彻安全用药观念，推广中草药防治技术，极大地改变了观赏鱼抗生素的污染问题。

观赏鱼营养与饲料方面，通过对饲料配方的调整以及对饲料加工工艺的改善，使得所推广的观赏鱼饲料营养配比更加均衡，饲料系数比传统商品料降低了15%～20%，因此提高了鱼体对饲料的利用，减少了粪便排放量，减少了因饲料投喂对养殖水质环境的不利影响，同时所推广饲料外观性质有所改善，耐水性有所提升，也减少了残饵的产生及饲料其他成分溶解对水质的不利影响。

信息化方面，观赏鱼养殖无线远程水质动态监控技术实现了养殖水面水质的科学化管理，显著降低了水产养殖过程中的用水总量，对北京缺水现状有所缓解。同时，实现了排放废水的实时动态的量化监测和历史数据的记录管理，保证了养殖废水的排放能够达到国家规定的相关标准，降低了水产养殖废水排放对周边环境的影响和污染，达到了节能减排效果。

4. 技术示范推广社会效益

通过观赏鱼团队的品种优化、技术推广、科技培训和宣传等工作，观赏鱼养殖企业和养殖户的技术水平、知名度以及市民认可度都得到了大幅度的提高，观赏鱼的健康养殖、标准化养殖得到了大幅提高，极大地促进了观赏鱼产业的转型升级。一是共开展各种形式科技服务91次，培训指导1 138人次，开展工作指导28次，使技术采纳率达到93%。二是团队共组织宣传25次，发放资料1 650份，1 930人次参加，报送平台信息170次，网络宣传13次，接受采访7次，报纸宣传5次。三是团队积极响应"精准扶贫"政策，通过观赏鱼产业引导找出扶贫致富途径，积极主动带领大兴区礼贤镇扶贫试点镇农户参加团队组织的培训班8次，培训扶贫对象25人次。四是团队创新观赏鱼宣传方式，通过观赏鱼"大赛、品评会、展览、进社区、进学校、进公园"等方式，使受众人群达28.6余万人次，大大促进了观赏鱼产业融入市民生活，多渠道推动产业升级。五是团队撰写的《全国观赏鱼产业调研报告》《关于促进休闲渔业持续健康发展的若干意见》，对政府的决策咨询、观赏鱼产业的统筹具有积极的指导意义。

（六）产业支撑作用

1. 创新团队对产业支持模式

（1）创新协同，打破单位、部门、区县界限

北京市观赏鱼创新团队设置1位首席专家、9位岗位科学家、2位综合试验站站长、8位农民田间学校工作站站长，聚集了来自北京市观赏鱼主要养殖区县的9个渔业科研、教学、企事业单位的20位观赏鱼科研、生产一线人员，打破了单位、部门、区县和学科的界限，搭建了北京市观赏鱼产业科技联合协作的大平台，致力于解决区县分割、部门分割、效率不高等问题。

观赏鱼创新团队围绕观赏鱼产业，在品种结构和区域布局方面进一步优化目标，建立区域品牌；加强观赏鱼文化与休闲创意工作的结合；加大新型职业农民的培养力度；注重观赏鱼产业的节水技术和生态技术推广。为农民增收、致富服务，为北京市观赏鱼产业发展注入新的活力。2016年末，根据北京市农业"调、转、节"政策，提出以"高效、节水、怡情、乐享"为十三五发展目标，全面推进观赏鱼产业转型升级，充分发挥科技创新和示范推广的辐射带动作用，努力将北京市打造成可持续发展的全国观赏鱼产业示范区、全国观赏鱼种业之都。

（2）产学研联动，破解观赏鱼产业科研经济脱节问题

观赏鱼团队的科研工作全部基于产业调研，科研紧密围绕产业需求。2016年，由观赏鱼创新团队研发和推广的品种覆盖了北京市观赏鱼产业的90%以上，团队建立了完善的观赏鱼繁育、养殖、病害、营养等一系列技术体系，并针对性地开展了产业经济研究，掌握了观赏鱼产业市场消费、流通动态的第一手材料，在2015年至今渔业经济不景气的背景下，保证了观赏鱼产业效益平稳、不减。

（3）把握产业经济，打造观赏鱼决策咨询团队

针对观赏鱼产业监测不足的问题，团队专门设置了产业经济岗位专家，对北京市观赏鱼市场走势进行了长期跟踪研究。通过对各种生产要素的投入数量、结构、价格等进行分析，开展了产业中长期供求分析和未来发展趋势研判工作，增强了观赏鱼生产决策的预见性。经济岗位专家利用"互联网＋"构建了"基于GIS的北京市观赏鱼养殖信息管理系统"，采用Arcgis10.2作为开发平台，借助已有北京市域图层信息进行开发，后台则采用SqlServer数据库，并通过Arcgis数据库连接对数据进行各种管理操作，实现了养殖信息管理的基本功能。可以准确实现北京市观赏鱼养殖信息各项参数的可视化，包括北京市观赏鱼产业养殖面积、养殖品种及其动态变化、空间分布，同时通过对养殖环境参数、产业状况等信息层的构建，可及时掌握与了解北京市观赏鱼产业的养殖参数情况与经济状况，便于统计并给相关用户提供参考。

2. 创新团队产业支持案例分析

观赏鱼团队充分利用各种会议、交流、接待、观摩、进城入园和品鉴会等机会，宣传团队的工作成果，积极扩大团队的社会影响力。

2016年7月18日、8月9日，团队主办了两次"锦鲤苗种挑选技术现场观摩会"，团队岗位聘任成员、助手及京郊养殖企业技术人员、养殖大户等共计104人次参加。会议邀请了广东知名专家何劲松、徐四海老师主讲。与会成员首先聆听了何老师"边挑边讲"的挑选过程，询问了该技术实施过程中的难点，通过与自身对比，技术观念有了明显转变和提高，对解决制约锦鲤产业的关键技术难点增强了信心。观赏鱼团队将以此会议为契机，进一步加大锦鲤苗种挑选技术推广力度，通过示范带动，加快推动北京市观赏鱼产业提质增效、转型升级。

2016年11月22日，团队承办了"中国观赏鱼发展论坛"，团队岗位聘任成员、助手及京郊企事业单位技术人员、养殖大户等共计102人参加。邀请和组织国内3名专家代表，围绕"我国观赏渔业的转型升级与发展""中国原生观赏鱼研发现状及思考""近几年天津市观赏鱼发展状况报告"三个专题，从不同层面、不同角度进行主题报告和研讨交流，着力促进"发展观赏鱼产业，创新都市型渔业"思维与行动。论坛着力搭建了产业研讨分享平台，增强了政府、企事业单位、学会、企业和养殖者之间的密切交流，推进了观赏鱼产业的创新和发展。

三、观赏鱼产业典型案例分析

（一）新型经营主体——北京大路广翼水产研究中心

1. 基本情况

北京大路广翼水产研究中心成立于2003年，经过近十年的发展，到2011年逐步在房山

区石楼镇夏村建立起一个现代化的养殖示范基地。主要从事优质鱼类、龟鳖类（含观赏龟）的繁育、养殖生产和技术推广示范。中心占地100亩，总投资4 000万元。建有高标准水泥护坡室外池塘5个，总水面30亩；仿野生龟鳖生态养殖池5个，总水面25亩；3 000平方米食用龟鳖生态繁养殖大棚1个；4 000平方米食用龟繁殖车间1个；800平方米名优半水栖观赏龟生态繁育车间1个；3 000平方米循环水生态观赏龟繁养殖温室大棚1个；3 100平方米工厂化商品鱼养殖车间一座；600平方米集展示、科普教育、休闲为一体的多功能厅1个。现有优质大鳄龟亲本100组，300只；小鳄龟亲本1 000组，3 000只；美国鳄鳖亲本400组，1 200只；纯种中华鳖亲本5 000组，20 000只；各种观赏龟种龟1 750只，包括西部锦龟、东部锦龟、刀背麝香龟、麝香龟、火焰龟、红面龟、中华草龟、甜甜圈龟和地图龟等。商品龟鳖年生产能力达到10万只以上，观赏龟年生产6 000只以上。

2. 团队岗位聘任成员的贡献

①观赏水生动物养殖岗位专家袁丁。通过岗位资金支持，进一步提升了基地的生产能力；通过岗位聘任成员的牵线搭桥，密切了基地间相互关系，不仅为彼此的发展带来了新信息、新思路、新办法，也为基地的快速发展注入了新的活力和动力；岗位聘任成员经常组织小范围的交流沟通，不仅使基地认识到各自的优势和不足，也促使基地向深度联合的方向迈进了一步；岗位聘任成员介入和参与，不仅使基地的科研工作有了充分保障，也使其日常管理工作更加规范；岗位聘任人员收集整理了大量有关龟鳖的相关资料，为基地计划建设的科普教育长廊提供了大量素材。

②产业经济岗位专家胡金有。在观赏鱼团队产业经济岗位专家胡金有的大力支持下，引进优质观赏龟品种，共同开展科技攻关，以提高京郊观赏龟鳖产业水平，切实带动农民增加收入，成为实施都市型现代农业的展示基地。

③病害防治岗位专家。负责对该示范基地养殖的观赏龟进行病害监测工作，对该示范基地进行水质监控和预防药物的使用和示范，降低该基地观赏龟的病害发生率。

3. 团队岗位聘任成员的扶持成效

（1）促进了自身设施改造升级，基地相继进行了种龟的改建和扩建

将原有的龟鳖繁殖温室改造成种龟和稚龟循环水繁养殖设施，不仅使稚龟在温度稳定的状态下生长，并减少了日常管理的劳动强度，而且避免了稚龟养殖时的废水排放给环境带来的污染，同时达到了环保、节水的目的；将原有的库房改造成为集观赏龟展示、交易、培训、休闲和越冬养殖为一体的多功能厅。通过这些改造不仅使基地的生产能力有了大幅提高，也使基地的面貌焕然一新。

（2）促使基地生产向更加符合都市渔业发展的品种转向

通过岗位聘任成员组织的基地内部沟通交流，开拓了视野，为基地带来了大量的市场信息。并促使基地生产更加贴近市场需求，使原来单一以生产水栖龟为主，向着价值更高、更加高效、更加节水、节地和节能的品种转变，并且已经开始落实。包括引进半水栖后备种龟，改建半水栖龟繁养殖池。这些都与岗位人员积极的介入有着密不可分的关系。

通过观赏龟引进、共同研发，促使观赏龟的优质观赏龟品种多元化及配套的繁育水平有了新的突破，累计繁育出麝香龟稚龟183只，黄缘闭壳龟稚龟198只。

通过本团队病害防治岗位专家马志宏对该基地观赏龟的病害监测工作，该基地不仅减少了用药量，而且提高了观赏龟和鱼的品质，从而增加了经济效益。

（二）新型经营主体——北京市通州区鑫淼水产总公司

1. 基本情况

北京市通州鑫淼水产总公司是北京市农业局、财政局观赏鱼产业技术体系北京市创新团队的观赏鱼养殖示范基地，该基地位于北京市通州区张家湾开发区，隶属于北京市通州区农业局，是一家集观赏鱼繁育、养殖、展示、示范、推广的综合性基地。该基地创建于2002年，是全国首家国家级锦鲤良种场，目前在观赏鱼苗种繁育、良种选育、养殖生产、技术服务、出口销售等方面具有较强的影响力。该基地占地70亩，拥有观赏鱼亲鱼培育、繁育孵化车间5 690平方米，出口包装车间540平方米，展示车间1 300平方米，孵化池500平方米，现有锦鲤、草金鱼等12个品种（系），亲鱼、后备亲鱼2 000余尾，具有年繁育3 500万尾苗种的能力，标本室、档案室建设完善，保存有28个金鱼、锦鲤标本以及锦鲤亲本档案，建有金鱼长廊、金鱼博物馆。基地在观赏鱼产业技术体系北京市创新团队的指导和支持下，已经有了翻天覆地的变化。

2. 团队岗位聘任成员的扶持与贡献

（1）组织管理

2016年1月，观赏鱼团队首席专家执行组会同通州区农业局副局长倪寿文、通州鑫淼水产总公司总经理成立了领导小组，并成立了"北京市通州区鑫淼水产总公司观赏鱼养殖示范基地建设"专家组。

（2）实施内容

①适时考察调研。基地专家组成员共同讨论、制定了基地建设的实施计划与方案，为更好地指导建设鑫淼观赏鱼养殖示范基地进行了资料查询及调研。团队研发中心北京市水产科学研究所朱华研究员要求观赏鱼团队岗位专家、通州区综合试验站站长、通州区3所农民田间学校工作站站长的科研、示范、推广、宣传展示、科技服务等工作向鑫淼观赏鱼养殖示范基地倾斜。

②建立和完善观赏鱼三级良种繁育体系。通过形成"鑫淼水产总公司观赏鱼养殖示范基地—苗种繁育场—养殖户"的三级良种繁育体系。由鑫淼观赏鱼养殖示范基地负责引进观赏鱼进行苗种生产，通过三级良种繁育体系的建立，年可为养殖户提供锦鲤水花2.6亿尾、金鱼水花0.8亿尾，从而逐步解决了通州区乃至北京市观赏鱼生产中存在的近亲繁殖、品质退化、档次不高的问题。目前通州区观赏鱼良种覆盖率达到了86.67%。

③建设示范推广体系，辐射带动养殖户创收增效。为了有效地将观赏鱼优良品种、新技术、新产品推广到农户中，2016年陆续建立了桂家坟村、马驹桥镇前堰上村、站家湾镇垡头村、西永和屯村、漷县镇南阳村、西集镇王庄村等7个观赏鱼养殖示范区，涉及养殖户48户，养殖面积3 500亩，建立了"鑫淼水产总公司观赏鱼养殖示范基地—试验示范区—农户"的三级试验示范推广体系，在示范区内推广观赏鱼优质品种及配套技术、产品，由于观赏鱼品质的提升，带来了显著的经济效益，2016年实现了亩收益1.16万元，促进了农民增收致富。

④依托北京市观赏鱼创新团队建设，加快创新成果的转化。自2009年至今，在鑫淼水产总公司观赏鱼养殖示范基地建立了通州区综合试验站，并在该基地的试验示范区内成立了3所农民田间学校工作站。将新品种、新技术、新产品的示范推广作为工作重点，通过了解农民需求，使科研成果直接延伸到池塘边，直接服务于观赏鱼生产，极大地促进了科技成果

落地转化。

⑤观赏鱼优质品种及配套技术、产品的试验示范与推广。2016年，通州区鑫淼水产总公司开展了12个观赏鱼优质品种（品系）及配套的18项产品技术的试验示范，建立试验示范面积3 500平方米，在示范基地的带动下，带动养殖户235户，推广观赏鱼优质品种及配套技术6 300亩，使京郊观赏鱼品种改良取得了显著成效。

3. 岗位专家服务形式

（1）科研合作：苗种引进、共同研发

鑫淼观赏鱼养殖示范基地在观赏鱼团队产业经济岗位专家胡金有的大力支持下，引进优质锦鲤品种，共同开展科技攻关，以提高锦鲤产业水平，切实带动农民增加收入，成为实施都市型现代农业的展示基地。结合最新的养殖技术，双方合作持续研发包括池塘节水养殖模式、工厂化养殖模式等。

（2）科技服务

主要采取进村入户，召开培训会、现场会，印发培训资料，播放光盘和实地跟踪指导等形式，把优质品种和关键技术送到田间地头。2016年2月，首席专家、育种与繁殖岗位专家梁拥军，文化创意岗位专家何川，金鱼锦鲤养殖岗位专家黄文着手对基地锦鲤和金鱼的亲鱼强化培育进行指导，4月上旬开始协助进行锦鲤和金鱼的产前培育，并开展亲鱼强化培育饲料的试验示范工作，5月中上旬陆续开始了繁殖工作，到6月上旬繁殖工作已经完成。同时，团队病害防治岗位专家马志宏、病害监测岗位专家王姝等在该基地持续开展了观赏鱼病害防治和监测工作。在团队岗位专家的指导下，2016年该基地繁殖观赏鱼苗种量较2015年提高了40%。

4. 培训观摩

2016年，共召开、参与培训会等活动7次，服务专家科技下乡24次，带动示范户79户，培训农民930人次，技术到位率、入户率和普及率均达到100%。

5. 团队岗位聘任成员对基地的扶持成效

通过锦鲤三级良种繁育体系的建立，逐步解决了通州区锦鲤养殖生产中存在的繁殖、种质退化、品质不高等问题，使得全区锦鲤良种覆盖率达到了86.67%。

鑫淼观赏鱼养殖示范基地在观赏鱼团队产业经济岗位专家胡金有的大力支持下，引进优质锦鲤品种，共同开展科技攻关，以提高锦鲤产业水平，切实带动农民增加收入，成为实施都市型现代农业的展示基地。

2016年团队岗位专家在鑫淼观赏鱼养殖示范基地内开展新品种、新技术、新产品的试验示范18项，带动通州区观赏鱼养殖面积从原来的5 800亩增加到6 300亩；带动养殖户235户，2016年实现了亩收益1.16万元，促进了农民增收致富。

四、观赏鱼产业发展政策与建议

（一）产业发展问题及其技术需求

1. 产业发展问题

（1）亟待实现观赏鱼产业效益提升

《全国农村经济发展"十三五"规划》中强调了要强化农业科技创新和技术推广，在农业科技攻关方面，重点围绕生物育种、智慧农业、生态环保等领域，组织实施农业科技创新重点工程，全面提高自主创新能力。在推动种业科技创新方面，实施渔业种业提升行动，构建现代水产良种繁育体系。对观赏鱼产业而言，在种质方面，品种单一，且养殖户大多自繁自养，繁殖生产混乱、种质混杂、遗传性状不稳定，繁殖亲本小型化屡见不鲜。在高效选育方面，首先观赏鱼育种是一个长期的连续选育过程，常规育种往往需要 10 多年或更长时间；其次观赏鱼主要是以色斑这一表型特征进行挑选，加之种质和养殖条件的限制，致使养殖者很难预测杂交子代的花色，只有通过无数次繁育，方能从千万条鱼中获得几条具有观赏价值的个体，造成人力物力的极大浪费，养殖效率低下。在养殖模式方面，优质高效养殖模式较少。在病害方面，观赏鱼病害专用疫苗和高效生态防病药物尚无，亟待开发。在饲料方面，观赏鱼对蛋白质、脂肪、糖类、维生素、矿物质等营养物质的需求不同于食用鱼。总的来讲，观赏鱼类对蛋白质、脂肪的总需求量要比食用鱼类高许多。由于观赏鱼是近年兴起的行业，加之饲料需求量不大，未引起重视。养殖过程中由于饲料中营养配比不均衡造成的营养性疾病非常普遍，造成了科研技术在改善观赏鱼品质中占比不高、养殖者经济投入与收益不协调等现象，如：我国北方地区的从业者在金鱼养殖中很少考虑水温对金鱼营养吸收的影响等细节技术。

　　近几年，观赏鱼团队已经推出了多项针对上述高效问题的成果，但是随着都市现代渔业的发展以及渔业生态、生活、生产功能的不断强化，观赏鱼产业发展面临着新的挑战和课题，亟待引进优良品种，提出高效育种技术及养殖模式，开发功能性高效饲料，研制高效病害防治技术等，支撑和保障新背景下观赏鱼产业的发展。

　　（2）亟待实现观赏鱼产业节约用水

　　《关于调结构转方式、发展高效节水农业的意见》《北京市农业高效节水实施方案》《北京主要行业用水定额》等文件明确指出，今后工作以提高农业用水效率和产出效益、增强农业综合生产能力、保障生态安全为目标，坚持"向观念要水、向机制要水、向科技要水"，以调整农业结构、配套节水设施、强化机制建设为重点，不断提升农业节水服务与管理水平，促进都市型现代农业发展和水资源的可持续利用。

　　近几年，国家和各地方企事业单位相继推出了多种渔业节水养殖模式，但实际应用效果并不高，节水达不到理想值，这为观赏鱼产业发展提出了新的挑战，生物浮床、鱼菜共生、微生物制剂、池塘节水、环保饲料、水质监控、观赏龟名优品种推广等方面提出更为合理的技术模式。

　　（3）亟待使市民更加熟悉观赏鱼

　　十三五期间，观赏鱼产业将从精养过渡到评养、赏玩阶段。消费者随着生活水平的提高、鉴赏能力的提高，不再满足于仅仅在房间摆放一缸观赏鱼那么简单，而是不断追求新奇特，追求高质量、高品位的享受，使鱼文化有了更大的发展空间。但是目前观赏鱼基本知识的普及程度不高，市民对饲养观赏鱼有兴趣但缺乏信心，鱼文化氛围不够，即市民对饲养观赏鱼的认同度和积极性还不高。普及观赏鱼养殖的基本知识，使其了解观赏水族，从而提高饲养兴趣，创造一个良好的鱼文化氛围，对促进社会和谐十分重要。观赏鱼文化创意产业发展较弱，专题科普动画节目、主题网站及主题博物馆建设滞后。应做到文字、影像、网络和实物的全方位立体展示，加深人们对观赏鱼的印象及认可度。在节日期间举办观赏鱼专题活动，通过注入科技文化元素，使观赏鱼产业与创意农业有机融合，提升观赏渔业整体水平，对推进观赏鱼产业化，增加观赏鱼附加值具有重要作用。

（4）亟待使市民更加愿意养殖观赏鱼

随着人们生活水平不断提高，倾向于以观赏鱼来改善生活品质。怎样使更多的市民喜欢养鱼，愿意长期养鱼，成为实现观赏鱼业持续发展的关键。

观赏鱼的家庭饲养比猫、狗等陆生宠物相对要复杂一些。观赏鱼种类很多，价格相差也很大，便宜的1尾不到1元钱，贵的1尾可能超过万元、十万元，甚至百万元。有些水族爱好者对观赏鱼家庭饲养虽然产生了深厚的兴趣，但由于没有掌握观赏鱼的品种特性，特别是家庭饲养的关键技术，养了一段时间后因成活率不高或中途夭折，饲养者欣赏不到自己的劳动成果，大大挫伤了其养殖观赏鱼的积极性，使得没进门的不愿轻易"进门"尝试。

目前家庭养殖观赏鱼主要采用水族箱养殖，市场上水族箱种类众多，价格差异也很大。但水族箱主要存在两个方面的问题：一是质量问题，我国大中城市大部分家庭住房条件改善，并都进行了花费不菲的装修装饰，作为水族箱设备的箱体，应有足够的厚度、硬度和韧性，以抗压、抗撞，足够保证在家庭正常使用时不发生爆裂及漏水现象，从而保证消费者的家庭财产安全；二是使用的方便性问题，由于很多水族箱只是注重了外形和材料，而对水族箱运行的关键——循环水处理系统重视不够，很多情况下设计不合理，加之日常辅助性工具缺乏，导致市民在养殖观赏鱼时需要经常换水，花费了大量的时间和精力，严重影响市民长期养殖观赏鱼的积极性。

2. 技术需求

（1）高效技术需求分析

土地资源、水资源紧缺和养殖环境恶化已经为观赏鱼产业发展的主要制约因素。随着城市化进程和工业化发展，观赏鱼的养殖条件遭到破坏，观赏鱼养殖空间受到制约，养殖面积不断减少。因此，北京市提出"做精水产业"的目标，要求水产业坚持量水发展，按照以水定城的方针，大力推进渔业结构调整，提升渔业种业发展水平，在农业发展中更加重视水产的生态功能，观赏鱼产业可全面提升渔业生态建设水平，在实现提质增效的同时，强化北京市观赏鱼产业"高端、高效、高辐射"的引领示范作用，增强观赏鱼产业在全国的影响力和带动力。

为满足北京市观赏鱼产业的高效技术需求，亟需以实现观赏鱼产业效益提升为目标，开展锦鲤高效繁育体系研发与示范；观赏鱼遗传改良和"新"品种研发与示范；提高繁殖力、免疫力和促生长技术的研发与示范；锦鲤运动行为和认知功能研究与示范；观赏龟、热带鱼新品种引进及配套高效养殖模式研发；专用饲料研发与示范；病害防治与监测技术研发与示范；锦鲤金鱼高效养殖模式研发与示范；养殖成本收益调研；北京市观赏鱼种质资源库建立等不同生产流通环节的技术集成，全方位、全产业链地实现观赏鱼产业的高效目标。

（2）节水技术需求分析

发展节水渔业是保障水资源可持续利用和经济稳定快速发展的一项重大战略措施，是构建节水型社会的重要组成部分。北京水土资源的高效利用是可持续农业所追求的一个目标，发展节水农业不仅是解决水危机的首要途径，也是建设都市型现代渔业本身的需要。根据《关于调结构转方式、发展高效节水农业的意见》和《北京主要行业用水定额》，规定了2020年水产养殖稳定在3 333.3公顷左右，农业年用水量将由2013年的9.1亿立方米减少到2020年的8亿立方米，通过相关资料可计算出北京市2020年水产养殖业年需水量为

5 000万立方米。

根据近 10 年北京农业用水情况，农业和工业用水量呈下降趋势，分别由 2003 年的 13.80 亿、8.4 亿立方米下降到 2013 年的 9.1 亿和 5.1 亿立方米，这说明了调整农业种养结构在农业节水方面的有效性；生活和环境用水量呈上升趋势，分别由 13 亿、1.10 亿立方米上升到 16.3 亿和 5.9 亿立方米。据此，可以推论出到 2020 年农业用水供水量将大大少于 9.1 亿立方米，甚至少于 2020 年的年需水量 8 亿立方米。同时，由于农业年供水量的逐年减少、农业用水新定额的制定等因素，如果不采取其他措施，将会造成农业用水量的供求矛盾。

因此，亟需加强节水品种、技术和模式的研发和推广应用，包括金鱼、锦鲤节水养殖模式、观赏龟节水养殖模式、环保型饲料、水质监控管理技术等，通过技术集成全产业模式，切实推进渔业高效节水技术创新，实现渔业高效、农业节水的目标。

（3）怡情（使市民更加熟悉观赏鱼）需求分析

"十三五"时期是北京渔业转型升级的关键时期，也是观赏鱼产业发展的黄金时期。2016 年 9 月农业部会同发展改革委员会、财政部等 14 部门联合印发了《关于大力发展休闲农业的指导意见》（以下简称《意见》）。《意见》提出，到 2020 年，布局优化、类型丰富、功能完善、特色明显的休闲农业产业格局将基本形成，社会效益明显提高，发展质量明显提高，可持续发展能力进一步增强，成为拓展农业、繁荣农村、富裕农民的新兴支柱产业。

对于观赏鱼团队而言，随着消费者鉴赏能力的提高，十三五期间需要为市民提供更多更好的休闲方式。观赏鱼文化有更大的发展空间，亟需进一步增大宣传力度，以建立观赏鱼文化交流站、举办观赏鱼品评活动、进社区、进学校等多种方式弘扬观赏鱼文化，同时，通过微信群等现代形式传播观赏鱼繁养殖、品鉴、文化等方面的知识，使观赏鱼的文化传承群体和受众群体不断增加。

（4）乐享（使市民更加愿意养殖观赏鱼）需求分析

在观赏鱼市场快速增长的背景下，作为饲养容器的水族箱及用品市场也一样增长迅速，2014 年全国销售额达到 100 亿元。在这个背景下，北京市的水族箱及辅助用品的销量也不断攀升。水族箱及用品需求具有三个需求趋势：第一，从水族箱消费用途来看，包括普通居民室内、公共场所和企业单位的陈设，其中普通居民将成为水族箱及用品消费的主力军；第二，从产品风格来看，水族箱设计迈入时尚家居化，小型水族箱引领时尚；第三，在科技服务生活的背景下，水族产品科技化将是重要的需求方向，加之我国的水族箱及用品行业还比较年轻，随着国外的水族箱品牌的不断进入，我国水族箱及用品公司遇到了前所未有的挑战，因此对具有自主知识产权的低成本且实用性强的水族器材的研发显得尤为必要了。

因此，亟需通过新技术与产品完美融合，增强水族器材不同场所的装点理念，并使其具有较强的实用性。具体包括研发适用不同场所的水族箱、研发构建高效循环系统、研发水族辅助器材，从而满足市民开展观赏鱼家庭养殖的需求。

（二）产业发展趋势及其亟待解决的技术问题

1. 产业发展趋势

（1）观赏鱼渗透到其他行业

随着观赏鱼产业的发展，观赏鱼不仅仅局限于家庭消费，除精神方面的慰藉之外，更多家庭开始将观赏鱼作为家庭装饰的重要工具，因此引致观赏鱼消费需求的进一步增加。其次，集体消费也不断增长，观赏鱼作为吉祥与财富的象征之一，越来越多的集团、公司等企事业单位开始养殖观赏鱼，甚至将之作为办公室软装饰之一，同时，经调研发现，企业公司消费观赏鱼多以名贵观赏鱼为主，如：金龙、红龙等。随着环境保护和环境美化不断深入人心，观赏鱼也被众多公园、社区等引入，不仅维持了生态平衡，更美化了生态环境，增加了环境的娱乐性，如北京各大公园均引入观赏鱼以增加公园的可欣赏性。

观赏鱼独特的欣赏性进一步催生了观赏鱼的竞技比赛，北京地区从 2007 年开始举办金鱼锦鲤比赛，2010 年团队成立后，比赛由北京市级比赛升级为全国赛事。每届大赛通过高标准、高规格的比赛与展示活动，向市民和广大观赏鱼爱好者展示了观赏鱼产业发展最新成果，搭建了企业宣传平台，弘扬了传统观赏鱼文化，为发展观赏鱼产业、加快都市型现代渔业建设起到了较好的推进作用，获得上级领导、业内人士、社会大众的一致好评。

（2）服务内容不断丰富

随着观赏鱼产业和服务业的不断发展，观赏鱼产业链得以不断延伸，由传统的养殖—销售—消费三级产业链，进一步延伸出更多的服务内容，如：清洗鱼缸、上门看病、承接公司家庭日常维护（换水、喂鱼）、鱼缸的维修、送药上门、观赏鱼寄养、水藻造景等售后服务，观赏鱼的展览、比赛、电视节目等文化产品。

（3）基于"互联网＋"，打开观赏鱼后市场

随着从业者素质提高和移动互联网的发展，未来水族行业的"互联网＋"是必然趋势。"互联网＋"应该优先发展本行业，"行业＋互联网"才是未来发展的重点。微信＋智能水族箱可以通过物联网远程控制智能水族箱，目前比较笨重、信息收集和大数据来源还做得不够。通过微信后台快速整合数据目前在做，但是还不理想，信息收集和大数据来源上不算权威。因此，基于 O2O 开展线上服务和线下服务，实现商家与商家、商家与消费者、商家与鱼友、鱼友与消费者的互通互联，实现观赏鱼养殖、观赏鱼欣赏的体验化、开放化、自主化，结合观赏鱼售后服务，整合互联网思维，提高网购活鱼的成活率，打开观赏鱼市场。

2. 亟待解决的技术问题

我国观赏鱼每年出口量仅为世界出口总量的 3％左右，年出口额只有世界总额的 1％～2％，这是由于我国观赏鱼种类品质竞争力不强所致。关于我国观赏渔业的发展对策，已有诸多学者进行了阐述，还对地方观赏鱼的发展建言献策并进行经验介绍，提出了很多宝贵的参考意见。就我国观赏鱼养殖的现状而言，存在规模小且分散、养殖技术不规范、科学研究滞后等问题。因此，发展我国观赏渔业也应借鉴发展食用鱼过程中的全方位研究，为我国观赏渔业的可持续健康发展提供技术保障。研究重点应放在观赏鱼育种工作、养殖技术研究、营养与饲料、病害防治以及信息化技术等研究上。

（1）扩大原生态观赏鱼类开发力度

观赏鱼特点是"新、奇、特"市场走俏，在不破坏生态环境基础上，可依托自然界中宝贵鱼类种质资源库进行发掘。很多观赏鱼类是从自然界中成功开发而来的，如七彩神仙鱼，最早从亚马逊河中引进驯化开发而来。土著鱼类，亦称为原生态鱼类，其观赏开发是观赏鱼品种创新的重要途径之一，近些年新发现的洞穴鱼类，如金线钯，特别是盲金线钯由于形状特异，不仅具有很高的科研价值，更是极具观赏价值。鲤形目、虾虎鱼亚目、纯形目等很多小型鱼类，鳍条姿态优美、色彩斑斓，深受观赏鱼爱好者喜欢，如宽鳍鬣、子陵吻虾虎等。

一些食用鱼类，如鲟鱼、鲍鱼等，因形态优美特异，也可被列为观赏潜力开发鱼类。

（2）深入开展观赏渔业生态学和水质调控技术的研究

观赏渔业的水处理移植处于较低的水平，除对水中微生态学和微生物制剂研究不够深入外，过滤器材的选用和工艺设计也较为落后，传统的滤材已为国外的有机物吸收介质、磷酸盐吸收介质、硝态氮吸收介质、氨氮吸收介质和重金属吸收介质所取代。先进的滤材还要与微生物制剂相匹配。固体粉末状复合微生态制剂是今后的发展方向。水体中氮磷含量高、藻类滋生是水质恶化的重要原因，迫切需要高效、低毒、无污染的水处理剂。

（3）大力开展观赏鱼的育种工作

发展观赏渔业，首先要根据人们在美学和文化欣赏上的特点及市场需要，培育具有长远竞争力的观赏鱼品种。金鱼、锦鲤的育种较为直接的方法是采用生物高新技术，如细胞工程的细胞核移植和细胞融合等；采用染色体工程和基因工程技术，如重组 DNA 技术，体外DNA 突变、体内基因操作以及基因的化学合成等技术。通过观赏鱼选育技术的开展，京郊观赏鱼良种产业可形成一个集育种、繁殖、养殖、鉴赏为一体的产业体系，为种业的"育繁推"中的"育与繁"一体化发展提供了重要的支撑与保障，这也将推动京津冀乃至全国的籽种产业发展，促进渔业增收，为打造北京种业之都做出重要贡献。

（4）加强我国观赏鱼的养殖生物学研究

我国观赏鱼品种繁多，观赏鱼类品种间有其生物学共性，但更有其生物学特性，因此研究观赏鱼应该像研究食用鱼一样去研究其生物学特性，从而比较科学系统地掌握这些鱼类的自然规律，为彻底了解其生物学特性打下坚实基础，如剑尾鱼及品种间杂交子代的生物学特性研究，亚洲龙鱼形态结构和幼鱼生长研究。当然，由于观赏鱼品种较多，进行系统研究也是一项巨大的工程。

新加坡成功繁殖出亚洲龙鱼；台湾培育出血鹦鹉、转基因荧光鱼；马来西亚成功培育出龙鱼和花罗汉等多个品种，使龙鱼和花罗汉成为标志性观赏鱼养殖产业；泰国繁育出射水虎皮鱼；日本锦鲤和金鱼世界驰名。因此想要迎头赶上，必须继续加强人工选育和人工繁育方面的基础研究：一方面要加强育种研究，重点定位在金鱼、锦鲤、孔雀鱼、七彩神仙、花罗汉上，占领高端市场；另一方面，我国观赏鱼养殖所需苗种还大量依赖从新加坡、马来西亚等国进口，如龙鱼、丽鱼科鱼类，要加强人工繁育方面的研究，因为具体到种的观赏鱼人工繁殖材料还较少，因此有必要进行各种观赏鱼的全人工繁殖技术研究。

（5）完善观赏动物养殖技术研究

目前，一些珍贵的淡水观赏龟主要还是靠猎捕野生动物作为补充群体，尚不能人工繁殖；水生观赏动物的饲料多采用鲜活饵料、成鱼的配合饲料或进口饲料，常是一种饲料多种鱼用，效果不佳；净化水质的物质和技术，尤其是净化水微生物的选育、固化和培育，还远远不能满足需要；观赏动物的病害也随着养殖业发展而蔓延滋生。今后，应广泛开展这方面的研究，推进水生观赏动物养殖业健康、持续发展。

（6）大力开展观赏鱼营养与饲料方面的研究

观赏鱼的营养全部来源于人工投喂的饲料，所以饲料的优劣对其的生长、健康和品质都有很大的影响。其对人工饲料营养要求的苛刻程度，观赏鱼与食用鱼一样，都需要蛋白质、脂肪、碳水化合物、矿物质和维生素等，如果饲料中缺少某种营养要素或营养不均衡，就会出现相应的营养缺乏症，乃至引起严重的疾病。国内外在鱼类营养学研究方面主要集中在食用鱼上，对观赏鱼的营养需求研究较少；观赏鱼的营养特点不同于食用鱼，在不同阶段需求不同功能性饲料，苗种阶段主要需求生长方面的饲料，成鱼阶段着重于维持健康与体色艳丽、体型优美。关于观赏鱼体色、着色及着色剂方面的研究也较多。

（7）加强观赏鱼疾病防治技术研究

近年来，随着观赏鱼养殖规模不断扩大，由于养殖密度、饲料、水质和养殖技术水平等诸多因素的影响，病害频发，死亡率高，给观赏鱼养殖者造成了极大的经济损失，对观赏渔业的发展构成了严重威胁。目前，我国对海水、淡水养殖的食用鱼疾病的研究较多，而且也比较深入，但对观赏鱼疾病的研究甚少，一旦发病，养殖者只能参照食用鱼的方法进行防治，滥用药现象严重。因此，一是要加强观赏鱼病原、病理、药理及中草药防治技术等方面的研究；二是加强观赏鱼免疫增强剂方面的研究；三是加强观赏鱼抗病力营养强化技术研究；四是加强观赏鱼病害监测技术研究，为观赏渔业的可持续健康发展提供技术保障。

（8）充分利用电子信息技术

在观赏渔业中采用自动化装置，设立各种常规水质指标的报警点，如溶解氧、pH、氨氮和亚硝酸盐氮等。一旦水体中某项指标超出设定值，就会自动报警。这项技术的关键是测试仪表应具有低价位、高稳定性、耐用和易于操作、保管等特性。此外，经济全球化和电子商务的发展，为观赏渔业产品进入国际市场提供了便利条件。通过拥有自己独立的网页，让世界了解我国的观赏渔业产品，加快观赏水生动物走向世界的步伐。随着人民生活水平的提高，人们对水生观赏动物产生多方面的需求，开展对观赏鱼的饲养和遗传育种以及生态系统方面的研究，有利于促进我国观赏鱼产业有较大、较全面的发展。

（三）具体政策与建议

1. 市场流通方面

针对以上调研分析结果，为满足消费者需求，促进北京市观赏鱼市场快速、健康发展，提出以下建议：

（1）提供个性化服务，提高观赏鱼消费便捷性

有能力消费，却没时间消费的那部分群体，往往因为对观赏鱼的饲养技术不了解，没有时间照料观赏鱼而无法实现消费。现在有不少水族商店实行会员制形式，为顾客定期上门服务，提供技术指导和水族箱的维护，消除了消费者的后顾之忧。消费者也可以根据自己的喜好要求商家设计个性化的水族箱。观赏鱼消费已从单纯的实物性消费扩展到服务性消费。专业化、个性化的服务使观赏鱼消费的潜在需求成为实际需求。

（2）建立行会组织，避免产业内不合理竞争

尽快建立和健全行业组织，达成行业共识和行业保护。通过行业协会合理规范观赏鱼市场生产、销售各环节秩序，协调发展观赏鱼相关产业，使销售者和养殖者获得合理利益，相互支持、相互促进，从而避免行业内恶性竞争。观赏鱼研究会、协会等团体组织要充分发挥其指导和带动作用，提供包括品种、技术、信息等广泛服务，促进观赏鱼进一步发展。

（3）依靠科技支撑，不断提高观赏鱼品质

北京观赏鱼市场缺乏权威性的行业组织，各商家在低水平下竞争，存在内部竞相杀价的情况。以降价来赢取消费者，使生产者的利益受到损害，不利于观赏鱼市场的健康发展。鉴于此，政府可扶持和引导建立一家观赏鱼专业开发机构，依靠科学育种、先进饲料配方、有

效的药物防治和水质管理技术等科研成果提高观赏鱼规模和档次。还可以利用生物工程等先进科技，开放和培育观赏鱼新品种，也可以从国内其他地区或国外有针对性地引进一些品种，丰富北京市场观赏鱼种类，提高北京市观赏鱼品质。

（4）改善从业者素质，加强行业内交流学习

改善从业者的素质，不仅管理者要重视基层人员的思想工作建设，随时掌握观赏鱼从业者的动向，不同观赏鱼经销商也要由上至下地联合开展促进观赏鱼行业协会和专业合作组织的发展的活动，还要建立权威的观赏鱼专业网站，使观赏鱼水族店的从业人员可以随时与养殖户及专业研究人员进行交流，及时处理问题，而不是只有在进行交易的时候才能沟通学习。在此基础上，进一步为从业者开设专业性强的观赏鱼管理课程，提升管理水平，规范市场行为，对他们进行鼓励与扶持，使从业者的技术水平和管理水平同时得到提高。

2. 市场需求方面

（1）加大产业宣传，提升产业认知水平

消费者对产业的认知和了解是某一产业发展的重要前提，目前北京市消费者对北京市观赏鱼产业的了解程度并不乐观，特别是对观赏鱼产业的功能更是知之甚少。因此，急需向消费者宣传观赏鱼的产业现状、产业功能、产业优势等，让消费者切实了解该产业，为此产业的进一步发展打下认知基础。

（2）推动示范养殖，刺激个体消费需求

消费者养殖观赏鱼的目的决定了其消费观念，目前北京市消费者养殖观赏鱼多出于家庭装饰和休闲娱乐。然而，在都市生活和工作压力下，由于时间有限，众多消费者反而将观赏鱼养殖视作一种负担，并未切实认识到养殖过程中所感受到的精神慰藉、压力缓解等作用，特别是对孩子的耐心、爱心等培养的意义并未得到认可和重视，许多消费者也因此而放弃了养殖念头。因此，可以考虑加大观赏鱼在精深慰藉、爱心培养方面的宣传，加深消费者对观赏鱼功能的了解，甚至可以将观赏鱼在学校、医院等单位进行普及和推广。

（3）完善技术服务，提升消费者认知水平

由于缺乏家庭养殖配套技术，没有完善的消费者技术服务体系，消费者将观赏鱼购置回家后，无法养活，降低了对饲养观赏鱼的热情。此外，多年来在观赏鱼文化方面宣传力度不够，消费者对观赏鱼的认知度和鉴赏水平较低，影响了观赏鱼产业的持续发展。因此，结合不同收入、不同家庭结构人群养殖观赏鱼的目的，有针对性地向消费者介绍观赏鱼养殖的意义和作用至关重要，让消费者真正了解养殖观赏鱼的意义。

（4）普及养殖技术，提升消费者养殖信心

易养殖性是消费者最为关注的问题，消费者之所以放弃养殖，很大程度上是由于养殖过程中鱼的死亡，鱼的死亡不仅给消费者带了精神打击，部分消费者甚至视之不吉利。如何提高观赏鱼的易养殖性是积极推广观赏鱼养殖的前提，也是提升消费者养殖信心的关键，所以，可以考虑从鱼的抗病性和饲料的营养性等方面着手，提高鱼的易养殖性。此外，宣传观赏鱼养殖技术、普及养殖知识对推动观赏鱼消费也有积极的作用。

（5）丰富品种品质，满足消费者品质需求

对于鱼种的选择，北京市观赏鱼养殖方式以中型水族箱和中型鱼缸为主，这就决定了北京观赏鱼一般以中小体型鱼种为主，大型鱼种在北京市场相对较少，同时，价格上也以100元以下的鱼为主，高端鱼种消费量较少。所以将来北京市观赏鱼产业发展应选择中小型鱼

种，通过改良，提高普通金鱼的易养殖性和品质。同时，积极引进外来品种，热带鱼可以考虑从海南、广州引进；海水鱼可以考虑天津和海南。

（6）提升服务意识，满足个性化服务需求

由于不同收入的消费者对观赏鱼消费目的、承受能力等有较大差别，所以明确消费者消费定位，指导消费者选择合理的养殖方式、鱼种及相关附属品是经销商的首要责任，要培育自身的服务意识。同时，经销商是消费者的第一接触者，通过经销商普及观赏鱼养殖技术是最直接、最有效的途径。

3. 养殖方面

（1）加强对观赏鱼养殖的重视

作为朝阳产业，政府和相关部门应加强对观赏鱼养殖的重视程度，为观赏鱼养殖发展提供更多的支持。第一，政府相关部门应重新看待观赏鱼贸易发展问题，认识到发展观赏鱼养殖业对促进国民经济发展的作用，在此基础上，相关部门可举办观赏鱼大赛、观赏鱼家政服务等活动，以促进观赏鱼养殖发展；第二，政府要广泛宣传观赏鱼的文化价值，使市场消费者拥有消费的积极性，继而使观赏鱼的消费市场得以扩大；第三，政府要制定相关优惠政策，以便促进观赏鱼养殖业的发展；第四，政府要加强与观赏鱼养殖户的合作，利用协会、大赛等平台，为养殖户提供更多的信息资源和服务，以便全面促进观赏鱼养殖的发展。

（2）合理规划行业组织

为了促进观赏鱼养殖的发展，应合理进行观赏鱼养殖行业的组织规划，通过建立观赏鱼研究会和观赏鱼协会等组织，为观赏鱼养殖者提供更多的协商机会，促进行业的可持续发展。首先，建立行业保护组织，并利用该组织进行观赏鱼市场的研究，以便了解市场的供求情况和生产者的技术水平等情况，在此基础上，合理规划产业布局，改善观赏鱼市场的无序生产现象；其次，建立行业协会，并要求协会进行对外供给价格的制定，从而防止企业间的恶性竞争出现；再次，建立相应的组织机构对观赏鱼养殖户进行培训和信息服务。

（3）加快行业的产业化升级

为促进观赏鱼养殖的发展，相关部门要加快观赏鱼养殖行业的产业化升级，使观赏鱼消费具有品牌销售、连锁经营和个性化服务的特点，以赢得更大的消费市场。首先，加强各生产商之间合作，继而树立区域品牌；其次，建设观赏鱼交易中心，并集中观赏鱼销售商，以便形成连锁经营模式，获取更多的规模效益；再次，为了拥有稳定的顾客群体，观赏鱼养殖行业要为消费者提供更多的服务，不仅要为消费者提供优质的售前服务，还要在售后为消费者提供技术指导，并提供水族箱维修等多种优质售后服务，以便满足消费者多元化需求。

（4）提升行业技术水平

在观赏鱼养殖业发展时，要遵循科学发展观，首先要提升行业技术水平，为了达成这一目的，政府要加强与高等院校和研究机构的合作，以便建立相应的观赏鱼养殖培训结构和科研机构。首先，观赏养殖培训机构需要负责收集中国传统的观赏鱼养殖技术资料，对传统技术进行整合、汇总和传承，以保持中国观赏鱼养殖的特色；其次，科研机构要培育新的观赏鱼品种，并努力创建相应的品牌产品，继而使北京市观赏鱼养殖业具有一定的国际市场竞争力；再次，相关机构要将国外的优良品种引入北京，降低国外品种的进口率。

第十五章　北京市鲟鱼、鲑鳟鱼产业发展报告

鲟鱼、鲑鳟鱼产业是北京都市型现代农业的重要组成部分，2016 年以来，在京津冀协同发展和北京首都功能新定位确立的背景下，紧扣"调结构、转方式"，以科技创新驱动为龙头，强化种业建设，优化养殖模式，建设高效、生态、富民的全产业链，整个产业朝着科技化、精品化、生态化方向发展。

一、鲟鱼、鲑鳟鱼产业发展概况

北京鲟鱼、鲑鳟鱼产业是北京都市型现代农业中的特色产业之一，主要分布在房山、怀柔、密云、延庆和平谷 5 个区。在养殖资源、养殖产量逐年缩减的情况下，鲟鱼种业、休闲渔业稳步增长，渔业结构日趋合理；基本形成集苗种繁育、商品鱼养殖、产品加工、销售、休闲、餐饮于一体的全产业链体系。

（一）生产情况

1. 自然养殖资源缩减，生态池塘面积略有增加

由于北京市对水资源环境保护的力度逐年加强，北京市淡水养殖总面积从 2012 年的 4 860 公顷下降到 3 456 公顷。鲟鱼、鲑鳟鱼养殖主要分布在房山、怀柔、密云、延庆和平谷 5 个区，2011 年主要以流水养殖模式为主，流水养殖面积共 1 140 亩；丰台、朝阳、大兴、通州等区以池塘养殖为主，养殖面积约 466 亩；工厂化养殖面积 165 亩，总面积为 1 771 亩。2016 年北京市鲟鱼、鲑鳟鱼养殖面积约 1 808.1 亩，包括流水养殖模式 885 亩，工厂化循环水养殖 28 万立方米，生态池塘养殖约 503.1 亩（其中朝阳、大兴、通州等区约 100 多亩）。与 2011 年相比，养殖总面积总量增加了 37.1 亩（主要是增加了工厂化和生态池塘养殖面积）。鲟鱼鲑鳟鱼养殖户约 270 户，养殖企业 21 家（表 15-1）。

表 15-1　不同养殖模式面积变化情况表

年度	2011				2016			
	小计 （亩）	池塘 （亩）	流水 （万平方米）	工厂 （万平方米）	小计	池塘 （亩）	流水 （万平方米）	工厂 （万平方米）
房山	345	0	22	1	676.1	403.1	16	3
怀柔	780	0	45	7	915	0	37	24
密云	120	0	5	3	85.5	0	5	0

（续）

年度	2011				2016			
	小计 （亩）	池塘 （亩）	流水 （万平方米）	工厂 （万平方米）	小计	池塘 （亩）	流水 （万平方米）	工厂 （万平方米）
延庆	15	0	1	0	30	0	1	1
平谷	45	0	3	0	28.5	28.5	0	0
其他	466	466	0	0	73	73	0	0
合计	1 771	466	76	11	1 808.1	504.6	59	28

2. 养殖品种持续优化

引进与自培并进，优化鲟鱼、鲑鳟鱼品种结构。目前国内养殖鲟鱼主要集中在西伯利亚鲟、施氏鲟、俄罗斯鲟、达氏鳇以及一些杂交品种。北京市的养殖种类主要有西伯利亚鲟、杂交鲟、少量施氏鲟、达氏鳇、俄罗斯鲟、匙吻鲟，而其中杂交鲟的品种比较混乱，生产性能良莠不齐（生物学性状、生长速度、肉质等）。为优化鲟鱼种类，2012 年从欧洲引进欧洲鳇 200 尾，闪光鲟原种 600 尾，在团队示范基地国家级名优鱼类良种场北京北水华通鲟鱼繁育有限责任公司养殖；以西伯利亚鲟、施氏鲟、小体鲟、俄罗斯鲟为母本与达氏鳇父本杂交以及以施氏鲟、俄罗斯鲟为母本与西伯利亚鲟父本杂交获得 6 种杂交鲟；通过对 6 种养殖杂交鲟的形态特征、生长速度、性腺发育情况、倍性和肉质成分的比较分析，认为西鳇杂交鲟、小鳇杂交鲟和俄鳇杂交鲟这三个品种比较适合北京地区养殖条件，是具有优良性状的国产杂交鲟品种，特别是小鳇杂交鲟，是一个具有较大开发潜力的杂交鲟品种。持续开展达氏鳇和匙吻鲟的人工繁殖和苗种培育。

引进了白点鲑、硬头鳟、金鳟、溪红点鲑、大西洋鲑等，以及国产鲑科鱼类细鳞鲑、哲罗鲑、马苏大麻哈鱼等品种 10 余个，开展了人工繁殖和苗种培育技术研究，为北京市冷水鱼养殖储备了新品种。

利用区域品种资源优势，加快新品种选育工作。北京市房山区有 1 家国家级鲟鱼原种场和 1 家国家级良种场，以及具有鲟鱼繁殖能力的龙头企业北京中科天利水产科技有限公司。结合现代繁育技术，采取传统选育和 BLUP 复合育种技术及系统设计理念加快新品种选育工作，尤其是区域主导品牌鲟鱼的品种选育工作。目前，位于房山区的国家级施氏鲟原种场北京渔夫水产技术开发中心不但建立了选育核心群体，为鲟鳇鱼的良种选育打下了坚实的科研基础，而且进行了鲟鳇鱼的群体杂交育种，获得了生长性能和抗病性能良好的新品种杂交鲟"鲟龙 1 号"（品种登记号：GS-02-002-2016）。

延庆区综合试验站培育出了杂交金鳟，生长速度较纯种金鳟提高 20%；配合鲑鳟鱼繁育岗位专家开展马苏大麻哈鱼人工繁殖、细鳞鲑、哲罗鲑人工繁殖技术试验示范，亲鱼催产率从 40% 提高到 95%，亲鱼产后成活率达到 95%，人工繁殖技术整体处于国内先进水平，在怀柔区渤海镇 2 家养殖场开展养殖试验示范。同进，引进了雅鱼、裸鲤、河鲈等冷水鱼苗 10 000 余尾，在北京利康万茂种植、养殖有限公司和渤海镇田仙峪的养殖场进行养殖试验，2016 年成功繁育出河鲈苗 10 万尾。

3. 商品鱼养殖产量呈下降趋势

鲟鱼、鲑鳟鱼是北京冷水鱼养殖的主要品种，从 2013 年开始，鲟鱼、鲑鳟鱼养殖产量和产值呈下降趋势，到 2016 年降到最低。主要原因是鲟商品鱼销售价格从 2014 年开始，一直徘徊在 30 元/千克。鲑鳟鱼由于病害原因，养殖户积极性不高，产量下降较明显（表 15-2）。

表 15-2　2011—2016 年北京市鲟鱼、鲑鳟鱼养殖产量和产值变化情况表

	年份	2011	2012	2013	2014	2015	2016	合计
鲟鱼	产量（吨）	3 088	3 335	3 457	3 132	2 968	2 552	18 532
	产值（万元）	11 116.8	12 006	12 445.2	11 275.2	8 904	7 656	63 403.2
鲑鳟	产量（吨）	1 606	1 735	2 089	2 044	2 075	1 465	11 014
	产值（万元）	6 424	6 940	8 356	8 176	7 470	5 274	42 640
产值合计（万元）		17 540.8			88 502.4			

注：2011—2014 年鲟鱼平均 36 元/千克，鲑鳟鱼 40 元/千克；2015—2016 年鲟鱼平均 30 元/千克，鲑鳟鱼 36 元/千克。

4. 种业产值持续增长

随着鲟鱼反季节繁殖技术试验成功，苗种产量逐年增长。由于受病害的影响，鲑鳟苗种产量呈下降趋势。鲟鱼苗种产量逐年增加，保证种业产值持续增长。2016 生产鲟苗种增加到 10 220 万尾，鲑鳟苗种 2 645 万尾。2016 年总产值为 6 168 万元，比 2011 年提高了 1 903 万元（表 15-3）。

表 15-3　2011—2016 年北京市鲟鱼、鲑鳟鱼苗种产量、产值变化情况表

	年份	2011	2012	2013	2014	2015	2016	合计
鲟	苗种（万尾）	5 410	5 620	6 875	7 815	8 896	10 220	44 836
	产值（万元）	2 705	2 810	3 437.5	3 907.5	4 448	5 110	22 418
鲑鲑	苗种（万尾）	3 276	3 391	3 881	3 607	3 458	2 645	20 258
	产值（万元）	1 560	1 350	1 940	1 443	1 383	1 058	8 734
产值合计		4 265			26 887			

注：鲟鱼苗平均 0.5 元/尾，虹鳟 0.2 元/尾，鲑鱼苗 1.5 元/尾。

5. 鲟鱼种业成京郊渔业发展亮点

随着"种业之都"建设推进，北京鲟鱼苗种产业蓬勃发展，目前约占全国苗种产量的 70% 以上。北京生产苗种的 20% 左右即可满足本地区生产需要，约 70%～80% 销往山东、河北、山西、四川、云南、贵州等 20 多个省份以及邻国越南、韩国等国家。从苗种产量看，2012—2016 年，共生产鲟鱼苗种 39 426 万尾，总产值 19 713 万元。其中春季苗种为 20 461 万尾，夏、冬季（即反季节）苗种为 18 965 万尾。反季节苗种生产量呈逐年增加趋势，到 2014 年，与春季苗种生产量基本持平。夏季生产的苗种数量较少，仅有个别科研单位做研究试验。2016 年苗种产量 10 220 万尾，产值 5 110 万元（表 15-4）。

表 15-4　北京地区 2012—2016 年鲟苗种产量情况

单位：万尾

年份	2012		2013		2014		2015		2016	
	春季	反季节	春季	反季节	春季	反季节	春季	反季节	春季	反季节
怀柔	1 680	2 100	1 820	2 385	1 955	2 410	2 780	3 040	3 320	3 680
房山	1 050	500	1 120	880	1 450	1 050	1 050	950	1 000	1 000

（续）

年份	2012		2013		2014		2015		2016	
	春季	反季节	春季	反季节	春季	反季节	春季	反季节	春季	反季节
密云	40	10	330	90	480	120	550	120	560	100
延庆	160	80	200	50	150	100	200	100	300	200
朝阳	0	0	0	0	94	0	100	0	60	0
通州	0	0	0	0	6	0	6	0	0	0
合计	2 930	2 690	3 470	3 405	4 135	3 680	4 686	4 210	5 240	4 980
合计（万尾）	5 620		6 875		7 815		8 896		10 220	
产值（万元）	2 810		3 437.5		3 907.5		4 448		5 110	
备注	鱼苗按平均 0.5 元/尾									

注：数据来源于各区县统计。

6. 休闲渔业新业态蓬勃发展

随着北京都市型现代农业的发展，传统的养殖模式日益突显出产量低、污染环境的劣势。引导有条件的养殖场（户）把旅游观光、娱乐与现代渔业有机结合起来，打造集观景、垂钓、娱乐、餐饮、科教于一体的休闲渔业，形成了以房山区十渡镇、青龙湖镇为代表的鲟鱼休闲产业带和怀柔区不夜谷、夜渤海两条鲑鳟鱼休闲产业带。2016 年怀柔、房山、密云和平谷四个区经营鲟鱼、鲑鳟鱼休闲渔业的大约有 67 家，占地面积达到 1 439 亩，休闲渔业产值约达 6 225 万元，与 2011 年相比，增加了 4 425 万元（表 15-5）。

表 15-5　2011—2016 年北京市鲟鱼、鲑鳟鱼休闲渔业产值变化情况表

年度	2011	2012	2013	2014	2015	2016	合计
休闲渔业（万元）	1 800	2 863	4 357.5	5 360	6 225	6 225	26 830.5
产值合计（万元）	1 800	25 030.5					

7. 总产值稳步发展

鲟鱼、鲑鳟鱼产业的产值主要包括商品鱼、苗种和休闲渔业三大部分，在商品鱼产量下降的情况下，鲟鱼种业、休闲渔业持续增长，保障了鲟鱼、鲑鳟鱼产业的稳步发展。2016 年产值为 25 323 万元，2011 年为 23 605 万元，增长了 1 718 万元。

8. 多样化生态养殖模式已经形成

由于北京市对水资源环境保护的力度逐年加强，自然养殖资源缩减，2016 年北京市淡水养殖总面积有所下降，约为 3 456 公顷，但由于工厂化和生态池塘养殖面积的增加，养殖总面积总量增加了 37.1 亩。

在"调结构，转方式"总体要求下，由粗放型向集约化精养型发展，增加名特优品种，创新养殖技术，改进渔业设施，大力发展节水、节地、节能、生态、高端、高效、安全的现代养殖方式，初步形成了"三节二高"鲟鱼工厂化养殖模式、山区流水鲟鱼（鲑鳟）养殖模式、平原池塘鲟鱼养殖模式，以及高密度苗种培育模式，使得不同养殖模式下单产水产和效益得到提高。通过推广液氧技术，在工厂化养殖、温室微流水养殖和山区流水养殖模的单产

水平得到大幅度提高。2016 年，工厂化鲟鱼养殖单产水平为 37 千克/平米，温室微流水单产水平为 16.38 千克/平米，山区流水单产水平为 32 千克/平米（表 15-6）。

表 15-6　不同养殖模式的鲟鱼养殖年单产水平情况表

养殖模式	工厂化（千克/平米）	温室微流水（千克/平米）	山区流水（千克/平米）
2011 年	30	11	10
2016 年	37	16.38	32

9. 标准化、品牌化建设迈上新台阶

以生态、节能、高端、高效为重点，积极推广使用先进渔业装备，大力推进渔业高产高效基地建设，建成市级高水平的鲟鱼、鲑鳟鱼标准化养殖基地 21 家，占地 1 928 亩。其中，房山区 8 家，怀柔区 10 家，密云区 2 家，延庆区 1 家。依托这些标准化示范基地，塑造了以"北水"牌、"中科天利"为代表的一批高附加值的自主品牌鲟鱼加工产品，其中，"北水定制"鲟鱼籽酱已经两次进入了国家特殊服务保障活动贵宾餐食供应。同时，伴随休闲渔业的发展，也形成了以密云区山水野泉缘农庄、怀柔区鲟香来和房山区鲟鱼食府等为代表的鲟鱼特色餐饮品牌，备受消费者青睐。

10. 产出效益处于较高水平

按照 2016 年总产值 25 323 万元计算，占北京农林牧渔业总产值的 0.75%，占北京渔业产值的 28%。养殖面积 1 808.1 亩，土地产出率为 14 万元/亩，远远高于北京农业土地产出率水平。在水、环境等政策的引导和简易工厂化养殖鲟鱼技术、微生态制剂应用技术、中草药防治技术等技术的推广应用，节水型、生态型冷水鱼产业稳步发展，加之特有的生理循环系统，对区域生态环境影响极小，水资源利用率达到 90% 以上。

11. 产生显著的社会、生态效益

在团队的努力下，培育了一批以北京渔夫水产技术开发中心、北京中科天利水产科技有限公司、北京鲟龙种业有限公司、北京利康万茂种养殖有限公司、北京鹏娜水产养殖场等龙头企业、专业养殖户为代表的新型经营主体。通过养殖、休闲观光、餐饮等方式，成为带动山区农民致富的重要途径，以怀柔区为例，鲟鱼、鲑鳟鱼带动如虹鳟鱼一条沟、鱼师傅等产业就业人数近万人。

通过水质净化技术、饲料营养强化、病害防控技术、生态养殖技术、渔业废弃物综合利用等，全面提升水环境安全和鱼产品的质量安全水平，实现"以鱼治水"和"以鱼养水"，生态效益突出，节约用水效率达到 10%～15%。

（二）加工流通情况

随着城市化和城乡居民收入水平的不断提高，居民消费正由生存型消费向发展型消费提升，广阔的消费需求正在转变为巨大的现实购买力，为鲟鱼、鲑鳟鱼加工产业提供了足够的市场空间、客源市场。鲟鱼、鲑鳟鱼系列产品的研制不仅为消费者提供了丰富多彩的食品，而且为开发各类农业科技示范园区及观光农业旅游提供了优越的基础条件。可以说，北京发展鲟鱼、鲑鳟鱼加工产业的条件优越，内容丰富，潜力巨大，市场前景十分广阔。

1. 科技引领加工产业持续发展

以科技研发为支撑，以消费者市场为导向，以调整产品结构为突破口，以企业为龙头，

大力优化鲟鱼、鲑鳟鱼产品结构，大大丰富了市民的餐桌。打造精品名牌，提高产品竞争力。入世后，国外各种水产品长驱直入，而我国的水产品出口受到各种壁垒的阻隔，应采取切实措施增强我国水产品的对外竞争力。鲟鱼、鲑鳟鱼作为国际认可的水产品种，养殖企业要抓紧实施品牌战略，着力打造精品名牌。强化个性宣传，针对不同的市场环境、水产品、消费群体、广告受众等特点，充分考虑品牌定位、品牌形象、品牌策略、品牌文化等内容，在保护品牌、开发品牌、拓展品牌上做足文章。

由鲟鱼、鲑鳟鱼创新团队专家与北水食品公司开发的"北水定制"精品名牌鲟鱼子酱、7个口味的风味鱼片、鲟鱼软骨丸等产品已经形成成熟的产业和市场，受到消费者高度认可。2016年，房山区中科天利水产科技有限公司在鲟鱼深加工技术上实现突破，购置了鱼子酱、鱼肉加工设备，建立了自动化程度较高的鱼子酱加工生产线，创建了国内鱼子酱的自主高端知名品牌"中科天利"。另外，建立了鲟鱼加工自动化生产线，生产冰鲜鲟鱼、速冻鲟鱼片、即食鲟鱼片、鲟鱼酱、糍粑鲟鱼、鲟鱼鱼丸、熏烤鲟鱼等产品，以及即食软包装产品和罐头产品，大大提高了鲟鱼的价值。

2. 开发鲟鱼、鲑鳟鱼精、深加工产品

鲟鱼全身都是"宝"，出肉率高，肉质紧密；鲑鳟鱼头小、肉厚、骨头少、肉中无肌间刺、出肉率也非常高，都属于适合加工的鱼类。随着鲟鱼、鲑鳟鱼养殖业的迅速发展，市场供给量将会迅速增加。按照不同消费需求，采用多渠道、多样化的供给方式，将是发展这一产业的有效途径。

开展鲟鱼骨系列精深加工产品、鲟鱼硫酸软骨素高纯度提取方法、胶囊制备技术和鲟鱼骨汁乳液制备技术研发，提取鲟鱼脊骨和头骨中的硫酸软骨素，纯度均达到95%左右。利用鲟鱼软骨为原料开发了发酵骨汁乳饮料、鲟鱼软骨咀嚼片和胶囊等深加工保健品种。并且包装具有防潮、剂量科学、便于口服和贮藏的优点。

3. 流通形式呈现多元化

目前，基本形成商超、"互联网＋"、就地餐饮、批发市场等新型营销模式和传统流通模式并存。2016年，通过与"京东商城"、著名网络电商沱沱工社的合作，以及走进实体连锁店"华普超市"，开辟了推广新渠道。同时，利用北水食品销售平台，进社区、开展会等，对风味鱼片产品与鱼糜制品进行市场推广，销售了5万个包装产品。得益于北京沟域经济的大力发展，以休闲、餐饮为主的养殖户和养殖企业把虹鳟鱼销售流通与民俗旅游联系在一起，基本上实现"地产地消"。以怀柔区为例，目前怀柔以虹鳟鱼为特色的民俗接待达到上千家，99%的虹鳟鱼就地销售，北京市场上的虹鳟鱼大多来源于外地。鲟鱼的销售以出售活鱼为主，流通方式以北京京深海鲜批发市场、新发地水产批发市场等流通集散地为主，多数销往外地和国际市场。小规模的养殖户依然是通过批发市场等流通方式销售产品。

由于北方有吃全鱼的习惯，主要销售规格为0.75千克/尾。鲟鱼是大型经济鱼类，最佳销售规格应该在10千克以上。目前也有10~15千克/尾的大规格鲟鱼出售。

（三）新型农业经营主体发展情况

1. 以新型经营主体为主体的格局基本形成

在产业转型升级和市场机制优胜劣汰的推动下，北京鲟鱼、鲑鳟鱼产业的经营主体呈现出以企业为龙头、合作社、专业养殖户为主体的格局。龙头企业以北京渔夫水产技术开发中心、北京中科天利水产科技有限公司、北京鲟龙种业有限公司、北京利康万茂种养殖有限公司、北京鹏娜水产养殖场等龙头企业为代表，共有21家企业，多数企业集种苗繁育、科技研发、产品开发、市场开拓于一体，企业领导者的专业水平和管理素质较高，企业员工的年龄结构、学识结构也相对合理。合作社和专业养殖户分布于5个主要的鲟鱼、鲑鳟鱼养殖区，经营形式多是养殖、养殖和休闲餐饮结合两种方式，经营主体年龄在50岁以上，文化水平较低但养殖经验丰富。随着休闲渔业的发展，也有一些年轻人投身到京郊渔业的发展中。

2. 新型经营模式带动效应显著

龙头企业采取"企业＋农户"的形式，以北京渔夫水产技术开发中心为代表，以低于市场价供应苗种，统一回收订单，保护农民利益，带动全国养殖户200多家，产品销售辐射到全国各地。"龙头企业＋专业合作社＋农户"模式，以河北阜平淡水鱼养殖专业合作社为代表，以东庄子鲟鱼养殖场为龙头，以合作社为纽带，以农户为主体，为成员提供生产、经营、销售等服务，成员之间互相合作，共同维护，有力地保护了各个农户的切身利益。伴随休闲渔业的发展，养殖、休闲观光、餐饮等方式成为山区农民致富的重要途径。以怀柔区为例，虹鳟鱼一条沟、鱼师傅等产业吸纳就业人数近万人；以密云区的山水野泉缘农庄为例，凭借地理优势，联合民俗旅游合作社，开展"农游对接"，通过养殖与餐饮结合，产品销售与旅游结合等方式，打造泉水鲟鱼品牌，生产的鲟鱼馅饺子备受欢迎。

（四）社会化服务情况

1. "一主多元"的鲟鱼、鲑鳟鱼产业社会化服务体系已经形成

"一主"是指以北京市水产技术推广站为统领，各区水产技术推广站、综合试验站、田间学校为依托的公益性服务，"多元"是指以龙头企业为骨干，渔业合作社、专业服务公司等为补充的市场化服务，"一主多元"即形成了公益性服务和经营性服务相结合、专项服务和综合服务相协调的为北京冷水鱼生产提供产前、产中、产后全过程综合配套服务的体系。

2. 以创新团队为平台的科技链服务模式实现全覆盖

北京市鲟鱼、鲑鳟鱼创新团队有效整合了科技资源、人才资源、财力资源，围绕创新推动北京市鲟鱼、鲑鳟鱼产业持续发展，以创新团队岗位专家协同合作为核心，以区县技术推广站和田间学校为前驱，以养殖聚集区、养殖基地、养殖户为服务对象，构建了集鲟鱼与鲑鳟鱼育种和繁育、饲料研发、养殖技术改进、病虫害防控、加工产品开发、市场流通服务于一体的科技全产业链服务体系。这一体系的构建使科研机构和高等院校的科研成果能够尽快转化落地，真正做到了产、学、研、政相结合。2016年，以创新团队为平台，共开展鲟鱼、鲑鳟鱼产业的技术研发试验示范共35项，前瞻性技术研究6项，推广熟化技术12项；通过科技下乡、现场交流、举办培训班等形式开展科技活动236次，培训人数5 320人次，发放资料8 000多份。

3. 以龙头企业为主导的产业链服务模式基本成熟

以北京中科天利水产科技有限公司北京渔夫水产技术开发中心、北京鹏娜水产养殖场龙头企业为代表，充分发挥他们在科技创新、产业发展等方面的优势，把农户生产经营纳入企业经营体系，在产前、产中、产后整个产业链中，为农户提供优质苗种、健康养殖技术、售后技术服务；龙头企业前连专家后连农户，与农户形成了紧密的利益联结机制，有效地带动了产业增效、农民增收。

（五）消费者接受情况及购买力现状

消费者对鲟鱼、鲑鳟鱼产品的需求逐渐增加。冷水鱼是公认的优质名贵鱼类，被中国营养协会评为"向全国人民推荐的最佳健脑食品"。有资料显示，全球冷水鱼年需求量约500万吨，年产量约100万吨；国内冷水鱼年需求量约13万吨，而年产量约1万吨；随着国民经济的快速发展和人民生活水平的不断提高，预计每年对冷水鱼的需求量会以35%～40%的速度递增。目前，受人们消费习惯的影响，由于北方有吃全鱼的习惯，主要销售规格为0.75千克/尾，而鲟鱼是大型经济鱼类，从营养学角度最佳销售规格应该在10千克以上，虽然目前也有10～15千克/尾的大规格鲟鱼出售，销量非常少。因此，多年来以创新团队带头，不断加大各种形式的宣传，鲟鱼鲑鳟鱼产品市场逐渐向好。目前，受消费者喜欢的有"北水"的黑胡椒风味、泰式咖喱风味、新奥尔良风味的鱼片和鲟鱼软骨丸。2016年，怀柔特色"鲜活鲟鱼礼包"走俏市场，广大市民不出家门就可以享用地道的鲟鱼美食。因此，从国际国内市场需求来看，在人们追求健康消费方式的趋势推动下，只要改进产品形态或是销售方式，冷水鱼产业定是一个市场前景广阔的健康产业，与新常态下的健康消费需求高度契合。

（六）产业支持政策及其效果评价

1. 种业支持政策持续提升鲟鱼种业，领跑全国

围绕农作物、畜禽、水产、林果花卉四大种业，出台了《北京市人民政府关于促进现代种业发展的意见》，鲟鱼、鲑鳟鱼种业作为其中的重要领域，得到了政府和有关部门的资金、人才、政策支持，同时也支持建立了南繁基地，推动北京鲟鱼种业持续发展。

2. 生态、节水渔业发展引导政策成效显著

以北京市政府出台的《关于调结构转方式、发展高效节水农业的意见》、北京市农业局下发的《北京市地下水超采区农业结构调整实施方案》、水务局制定下发的《北京市农业高效节水实施方案》等为支撑，北京市渔业的生态化、节水化水平明显提升。以水生植物种养模式或鱼类混养模式为例，利用生态控制使鱼类生长速度增快15%左右，成活率提高4%～5%，节约成本10%左右，亩增产鲟鱼7 000斤左右，收益增加2.1万元左右，获得套养鱼200斤左右，增加收入1 600元。以北京怀柔顺通虹鳟渔场、密云的潮河水产良种场、北京渔夫水产技术开发中心、北京北水华通鲟鱼繁育有限责任公司等半封闭式工厂化、简易工厂化养殖模式示范区为例，放养密度增加100%～150%，生长速度增快15%左右，成活提高8%左右。年产商品鱼60～80吨/亩，产值144万～192万元，净利润在18万～24万元，实现节能、节水、节地、增产、增效。

3. 农业部休闲渔业政策推动北京休闲渔业向规范化、高端化方向发展

2016年，农业部办公厅下发的《关于开展休闲渔业品牌培育活动的通知》明确提出，"十三五"期间，将继续推进休闲渔业基地建设，同时着力组织实施休闲渔业品牌培育的"四个一"工程，即创建认定一批最美渔村、创建认定一批全国精品休闲渔业示范基地（休闲渔业主题公园）、创建认定一批有影响力的赛事节庆活动、培育一批休闲渔业带头人和管理人才。这样的引导和激励政策将打造一批北京休闲渔业精品，推动北京休闲渔业转型升级。

二、鲟鱼、鲑鳟鱼产业发展中创新团队的技术支撑作用

（一）团队基本情况

1. 团队定位

团队紧扣北京都市型现代农业应急保障、生态休闲、科技示范三大功能，以北京鲟鱼、鲑鳟鱼产业供给侧结构性改革为动力，以市场为导向，充分发挥人才聚集、专业融合的团队优势，构建集繁殖与育种、饲料营养与安全、养殖与病害防控、产品加工流通于一体的科技创新链，做强籽种渔业、生态渔业、休闲渔业、精品渔业四种重点业态；立足北京、服务京津冀、辐射全国，构建集研发试验、推广应用、技术培训于一体的科技服务链，带动农民增收致富，全面打造"生态、环保、安全、高效"的新型鲟鱼、鲑鳟鱼产业体系。

2. 团队架构

团队整合中央科研院校、市级科研机构和高等院校、国企、区县渔业管理部门，由北京市水产技术推广站牵头，成立了4个功能研究室、5个综合试验站、12所农民田间学校工作站。4个功能研究室共有12名岗位专家，其中有8名研究员、4名高级工程师，分散在2个中央科研院校、4个市级科研研究机构和院校以及国企；5个综合试验站分布在鲟鱼、鲑鳟鱼养殖总面积占北京市95％以上的房山、怀柔、密云、通州、延庆5个区县，田间学校工作站涉及5个区县，29个乡镇，86个村。

3. 团队目标与任务

瞄准发展鲟鱼、鲑鳟鱼籽种渔业、生态渔业、休闲渔业、精品渔业，建立可持续的促进鲟鱼、鲑鳟鱼产业实现节水、节地、节能、高端、高效、安全发展模式的产业技术支撑体系；形成人员配备精干、研究成果领先、转化效果明显、服务范围广泛、带动能力显著的鲟鱼鲑鳟鱼科技创新与服务体系；形成布局合理、生态友好、产业高效、业态丰富、产品精致、服务一流、特色鲜明的鲟鱼、鲑鳟鱼产业体系；形成企业龙头带动、农民主体壮大、联结机制完善的经营体系。将鲟鱼、鲑鳟鱼产业打造成致富农民、幸福市民的特色高效产业。重点围绕做强良种繁育体系、做精科技研发体系、做活市场流通体系以及做实支撑保障体系等主要任务展开工作。

（二）团队工作成效

1. 搭建了一个协同创新平台

团队成立4个协作组，分别是种业技术攻关组、高效养殖模式协作组、安全环保技术攻关组和产业终端市场推广组。提高鲟鱼种业生产率，由繁育岗位、饲料岗位专家共同开展提高亲鱼繁殖率和仔稚鱼成活率技术集成和示范推广；高效养殖模式，由养殖岗位和安全岗位专家共同开展工厂化、微流水和池塘养殖模式高效、节能、生态技术研发、集成、示范和推广；安全环保技术，由病害岗位、饲料岗位和安全岗位专家共同开展鲑鳟鱼 IHNV 综合防

治技术、投喂策略和养殖水处理技术研发、集成、示范和推广；产业终端市场推广，由产品加工流通、产业经济岗位专家和企业共同研发产品开发、产品定位、市场开拓和品牌建立，促进产品加工工艺熟化和市场认知度。

2. 推广了一批科技前沿成果

2016 年，团队研发技术成果主要推广到本市的房山、怀柔、密云、延庆和平谷、通州 6 个区和河北、云南、山东、浙江等省，推广技术 10 多项，累计示范推广面积 3 000 多亩，工厂化车间 8 万平方米；辐射带动 260 多家农户（企业）。其中鲟鱼周年全人工繁殖技术、鲟鱼种质鉴定技术推广到云南阿穆尔鲟鱼集团、浙江杭州千岛湖渔业有限公司、山东省鲟鱼良种场等国内大型鲟鱼企业及良种场。

3. 支撑了一个惠民富农产业

以团队为平台，育种、养殖、营养与饲料、病害防治、食品加工、政策研究、基础理论研究等领域相互融合、信息共享、渗透发展，在技术创新上取得了显著成效。2016 年，面对北京农业结构调整的挑战、北京休闲市场蓬勃发展的势头以及"互联网＋"契机，团队齐心协力，致力于发展北京特色的休闲渔业、"互联网＋"渔业等新型业态，见证了北京鲟鱼、鲑鳟鱼产品从单一走向多元（鲜活、冰鲜、风味烤鱼、鲟鱼籽酱、保健品等），从传统销售到现代"互联网＋"到商超对接、从传统卖鱼到特色餐饮、从简单观光到垂钓体验及科普教育，正在逐渐形成一项具有文化内涵的产业。完成了《鲟鱼高效养殖技术》《鲑鳟鱼高效养殖技术》和《技术集锦》等书籍资料的撰写和发放，完成了鲟鱼、鲑鳟鱼的菜谱设计、广告语设计、宣传片制作等，全过程支撑北京鲟鱼、鲑鳟鱼产业发展。

（三）团队运行机制

虹鳟鱼、鲑鳟鱼创新团队在现代农业产业技术体系北京市创新团队的领导下，形成制度引领、平台建设、联合协作、文化塑造、经费管理"五位一体"的运行机制，保障团队紧扣产业发展需求发挥最大支撑作用。在制度引领方面，重视规范管理和规划引领，制定了"十三五"规划。平台建设涵盖团队综合管理平台日常管理、会议、调研、展会、宣传等相互学习交流的平台建设等。联合协作是团队工作的核心，岗位专家根据技术研发和试验示范需要，与相关岗位联合协作，成立 4 个协作组，各岗位联动促进技术集成转化和应用。文化塑造是团队工作的灵魂，通过设计团队 LOGO、激励先进、共同完成任务等措施，大大增强了团队凝聚力和荣誉感。在经费管理方面，按照市农业局的要求，团队不定期对全体成员的资金使用情况进行督促、检查。

（四）技术研发与主推技术

1. 技术研发在 8 个方面取得重大突破

各岗位专家发挥专业优势，立足全球视野，持续突破制约北京市鲟鱼、鲑鳟鱼产业发展的技术问题，形成了有前瞻性、可推广、有效益的技术成果。其中，在主导品种繁育规模和技术上取得突破、促生长用抗生素替代及药用抗生素减量研究具有国际原创性、初步攻破鲑鳟鱼 IHNV 综合防控技术、鲟鱼病害综合防控技术取得新突破、鲟鱼全程营养及环保型饲料开发填补国际空白、在节水生态养殖模式上取得突破、鱼产品质量安全上取得新进展、产品加工技术上取得突破。与此同时，团队形成了一批多形式的研究成果，成为持续开展鲟鱼、鲑鳟鱼研究与推动产业发展的重要基础。2016 年，发表论文 42 篇，获得授权专利 19 项，制订标准 2 项，完成著作 4 本。

（1）在主导品种繁育规模和技术上取得突破

通过设施精准化控制进行环境调控，通过营养优化进行产前强化培育。鲟鱼冷冻精液技术的应用，实现了鲟鱼繁育过程的全人工控制，使繁育过程摆脱了对自然环境气候条件的依赖，提高了繁殖效率。与传统繁育生产模式相比，能耗降低 30% 以上，孵化率提高 50% 以上，出苗率达到 90% 以上。设计研制了符合繁育生产水质要求的养殖水质自动监控系统，确保繁育环境的稳定和可控，水质指标的检测精度达到 pH±0.2；DO±0.2mg/l；T±0.5℃；ORP±2%，对北京市打造种业之都有重大意义。

通过生态调控、营养强化和药物催产等手段，突破国产鲑科鱼类细鳞鲑、哲罗鲑、马苏大麻哈鱼的人工繁殖技术。其中，马苏大麻哈鱼在国内首次实现全人工繁殖，繁殖性能和个体质量比原产地明显提高，引种到北京后，绝对怀卵量（1 485±797 粒）、相对怀卵量（2.72±0.47 粒/克）、成熟系数（20.97±3.57%），体质量（678.75±78.34）均比野生群体和原产地人工养殖水平明显提高。

（2）促生长用抗生素替代及药用抗生素减量研究具有国际原创性

针对传统抗生素替代品益生菌饲用改善不稳定问题，实现淬灭酶（防治细菌病）和几丁质降解酶（防治寄生虫病及促进生长）的产业化生产。目前几丁质酶活稳定＞35U/毫升，与 CBP 配伍酶活稳定＞100U/毫升，淬灭酶酶活稳定在＞7 000 U/毫升水平，酶的损失率均不超过 10%。从包括饲料加工在内的水产养殖环境适应性、工业化生产经济性、产品有效性等角度，项目组所创制淬灭酶、几丁质酶两项产品具备国际先进性。

（3）初步攻破鲑鳟鱼 IHNV 综合防控技术

IHNV 是导致虹鳟鱼苗死亡的主要原因，且病毒可通过水平和垂直传播。研究总结了虹鳟 IHNV 综合防控措施：①鱼卵消毒；②孵化及养殖水、工具消毒；③建立严格的日常管理制度；④科学用药技术。在怀柔区示范点试验结果为：室外池虹鳟鱼苗种成活率达到 50%～70%，孵化池苗种成活率达到 95% 以上。团队率先在国内攻破虹鳟鱼 IHNV 病毒。同时，建立 IHNV 免疫荧光和 ELISA 检测技术，提高检测速率。免疫荧光检测时间与传统方法比缩短 3～4 天。

（4）鲟鱼病害综合防控技术取得新突破

研究发现高水温是引起鲟鱼发病的主要因素，针对这一问题提出三点防控措施：①采取一些措施（加盖遮阳棚、补加地下水、开增氧机）可降低养殖水水温 2～3℃；②筛选出 1 种免疫增强剂，即酵母及其代谢产物，可提高鱼体免疫力；③科学用药；建立 2 个示范区（怀柔和密云），通过应用，使得示范区鲟鱼病害的防控有效率达 80% 以上。

（5）鲟鱼全程营养及环保型饲料开发填补国际空白

针对鲟鱼品种繁多，营养研究缺乏系统性的"种强饵弱"问题，研究开发了鲟仔稚期微颗粒开口饲料、亲本期营养强化超大颗粒膨化饲料和养成期低氮磷排放环保型膨化饲料，覆盖鲟鱼养殖全程，涵盖营养调控、饲料资源开发利用、配方设计、加工工艺、投喂技术等方面研究内容，解决鲟鱼从种苗、养成到亲本繁殖阶段摄食生长、饲料利用、品质改善、环境安全等问题，为养殖业提供精准饲料营养技术支撑，提升产业发展综合效益和竞争力。

鲟鱼低排放饲料的价格平均可控制在每吨 7 500 元，饲料系数为 1.1～1.2；而鲟鱼商用饲料的价格差异较大，价格从每吨 7 200～8 500 元不等，而饲料系数则非常不稳定，市场价格在 7 200 元的低价饲料，饲料系数达到 1.5 以上。综合饲料价格和养殖成本，按一个养殖场一年用 100 吨饲料计，则每年可节约养殖饲料成本 10 万元/户。

目前市场上鲟鱼亲鱼专用饲料和养成期饲料营养价值没有太大区别，少数品牌的专用饲料价格偏高，每吨可达到 1.2 万～2 万元，而本项目开发的亲鱼营养强化饲料可在此价格范围内，达到更加专业水平，有效提升鲟鱼亲本质量，按目前鲟鱼亲鱼养殖场的平均产量 250 万尾水花计，通过本项目的实施，可以使鲟鱼亲鱼怀卵量提高 10%，受精率提高 10%，仔稚鱼成活率提高 20%，至少可能增加 50 万尾水花，按每尾鱼苗 0.5 元计，可使养殖户增产 25 万元/户。

（6）在节水生态养殖模式上取得突破

强化了鲟鱼、鲑鳟鱼流水养殖、池塘微流水养殖和工厂化养殖模式的节水技术研究工作，增加了单位水体载鱼量，水环境质量改善，鱼病减少，提高水体利用率，产生显著的经济效益。最高单位产量比原来提高 2～3 倍，同时节约养殖用水 90% 以上。研发了一套成本低廉、效果明显、操作方便的废弃物处理设施或设备，对减轻环境的污染压力，提高物质的循环利用率有很大的促进作用。

通过从工厂化养殖模式、池塘养殖模式和环保饲料研究三个方面开展节水技术研发。构建了一套鲟鱼工厂化循环水养殖生物集污排污新装置；形成一套鲟鱼池塘循环流水养殖系统集污装置一套。集污率达到 80% 以上，养殖过程达到零排放。按 1.2 米水深计，则每亩每年节约用水 9 000 吨，推广水处理技术应用水面 60 000 平方米。构建低鱼粉沉性膨化饲料加工关键参数及容重模型，每吨饲料降低成本 200～300 元，降低养殖过程中氮排放 10%，磷排放 20%，节约水交换量 10%，每亩年节约用水 5 000 吨，2017 年示范环保饲料 15 吨。以上累计示范点节约成本 100 多万元。

（7）鱼产品质量安全上取得新进展

根据北京市鲟鱼、鲑鳟鱼养殖区域分布特点，对房山、延庆、密云、怀柔 4 个区县内的重点养殖场水环境和产品进行了监测、检测，监测指标包括总氮、总磷、氨氮、悬浮物、重金属、石油类和挥发性酚等 24 项，每年采集监测数据达 1 200 余个。对北京市鲟鱼、鲑鳟鱼养殖场、苗种繁育场以及批发市场的鲟鱼、鲑鳟鱼药物残留进行抽查，检测指标包括孔雀石绿、磺胺类、喹诺酮类、硝基呋喃类等。研究了氧氟沙星、诺氟沙星在鲟鱼中的代谢规律，考察了温度等条件对药物代谢的影响，通过对鱼体药物代谢动力学、抗氧化能力以及基因表达变化的研究，提出了该类药物在鲟鱼养殖中的的休药期。通过这些工作的开展有效地保障了首都冷水鱼产品的质量安全，提高了养殖鲟鱼和鲑鳟鱼的产品品质。

（8）产品加工技术上取得突破

研制开发了鲟鱼肉系列特色加工品（多种风味鱼片、烟熏/液熏鲟鱼片、快速/干发酵鲟鱼肠），鲟鱼骨系列精深加工品（鲟鱼骨丸、鲟鱼硫酸软骨素胶囊、发酵鲟鱼骨汁饮料），鲟鱼籽酱等多种产品，实现了产品形式丰富多样，具有良好的市场前景和巨大的开发价值。在加工工艺上，不仅确立了鲟鱼硫酸软骨素的高效制备方法，还创新性地将乳酸菌细菌素和群体感应淬灭酶等生物型防腐剂应用于鲟鱼、鲑鳟鱼产品的防腐保鲜中，取得了良好的效果，这既有利于保证鲟鱼、鲑鳟鱼产品的质量安全，降低流通贮藏成本，增加产品经济效益，也有助于提高其在鱼类加工市场的竞争力。

2. 围绕全产业链，技术研发持续推进

（1）提高鲟鱼育种水平，促进种业可持续发展

①优化鲟鱼鉴定技术，提高种质鉴定效率。首次开发并应用微卫星引物和线粒体多重PCR综合鉴定鲟鱼种质技术，能够准确鉴定鲟鱼纯种及杂交种。该技术可以减少3个微卫星位点，每个样本节约实验成本60元，减少工作时间6小时，属于国际领先水平。

目前已在本市怀柔、房山、密云、延庆等区县70%的鲟鱼繁育企业进行鲟鱼亲本的鉴定，岗位专家同时对山东、云南的一些大型鲟鱼繁殖企业的样本进行鉴定。

②开展鲟鱼精子冷冻技术研究应用，提高反季节繁殖率。目前，反季节苗种需求量越来越大，占全年总生产量的60%左右，但是反季节雄鱼的精子质量下降，导致反季节繁殖率降低。春季是鲟鱼正常繁殖季节，大多数雄鱼精子质量比其他季节好，因此，在春季进行雄鱼精液采集冷冻保存是提高反季节繁殖率的重要措施。2016年5月，在房山区鲟鱼繁育示范基地，采集保存了一批雄性鲟鱼精液，主要有施氏鲟104毫升，俄罗斯鲟100毫升，欧洲鳇385毫升。对冷冻精液进行解冻试存活实验，实验结果为：施氏鲟和俄罗斯鲟精子冷冻前活力为70%左右，解冻后活力只有10%~20%；欧洲鳇精子冷冻前活力在90%以上，解冻后存活率只有50%左右；表明挑选活力好的精子冷冻非常重要。

③研发鲟鱼亲本和仔稚鱼饲料，提高鲟鱼繁殖率和仔稚鱼生长性能。开发了亲鱼营养强化饲料产品并开展应用示范，使鲟鱼亲鱼总体繁殖能力（怀卵率、受精卵、孵化率、仔稚鱼成活率等）提高了10%。开展优质仔稚鱼开口料的研发和示范，鲟鱼仔稚鱼生长性能提高10%。目前该技术已在本市2家国家级良种场和6家市级良种场进行示范，示范场占北京市鲟鱼繁殖场的50%。

④熟化并完善了两种不同方式的匙吻鲟人工繁殖技术。2016年4月末，对匙吻鲟人工繁育流程、操作方法、取卵位置、刀口缝合等关键技术进行了细化。技术小组从通州区综合试验站储备的匙吻鲟亲本中挑选了发育较好的2组亲本（雌雄比例1∶1）进行暂养，其中1组亲鱼用于传统人工繁殖技术的研究，1组亲鱼用于剖腹取卵技术的研究。当水温持续稳定在16℃以上时，进行人工催产。两种方法共获得受精卵6.7万粒，受精率达80.3%，获匙吻鲟水花5.3万余尾，孵化率79.1%。通过本次试验，熟化并完善了亲本的培育、人工繁殖以及孵化的技术条件。

（2）调整鲑鳟鱼品种结构和提高鲑鳟鱼育种水平

①筛选适合北京养殖的优良品种，逐步解决种质退化问题，主要从两个方面开展工作。

一是从吉林引进国内鲑鱼品种马苏大麻哈鱼、哲罗鲑、细鳞鲑等品种，开展人工养殖、繁殖技术试验研究，已突破了三种鱼类的人工繁殖关键技术，解决了催产率低、亲鱼产后死亡率高、仔鱼对人工配合饲料适应性差、鱼苗成活率低等问题。亲鱼催产率从40%提高到95%，亲鱼产后成活率达到95%，两项指标处于国内领先水平，人工繁殖综合技术处于国内先进水平。对生长指标进行比较试验，北京的出池规格和单产水平比原产地明显提高，比如，马苏大麻哈鱼引种到北京后个体重超过500克/尾（原产地为300克/尾）。

二是引进国外品种和技术进行人工育种技术试验。分别从挪威、冰岛引进大西洋鲑发眼卵2批共4万粒，在延庆玉渡山基地进行人工孵化和苗种培育技术研究。从美国引进了成熟的鲑鳟鱼孵化设备一套，该设备具有节省空间、节水和管理方便的优点。

②开展鲑鳟鱼三倍体、四倍体和雌核发育技术攻关试验。在延庆玉渡山基地进行鲑鳟鱼

亲鱼的选育，储备了金鳟、硬头鳟、溪红点鲑、北极红点鲑等 10 多个品种后备亲鱼 10 000 多尾。通过利用药物诱导的方法进行金鳟三倍体、四倍体苗种制备技术和雌核发育技术试验，获得金鳟三倍体鱼苗 30 000 多尾，成功突破多倍体育种技术。

（3）围绕提高养殖生产效率，开展"三节两高"技术研发

①开展鲟鱼饲料投喂管理技术的研究。鲟鱼养殖过程中投喂率和投喂频率对鲟鱼的生长均有显著影响，但投喂率的影响更明显，可在条件允许的情况下尽量增加投喂次数，尤其是在 15 厘米以内的仔稚鱼，建议一天投喂 6～8 次。

②进行鳇鱼、杂交鲟苗种及商品鱼养殖技术的集成与优化。主要在梭草鲟鱼示范基地、十渡鲟鱼良种场展开鳇鱼、杂交鲟的鱼种培育示范。对仔鱼的放养密度、开口驯养、饲料投喂、水质调节、防病治病等技术环节进行优化。20 天后仔鱼基本可以完全摄食人工配合饲料；前期投喂频率从 10～12 次改为每天 8 次，减少因频繁投饵和清污影响仔鱼消化吸收以及对仔鱼造成损伤引发病菌的感染。同时引入了液氧添加技术，保证育苗期间仔鱼对溶氧的需求。经过示范试验，苗种成活率达到 78%～79.6%，比以往提高了 5% 左右；饵料系数达到 1～1.2。

主要在梭草简易工厂化温室微流水养殖、十渡鲟鱼良种场循环水工厂化养殖、北京信诚益达养殖场的水泥池流水养殖三种模式进行了鲟鱼的养殖技术示范。通过生物浮床、微生态制剂、混养滤食性鱼类花白鲢以及刮食性鱼类细鳞斜颌鲴、增加液氧等综合技术措施改善养殖水质。商品鱼生长速度提高了 10%～12%。养殖周期缩短了 20～30 天。

③构建亚冷水鱼类工厂化高效养殖系统。在十渡鲟鱼良种场完成了亚冷水鱼类工厂化高效养殖技术集成研究与系统构建，整个循环水工厂化养殖系统的构建模式对于我们以后工厂化高效养殖有着积极的示范作用。

④开展低氧胁迫对西伯利亚鲟幼鱼生理状态影响的研究。主要研究低氧胁迫对西伯利亚鲟幼鱼的血液基础指标、抗氧化和能量代谢相关酶活力的影响。以体质量为（19.46±4.9）克的西伯利亚鲟幼鱼为研究对象，采取低氧（2.3 毫克/升）胁迫，在 3 小时内从高氧（18.5 毫克/升）逐渐降至低氧（2.8 毫克/升），之后恢复到正常溶氧（7 毫克/升）。试验结果显示，急性低氧胁迫能较快使西伯利亚鲟幼鱼血液红细胞数目增加，并影响肝脏、肌肉的抗氧化应激及代谢相关酶活力，但是短时间内西伯利亚鲟幼鱼可能还未实现鳃部的能量调节。

（4）围绕环保和节能减排开展技术研发攻关

①开发鲟鱼低鱼粉高效膨化沉性饲料，降低饲料成本和氮、磷排放对水的污染。综合采用理想氨基酸平衡模式，生物发酵抗营养因子去除技术、促摄食调控以及结合先进的低淀粉挤压膨化加工工艺等综合技术，开发了鲟鱼低鱼粉饲料和肉质改良饲料配方。仔鱼至养成期饲料系数<1.2，每吨饲料降低成本 200～300 元，降低养殖过程中氮排放 10%，磷排放 20%，节约水交换量 10%。

②开展鲟鱼工厂化循环水养殖水体生物过滤技术研究，包括生物滤池填料的筛选、构建生物过滤系统、去养殖系统中的硝酸盐技术的研究。

——工厂化循环水生物滤池填料的筛选。本研究模拟循环水养殖环境，对 K_1、K_2 和 P_1 三种市面常见的填料进行了挂膜及硝化效率的对比研究。结果表明，高密度聚乙烯填料的 K_2 和 K_1 填料与悬浮塑料载体 P_1 相比，K_2、K_1 上生长的生物膜具有更好的硝化速率，K_2 上

附着的生物膜厚度及重量均要高于 K_1，所以选择 K_2 填料作为循环水养殖的生物滤池的挂膜填料要优于 K_1 和 P_1。通过高通量测序分析了不同填料表面生物膜内部的细菌微生物群落结构，经过数据分析和对比，发现 K_2 填料生物膜内常见的亚硝化作用和硝化作用的 Nitrosomonas 属及 Nitrospira 属两类硝化细菌的相对丰度分别达到了 14.8% 和 5.3%，都明显高于另外两种填料，说明 K_2 填料更有利于循环水养殖生物滤池中硝化细菌的富集及挂膜生长。

——构建鲟鱼工厂化循环水养殖生物过滤系统。通过在实验室中构建生物反应器，研究比较筛选的微生物与市售菌剂在生物反应器内的强化效率及生物反应器的水处理效果。通过计算生物反应器处理负荷，进而计算 RAS 中生物滤池容积和填料体积。

按 25 千克/立方米的养殖密度，投饵量为 1%，养殖池容积（V）为 15 立方米，设计生物滤池反应器，每天需要去除的可溶氨氮约为 W（$NH_4^+—N$）$=V×25$ 千克/立方米$×1\%×k$；设 k 值为 0.04，则每天可溶氨氮量为 0.15 千克，生物过滤系统负荷即为 0.15 千克/天，参考前期实验结果，每立方填料在该养殖密度每天负荷约为 0.4 千克/（立方米·天），则填料体积约为 2.7 立方米，反应池容积约为 6.75 立方米。

——采用固相反硝化去除鲟鱼工厂化养殖系统中的硝酸盐技术研究。以 PHBV 为碳源，利用 Minitab 软件进行 Box—Behnken 实验设计，以 HRT、温度、进水 $NO_3^-—N$ 浓度为考察因子；以出水 $NO_3^-—N$ 浓度为响应值，建立响应值与各考察因子之间的二次多项式回归模型。研究表明，固相反硝化以水不溶性固体有机物作为碳源，与常规反硝化工艺相比，具有工艺简单、易调控的优点。

——初步开展池塘养殖废弃物收集技术的研究，设计并制作一套废弃物处理设施或设备。工作原理为：用吸污泵（2.2 千瓦）链接 PVC 材质的吸污管道，管道底部开槽或孔，养殖废弃物通过 PVC 管上的开槽或开孔由吸污泵提出。目前已初步形成了养殖废弃物收集装置一套，由于尚未应用到鲟鱼养殖池塘中，因此对系统设施的规格与材质、吸污方式和效果方面缺乏生产验证方面的数据支持，仍需要进一步的生产试验与技术优化。

（5）围绕养殖鱼类安全，开展技术研究

①开展对鲟鱼、鲑鳟鱼养殖环境和产品安全技术的研究。

——对鲟鱼、鲑鳟鱼养殖水环境进行监测分析。对房山、延庆、密云、怀柔 4 个区内的 6 个重点养殖场进行了 3 次全面监测，监测养殖场水源水、养殖水和出口排水，共采集监测数据近 1 300 个。监测指标包括温度、溶氧、盐度、ORP、EC、TDS、pH、氨氮、总氮、总磷、高锰酸钾指数、铜、锌、铅、镉、砷、石油类和挥发性酚。2016 年监测期间，各鲟鱼、鲑鳟鱼养殖水域水环境状况良好，各项指标基本符合国家渔业水质标准的要求。

——对鱼产品体内药物残留进行检测分析。主要对北京市地区批发市场及部分养殖场鲟鱼和鲑鳟鱼体内药物残留分析工作。检测结果为：呋喃它酮、呋喃妥因、呋喃西林、呋喃唑酮、磺胺类和孔雀石绿在北京地区四个郊区县养殖场和水产品批发市场养殖的鲟鱼体内均未检测出。喹诺酮类药物检出率较高，阳性检出率占 10.96%，检出主要品种为恩诺沙星和环丙沙星。部分养殖场中恩诺沙星和环丙沙星含量较高，这是由于检测时处在施药期，需要严格控制休药期后方能进入市场。

——开展诺氟沙星在西伯利亚鲟体内代谢规律研究。研究了单次口灌和多次口灌后西伯利亚鲟鱼血浆、肌肉、肝脏和肾脏中诺氟沙星的残留情况。单次给药后的 72 小时及连续 5

天多次给药后 60 小时，诺氟沙星在血浆和其他组织中含量均小于 1 微克/毫升或 1 微克/克，符合我国 MRLS 标准。在单次、多次口灌试验中，诺氟沙星在西伯利亚鲟血浆、肌肉、肝脏和肾脏中的药动学规律均符合一次性吸收二室开放模型。诺氟沙星在西伯利亚鲟体内吸收较快，在很短的时间内就可以在血浆及其他组织中达到峰浓度。单次口灌试验中，诺氟沙星在血浆、肌肉、肝脏、肾脏中达到峰时间均为 2 小时，在各组织中的 T1/2β 分别为 69.315 小时、39.334 小时、69.315 小时、69.315 小时；多次口灌试验中，10 毫克/千克体重剂量连续 5 天口灌后，诺氟沙星在鲟鱼肌肉、肝脏、肾脏、血浆中消除半衰期分别为 80.67 小时、116.98 小时、197.34 小时、213.45 小时。试验发现与单次口灌诺氟沙星相比，多次口灌给药方式下机体反应更为灵敏和迅速。通过对西伯利亚鲟肝脏转录组的研究发现，氟沙星灌注后，西伯利亚鲟肝脏中共有 694 个基因发生显著变化，参与蛋白翻译、蛋白水解、氧化还原等过程在所有的功能组中基因富集最多。

②鲑鳟鱼 IHNV 快速诊断测术的研发和应用示范。

——建立 ELISA 和免疫荧光两种 IHNV 免疫诊断方法。ELISA 方法在特异性上的符合率达到 93.9%（31/33）；在灵敏度上的符合率达到 80.0%（8/10）；建立 mAb 双夹心 ELISA 法与病毒分离方法检测结果的符合率为 90.7%（39/43）。免疫荧光技术与传统方法（细胞培养与 PCR）相比，检测所需时间可缩短至 3～4 天，检测结果准确率达到 85% 以上。

——研制 IHNV 快速诊断试剂盒 1 种，形成 2 种快速检测技术。在怀柔鲑鳟鱼 IHNV 病发区采集 150 个样品，目前保存有鱼类细胞系 10 株、IHNV 病毒株近百株，研制单克隆抗体 1 种、多克隆抗体 1 种。

③开展鲟鱼、鲑鳟鱼病原菌监测及耐药性分析。

——鲟鱼：调查 8 家养殖场，采集 24 个样品，主要针对肠胃病、海豚链球菌病、烂鳃和不明病因病 4 种疾病。肠胃病多见鱼体长 10～20 厘米的鲟鱼，分离到的不动杆菌和红球菌为可疑病原菌。海豚链球菌病，来源于河北省涞源县，外观主要症状为体表、口周围、肛门出血，解剖后发现肝、性腺和腹腔内膜有出血点，脾肿大，血琼脂分离到大量病原菌，经 16S DNA 鉴定为海豚链球菌。烂鳃病，显微镜下观察到黄杆菌，在部分鱼体内分离到嗜水气单胞菌、温和气单胞菌。不明病因病，发病鱼规格 3～10 厘米、不吃食、沉于水底，检测到嗜水气单胞菌，死亡率很高，为鲟鱼苗种生产带来严重的影响，有待进一步研究。

——鲑鳟鱼：主要进行 IHNV 检测。由于 IHN 感染 3 月龄以下的虹鳟（金鳟）苗种，抽检时间集中在 1～3 月和 11～12 月北京地区的虹鳟鱼苗种繁育季节。2016 年抽样检测 14 个渔场的 31 个样品，共计 4 650 尾鱼。抽测渔场分别是怀柔的 13 个渔场，密云的 1 个渔场。抽测的样品鱼全部为虹鳟（金鳟）。其中 10 个样品能够使敏感细胞发生病变，PCR 确定为 IHNV 阳性，阳性检出率 32.26%。10 个阳性样品采集于怀柔区的 8 家虹鳟鱼养殖场。

④开展虹鳟鱼病毒病综合防控技术试验研究。

主要是在虹鳟鱼卵孵化过程中进行严格的消毒技术，消除病毒传染的途径来达到防控的目的。主要做法为：鱼卵消毒；孵化及养殖水、工具消毒，利用紫外线消毒仪器和臭氧发生器对孵化车间用水进行消毒；加强日常管理。

目前该病毒病综合防控技术取得了成功，在怀柔顺通应用综合防控措施的鱼卵产鱼苗 100 余万尾，孵化车间内鱼苗的成活率由原来的 30% 增加到 90% 以上。虹鳟鱼苗种从车间转到室外苗种成活率达到 50%～70%，目前虹鳟鱼存活苗种 60 余万尾。2015 年 8 月份孵化的第一批苗种已经长到 500 克左右。

　　⑤开展促生长抗生素替代及药用抗生素减量产品的研发。

　　重点开发促生长和防病水产动物消化道微生物益生元件，创建信号肽库筛选联合胞内蛋白酶敲除枯草芽孢杆菌高效分泌表达平台，克服后功能基因时代普遍存在的难表达及低分泌表达等产业化障碍，主要是淬灭酶（防治细菌病）和几丁质降解酶（防治寄生虫病及促进生长）产品的研发。

　　——开展几丁质氧化水解酶 CBP21 的高分泌研究。不同信号肽对重组芽孢杆菌分泌 CBP21 的研究表明 YlqB 信号肽组分泌量最高，协同实验表明 CBP21 与几丁质作用时间越长其促酶活效果越好；不同胞内蛋白酶敲除对重组芽孢杆菌分泌 CBP21 的影响研究表明在多数敲除株中的 CBP21 分泌量明显高于其野生型中的分泌量，其中 *B. subtilis* △YrrN 中的分泌量最高，是野生型的 4.19 倍。几丁质氧化水解酶与几丁质酶具有协同作用，促使 Chi92 酶活提高为原始酶活的 2.34 倍。

　　——开展淬灭酶 AIO6 在枯草芽孢杆菌中的高分泌表达研究。淬灭酶在枯草芽孢杆菌中的分泌机制研究表明 AIO6 不是通过常规分泌途径分泌的，也不是通过裂解分泌的，可能是通过非传统的分泌途径分泌到胞外的。不同胞内蛋白酶敲除对重组芽孢杆菌 AIO6 分泌量明显高于其野生型中的分泌量，其中 *B. subtilis* △YlbL 中的分泌量最高，是野生型的 3.71 倍。进行了 AI-2 淬灭酶在大肠中的表达研究，相关的活性检测正在进行中；重组 AIO6 大肠杆菌的农业转基因生物安全评价进入安全证书受理阶段。

　　——淬灭酶在枯草杆菌中的分泌机制研究。研究表明 AIO6BS 在没有信号肽的引导下能分泌到胞外，可能是通过非传统的分泌途径分泌到胞外的。研究团队对 AIO6BS 蛋白的 cys267 进行了饱和突变，分析了所有可能的氨基酸替换对 AIO6BS 的蛋白质的分泌表达影响。位点 cys267 饱和突变结果表明，位点 cys267 是对淬灭酶的合成与分泌非常重要的氨基酸。另外，我们把 AIO6BS 的同源蛋白、非同源蛋白和分泌伴侣融合在其 C 端。这些结果表明融合蛋白没有输出到胞外，可能 AIO6BS 不能作为信号来引导其他重组蛋白的跨膜运输。

　　（6）围绕产业终端，开展产品技术研发

　　①研发鲟鱼方便食品加工工艺。开发 3 种鲟鱼方便食品并形成加工工艺，改进 2 种食品包装，更适合免学费者习惯。

　　——完成即食烟熏鲟鱼片和鱼头的加工方法。本工艺主要原料是 2～3 千克/尾的鲟鱼，调料为辣椒、花椒、麻椒、桂皮、草果、肉蔻、食盐、白糖、鸡精等，烟熏木材（苹果木）、烟熏液。通过本工艺所制备得到的即食烟熏鲟鱼片和鱼头，针对中高端消费群体，可供货给农家乐、酒店等，其生产价格按重量单价计不超过活体鲟鱼的 2.5 倍，保质期可长达 65 天，开袋即食。

　　——鲟鱼快速发酵肠的制备工艺。主要材料鲟鱼：2～3 千克。将取下的白肉用绞肉机绞碎成糜状。向腌制好的鱼肉中添加 2% 葡萄糖、2% 食用盐，搅拌均匀后，斩拌 5～10 分钟，至鱼糜具有一定的黏弹性。

　　发酵鱼肠的制作工艺流程：原料肉的预处理—绞碎—腌制—斩拌—接种—灌肠—发酵。

　　——对鲟鱼骨丸产品、鱼子酱产品等产品的包装进行了改进。为了规范产品标识，公司按照国家包装相关法规的要求，对鱼子酱产品和鲟鱼骨丸产品的包装进行了改进，为进入商超做准备。鲟鱼骨丸除原有 500 克的包装外，增加了 750 克包装。

②开展鲟鱼香肠发酵技术研发和评价。

——开展复合菌种发酵鲟鱼香肠技术研发及评价。综合乳酸菌与葡萄球菌的优势，制备出营养安全、风味浓郁的鲟鱼发酵肠。将适宜鲟鱼发酵的植物乳杆菌 Y9（*Lactobacillus plantarum*，简称 Y9）、戊糖乳杆菌 31-1（*lactobacillus pentosus*，简称 31-1）、商业发酵剂植物乳杆菌 *plantarum-Duplo ferment*（简称 plant）分别与松鼠葡萄球菌 SL4（*Saphylococcus sciuri*，简称 SL4）、木糖葡萄球菌 21445（*Staphylococcus xylosus*，简称 Sx）进行复配，制备鲟鱼肉糜发酵肠。菌株复配对鲟鱼肠微生物、理化指标、营养成分、质构特征、感官品质的影响，并最终确定适宜鲟鱼肉肠的发酵剂复配方案。试验结果及评价：复合菌发酵制备鲟鱼肉肠，其中乳酸杆菌和葡萄球菌均能快速增长，并达到 10^9 cfu/克（cfu 为菌落形成单位，Colony-Forming Units）；与未发酵鱼糜相比，复合菌发酵鱼糜营养成分无明显变化，TVBN 值增加，其中 31-1＋Sx 和 Y9＋Sx 的 TVBN 值已超过新鲜标准，脂肪氧化程度增加；31-1，Y9，plant 与 SL4 复配，以及 Y9 与 Sx 复配，发酵 12 小时内 pH 迅速降至 4.5 以下，并稳定在 4.3 左右，可满足发酵鲟鱼肠的要求；复合菌发酵鲟鱼肠在发酵 24 小时感官品质最好，与 Sx 相比，与 SL4 复配的发酵香肠感官品质更好；复合菌发酵鲟鱼肠凝胶特性较单菌发酵得到改善，31-1＋SL4 复配凝胶强度较高；复合菌发酵使鱼糜内肌原纤维蛋白降解，有助于提高鱼糜消化吸收率，改善鱼糜风味；综合微生物、理化、质构及感官评价指标，适宜鲟鱼肠的发酵剂复配配方有 31-1＋SL4，Y9＋SL4，plant＋SL4，复配比例为 1∶1。

——单菌种发酵鲟鱼香肠技术及评价。本试验选用 9 株肉用乳酸菌及葡萄球菌（中国农业大学微生物实验室保藏），制备鲟鱼鱼糜发酵肠，研究比较单菌发酵鲟鱼糜的理化、质构、感官品质，旨在筛选出适用于鲟鱼发酵制品的发酵剂菌株。未发酵的原料鲟鱼鱼糜水分、粗蛋白、粗脂肪、灰分含量分别为 72.35％、16.45％、10.47％、2.5％，TVBN 值、TBARS 值较低，pH 为 6.14，微生物数量低于 103cfu/毫升，表明鱼糜质量较好，可用来制备鲟鱼发酵肠。接种发酵剂的鲟鱼肠 pH 迅速降低，在发酵 36 小时降至 4.01～4.28，发酵剂菌种在鲟鱼肠中迅速繁殖，发酵 48 小时菌落数达到 8.6～9.0log10cfu/克。与新鲜鱼糜相比，发酵肠的主要营养成分变化不大，TVBN 值有所提高，脂肪呈现一定程度的氧化，发酵鱼肠形成了较好的凝胶特性和质构特征。

综合营养、理化、微生物、质构及感官指标，发酵适宜时间为 36 小时，乳酸菌 plant、Y9、31-1，松鼠葡萄球菌 SL4 适宜作为鲟鱼肠发酵剂。与新鲜鱼糜相比，发酵鱼肠的肌原纤维蛋白（主要为肌球蛋白重链）发生明显降解，生成小分子肽及氨基酸。

③研发鲟鱼深加工保健品，充分挖掘鲟鱼的价值。鲟鱼软骨含丰富硫酸软骨素和钙质，对人体有很好的保健作用。利用鲟鱼软骨为原料开发了发酵骨汁乳饮料、鲟鱼软骨咀嚼片等深加工保健品种。

——一种发酵骨汁乳饮料的制备方法。主要材料为干酪乳杆菌和西伯利亚鲟。利用鲟鱼软骨发酵上清液调配的发酵骨汁乳饮料营养丰富，钙含量高于普通牛奶且为易于吸收的离子钙，符合国人对全面营养的摄入需求特别是补钙的需求。

该产品可采用鲟鱼加工废弃物中的软骨作为原材料，可以解决鲟鱼加工废弃物的处理问题，同时将带动鲟鱼深加工产业的发展。

——一种发酵鲟鱼软骨咀嚼片的制备。主要材料有干酪乳杆菌和西伯利亚鲟。发酵鲟鱼软骨咀嚼片的生产利用传统湿法压片的方法，按照鲟鱼软骨粉与菌体的混合物 30％（w/w），奶粉 30％（w/w），甘露醇 25％（w/w），微晶纤维素 15％（w/w）的比例混合，加入羟甲基纤维素钠（CMC-Na）、柠檬酸制饮料，在 40℃的环境中干燥，轻微研磨混匀后过 20 目筛，加硬脂酸镁压片，紫外线灭菌 20 分钟包装即可。发酵鲟鱼软骨钙含量为（62.22±1.83）毫克/克，具有鲟鱼软骨与益生菌的双重营养及保健功效。

④定制了一套德国贴体包装设备，将有效提升包装产品的附加值。今年上半年团队产品加工岗位依托单位定制了一套德国 MF R105 型贴体包装设备。北水食品成为国内首家拥有贴体包装设备的水产加工企业，设备投入使用后将提升水产品的质量安全、附加值以及企业的科研能力。

（7）开展产业经济及政策研究

本团队编制完成《北京生态休闲渔业园区建设规范》；在《中国渔业经济》发表《北京市冷水鱼产业发展现状及对策建议》；完成了《北京冷水鱼产业报告》；出版了《全产业链视域下北京鲟鱼发展研究》《全产业链视域下北京鲑鳟鱼发展研究》两部书籍。

3. 开展产业前瞻性技术研究，技术引领产业可持续发展

（1）开展鲟鱼外源基因导入技术研究，为缩短鲟鱼育种周期奠定基础

分别利用基因枪法、精子携带法和显微注射法将带有绿色荧光蛋白 GFP 的质粒导入鲟鱼受精卵中，三种方法均可获得绿色荧光鱼，表明这三种方法均可以将外源基因导入鲟鱼受精卵，经过绿色荧光蛋白表型分析及 PCR 检测，显微注射法的阳性率明显高于基因枪法和精子携带法，因此认为显微注射法能够更好地导入外源基因。成功搭建了鲟鱼基因外源基因导入平台，为鲟鱼基因编辑育种奠定了基础。由于鲟鱼有比较厚的卵膜，且受精卵会产生粘连强度极高的黏液，因此鲟鱼的转基因技术突破非常困难。目前国内外有关鲟鱼外源基因导入的文献报道仅见两例。

（2）研究鲟鱼饲料中关键营养素的需求量

①不同脂肪源对鲟鱼的影响研究。在确定了鲟鱼饲料中最适脂肪添加量为 15％的基础上，研究不同油脂以相同浓度替代鱼油后对鲟鱼的营养学效果，确定适宜的鱼油替代油脂。用进口优质鱼油、花生油、豆油、菜籽油、葵花籽油、玉米油、调和油共七种油脂作为饲料的脂肪源进行试验。杂交鲟幼鱼对所有的试验饲料表现出良好的适口性（42％的粗蛋白和 15％的粗脂质）。零死亡率以及快速生长表明脂质替代源对鱼的健康没有明显的负面影响。含有不同脂肪源的饲料对杂交鲟的 CF、SGR、FI、FE 和 HSI，以及对酮体和肝脏中脂肪的含量都没有显著性影响。从生长、抗氧化等各方面考虑，食用调和油的效果最佳。下一步计划进行藻源脂肪在鲟鱼饲料中的应用研究。

②开展植酸酶在鱼粉替代饲料中替代磷酸二氢钙对鲟鱼生长及磷代谢的研究。本研究选用适合水产动物肠道环境的中性植酸酶，主要从鱼体生长性能、体组成、饲料营养成分特别是磷的利用率等方面研究其在杂交鲟饲料中替代磷酸二氢钙的应用可行性，为中性植酸酶在水产养殖中的推广应用提供参考。初步试验结果为：不同鱼粉含量对鲟鱼的肥满度产生了显著性影响，其中高鱼粉组的肥满度要明显低于低鱼粉组的肥满度（$P<0.05$），而饲料磷含量以及二者的交互作用对鲟鱼的肥满度都没有显著性差异（$P>0.05$）；饲料中不同鱼粉含量和饲料磷含量都对杂交鲟的内脏比 VSI 的影响显著，其中高鱼粉组的 VSI 明显高于低鱼粉组的，而低磷组的 VSI 明显高于高磷组的（$P<0.05$），但二者的交互作用对其没有产生

显著性差异（$P>0.05$）。

③棉籽糖对鲟鱼肠道菌群的影响研究。棉籽糖具有较强的耐酸性，对肠道中的细菌具有选择性的增殖作用，可作为动物体有益菌的营养源，能够相对减少有害细菌生长，从而改善肠道菌群和提高机体免疫力等生理功能，进而提高动物的健康水平。本实验结果表明，棉籽糖确实改善了鲟鱼的肠道环境，试验组鱼肠皱褶更深，皱褶上的肠绒毛分布更多更密，而且皱褶内几乎没有残饵。

（3）开展沉性颗粒饲料膨化加工工艺参数及其容重数学模型的优化研究

针对特种水产膨化饲料存在容重可控性的问题，如膨化沉性饲料生产过程中高容重与高淀粉糊化度的矛盾问题；高氮高脂浮性膨化饲料中不同饲料原料的加工性能和生产质量控制问题以及容重可控范围非常窄的悬浮性膨化饲料（容重范围 $500\sim600$ 克/升）生产质量控制难题等，以容重控制模型研究为着眼点，通过开展对可控容重新型水产膨化饲料中不同蛋白质和淀粉来源的研究、饲料脂肪水平对饲料生产关键环节和产品质量的影响，建立不同物理化学性状水产膨化饲料质量控制技术及质量评价规范。

（4）重组几丁质酶和几丁质氧化水解酶的农业转基因生物安全评价

重组几丁质酶和几丁质氧化水解酶的农业转基因生物安全评价进入中间试验阶段，2016年4月7日农业转基因生物中间试验申报书——重组几丁质酶和几丁质氧化水解酶在北京市的中间试验获批（农基安办报告字〔2016〕第 168 和 169 号），相关的试验正在推进中。

4. 主推了良种选育、高效养殖、安全环保等方面的先进技术

示范推广工作主要由岗位专家与综合试验站（房山、怀柔、密云、通州、延庆）、农民田间学校工作站（房山、怀柔、密云、平谷、延庆等区县）及区县水产技术推广部门共同实施完成。2016 年，推广了熟化了的科研成果，共推广了 12 项技术，推广良种 5 000 万尾，技术推广面积 1 409.4 亩（北京市共有鲟鱼、鲑鳟鱼养殖面积 1 800 亩），占总面积的 78.3%。在先进育种技术和优良品种推广应用方面，主推鲟鱼反季节人工繁殖技术、鲟鳇苗种规模化培育技术以及细鳞鲑、哲罗鲑、硬头鳟等品种繁殖养殖技术；在健康高效养殖技术推广应用方面，主推水生植物种养模式、鱼类混养模式、液氧技术在鲟鱼工厂化循环水养殖中的应用；在安全环保技术应用方面，主推科学用药技术，几丁质酶在鲟鱼、鲑鳟鱼养殖区域的应用、鲟鱼工厂化养殖生物过滤技术应用示范，高效、节水、环保型鲟鱼专用低鱼粉膨化饲料应用等。

（1）先进育种技术和优良品种应用

①鲟鱼反季节人工繁殖技术的推广应用。目前冬、夏季鲟鱼反季节繁殖量已经占全年总繁殖量的 60% 以上，催产率最高可达到 85% 以上；6 月份到 8 月份的夏季反季节人工繁殖催产率超过 75%，鱼卵的受精率和苗种孵化率均与春季正常繁殖季节无显著差异。

今年，在房山十渡及五渡两个国家级鲟鱼良种场开展西伯利亚鲟纯种及杂交种、施氏鲟纯种及杂交种、达氏鳇纯种及杂交种、欧鳇纯种以及少量小体鲟纯种及杂交种的繁殖试验示范，共繁殖鲟鱼苗种数量 800 余万尾。受精率达 60%~70%，孵化率达 80%。目前该技术在北京房山区、密云区、延庆区、怀柔区等大型鲟鱼繁育场都已经推广应用。

②开展鲟鳇苗种规模化培育技术示范。在梭草鲟鱼示范基地以培育杂交鲟苗种为主，采取玻璃钢鱼池和水泥池相结合的养殖方式进行育苗育种，鱼苗长度在小于 5 厘米时在玻璃钢池中精养，长度大于 5 厘米后移入水泥池中培育。目前培育杂交鲟苗种 4 批次，数量达到

120 万尾水花，育成规格苗种（15～18 厘米）85 万尾，成活率达到 70.8%。

十渡鲟鱼繁育基地主要以培育杂交鲟、达氏鳇苗种为主，培育设施全部采用直径为 2 米的玻璃钢育苗池。目前培育杂交鲟苗种 30 万尾，达氏鳇苗种 10 万尾，投喂一个月来，成活率达到 75.3%。

③推广细鳞鲑、哲罗鲑、硬头鳟等品种繁殖养殖技术。在怀柔、密云、延庆的养殖场推广细鳞鲑、哲罗鲑苗种、硬头鳟发眼卵及规格为 3～5 厘米/尾的苗种共 36 万尾。推广利用山泉水、地下水、全封闭循环水、微流水等不同模式养殖技术。

（2）健康高效养殖技术推广应用

目前北京地区水生植物种养、鱼类混养模式，液氧利用技术示范推广面积超过了 3.4 万平方米，产值可达 8 500 万元，利润超过 1 000 万元。

①水生植物种养模式、鱼类混养模式广泛运用。采用水生植物种养模式或鱼类混养模式，利用生态控制可使鱼类生长速度加快 15% 左右，成活率提高 4%～5%，节约成本 10% 左右。亩增产鲟鱼 7 000 斤左右，收益增加 2.1 万元左右。获得套养鱼 200 斤左右，增加收入 1 600 元。

②液氧技术在鲟鱼工厂化循环水养殖中的推广应用。在北京怀柔顺通虹鳟渔场、密云的潮河水产良种场、北京渔夫水产技术开发中心、北京北水华通鲟鱼繁育有限责任公司等主养殖场，推广应用半封闭式工厂化、简易工厂化养殖模式。示范区放养密度增加 100%～150%，生长速度加快 15% 左右，成活提高 8% 左右。年产商品鱼 60～80 吨/亩，产值 144 万～192 万元，净利润在 18 万～24 万元。实现节能、节水、节地、增产、增效。

（3）安全环保技术应用

①科学用药技术得到广泛运用和推广。以 API 系统鉴定法分离鉴定病原菌，以纸片扩撒法筛选敏感药物种类，以浓度梯度稀释法确定敏感药物使用剂量，有针对性地科学用药。能节约成本 10% 左右。亩增纯收益 1 000 元。该项技术在北京市范围内广泛应用，推广面积 1 万余亩。

②几丁质酶在鲟鱼、鲑鳟鱼养殖区域的推广应用。在鲟鱼、鲑鳟鱼养殖区域进行了几丁质酶的示范应用，推广"几丁质酶"（几丁质酶与几丁质结合蛋白复合制剂）10 吨，酶活＞100 U/克，拌料 200 吨。试验区病害损失降低 60% 以上。

③鲟鱼工厂化养殖生物过滤技术应用示范。在房山十渡鲟鱼养殖场、怀柔梭草养殖场和通州鑫淼养殖场开展了鲟鱼工厂化养殖高效生物过滤技术应用示范。通过系列水处理技术研究与集成应用，高效消减池塘中的氮磷等污染物，稳定水生态系统，有效地延缓池塘水体受损，从而增加工厂化养殖单位水体的鱼载量，减少换水量，提高单位养殖水的养殖效益和水资源利用率，构建鲟鱼工厂化高密度养殖水质高效净化系统。经过示范应用，取得了良好的水质净化处理效果。

④充分利用"互联网＋"的模式，推广高效、节水、环保型鲟鱼专用低鱼粉膨化饲料。在密云区确定大城子山野泉缘农庄为低氮磷排放养成期饲料中试点，中试周期为 4 个月；确定北庄聚盛源鲟鱼基地为亲本饲料和仔稚期饲料中试基地。配合密云区综合试验站和密云区两个田间学校进行环保型鲑鳟鱼、鲟鱼饲料技术推广工作，拟推广鲑鳟鱼高能饲料 15 吨、鲟鱼饲料 21 吨，目前中试工作顺利推进中。在饲料技术推广过程中，充分利用"互联网＋"的模式，专门针对中试渔场设计了微信版实验数据上传表，可实现养殖数据的实时跟踪，并

实现无纸化办公。

（4）探索商超、"互联网+"和其他营销模式，推广产业终端产品

①采用多种形式进行鲟鱼、鲑鳟鱼预调理制品与鲟鱼鱼糜产品市场推广。通过与"京东商城"、著名网络电商沱沱工社的合作，以及走进实体连锁店"华普超市"开辟推广新渠道合作模式，销售鱼子酱300多套、鲟鱼骨丸3 500千克，共发放宣传材料13 000份。

②圆满完成全国两会供应。2016年3月，北水食品圆满完成两会服务保障工作，此次供应的商品增加了鲟鱼骨丸产品。这是继鱼子酱成为国宴用食材之后增加的又一特殊供应品种，扩大了团队的影响力。

③怀柔特色"鲜活鲟鱼礼包"走俏市场。随着生活水平的提高，特种水产品越来越多地出现在百姓的餐桌上。怀柔杨宋田间梭草工作站推出了鲜活鲟鱼礼包，受到消费者欢迎，广大市民不出家门，就可以享用地道的鲜活鲟鱼。怀柔鲟鱼在保证了鲟鱼的鲜活的同时，更让怀柔鲟鱼成为节日期间走亲访友的选择之一。怀柔主动拓展新兴市场，让越来越多具有怀柔特色的优质水产品俏销市场。

（五）技术示范推广效益

以科技创新为动力，以生态、节水为核心，以市场需求为导向，通过养殖品种结构的调整，养殖技术的示范与推广，北京鲟鱼、鲑鳟鱼产业的经济、社会、生态效益显著提升。目前北京地区水生植物种养、鱼类混养模式，液氧利用技术示范推广面积超过了3.4万平方米，产值可达8 500万元，利润1 000多万元；不同养殖模式条件下单位产量大幅度提高，工厂化养殖增收7千克/平方米，约增收210元；温室微流水模式增收5.38千克/平方米，约增收161元；山区流水模式增收22千克/平方米，约增收660元。通过水质净化技术、饲料营养强化、病害防控技术、生态养殖技术、渔业废弃物综合利用等，全面提升水环境安全和鱼产品的质量安全水平，实现"以鱼治水"和"以鱼养水"，节约用水效率达到10%～15%。在团队的培训、技术等服务带动下，培育了一批新型经营主体，也培育了一个初具规模、富有特色的山区富民产业，带动农民增收就业。

（六）对产业支撑作用

1. 科技引领鲟鱼种业发展

为提高鲟鱼种质水平，团队针对鲟鱼繁育中亲鱼种质背景混乱、盲目存留杂交鲟、反季节人工繁殖效率低等制约产业发展的重大问题展开持续研究。制定了北京市地方标准《鲟鱼种质鉴定技术规范 西伯利亚鲟》（DB11/T 987—2013）和《西伯利亚鲟全人工繁殖技术规范》（DB11/T 1220—2015），不断完善鲟鱼反季节人工繁殖技术。这两项标准推广应用到北京市乃至全国的鲟鱼繁育企业。研发推广亲本营养调控、仔稚期营养规划专用饲料，提高繁殖率和苗种成活率。通过对多种杂交鲟的多年跟踪研究，从生物学特征、生长速度、繁殖性状、肉质分析等多方面考量杂交种的优势性状，选育了具有优良性状的杂交鲟（西杂和施杂），并开始规模化苗种生产和技术试验、示范和推广。除此之外，为了产业健康持续发展，开展了鲟鱼性别调控育种、影响亲鱼繁殖力的基因筛选及多态性分析、鲟鱼基因编辑平台构建等一些前瞻性研究，进一步储备了我们的育种技术，提升了苗种质量。

2. 技术引领节水、生态渔业发展

一是团队研发的生态环保型投入品和技术的使用，引导行业向健康、环保、安全的模式发展。如团队研发成果"鲟鱼低氮磷排放环保型膨化饲料"，氮排放降低14.9%，总磷排放降低40.5%，节水率可提高10%以上；"鲟鱼、鲑鳟鱼投喂策略"的推广，能精准饲料投喂量，减少残饵对水质的污染；使用淬灭酶、几丁质酶，可改善水产动物肠道菌群，提高免疫力，实现防治细菌性疾病，发病率可下降60%，大幅度降低抗生素的使用。二是生态净水技术的应用，节水降耗作用显著。在微流水鲟鱼养殖水质调控、工厂化循环水养殖上采取了鱼—菜共生模式、鱼—鱼共生模式、加注液氧养殖模式，达到了生态、节水、高效的现代养殖模式，这些模式在北京及周边逐渐推广应用，取得了很好的效果。三是工厂化循环水利用技术应用，节水、高效、生态模式促进产业持续发展。团队专家对鲟鱼工厂化循环水养殖生物过滤技术研究，初步构建了鲟鱼工厂化循环水养殖生物过滤系统；引导北水华通鲟鱼繁育有限公司、海墨威养殖场等企业进行生态、节水养殖系统改造，通过改造，养殖水循环使用，定期排除污水，水体利用率达到90%以上；初步开展池塘养殖废弃物收集技术的研究，设计并制作一套废弃物处理设施，排污效果达到80%以上。

3. 建成了一批鲟鱼、鲑鳟鱼先进技术集成示范园区

积极推进渔业高产高效基地建设。围绕生态、节能，发展高端、高效为重点，积极推广使用先进渔业装备，建成市级高水平的鲟鱼、鲑鳟鱼标准化养殖基地21家，占地规模1 928亩。其中，房山区8家，怀柔区10家，密云区2家，延庆区1家。

结合基地建设，积极促进新品种和新技术转化。房山区利用两个国家级水产原（良）种场北京渔夫水产技术开发中心和北京水华通水产有限公司基地，以及中科天利水产科技有限公司利用其室外养殖池、工厂化养殖和储运车间、鲟鱼人工繁殖、产品加工等生产基地，结合团队的技术研发成果，开展了鲟鱼新品种试验、鲟鱼反季节苗种生产、液氧技术应用、新型饲料试验、新型水处理技术和设备应用、产品加工技术的试验示范。

位于延庆的泉通鲑鳟鱼养殖有限责任公司（市水产所玉渡山基地）与繁育岗位、综合试验站共同开展细鳞鲑、哲罗鲑繁殖和虹鳟鱼三倍体育种等技术应用试验；病害防治岗位专家在怀柔的顺通虹鳟鱼养殖场开展了虹鳟鱼IHNV病害防治试验示范，初步攻克了该病害的防治技术。

4. 形成了一批特色鲜明的鲟鱼、鲑鳟鱼休闲渔业产业带

鲟鱼休闲产业带：房山区主要分布在十渡镇和青龙湖镇。引导非规模养殖场（户）向休闲渔业转型，把旅游观光、娱乐与现代渔业有机结合起来，打造集观景、垂钓、娱乐、餐饮、科教于一体的休闲渔业。目前主要经营鲟鱼休闲渔业的共有11家，垂钓面积达到60亩。

密云区的山水野泉缘农庄，凭借地理优势，联合民俗旅游合作社，开展"农游对接"，打造泉水鲟鱼品牌。通过养殖与餐饮结合，产品销售与旅游结合等方式，生产的鲟鱼馅饺子备受欢迎。

鲟鱼特色餐饮业发展，给鲟鱼休闲产业增色添彩。怀柔的鲟香来和房山的鲟鱼食府，是有代表性的鲟鱼特色餐饮企业，通过一鱼多吃、鲟鱼七吃等烹饪方法，诠释了鲟鱼的美食魅力。

鲑鳟鱼休闲产业带：怀柔鲑鳟鱼产业经过30多年的建设与发展，成为怀柔农业四大主导产业之一，创新发展了首都观光休闲渔业新模式，形成了一批休闲渔业健康产业，建成了以鲑鳟鱼产业为基础的"不夜谷""夜渤海"两条国内知名的休闲度假沟域。

5. 塑造了一批高附加值的自主品牌鲟鱼加工产品

房山区中科天利水产科技有限公司在鲟鱼深加工技术上实现突破，购置了鱼子酱、鱼肉加工设备，建立了自动化程度较高的鱼子酱加工生产线，创建了国内鱼子酱的自主高端知名品牌"中科天利"。另外，建立了鲟鱼加工自动化生产线，生产冰鲜鲟鱼、速冻鲟鱼片、即食鲟鱼片、鲟鱼酱、糍粑鲟鱼、鲟鱼鱼丸、熏烤鲟鱼以及即食软包装产品和罐头产品，提高了鲟鱼的价值。

6. 常态化培训旨在服务经营主体

技术培训始终是团队服务产业的重要手段，岗位专家与区县技术推广站、综合试验站、农民田间学校工作站等合作，采用到示范点现场指导、集中授课、发放技术资料、聘请专家讲课等形式，形成了专家—田间学校—示范户三位一体的技术培训模式，让技术真正落地，让科技成果转化为生产的动力。2016年，团队通过科技下乡、现场交流、举办培训班等形式开展科技活动236次，其中举办观摩交流会108次，实际操作培训107次，集中培训21次，培训5 320人次，发放资料8 000多份。共培育20家龙头企业、4家农民专业合作社、25家规模化养殖基地、163个养殖专业户。

7. "走出去"服务京津冀冷水鱼产业发展

与河北省淡水鱼技术体系创新团队签订了技术合作协议，开展技术试验和培训合作。鲟鱼、鲑鳟鱼创新团队对河北团队提供技术支持，河北方主要提供技术试验示范基地。首席专家张黎、岗位专家胡红霞、徐立蒲、史亚军、马国庆、罗琳、马立鸣、徐绍刚等到河北承德、涞源县和石家庄市鹿泉市等县市开展病害防治、休闲渔业和健康养殖技术培训，共培训500人次。另外，经济岗位专家史亚军教授帮助受灾地区进行产业规划服务。北京鲟龙种业有限责任公司、北京中科天利水产科技责任有限公司等龙头企业通过提供苗种和商业服务的形式与河北的企业开展合作。

8. 提高产业国内外知名度

密切关注国外发展动态，时刻掌握国内发展水平，不断加强与国内外沟通交流，提升团队研发服务水平。近几年，岗位专家参加国外研讨交流会已成常态，2016年饲料专家薛敏、罗琳以及病害岗位专家周志刚三位专家参加在美国Sunvalley举行的第17届鱼类营养与饲料学术研讨会并做报告。2016年6月17日，捷克总理博胡斯拉夫索博特率捷克代表团一行，在北京市长王安顺及二商董事长孙杰的陪同下到二商集团进行参观，北水食品展台重点展示了达氏鳇鲟鱼及鲟鱼子酱等特色产品，此次鲟鱼产品对外宾的展示活动扩大了北京鲟鱼、鲑鳟鱼产业的影响力。北京共开展国内外交流81次，特别是组织召开全国"冷水鱼产业技术战略联盟会"及"冷水鱼产业企业家交流会"，参加会议的有河北、甘肃、吉林、黑龙江、浙江、江苏、重庆、四川、湖北、新疆等20多个省市的行业人员约100人，北京鲟鱼、鲑鳟鱼产业对外辐射力不断提升。

三、鲟鱼、鲑鳟鱼产业典型案例分析

（一）北京鲟鱼种业发展案例

依托两家国家级鲟鱼原种、良种场（北京市施氏鲟原种场北京渔夫水产技术开发中心、国家级鱼类良种场—北京市鱼类良种场挂靠企业北京北水华通鲟鱼繁育有限责任公司），6

家市级良种场（市级鲟鱼良种场有北京龙兴鲟鱼开发有限公司、北京利康万茂种养殖公司、北京鲟龙种业有限公司、北京万泉渔业有限公司，市级鲑鳟鱼良种场有北京顺通虹鳟鱼养殖中心与北京渤海冷水鱼养殖专业合作社）以及北京中科天利水产科技有限公司、北京天源渔港农庄有限公司、北京泉通鲑鳟鱼养殖有限公司等十多家繁育基地，加快名优品种的繁育选育工作。北京鲟鱼种苗年产量约占全国产量70%以上，2012—2016年，生产鲟鱼苗种39 426万尾，其中2016年产量为10 220万尾。鲟鱼和虹鳟鱼苗种销售到湖北、广东、贵州、新疆、四川等20余个省、市和自治区；怀柔、延庆、房山等区形成以种苗繁育为主，成鱼养殖为辅的鲟鱼、鲑鳟鱼产业格局。

（二）怀柔区休闲渔业发展案例

北京怀柔虹鳟鱼餐饮旅游产业经过了三十年左右的发展已经初具产业规模，拉动了当地农业经济和旅游经济的发展，也使"虹鳟鱼"成了北京怀柔地区的一张名片，建成了以冷水鱼产业为基础的不夜谷、夜渤海两条国内知名的休闲度假沟域。根据调研统计，怀柔区渔业人口约3 200人，从事渔业生产的工作人员有1 100多人，年平均收入3万元（按2 500元/月计算）。鲟鱼、鲑鳟鱼产业带动如虹鳟鱼一条沟、鱼师傅等，就业人数近万人。

（三）房山区鲟鱼产业融合发展案例

2011年以前，房山区渔业养殖规模虽稳中有增，但是重点产业不突出，运作模式单一，没有形成真正影响力。随着北京市鲟鱼、鲑鳟鱼创新团队的建立，房山区确定了以鲟鱼为重点产业，借助驻地科研院所的科技优势，引导企业发展籽种和产品深加工的方向，抓住了鲟鱼产业的核心环节，在此基础上推行"两头在内，中间在外""订单式生产"全产业链发展。同时大力发展休闲渔业，着力推进垂钓服务、餐饮服务、戏鱼项目开发等，已经由单纯的垂钓经营模式发展成为集休闲观光、垂钓、餐饮、住宿、科普于一体的综合型产业。位于房山区的北京现代渔业创新园（北京中科天利水产科技有限公司）作为鲟鱼产业的龙头，先后攻克了全封闭工厂化养殖水质人工调控技术、低龄鲟鱼雌雄鉴别、活体取卵等领域的主要核心技术，实现了苗种周年全人工繁育、全生态水处理、全场养殖水循环利用；已经形成了包括良种选育、全人工繁育、生态健康养殖、净化储运、鱼肉及鱼子酱深加工和鱼子酱出口在内的全产业技术体系，部分技术达到国际先进水平。截至2016年，生产鲟商品鱼251吨，分割鲟鱼肉30吨，生产鱼子酱1.7吨。鲟鱼全产业链的形成带动了全区渔业的发展，为下一步实行"两头在外，中间在内"订单式生产提供了典型范例。

四、鲟鱼、鲑鳟鱼产业发展政策与建议

（一）产业发展问题及技术需求

1. 规模制约

受自然资源、政策制约，与其他省市相比，北京冷水鱼生产规模较小，以怀柔为例，2015年养殖面积达1 535亩，有106个养殖户，其中，养殖面积在100亩以上的有3家，养殖面积在100亩以下50亩以上的有7家，养殖面积在50亩以下30亩以上的有2家，养殖面积在30亩以下的有94家。因此，北京冷水鱼产业应该发挥科技优势，发展种业渔业、科

技渔业。

2. 市场制约

从近几年的价格来看，"产量增加，价格下降"这一现象是种鱼和商品鲟鱼市场的真实写照。鲟鱼种苗由前几年的 1.2～1.3 元/尾，下降为 0.5 元/尾左右，鲟鱼价格由 2015 年的 30 元/千克下降为 28 元/千克，虹鳟鱼价格由去年的 32/千克下降为 30 元/千克，且虹鳟鱼价格受民俗旅游季节性变化波动比较大，每年 10 月涨到最高价 36 元/千克，10 月底之后降为 26 元/千克左右，1 月至 5 月市场冷清。这些价格现象的背后事实上是整个冷水鱼市场体系建设不完善，流通链条低端、流通渠道单一、市场信息不畅通直接导致产业的不稳定。

3. 产品制约

调研显示，鲟鱼产量呈现上升趋势，作为鲜活农产品，短距离销售是合理高效的，也是生产者的优先选择，但北京消费者不易接受大型鲟鱼，从市场调研情况看，仅有 1/10 进入北京市场，多数由小贩子批发出售到京深，并通过京深销往东北、内蒙古及国外市场。因此，立足相对充足的鲟鱼产量，必须延长鲟鱼的深加工产业链，拓展鲟鱼的市场化产品种类，建立信息化、网络化、高端化的市场体系，推动鲟鱼产业高效发展。

4. 品牌制约

大多冷水鱼养殖企业处于低端养殖状态，品牌创建重视度不够，只注重卖鱼，未达到卖品牌阶段；拥有品牌的一般为加工企业，以养殖为主的公司，一般以养殖品种为宣传重点，基本上没有自己的品牌。由于品牌缺失，在市场上没有话语权，而是由中间商对产品进行定价、收购，显然养殖户处于被动接受地位。为抵御风险通常低价销售，不仅造成市场秩序混乱等现象，也降低了生产经营利润。从本质上讲，建立品牌是解决市场问题的第一步。

（二）产业发展趋势及其亟待解决的技术问题

1. 发展趋势

（1）冷水鱼产业是生态产业，与北京农业生态化发展高度契合

冷水鱼一般生长在冰冷而纯净的水域里，水温不高于 20℃，因其特有的生理循环系统，养殖投饵少，排放物少，生长缓慢等特点，对区域生态环境影响极小，而且多数水域面积大的区域都是通过养殖冷水鱼来改善水生态环境，因此，养殖冷水鱼是典型的生态产业。近年来，通过简易工厂化养殖鲟鱼技术、微生态制剂应用技术、中草药防治技术等的推广应用，节水型、生态型、优质冷水鱼产业稳步发展。

（2）冷水鱼产业是健康产业，与新常态下的健康消费需求高度契合

冷水鱼是公认的优质名贵鱼类，被中国营养协会评为"向全国人民推荐的最佳健脑食品"。有资料显示，全球冷水鱼年需求量约 500 万吨，年产约 100 万吨；国内冷水鱼年需求量约 13 万吨，而年产量约 1 万吨；随着国民经济的快速发展和人民生活水平的不断提高，预计每年对冷水鱼的需求量会以 35%～40% 的速度递增。因此，从国际国内市场需求来看，在人们追求健康消费方式的趋势推动下，只要改进产品形态或是销售方式，冷水鱼产业定是一个的市场前景广阔的产业。

（3）冷水鱼产业是战略产业，与京津冀协同发展、首都功能定位高度契合

北京作为首都，科技优势可以说到了"举国无双"的程度，以种业、信息化为重点，打造农业科技创新高地是北京在京津冀农业协同发展中的战略定位；冷水鱼种业不仅是发挥首

都科技和人才优势的优势产业，而且是加快提升"种业之都"建设，引领京津冀农业协同发展的战略性产业。

（4）冷水鱼产业是民生产业，与山区发展致富高度契合

山水资源是山区发展的珍稀资源。多年来，困扰京郊山区发展的重要难题是如何处理好生态涵养、水源保护与山区脱贫致富的关系；如今，冷水鱼养殖已经被实践证明是可以实现山区产业生态化和生态产业化的重要产业。"一条小小的虹鳟鱼，游出了整个北京怀柔地区蓬勃的餐饮旅游产业"，北京怀柔虹鳟鱼餐饮旅游产业经过了三十年左右的发展已经初具产业规模，拉动了当地农业经济和旅游经济的发展，也使"虹鳟鱼"成了北京怀柔地区的一张名片。在经济结构转型升级的过程中，大力推动冷水鱼产业发展，不仅是转变山区发展方式、促进山区致富的重要途径，而且是当地居民、北京市民的利益诉求。

（5）冷水鱼产业是休闲产业，与消费者休闲需求高度契合

随着北京非首都功能疏解工作的有序推进，北京冷水鱼产业发展至今，已经不仅仅是资源型农业产业，更是一种融合型休闲产业，越来越多地承载了满足市民休闲需求、满足和谐城市建设需求、满足生态文明建设需求等方面的内容。因此，立足北京四大中心功能定位，紧扣京津冀协同发展提出的"打造京津市民1日休闲农业圈"，要着力实现冷水鱼产业向有档次、有品位的休闲产业跃升。

2. 亟待解决的技术问题

（1）产业快速发展对良种选育提出迫切需求

面对国际市场和鲟鱼、鲑鳟鱼产业快速发展，良种选育瓶颈问题愈加突出。一是优质亲鱼缺乏成为影响鲟鱼生产效率及国际竞争力的突出问题。现存的大多数鲟亲鱼是养殖场早期滞销的商品鱼，几乎没有经过选育，品质良莠不齐，雌鱼怀卵量、催产率、繁殖周期以及产出苗种的抗逆性、生长速率等生产性状差异很大，生产效率很低；随着产业快速发展、鲟鱼人工养殖群体的增加，亲鱼质量对产业发展的不利影响将越来越严重。目前，鲟鱼产业的发展已经凸显出对优良品种的迫切需求，良种选育是产业发展的必然趋势。鲟鱼性成熟晚，即使养殖条件下性成熟年龄缩短一半，也要7龄以上，育种周期长是限制鲟鱼良种选育的最大障碍，因此，如何缩短良种选育的周期，实现良种快速产业化应用，是鲟鱼产业发展面临的急需解决的问题。国际上鲑科鱼类的养殖产量和产值一直稳步上升，养殖种类或品种相对比较稳定，大西洋鲑占养殖总产量60％以上，虹鳟养殖产量排名第二，占产量的近30％。中国鲑科养殖种类多达13种以上，但主要产量是虹鳟，占总产量的91％。长期品种的单一化，对突发性疾病的抵抗存在巨大风险。国产土著鱼类开发没有形成规模。具有世界养殖发展趋势的全雌三倍体制种技术还不能应用到规模化生产。因此，要实现鲑鳟鱼产业的快速发展，必须突破良种选育和新技术推广这个瓶颈。

（2）消费市场对产业发展提出新方向

目前国内的水产品消费市场已经从数量的满足向质量的满足转变，要求养殖的水产品安全系数高、食用品质高、营养价值高，我们养殖的水产品要好看（外观指标、形体指标）、好吃（味道好、口感好），更要安全（无药物残留、重金属残留、致病微生物）。国际市场对养殖水产品的质量要求更高，我们养殖的水产品因为质量不稳定导致价格低，养殖效益低，很难参与国际市场的竞争。这种形势要得到改变，只有从提升养殖水产品质量入手，改变养殖方式和养殖模式，全面提升养殖水产品的质量，参与全球化的水产品市场竞争，满足已经

改变了的国内、国际水产品市场需求。

（3）多元化需求为加工产品提供巨大市场空间

鲟鱼、鲑鳟鱼加工企业的技术创新能力匮乏，精深加工滞后，加工产品种类少。鲟鱼、鲑鳟鱼营养丰富、肉质鲜嫩、无腥味、无须刮鳞，是非常适宜加工的鱼类，可开发出多种加工产品。但目前加工形式单一，加工品种少，产量有限，直接导致消费者对此类商品选择性小，消费需求受限，不利于品牌建立和扩大消费市场。主要原因是企业在研发方面投入不足，没有建立独立的企业研发机构，研发人员较少，学历层次不高，制约着企业的技术创新。同时，互联网下市场的消费行为发生了巨大的变化。从提升深加工的能力、改变单一的加工方式入手，全面提升深加工产品的质量，开发功能性的系列产品，通过科技创新延长产品的保质期，开发旅游便携礼品，满足国内外消费者日益增长的美味健康需求，将为鲟鱼、鲑鳟鱼找到更多的产品出口，带动产业的快速发展。

（4）渔业供给侧结构性改革对关键技术环节提出新要求

一是水产饲料产品要适应对养殖水产品质量的需求。水产饲料原来的职能主要是使养殖的水产动物生长速度快、饲料转化效率高、养殖水产品的饲料成本低。但围绕着要养殖出更多"好看、好吃、安全且营养价值更平衡的鱼"的目标，水产饲料需要适应新形势下的新要求。二是加工环节安全控制体系亟需完善。企业一般采用冷杀菌、二次杀菌的方法来控制产品有害微生物的生长，产品安全控制手段单一，产品保质期短（一个月左右）。而烟熏红鳟鱼、冷熏三文鱼等产品因不能经高温杀菌而在贮藏期后期极易出现微生物腐败问题。因此，根据产品特点及加工工艺要求，开发出新型生物防腐剂，并结合现代食品安全控制新技术，是企业保障产品安全、提高产品质量、减少资源浪费和提高经济效益的根本措施。三是鲟鱼、鲑鳟鱼加工下脚料及废弃物利用率低，需要研发鲟鱼不同部位的加工工艺。四是需要不断提升渔业设备设施、提高企业生产经营能力、提高养殖户整体素质。

（三）具体政策与建议

1. 建立健全"七大体系"

（1）建立完善的鲟鱼、鲑鳟鱼产业体系

建立以种业为引领，以生态渔业为基础，以加工渔业为支撑，以休闲渔业为特色的现代化高效渔业产业体系。

（2）建立高效、稳定的鲟鱼、鲑鳟鱼良种选育体系

优良品种是农业产业发展的基础，建立高效、稳定的鲟鱼良种体系是鲟鱼产业健康发展的基石。持续开展鲟鱼选育关键技术的研究，建立鲟鱼亲鱼综合选育技术，通过常规育种和生物技术手段培育优质虹鳟鱼品种。

（3）建立和完善鲟鱼、鲑鳟鱼产品安全控制体系

水产品产业健康有序发展的过程中，保证产品的质量安全是最重要的基础之一。尽快推动水产品相关标准与制度的建设，完善鲟鱼、鲑鳟鱼特定产品的安全控制方法，有利于规范产品质量，有利于树立行业规范，有利于提升消费者信心，进而推动水产品行业的发展。

（4）建立完善的鲟鱼、鲑鳟鱼加工体系

北京发展鲟鱼、鲑鳟鱼加工产业的条件优越、内容丰富、潜力巨大，市场前景十分广阔。丰富鲟鱼、鲑鳟鱼的加工产品种类，开发鲟鱼、鲑鳟鱼精、深加工产品，加强鲟鱼、鲑

鳟鱼加工废弃物利用。

（5）建立营养导向型的新型水产饲料产业化体系

调控鱼肉品质营养与饲料配制技术是保证质量型水产品的重要手段之一。研究不同蛋白源饲料对鲟鱼和鲑鳟鱼肉质的影响及调控作用，通过物理评价和化学分析相结合的方法，制定鱼肉品质标准，提升并稳定产品价值对促进鲑鳟鱼和鲟鱼养殖业良性发展具有重要作用。

（6）建立完善的鲟鱼、鲑鳟鱼组织体系

加强领导，规范生产企业生产标准；提高组织化程度，逐步引导一些具有一定的养殖经验、有一定的经济实力、有意愿提升品种多样化的养殖户进行新品种的养殖和推广；加强科技成果转化；加强产业联系，发展鲟鱼产业链，在养殖、休闲渔业、加工产业等方面协同发展，形成完整的产业链，才能使之达到可持续发展。

（7）建立完善的鲟鱼、鲑鳟鱼品牌体系

在全球经济时代，国外各种水产品长驱直入，北京冷水鱼产业必须实施品牌战略，实现品牌打造倒逼产业规范和产业升级，塑造产业信誉，提高产品品质，规避规模发展劣势，走"高精尖"之路。

2. 具体建议

（1）建立完善的鲟鱼、鲑鳟鱼产业体系

建立以种业为引领，以生态渔业为基础，以加工渔业为支撑，以休闲渔业为特色的现代化、高效渔业产业体系。

①创新驱动，继续推动鲟鱼、鲑鳟鱼产业稳步发展。着力发展籽种产业，以打造"种业之都"为目标，强化种业大区地位，以国家级和市级水产原良种场为重点，提高市场占有率，打造全国乃至全世界的优势品牌，全力推进籽种产业发展。充分发挥首都聚集科技人才的优势，理清院地、院企合作机制，在鲟鱼、鲑鳟鱼人工繁殖和苗种培育方面取得新突破，以种质的鉴别、设备的更新引进、新品种引进为重点，加大对鲟鱼、鲑鳟鱼种业的提升改造，积极引进节水型品种。启动配套资金，支持企业搞基础设施改造、亲本培育和培养专业技术人员。重点培育水产苗种企业，采取"两头在内，中间在外"的模式，示范和引领全国水产养殖。借助北京科技资源优势、山区的自然条件优势，苗种繁育和市场在京内，亲鱼培育、养殖和选育在外，建立完整的种业产业链条和技术链条。同时，在成鱼养殖、饲料配方、冷藏保鲜、活鱼运输等技术方面加大研发、推广和应用，全面提升产业的科技支撑水平。

通过生产标准化、管理标准化、技术标准化、渔业信息化等手段，引导农民加入协会组织，信息共享、交流合作，共同开拓市场，树立打造特色品牌，优化鲟鱼鲑鳟鱼产品的价值，努力形成一个完整的良性循环的产业链。

②生态优先，持续推动生态、节水渔业发展。推广节水、节能、生态、高效的品种和健康养殖技术。如，匙吻鲟对药物较为敏感，在与其他养殖品种进行套养时，可以减少药物投入和换水，对净化水质、节水、保证水产品质量安全具有重要意义。细鳞鲑对生存水域条件要求很高，通过山区水库大水面增殖，既可以警示渔业水域生态环境优劣，又可以提高渔业产品的附加值，对发展北京都市型冷水鱼生态渔业具有引领作用。

在基础设施上，继续做好鲟鱼和鲑鳟鱼高产、高效生产基地建设，推广循环水处理设备和数字信息化设备的使用范围，以高标准设施和现代化装备提高产业生产效能，推进产业向生态节水方向转变。

③加工引领，大力推动鲟鱼产业高端发展。市场调研表明，北京鲟鱼养殖技术趋于成熟、鲟鱼产量不断增加，目前开发鲟鱼深加工产品的时机已经成熟，必须改变以原始产品形式进入水产批发市场和餐馆这种传统方式向鲟鱼产品的深加工开发转变。瞄准国际国内两大市场，培育和扶持鲟鱼加工龙头企业，开发精深加工产品，发展功能性、休闲性食品和药物产品；瞄准消费者，了解不同层次的社会需求，满足群众消费，拉开产品档次，生产不同类型的鲟鱼产品，让产品为社会各层次所接受，产生良好的经济效益和社会效益；同时重视产品的贸易，不断开拓沿海与内地消费市场。鲟鱼深加工可优先选择鲟鱼肉制品（半成品、成品、方便食品）、鱼子酱，适当发展药用保健品、化妆品、工业用骨胶、鱼体各部位分割制品等。开发新的鲟鱼饮食方式，比如引入延年益寿、健康美食、营养保健品的概念等，研发市场上广为接受的产品形式，比如旅游小吃、鲟鱼药膳、鲟鱼片火锅、美容药片、营养口服液、鳇鱼软骨胶囊等。

④三产融合，持续推动冷水鱼产业向休闲产业、文化产业转型升级。随着周末游、生态游、农村游、文化游、养生游等城市休闲需求不断增加，以冷水鱼为特色的农家乐、虹鳟鱼一条沟等休闲农业必须升级提档以满足消费者多元化、高端化、文化型消费需求。京郊休闲农业与民俗旅游的盈利点不在是简单地吃农家饭、住农家屋，需要深入挖掘优美景观、自然环境的生态价值，挖掘农村文化、历史资源的文化价值，建设一批首都特色、国际水平的休闲农业新产业、新形态是大势所趋。持续举办冷水鱼文化节，鼓励引进社会资本建设冷水鱼博物馆，挖掘、传承冷水鱼文化，推动冷水鱼产业、都市农业、旅游业、文化产业深度融合。

（2）建立高效、稳定的鲟鱼、鲑鳟鱼良种选育体系

优良品种是农业产业发展的基础，建立高效、稳定的鲟鱼良种体系是鲟鱼产业健康发展的基石。围绕国家农科城良种创制中心建设，充分发挥首都鲟鱼苗种产业的科技与良种优势，依托课题支持，开展鲟鱼选育关键技术的研究，建立鲟鱼亲鱼综合选育技术，缩短育种周期，为苗种产业化发展提供技术支撑。通过鲟鱼优良性状亲鱼选育，以及开发鲟鱼基因组数据，建立基于基因组数据基础上的分子标记辅助育种，再结合雌核发育技术等构建鲟鱼综合育种技术，培育具有高效、稳定遗传效率的优质后备亲鱼，同时在北京地区乃至全国的鲟鱼良种场和规模化繁育场快速发展产业化应用，最大限度地缩短育种周期，提高鲟鱼苗种繁育及养殖生产效率，为鲟鱼产业的发展提供技术和品种支撑。

通过常规育种和生物技术手段培育优质虹鳟品种。加快对引进种的选育工作，如大西洋鲑、硬头鳟、银鲑、红点鲑等。开展土著冷水鱼的养殖、选育，如哲罗鲑、细鳞鲑、马苏大麻哈鱼等。加快三倍体、全雌三倍体等育种技术的研究，将新技术应用于规模化生产。培育冷水鱼新品种，建立国家级鲑鳟鱼良种场。

（3）建立和完善鲟鱼、鲑鳟鱼产品安全控制体系

在水产品产业健康有序发展的过程中，保证产品的质量安全是最重要的基础之一。调研发现，一方面我国水产品的相关标准不健全，滞后于行业的发展速度，出现产品在进入市场时，缺少相关产品标准的情况，对加工企业"SC"认证的过程带来一定的难度。另一方面，企业缺乏鲟鱼、鲑鳟鱼特定产品的安全控制方法，产品货架期难以保障，导致产品流通贮藏方式受限，消费者对产品信心不足，从而导致销售市场无法打开。

因此，尽快推动水产品相关标准与制度的建设，完善鲟鱼、鲑鳟鱼特定产品的安全控制方法，有利于规范产品质量，有利于树立行业规范，有利于提升消费者信心，进而推动水产

品行业的发展。

（4）建立完善的鲟鱼、鲑鳟鱼加工体系

随着城市化和城乡居民收入水平的不断提高，居民消费正由生存型消费向发展型消费提升，广阔的消费需求正在转变为巨大的现实购买力，为鲟鱼、鲑鳟鱼加工产业提供了足够的市场空间、客源市场。鲟鱼、鲑鳟鱼系列产品的研制不仅为消费者提供了丰富多彩的食品，而且为开发各类农业科技示范园区及观光农业旅游提供了优越的基础条件。可以说，北京发展鲟鱼、鲑鳟鱼加工产业的条件优越、内容丰富、潜力巨大，市场前景十分广阔。

①丰富鲟鱼、鲑鳟鱼基本加工产品种类。打造精品名牌，提高产品竞争力。入世后，国外各种水产品长驱直入，而我国的水产品出口受到各种壁垒的阻隔，应采取切实措施增强我国水产品的对外竞争力。鲟鱼、鲑鳟鱼作为国际认可的水产品种，相关养殖企业要抓紧实施品牌战略，因为品牌代表形象、信誉和产品的品质档次，着力打造精品名牌。强化个性宣传，针对不同的市场环境、水产品、消费群体、广告受众等特点，充分考虑品牌定位、品牌形象、品牌策略、品牌文化等内容，在保护品牌、开发品牌、拓展品牌上做足文章。

细化产品特征，丰富品牌内容。每个品牌要有具体的内容支撑，根据产品的不同特点，建立不同的品种。例如：从各养殖区域水质优异、环境优雅的角度出发，创造"无公害食品"品牌；从鲟鱼、鲑鳟鱼及其制品功能卓越的角度出发，创造"营养保健"品牌；从产品量大、加工方式多的角度出发，创造"适应消费潮流"品牌；等等。鲟鱼养殖除了向市场提供小规格杂交鲟活体消费外，对于纯种鲟类，则鼓励以 3～5 千克规格的鱼为原料，加工冰鲜、冷冻等粗加工的产品供应市场。同时，借鉴其他淡水鱼产品加工方法，研发市场上广为接受的产品形式，比如鱼丁、鱼片等生食产品，熘鱼片、生拌鱼丝、炸鱼干等菜肴。

②开发鲟鱼、鲑鳟鱼精、深加工产品。鲟鱼全身都是"宝"，出肉率高，肉质紧密；鲑鳟鱼头小、肉厚、骨头少、肉中无肌间刺、出肉率也非常高，都属于适合加工的鱼类。随着鲟鱼、鲑鳟鱼养殖业的迅速发展，市场供给量将会迅速增加。按照不同消费需求，采用多渠道、多样化的供给方式，将是发展这一产业的有效途径。

鲟鱼深加工可考虑的选择有：鲟鱼肉制品（半成品、成品、熏制品）；鱼子酱（创品牌，高端市场）；鲟鱼硫酸软骨素等药用和保健品的开发。鲑鳟鱼深加工可以考虑的选择有：鲑鳟鱼油及高不饱和脂肪酸 EPA、EHA、DHA 提取物药用保健品的开发。鲟鱼、鲑鳟鱼深加工产品一旦上市，不仅可抢占市场先机，同时将会带来可观的经济效益。一方面使鲜鱼资源得到充分、合理利用，增加了产品的科技含量，提升了产品档次和附加值，为企业创造更大经济效益，同时也可丰富水产品市场的内涵，满足人们生活的追求与奢望。另一方面，鲟鱼、鲑鳟鱼产品多样化，市场需求量增加，必然带动鲟鱼、鲑鳟鱼养殖业的进一步兴旺和发展。同时鲟鱼、鲑鳟鱼产品的深加工在出口创汇方面也可发挥重要作用。

③加强鲟鱼、鲑鳟鱼加工废弃物利用。鲟鱼、鲑鳟鱼深加工过程中的下脚料和废弃物主要有：鱼头、鱼皮、鱼骨和内脏。鲟鱼皮具有坚韧、耐用、美观等特点，可制成高档皮革；鲟鱼鳃具有清热解毒的特殊功效，鲟鱼油具有治疗烫伤的特效，可以开发成烫伤药膏。鲟鱼内脏可酶解制成满足微生物生长需求的干粉培养基或经过发酵生产动物饲料。鲑鳟鱼鱼油含有 DHA 和 EPA，可开发为保健食品。

（5）建立营养导向型的新型水产饲料产业化体系

引导北京鲟鱼、鲑鳟鱼产业由"数量型"向"质量型"转化。调控鱼肉品质营养与饲料配制技术是保证质量型水产品的重要手段之一。通过营养手段实现安全型、营养富集型、风味型、保健型水产品的饲料配制技术是实现首都水产养殖业从"数量型"向"质量型"转化的重要手段。研究不同蛋白源饲料对鲟鱼和鲑鳟鱼肉质的影响及调控作用，通过物理评价和化学分析相结合的方法，制定鱼肉品质标准，提升并稳定产品价值对促进鲑鳟鱼和鲟鱼养殖业良性发展具有重要作用。

功能性饲料研发，促进产业良性发展。新型的水产饲料功能应该满足快速生长、高的饲料转化效率和低的养殖饲料成本；满足维护养殖品种生理代谢和生理健康、主要器官组织不同类型损伤修复作用的需求、免疫防御系统正常生理功能维护的需要；以及实现养殖动物形体、色泽等外观价值和肉质、风味、营养均衡的需要。根据鲟鱼、鲑鳟鱼不同养殖阶段（如亲本、苗种期）营养需要、产品质量（如体色、肉质）需要、抵抗自然环境和抗逆需要，开发相应的功能性饲料。如亲鱼、籽稚鱼、低磷低氮专用饲料，以及高 ω3 鱼、富硒鱼专用饲料。

构建低鱼粉（12%～15%）沉性膨化饲料加工工艺参数模型。降低饲料成本、降低饲料因素对水体的氮、磷的污染、减少鱼池的换水量，提高养殖户的经济效益。根据鲟鱼、鲑鳟鱼的种类、发育阶段和生理状态精确地配制饲料，用酶制剂、益生菌等提高营养成分的有效利用率，调整饲料配方、改进加工工艺、提高饲料质量，生产出消化吸收率高、营养成分平衡、氮磷和微量元素等排放量少的高效环保饲料。

（6）建立完善的鲟鱼、鲑鳟鱼组织体系

加强领导，规范生产企业生产标准：相关管理部门要进行有序指导，制定鲟鱼繁养殖规范，加强行业自律行为。

加快良种选育：种质的好坏影响产业的良性发展。规范原良种场的技术管理，建立亲鱼、后备亲鱼生产档案，有计划地进行选育工作。

提高组织化程度：目前鲟鱼鲑鳟鱼养殖业以分散经营为主，逐步引导一些具有一定的养殖经验、有一定的经济实力、有意愿提升品种多样化的养殖户进行新品种的养殖和推广。

加强科技成果转化：科技成果转化为生产力才是我们科技工作者的最终目标。目前我们已经研发了一定数量的科研成果，如何尽快在生产实践中得到应用，是促进鲟鱼、鲑鳟鱼养殖业健康发展的重中之重。

加强产业联系：发展鲟鱼产业链，在养殖、休闲渔业、加工产业等方面协同发展，形成完整的产业链，才能使之达到可持续发展。

（7）建立完善的鲟鱼、鲑鳟鱼品牌体系

在全球经济时代，国外各种水产品长驱直入，北京冷水鱼产业必须实施品牌战略，实现品牌打造倒逼产业规范和产业升级，塑造产业信誉，提高产品品质，规避规模发展劣势，走"高精尖"之路。严格按无公害操作规程要求进行生产和加工，加大养殖区域水质、环境改善，打造无公害食品品牌；强化个性宣传，针对不同的消费群体，打造鲟鱼及其制品的营养保健品牌；从优质产品、商标注册、广告宣传、产包装到经营策略进行全方位品牌建设，不断提升冷水鱼的竞争力和附加值，实现以品质求发展，以品牌求发展的良性循环。借鉴浙江千岛湖鳃龙科技、湖北天峡、广东先步、江苏淮安水产科学研究所等品牌建设经验，加强各种方式的宣传，积极宣传冷水鱼的好处，举办各种品尝促销活动，想方设法扩大消费市场，逐步扩大消费群体，提高冷水鱼的知名度。

参 考 文 献

北京市农业局，2008. 北京食用菌产业发展框架基本形成 [J]. 北京农业 (7)：22-23.

蔡培，史亚军，2013. 北京市冷水鱼产业经营现状及发展对策 [J]. 中国农学通报，29 (17)：62-69.

陈兵，李栋，毕鉴琨，等，2014. 2014 年 1～9 月份中国奶业市场形势分析 [J]. 中国奶牛 (22).

陈吉铭，王琛，何忠伟，等，2016. 北京奶牛产业链利润分配机制研究 [J]. 中国畜牧杂志，52 (20)：
 6-11.

陈耀庭，戴俊玉，管曦，2008. 论农产品流通效率的分析框架 [J]. 中国流通经济 (7)：101-109.

陈永生，胡桧，肖体琼，2014. 我国果类蔬菜生产机械化现状及发展对策 [J/OL]. 中国果类蔬菜 (10)：
 1-5.

董晓霞，丁凡琳，2015. 北京市奶牛养殖业现状及未来发展趋势 [J]. 农业展望，11 (04)：45-49.

杜姗姗，蔡建明，郭华，2012. 食品安全导向下的都市农业发展模式——以北京果类蔬菜生产为例 [J].
 地理科学进展 (6)：783-791.

方昕，2003. 从生鲜经营看大食品产业体系的联动 [J]. 中国禽业导刊 (15).

方昕，2003. 农产品流通渠道现状分析 [J]. 中国禽业导刊 (15).

高华，2016. 新形势下北京农业科技服务体系建设研究 [J]. 农业现代化研究，37 (6)：1029-1034.

高腾云，付彤，廉红霞，2015. 集约化奶牛场粪污处理与循环利用 [J]. 北方牧业 (1).

桂萌，王洋，张小栓，等，2012. 北京鲟鱼、鲑鳟鱼加工产业调研与分析 [J]. 中国水产 (11)：32-34.

郭君平，任钰，何忠伟，2010. 都市型现代农民的内涵与特征分析 [J]. 北京农业 (30)：1-5.

郭君平，任钰，何忠伟，2010. 都市型现代农民培训的需求与对策——基于北京市的调查 [J]. 湖南农业
 大学学报 (社会科学版)，11 (3)：42-45，77.

郭淑敏，程序，史亚军，2004. 北京的资源环境约束与生态型都市农业发展对策 [J]. 农业现代化研究
 (3).

郝思思，强晓燕，刘芳，等，2014. "三化"助推北京密云都市型现代农业发展 [J]. 科技和产业，14
 (12)：43-48，76.

郝阳阳，何忠伟，2014. 北京农业标准化的现状、问题及对策 [J]. 科技和产业，14 (12)：40-42.

何川，朱文君，2012. 都市型现代渔业背景下的北京观赏鱼产业发展研究 [J]. 中国水产 (4)：34-36.

何川，2014. 都市型现代渔业背景下的北京观赏鱼产业发展研究 [A]. 中国科学技术协会、天津市人民政
 府. 第十三届中国科协年会第 17 分会场——城乡一体化与"三农"创新发展研讨会论文集 [C]. 中国科
 学技术协会，天津市人民政府 (4).

何忠伟，曹暕，2014. 北京休闲农业发展现状、问题及政策建议 [J]. 中国乡镇企业 (1).

何忠伟，王有年，陈月侠，等，2007. 平谷区都市型现代农业发展的科技需求分析 [J]. 农业展望 (1)：
 37-40.

何忠伟，2006. 适应北京都市型现代农业发展的高等农业教育 [A]. 中国高等教育学会. 建设创新型国家
 和中国高等教育的改革与发展——2006 年高等教育国际论坛文汇编 [C]. 中国高等教育学会 (4).

胡定寰，F. Fuller，T. Reardon，2004. 超市的迅速发展对中国奶业的影响 [J]. 中国农村经济 (7).

胡定寰，俞海峰，T. Reardon，2003. 中国超市生鲜农副产品经营与消费者购买行为 [J]. 中国农村经济

（8）.

胡定寰，2005. 农产品"二元结构"论——论超市发展对农业和食品安全的影响［J］. 中国农村经济（2）.

胡雨苏，刘晴，黄映辉，2005. 北京市居民果类蔬菜购买行为分析［J］. 农业展望（8）：70-75.

华金珠，史亚军，陈泽斌，等，2016. 从文献分析看中国都市农业研究进展［J］. 中国农学通报，32（6）：160-170.

黄漫红，2005. 北京市蔬菜种植结构调整的研究［D］. 北京：中国农业大学.

黄薇，史亚军，2013. 北京市鲟鱼产业价值链分析［J］. 中国农学通报，29（17）：75-79.

黄薇，史亚军，2014. 北京鲟鱼产业全价值链研究［J］. 中国水产（7）：75-77.

黄映辉，孙世民，史亚军，2010. 北京都市型现代农业社会化服务体系创新模式研究［J］. 中国农学通报，26（20）：444-447.

姜红德，2014. 天安：未来农业"五化"并举［J］. 中国信息化（1）：56-57.

康婷，穆月英，2016. 基于农户视角的北京市果类蔬菜生产分析［J］. 中国蔬菜（10）：13-19.

寇荣，谭向勇，2008. 论农产品流通效率的分析框架［J］. 中国流通经济（7）：101-109.

李靓，穆月英，2017. 基于纵向传导的蔬菜批零价格关系研究——以北京市果类蔬菜为例［J］. 中国蔬菜（6）：62-69.

李平，尹英姿，2011. 微笑曲线视角下观赏渔业产业升级的对策研究［J］. 中国水产（10）：15-17.

李霞，舒秋华，杨海鹰，2003. 现代化都市农产品流通与批发市场建设［J］. 武汉理工大学学报（信息与管理工程版）（2）.

李振龙，2011. 北京水产技术推广站举办"六·一"观赏鱼展［J］. 中国水产（6）：18.

李治国，2016. 北京："五招"提升粮经产业机械化水平［N］. 中国农机化导报，2016-01-18.

梁海军，郭利亚，秦贵信，2014. 2014年我国奶牛养殖业发展的新动向［J］. 中国畜牧杂志（12）.

刘芳，危薇，何忠伟，等，2014. 北京奶业市场竞争力研究［J］. 中国食物与营养，20（05）：16-20.

刘林，2011. 北京观赏鱼养殖成为朝阳产业［N］. 中国渔业报，2011-02-28.

刘瑞涵，赵安平，卢瑞雪，等，2015. 北京与周边市场芹菜价格传导关系研究［J］. 中国农学通报，31（35）：278-285.

刘笑冰，陈建成，何忠伟，2013. 基于MGM（1，N）模型的北京创意农业发展灰色预测［J］. 中国人口·资源与环境，23（4）：62-66.

芦金生，刘国栋，甘建忠，等，2015. 城郊型观光采摘西瓜甜瓜栽培模式［J］. 中国瓜菜，28（1）：76-78.

栾敬东，施海波，2014. 发达国家牛奶生产配额政策及其启示［J］. 农业经济问题（9）.

马洪艳，刘乾凝，马同斌，2013. 北京地区食用菌产业农药安全防控研究［J］. 农学学报，3（5）：58-61.

穆月英，赵双双，赵霞，2011. 北京市果类蔬菜生产的优势区域布局与比较［J］. 中国果类蔬菜（22）：8-12.

倪寿文，金桓，2006. 京郊观赏鱼产业发展现状［J］. 水族世界（5）：108-113.

欧阳小迅，黄福华，2011. 我国农产品流通效率的度量及决定因素：2000－2009［J］. 农业技术经济（2）：76-84.

潘晓佳，史亚军，江晶，2016. 北京市冷水鱼产业发展现状及对策建议［J］. 中国渔业经济，34（3）：36-40.

乔娟，崔小年，2015. 城郊生猪养殖业发展研究［M］. 北京：中国农业出版社.

乔娟，刘增金，2017. 基于质量安全的中国猪肉可追溯体系运行机制研究［M］. 北京：中国农业出版社.

乔娟，王慧敏，2013. 基于质量安全的猪肉流通主体行为与监管体系研究［M］. 北京：中国农业出版社.

乔娟，张振，2014. 中国直辖市居民猪肉消费行为研究［M］. 北京：中国农业出版社.

乔娟，宁攸凉，2013. 生猪产业链主体纵向协作行为研究［M］. 北京：中国农业出版社.

任钰，郭华，何忠伟，等，2010. 北京创意农业发展模式与机制创新研究［J］. 北京农学院学报（3）.

任钰，刘芳，何忠伟，2012. 基于北京创意农业发展的金融创新探究 [J]. 北京农学院学报，27（1）：45-47.

石恒华，史亚军，徐广才，2014. 农业信息化与都市型农业经济增长相关性研究 [J]. 中国农学通报，30（33）：273-277.

史亚军，黄映晖，2006. 从战略高度认识北京新农村建设与都市型现代农业发展问题 [J]. 北京农学院学报（1）：28-30.

宋金平，2002. 北京都市农业发展探讨 [J]. 农业现代化研究，（3）：199-203.

宋维平，2006. 在我国未来家禽业的地位与作用政府与禽业协会 [J]. 家禽科学（6）.

苏国贤，李富忠，2012. 中国果类蔬菜冷链物流的现状、问题与建议 [J]. 中国流通经济（1）：39-42.

孙志刚，王明，刘文奇，等，2012. 北京市奶牛饲养管理现状与发展对策的调查研究 [J]. 中国农学通报，28（23）：45-49.

王艾晶，杨龙峰，肖胜南，等，2014. 浅谈延庆县奶牛饲养管理中存在问题及对策措施 [J]. 中国畜牧兽医文摘（8）.

王惠惠，路永强，刘芳，2015. 北京奶牛养殖业发展种养结合模式可行性探讨 [J]. 中国畜牧业（15）：90-93.

王慧敏，龙文军，2014. 新型农业经营主体的多元发展形式和制度供给 [J]. 中国农村金融（1）.

王静，2004. 农产品超市经营初探 [J]. 农场经济管理（1）.

王克武，程明，周继华，等，2011. 北京果类蔬菜节水型地面灌溉技术改进探讨 [J]. 中国蔬菜（23）：15-17.

王娜，何忠伟，孔阿飞，2017. 北京奶业信息化发展探析 [J]. 农业展望，13（5）：76-80.

王瑞波，2005. 北京食用菌生产、流通和消费研究 [D]. 北京：中国农业科学院，2005.

王淑红，2013. 大兴区设施农业配套机械化技术研究 [J]. 农业机械（7）：118-119.

王雅静，李亚琼，2014. 北京市果类蔬菜市场现状分析与对策建议 [J]. 农业与技术（8）：200-202

王跃智，赵萌，梁拥军，等，2008. 北京观赏渔业发展现状、需求及建议 [J]. 中国渔业经济，26（4）：38-42.

王泽，程晓仙，何忠伟，等 . 北京奶业可持续发展能力评价研究 [J]. 中国奶牛（16）：49-54.

王志丹，2014. 中国甜瓜产业经济发展研究 [D]. 北京：中国农业科学院 .

魏延栋，史亚军，2010. 北京都市型现代农业标准体系建设研究 [J]. 中国农学通报（14）.

吴春霞，刘瑞涵，何忠伟，2010. 北京沟域经济背景下山区生态旅游市场开发研究 [J]. 中国农学通报，26（14）：400-404.

吴学兵，2016. 基于质量安全的生猪产业链纵向关系研究 [M]. 北京：中国农业出版社 .

杨鑫，穆月英，王晓东，2016. 北京市蔬菜生产及其特征分析 [J]. 中国农学通报，32（13）：182-190.

杨宜苗，肖庆功，2011. 不同流通渠道下农产品流通成本和效率比较研究——基于锦州市葡萄流通的案例分析 . 农业经济问题（2）：79-88.

杨振海，王玉庭，2014. 当前奶业发展形势及思考 [J]. 中国畜牧杂志（16）.

姚梅，2014. 我国奶业发展的政策需求分析 [J]. 中国奶牛（22）.

叶子胜，2014. 我国奶业发展的若干思考 [J]. 中国农业信息（22）.

殷守仁，杨华莲，徐晓玲，等，2013. 整合科技资源 助推产业发展——走近现代农业产业技术体系北京市鲟鱼、鲑鳟鱼创新团队 [J]. 中国水产（4）：73-75.

翟雪玲，韩一军，2008. 肉鸡产品价格形成、产业链成本构成及利润分配调查研究 [J]. 农业经济问题（11）.

张领先，孙媛，刘雪，等，2013. 基于 Malmquist-DEA 模型的北京家禽产业生产效率与技术进步评价 [J]. 科技管理研究，33（3）：24-28.

张龙，栗卫清，何忠伟，等，2017. 北京农业社会化服务体系发展趋势探析［J］. 农业展望，13（6）：84-88.

张敏聪，吴少英，2003. 我国农产品流通方式创新初探［J］. 农村经济. 2003（4）.

张峭，陈冬冬，2011. 关于北京市家禽产业发展的思考［J］. 农业现代化研究，32（4）：445-448.

张峭，徐磊，2007. 中国农业风险管理体系：一个框架性设计［J］. 农业展望（7）.

张荣驹，2014. 北京市果类蔬菜产业地区比较优势研究［D］. 北京：中国农业大学.

张扬，2015. 探索中的中国奶业模式［J］. 农经（1）.

张英，2003. 搞活农产品流通的研究［J］. 商业研究（12）.

张玉梅，乔娟，2016. 基于循环经济的生猪养殖模式研究［M］. 北京：中国农业出版社.

张玉梅，王东杰，董晓霞，2014. 2014年国内外奶业市场形势及后期展望［J］. 农业展望（11）.

赵安平，赵友森，马占通，等，2016. 城镇家庭居民果类蔬菜消费实证研究——基于北京市1000户家庭样本数据［J］. 中国食物与营养（4）：42-46.

赵海燕，何忠伟，2013. 北京会展农业发展模式与产业特征分析［J］. 国际商务（4）：93-102.

赵海燕，赵永飞，何忠伟，2013. 食用菌产业菌农收益研究——以北京菌农调查数据分析为例［J］. 湘潭大学学报（哲学社会科学版），37（4）：77-80.

赵双双，2011. 北京市果类蔬菜生产及其技术经济评价［D］. 北京：中国农业大学.

赵霞，穆月英，李小林，2011. 2000年以来北京市果类蔬菜产业发展趋势研究［J］. 中国果类蔬菜（5）：7-10.

赵玉宝，辜金容，周聪，2006. 鲟鱼养殖中常见疾病与防治［J］. 北京水产，（5）：6-8.

郑辉，韩玉国，2005. 中国宠物产业发展新模式——访北京观赏动物医院院长凌凤俊［J］. 中国牧业通讯（20）：80-81.

钟真，谭玥琳，穆娜娜，2014. 新型农业经营主体的社会化服务功能研究——基于京郊农村的调查［J］. 中国软科学（8）：38-48.

朱莉，曾波波，李琳，等，2014. 京郊西瓜甜瓜产业发展现状、存在问题及对策［J］. 中国瓜菜，27（05）：66-67.

邹剑敏，童海兵，窦新红，等，2010. 构建家禽产业创新联盟，促进家禽产业持续发展［J］. 中国畜牧杂志（14）.

图书在版编目（CIP）数据

北京都市型现代农业产业发展报告 . 2016 / 北京市
农业局编著 . —北京：中国农业出版社，2018.1
ISBN 978-7-109-24143-5

Ⅰ. ①北…　Ⅱ. ①北…　Ⅲ. ①现代农业－农业产业－
产业发展－研究报告－北京－2016　Ⅳ. ①F327.1

中国版本图书馆 CIP 数据核字（2018）第 105309 号

中国农业出版社出版
（北京市朝阳区麦子店街 18 号楼）
（邮政编码 100125）
责任编辑　边　疆　赵　刚
────────────────
中国农业出版社印刷厂印刷　　新华书店北京发行所发行
2018 年 1 月第 1 版　　2018 年 1 月北京第 1 次印刷
────────────────
开本：787mm×1092mm　1/16　印张：32.5
字数：780 千字
定价：65.00 元
（凡本版图书出现印刷、装订错误，请向出版社发行部调换）